Über dieses Buch Das Buch wird von vielen als Klassiker gefeiert, als ein Meisterwerk; es ist ein Buch, das Ängste auslöst und Widerspruch erregt – jedenfalls ein Buch, das nicht gleichgültig läßt. Bettelheim hat sich in seiner Klinik in Chicago lange mit autistischen Kindern beschäftigt, von denen die traditionelle Psychiatrie annimmt, daß sie, von Ausnahmen abgesehen, nicht zu behandeln sind. Autismus, diese schwerste und früheste Erkrankung im Kindesalter, gilt als verursacht von erblichen, biologischen und/oder hirnorganischen Faktoren. Um so überraschender muß es erscheinen, wenn Bettelheim, ein Psychoanalytiker, sich völlig undogmatisch mit autistischen Kindern befaßt und gar von etwa 80 Prozent Heilerfolgen spricht. Das therapeutische Vorgehen Bettelheims beruht auf der Überzeugung, daß jeder Mensch etwas Einzigartiges und Besonderes ist und daß das autistische Kind keine Ausnahme bildet. Diese Einstellung ermöglicht erst eine menschliche Beziehung, eine Begegnung in der trostlosen Lage der Kinder, einen Zugang zu ihren äußerst unglücklichen Erfahrungen sowie den Erfolg, ihnen helfen zu können. Bettelheim geht es darum, die »leere Festung«, in die sich das in seiner Entwicklung fast vollständig blockierte autistische Kind zurückgezogen hat, wieder mit Leben zu füllen und dem Selbst zu einer neuen Geburt zu verhelfen.

Der Autor Bruno Bettelheim, 1903 in Wien geboren, studierte dort Psychologie und Philosophie und emigrierte nach einjähriger Haft in Dachau und Buchenwald 1939 nach den USA. Er leitete fast 30 Jahre lang eine Modellschule für psychisch gestörte Kinder. Durch seine Veröffentlichungen ist er weit über Amerika hinaus bekannt geworden. – Folgende Bände von Bruno Bettelheim sind ebenfalls im Fischer Taschenbuch Verlag erschienen: *Die symbolischen Wunden* (Bd. 7322); *Aufstand gegen die Masse* (Bd. 42217).

Bruno Bettelheim

Die Geburt des Selbst

The Empty Fortress

Erfolgreiche Therapie autistischer Kinder

Mit einem Vorwort von Jochen Stork
Aus dem Amerikanischen
von Edwin Ortmann

Fischer Taschenbuch Verlag

Geist und Psyche
Begründet von Nina Kindler 1964

11.–13. Tausend: November 1987

Ungekürzte Ausgabe
Veröffentlicht im Fischer Taschenbuch Verlag GmbH,
Frankfurt am Main, Juni 1983

Lizenzausgabe mit freundlicher Genehmigung
der Kindler Verlag GmbH, München

Die amerikanische Originalausgabe
»The Empty Fortress; Infantile Autism and the Birth of the Self«
1967 bei The Free Press, New York/Collier-Macmillan Limited, London

Lektorat Willi Köhler
Umschlaggestaltung: Graupner & Partner GmbH
Satz: Friedrich Pustet, Regensburg
Druck und Bindung: Clausen & Bosse, Leck
Printed in Germany
ISBN 3-596-42247-7

Inhalt

DRITTER TEIL

Wolfskinder

VIERTER TEIL

Eine Diskussion der Literatur zum infantilen Autismus

Wenn es ein Paradoxon gibt

Vorwort von Jochen Stork

Wie krank muß eine Gesellschaft sein, wenn Wahnsinn zu einem beherrschenden Thema der Literatur wird? Diese Frage löst in letzter Zeit immer wieder Beunruhigung aus. Sie ist um so berechtigter als eine große Zahl von Büchern über die Erlebnis- und Phantasiewelt der Schizophrenen, geschrieben von Schriftstellern und Philosophen, aber auch von an dieser Krankheit leidenden Menschen, und von Berichten über die Behandlung der Schizophrenie sowie des frühkindlichen Autismus – wie das vorliegende Buch – das Interesse einer weiten Leserschaft finden. Die Anteilnahme und innere Beteiligung in der Begegnung mit schizophrenen Menschen geht weniger aus von einer Art von Sensationslust an Abartigem und Fremdem; noch von der ärztlichen Diagnose – dem Begriff der Schizophrenie, den zwei widersinnigen Seelen in einer Brust. Sie gerade, dieser Eindruck ist entstanden, sei das Symbol einer Auffassung geworden, die durch ihre Öde und Inhaltsleere das eigentliche Wesen und die Einfühlbarkeit verstellt. Die Anziehung – Ausdruck von Faszination und Schrecken zugleich – geht jedoch ursprünglich, so will es scheinen, von dem ungeheuren Reichtum und vielfältigen phantastischen Innenleben der schizophrenen und autistischen Menschen, die offenbar vorsätzlich allen Gemeinsamkeiten den Rücken kehren und sich in eine private, irrationale Welt zurückziehen, aus. Sie folgen widersprüchlichen Gesetzen, die oft eine Umkehr des Augenscheinlichen und Üblichen darstellen; eine Absurdität, insofern sie uns angstvoll *anzieht* und begeistert *abstößt*. Aber unterscheiden wir uns noch von verworrenen Geistern, werden wir nicht Gefangene einer malignen Eulenspiegelei, wenn wir uns mit solchen irrationalen Kräften einlassen? Sind wir nicht oft Zeuge, daß solche Betrachtungen allzu schnell in eine ästhetische und mythologische Glorifizierung und Idealisierung der Welt der Schizophrenie münden: eine trügerische Begeisterung, bei der sich die Grenzen von Krankhaftem und Gesundem, von Rationalem und Irrationalem verwischen?

Gewiß ist Vorsicht geboten und die Gefahr, extremen Meinungen und pauschalen Urteilen, den Neigungen phantastischer Eingebungen statt sachlicher Gegebenheiten und Argumenten zu folgen, groß. Der Problemkreis der Schizophrenie – im allgemeinen aller psychotischen Erkrankungen – hat immer extreme Positionen provoziert und eine Polarisierung bewirkt, die eine wissenschaftliche Fragestellung erschwerte. Dieselbe Gefahr besteht für die Gegenseite, die einer Idealisierung der psychotischen Erlebniswelt als Antipode gegenübersteht, und für die teilweise unversöhnlich vorgetragene Überzeugung der klassischen Psychiatrie. Sie vertritt oft einseitig die Ansicht, daß der wahnsinnige Mensch in einer chaotischen Verwirrung lebt, deren alleinige Ursache ein organischer Prozeß ist, letztlich ein Verrückt-Spielen von Molekülen; nicht weiter dem Verständnis zugänglich noch einfühlbar.

Warum aber führt gerade die Auseinandersetzung über den Themenkreis der psychotischen Erkrankungen zu solchen extremen Ansichten? Diese Frage läßt sich gewiß mit der unmittelbaren Faszination und mit der Anziehungskraft beantworten, die von diesem Thema ausgeht, und zu der auch der Gegensatz, die strenge Verleugnung der psychischen Existenz als eines originären Elementes bei der Entstehung der Psychosen gehört. Wie sollen wir sonst die Geringschätzung, die Verachtung und manchmal sogar den Haß verstehen, der auftritt, wenn die psychische Verursachung von Psychosen zur Sprache kommt? Die totale Ablehnung oder Verleugnung spricht von der Angst, sich vernünftig mit diesen Problemen auseinanderzusetzen, von der Angst vor der Anziehungs- und Überzeugungskraft, die es schließlich und endlich haben könnte.

Aber welche Wahrheit offenbart sich durch den Wahnsinn, was löst Faszination aus, was macht Angst? Maria Erlenberger, eine Frau, die aus eigener Erfahrung und tiefer Einsicht in das Wesen der Schizophrenie berichtet, schreibt in ihrem eindrucksvollen Buch *Der Hunger nach Wahnsinn:* »Es war der Hunger meines Seins nach dem Leben und nach dem Tode, der Hunger nach Erschütterung des starren Herzens«. Ist es diese Ungereimtheit, dieses Paradoxon, welches uns dermaßen anzieht und welches den Wahnsinn zum Hunger nach Leben und Tod, zur Erneuerung des starren Herzens macht? Diese Worte von Maria Erlenberger erinnern an den anderen, den entsetzlichen, kälteverbreitenden Adrian Leverkühn, den Thomas Mann sagen läßt: »Was auf dem Todes-, dem Krankheitswege entstanden, danach hat das Leben schon manchesmal mit Freuden gegriffen und sich davon weiter und höher führen lassen.« Wahnsinn, Krankheit und Tod, die größten Übel, die den Menschen treffen können, verhelfen zu einem Mehr an Leben. Trotz unseres Widerwillens gegen derartige Überlegungen will es scheinen, daß wir hier auf ein ursprüngliches – beängstigendes und begeisterndes – Phänomen der menschlichen Seele stoßen: auf das Geheimnis und das Rätsel der Gegensätzlichkeit und Widersprüchlichkeit.

In seiner ganzen Bedeutung hat erst die Psychoanalyse entdeckt, von welcher Wichtigkeit das bewegte, wenn auch ungleiche Kräftespiel zwischen zwei entgegengesetzten, in ihrer reinen Ausprägung im Widerstreit zueinander stehenden – sich sogar ausschließenden – Wesenheiten ist, die sich in der psychischen Realität aber vielseitig bedingen und ergänzen (Stork 1974). Man denke nur an die Erfahrung, daß keine Liebe ohne Haßgefühl einhergeht, oder die Beobachtung, daß alle großen archaischen Muttergestalten in der Mythologie gleichzeitig Fruchtbarkeits- und Todesgöttinnen waren, Liebe und Tod in einen innigen Zusammenhang bringen. Auch gehört zu den Besonderheiten des menschlichen Seelenlebens, daß die Identifikation mit einem anderen im Unbewußten letztlich wie eine Einverleibung, als aggressive und destruktive Beziehung erlebt wird; zu Beginn »fällt die Liebesbemächtigung noch mit der Vernichtung des Objektes zusammen«, wie Freud (1920, XIII, 58) schreibt und Bettelheim vielfältig in diesem Buch belegt. Schließlich findet schon Freud in dem Aufsatz *Über den Gegensinn der Urworte* (1910, VIII, 213 ff.) dieses Phänomen ebenfalls in der Sprache und auf der Ebene der Symbolbildung.

Auf dieser Auffassung der Psychoanalyse gründet die Lehre vom psychischen Konflikt, von Besetzung und Gegenbesetzung, von der Ambivalenz und letztlich von der Triebdualität, von Lebens- und Todestrieb. »Ja, das Leben erfährt sich als etwas, das sowohl eines wie das andere in sich schließt. Als eine Wesenheit, als einen Vorgang, der eines sein muß und das andere zugleich« (S. 44). »Ein lebendiges Gegensatzsystem, das in dauerndes Gleichgewicht träte, müßte sterben« (S. 127) – führt Romano Guardini (1925) aus und unterstreicht, aus philosophischer Sicht, Freuds Auffassung, die von Anfang an eine dualistische war (1920, XIII, 57). Damit wird die Ansicht hervorgehoben, daß sich die psychische Ebene grundsätzlich von der biologischen unterscheidet, anderen Dimensionen angehört und psychische Prozesse sich nicht analog den biologischen Reifungsprozessen entwickeln.

Es ist nicht verwunderlich, daß unser Denken, fortwährend auf der Suche nach Ruhe und Geborgenheit, nach Sicherheit und Einheit, auf eine scheinbare Ausweglosigkeit stößt, wenn es Erkenntnisse macht, die allem allgemein Erwarteten zuwiderlaufen und dennoch eine Wahrheit beinhalten. Wir nennen leichtfertig eine solche Wahrheit paradox oder widersinnig, da es uns tief ängstigt, gegensätzliche Kräfte in uns am Werk zu sehen, die in Bejahung und Verneinung, Liebe und Haß, Leben und Tod ihre letzte Ausprägung erfahren. Auch ist es kennzeichnend für eine hauptsächliche Strömung unserer Zeit, sich an das Augenscheinliche und Körperliche zu halten, an alles was unsere konflikthafte innere Welt zum Schweigen bringt und das Paradoxe als Irrsinn abtut.

Aus unserer Sicht ist es dennoch das Paradoxon – wenn es ein Paradoxon gibt –, ist es das lebendige Gegensatzsystem, der immanente psychische Konflikt, welcher Einsicht in die Tiefen der menschlichen Seele gewährt und uns Zugang zum Problemkreis des Wahnsinns verschafft. Daher meinen wir, um auf die anfängliche, beunruhigende Frage zurückzukommen, daß wir um eine Einsicht reicher sind, wenn wir beginnen, zaghaft und mit ängstlichem Herzen dem sogenannten Wahnsinn Gehör zu schenken, Verständnis entgegenzubringen und Achtung vor seinen »irren« Phantasien zu haben – was einen Abstieg in die eigene Hölle bedeuten kann.

Gerade hiervon handelt dieses großartige Buch von Bruno Bettelheim, von vielen als ein Klassiker, ein Meisterwerk gefeiert, das Begeisterung und Befremden auslöste. Es ist ein Buch, das nicht gleichgültig läßt, das Ängste aufwühlt, Widerspruch erregt – ein Buch des scheinbaren Paradoxons.

Es ist ein Erlebnis, einem Buch zu begegnen, das in allen Teilen wahr ist und eine solche Humanität ausstrahlt. Dennoch überrascht es, wenn Bettelheim sich in seiner Klinik – der Orthogenetischen Klinik der Universität Chicago –, die er fast dreißig Jahre lang geleitet hat, mit autistischen Kindern beschäftigt, da diese schwerste und früheste psychische Erkrankung des Kindesalters als von erblichen, biologischen und/oder hirnorganischen Faktoren verursacht gilt; zumal es sich, so weiß die klassische Psychiatrie zu berichten, auch wenn die Ursache nicht näher bekannt ist, um eine unheilbare Krankheit handelt, die nur in seltenen Fällen gebessert werden kann. Diese Ergebnisse gründen auf naturwissenschaftlichen Betrachtungen und sorgfältigen Untersuchungen.

Noch einzigartiger muß es anmuten, wenn ein Psychoanalytiker, der kein Arzt ist, somit von Erblehre, Biochemie und Neurologie wenig versteht, sich völlig undogmatisch mit autistischen Kindern befaßt und von etwa 80% Heilerfolgen spricht – was alle herkömmlichen Vorstellungen auf den Kopf stellt – und obendrein behauptet, auf diesem Wege entscheidende Einsichten in die frühe Persönlichkeitsentwicklung und das Wesen der menschlichen Natur erlangt zu haben.

Hinzu mag sich Unmut, ja Mißtrauen gesellen, wenn wir erfahren, daß Bettelheims Behandlung getreu der psychoanalytischen Grundhaltung erfolgt, der gerne der Odem der verstiegenen Idealität zugesprochen wird, und das ganze Leben des Kindes nach psychoanalytischen Prinzipien gestaltet wird. Der Analytiker schafft eine Situation, in der das Kind aus sich heraus Kontakt wünscht. Dadurch wird dem Kind erst die Möglichkeit gegeben, einen Weg aus dem Labyrinth des Autismus zu finden, der sein eigener Weg ist. Wie schon der Kontakt nicht dressiert wird (wie z. B. in der Verhaltenstherapie), so legt Bettelheim großen Wert darauf, dem kleinen Autisten nicht den Weg und die Lebensweise des Therapeuten aufzuzwingen, sondern ihm die Fähigkeit zu geben, frei zu entscheiden, welches Leben er führen will. Es klingt paradox, wenn Bettelheim hinzufügt, daß diese Freiheit nicht bedeute, das Kind dürfe nicht psychotisch sein; im Gegenteil, ihm muß jederzeit offen stehen zu entscheiden, ob es psychotisch sein will oder nicht. Aber recht besehen wird gerade hierin allzu deutlich, wie ernst Bettelheim seine Aufgabe nimmt und wie groß seine Achtung und sein Respekt vor *dem* Menschen sind, der an einem frühkindlichen Autismus leidet. Er will keine Heilung um jeden Preis, keine oberflächliche Symptombehandlung, kein gewaltsames Herausreißen des autistischen Kindes aus seiner verrückten Innenwelt. Seine Erfolge gründen darauf, daß er Bedingungen für diese Kinder schafft, die es den Kindern selbst ermöglichen, in freier Entscheidung aus ihrer Welt herauszukommen. Erst wenn der Therapeut seinem Hochmut entsagt, besser wissen zu wollen, wie diese Kinder leben sollen, und seine Aufgabe darin sieht, den Kindern zu helfen, *ihren* Weg zu finden – erst dann, wenn sie diesen Weg gefunden haben, kann die Therapie zu einem Erfolg führen.

Bettelheim schildert auf fesselnde Art in drei ausführlichen Behandlungen, was es heißt, diese Aufgabe zu meistern. Die erste Bedingung schafft er, indem er den autistischen Kindern nicht seine rationale Welt überstülpt, sondern selbst in die irrationale Welt des Psychotikers eintritt, die psychotischen Gedanken ernst nimmt und verstehen lernt, was sie ausdrücken und woher sie kommen. Das kann aber auch bedeuten, daß er angespuckt, geschlagen, sogar gebissen wird und dieses auch zulassen und ertragen muß, da fast regelmäßig auf die erste Kontaktaufnahme mit dem autistischen Kind eine äußerst aggressive Phase folgt, und zwar dann, wenn es sein Zurückgezogensein aufgibt und erste Beziehungen knüpft.

Das therapeutische Vorgehen Bettelheims gründet auf der Überzeugung, daß jeder Mensch etwas Einzigartiges und Besonderes ist, und daß das autistische Kind keine Ausnahme bildet. Diese innere Einstellung zum Leben ermöglicht erst eine menschliche Beziehung, eine Begegnung in der trostlosen Lage dieser Kinder und einen Zugang zu ihren äußerst unglücklichen Erfahrungen, sowie den Erfolg, ihnen helfen zu können. Dieses Vorgehen beinhaltet für Bettelheim aber auch – wovon man sich leicht überzeugen kann – eine jederzeit kritische und abwägende Haltung, ein dauerndes Sich-zur-Frage-Stellen.

Letztlich, wer will das bezweifeln, stellt die Aufgabe, sich solcher hoffnungsloser Fälle wie der der autistischen Kinder auf eine durch und durch menschenwürdige Art anzunehmen, und stellt der Mensch Bruno Bettelheim eine unendliche Herausforderung dar – nicht nur an die Psychiatrie, auch an die Humanität in einem jeden von uns. Sein Denken und Tun ist dasjenige eines Widersachers gegenüber dem scheinbaren Paradox, eines Neinsagers, an zu einfache und bequeme Wahrheiten. Wie sollte uns dieses nicht an sein Schicksal und sein Leben in den Konzentrationslagern erinnern.

Aus all dem wird verständlich, daß die *Geburt des Selbst* trotz aller Begeisterung auch eine heftige Bewegung von Widersprüchen bei der Ärzteschaft und bei den Eltern ausgelöst hat und unversöhnliche Konflikte neu belebt wurden. Man hat von romantischem Dogmatismus gesprochen, da Bettelheim dem Einfluß der Umwelt eine so große Bedeutung zuerkennt. Man hat ihm vorgeworfen, er benutze den Begriff »frühkindlicher Autismus« in einem unerlaubt weiten Sinn; auch könne man die Schizophrenie und andere psychotischen Krankheitsbilder keineswegs mit dem infantilen Autismus vergleichen, da sie keinerlei gemeinsame Bezugsrahmen hätten. Trotz aller Beweise hält sich hartnäckig die Behauptung a priori, daß kein autistisches noch psychotisches Kind jemals durch Psychotherapie geheilt worden sei; es müsse sich um Fehleinschätzungen, wenn nicht um Täuschungen aus einer utopischen Perspektive heraus handeln. Der aufmerksame Leser wird sich überzeugen können, welchen Wert man diesen Einwänden zugestehen darf. Von Bettelheim ist jedenfalls bekannt, daß er immer eng mit Kinderärzten und Psychiatern der Standford University in Chicago zusammengearbeitet hat und die Diagnose der Fälle nicht von ihm allein gestellt wurde.

Es ist jedoch bemerkenswert, daß kaum eine deutsche Veröffentlichung, die sich von psychiatrischer Seite mit dem frühkindlichen Autismus beschäftigt, dieses Buch, das erstmals vor genau zehn Jahren erschien und von dem Übersetzungen in alle wichtigen Sprachen vorliegen, erwähnt, geschweige denn sich mit den Ergebnissen kritisch auseinandersetzt – was ebenso auch für andere Veröffentlichungen psychoanalytischer Autoren über den frühkindlichen Autismus gilt. Kann man hierin nicht eine besonders subtile Form der Ablehnung – welche Ironie, eine Ablehnung durch Nicht-Annahme der Existenz, wie sie Bettelheim bei autistischen Kindern beschreibt – sehen? Einen Versuch, totzuschweigen, was unliebsam und lästig ist. Verliert eine Wissenschaft nicht an Glaubwürdigkeit, wenn sie vermeidet, auch ihren Ansichten widersprechende Erfahrungen zu diskutieren?

Bettelheims Bücher haben ihn berühmt gemacht, und viele Ehrungen und Auszeichnungen in Psychiatrie, Pädiatrie und Psychoanalyse haben die Bedeutung seines Werkes unterstrichen. Mit seinem Namen ist wie mit keinem anderen die Erfahrung verbunden, daß man autistische und psychotische Kinder heilen kann.* Dennoch ist man bei der Lektüre des Buches letztlich bedrückt bei dem Gedanken, daß Bettelheim einer der wenigen Menschen ist, die bis jetzt den Mut, die Arbeitskraft und das Einfühlungsvermögen aufgebracht haben, sich einer solchen Aufgabe zu stellen.

München, Oktober 1977

Literatur

Erlenberger, M., *Der Hunger nach Wahnsinn*, Rowohlt Verlag 1977
Freud, S., *Über den Gegensinn der Urworte*, G. S. VIII, S. 213, 1910
Freud, S., *Jenseits des Lustprinzips*, G. W. XIII, 1920, S. Fischer Verlag
Guardini, R., *Der Gegensatz*, M. Grunewald-Verlag 1925
Mann, Th., *Doktor Faustus*, S. Fischer-Verlag 1967
Stork, J., *Fragen nach dem Vater*, Alber-Verlag 1974

* Dies besagt nicht, daß er der einzige ist, der sich von psychoanalytischer Seite her mit diesem Problemkreis auseinandergesetzt hat; bekannte Namen sind hier: M. Klein, M. Mahler, Winnicott, Justin, Lebovici, Diatkine, Mannoni.

ERSTER TEIL

Die Welt der Begegnung

Im Schattenreich

In der neueren Psychologie wird heute vielfach versucht, über andere etwas in Erfahrung zu bringen, ohne sich m. E. im selben Maße mit dem Selbst auseinanderzusetzen. Ich glaube indes, daß die Erfahrung, das Kennenlernen des anderen – das sich vom Bescheidwissen über den anderen unterscheidet – nur durch Kenntnis des Selbst möglich ist.

Eine Möglichkeit der Erfahrung des anderen liegt im experimentellen Bereich. Ein hervorragend geplantes Experiment überzeugt den Verstand und spricht unser ästhetisches Empfinden an. Doch leider erweist sich der Wert einer experimentellen Methode als umso fragwürdiger, je intensiver sich eine Untersuchung nicht mit vereinzelten Aspekten menschlichen Verhaltens, sondern mit dem Menschen selbst beschäftigt. Geist und Seele des Menschen sind so komplex, daß das Experiment nach wie vor nur einige einfache Aspekte ihres Funktionierens erhellen kann. Wollen wir den Menschen in seiner ganzen Kompliziertheit begreifen, müssen wir zu der Methode zurückkehren, bei der sich der Mensch zunächst selbst kennenlernt, um so auch den anderen kennenzulernen. Hier liegt auch der Grund, wieso mangelnde Selbsterfahrung zugleich mangelnde Kenntnis des anderen bedeutet.

Eine weitere schwierige Frage, die sich in diesem Rahmen stellt, ist die, wo man ansetzen soll: bei der Beobachtung anderer oder bei der Selbstbeobachtung. Häufig kommt es zuerst zur Selbstbeobachtung und erst danach – durch diese bewirkt – zur Beobachtung des anderen. Doch die Person, die sich selbst beobachtet, muß auch andere beobachten, sich durch andere beobachten lassen. Denn nur so kann sie das, was ein sehr persönliches, unkorrigiertes Vorurteil sein könnte, als allgemeingültig belegen.

Die Psychoanalyse begann mit der Introspektion. Freuds ursprüngliche Motivation war die Motivation all derer, die sich selbst beobachten – sie entsprang dem Wunsch sich selbst kennenzulernen. Aus diesem gewagten Unternehmen wurde jedoch ein wissenschaftliches, als sich zur Introspektion die Beobachtung hysterischer Patienten hinzugesellte. Das heißt die eigentliche Psychoanalyse begann mit Freuds Überlegungen über seine eigenen Träume. Diese belegte er später durch Beobachtungen, die auf dem basierten, was er durch Introspektion gelernt hatte.

Doch der Introspektion sind Grenzen gesetzt. Wir können nur das betrachten und bedenken, was Teil unseres Lebens ist oder war. Wenn wir Introspektion betreiben, können wir unseren gegenwärtigen Bezugsrahmen nicht außer acht lassen. So sehr wir uns auch bemühen, wir finden ihn nicht – diesen festen Ansatzpunkt außerhalb unserer selbst, durch den wir unsere Welt der Erfahrung außerhalb unserer gegenwärtigen Persönlichkeit ansiedeln könnten. Ja, die Grenzen sind noch enger gesetzt: Es gelingt uns durch Introspektion nicht, unserer frühesten Erfahrungen, des Ursprungs unseres Denkens und Fühlens, habhaft zu werden – der Dinge also, die unsere ganze spätere Entwicklung so ungemein stark beeinflussen. Doch einige sorgfältig geplante Beobachtungen an Säuglingen beginnen unser Verständnis dieses Problemkreises allmählich zu vertiefen. Man hat sogar einige begrenzte Experimente in dieser Dämmerzone der Anfänge der Menschheit durchgeführt. Mit Recht gehören die diesbezüglichen Untersuchungen Piagets zu den bekanntesten.

Schachtel (1947, 1959) und andere befassen sich mit diesem Verlust unserer frühen Erfahrung und mit der Frage, warum wir über diese Dinge nur Vermutungen anstellen können. So sind zum Beispiel die Erfahrungen des Säuglings wahrscheinlich in mancher Hinsicht intensiver als die des älteren Kindes oder des Erwachsenen. Denn zum einen wird diese Erfahrungswelt beherrscht von den Sinnesempfindungen des Tastens und Riechens – Empfindungen, die aus der Erfahrungswelt des Erwachsenen großenteils schon herausgefiltert sind. Deshalb könnte es sein, daß derartige Erlebnisse für den noch ganz jungen Menschen eine andere Art der Erfahrung darstellen können als für den älteren. Zum anderen – das hat Stern (1914) erkannt – beinhaltet die ganze Erwachsenenvorstellung vom eigenen Selbst und von den anderen für den Säugling oder das Kleinkind keinen Sinn. Das aber weist darauf hin, daß die Unterscheidung zwischen Subjekt und Objekt einer späteren Entwicklung vorbehalten ist. So unterscheidet sich auch hier die Art und Weise, wie das Kind bis zu seinem zweiten Lebensjahr die Welt erfährt, radikal von unserer Welterfahrung.

Doch wie, wenn es Menschen gäbe, die diesen frühen Modus der Wahrnehmung und Erfahrung der Welt und ihrer selbst auch erheblich später noch beibehielten? Denn es sind nicht nur Säuglinge, die in dieser Schattenregion des Geistes leben. Manche Kinder bleiben in diesem emotionalen und geistigen Entwicklungsstadium stecken und andere Kinder kehren in dieses Stadium zurück. Diese Kinder leiden an infantilem Autismus, einer schweren Störung der kindheitlichen Entwicklung, die als erster Kanner (1943) beschrieben hat.

Obwohl manche autistische Kinder in ihrem Bezug zur Realität ebenso solipsistisch wie Säuglinge sind und genauso wenig kommunizieren, sind sie in ihrer körperlichen Entwicklung erheblich weiter fortgeschritten. Ihre Reaktionen und Ausdrucksbewegungen erweisen sich (wenn sie nicht starr, wie eingefroren sind) als komplex und offenbaren folglich mehr als die des Säuglings. Da ihr zentrales Nervensystem voll entwickelt ist, sind gewisse Handlungen und Reaktionen oder ihr Ausbleiben nicht auf den Mangel einer potentiellen Fähigkeit zurückzuführen, sondern darauf, daß aus irgendeinem Grunde ein Potential nicht verwirklicht wurde. Zwar erfährt das autistische Kind die Welt wahrscheinlich nicht wie der Säugling, doch genauso wenig erfährt es diese Welt durch eine komplexe Persönlichkeit oder zumindest durch eine Persönlichkeit, die ebenso komplex ist wie die des gleichaltrigen normalen Kindes.

Wir wissen nicht genau, wie primitiv die Persönlichkeitsstruktur des autistischen Kindes ist. Doch im Gegensatz zu schwachsinnigen Kindern, deren Reaktionen – gemessen an ihrem Alter – ebenfalls äußerst primitiv sind, kann die Persönlichkeit des autistischen Kindes wesentlich vielfältiger entwickelt sein. Wenn solche Entwicklungen in der Behandlung stattfinden, so in einem wesentlich späteren Alter, in dem uns das Kind entweder sagen kann, was ihm geschieht oder zustößt oder in dem es uns vielfältigere Aufschlüsse darüber liefern kann, wie und wieso Persönlichkeitsentwicklung stattfindet.

Der Säugling kann zum Beispiel Objekte weniger gut handhaben und mit sehr komplexen Objekten kann er überhaupt nicht umgehen. Dagegen liefert uns der entsprechende Tätigkeitsbereich des autistischen Kindes – sowie er sich abzuzeichnen beginnt und sich die ersten Ansätze der Persönlichkeit entfalten, mehr Aufschlüsse darüber, was in diesem Kind vorgeht. In diesem Fall können wir das, was sich beim präverbalen Säugling unserem Blick entzieht, besser einsehen und verstehen.

Welcher Art sind zum Beispiel die zu einer solchen Entwicklung nötigen Schritte? Bedingen diese Schritte einander und – wenn ja – wie bedingen sie einander? Gibt es bestimmte Perioden, in denen Organismus und Umgebung zusammenwirken müssen, um ein bestimmtes Persönlichkeitsmerkmal hervorzubringen? Können sich solche Merkmale nicht entwickeln, wenn dieses Zusammenwirken in einer ganz bestimmten Periode nicht stattfindet? Können sich bestimmte Persönlichkeitsmerkmale auch dann entwickeln, wenn frühere Stufen der Persönlichkeitsentwicklung nicht zustande gekommen sind?

Da sich die zentralen Nervensysteme des autistischen Kindes (abgesehen vom autistischen Entwicklungsstillstand gewisser Potentiale) normal entwickeln, müßte das autistische Kind in der Lage sein, in jedem Abschnitt die Entwicklung noch fehlender Persönlichkeitsmerkmale nachzuholen. Doch wenn das Kind – ungeachtet seines höheren chronologischen Alters – nur dadurch dazu befähigt ist, jeden Entwicklungsabschnitt nachzuholen, in welchem sich die entsprechenden Persönlichkeitsmerkmale von Säugling und Kleinkind entfalten, sind diese Stufen nicht nur durch den Grad der Entwicklung der Nervenzellen bedingt, sondern auch dadurch, daß sie einander in einer Ordnung folgen müssen, die vom physischen Reifungsprozeß unabhängig ist.

Auch in diesem Fall gilt: wenn das autistische Kind aufgrund bestimmter Erfahrungen im Rahmen seiner Behandlung Persönlichkeitsmerkmale entwickelt, die ihm bis dahin fehlten, so können wir mit erheblicher Sicherheit daraus folgern, welche Erfahrungen in seinem Leben davor gefehlt haben, welche umgebungsbedingte Ereignisse davor wirkungslos geblieben sind und welche bisherigen Ereignisse welche Entwicklungsstufen der Persönlichkeit zuwegegebracht haben. Und wenn es eben diesen oder sehr ähnlichen Ereignissen nicht gelingt, bei Kindern anderen Alters ein Persönlichkeitsmerkmal zur Entwicklung zu bringen, so können wir daraus ableiten, welche Perioden zum Erwerb dieser spezifischen Stufe der Persönlichkeitsentwicklung entscheidend sind.

So faszinierend also die Probleme sind, die das autistische Kind aufwirft, ist es doch auch so, daß jedes vertiefte Verständnis seiner Pathologie und der Mittel, welche zum Behandlungserfolg beitragen, Erkenntnisse voraussetzt, die weit über die spezifische Störung hinausreichen. Ebenso offensichtlich ist aber, daß sich die Erkenntnisse, die wir aus dem Studium autistischer Kinder gewinnen, nur dann auf die Persönlichkeitsentwicklung übertragen lassen, wenn wir uns der Vor- und Umsicht befleißigen, die bei Rückschlüssen von der Pathologie aufs Normale unerläßlich sind.

Mit autistischen Kindern zu leben, sie zu studieren und den Versuch, sie zu behandeln, all das könnte man als ein Experiment bezeichnen. Doch die Kompliziertheit der Probleme, die erheblichen

Unterschiede zwischen den Einzelpersonen (von denen keine von einem Augenblick zum anderen dieselbe bleibt), der Abstand zwischen Beobachter und Beobachten, all diese und viele andere Dinge machen eine sorgfältige und detaillierte Planung eines solchen Experiments unmöglich. Derartige Behandlungsversuche können die strengen Anforderungen eines »wissenschaftlichen« Experiments nicht erfüllen, da hier immer wieder Wechselfälle auftreten, die alles andere als vorhersagbar sind. Und schon gar nicht dürfen wir erwarten, am Ende auf unzweideutige Antworten zu stoßen.

Was nun unseren derzeitigen Erkenntnisstand anlangt, so sehen wir uns durch die Beschaffenheit der untersuchten Phänomene mit mannigfachen Unklarheiten, ja sogar mit scheinbaren Widersprüchen konfrontiert, die nichts mit unseren eigenen Mängeln als Forscher zu tun haben. Der erste Punkt läßt sich nicht entschuldigen, der zweite nur aufrichtig bedauern. Doch kann man andererseits ohne die Bereitschaft, Unklarheiten und mögliche Widersprüche in Kauf zu nehmen, den infantilen Autismus oder die früheste Persönlichkeitsentwicklung, die beide so ungemein präverbal und prälogisch sind, nicht untersuchen. Es bleibt zu hoffen, daß wir all diese Unklarheiten eines Tages werden klären können. Doch haben wir, das heißt ich und meine Mitarbeiter an der *Orthogenetischen Schule*, dieses Stadium der Klarheit noch nicht erreicht.

Ich habe bereits gesagt, daß es häufig die Introspektion, die sehr persönliche Erfahrung ist, die zur Beobachtung und Forschung motiviert. Ein »Experiment« wie die Behandlung autistischer Kinder beginnt nicht zufällig. Neben den vielen »wissenschaftlichen« Gründen, die eine Untersuchung dieser einschneidenden Entwicklungshemmung so wichtig machen, entsprang mein Interesse auch einer persönlichen Neigung. Was mich als erstes verwirrte und mein Interesse für diese Kinder weckte, war die Tatsache, daß sie offenbar der Menschheit und der Gesellschaft vorsätzlich den Rücken kehren. Wenn ihre Erfahrung der Wirklichkeit dazu führte, daß sie diese völlig ablehnten, lag hier eine sehr wichtige Erkenntnis in bezug auf diese Wirklichkeit oder auf den Teil dieser Wirklichkeit, der jene Ablehnung auslöste. Wenn wir verstehen würden, welche Aspekte der Wirklichkeit einem Teil der Menschheit solchen Schaden zufügen, könnten wir – das war unsere Vorstellung – vielleicht wirksam etwas dagegen unternehmen.

Im Verlauf von vielen Jahren, in denen ich mit schizophrenen Kindern arbeitete, hatte ich die Erfahrung gemacht, daß der Rahmen einer Einrichtung, der speziell auf ihre Behandlung abgestimmt war, unerwartet günstige Ergebnisse zur Folge haben kann. [vgl. Bibliographie unter Bettelheim]. Das aber brachte mich auf die Frage, ob ein ähnlicher Rahmen für die Behandlung noch schwerer gestörter Kinder, zum Beispiel die der autistischen Gruppe, nicht genauso hilfreich sein könnte. So geschah es, daß Anfang der fünfziger Jahre einige autistische Kinder versuchsweise in die *Sonia Shankman Orthogenic School* der *University of Chicago* aufgenommen wurden. Wir fanden die Arbeit mit ihnen hochinteressant und ungemein schwierig. Bei einigen hatten wir erstaunliche Behandlungserfolge. Anderen ging es zwar besser, doch genügte das nicht, um sie in ein selbständiges Leben in der Gesellschaft zu entlassen. Und was die Mitarbeiter bei diesem Unternehmen anlangt, so hatten sie unterschiedliche Gründe für das Interesse und Engagement, das sie für diese Kinder – es waren immer nur sechs oder acht, mehr waren undenkbar – an den Tag legten.

Doch durch die finanzielle Unterstützung der *Ford Foundation* bekamen wir die Möglichkeit, uns von 1956 bis 1962 auf die Untersuchung und Behandlung des Autismus zu konzentrieren. Diese entscheidende Unterstützung, die dieses Buch erst möglich gemacht hat, sei hier dankenswert anerkannt. Ihr ist es zuzuschreiben, daß wir unsere Arbeit mit autistischen Kindern auf eine breitere Grundlage stellen konnten.

Obwohl ich mich für dieses Unternehmen von Anfang an stark interessiert hatte, engagierte ich mich erst dann ganz und gar, als verschiedene menschliche und theoretische Fragen auf einzigartige Weise in ein und derselben Person zusammenmündeten. Es war der Zeitpunkt, als Anna zu uns kam.[1] Obwohl Anna kein Kind der deutschen Konzentrationslager war, erinnerte ihre Lebensgeschichte doch eindringlich an diese. Durch Anna entstand für mich ein Bindeglied zwischen dem Phänomen dieser Lager, dem lange Zeit mein persönliches und theoretisches Interesse gegolten hatte (1943, 1960), und meiner tagtäglichen Arbeit, die in der Behandlung schwer gestörter Kinder bestand.

Manche Opfer der Konzentrationslager hatten als Reaktion auf die dortigen Extremsituationen ihre Menschlichkeit eingebüßt. Autistische Kinder ziehen sich aus der Welt zurück, bevor sich ihre Menschlichkeit richtig entwickelt. Könnte es, so fragte ich mich, ei-

[1] Ein kurzer Abriß ihrer Geschichte befindet sich in dem Kapitel über die verwilderten Kinder, das die Überschrift *Das Fortbestehen eines Mythos* trägt.

nen Zusammenhang geben zwischen den Auswirkungen der beiden Arten von Unmenschlichkeit, die ich kennengelernt hatte – die eine war aus politischen Gründen den Opfern eines Gesellschaftssystems aufoktroyiert worden, während die andere möglicherweise der selbstgewählte Zustand einer Entmenschlichung war (falls man bei den Reaktionen eines Säuglings überhaupt von »Wahl« sprechen kann)? Wie dem auch sei, ich hatte ein Buch über die Entmenschlichung in den deutschen Konzentrationslagern geschrieben, und was mich nun beschäftigte, war das hier vorliegende Werk über den infantilen Autismus.

Möchte man einen psychologischen Zustand wirklich ganz verstehen, so muß man über erhebliches Einfühlungsvermögen verfügen, das durch kritisches Urteilsvermögen gemäßigt werden sollte. Es gibt einige Leute, die sich bewußt Erlebnissen ausgesetzt haben, mit dem Ziel, sich in die schizophrene Erfahrung einzufühlen und Einblick in sie zu erhalten, um so anderen die Möglichkeit zu geben, diese Erfahrung objektiv zu untersuchen. In diese Kategorie gehören kürzlich durchgeführte Experimente zur sensorischen Deprivation. Andere Leute haben Drogen benutzt, um bei sich selbst psychoseartige Zustände hervorzurufen, und vielleicht können wir auch daraus (obwohl ich das bezweifle) Wertvolles lernen. Doch all diese Untersuchungen haben einen Faktor ausgeklammert, der meiner Ansicht nach eine derartige Erfahrung erst extrem macht – ich meine den Faktor der Unentrinnbarkeit.

Das Bewußtsein, daß man ein Experiment nach Wunsch abbrechen kann, bewirkt, daß einen die entsprechende Erfahrung nie völlig überwältigen kann. Doch nicht die Erwartung, sondern die unwiderrufliche Gewißheit der Folter oder des Todes ist es, die die Persönlichkeit zerstört. Schon die bloße Tatsache, ein Experiment mitzumachen, um einer wissenschaftlichen Untersuchung zu dienen, kann die eigene Selbstachtung in einem solchen Maße stärken, daß allein schon dadurch die Erfahrung nichts Zerstörerisches mehr an sich hat.

Für mich waren es die deutschen Konzentrationslager, die mir auf eine sehr persönliche und unmittelbare Weise gezeigt haben, welche Erfahrungen uns entmenschlichen können. Ich hatte damals das Gefühl, Kräften ausgeliefert zu sein, die ich selbst offenbar nicht mehr beeinflussen konnte; auch hatte ich keine Ahnung, ob und wann diese Erfahrung zu Ende sein würde. Es war eine Erfahrung, in der man von Familie und Freunden isoliert lebte und in der jeder Austausch von Informationen stark eingeschränkt war. Zur selben Zeit fühlte ich mich durch meine Umgebung, die offenbar meine unabhängige Existenz, ja mein Leben selbst zerstören wollte, fast völlig manipuliert.

Doch war da noch eine weitere Erfahrung, die es mir ermöglichte, in bezug auf den infantilen Autismus Beobachtungen und Selbstbeobachtungen aufzustellen. Von 1932 bis zum März des Jahres 1938 (der Einmarsch in Österreich) lebte mit mir ein autistisches Kind, für ein paar Jahre waren es sogar zwei. Um für diese Kinder das Zusammenleben zur therapeutischen Erfahrung zu machen, mußten wir viele Lebensumstände bei uns zu Hause ihren Bedürfnissen anpassen. Das war mein erster Versuch, eine ganz besondere Umgebung zu schaffen, die dazu beitragen sollte, die emotionale Abkapselung des Kindes zu durchbrechen und seine Persönlichkeit fortzuentwickeln.

Nachdem ich all meine Bemühungen und mein ganzes Denken auf die Schaffung dieser Umgebung konzentriert hatte, mußte ich plötzlich entdecken, daß sich die Situation in ihr Gegenteil verkehrt hatte. Innerhalb weniger Wochen wurde *ich* es, der sich einer weitreichenden Abkapselung und gezielten Bemühungen der Persönlichkeitszerstörung ausgesetzt sah. Diese plötzliche Umkehrung ließ mich später vermutlich begreifen, wie es passieren konnte, daß die Lager die Persönlichkeit zerstörten, und noch später veranlaßte sie mich, mit – so hoffe ich – mehr Einsicht und größerem Einfühlungsvermögen meine frühere Aufgabe wider in Angriff zu nehmen: die Aufgabe, ein Milieu zu schaffen, das der Wiederherstellung der Persönlichkeit dienlich sein könnte.

Nach diesen Anmerkungen über meinen Ausgangspunkt, den infantilen Autismus introspektiv zu erleben, möchte ich betonen, daß der Inhalt dieses Buches nicht auf Introspektion basiert. Vielmehr fußen seine Erkenntnisse auf den Befunden geschulter Beobachter, auf dem Vergleich solcher Beobachtungen und auf Rückschlüssen, die auf dieser Grundlage zustande kamen. (Zur Verwendung von Beobachtungen in diesem Buch vgl. die Auseinandersetzung mit der »Abfassung von Fallgeschichten« in meinem Werk *Truants from Life* von 1955 (deutsch: *So können sie nicht leben*).
Was ich höchstenfalls der Introspektion verdanke, war ein gewisses unmittelbares Empfinden dafür, was sich im Kopf der untersuchten Person abspielen mochte, ein Empfinden, das jedoch nie mehr als eine Ahnung eingestuft werden durfte. Denn sonst wäre die Benutzung der Introspektion zum Verständnis anderer lediglich Projek-

tion der eigenen Erfahrung gewesen, was nur wenig wissenschaftlichen Wert gehabt hätte.

Fünf Jahre nach meiner Befreiung im Jahr 1944 kehrte ich an den Ausgangspunkt zurück, an dem man mich gezwungen hatte, mein Vorhaben aufzugeben. Doch der Rahmen, die Umstände waren nun völlig andere, was sich unter anderem darin äußerte, daß mir nun wesentlich mehr Mittel zur Verfügung standen. Jetzt war es kein Privathaushalt mehr, der als Umgebung herhalten mußte, mit dem Ziel, schwer gestörten Kindern die geistig-seelische Gesundheit zurückzugeben. Nun hatte ich Gelegenheit, an einer großen Universität in diesem Sinne eine Institution ins Leben zu rufen und mich in diesem Rahmen der reichlich vorhandenen Hilfsmittel zu bedienen.

Seither ist es die Aufgabe meines Lebens gewesen, diese besondere Umgebung zu verbessern. Wichtiger aber noch ist der Versuch gewesen, mit Hilfe des Mitarbeiterstabs der *Orthogenetischen Schule* jene generellen Lebens- und speziellen Therapieerfahrungen zu vermitteln, die auch den Zustand der schwerstgestörten Kinder bessern helfen würden. Einen Teil dessen, was wir von der autistischen Gruppe gelernt haben, haben wir auf den folgenden Seiten festgehalten.

Bei der Planung dieses Buches mußten wir einige Entscheidungen treffen. Am wichtigsten war die Frage, welche von den mehr als vierzig autistischen Kindern, mit denen wir uns eingehend auseinandergesetzt hatten, sich am besten eigneten, unsere Ansichten darüber widerzugeben, was wir über die Natur der Störung, ihre Behandlung und unsere Erkenntnisse über die frühe Persönlichkeitsentwicklung in Erfahrung gebracht hatten. Wir fühlten uns versucht, die Fälle von jungen Leuten vorzustellen, denen es mit unserer Hilfe gelungen war, ihre frühe Störung völlig zu überwinden. Denn natürlich hätte es für uns eine Befriedigung bedeutet, wenn wir uns auf Krankengeschichten wie die des jungen Mannes konzentriert hätten, der heute glücklich verheiratet ist und seinen Doktor der Philosophie (Ph. D.) an derselben Universität gemacht hat, der unsere *Orthogenetische Schule* angeschlossen ist. Obwohl als Kind nicht autistisch, war er in seiner Wahrnehmung der Realität genauso blockiert wie es Autistische Kinder sind. Doch wir gaben jener Versuchung nicht nach. Trotzdem möchte ich hier den Beginn seiner Geschichte festhalten, die er zehn Jahre, nachdem er uns verlassen hatte, erzählte, weil ich ihn gefragt hatte, ob er seine Erfahrung mit uns nicht rückblickend umreißen wolle:

»Meine emotionale Kraft war aufgebraucht worden durch den Kampf mit schrecklichen Ängsten, Wünschen und Haßgefühlen. Als ich zur *Orthogenetischen Schule* kam, war dieser Lebensabschnitt zunächst gekennzeichnet durch einen schrecklichen Kampf, später durch delinquentes Verhalten und schließlich durch anerkannte Leistungen. Der Prozeß, den ich durchmachte, indem ich meine Energien modifizierte und in annehmbare und produktive Bahnen lenkte, war gekennzeichnet durch direkte Konfrontation. Es verändert sich nur, wer das auch wünscht. Die ersten Schritte, die man in Richtung auf diese Veränderung unternimmt, sind mit der Entdeckung verbunden, daß nicht der andere, sondern man selbst krank ist. Ist einem diese Tatsache einmal klar geworden, kann der Prozeß der Gesundung ernsthaft beginnen.

»Die Erfahrung, daß man ein eigenes Leben leben muß, ist (so simpel diese Feststellung auch scheinen mag) eine wesentliche Erkenntnis. Und nach dieser Erfahrung zu handeln, ist eine große Leistung. Die *Orthogenetische Schule* lieferte mir die Umgebung, in der ich diese Erkenntnis erproben konnte.«

Ich könnte auch von einem unserer stummen, autistischen Jungen sprechen, der, nachdem unsere Arbeit mit ihm abgeschlossen war, für einige Zeit am Fließband arbeitete. Es dauerte nicht lange, und er sehnte sich nach anspruchsvollerer Arbeit, so daß er sich als Friseur ausbilden ließ. Seit einigen Jahren ist er nun nicht nur ein erfolgreicher Friseur, sondern er führt eine glückliche Ehe und ist Vater eines reizenden Kindes. Das Sprechen fällt ihm nach wie vor etwas schwer, das heißt, er spricht langsam und wohlüberlegt. Die Wörter sprudeln ihm nicht von den Lippen. Doch er arbeitet zuverlässig und verdient gut. Er hat für seine Familie und sich ein hübsches Heim eingerichtet, ist genauso gut angepaßt wie der sogenannte Durchschnittsmensch, doch vom Leben ist er tiefer befriedigt als das gewöhnlich der Fall ist.

Nachdem wir also mit dem Gedanken geliebäugelt hatten, die Fallgeschichten darzustellen, die auch unsere Erfolge belegen würden, gelangten wir schließlich doch zu der Überzeugung, daß es wichtiger sei, jene Fälle zu wählen, aus denen wir am meisten gelernt hatten, ganz gleich, ob ihr Ausgang glücklich oder unglücklich gewesen war. Die schwersten Fälle waren offensichtlich die, bei denen die geringste Aussicht auf einen glücklichen Ausgang bestand, doch das waren genau die Fälle, bei denen die Persönlichkeit am stärksten blockiert war. Diese Kinder bedurften am dringendsten der Hilfe. Auch waren das die Fälle, die am klarsten zeigten, wieviel Fragen noch nicht beantwortet waren – die Fälle, die vor allen anderen weitere Untersuchungen nach sich ziehen sollten. Damit, daß wir Kinder aussuchten, bei denen wir keine vollen Heilungserfolge verbuchen konnten, wollten wir unterstreichen, daß die Behandlung autistischer Kinder keineswegs ein gelöstes Problem, ein abgeschlossenes Kapitel ist, sondern ein Kapitel, das man eben erst zu schreiben beginnt.

Da das stumme autistische Kind in seiner Entwicklung noch weiter zurück ist als das der Sprache mächtige, handeln zwei der drei dargestellten Fallgeschichten von sprach-losen autistischen Kindern, nämlich von Laurie und Marcia. Die dritte Geschichte beschreibt den Fall von Joey, der, als er zu uns kam, die Sprache zwar nicht als Kommunikationsmittel beherrschte, zumindest aber nicht völlig stumm war.

Bei einer weiteren Entscheidung, die es zu treffen galt, ging es um die Frage, ob ich in dieses Buch einige meiner bereits veröffentlichten Arbeiten einarbeiten sollte. Ein guter Teil von *Liebe allein genügt nicht* und *So können sie nicht leben* bot sich zu diesem Zweck an. Doch da beide Bücher erhältlich sind, wäre es kaum zu rechtfertigen gewesen, wenn ich sie in dieses Werk mit hereingenommen hätte. Und was nun meine Aufsätze in wissenschaftlichen Zeitschriften angeht, so waren nur zwei unter ihnen (1956, 1959), die dieses Buch abrundeten. Beide Artikel wurden umgeschrieben, und der eine bildet nun einen Teil des Kapitels *»Das Fortbestehen eines Mythos«*. Trotzdem möchte ich hier kurz auf die Philosophie eingehen, die unserer Behandlung zugrunde liegt, und mit der ich mich in den beiden eben erwähnten Büchern auseinandergesetzt habe, die jedoch in diesem Buch kaum erläutert wird.

In den meisten mir bekannten Institutionen besteht, das gilt sogar für die Behandlung des psychotischen Kindes, der wesentliche Ansatz darin, daß man das kranke Kind die Welt so sehen lassen möchte, wie sie wirklich ist. Genau dazu aber ist das psychotische Kind nicht fähig. Wir sahen nun unsere Aufgabe darin, für das Kind eine Welt zu schaffen, die völlig verschieden ist von der, die es voller Verzweiflung verlassen hat, eine Welt auch, in die es jetzt schon, so wie es ist, eintreten kann. Das heißt, das Kind muß das Gefühl haben, daß wir in seiner privaten Welt bei ihm sind, und nicht, daß es noch einmal die Erfahrung macht, daß »jeder mich aus meiner Welt heraus in die seine holen möchte«. Wie schaffen wir das?

Ich spreche hier von der privaten Welt des Kindes, während mein ehemaliger Schüler von »direkter Konfrontation« sprach. Jeder von uns beiden impliziert auf seine Weise, daß man dem anderen nur dann helfen kann, aus seiner Hölle heraufzusteigen, wenn man zu ihm zunächst einmal, in welchem Maße auch immer, hinabgestiegen ist. Das kranke Kind verfügt nicht über die Möglichkeit der »direkten Konfrontation«, so daß sich jemand anders zu dieser Konfrontation bereit erklären muß. Bis zu einem gewissen Grad bedeutet das immer einen Abstieg in die eigene Hölle, ganz gleich, wie weit man diese hinter sich gelassen hat. Und bis zu einem gewissen Grad wird diese Konfrontation, bei der man sich dem anderen anbietet, zur Konfrontation mit sich selbst. Doch wäre das ganze Vorhaben sinnlos, wenn es lediglich dazu käme, daß wir das Kind in seiner trostlosen Lage akzeptieren. Wir müssen dem Kind vor Augen führen, daß wir die ganze Sache – sogar in dieser seiner Hölle – gemeinsam in Angriff nehmen können, denn allein ist es dazu nicht in der Lage.

Den Kern unserer Arbeit bildet also nicht ein besonderes Wissen oder ein bestimmtes Verfahren, sondern eine innere Einstellung zum Leben und zu den Menschen, die in den Lebenskampf ebenso verwickelt sind wie wir. Es handelt sich hier um eine Einstellung zu den anderen und zu der Frage, warum sie das tun, was sie tun; dieser Einstellung liegt in erster Linie unsere eigene Einstellung zu uns selbst und zu der Frage zugrunde, warum wir tun, was wir tun. Es ist eine Einstellung, die uns vor Freud nicht zur Verfügung stand. Da ich an anderer Stelle (1966) auf die Natur dieser Einstellung eingegangen bin, möchte ich mich hier nicht wiederholen. Doch hoffe ich, eines Tages eine seit langem hinausgeschobene Arbeit über die Mitarbeiter an der *Orthogenetischen Schule* publizieren zu können.

Bei der Abfassung dieses Buches war ich in einem sehr konkreten Sinne nur einer unter vielen Mitautoren. Dieses Buch wurde von all jenen Mitarbeitern und Kindern geschrieben, die in der Zeitspanne, mit der sich die folgenden Seiten befassen, zur *Orthogenetischen Schule* gehörten. Es waren die Kinder, die ihre Geschichten auslebten und »niederschrieben« durch das, was sie taten und sagten oder was sie durch ihr Tun und Nichttun aussagten. Es waren die Fachkräfte, die sie erkennen ließen, daß jeder von ihnen »ein eigenes Leben zu führen hat«, und die den Aufstieg dieser Kinder aus ihrer Hölle aufzeichneten. Dieses Buch setzt sich also zusammen aus den schriftlichen Berichten der Mitarbeiter, sowie aus ihren und meinen sich anschließenden Überlegungen. Doch all das hätte nicht ausgereicht. Bei der Entstehung dieses Buches war Ruth Marquis von Anfang an meine vertraute Mitarbeiterin, vertrauter noch als bei meinen anderen Arbeiten, die ihr so vieles verdanken – so vieles, daß ohne sie dieses Buch nicht entstanden wäre.

Und was nun die Mitarbeiter angeht, die am meisten zur Abfassung der einzelnen Krankengeschichten beigetragen und die sich am stärksten um diese Kinder gekümmert haben, so werden sie zu Beginn einer jeden Geschichte genannt. Aber auch sie hätten nicht leisten können, was sie geleistet haben, wenn sie nicht unterstützt worden wären von den vielen nicht genannten Mitarbeitern, die ihren sehr entscheidenden Beitrag leisteten. Denn es wären weder unsere geschulten Mitarbeiter noch die Kinder vorangekommen, wenn es nicht das Betriebspersonal – die Sekretärinnen, Hausangestellten, Köchinnen und Hausmeister – gegeben hätte, das bei den Kämpfen dieser unglücklichen Kinder tagtäglich Hilfestellung leistete.

Da mein Bericht solide auf der Arbeit des Mitarbeiterstabs basiert und da ich mich auf den nun folgenden Seiten so wenig auf seine Leistungen beziehen werde, möchte ich hier mit der Beschreibung, die ein Meister von solchen Leistungen gegeben hat, schließen:

> . . . erkrankten Trieben Sorge tragen
> die Wurzel Leid aus dem Gedächtnis jäten,
> die Wirrung löschen aus dem Buch des Hirns,
> und durch ein süß abklärend Gegengift
> die keuchende Brust von aller Not erlösen.

Ich habe mir die Freiheit genommen, eine verzweifelte Frage in eine Aufforderung zu verwandeln. Daß dies möglich ist, läßt auf den Fortschritt schließen, den wir seit Shakespeare gemacht haben – allerdings nicht in bezug auf das Verständnis für menschliche Bedürfnisse, das die Dichter immer schon besessen haben, sondern in bezug auf die Kunst, Hilfe zu leisten.

Wo das Selbst beginnt

> Golden erwuchs das erste Geschlecht ...
> Sich mit den Speisen begnügend, die zwanglos von selber entstanden ...
> Ewig herrschte der Lenz ...
> Ströme von Milch und Ströme von Nektar fluteten nieder ...
>
> *Ovid, Metamorphosen*

Schon zu Ovids Zeiten war das, was er hier beschreibt, ein alter Glaube. Er erzählt von einer Welt, die noch vor den *Metamorphosen* lag, von einer Zeit, in der Wandel und Entwicklung noch nicht begonnen hatten, und in der das Leben in sich gut war. Jedes Zeitalter hat seine Träume vom Verlorenen Paradies, von einem verflossenen, selig genossenen Goldenen Zeitalter, das man für immer und ewig betrauert.

Die Psychoanalyse lehrt uns, daß alle Mythen, auch der unserer ersten Anfänge, unseres ersten Zuhauses, ihren Ursprung im unbewußten Wunsch haben. Diese Mythen werden häufig heraufbeschworen, um tiefe Ängste zu lindern, indem sie die Vorstellung wecken, wir hätten einst ohne Angst oder Verzweiflung gelebt, und diese Zeit könnte wiederkommen. Zuweilen enthalten solche Mythen ein Körnchen Wahrheit, doch ruht diese Wahrheit in so entlegener Vergangenheit, daß es fast unmöglich ist, aus den vielen Geschichten, die sich um dieses Körnchen ranken, die Dinge herauszuschälen, bei denen es sich um einst vertraute historische Begebenheiten gehandelt haben mag.

In der jüdisch-christlichen Mythologie ist dieses Goldene Zeitalter das Zeitalter der Unschuld. Vor langer Zeit, als wir weder Gut noch Böse kannten und auch nicht falsch handeln konnten, stand eine gütige Gottheit bereit, jeden unserer Wünsche zu erfüllen. Doch aus diesem kurzen Paradies wurden wir für immer vertrieben. Seitdem ist unsere Angst, unsere Verzweiflung die, daß jeder von uns in dieser Welt allein ist und für sich allein kämpft. Daher unser ständiger Wunsch nach Vereinigung, die unserer Abgetrenntheit ein Ende machen soll.

Die Aussage desselben Mythos, daß der Mensch (und sei es nur kurze Zeit lang) es nicht aushalten konnte, weniger als er selbst zu sein, ist weniger deutlich. Denn sobald ihm alles gegeben war und er selbst nichts mehr zu tun brauchte, forderte er den Spender aller Dinge heraus. Der Mensch wollte aus freien Stücken handeln, auch wenn das für ihn Trennung und Vereinsamung bedeutete.

Die Welt des Neugeborenen

Bei diesem Goldenen Zeitalter einer fernen Vergangenheit handelt es sich um unsere frühe Kindheit. Das war tatsächlich die Zeit, als man von uns nichts forderte und uns alles gab. Das ist das Körnchen historische und psychologische Wahrheit, das sich in unseren Träumen vom Verlorenen Paradies verbirgt. Das war die Zeit, als wir nur hungrig den Mund zu öffnen brauchten und schon bekamen wir köstliche Nahrung, denn die Mutterbrust war nie weit. Doch vielleicht ist es auch so, daß dieses Zeitalter einer ständigen Befriedigung nur durch den gewaltigen psychologischen Abstand zwischen uns und unseren frühesten Tagen zu seiner Existenz gelangt.

Obgleich die Psychoanalyse diesen Ursprung unserer Phantasie erkennt, entgeht sie nicht immer dem starken Wunsch zu glauben, daß wir es einst in unserem Leben tatsächlich so gut hatten. Während uns also die Psychoanalyse immer mehr lehrt über die Angst und Versagung, die bald unser Los sein könnten, fährt sie trotzdem großenteils fort, die früheste Kindheit als eine Zeit der Passivität und des primären Narzißmus zu betrachten, als eine Zeit, in der wir das Selbst als ein und alles erfahren.

Tatsächlich ist es jedoch so, daß andere in diesen ersten Tagen in unser Leben eindringen und unsere solipsistische Existenz auf unmerkliche Weise zerstören. Ebenso wichtig ist die Tatsache, daß dies eine Zeit ist, in der der eben geborene Mensch wichtige Schritte unternimmt, um sein Los aktiv zu meistern. Sicher sind es, von unserem Standpunkt aus gesehen, wenige und unbedeutende Schritte, die er in diese Richtung unternimmt, Schritte, die von langen Schlafperioden unterbrochen werden. Was man hier übersieht, ist, daß der Säugling vielleicht gerade deshalb so lange schläft, weil sein Lernen so intensiv und kräfteraubend ist. So wie der naive Beobachter den Eindruck gewinnen kann, daß in den Jahrtausenden, in denen sich der Mensch die Sprache erkämpfte, nur wenig Entwicklung stattgefunden hat, hat es auch für uns den Anschein, daß der Säugling zu Beginn nur wenig tut.

Daraus, daß er, was sein Überleben angeht, ganz offensichtlich von anderen abhängig ist, und daraus, daß der Säugling so wenig für sich selbst tun kann, schließen wir, daß er überhaupt nichts tut. (Diese Überzeugung wird von seiner Mutter gewöhnlich nicht geteilt.) Was nun die Außenwelt angeht, so nehmen wir an, daß er sie entweder nicht wahrnimmt oder daß er auf sie – wenn überhaupt – rein instinkthaft reagiert. Das heißt, wir nehmen an, daß er, psychologisch gesehen, noch nicht existiert oder lediglich auf Körperempfindungen wie zum Beispiel Hunger reagiert.

Im *American Handbook of Psychiatry* heißt es:

In diesem Zwischenbereich des frühen Lebens ... läßt der Säugling keine Anzeichen erkennen, daß er über seinen eigenen Körper hinaus etwas wahrnimmt. Er scheint in einer Welt innerer Reize zu leben ... Während das enteroceptive [System] von Geburt an funktioniert, ist das wahrnehmungsbewußte System, das Sensorium, noch nicht besetzt. Dieser Mangel an periphererer sensorischer Besetzung scheint der sensorischen Wahrnehmung, insbesondere der Wahrnehmung von Entfernung in der Außenwelt, nur langsam zu weichen.

Spitz (1962) vertritt einen ähnlichen Standpunkt, wenn er schreibt:

Vom dynamischen Standpunkt aus gesehen, sind Einstellung und Verhalten des Säuglings anaklitisch ... Wegen der Hilflosigkeit des Säuglings beinhaltet diese anaklitische Beziehung die Gesamtheit des Verkehrs, den der Säugling mit seiner Umgebung pflegt.

Um alle Wünsche des Säuglings kümmern sich die anderen, und weder braucht noch will der Säugling etwas aus eigenem Antrieb tun – das ist der Ausgangspunkt dafür, daß die Psychoanalyse ihren eigenen Mythos vom »Goldenen Zeitalter« des Säuglings geschaffen hat.

Wir Erwachsenen wissen, wie hilflos der Säugling in Wirklichkeit ist, doch der Säugling weiß das nicht. Und während unser Gesichtspunkt objektiv korrekt zu sein scheint, verrät er uns nichts über die subjektive Erfahrung des Säuglings. Indem wir dergestalt unsere eigenen Ansichten in das Innenleben des Säuglings hineinprojizieren, hindern wir uns selbst daran, seine psychische Erfahrung der Welt genau zu erfassen.

Im Gegensatz zu solchen Ansichten bin ich der Meinung, daß der

Säugling zum Beispiel beim Stillen, diesem zentralen Ereignis seines Lebens, enorm aktiv ist. Bei diesen Gelegenheiten mag er vielleicht nicht das Gefühl haben, Berge zu versetzen, aber doch das Gefühl, sie trocken zu saugen. Eine solche Erfahrung als anaklitisch, als völlig passiv zu betrachten, widerspricht der Erfahrung des Säuglings. Denn für diesen zählt nicht seine tatsächliche Abhängigkeit, sondern die Überzeugung, daß seine Bemühungen kolossal sind. Glücklicherweise setzen sich solche Standpunkte langsam sowohl im psychoanalytischen Schrifttum als auch in der Schulpsychologie durch.

So meint zum Beispiel Kohut (1959), man sollte

> [die Verfassung] des gesunden Säuglings an der Brust mit der emotionalen Verfassung eines Erwachsenen vergleichen, der restlos in einer Tätigkeit aufgeht, die für ihn von äußerster Wichtigkeit ist – denken wir an den Läufer beim Endspurt seines 100 Meter-Laufs, an den Virtuosen, der den Glanzpunkt seiner Kadenz erreicht, an den Liebenden, der den Höhepunkt der sexuellen Vereinigung erlebt.

Und Josselyn (1962) spricht davon, wie wir uns »mit nostalgischer Sehnsucht vorstellen, daß im Säuglingsalter Manna vom Himmel floß«.[1]

Beide Autoren stehen der vorherrschenden psychoanalytischen Auffassung von der Passivität des Säuglings kritisch gegenüber, doch da sie ebenfalls Psychoanalytiker sind, unterstreichen sie natürlich die Aktivität des Kindes im Rahmen seiner oralen Erfahrung. Das klingt insofern plausibel, als sich ein Großteil seines Interesses auf den Stillvorgang zu konzentrieren scheint, den wir so lange als instinkthaft betrachtet haben. Doch entdecken wir immer mehr, daß der Säugling fast von Anfang an seine Welt bemerkt, ihr bewußt Aufmerksamkeit schenkt.

So haben zum Beispiel Psychologen bei Neugeborenen die Visualität studiert, und Fantz (1958) hat gezeigt, daß Säuglinge bereits achtzehn Stunden nach der Geburt Objekte wahrnehmen und ver-

[1] Die Autorin schreibt, genauer gesagt: »Unsere Fachsprache und Theorien haben mit unserem Wissen über Säuglingsverhalten nicht Schritt gehalten . . . Ein auffälliges Beispiel für die ungenaue Verwendung von Wörtern, mit denen Säuglingsverhalten beschrieben wird, ist die in der Literatur weit verbreitete Beschreibung des Neugeborenen als ›passiv rezeptiv‹ . . . Der Säugling zeichnet sich aus durch das aktive Saugen, die aktive Suche nach einem Saugobjekt und die aktive Nahrungsbeschaffung durch dieses Objekt. Die Erschöpfung des Säuglings, die im Schlaf endet und immer dann auftritt, wenn keine adäquate Nahrungsaufnahme stattfindet, ist der Maßstab für den tatsächlichen Energieaufwand.« Auch Balint unterstrich in einer früheren Arbeit (1949), daß »der Säugling im Gegensatz zu der weitverbreiteten Meinung eigentlich nicht gestillt wird, sondern selbst aktiv saugt«.

folgen und daß sie bereits in den ersten Wochen zwischen verschiedenen geometrischen Formen unterscheiden können. Wolff und White (1965) haben demonstriert, daß drei oder vier Tage alte Säuglinge nicht nur Objekte mit den Augen verfolgen, sondern zu diesem Zweck auch den Kopf drehen. Doch ihre Studie belegt, was noch wichtiger ist, auf überzeugende Weise, daß Säuglinge dies am besten tun, »wenn sie sich in einem Zustand ruhiger Wachsamkeit, ähnlich dem der Aufmerksamkeit des Erwachsenen, befinden«.

Kurzum, das Ausmaß an »ruhiger Wachsamkeit« und an Gelegenheit, die Welt aktiv zu beobachten, kann für die spätere Entwicklung des Säuglings weitreichende Folgen haben. Dieser Standpunkt zur frühen Entwicklung unterscheidet sich stark von jenem, der davon ausgeht, wie die oralen Bedürfnisse des Kindes befriedigt werden.

Als wir begannen, intensiver mit autistischen Kindern zu arbeiten, haben wir selbst entdeckt, daß der Kern ihrer Störung nicht (oder nicht entscheidend) von einem Mangel an passiven Befriedigungen gebildet wurde. Es war für uns ein Leichtes, für diese Befriedigungen zu sorgen. Einige autistische Kinder akzeptierten die ihnen angebotenen Befriedigungen und blieben autistisch, andere lehnten sie ab. Doch keines der Kinder gab deshalb seinen Autismus auf. Das taten sie nur, wenn es uns gelang, sie zu aktivieren. Im Gegensatz zu Berichten über die »symbolische Wunscherfüllung« (Sechehaye, 1951), die den Patienten als viel zu passiv darstellen und die die Besserung seines Zustands auf die Behandlung durch den Therapeuten zurückführen, fanden wir, daß weder diese Behandlung noch die Befriedigung triebhafter Bedürfnisse (das Bedürfnis, aktiv zu sein, ausgenommen) die Rückkehr dieser Kinder ins Leben beschleunigte. Sie kehrten erst dann ins Leben zurück, wenn es uns gelang, die Bedingungen zu schaffen, durch die sie veranlaßt wurden, im eigenen Namen zu handeln, oder wenn es uns gelang, als entsprechende Katalysatoren zu wirken.

Eben weil das Saugen an der Brust für den Säugling eine der wichtigsten Aktivitäten ist, ist alles, was im Zusammenhang damit passiert, so wichtig. Doch genauso wichtig ist, was im Zusammenhang mit seinen ersten Beobachtungen der Umwelt geschieht – egal, ob wir sie fördern oder unterdrücken. So ist zum Beispiel das Saugen an der Mutterbrust eine sehr komplexe Erfahrung, wobei das Saugen an sich und die Nahrungsaufnahme lediglich ein wenn auch wesentlicher Bestandteil sind. Denn auch andere Faktoren dieses Vorgangs spielen eine wichtige Rolle. Ob der Säugling fest oder locker, sicher oder ängstlich gehalten wird, ob einfühlsam beachtet oder emotional ignoriert wird – all das und viele Dinge mehr bewirken sein augenblickliches Behagen oder Unbehagen und beeinflussen seine spätere Entwicklung. Doch wie wichtig diese Bedingungen auch seien, sie sind weniger bedeutend als die zentrale Tätigkeit, die ihnen zugrunde liegt: das Saugen und Säugen des Säuglings und die Möglichkeit, die man ihm gibt oder nicht gibt, die Gesamterfahrung seinen eigenen Bedürfnissen gemäß aktiv zu gestalten.

Auch wenn der Säugling durch seine Körperhaltung auszudrükken vermag, ob man ihn bequem oder unbequem hält, garantiert ihm das nicht, daß diese aktive Äußerung seiner Gefühle eine positive Reaktion auslöst. Das hängt von der Reaktionsweise der Mutter ab. Während er in eigenem Namen handeln kann und tatsächlich handelt, hängt die Art und Weise, wie er sich selbst und die Welt sieht, vom Scheitern oder Erfolg seiner Bemühungen ab. Anhaltende Nichtbelohnung seines Aktivseins kann sogar dazu führen, daß er es aufgibt, seine Interaktionen zu entwickeln und sich der Passivität überläßt. Dasselbe gilt für die Art und Weise, wie er darauf reagiert, daß man ihn auf den Arm nimmt, wickelt oder badet. Wenn er aktiv ist, sei es beim Stillen oder beim Beobachten seiner Umwelt, so ist das der Höhepunkt seiner Begegnung mit dem Leben. Der Erfolg dieser Aktivität und die Reaktionen, die sie nach sich zieht, sind es jedoch, die alle seine späteren Versuche selbstmotiviert zu handeln entscheidend prägen.

Wie ich bereits sagte, weisen kürzlich durchgeführte Beobachtungen darauf hin, daß der Säugling wesentlich früher, als man bisher annahm, aktiv und durch seine Umgebung beeinflußt wird. Wir wissen zum Beispiel, daß die Kopfbewegungen des Säuglings, mit denen er auf Berührungen an Wangen und Lippen reagiert, zu seinen reifsten Verhaltensreaktionen gehören. Diese Reaktionen äußert der Fetus bereits mit achteinhalb Wochen (Hooker, 1952). Und beim Neugeborenen aktivieren die Kopfbewegungen jene Körperteile, die reflexhaft mit der Position des Kopfes zusammenhängen (Gesell, 1938). Doch wird dadurch nicht gewährleistet, daß das Neugeborene durch Bewegungen des Kopfes den Saugvorgang sicherstellen kann. Wenn das nicht gelingt, kann der Säugling apathisch werden oder sich gegen die Mutter wehren.

Es gibt neugeborene Kinder, die ihre Mutter sogar mit den Fäusten schlagen (oder »boxen«).

Diese Handlungsweise ist für den Säugling immer dann typisch, wenn er unter Sauerstoffmangel leidet. Solche Säuglinge protestieren, sobald sie an die Brust genommen werden, denn es fehlt ihnen, weil ihre Atemwege behindert sind an Sauerstoff – denn da ist entweder ihre Oberlippe, die unter die Nasenlöcher geschoben wird oder die Brust selbst, die die Nasenlöcher versperrt. Es ist merkwürdig, daß sich offenbar keine Mutter oder Kinderschwester um diesen Teil der Lippen kümmert oder bemerkt, daß er den Atemweg versperrt; so aber kommt es, daß der Säugling, der eine derartige Versperrung der Nasenlöcher bereits erlebt hat, schreit und sich freiboxt, wenn man ihn an die Brust nimmt. Die assistierende Hebamme schiebt etwas fester, um den Säugling an die Brust zu bekommen,und der Säugling boxt noch heftiger. Dieser Kampf braucht sich bloß zwei oder drei Mal abzuspielen, und schon schreit der Säugling jedesmal, wenn man sich mit ihm zur Mutter begibt ... Gewöhnlich hat sich die ganze Sache bereits am zweiten oder dritten Tag entwickelt ... Allgemein gesagt haben wir es hier mit einer Situation zu tun, die keine Mutter aushält, denn sie ist entsetzlich für sie. Mütter, die eine solche Situation aushalten mußten, verlieren jedes Bedürfnis zu stillen, weil sie es nicht verkraften, vom Säugling derart zurückgewiesen zu werden (Gunter, 1961).

Indem der Säugling auf diese Weise mit der Mutter kämpft, versucht er seine Sache tatkräftig selbst in die Hand zu nehmen. Doch berichtet Call (1964) über ein gegenteiliges Beispiel, bei dem der Säugling offenbar bereits sehr früh von seiner Mutter überwältigt worden war. Sie bemächtigte sich der Interaktion des Stillens so ausschließlich, daß auch das antizipatorische Verhalten des Säuglings unterdrückt wurde.

Die Mutter stillte das Kind, indem sie sich hinlegte, und sie verfuhr ungemein geschickt, wenn sie dem Säugling einen Großteil der Brustwarze, der Areole, ja der ganzen Brust in den Mund schob, bevor dieser auch nur Gelegenheit hatte, etwas anderes zu tun als seine Hände direkt am Körper der Mutter an den eigenen Mund zu bringen, was die geschickte und rasche Einführung der Brust durch die Mutter noch erleichterte. Eine Nachuntersuchung drei Monate später ergab, daß der Säugling den Mund ebenso weit öffnete und den Kopf genauso nach vorne reckte, wenn man sich ihm mit einem Spatel näherte.

Diese Beispiele zeigen, daß der Säugling genauso aktiv ist, wie es seine Umgebung und seine biologische Ausstattung zulassen. Sie sind auch insofern aufschlußreich, als sie belegen, daß, wenn die Sache erst einmal schief gegangen ist, der Kampf zwischen Mutter und Neugeborenem sehr rasch immer heftiger werden kann. Sehr bald wendet der Säugling das Gesicht ab oder er schlägt die Mutter sogar, was diese so interpretiert, daß sie sich selbst für keine gute Mutter hält, anstatt herauszufinden, was nun eigentlich falsch gelaufen ist. Aber zum Teil stimmt ihre Interpretation: sie ist zu wenig auf ihr Kind eingestellt, um herauszufinden, wo der Fehler liegt. Aber vielleicht ist sie sich auch ihrer selbst so unsicher, daß sie sich für schuldig hält, noch ehe sie erkennt, daß das Stillen nur durch die Position ihrer Brust behindert wird oder dadurch, daß die Oberlippe die Nasenlöcher des Säuglings versperrt.

Manche Säuglinge – das entnehmen wir Wolffs Beobachtungen – scheinen sich in einer Art Vermeidungsreaktion von Reizen wie dem der Mutterbrust abzuwenden. Ist das der Fall, hängen die Folgen großenteils von der Reaktion der Mutter ab. Manche Mütter betrachten solches Verhalten als Zurückweisung, da sie meinen, beim Besten, was sie anzubieten haben – Mutterliebe und ihren eigenen Körper –, abgelehnt zu werden, so daß sie nun ihrerseits den Säugling ablehnen. Andere Mütter interpretieren die Sache völlig anders. Sie ziehen den Schluß, daß der Säugling zu überstürzt vorgegangen oder einfach zu ungeschickt ist, so daß sie ihm nun geduldig dabei helfen, die Brustwarze zu finden. Hat er das getan und saugt er in vollen Zügen die Muttermilch ein, verändert sich seine Reaktion: eben noch hat er den Reiz vermieden, doch nun sucht er begierig nach seiner Quelle (Wolff, 1964).

All dies läßt erkennen, wieso das Stillen und alles, was mit ihm zusammenhängt, offenbar den Erfahrungskern bilden, aus dem sich alle späteren Gefühle, die man in bezug auf sich selbst und auf andere hat, entwickeln – so wichtig ist sie, diese erste Erfahrung, die darin besteht, daß man im Rahmen einer Wechselbeziehung in eigenem Namen gehandelt hat, daß man nun weiß, was es heißt, voll aktiv zu sein, daß man der eigenen Erfahrung Form und Farbe gegeben hat, obwohl man im übrigen in voller Abhängigkeit lebte.

Wird der Säugling hingegen gehindert, in dieser Beziehung zur Mutter selber aktiv zu werden, oder bewirkt sein Handeln keine Reaktionen, wird er, ein hilfloses Opfer innerer Anspannungen, von ohnmächtiger Wut überwältigt. Nach Erikson (1958) ist diese Erfahrung »der ontogenetische Ursprung des Gefühls für das Böse, ein ›grundsätzlicher Argwohn‹, in dem sich mißtrauische Art mit dem Gefühl der eigenen Unzuverlässigkeit verbindet«.

Hier liegt der Grund, wieso die Brustfütterung nach wie vor das beste Paradigma für den Prozeß darstellt, in dem gemeinsames Handeln zu einem Gefühl des Vertrauens in sich selbst und in andere führt. Doch geschieht es allzu häufig, daß dieses ganze Geschehen einfach so – unkritisch und voll guten Glaubens akzeptiert wird. Doch es sind weder Mutterliebe, Nahrung noch Hautkontakt, die die Brustfütterung wesentlich machen. Ihre Essenz liegt jedoch sicher ebenso wenig darin, daß sie eine »orale« Erfahrung darstellt, die verbunden ist mit einer bestimmten Schleimhaut oder einer spezifischen erogenen Zone, obwohl all diese Dinge der entsprechenden Erfahrung weiterhelfen. Die Liebe der Mutter ist ungemein wichtig und insofern bedeutungsvoll, als sie das ganze Geschehen wesentlich mitgestaltet – zunächst in der Erfahrung des Stillens und später in allen anderen Interaktionen zwischen Mutter und Kind. Was unsere spätere Fähigkeit, Verkehr mit anderen zu pflegen, entscheidend prägt, ist unsere innere Erfahrung im Verlauf dieser ersten Interaktionen mit der Welt.

Das Stillen ist also eine außergewöhnliche Erfahrung, bei der zwei Personen gemeinsam, aber aus unterschiedlichen Bedürfnissen heraus handeln, was bei beiden Personen zu Spannungsabbau und emotionaler Befriedigung führt. (Dasselbe gilt beim wechselseitig befriedigenden Geschlechtsverkehr.) Die Freude am Bemuttern, die angenehmen taktilen und kinästhetischen Empfindungen vertiefen diese Befriedigung erheblich. Doch ergänzen sie sie nur, ohne sie zu begründen.

Damit die Brustfütterung voll befriedigt, muß das Kind hungrig sein, und die Mutter muß sich nach Erleichterung vom Druck der Milch in ihren Brüsten sehnen. Wenn daraufhin die Mutter ihre Brust gibt und das Kind daran saugt, handeln beide, um einen körperlichen Spannungszustand abzubauen und ein emotionales Bedürfnis zu befriedigen. Dieser wechselwirksame Prozeß ist dem gemeinsamen Handeln, das ein äußeres Ziel anvisiert, weit überlegen und enthält alle wesentlichen Bestandteile einer wirklich vertrauten, persönlichen Beziehung. Denn hauptsächlich geschieht es in persönlichen Beziehungen, daß sowohl äußeres Gelingen als auch innere Befriedigung aus gemeinsamen Handeln hervorgehen.[2]

Keines der höheren Säugetiere ist so gründlich erforscht wie der

[2] Andere Autoren bedienten sich anderer Begriffe und Beispiele, um dasselbe Phänomen darzustellen. Spitz (1962) spricht von Reziprozität, die er definiert als »den zirkularen Austausch affektiv gefärbter Aktionen zwischen Mutter und Kind«. Er benutzt das Beispiel von »einer Mutter, die ihrem siebenmonatigen Kind den Sauger des Fläschchens in den Mund steckt. Das Kind reagiert reziprok, indem es seinen Finger in den Mund der Mutter steckt; diese reagiert, in dem sie ihre Lippen an seinen Fingern bewegt, worauf das Kind seine Finger spielerisch bewegt und die Mutter mit einem Lächeln antwortet; die ganze Zeit aber starrt das Kind seiner Mutter aufmerksam, ja hingerissen ins Gesicht.«

Hund. Relevant in diesem Zusammenhang ist, daß neugeborene Welpen ebenso hilflos sind wie Säuglinge, obwohl sie erheblich schneller heranreifen. Für sie wie für andere Tiere höherer Arten gilt jedoch, daß die Lust der Nahrungsaufnahme nicht zur Sozialisierung und Anhänglichkeit führt. Brodbeck (1954) fütterte die eine Hälfte seiner experimentellen Gruppe von Welpen mit der Hand, während die andere Gruppe die Person, die sie fütterte, nie zu Gesicht bekam. Doch wenn beide Gruppen, abgesehen von den Fütterungszeiten, dieselben Kontaktmöglichkeiten zu ihrem »Herrn« hatten, entwickelten sie dieselbe Anhänglichkeit.

Scott und Fuller (1965) fassen die Befunde einer Reihe anderer Experimente zusammen. Sie gelangen zu dem Schluß, daß die Theorie, wonach das Füttern die Gefühlsbeziehung zwischen Mutter und Säugling herstellen, und wonach dies die Grundlage für die späteren umfassenderen Zuneigungen des Kindes sein soll, daß diese Theorie also einer gründlichen Überprüfung nicht standhalte. Was tatsächlich geschieht, ist, daß

> der Prozeß der Herausbildung einer emotionalen Zuneigung zu Vertretern der Elternart großenteils von äußeren Umständen abhängt . . . Bei dem wesentlichen Mechanismus scheint es sich um *einen inneren Prozeß zu handeln, der auf die äußere Umgebung einwirkt* . . . Um es klarer zu sagen: ein junges Tier entwickelt im Hinblick auf die Person und Objekte, mit denen es in der kritischen Periode in Kontakt kommt, automatisch eine Anhänglichkeit [und] es besteht die hohe Wahrscheinlichkeit, daß es auch in der Entwicklung des Menschen eine kritische Periode der primären Sozialisierung gibt [Kursivgedrucktes vom Autor].

Tatsächlich kann die Brustfütterung die Ausbildung persönlicher Beziehungen behindern. Unter den Maos von Neuguineau wird, so Margaret Mead (1958)

> die Brust der Mutter wie ein Stück Klempnerrohr behandelt, das völlig der Kontrolle des Kindes unterworfen ist. Anstatt daß die Mutter ihre Brust hält und sie dem Kind im Rahmen einer komplementären interpersonalen Beziehung gibt, haben wir es hier mit einer Mutter zu tun, die eine Art Gummischlauch an der Vorderseite ihrer Person hängen hat, der die Zuleitung zur Milch bildet; das Kind aber greift nach ihm, stößt ihn weg, reißt ihn ruckartig zu sich heran, und so findet wegen dieses Gegenstandes ein fortwährender Kampf zwischen Mutter und Kind statt.

Umgekehrt ist es so, daß es, wenn die Aktivität eines Säuglings im Rahmen einer wechselseitig sehr tiefen Beziehung gefördert wird, nicht immer der Sprache bedarf, um menschliche Zuneigungen zu wecken, obwohl die Sprache dabei sehr hilfreich sein kann. Alle expressiven Bewegungen des Säuglings bilden, zusammen mit seinem Gegurr und seinem späteren Gebrabbel eine Form der Kommunikation, die insgesamt langfristig dazu beiträgt, seine Beziehungen zur Umwelt herzustellen. All diese Dinge können uns im selben Maße wie die Sprache des Säuglings erschrecken, beunruhigen oder entzücken. Am stärksten berühren sie die Mutter, und sie ermöglichen einen wechselseitigen Austausch, der sich normalerweise zu gesellschaftlichen Spielen entwickelt. Das ist der Grund, wieso es sogar dem stummen und tauben Kind – immer vorausgesetzt, daß es hinreichend ermuntert wird, um im eigenen Namen aktiv zu werden und um im Rahmen der Wechselseitigkeit an gemeinsamem Handeln teilzunehmen – gelingen kann, Beziehungen herzustellen und zu kommunizieren, obwohl ihm sogar die archaischsten Formen der Sprache fehlen.

Körpersprache

Wie die Aktivität des Säuglings und das wechselseitige Geben und Nehmen zwischen ihm und der Mutter gefördert und unterdrückt werden können, kann man bei den zusätzlichen Fütterungen beobachten, die Säuglinge heutzutage bereits im Alter von zwei oder drei Wochen bekommen. Wenn die Mutter ihren Säugling mit dem Löffel füttert, kann sich dieser in seinen spontanen Bemühungen, aktiv am Fütterungsprozeß teilzunehmen, ermuntert fühlen. Zu Beginn versucht er vielleicht lediglich, ihren sich bewegenden Arm zu betasten. Später kann er versuchen, seine Finger ins Essen zu stecken, und schließlich kann er sogar nach dem Löffel greifen.

Kommt es so weit, kann ihn die Mutter verfrüht nicht nur dazu bringen, daß er ihr helfend zur Hand geht, sondern auch dazu, daß er sich tatsächlich selbst füttert, ein Trend, der heutzutage, da man Kinder so früh wie möglich unabhängig sehen möchte, weit verbreitet ist. Zwar wird der Säugling in diesem Fall zur Aktivität ermuntert, doch geht dies auf Kosten der Wechselseitigkeit, da man vom Säugling zu früh ein selbständiges Handeln erwartet. Ich behaupte nicht, daß ein solches Kind autistisch werden muß. Doch kann das Muster seiner Kontaktnahme zu anderen dadurch eingeschränkt werden – allerdings auch in diesem Fall nicht durch eine vereinzelte Erfahrung, sondern durch eine Gesamtheit paralleler Erfahrungen, denen ein und dieselbe Erziehungsweise zugrunde liegt.

In anderen Fällen hemmt die Mutter die Bemühungen des Säuglings, Dinge selbst zu tun. Auch hier wird, obwohl auf andere Weise, die Wechselseitigkeit blockiert. Doch da nicht nur die Wechselseitigkeit, sondern auch die Aktivität eingeschränkt wird, können die Folgen schwerwiegender sein. Und wenn sich dasselbe Muster auf die meisten oder alle Interaktionen zwischen Mutter und Kind erstreckt, kann es zu infantilem Autismus kommen.

So kann das Kind im späteren Säuglingsalter versuchen, nach dem Löffel zu greifen, mit dem seine Mutter es füttert, und es kann erleben, wie sie seine Hände mit fester oder sanfter Entschlossenheit an seine Seiten zurücklegt, damit kein Essen verkleckert wird oder damit der Fütterungsvorgang nicht zulange dauert. Der Säugling fühlt sich nicht nur insofern frustriert, als man seinen Versuch unterbindet, sondern auch insofern, als die Fütterung nicht zum wechselseitigen Prozeß wird. Und wenn ihm die Mutter darüber hinaus nach jedem Löffel zwar zart, aber sorgfältig den Mund abwischt, kann er durchaus die Mißbilligung bemerken, mit der seine Art zu essen aufgenommen wird.

Ich führe dieses Beispiel an, weil man ebenfalls beobachtet hat, wie die Mutter eines blinden oder tauben Kindes es zuließ, daß ihr Säugling nach dem Löffel griff, um diesen zusammen mit ihr zu halten; wie sie sich über seine ungeschickten und wirkungslosen Bemühungen, ihr beim Füttern zu helfen und sich selbst zu füttern, freute; wie sie seinen Spaß am Essen teilte, obwohl er es um seinen Mund herum verschmierte. Auf diese Weise wird durch die Fütterung Wechselseitigkeit zwischen den beiden hergestellt, obwohl das blinde Kind nicht die Freude im Gesicht der Mutter sehen, das taube Kind nicht die Freude aus ihrer Stimme heraushören kann.

Ein von Mittelmann, Malkenson und Munro (1959) produzierter Film zeigt die expressiven Bewegungen (oder affektomotorischen Muster) des Säuglingsalters. In einer Sequenz, die die Fütterungssituation behandelt, zeigt der Säugling entschlossen auf einen Bissen, den er haben will, und die Mutter gibt ihn ihm. Es ist faszinierend mitanzusehen, wie beim Säugling immer wieder der Wunsch auftaucht, sich selbst zu füttern, obwohl es wesentlich bequemer ist, sich von der Mutter füttern zu lassen. Doch ihre sichtbare Freude daran, daß der Säugling den Wunsch äußert, sich selbst zu füttern, verwandelt das ganze Geschehen in ein soziales Spiel, durch das sich die Fütterung für beide angenehmer gestaltet. Dies ist ein hervorragendes Beispiel dafür, wie Mutter und Säugling durch eine wechselseitig gute Beziehung eine Lösung finden können, bei der einerseits die selbständigen Entscheidungen des Säuglings geachtet und bei der andererseits seine Abhängigkeit in bezug auf die Pflege berücksichtigt wird.

Trotz alledem wird der Säugling durch die Erfahrung der Wechselseitigkeit allein nicht aktiviert. Sicher, das Leben findet immer zusammen mit anderen statt. Doch findet es auch von Anfang an für unser Selbst und mit unserem Selbst statt.

Wo setzt nun die menschliche Persönlichkeit ein? Die normale Entwicklung geschieht so glatt und gleichförmig, daß wir nur wenig auf die natürliche Abfolge der Ereignisse achten. So habe ich zum Beispiel behauptet, daß der Säugling von Anfang an aktiv sei, daß er jedoch nicht versuche, durch sein Handeln etwas mitzuteilen. Während er versucht, sich von der Mutterbrust freizuboxen, beabsichtigt er nicht im geringsten, ein »Ich ersticke« zu kommunizieren. Er weiß um keinen Zuhörer und möchte sich lediglich freikämpfen, um zu atmen. Doch wie dem auch sei, für die Mutter sehen die Dinge anders aus.

Ob nun bewußt oder unbewußt, sie spürt, daß sie ihre Gefühle dem Säugling durch ihre Reaktionsweise mitteilt. Obgleich der Säugling ihre Botschaften nicht in ihrer ganzen Schwierigkeit entziffern kann, vermag er schon bald darauf zu reagieren, ob ihre Gefühle nun hauptsächlich positiv, negativ oder ambivalent sind. Die Kommunikation setzt ein mit der Geburt, allerdings nur von der einen Seite her. Die wechselseitige Kommunikation existiert noch nicht.

Von unserem derzeitigen Wissenstand über die früheste kindheitliche Entwicklung ausgehend läßt sich diese Entwicklung am Menschen schwer nachweisen. Doch gilt das nicht für andere Säugetiere. Die Tiermutter tut etwas für das Neugeborene: sie leckt und säubert es zum Beispiel. Die Jungen mancher Arten könnten nicht überleben, wenn sie das nicht täte, und viele Säugetiere wachsen, wenn sie in diesen ersten Stunden nach der Geburt vom Muttertier getrennt werden, zwar heran, doch werden sie sich später nicht paaren und gegenüber Artgenossen gleichgültig bleiben. Indem also das Muttertier irgendein Bedürfnis seines Neugeborenen befriedigt, muß es dem Jungen etwas ungemein Wichtiges mitteilen, wobei das Junge diese Gabe zwar empfängt, ohne jedoch unbedingt mit einer eigenen Mitteilung zu reagieren.

Es kann sein, daß das Junge ebenfalls zu kommunizieren beginnt. Denn durch diese Handlungsweise oder diese Interaktion (falls es sich um eine solche handelt) bei der das Muttertier das Neugeborene sauberleckt, scheint das Junge den Keim einer zukünftigen Kontaktfähigkeit zu empfangen, obgleich es natürlich Monate oder sogar Jahre dauern kann, bevor dieser verborgene Keim im Verlauf des Heranreifens des Tierjungen aufgeht.

Für das Menschenjunge ist es typisch, daß Kontaktaufnahme und Kommunikation ihre Wurzeln in seinem Gegurr und Geschrei haben, wie auch in der entsprechenden positiven Reaktion seiner Mutter. Dadurch, daß ihm die Mutter durch ihre verschiedenen Reaktionen beibringt, Schmerz von Hunger zu unterscheiden und durch verschiedene Liebesdienste verschiedene Formen des Unbehagens lindert, lernt der Säugling zwischen seinen eigenen Gefühlen des Unbehagens unterscheiden. Und dadurch, daß das jeweilige Gefühl des Unbehagens nun weniger diffus ist und in dem Körperteil lokalisiert werden kann, wo es sich am akutesten bemerkbar macht, beginnt sich das Gefühl des Selbst (oder des Körper-Ich) zu entwickeln.

Haben Mutter und Kind eine Gefühlsäußerung (Weinen oder Lächeln) als Signal für ein bestimmtes Ereignis anerkannt, so ist eine Kommunikation entstanden. Bei dieser Äußerung kann es sich um eine besondere Bewegung oder ein besonderes Wehklagen des Kindes handeln, auf das die Mutter mit einem besonderen beruhigenden Verhalten oder Geräusch reagiert. Nun ist der Solipisismus überwunden und der Mensch kann an der Erfahrung des anderen teilnehmen.

In der normalen Entwicklung verschleiert die reibungslose Art, mit der eine Mutter so für ihren Säugling sorgt, daß seine Entwicklung bestens vonstatten geht, häufig die vielen einzelnen Schritte in diesem Prozeß. Von diesen Schritten sind erst einige offenbar geworden, und von denen möchte ich wiederum nur einige wenige skizzieren.

So führt zum Beispiel die Fürsorge der Mutter (also ihre ständigen aufmerksamen Reaktionen auf die vom Säugling zunächst wahllos geäußerten Signale inneren Unwohlbefindens) dazu, daß der Säugling allmählich zunächst seine Bedürfnisse und später seine Gefühle äußern lernt. Er tut das zu Beginn durch typische Äußerungen, aus denen bald Signale werden, die beide verstehen. Eine Ordnung findet dadurch statt, daß der Säugling Zusammenhänge herstellt zwischen verschiedenen Formen des inneren Unwohlbefindens und verschiedenen Signalen. Sie werden konkreter und führen zu einem differenzierten Körperbewußtsein. Der Säugling beginnt sich auch für den Teil der Wirklichkeit zu interessieren, der seinen besonderen Bedürfnissen gerecht wird und Wohlbefinden bewirkt.

Doch all diese Dinge kommen immer noch einem Konditionierungsprozeß nahe, obwohl es ein inneres Signal des Selbst (ein Weinen oder Lächeln) ist, das ein Handeln der Außenwelt bewirkt – im Gegensatz übrigens zu jenen konditionierten Reaktionen, bei denen ein äußeres Signal eine innere Reaktion erzeugt. Selbst-Bewußtsein existiert überhaupt noch nicht. Es gibt den Menschen noch nicht, der sich bewußt ist, daß er etwas von einem anderen Menschen bekommt, wobei dieser Mensch als solcher erkannt wird. An diesem Punkt begegnen wir nur dem Bestreben, Behagen zu erlangen und Unbehagen zu vermeiden, dem Wunsch, zu beachten und aufzumerken.

Nun hat der Säugling wiederholt erlebt, daß seinen Bedürfnissen nicht sofort und nicht immer entsprochen wird. Die kontrollierbare Frustration, die dadurch entsteht, macht ihm die Existenz einer Außenwelt überhaupt erst bewußt. Der Akzent liegt hier deshalb auf dem Wort *kontrollierbar*, weil das Kind, wenn es diese Frustration nicht kontrollieren könnte, von unangenehmen Emotionen derart überwältigt werden würde, daß nichts anderes mehr für es existieren würde. Ausgelöscht wäre das sich Verschwommen abzeichnende Bewußtsein von einer reagierenden Welt. So aber kommt es, daß die Erwartung des Kindes, etwas außerhalb seiner könnte seine Bedürfnisse befriedigen, sein Interesse an der Welt und seinen Wunsch, mehr über sie zu lernen, mächtig anspornt.

Beim nächsten entscheidenden Schritt entdeckt das Kind, daß es durch seine eigenen Bemühungen, durch das Geben oder Empfangen von Signalen, fähig ist, die Außenwelt zu beeinflussen – das aber ist der Punkt, an dem sich der Säugling zu einem sozialen Wesen zu entwickeln beginnt. Sind seine Bemühungen weiterhin erfolgreich, möchte er schließlich den Vorteil, den er daraus zieht, zu einem bleibenden machen, indem er sich mit diesem Dingda außerhalb seiner selbst zu arrangieren versucht, das die Macht besitzt, zu befriedigen oder zu frustrieren. Dieser Versuch erfordert zumindest eine rudimentäre Vorstellung von einem Selbst, das ein Nichtselbst evoziert, manipuliert und beeinflußt. Der Wunsch des Kindes, das Nicht-Selbst zu manipulieren, äußert sich zunächst in seinen Bemühungen, einseitige Kontrolle auszuüben. Erst wenn das nicht klappt, entwikkelt es langsam ein Gespür für die Vorteile der Wechselseitigkeit und Hand in Hand damit ein erstes bewußtes Reaktionsvermögen anderen gegenüber.

Während der Säugling also Sinnesempfindungen fühlen, beobachten und äußern kann – das heißt, er kann auf andere Personen und Objekte reagieren, lange bevor sich seine Sprache oder irgendein Äquivalent entwickelt –, gibt es noch kein Selbst, vermag er noch nicht zu kommunizieren. Dazu kommt es erst nach dem nächsten Entwicklungsabschnitt: seine eigenen Bemühungen, mit anderen in Verbindung zu treten, müssen ihm zunächst zu einer minimalen Unterscheidung zwischen Selbst und Nichtselbst verholfen haben. Außerdem muß diese vage Unterscheidung durch irgendeine wiederholte Kommunikation bestätigt worden sein.

Durch die richtigen Reaktionen, die auf diese Willensäußerungen des Säuglings hin erfolgen, werden diese Äußerungen derart aufgewertet, daß für ihn und für andere sein Weinen und sein Lächeln nunmehr zu Signalen für bestimmte Ereignisse werden. Spitz und andere (Spitz, 1945; Spitz und Wolf, 1949) haben den Schaden beschrieben, der auftritt, wenn die Gefühlsäußerungen des Säuglings keine Bestätigung durch die Außenwelt erfahren.

Hier liegt der Grund, wieso künstliche Fütterungszeiten, die nach der Uhr gehen, den Säugling entmenschlichen können. Der Grund ist nicht nur darin zu suchen, daß die Fütterung nach der Uhr den natürlichen Rhythmen des Körpers widerspricht oder daß sie eine mechanische Ordnung der Zeit und der Mutter-Kind-Beziehung beinhaltet. Wichtiger noch ist, daß diese Art der Fütterung den Säugling der Erfahrung beraubt, daß sich *sein* Handeln (sein Lächeln oder Weinen) ganz entscheidend auf diese wichtige Lebenserfahrung der Fütterung auswirkt.

Der Säugling wird langsam Mensch nicht dadurch, daß er immer dann gefüttert, gewickelt oder auf den Arm genommen wird, wenn er das Bedürfnis danach hat, obwohl diese Handlungen natürlich erheblich zu seiner Zufriedenheit und seinem Wohlbefinden beitragen. Ebenso wenig muß unregelmäßige Säuglingspflege den Säugling entmenschlichen, obwohl eine solche Behandlung Unzufriedenheit mit dem Leben, dürftige Entwicklung oder Krankheit erzeugen kann. Vielmehr ist es die Erfahrung, daß *sein* Schreien nach Essen *seine* Sättigung gemäß *seinem* Zeitempfinden zur Folge hat, was das ganze Geschehen zu einer sozialisierenden und vermenschlichenden Erfahrung macht. Es ist *sein* Lächeln oder sein Grimassieren, das bei der Mutter die entsprechende Reaktion auslöst.

Umgekehrt ist es so, daß die Erfahrung, bei der sein eigenes Handeln (Weinen oder Lächeln) keine Wirkung zeitigt, den Säugling daran hindert, langsam Mensch zu werden, da sie ihn entmutigt, mit anderen zu interagieren und dadurch eine Persönlichkeit auszubilden, durch die er die Umwelt erfassen kann.

Das Lächeln und das Weinen des Säuglings bleiben insofern entscheidende Anhaltspunkte, als beide zugleich eine Emotion vermitteln und einen Einfluß ausüben, wodurch das angesteuerte Ergebnis erreicht wird. Um eine menschliche Persönlichkeit zu entwickeln, genügt es folglich nicht, lediglich auf die Umgebung hin zuhandeln. Hinzukommen muß die Fähigkeit, Emotionen mitzuteilen und entsprechende emotionale Reaktionen zu erfahren. Die Erfahrung, daß unsere Emotionen keine entsprechenden Reaktionen auslösen, ist sehr frustrierend. Der Witz, der kein Lachen auslöst, eine zärtliche Geste, die unbeantwortet bleibt, gehören zu den schmerzhaftesten Erfahrungen. Und wenn uns von einem frühen Alter an die unseren Gefühlsäußerungen entsprechenden Reaktionen ständig versagt bleiben, hören wir auf, mit anderen zu kommunizieren und verlieren schließlich das Interesse an der Welt.

Aber das ist nicht alles. So lange wir die Wirklichkeit nicht beeinflussen können, werden unsere Bemühungen, eine Persönlichkeit zu entwickeln, vereitelt. Wenn dem Hungergebrüll des Kindes als Reaktion nur tiefe Sympathie, aber nichts zu essen folgte, wäre das Resultat genauso schlimm wie wenn überhaupt keine emotionale Reaktion erfolgte. Das ist ein unwahrscheinliches Beispiel, da das Kind – soll es überleben – gefüttert werden muß. Würde jedoch zum Beispiel der Vater oder die Mutter das Lächeln des Kindes, das zum Spielen auffordert, lediglich mit einem zärtlichen Gegenlächeln, nicht aber mit Spielen beantworten, würden für das Kind die Umgebung und der Wunsch, seine Gefühle mitzuteilen, ebenfalls völlig uninteressant werden.

Man kann natürlich argumentieren, daß viele Säuglinge nach der Uhr gefüttert werden und trotzdem zu gesunden Menschen heranwachsen. Das bedeutet jedoch lediglich, daß diese Säuglinge die Überzeugung, wesentliche Aspekte ihrer Umwelt beeinflussen können, nicht durch die Fütterung, sondern durch andere Situationen gewinnen. Wenn es darum geht, daß der Säugling zu der Überzeugung gelangt, er könne durch sein eigenes Handeln seine Lebensbedingungen verändern, schließt keine Situation alle anderen Situationen aus. Und so lange wir nicht mehr wissen über die Erfahrungen, die sich in diesem Zusammenhang als besonders befruchtend erweisen, müssen wir annehmen, daß jede Situation, die dem Kind das Gefühl, »Schmied seines eigenen Schicksals« zu sein, vermittelt, dazu beiträgt, daß das Kind zu einem ganzen Menschen heranwächst.

Die Bedeutung dieses gesamten Prozesses für die Entwicklung des

Selbst kann nicht hoch genug veranschlagt werden. Denn durch diesen Prozeß geht aus dem Ich, das lediglich agiert, ein Ich hervor, welches interagiert, welches auf andere reagiert und sich langsam bewußt wird, daß es die Reaktionen der anderen beeinflussen kann. Dieses Geschehen unterscheidet sich von der selbstbeschränkten Tätigkeit des Beobachtens und Aufmerkens, obwohl das eine stark vom anderen abhängig ist. Doch zuerst muß die emotionale Erfahrung stattgefunden haben, bei der der Mensch fühlt, daß er eine Art Selbst besitzt, das handlungsfähig ist, ein Selbst auch, das Verbindung zur reagierenden Umgebung unterhält.

Damit dies geschehen kann, muß die Mutter die ganze Zeit über den Wunsch haben, mit ihrem Kind wechselseitig zu kommunizieren. Doch gibt es einen Zeitabschnitt, in dem sie nicht erwarten darf, daß das Kind etwas zu diesem Prozeß beiträgt, und auch später muß sie sich damit begnügen, daß das Kind diese Entwicklung in kleinen Schritten durchmacht. Hat das Kind durch diese ganze Phase hindurch nicht nur bei der Fütterung, sondern auch in anderen Situationen die Erfahrung der Wechselseitigkeit gemacht, wird es ohne weiteres in der Lage sein, diese Wechselseitigkeit auch in seinen übrigen persönlichen Beziehungen zu verwirklichen.

Winnicott (1953) und andere Autoren haben erkannt, wie wichtig es ist, daß die Mutter durch ihre eigenen sich anpassenden Reaktionen die Bedürfnisse des Kindes befriedigt. Er schreibt:

> Die ausreichend gute Mutter ... beginnt mit einer fast vollständigen Anpassung an die Bedürfnisse ihres Säuglings, und im Laufe der Zeit paßt sie sich allmählich immer weniger vollständig an, entsprechend der wachsenden Fähigkeit des Kindes, mit diesem ihrem Versagen fertigzuwerden. ... Wenn alles gut geht, kann der Säugling tatsächlich aus dem Erleben der Frustration einen Gewinn ziehen, da die unvollständige Anpassung an seine Bedürfnisse Objekte real werden läßt ... Trotzdem muß Anfang anfang die Anpassung fast vollkommen sein, und nur wenn sie das ist, kann der Säugling beginnen, die Fähigkeit zu entwickeln, eine Beziehung zur äußeren Realität zu erleben. Die Mutter ermöglicht zu Anfang dem Säugling durch eine fast hundertprozentige Anpassung die Illusion, ihre Brust sei ein Teil seiner selbst.

Ungeachtet dieses Standpunkts glaube ich doch, daß Winnicott den Säugling in diesem Anpassungsprozeß für allzu passiv hält. Es ist richtig, daß diese Anpassung zunächst fast völlig und später zu einem großen Teil von der Mutter kommen muß. Doch auch der Säugling ist von Anfang an aktiv und paßt sich sofort an. Aber der springende Punkt ist der, daß sich die beiden auf völlig unterschiedliche Weise anpassen. Die Mutter paßt sich dem Säugling an, und diese Anpassung führt im Idealfall zur Befriedigung seiner und ihrer Bedürfnisse. Der Säugling dagegen paßt sich mit seinen sehr beschränkten Mitteln an – zu seinem eigenen Besten und ohne Rücksicht auf die Bedürfnisse der Mutter. Im übrigen hat Winnicott recht: Entwicklung findet dann statt, wenn auch der Säugling langsam beginnt, sich der Mutter anzupassen.

Ich möchte ein typisches Beispiel anführen, das veranschaulicht, wie eine instinktive Handlung, die auf einem einseitigen Bedürfnis basiert, zu einer Erfahrung der Wechselseitigkeit werden kann: das Kleinkind streckt seine Arme aus, und diese Geste wird als Signal dafür interpretiert, daß das Kind auf den Arm genommen werden möchte. Von der Evolution aus gesehen, ist dies eine sehr alte instinktive Reaktion des Primatenjungen, das sich allein gelassen fühlt und tatsächlich allein gelassen würde, wenn es sich nicht an die Tiermutter klammerte. Wenn sich Primatenjunge an ihren Müttern festhalten, klammern sie sich mit gestreckten Armen und Beinen an deren Flanke.

Ähnlich verhalten sich Menschenjunge: von einem bestimmten Alter an strecken sie Arme wie Beine aus, wenn ein Erwachsener auftaucht (Bowlby, 1958). Wird der Säugling von der Mutter hochgenommen, verstärkt er von sich aus die Nähe zur Mutter, indem er sich an sie klammert. Ist die Reaktion auf sein Verhalten positiv, lernt er, daß dieses Ausstrecken von Armen und Beinen, das mehr Körpernähe bewirkt, sein Wohlbefinden steigert. Auch lernt er, daß dieses Geschehen (oder Nichtgeschehen) von der Reaktion einer anderen Person abhängt, und daß seine eigenen Handlungen diese Reaktionen hervorrufen können, ja tatsächlich hervorgerufen haben. Hier, wo ein Alleinhandeln scheitern könnte, ist der Kern der Kommunikation der Wert des gemeinsamen Handelns.

Später ist es dann die Kommunikation durch die gesprochene Sprache und mehr noch durch den stillgedachten Gedanken, die es uns normalerweise erlaubt, Realität zu begreifen und Verbindung zu ihr aufzunehmen. Sogar die Fütterung gestaltet sich durch die Sprache erheblich wirkungsvoller. Denn aus dem einzigen Signal des Schreiens entwickeln sich die unterschiedlichen Sprachsymbole für »verletzt« (Nahrung würde nicht helfen) und für »hungrig« (Nahrung *würde* helfen).

All dies und vieles andere nimmt seinen reibungslosen Verlauf, wenn der Wunsch der Mutter nach Wechselseitigkeit nicht zu früh auftritt. Wenn sie von ihrem Säugling erwartet, er könne mit ihr kommunizieren, noch bevor er aufgrund seiner Bedürfnisbefriedigung erkannt hat, daß ein bestimmter Teil der Realität (nämlich der Mutter) positiven Wert für ihn besitzt, könnte auch sie enttäuscht werden. Ist ihre Enttäuschung groß, wird sich das in ihren Reaktionen äußern, und das Kind kann nicht nur nicht das geringste Bedürfnis nach Kommunikation entwickeln, es kann sogar sein Interesse an der Realität oder zumindest an deren Beeinflussung verlieren. Das gleiche kann geschehen, wenn die Mutter zu wenig erwartet. Nimmt sie an, der Säugling könne sich nicht anpassen, kann sie seine Bemühungen, die in diese Richtungen zielen, zunichte machen. Indem sie auf seine Handlungen hin weder Ermunterung noch sonst irgendwelche Reaktionen äußert, kann sie ihn zu einer Existenz zwingen, die fast nur mehr Ausweitung ihrer selbst, fast nur mehr das passive Objekt ihrer Fürsorge ist.

Schließlich müssen wir nachdrücklich betonen, daß sich keine Mutter, auch zur Zeit der Geburt nicht, den Bedürfnissen des Säuglings völlig anpassen kann, ebenso wenig wie sie sich später, wenn er sich ihr und der Welt anpaßt, vollkommen auf ihn einstellen kann. Es wird immer Zeiten geben, in denen sogar die besten und reaktionsfähigsten Mütter von ihrem Säugling zu viel erwarten, während sie in anderen Zeiten oder in anderer Hinsicht zu wenig von ihm erhoffen. Denn schließlich ist auch sie ein Mensch – Stimmungen unterworfen und fehlbar. Wäre sie das nicht, hätte ihr Kind kaum Gelegenheit, sein Anpassungsvermögen an der Realität zu erproben, und ihr Verhalten würde kaum zur Entwicklung dieses Vermögens beitragen. Auch die beste Mutter ist nach der Geburt erschöpft, nimmt das Kind zuweilen zu rasch, zu heftig, zu ängstlich in den Arm oder ist bei der Nachfütterung verschlafen.

Ebenso wie ich vor dem Mythos des seligen Säuglings gewarnt habe, möchte ich hier vor dem verwandten Mythos von der vollkommenen, sich total engagierenden Mutter warnen, obwohl wir uns sie sicher alle gewünscht haben. Heilige mögen im Himmel gebraucht werden, doch gute Eltern geben sie selten ab. Zumindest ist uns so gut wie nichts darüber bekannt, daß sie selbst Kinder gehabt oder erfolgreich großgezogen hätten.

Ich möchte darauf hinaus, daß sich der Säugling nur in kleinen

Schritten anpassen kann, so daß es gerade die winzigen Anpassungsprozesse der Mutter sind, durch die er aufblüht. Die Mutter, die ihr Kind allzu heftig in die Arme nimmt, ihre Umarmung jedoch sogleich lockert, wenn sie die abwehrende Reaktion des Kindes spürt, zeigt dem Kind,was eine geringfügige Anpassung für einen erheblichen Unterschied bedeuten kann. Dem aber wird das Kind nacheifern. Umgekehrt kann eine Mutter bei ihrem Säugling eine unbedeutende negative Reaktion herausspüren, die sich auf ihre Art ihn zu halten bezieht, und die Folge kann sein, daß sie sich überängstlich verkrampft. Sie befürchtet, eine schlechte Mutter zu sein, die ihr Kind nicht einmal richtig halten kann. Oder sie gelangt zu der Überzeugung, daß sich diese negative Reaktion gegen sie richtet und daß ihr Kind ein schlechtes Kind ist, das nicht umarmt werden möchte. Das aber ist dann die Mutter, die ihre Umarmung gern verstärkt, um dem Kind zu beweisen, daß seine Bemühungen, seine Situation zu verbessern und sich ihrer Umarmung nicht anzupassen, nicht die gewünschten Ergebnisse zeitigen, so daß er sie besser aufgäbe.

Es scheint so ungerecht zu sein, doch auch bei der Mutterschaft ist es offenbar so, daß denen, die haben, gegeben wird, während denen, die nichts haben, genommen wird. Die Mutter, die sich in ihrer Rolle sicher fühlt, ist ohne weiteres fähig, ihre Reaktionen den unmerklichen Hinweisen ihres Säuglings anzupassen und dadurch seine zunehmende Anpassung an sie und ihre Verhaltensformen zu fördern. Die unsichere Mutter dagegen reagiert defensiv auf die Anpassungsbemühungen ihres Säuglings, weil sie sich durch diese auf die eine oder andere Weise verunsichert fühlt. Während sie aber seine Reaktionen verhindert, so daß diese zusehends abnehmen oder ganz verschwinden, fühlt sie sich mehr und mehr verunsichert, wenn es um die Frage geht, wie sie den Bedürfnissen ihres Säuglings am besten Sorge tragen soll.

Wie überall im Leben spielt auch in diesem Fall das Schicksal eine große und manchmal entscheidende Rolle. Kinder kommen mit unterschiedlicher Erbanlage, unterschiedlicher Intelligenz und unterschiedlichem Temperament zur Welt. Wie groß der Einfluß unserer frühesten und aller darauf aufbauenden Erfahrungen auch sein mag, er kann die Erbanlage, mit der wir zur Welt kommen, lediglich modifizieren. So gesehen ist Vererbung Schicksal. Einer sehr rasch reagierenden Mutter wird es schwerfallen, ihr Tempo dem ihres ungewöhnlich langsamen Kindes anzupassen, weil ihr derart langsame Bewegungen ein ungewöhnlich hohes Maß an Anpassung abfordern.

Genauso kann ein hyperaktiver Säugling zu viel sein für eine langsam reagierende Mutter, die ihre Reaktionen, auch wenn sie es möchte, nicht zu beschleunigen vermag. So müssen die Mutter und der Säugling, deren Reaktionsmuster zu stark voneinander abweichen, unter Umständen eine gemeinsame Ausgangsbasis finden, die für sie erheblich schwieriger zu verwirklichen und aufrechtzuerhalten ist als für die Mutter und den Säugling, deren Temperament, Rhythmus und Reaktionsfähigkeit wesentlich besser harmonieren. Das Leben kann, was diese Wechselseitigkeit anlangt, sehr ungerecht sein, so daß die einen ihre Anpassung wesentlich leichter belohnt bekommen als die anderen.

In der Regel ist es jedoch so, daß sich die Reaktionen des Säuglings nicht allzu stark von denen der Mutter unterscheiden, oder daß sie fähig ist, die nötigen Anpassungen vorzunehmen. So aber wird der Säugling von Anfang an körperliches Behagen nicht nur suchen und dementsprechend reagieren, sondern mit seiner Umgebung auch bald interagieren. Je eher seine Handlungen ihren Zufallscharakter verlieren, um so besser. Zunächst lernt er, wenn auch in kleinen Schritten, sie auf seine Umgebung abzustimmen und darauf gewisse Reaktionen zu erwarten. Ist er darin erfolgreich, lernt er, daß einige Konsequenzen seiner Handlungen vorhersagbar sind. Das sind die grundlegenden Voraussetzungen für die Persönlichkeitsentwicklung. Gleichzeitig wandelt sich ein verschwommenes Gefühl des Selbstseins zum Selbst. Das heißt, anders ausgedrückt, daß das Ich, welches auf innere und äußere Reize zu reagieren beginnt, langsam zu zielgerichteten Handlungen übergeht, die darauf schließen lassen, daß das Ziel und die Art, wie es zu erreichen ist, irgendwie bereits bewußt sind.

Soll sich die Aktivität des Säuglings entwickeln, muß ihr Wert, was die Verwirklichung spezifischer, antizipierter Ergebnisse angeht, erprobt werden. Daß es ein kritisches Alter gibt, in dem dieser Prozeß stattfindet, ist bei einigen Vögeln und anderen Tieren eine unbestreitbare Möglichkeit, und bei anderen Lebewesen eine bestens dokumentierte Tatsache.

Doch wenn das alles wäre, würde ich mich hier nicht mit Vogelverhalten befassen. Was zählt, ist die entscheidende Frage, ob und in welchem Maße der junge Vogel in diesem Zeitabschnitt aus eigenem Antrieb aktiv ist. Hess (1959) hat zum Beispiel an der Stockente beobachtet, daß der Prägungsprozeß um so erfolgreicher verläuft, je mehr Kraft das Entenjunge aufwenden muß, um seiner Mutter (oder einem experimentellen Ersatz) zu folgen. Jenseits dessen, was man einst Instinktverhalten genannt hat, ist also sogar für diese relativ niedrige Art das selbständige Handeln des Jungen auf ein Ziel hin von entscheidender Bedeutung.

Auch bei Primaten, die uns wesentlich näher stehen, ist die elterliche Reaktion auf die spontane Aktivität der Jungen entscheidend. Carpenter (1934) schildert, wie die Brüllaffen für ihre Jüngsten sorgen. Zu Beginn gehen sie in ihrer Sorge um die Jungen so weit, daß sie schon auf das bloße Abbrechen eines Astes reagieren, weil sie befürchten, eines ihrer Jungen könnte gestürzt sein. »Das Knacken eines Astes unter der Last eines Tieres kann die Männchen zum Brüllen veranlassen«, und die Weibchen eilen herbei, um das heruntergefallene Junge aufzuheben. Das ist die frühe Entwicklungsphase, in deren Verlauf von den Jungen kaum irgendwelcher Unternehmungsgeist erwartet wird. Doch schon das nächste Entwicklungsstadium bezeichnet der Autor als »eine Übergangsphase von der völligen Abhängigkeit von der Mutter . . . zur völligen Unabhängigkeit«. In diesem Zeitabschnitt »kontrollieren und konditionieren die Affenmütter ihre Jungen, indem sie deren ›spontane‹ Aktivität manchmal unterstützen und manchmal einschränken.«[3]

Das spontane Handeln innerhalb eines sozialen Zusammenhangs und die entsprechende Ermunterung sind also offenbar für die Entwicklung der Unabhängigkeit nicht nur beim Menschen, sondern auch bei Primaten entscheidend, während die Aktivität im Lernprozeß sogar für die Subprimaten wesentliche Bedeutung besitzt.

Ich habe bereits darauf hingewiesen, daß die Literatur über die Mutter-Kind-Beziehung m. E. das Bedürfnis des Kindes, nur passiv zu empfangen, überbetont hat. Im Gegensatz dazu hat diese Literatur die Tatsache vernachläßigt, daß der Säugling von Anfang an nicht nur umarmt und liebkost werden muß, sondern daß er sich selbst auch aktiv anklammern können muß. Ich glaube, daß dem von Winnicott (1953) so lebendig beschriebenen Bedürfnis vieler kleiner Kinder, sich an ein Übergangsobjekt (sei es nun ein Stofftier, eine Babydecke oder was auch immer zu klammern, die spontane Bemü-

[3] Sander (1962) hat erkannt, welche Anforderungen Wechselseitigkeit und Anpassung an die Mutter stellen. Er nennt fünf verschiedene Stadien: »Die Perioden der beginnenden Anpassung, des reziproken Austausches, der frühen zielgerichteten Aktivität, der Zentrierung auf die Mutter und der Selbstbehauptung«. Entscheidend bei jeder dieser Perioden ist die Frage: »In welchem Ausmaß entspricht das Verhalten der Mutter auf spezifische Weise der Verfassung des Säuglings und den entsprechenden Hinweisen, die dieser gibt?«

hung zugrunde liegt, die Erfahrung des aktiven Sich-Anklammerns zu erleben, die in ihrer Beziehung zu ihren Müttern zu wenig vorhanden gewesen ist.

Unter Primaten genügt es, daß das Schreien des Jungen die Mutter herbeieilen läßt. Sowie sich das Junge an irgendeinen Teil ihres Körpers klammern kann, vermag es die Zitze von alleine zu finden. Dem Säugling indes hilft das Sichanklammern kaum weiter, weil er mit eigenen Kräften nicht zur Brust gelangen kann. Außerdem ist es in unserer westlichen Zivilisation so, daß dem Säugling in vielen Fällen nicht geholfen wäre, wenn er mit eigenen Kräften zur Brust gelangen könnte, da die Flaschenfütterung bei uns das Stillen mit der Brust verdrängt hat. Der Säugling müßte auch dann noch nach seinem Essen schreien.

Ich glaube, es gibt noch einen weiteren Grund, aus dem sich das Anklammern des Säuglings nicht im selben Maße auf seine Entwicklung auswirkt wie beim Tier, dessen Sichanklammern für das spätere Paarungsverhalten wesentlich ist – das gilt zumindest für viele Säugetiere und für die Sozialisierung von Primaten. Dieser Grund ist darin zu suchen, daß sich das Primatenjunge aktiv ans Fell seiner Mutter klammert. Diese Aktivität mag für den Affen genauso entscheidend sein wie für den Prägungsprozeß bei Vögeln. So sehr sich der Säugling auch an seiner Mutter klammern möchte, er hat wenig Möglichkeiten dazu, da es ihm gerade noch gelingt, ihre Brust oder ihr Gesicht zu betasten, während sie ihn stillt, oder sich in einem Greifreflex an ihrem Finger festzuhalten. Auch ist dieses Sichfesthalten kaum mit einem Körper- oder Hautkontakt verbunden. In diesem Erfahrungsbereich scheint der Säugling von Anfang an benachteiligt zu sein.

Leider ist die Wechselseitigkeit des Sichanklammerns, was den Säugling anlangt, kaum untersucht worden. Vielleicht würde die Erfahrung des Stillens wesentlich befriedigender ausfallen, wenn die Mutter emotional freier reagieren und über größere Körperbereiche hin Hautkontakte mit ihrem Kind suchen würde. Wenn dem so wäre, könnte der Körperkontakt, den der Säugling zu seiner Mutter unterhält, ebenso wichtig sein wie der es für das Tierjunge zu sein scheint. Gewiß ist es in den Gesellschaften, mit denen ich vertraut bin, so, daß die körperlichen Reaktionen der Mutter in einem solchen Maße gehemmt sind, daß die Erfahrung des Umarmens und Sichanklammerns nie in einer völligen Gemeinsamkeit Geschehen kann.

Wächst der Säugling heran, lernt er, daß Weinen nicht die einzige Möglichkeit ist, um die Mutter herbeizurufen und sich an sie zu klammern. Bowlby (1958) setzt sich mit der einschlägigen Literatur auseinander und befaßt sich mit der Frage, wie der Säugling, der durch sein Weinen die Mutter herbeizurufen versucht, später erstaunlich aktiv wird, wenn er selbst ihre Anwesenheit sucht.

> Die Neigung, sich in Sicht- oder Rufweite der Mutter aufzuhalten ... tritt besonders dann zutage, wenn das Kind müde oder hungrig ist oder wenn es Schmerzen hat; auch wird sie sofort aktiviert, wenn das Kind Angst hat ... Bei vielen Kindern scheint diese Neigung im Alter von achtzehn bis dreißig Monaten am stärksten ausgeprägt zu sein. Diese späte Datierung dürfte vor allem diejenigen überraschen, die, da sie psychische Anhänglichkeit mit physischer Abhängigkeit gleichsetzen, von der Annahme ausgehen, die Anhänglichkeit müsse kurz nach der Geburt maximal sein.

Bowlby fügt noch hinzu, daß aufgrund seiner eigenen Erfahrung »viele psychologische Störungen, darunter auch die schwersten, sowohl vom zweiten Lebensjahr an datieren können, wenn das Sichanklammern und das [dem Elternteil] Hinterherlaufen kulminieren, als auch von den ersten Monaten an, wenn diese Neigungen noch rudimentär sind«.

Wir sind selbst erstaunt gewesen, wie oft die Krankengeschichte autistischer Kinder im frühesten Alter keine offenkundige Abweichung oder Traumatisierung aufwiesen, obwohl diese natürlich hätten auftreten können. Stattdessen wurde von den Kindern berichtet, daß sie sich bis ins Alter von achtzehn oder vierundzwanzig Monaten mehr oder weniger normal entwickelt hätten – eine Zeitangabe, die mit der Bowlbys übereinstimmt. Es ist dies das Alter, in dem der Säugling immer noch viele Bedürfnisse hat, die er nicht selbst befriedigen kann, obwohl er durch Gehen und Reden zu versuchen beginnt, sich selbst das zu verschaffen, was er haben möchte.

In den Lebensläufen unserer stummen autistischen Kinder stoßen wir immer wieder auf die häufig eindeutig belegbare Feststellung, daß die Kinder normal zu sprechen begannen. Waren diese Anfangsgründe der Sprache erworben worden und konnten die Kinder einige Wörter sagen, gaben sie das Sprechen langsam oder plötzlich auf. Das heißt, Sprechen wurde entwickelt, um die Umwelt zu beeinflussen, doch als dies mißlang, wurde es aufgegeben. Das Kind gibt nicht alle seine Kommunikationsbemühungen auf, weil seinen Bedürfnissen nicht richtig entsprochen wird – obgleich auch das seiner Persönlichkeit schadet. Das Kind zieht sich zurück, wenn seine Bemühungen darauf hinauslaufen, daß es weniger fähig ist, die Umwelt zu verändern, als zuvor.

Hier sind die Beobachtungen, die die Eltern an ihren autistischen Kindern anstellen, bedeutsam: Die meisten Berichte über das erste Lebensjahr dieser Kinder beschreiben das autistische Kind als ein ruhiges, ein gutes Kind, das sich in seinem zweiten Lebensjahr häufig mit stereotyper, leerläufiger Aktivität selbst vergnügte, zum Beispiel indem es zu einer Musik summte oder in einem Buche blätterte. Erst im zweiten Lebensjahr fiel den Eltern oder Kinderärzten ihr sonderbares ungewöhnliches Verhalten auf.

Ist es nicht möglich, daß diese Kinder in ihrem ersten Lebensjahr lediglich ein niedrigeres Aktivitätsniveau zeigten? Daß sie erst in dem Alter autistisch wurden, in dem die spontane, zielgerichtete Aktivität Teil der normalen Entwicklung ist? Das heißt, diese Kinder waren schon vor ihrem zweiten Lebensjahr still und verschlossen, doch autistisch wurden sie erst, als ihre Versuche, mit der Umgebung zu kommunizieren in ihren Augen zerstörerische Reaktionen nach sich zogen. Hier liegt meiner Ansicht nach der Grund, wieso sie jegliche Initiative aufgaben.

Die Entwicklung Marcias nahm ganz gewiß diese Richtung. Die erste Aktivität, durch die sie ihre völlige Abkapselung durchbrach, war eine Art von Fangen, bei dem entscheidend war, daß sie alles Handeln auslösen mußte, während wir ihr passiv, doch voller Freude folgen mußten. Vor allem aber war es uns nicht erlaubt, sie zu berühren.

Ebenso wie das Primatenjunge, das vom Baum gefallen oder momentan verloren gegangen ist, wieder eingefangen werden muß, und ebenso wie seiner Fütterung das Sichanklammern vorausgeht, mußten wir Marcia im Verlauf mehrerer Jahre »wieder einfangen«, denn erst dann würde sie bereit sein, sich mit der Erfahrung des Fütterns oder Stillens auseinanderzusetzen. Unsere Bereitschaft, nach ihr zu suchen, damit sie sich schließlich an uns klammern könnte, und ihr Wunsch, dies aktiv aus eigenem Antrieb zu tun, diese Dinge mußten verwirklicht werden, bevor sie es zulassen würde, daß wir sie stillten. Ebenso wie bei den Primatenjungen kam auch bei diesem Menschenkind die Wechselseitigkeit der Reaktion des Sichanklammerns ganz offensichtlich lange vor der Möglichkeit des Stillens.

Andererseits beweisen die Experimente Harlows (Harlow, 1959; Harlow und Harlow, 1962), daß Aktivität ohne Gegenreaktion verhängnisvoll sein kann. Affenjungen wuchsen mit Stoffmüttern auf, an die sie sich anklammern konnten, wann immer sie wollten. Sie wuchsen, nahmen an Gewicht zu, schienen sich ordnungsmäßig zu entwickeln, aber nur bis zu dem Zeitpunkt, zu dem sie normalerweise in den Sozialisierungsprozeß hätten eintreten und sich paaren sollen. Das aber konnten und wollten sie nicht.

So genügt also das aktive Trachten des Kindes nach Wechselseitigkeit nicht, wenn dieser Aktivität nicht der entsprechende Wunsch auch der Mutter entgegenkommt, und wenn das Ergebnis nicht ein interaktiver Prozeß ist. Beim Säugling sind es offenbar das Stillen, Streicheln, Wickeln, Baden, das Summen, Singen und Zu-ihm-Sprechen, die das bewirken, was beim Affenjungen durch sein Sichanklammern und Gehaltenwerden, durch sein Saugen und Gesäugtwerden zustande kommt.

Die Flaschenfütterung kann fast im selben Maße zur Wechselseitigkeit beitragen wie die Brustfütterung, vorausgesetzt, daß die Kultur diese Wechselseitigkeit unterstützt. Pavenstedt (1965) beobachtetete fünf japanische Mütter mit Kindern im Alter von dreizehn bis siebzehn Monaten, von denen vier brustgefüttert, das fünfte dagegen flaschengefüttert wurde. Die fünfte Mutter war wegen eines Brustabszesses zum Stillen nicht fähig. »Sie hätte deshalb fast geweint und versicherte mir hastig, sie versuche, diesen Mangel beim Kind auszugleichen.« Die Art und Weise, wie sie ihr Kind mit der Flasche fütterte, wird folgendermaßen beschrieben:

> Die Mutter ... gibt ihm die Flasche ... Sie legt ihn hin, während er bereits trinkt und streckt sich neben ihm aus ... Während er trinkt, hält sie die Flasche und blickt ihm direkt in die Augen – die Szene macht einen hypnotischen Eindruck. Sie lächelt ihm zärtlich zu und er lächelt zurück. Schon bald rollt er sich zur Seite, wendet ihr voll sein Gesicht zu, und der zärtliche Austausch wird fortgesetzt. Wenn er zu strampeln versucht, lockert sie die Decke um seine Füße, um ihm mehr Freiheit zu geben, und auch sein Daumenlutschen unterbricht sie nicht. Sie zeigt keine Ungeduld, und eine Stunde lang versucht sie ihn einzulullen, indem sie seinen Kopf und sein Gesicht streichelt. Er beginnt ihr Gesicht zu erkunden und sie läßt ihn gewähren. Schließlich rollt er einfach von ihr weg, von seiner Matratze herunter, und sie bringt ihn wieder nach unten.

Und Pavenstedt ergänzt: »Ich hatte das Gefühl, Zeuge einer zärtlichen Liebesszene geworden zu sein.«

Kurzum, die Tatsache, wie aktiv der Säugling in seiner frühen Erfahrung der Wechselseitigkeit gewesen ist und in welchem Maße seinen eigenen Bemühungen erlaubt wurde, diese Erfahrung befriedigender zu gestalten – das sind Faktoren, die die spätere Autonomie des Säuglings entscheidend beeinflussen können.

Autonomie

Daher glaube ich, daß der Keim der Autonomie schon sehr früh im Leben eingepflanzt wird. Nach Erikson (1959) ist das früheste Säuglingsalter durch die psychosoziale Krise charakterisiert, bei der es um »Vertrauen versus Mißtrauen« geht (es ist dies das orale Stadium der klassischen Psychoanalyse), während die frühe Kindheit (das anale Stadium) beherrscht wird von der psychosozialen Krise, die von der Dichotomie »Autonomie versus Scham und Zweifel« gebildet wird. Ich stimme völlig mit der Behauptung überein, daß die Autonomie, ebenso wie die Aufteilung der Welt des Säuglings in »Ich« und »Du«, häufig um die Zeit herum erlangt werden, in der die Defäkation in sozial annehmbarer Form gemeistert wird. Aber ich glaube auch, daß sich die Autonomie sogar noch früher zu entwikkeln beginnt.

In Eriksons Begriffen ausgedrückt hieße dies, daß das Geschehen während der adoleszenten Identitätskrise teilweise davon abhängt, wie und wieviel Autonomie in der frühen Kindheit erlangt wurde. Unsere Erfahrung mit autistischen Kindern hat uns jedoch überzeugend gelehrt, daß eine derartige Krise in der Adoleszenz nicht stattfindet, wenn das Kind im Säuglingsalter keine nennenswerte Autonomie erlangt hat. Autistische Kinder erleben erst dann eine adoleszente Identitätskrise, wenn sie ihren Autismus weit hinter sich gelassen haben und auf der Schwelle zur Pubertät stehen.

Obwohl ich mit Erikson zum Großteil übereinstimme, glaube ich, daß sogar er der Bedeutung jener aktiven Bestrebungen nicht genügend Aufmerksamkeit geschenkt hat, die im ersten Entwicklungsstadium, wenn Vertrauen so wichtig ist, auftreten. Auch unterließ er es zu erläutern, daß Autonomie auf der Fähigkeit basiert, vorherzusagen und daraufhin zu handeln. Ich glaube, daß Erikson, ähnlich wie Spitz und andere auch, bei seiner Darstellung der diesbezüglichen Fragen den Säugling insofern falsch eintaxiert, als dieser weniger passiv-anhängig und nicht gar so sehr der oralen Erfahrung unterworfen ist. Diese Darstellung geht, so glaube ich, auf den Ursprung der Psychoanalyse in der Pathologie zurück.

Sagen wir, daß der Säugling daran gehindert wird, durch unabhängige Reaktionen auf die elterliche Pflege hin seine sich entwikkelnde Persönlichkeit zu behaupten – das heißt sich so zu entwikkeln, wie es seine somatische und psychische Befähigung erlaubt. Ist das der Fall, bleiben ihm nur zwei Auswege: entweder die Abhängigkeit oder das Ausagieren von Problemen im Rahmen der oralen Erfahrung. Und tatsächlich gelangen beide Möglichkeiten zu größter Bedeutung. Normalerweise sind jedoch Oralität und Abhängigkeit unter den Erfahrungen des Säuglings lediglich *primi inter pares* [erste unter gleichen].

Was nun die Entwicklung vom frühen Säuglingsalter zum Alter der Sauberkeitserziehung angeht, so unterstreicht die Psychoanalyse mit Recht die Wichtigkeit dieser Phase für die Sozialisierung des Kindes. Doch vielleicht liegt die Betonung häufig fälschlicherweise auf dem *sozialen* Individuum, anstatt – und darin stimme ich mit Erikson überein – auf der Entwicklung des sozialen *Individuums* zu liegen.

Zugegeben, es war die Psychoanalyse, die uns bewußt gemacht hat, daß die Persönlichkeit durch ihre individuellen Erfahrungen bei der Sauberkeitserziehung stark beeinflußt werden kann – so kann sie gerade durch diesen Kontext zum zwanghaften Geizhals oder Verschwender werden. Doch fasziniert vom Krankhaften haben wir nicht dieselbe Aufmerksamkeit der Rolle geschenkt, die die Sauberkeitserziehung bei der Entwicklung eines Selbst-Gefühls, einer selbständigen Persönlichkeit spielt. Es ist richtig, daß, wenn die Entwicklung in diesem Punkt nicht richtig funktioniert, die betroffene Person das Gefühl haben kann, sie sei nicht Herr ihres eigenen Lebens, da ihr andere ihren Willen sogar in Bereichen aufzwingen, wo es lediglich um das Funktionieren ihres Körpers geht. Doch sollten wir deshalb nicht das Gegenteil vergessen, denn dieselbe Erfahrung kann genauso gut dazu führen, daß die Person zu der Überzeugung gelangt, sie *sei* Herr ihrer selbst und sie habe tatsächlich einiges zu sagen, wenn es um das Funktionieren ihres Körpers geht.

Sicherlich kann die Defäkation des Kindes ein Geschenk für seine Mutter sein. Und die Tatsache, daß sich etwas, das eben noch ein Teil des Selbst war, plötzlich in ein Nicht-Selbst verwandeln kann, unterstreicht die Notwendigkeit des Selbst, sich abzugrenzen. Doch indem man diese Elemente hervorhob, vergaß man über dem Kind, das etwas für die Mutter tun soll oder für das, was die Gesellschaft von ihm erwartet, jenes andere Kind, für das es enorm wichtig ist, im eigenen Namen etwas zu tun. Die gute Mutter begeht diesen Fehler nicht und macht ihre Kinder bei der Sauberkeitserziehung darauf aufmerksam, was für große Jungen beziehungsweise Mädchen sie doch bereits seien, nun, da sie allein auf die Toilette gehen könnten. Sie erkennt, daß die Sauberkeitserziehung ohne Schaden vonstatten geht, wenn sie zunächst das Selbst stärker hervorhebt als die Sozialisierung.

Aber auch die Sauberkeitserziehung ist nur eine unter vielen Erfahrungen, die das Selbst vom Nicht-Selbst trennen helfen. Trotzdem ist es bei der Behandlung von autistischen Kindern beeindrukkend zu beobachten, wie unterschiedlich diese Trennung bei Nahrungsaufnahme und -ausscheidung ausfällt.

Bei der Nahrungsaufnahme ist es in der Regel so, daß die Brust (oder die Flasche) nicht immer verfügbar ist und daher keinen Teil des Selbst bildet. Hier setzt, freilich durch eine negative Erfahrung, eine Abgrenzung des Selbst ein; diese Erfahrung vermittelt dem Selbst keinen positiven Inhalt, ebenso wenig wie sie zu der Erkenntnis beiträgt, was nun Selbst und was Nicht-Selbst ist. Sie lehrt lediglich: »Nicht alles, was wichtig, nicht alles, was begehrenswert ist, ist Selbst.« Und sicherlich enthält sie die bedrückende »Einsicht«: »Ich kann das Eßerlebnis nicht immer dann bekommen, wenn ich es möchte.«

Wie anstrengend die Nahrungsaufnahme für den Säugling in diesem Alter auch sein mag, er ist auf jeden Fall bei der Fütterung völlig von seiner Mutter abhängig. Zwar ist er es, der die Nahrung aufnimmt, doch kann er sich das, was er aufnimmt, nicht selbst verschaffen. So aktiv er sich auch beim Essen selbst verhalten mag, ist er doch nach wie vor von anderen abhängig, die ihm diese Aktivität überhaupt erst ermöglichen. So innig verschmolzen ist diese Zweiheit von Mutter und Kind in der Fütterungssituation, daß hier die fundamentalste Zweiererfahrung des Menschen und damit die Erfahrung des »Du« stattfindet. Doch meistens ist es so, daß der Säugling beide Beteiligten als eins erfährt. Der Grund dafür ist der, daß die wahrnehmungsbezüglichen und intellektuellen Fähigkeiten des Säuglings nicht genügend entwickelt sind, damit er erkennen könnte, daß er *selbst* es ist, der das, was Nicht-Selbst ist, in sich aufnimmt, um Selbst daraus zu machen. So gelingt es dem Kind nicht, die grundlegende Erfahrung des »Ich« zu machen – oder die Erfahrung eines Selbst, das sich selbst genügt.

Im Gegensatz dazu ist die Ausscheidung eine eindeutige Erfahrung, die darin besteht, daß ich etwas ausstoße, das Ich war und das ich dadurch in Nicht-Ich verwandle. Durch diese Handlung wird das Kind mit dem Problem dessen, was ich und was Nicht-Ich ist – oder mit dem Problem der Abgrenzung des Selbst gegenüber dem

Nicht-Selbst – innig vertraut gemacht. Meiner Meinung ist das deshalb so, weil diese Handlung zum ersten Mal ein zielgerichtetes und körperlich anstrengendes Geschehen beinhaltet: das Ausstoßen der Exkremente.

Dieser Vorgang liefert folglich als bewußten Prozeß in hohem Maße die Erfahrung: »*Ich* kann defäkieren, wann und wo immer ich möchte« – eine Erfahrung, die zum Gefühl der eigenen Autonomie, des Selbstseins erheblich beitragen kann. Das ist jedoch nur dann der Fall, wenn Ort und Zeit der Defäkation der Entscheidung des Kindes überlassen bleiben, und wenn sich der gesamte Prozeß im Rahmen der Wechselseitigkeit abspielt.

Wenn all diese Dinge stimmen, wie kommt es dann, daß ein Kind die Toilette benutzen lernt, ohne daß man es dazu zwingt oder seine Autonomie einschränkt? Einfach deshalb, weil unsere Autonomie nicht beeinträchtigt wird, wenn wir aus eigenem freien Willen beschließen, der Person, die wir lieben, etwas zu Gefallen zu tun. Im Gegenteil, dieses Tun bestärkt die Selbstachtung, da die Autonomie dadurch auf ein höheres Niveau gehoben wird. Die Defäkation dann, wenn man sie wünscht, impliziert lediglich, daß eine Autonomie über den Körper existiert. Die freie Wahl, einem geliebten Menschen Lust oder Freude zu bereiten, impliziert, daß man in seinen eigenen Beziehungen zu anderen Autonomie besitzt. Die solipsistische Autonomie wird also insofern auf eine höhere Stufe gestellt, als sie ergänzt wird durch die Autonomie in sozialen Beziehungen.

Im Falle einer normalen Entwicklung ist die Mutter glücklich, wenn das Kind aus eigenem Entschluß und ohne daß man es daran erinnern müßte, auf die Toilette geht. Ihre Freude ist zum Teil darauf zurückzuführen, daß ihr nun die Arbeit des Trockenlegens, Wickelns und Waschens erspart bleibt. Doch freut sie sich auch über den Stolz ihres Kindes, das nun erkennt, daß es weniger abhängig, daß es »erwachsener« geworden ist.

Auch die Freude des Kindes ist eine doppelte. Die Befreiung von körperlicher Anspannung ist immer ein lustvoller Prozeß. Doch diese Lust war schon früher verfügbar. Das Kind konnte in die Windeln oder einfach ins Höschen machen. Doch nun bemerkt es seit kurzem, daß die Erwachsenen die Toilette aufsuchen und genau das möchte es auch – erstens, weil es wie sie sein möchte, und zweitens, weil das seiner Mutter gefallen würde. Die Wünsche von Eltern und Kind stimmen also überein. Darüber hinaus gewinnt die Defäkationserfahrung von selbst an Wert, wenn die folgenden Gefühle hinzukommen: »Ich allein verschaffe mir diese lustvolle Erfahrung«, aber auch: »Ich entscheide mich aus eigenem Wollen für diese Erfahrung, die jedoch auch meine Mutter erfreut.«

Leider wird dieses gesteigerte Selbstwertgefühl allzu häufig dadurch gestört, daß man dem Kind sagt, es müsse sich an die elterlichen Bedingungen halten, wenn es diese Erfahrung genießen möchte. Der warnende Hinweis, daß Fäkalien schmutzig sind, kann die Freude oder Lust noch stärker beeinträchtigen. In diesem Fall denkt das Kind nicht: »Ich möchte auf die Toilette, weil ich mal muß«, sondern: »Ich muß auf die Toilette, damit ich nicht vermöbelt oder wegen meiner beschmutzten Hosen geschimpft werde.« Die Folge ist, daß das Kind, wie immer es sich auch verhält – ob es nun auf die Toilette geht oder in die Hose macht –, keine *lustvolle* Erleichterung erlebt. Macht es in die Hose, wird die Lust durch die Angst, es könne geschimpft oder bestraft werden, zunichte gemacht; geht es dagegen auf die Toilette, wird die Lust dadurch vereitelt, daß es sich zur Anpassung gezwungen fühlt.

Doch wie läßt sich eine Sauberkeitserziehung ohne körperliche Lustminderung durchführen? Gewöhnlich ist es nur das Verhalten des Erwachsenen, das eine solche Minderung zumindest teilweise verhindern kann. Vermutlich ist die Lust zweier Personen befriedigender als das einsame Vergnügen. So äußert die gute Mutter, die ihr Kind zur Sauberkeit erzieht, ihre Freude, wenn das Kind auf die Toilette geht. Das aber muß sie tun, will sie den körperlichen Genuß der Erleichterung des Kindes nicht zunichte machen. Mit der Zeit setzt sich der Wunsch, sein »Geschäft« dort zu verrichten, so durch, daß nun auch ihm die Defäkation an diesem Ort Spaß macht. Dieser Prozeß kann jedoch zunächst nur durch sie in die Wege geleitet werden.

Die Trennung des Selbst vom Nicht-Selbst wird also entscheidend gefördert durch die Erfahrung: »Ich kann mir diese Linderung meiner Anpassung selbst verschaffen.« Doch der vollständige Genuß dieses jungen Selbst-Seins, der sich mit dieser Erfahrung verbindet, kommt nur dann zustande, wenn die Mutter am Vergnügen des Kindes teilhat.

Ich sollte an dieser Stelle zumindest genauer umreißen, was ich unter Selbst-Sein[4] verstehe, obwohl ich keine Definition dieses Begriffes

[4] Bettelheim wählte im Amerikanischen den Begriff *»selfhood«*, der nach – Muret und Sanders – mit »Eigenpersönlichkeit« und/oder »Individualität« übersetzt werden könnte. Aus der nun folgenden Erläuterung dieses Begriffes geht hervor, daß diese

geben kann. Auch die psychoanalytische Theorie hilft hier nicht weiter. Als Freud sagte, »wo Es war, soll Ich werden«, implizierte er eine Unterscheidung zwischen Ich und Selbst, da das Selbst nicht nur das Ich, sondern auch das Es und Über-Ich einschließt. Nur das Ich kann zur Erkenntnis über das Selbst gelangen – allerdings nur in dem Maße, in dem Es und Über-Ich dem Ich zugänglich sind. Diese Zugänglichkeit jedoch ist, sogar bei hohen Bewußtseinsebenen, gering. So impliziert also auch die Psychoanalyse, daß der Mensch sich nicht selbst kennen könne, da große Teile des Es und Über-Ich dem Ich verborgen bleiben.

So muß es vermutlich genügen, wenn man sagt, daß das Selbst aus dem bestehe, was man weiß und was man tun kann. Selbst-Sein ist sicherlich kein Zustand, sondern ein Prozeß des Werdens. Und wenn der Kampf um Erkenntnis des Selbst abgeschlossen ist, so ist auch das Leben abgeschlossen. Das heißt: je mehr ich tun kann, was ich des Tuns für wert erachte, desto mehr bin ich ich selbst. Doch Goethe, der das heldenhafte Ringen Fausts um sein Selbst beschrieb, wußte, daß zur Selbstverwirklichung auch dieser Kampf nicht genügte. Ein Selbst zu sein oder zu werden bedeutet auch, mit anderen in dieser Welt zu interagieren. Das einsame Genie Faust kennt am Schluß nur die Frustration. Sein wahres Selbst entdeckte er erst, nachdem er in die Welt gezogen waar, nachdem er zu lieben gelernt hatte.

In diesem Sinne können wir sagen, daß wir um so mehr agieren und interagieren, daß wir um so mehr in den Besitz eines Selbst gelangen, je mehr wir wissen und nachdenken.

Für autistische Kinder ist es typisch, daß ihr Selbst-Sein dann beginnt, wenn sie sich aus ihrer völligen Abkapselung lösen und zu handeln beginnen – und wenn beides in ihrem eigenen Interesse und in einem wesentlich geringeren Maße im Interesse des anderen geschieht; das heißt, wenn sie erkennen, daß eine andere Person innerhalb eines Erfahrungsbereiches existiert, der nicht mehr völlig amorph ist. Bedient sich ein solches Kind des Personalpronomens, bezeichnet es alle Personen, die sich in diesem Bereich bewegen, wahrscheinlich als »Du«, sich selbst inbegriffen. Wenn es uns gelingt, es aus seiner Abkapselung herauszuführen, dann nur dadurch, daß es beginnt, eine Person unter allen anderen als besonders wichtig zu erkennen. Es ist dies die Person, die am besten die bemutternde

beiden Übersetzungsmöglichkeiten den Sinngehalt nur teilweise treffen, weshalb ich das weiter gefaßte »Selbst-Sein« gewählt habe. (Anm. d. Ü.)

Funktion erfüllt. Im Zusammenhang mit dieser Person dämmert dem Kind die Erkenntnis, daß nicht *sie* es ist, sondern *es selbst*, das defäkiert. Im Kontext der Defäkation findet nun eine Trennung statt nicht nur des Selbst vom Nicht-Selbst, sondern auch des *Ich* vom undifferenzierten *Du*.

Wir entdecken in verschiedenen Fällen, daß das Erkennen, Anerkennen und die Freude am eigenen Stuhl zusammenfielen mit dem Aufgeben der pronominalen Umkehrung, so als habe das Erkennen des Skybalum, das eingeschlossen gewesen war und anschließend aktiv herausgepreßt wurde, dazu beigetragen, die Körper-Selbst-Identität zu begründen. Das bin »Ich«. Das habe ich gemacht, trotzdem bin ich es nicht. Allerdings sind zur Erhärtung dieses Zusammenhangs noch mehr Beobachtungen und Forschungsarbeiten nötig.

Unsere Arbeit mit autistischen Kindern hat diesen Zusammenhang bestätigt. Ein ungewöhnlich aufgeweckter autistischer Junge, der das Sprechen voll beherrschte, erwarb ein Identitätsgefühl erst im Alter von acht Jahren, als er den Defäkationsprozeß beherrschen lernte. Er hatte die Toilette bereits seit Jahren benutzt, doch war dieser Vorgang stets mit großer Angst und vielen eigentümlichen Ritualen verbunden gewesen. Eines Tages aber ließ er erkennen, er sei bereit, die Person, die ihm am meisten bedeutete, auf die Toilette mitzunehmen. Der springende Punkt war die Erfahrung, daß es in Gegenwart dieser wichtigen und folglich mächtigen Person nicht sie, sondern *er* es war, der defäkierte. So verlangte er von ihr, sie solle stöhnen, um trotz dieses Stöhnens zu erleben, daß *er* es war, der defäkierte. Und er wollte, sie solle seinen bei der Defäkation sich krümmenden Körper nachahmen, damit er sicher sein könne, daß es ungeachtet dieser Nachahmung *er* und nicht sie war, der seinen Stuhlgang besorgte.

Durch diese Prozedur machte er eine doppelte Erfahrung, die zur Erlangung des Selbst-Seins nötig war: die Erfahrung, daß *er* es war, der handelte und daß er im Rahmen seiner Beziehung zu einer ungemein wichtigen Person handelte.

Was bei anderen autistischen Kindern geschah, passierte auch bei Brian, einem unserer neunjährigen autistischen Jungen, der zwar sprechen konnte, doch so gut wie kommunikationsunfähig war. Brian benutzte zum ersten Mal das Pronomen »Ich«, als er verkündete: »Ich möchte auf die Toilette.« In allen anderen Situationen bediente er sich, wenn er sich oder andere meinte, auch weiterhin des Pronomens »Du«. Nur in dieser Situation, in der er erkannte, daß er etwas selbst tun konnte, befähigte ihn sein gesteigertes Selbst-Gefühl zum »Ich«.

Ziemlich viele autistische Kinder, die diesen Punkt erreicht haben, wählen ein bestimmtes Verhalten, um sich selbst weiterhin zu überzeugen, daß es wirklich sie sind, die defäkieren. Anscheinend reicht das Anspannen der Muskeln zum Ausstoßen des Stuhls als kinästhetische Empfindung nicht aus, um sie zu überzeugen, daß die Defäkation nur durch ihren eigenen Entschluß stattfindet. Daher ergänzen sie den Vorgang durch eine weitere gezielte Handlung: mit ihren Fingern holen sie sich den Stuhl aus dem Rektum. Unsere Versicherung, daß ihre Körper durchaus in der Lage sind, ohne manuelle Hilfe zu defäkieren, stößt auf taube Ohren: sie glauben uns einfach nicht.

Als wir die Wichtigkeit dieses Verhaltens zu erkennen begannen, führten wir es auf ein Mißtrauen gegenüber dem Funktionieren des Körpers zurück. Doch weitere Beobachtungen und die Aussagen der Kinder selbst ergaben, daß die Vorstellung von einem unzulänglichen Körper nur zu einem geringen Teil ihren Entschluß, die Finger zu benutzen, bedingte. Hauptursache war der starke Wunsch sicherzugehen, daß die Defäkation tatsächlich ihr Tun war – als müßten sie die Erfahrung, daß es eine äußere Kraft war, die sie defäkieren ließ, zerstören. Die Anspannung der inneren Muskeln schien dieses Gefühl nicht hinreichend zu vermitteln; die Finger eigneten sich da besser. Es ist typisch, daß dieses Verhalten verschwindet, sobald das Kind überzeugt ist, daß es auch in anderen Lebensbereichen selbständig handeln kann.

Die autistische Anlage[5]

Während es besondere Erfahrungen, zum Beispiel jene, die sich mit dem Stillen oder der Defäkation verbinden, zu geben scheint, Erfahrungen, welche die Entwicklung des Selbst stark beeinträchtigen oder fördern können, gibt es keine Zeit zwischen Geburt und Tod – ja vielleicht auch vor der Geburt –, in der sich die Persönlichkeit nicht entwickelte. Trotzdem gibt es in unserem Leben bestimmte Zeiten, in denen spezifische Erfahrungen wichtiger sind als in anderen Phasen und eine anhaltendere und einschneidendere Wirkung erzielen.

[5] Im amerikanischen Original taucht dieser Begriff stets unübersetzt als »Anlage« auf. (Anm. d. Ü.)

Wir wissen, daß die Persönlichkeitsentwicklung vor der Geburt einsetzen könnte, da Persönlichkeit, Erfahrung und Verhalten der Mutter während der Schwangerschaft die spätere Entwicklung und Persönlichkeit ihres Kindes beeinflussen muß (s. S. 520ff.). In diesem Zusammenhang werden die Probleme der Persönlichkeitsentwicklung und die kontroversen Gegensätze zwischen Natur und Erziehung, Erbanlage und Umwelteinfluß zu immer strittigeren Fragen. Montague (1950) schreibt:

Die Konstitution des Menschen weist wenig Endgültiges auf, da diese Konstitution mehr *Prozeß* denn unveränderliche Ganzheit ist. Kurzum ... die Konstitution ist keine biologisch *vorgegebene* Struktur, die durch ihren Genotyp auf eine im voraus festgelegte Weise funktioniert. Die Funktionsweise aller Genotypen ist festgelegt durch die Interaktion des Genotyp mit der Umwelt, in dem er sich entwickelt.

Doch während sich die Persönlichkeit in einem kontinuierlichen Prozeß entwickelt, stimmen Forscher, die sich mit der frühesten Entwicklung befassen, darin überein, daß sogar unter normalen Bedingungen Perioden besonderer Empfänglichkeit auftreten. Von diesen Perioden werden zwei Zeitabschnitte besonders häufig genannt: das Alter vom sechsten bis zum neunten Monat und das vom achtzehnten bis zum vierundzwanzigsten Monat.

Diese »kritischen Perioden« hat man mit Hilfe einiger Säugetiere und Vögel sorgfältig erforscht, und so scheint es heute, daß bei Tieren die Prägung nicht unbedingt unmittelbar nach der Geburt erfolgt, sondern eine ganz bestimmte, klar umrissene Entwicklungsphase darstellt, die noch dazu artspezifisch ist. Hess (1959) und andere haben zum Beispiel an der Stockente beobachtet, daß die wirksamste Periode der Prägung die Zeit der ersten dreizehn bis sechzehn Stunden nach dem Ausschlüpfen ist. Dieser Befund gibt zwar, was den Menschen anlangt, einiges zu denken, doch Rückschlüsse läßt er nicht zu. Trotzdem ist das Konzept der kritischen Perioden so wichtig, daß ich es hier kurz darstellen möchte.

Scott und Fuller (1965) schreiben:

[Es gibt] einen besonderen Zeitabchnitt im Leben, in dem eine geringe Menge an Erfahrung eine starke Wirkung auf späteres Verhalten zeitigt ... Es ist dies ein relatives und kein absolutes Konzept. Der Unterschied zwischen den einzelnen Kraftaufwänden, deren es bedarf, um dieselbe Wirkung in verschiedenen Perioden zu erzeugen, bestimmt, wie entscheidend die jeweilige Periode ist. Beim Hundejungen hat es den Anschein, als erzeuge eine geringe

Menge an Kontakt im Alter von knapp drei Wochen eine starke soziale Beziehung, die in späteren Lebensabschnitten – wenn überhaupt – nur durch Stunden oder Wochen geduldigen Bemühens hergestellt werden kann.

Es kann im Leben des Individuums mehr als eine kritische Periode geben ... Es könnte in der Entwicklung im Hinblick auf verschiedene Ereignisse eine Vielzahl kritischer Perioden geben ... [doch] unser Beweismaterial über das Hundejunge bekräftigt die allgemeine Schlußfolgerung, daß es bei jeder Tierspezies mit sozialer Ausprägung eine relativ kurze Periode gibt, die gewöhnlich früh in der Entwicklung liegt, und in der primäre soziale Beziehungen hergestellt werden ... Dieses Gesetz ist von großer Tragweite für die Modifikation der sozialen Organisation beim Menschen und *die Zerstörung solcher Organisation durch Entwicklungsstörungen.* [Kursivgedrucktes vom Autor]

Scott und Fuller haben also gezeigt, daß die kritische Periode für den Welpen eine Zeit »großer Veränderung und Empfänglichkeit« ist und daß seine Erfahrungen in dieser Zeit »bestimmen, welche Tiere und Menschen ... für sein restliches Leben ... seine sozial engsten Vertrauten werden«. Daher ist es interessant festzustellen, welche neue Leistungen in diesem Lebensabschnitt des Welpen auftreten, da diese darauf schließen lassen könnten, welche Veränderungen beim Säugling eine kritische Periode ankündigen könnten.

Scott und Fuller schreiben:

Im Alter von zwei bis drei Wochen findet in rascher Reihenfolge eine ganze Menge von Veränderungen statt, und sie alle modifizieren die Fähigkeit, eine enge soziale Beziehung auszubilden. Die Periode dieser Veränderungen beginnt mit dem Öffnen der Augen und umfaßt das Öffnen der Ohren und den durch Lärm bewirkten Schreckreflex. Am Ende dieser Periode kann das Hundejunge laufen, so daß es andere Lebewesen entweder meiden oder sich ihnen nähern kann. Es beginnt feste Nahrung aufzunehmen und macht sich somit von der Mutter unabhängig. Es entwickelt die Fähigkeit, zwischen äußeren Ereignissen und unangenehmen Gefühlen rasche Assoziationen herzustellen. Diese letztgenannte Veränderung ist im Hinblick auf die Begrenzung jener kritischen Periode der Ausbildung sozialer Beziehungen wahrscheinlich die wichtigste, denn nun ist das Hundejunge fähig, zwischen einzelnen Lebewesen zu unterscheiden.

Ich habe deshalb so ausführlich aus dem Leben des Hundes zitiert, weil die kritische Periode seiner Entwicklung, wenn man sie auf den Säugling überträgt, sich in mindestens zwei getrennte Perioden zu gliedern scheint. Beim Menschen ist alles breiter angelegt, so daß hier Grenzen keineswegs ebenso rasch und definitiv gezogen werden können.

Wenn wir Scott und Fullers Liste mit unserem Wissen über das Säuglingsalter vegleichen, entdecken wir, daß der Säugling in seiner ersten »kritischen Periode«, ja sogar schon davor, rasche Querverbindungen herstellt zwischen äußeren Ereignissen, unangenehmen Gefühlen und seiner Aufnahme fester Nahrung. Doch macht er sich dadurch keineswegs von der Mutter unabhängig. Diese Unabhängigkeit setzt erst in seiner zweiten kritischen Periode ein, wenn er gehen lernt und »andere Lebewesen entweder meiden oder sich ihnen nähern kann«. Doch kann der Säugling bereits in der ersten Periode zwischen Personen unterscheiden, eine Fähigkeit, die, was die Ausbildung sozialer Beziehungen angeht, für den Säugling ebenso wichtig ist wie für den Welpen.

Menschen machen also anscheinend ebenfalls kritische Entwicklungsperioden durch, in denen sie besonders verwundbar sind, doch unterscheiden sich diese Perioden vom Prägungsprozeß der Tiere insofern, als die Menschen nicht ein für alle Mal »geprägt« werden. Doch kann der Prägungsprozeß schon bei Tieren sehr unterschiedlich ausfallen, je nachdem ob das Tier eine große oder geringe Lernfähigkeit mitbringt. Scott (1962) vermutet, daß einige Entwicklungen, die bei Hunden zehn Wochen dauern, bei Lämmern bereits in den ersten paar Stunden nach der Geburt abgeschlossen werden.

Je länger die kritische Periode, desto größer die Chance, daß ihr Effekt erst später in abgewandelter Form auftritt. Untersuchungen des neonatalen Verhaltens beim Menschen und der Prägung beim Tier lassen vermuten, daß viele Aspekte späteren Verhaltens, die nicht in der neonatalen oder Prägungsperiode auftreten, trotzdem auf das geprägte Objekt gerichtet sind, wenn das Lebewesen später voll funktioniert. So kann also die früheste Erfahrung beides leisten: sie kann unmittelbare Folgen haben oder ein Reaktionsmuster beeinflussen, das erst viel später auftritt. Die lange Periode, die die menschliche Entwicklung benötigt, gestattet einen wesentlich größeren, wenn auch nicht unbegrenzten Spielraum, wenn es darum geht, wann die Auswirkungen jener frühen Erfahrung bis zu einem gewissen Grad noch abgewandelt werden kann.

In den ersten kritischen Periode der menschlichen Entwicklung erkennt der Säugling mit sechs Monaten oder etwas später vertraute Personen anscheinend klarer. Zur selben Zeit nimmt er die Menschen, die ihm nicht vertraut sind, als fremd und bedrohlich wahr. Das ist vielleicht darauf zurückzuführen, daß sie seine Bemühungen, zu den vertrauten Personen positive Beziehungen herzustellen, gefährden. Man kann mit Menschen, die niemand Besonderes sind und die sich von allen anderen Leuten anscheinend nicht unterscheiden, nicht richtig kommunizieren. All dies geschieht in einer Zeit, in der der Säugling nicht mehr bloß empfangen möchte (sei es nun Nahrung, Anregung oder Zuneigung); er möchte nun von bestimmten Personen auf eine ihm bereits vertraute Weise empfangen. Im Kreis der Familie und der Freunde werden Leute zu Menschen, und im Gegensatz zu ihrer früheren Austauschbarkeit als »Zulieferer« erlangen sie nun eine positive Wertigkeit.

Es ist nicht vernünftig anzunehmen, daß sich der Säugling selbst klarer sieht, wenn er andere klarer sieht. In diesem frühen Alter funktioniert er vermutlich großenteils durch ein Alles-oder-Nichts-Prinzip, indem er die Dinge als völlig positiv oder völlig negativ betrachtet. Falls dem so ist, dürfte er, je mehr er vertraute Menschen in einem positiven Licht sieht, unvertraute Menschen in einem negativen Licht sehen. Aufgrund dieses Polarisierungsprozesses erscheinen ihm nun alle unvertrauten Personen als unfreundlich.

Dies scheint die Periode zu sein, in der reale Objektbeziehungen einsetzen. Das ist auch die Zeit, in der aus den eben erläuterten und anderen uns noch unbekannten Gründen sogar der glückliche Säugling auf Fremde nicht mehr mit einem Lächeln, sondern mit Anzeichen von Kummer reagiert, und das in einem Maße, daß manche diese Periode als die »Angst des achten Monats« bezeichnen. Scott (1963) hat diesen Zeitabschnitt mit offenbar ähnlichem tierischem Verhalten verglichen, das Tiere dann praktizieren, wenn sie zwischen Freund und Feind unterscheiden lernen:

Bei den bisher untersuchten Tieren tauchen häufig zwei Mechanismen auf – der eine stellt positive Beziehungen her, während der andere spätere Beziehungen zu anderen Einzelwesen erschwert oder unmöglich macht. Der negative Mechanismus bei Enten, Hunden und Menschen scheint aus der Entwicklung einer Angstreaktion hervorgegangen zu sein. Die positiven Verhaltensmechanismen sind verschiedenartiger. Bei Enten und Gänsen ist es die Reaktion des Nachfolgens, bei Hundejungen sind es die Umwelterforschung und das Schwanzwedeln, während es beim hilfloseren Säugling lediglich ein Lächeln ist.

So viel zur normalen Entwicklung, bei der die Unterscheidung zwischen Freund und Fremdling aus den frühen positiven Beziehungen des Säuglings zu den Menschen hervorgeht, die ihn bemuttert haben. Das geschieht dann, wenn sich sein erstes rudimentäres Bewußtsein vom Selbst auf andere ausweitet. Doch obgleich er dadurch befähigt wird, sich selbst stärker als Person zu empfinden, ist er immer noch unfähig, ohne die Hilfe anderer für sich selbst zu sorgen.

Das wird erst in der zweiten »kritischen« Entwicklungsperiode richtig möglich, wenn Sprache und Fortbewegung den Säugling zum Kind werden lassen. Wenn die Erfahrung, alleine zurechtzukommen, so wichtig ist, dann ist diese zweite Periode doppelt so wichtig für das Kind, das die Erfahrung des Selbst-Seins, welche der normale Säugling im Alter von sechs bis neun Monaten macht, nicht einmal andeutungsweise erlebt hat.

Diese zweite »kritische« Periode, die mit zirka achtzehn Monaten einsetzt, ist dadurch gekennzeichnet, daß das Kind, wenn es die Möglichkeit hat, seine Beziehungen zur Umwelt wesentlich klarer gestaltet, wie auch dadurch, daß es durch seine Aktivität nicht nur andere beeinflussen, sondern tatsächlich beherrschen kann. Wie das drei Wochen alte Hundejunge kann der Säugling durch Gehen und Sprechen nunmehr »andere Individuen meiden oder sich ihnen nähern«. Anstatt gegen seine Wunsch zur Sauberkeit erzogen zu werden, kann er sich nun selbst dazu erziehen. Auch hier basiert das, was in dieser zweiten empfindlichen Periode geschieht, in hohem Maße auf dem vorausgegangenen Geschehen, nämlich darauf, welche Sicht von der Welt er bisher entwickelt hat und wie er diese jüngste Erfahrung in dieses »Weltbild« einpaßt.

Wahrscheinlich sind dies die kritischen Perioden, in denen der autistische Rückzug stattfindet und – Hand in Hand mit ihm – das Aufgeben oder die Nichtentwicklung des Selbst. Weiland und Rudnik (1961) gelangten zu den gleichen oder zumindest sehr ähnlichen Schlußfolgerungen, obwohl sie nicht klar feststellen, wann genau die zweite Periode der Schädigung einsetzt.[6]

Doch es war Mahler, die als erste erkannte, daß der infantile Autismus eine Menge mit den frustrierten Strebungen des Kindes zu tun hat, daß er zwei Entstehungsphasen kennt, und daß er in der von ihr so benannten »Phase der Ablösung-Individuation« zur vollen Entfaltung kommt.

[6] »Therapeutische und andere Beobachtungen an autistischen Kindern verwiesen auf die Möglichkeit, daß sich diese Kinder aus zwei klar unterschiedenen Gruppen zusammensetzen könnten. Die Entwicklung des Syndroms der einen Gruppe wird auf schwere traumatische Erfahrungen in der Periode zurückgeführt, in der Objektbeziehungen eben ›gelernt‹ worden sind; die Objektbeziehung erlangt dadurch das Potential einer Gefahr. Die zweite Gruppe wird von Kindern gebildet, denen es nicht gelungen ist, diese besondere Operationen in einer bestimmten ›kritischen Periode‹ zu erfahren – einer Periode, die wesentlich ist für die Organisation von Verhalten, das die Objektbezogenheit charakterisiert.«

Mahler schrieb 1952:

Kinder, die mit einer symbiotischen Psychose beginnen, werden sich des Autismus als eines verzweifelten Mittels bedienen, um die Angst abzuwehren, sie könnten das verlieren, was sie an minimaler individueller Einheitlichkeit durch Entwicklung oder Behandlung erworben haben; diese Einheitlichkeit aber versuchen sie durch den entgegengesetzten psychotischen Mechanismus des Autismus zu erhalten.

Diesen Prozeß umriß Mahler (1965) in einer späteren Abhandlung genauer:

Sind während der symbiotischen Phase bereits Abwehrmechanismen gegen die Apperzeption und das Erkennen der lebendigen mütterlichen Objektwelt errichtet worden, weil diese nicht als symbiotisch, das heißt, bedürfnisbefriedigend erfahren worden ist, sondern irgendwie als unvorhersehbar und schmerzlich frustrierend, dann beherrscht der Rückzug in den sekundären Autismus das klinische Bild. Bleiben andererseits Störungen der symbiotischen Phase unbemerkt, taucht das symbiotische Krankheitsbild in dem chronologischen Alter auf, in dem die Ablösung-Individuation beginnen und fortschreiten sollte. In diesem Fall stoßen wir auf das Übergewicht wahnhafter symbiotischer, restitutiver Mechanismen – Trennungsangst, Angst vor der Auflösung des Selbst und Angst vor einem Identitätsverlust.

Die schwierige Aufgabe, die sich aus der von vornherein festgelegten Reifungssequenz ergibt und die darin besteht, die Reize zu organisieren, die auf das sich fortbewegende kleine Kind einwirken, diese Aufgabe scheint als eine Folge einer der vorerwähnten Störungen für die so leicht verletzbaren Kleinkinder derart verwirrend zu sein, daß die Stufen der Ablösung-Individuation als katastrophale Bedrohung erfahren werden. Dadurch wird jede weitere Differenzierung und Integration des Ich blockiert. Nach unserer Hypothese ist das psychotische kleine Kind daher nur ein halbes Individuum, ein Individuum auch, dessen Verfassung nur dann optimal erforscht werden kann, wenn die Wiederherstellung der ursprünglichen Mutter-Kind-Einheit so vollständig wie möglich geschieht.

Mahler hat – das macht dieser Passus deutlich – auch erkannt, daß Autismus die Reaktion auf eine katastrophale Bedrohung ist. Allerdings unterscheiden sich die Folgerungen, die ich aus der Natur dieser Bedrohung, das heißt im Hinblick auf den Ursprung des Autismus, ziehe, von denen der Autorin, und was die Behandlung selbst anlangt, so weicht mein Standpunkt noch stärker von dem ihren ab. Auch vermag ich die Vorstellung nicht gutzuheißen, wonach das psychotische Kind »nur ein halbes Individuum« sein soll und wonach wir jene Mutter-Kind-Einheit wiederherstellen sollen, die zu

Beginn dazu geführt hat, daß sich das Kind von der Realität abgewandt hat. Eine weitere Diskussion dieser Probleme findet sich im vierten Teil dieses Buches, der sich mit der Literatur über den infantilen Autismus befaßt.

Wir sind der Ansicht, daß sich manche Kinder aufgrund ihrer Erfahrung vor und während der ersten kritischen Entwicklungsperiode niemals auch nur einigermaßen entwickeln können. Andere Kinder können aufgrund der Erfahrungen oder Forderungen, denen sie ungefähr in ihrem zweiten Lebensjahr ausgesetzt sind, autistisch werden. Doch auch in den Fällen, in denen sich der Autismus erst zu dieser relativ späten Zeit entwickelt, kann er auf Erfahrungen zurückzuführen sein, die erheblich früher gemacht wurden.

Nach der psychoanalytischen Theorie betrachtet der neugeborene Säugling die Welt hauptsächlich als ein bedürfnisbefriedigendes Phänomen, das ihm mehr oder weniger zu Diensten ist. Doch dies scheint nur dann zuzutreffen, wenn das Kind stets gut umsorgt wird und wenn ihm sein eigenes begrenztes Handeln – das Emporstecken der Arme, das kräftige Saugen, danach ein Lächeln – das Gefühl gibt, es habe erheblich zur Erlangung dieser Befriedigung beigetragen. Diese Befriedigungen vermitteln ihm insgesamt den Eindruck, als müsse ihm die Welt, was seine Forderungen angeht, zu Diensten sein. Ob er überhaupt lernt, mit der Welt richtig umzugehen, hängt davon ab, wie bald, wie einschneidend und wie dauerhaft seine Erfahrung ist, daß ihm die Welt nicht immer zu Diensten steht, sondern auch frustrieren kann.

Die unerläßlichen Frustrationen zerstören zwar das Gefühl des Säuglings, daß die Welt ihm zu Diensten sein müsse, doch fordern sie ihn gleichzeitig zu einem Lernprozeß heraus. Das heißt, er muß in jedem Entwicklungsstadium, soweit das seine Fähigkeiten erlauben, lernen, seine Umgebung zu beeinflussen. Auf diese Weise kann er in dieser Welt, obwohl sie nicht allen seinen Erwartungen entspricht, seine Ziele verwirklichen. Doch seine ganze spätere Fähigkeit, sich so zu verhalten, kann aus seiner früheren Überzeugung hervorgegangen sein, daß die Welt ihm zu Diensten sei, wenn er es wünsche, so wie ihm gewöhnlich die stillende Brust zu Diensten war. Nun stellt sich lediglich heraus, daß die Lust, die er haben möchte, nicht gleich zur Stelle ist. Er muß sich bemühen, muß sie sich verschaffen.

Ich glaube, es gibt eine kritische Zeit, in der man die Welt als frustrierend erfährt. Macht der Säugling diese Erfahrung zu einer Zeit, zu der er bereits fest überzeugt ist, daß ihm die Welt voll zu Diensten sein müsse, und trifft ihn diese Erfahrung trotzdem nicht allzu hart, dann ist alles in Ordnung. Schließlich wird er selbst versuchen, seine ursprüngliche Phantasie zu verwirklichen – zumindest in dem Maße, in dem er in dieser nicht ganz so vollkommenen Welt dazu fähig ist. Da aber seine Wünsche und Phantasien zunächst anspruchslos sind, wird ihm das bis zu einem gewissen Grad gelingen. Und im selben Maße, in dem seine Bedürfnisse vielgestaltiger werden, entwickelt sich seine Fähigkeit, diese zu befriedigen. Doch kann die Entwicklung schrecklich scheitern, wenn die Welt zu früh als grundlegend frustrierend erfahren wird – das heißt, noch bevor sich in der Anlage, die wieder hervortreten wird, wenn das Kind Dinge selbst tun kann, die Überzeugung von der befriedigenden Natur dieser Welt durchgesetzt hat.

An diesem Punkt kann eine ungewöhnlich empfindliche Anlage zu Anpassungsschwierigkeiten führen, ein Problem, mit dem ich mich später befassen werde. Hier möchte ich lediglich auf die Möglichkeit verweisen, daß, wenn ein Säugling ungewöhnlich intelligent ist oder ungewöhnlich früh auf seine Umgebung reagiert, eine Kluft entstehen kann zwischen seinen frühreifen Versuchen, allein mit den Dingen fertigzuwerden, und der körperlichen Unreife, die ihn daran hindert. Bemerkt die Umgebung diese Kluft nicht, kann dieser Widerstand zu einem schwerwiegenden Ungleichgewicht führen zwischen dem Wunsch des Säuglings, die Dinge zu realisieren, und seiner entsprechenden Unfähigkeit. Auch dieser Zustand kann zu inneren Frustrationen führen, die ebenso schaden können wie die Frustrationen der Umgebung.

Kurzum, der Mangel an befriedigenden Reaktionen durch die Personen, die sich um den Säugling kümmern, kann diesen zu früh dazu zwingen, die Welt als rein frustrierend zu erfahren, das heißt, noch bevor er die Möglichkeit hatte, sich zu überzeugen, daß die Welt im Grunde gut ist. Wenn es dazu kommt, wird diese spätere realistischere Erfahrung durch die frühere nicht neutralisiert werden. Sie wird ihn nicht veranlassen, Energien in der Verwirklichung seiner Wünsche zu investieren, auch wenn sein Wachstum diese Verwirklichung möglich macht.

Solche Kinder geben ihre Versuche auf. Sie sehen keinen Sinn darin, eine frustrierende Erfahrung noch einmal zu machen, und die ganze Welt scheint nur aus Erfahrungen dieser Art zu bestehen. Das sind die Kinder, die an infantilem Marasmus leiden, das sind Spitz' dahinvegetierende Kinder, die an Hospitalismus leiden. Solche Kinder entwickeln sich weder sozial, emotional noch intellektuell, und viele unter ihnen sterben bald.

Doch ich glaube, daß es weder die mechanische, unpersönliche Pflege noch die niedrige Stimulierung gewesen sind, die unmittelbar ihre Verkümmerung und ihr Verwelken bewirkten. Ich glaube, es ist eher ihr Scheitern gewesen, in eigener Initiative aktiv zu werden. Obwohl die schlechte Pflege, die ihnen zuteil wurde, schuld daran war, daß sie nicht aktiviert wurden, war es diese Nichtaktivierung als solche, die zu ihrem emotionalen, intellektuellen und häufig körperlichen Tod führte. Sonst würden die Beobachtungen von Spitz und anderen nicht ausreichen um zu erklären, warum einige dieser Kinder überlebten und andere nicht, obwohl sie alle gleich behandelt wurden. Aufgrund ihrer Anlage oder früherer Erfahrungen oder rein zufällig wurden einige unter ihnen stärker aktiviert als andere, so daß sie sich sogar die mechanische Pflege, die ihnen zuteil wurde, besser zunutze machten. Doch vielleicht ist es genauer, wenn wir sagen, daß ihnen die Pflege weniger mechanisch vorkam, weil sie sie aktiver annahmen.

Es gibt andere Kinder, bei denen durch frühe Erfahrungen eine autistische Anlage entsteht, wobei jedoch die späteren, im zweiten Lebensjahr stattfindenden Frustrationserlebnisse nicht die Gesamterfahrung dieser Welt ausmachen. Es handelt sich hier um Kinder, deren wesentliches Bedürfnis, sowohl zu empfangen als auch aktiv zu sein, zumindest so minimal befriedigt worden ist, daß sie die Welt nicht für ausschließlich zerstörerisch halten. Dann gibt es noch die Kinder, die, obwohl sie ganz anständig umsorgt werden, die Erfahrung, daß dies einen Unterschied machen könne, schlichtweg ableugnen. Der einen wie der anderen Kategorie Kinder kam die Welt zwar bedürfnisbefriedigend, doch völlig gefühllos vor. (Diese letzte Erfahrung haben sie mit der ersten Gruppe gemeinsam, die sich fast überhaupt nicht entwickelt.) Solche Kinder bleiben passiv, bleiben »gute« friedliche Säuglinge. Sie entwickeln sich bis zu dem Punkt, an dem sie sich durch körperliches Wachstum, innere Reifung und durch die Gesellschaft mit der Forderung konfrontiert sehen, bei der Gestaltung ihres eigenen Lebens zumindest bis zu einem gewissen Grad selbständig zu handeln. Doch diese Aufgabe können sie nicht bewältigen. Und so beginnen sie nun die Welt, die sie bisher nur für gefühllos hielten, auch als zerstörerisch zu empfinden, weil sie von ihnen um ihres Überlebens willen Dinge fordert, die zu tun sie nicht in der Lage sind. Als Reaktion auf diese Erfahrung ziehen sie sich auf die autistische Position zurück.

Ich kann nun näher spezifizieren, worin die autistische Anlage im wesentlichen besteht: sie gründet in der Überzeugung, daß die eigenen Anstrengungen die Welt nicht beeinflussen können, und diese Überzeugung wiederum basiert auf der früher gewonnenen Überzeugung, daß die Welt auf die eigenen Reaktionen gefühllos reagiert.

Der infantile Marasmus und Spitz' Hospitalismus werden also verursacht durch die Überzeugung, daß man im Hinblick auf die Welt nichts unternehmen kann, und daß diese Welt überhaupt nicht bedürfnisbefriedigend ist, sondern lediglich frustrierend und zerstörerisch: diese Überzeugung aber führt zu völliger Passivität.

Der infantile Autismus indes geht aus der ursprünglichen Überzeugung hervor, daß man überhaupt nichts unternehmen kann in einer Welt, die zwar frustrierenderweise einige Befriedigungen bietet, während sie freilich die, die man sich wünscht, verweigert. Und wenn von einem solchen Kind allmählich mehr gefordert wird, während es selbst einige Befriedigungen zu erlangen verursacht, wird es noch stärker frustriert: denn weder kommt es in den Genuß solcher Befriedigung, noch kann es den Erwartungen seiner Eltern entsprechen. So aber zieht es sich auf die autistische Position zurück. Wenn das geschieht, wirkt die Welt, die bisher nur gefühllos schien, ganz und gar zerstörerisch, was bei dem Kind, das dem Marasmus zum Opfer fällt, von Anfang an der Fall ist. Doch da das autistische Kind einst eine vage Vorstellung von einer befriedigenden Welt gehabt hat, strebt es immer noch nach einer solchen Welt – allerdings nicht handelnd, sondern träumend. Wenn es jedoch handelt, dann nicht, um seine Lage zu verbessern, sondern um weiterem Schaden vorzubeugen. Das Kind, das an infantilem Marasmus leidet, verfügt dagegen nicht einmal über eine Phantasiewelt.

Es gibt eine weitere Möglichkeit, bei der die Situation dieselbe ist wie bei Autismus, mit dem Unterschied, daß das Kind nur mehr einen einzigen Zugang zur Befriedigung kennt: den Zugang über die Mutter. Dieses Kind kann trotz all seiner Bemühungen zu keiner Befriedigung gelangen und sieht sich immer nur der Frustration ausgesetzt – mit einem entscheidenden Unterschied allerdings. Wenn dieses Kind die Mutter veranlassen kann, für es zu handeln, kann es in den Genuß einiger Befriedigungen kommen – doch fast immer nur durch sie und nie oder ganz selten aus eigener Kraft. Es handelt sich hier um die wesentlich gutartigere symbiotische Kindheitspsychose, die als erster Mahler (1952) beschrieben hat. Da sich das Kind wenn auch nur einer einzigen Person zuwendet, ist sein Kommunikationsvermögen, theoretisch gesehen, entwickelt. Daher kann es einer ambulanten Therapie zuweilen gelingen, diesen Kommunikationsmodus für mehrere Personen und entscheidende Aspekte der Welt auszuweiten.

Vielleicht können wir uns den infantilen Autismus so vorstellen, daß der Säugling nicht nur zwei, sondern drei oder sogar noch mehr kritische Perioden erlebt. Die erste Periode kann in den ersten sechs Monaten auftreten, also vor der sogenannten Angstphase im achten Monat, und bevor das Kind durch seine Angst vor Fremden in seiner Zuwendung zu Freunden mächtig bestärkt wird. Damit diese normale Trennung zwischen Freund und Feind stattfinden kann, muß der Säugling durch frühere Erfahrungen fähig geworden sein, einige Personen als Freunde auszuwählen; das heißt, er muß die Erfahrung gemacht haben, daß die Welt im Grunde gut ist. Wenn dem nicht so ist, wird der Säugling auch nicht die Angstphase im achten Monat erleben, da diese bei Spitz' Kindern, die an Hospitalsmus litten, fehlte. Manche Kinder werden um dieses Alter herum als autistisch erkannt. Ihnen gelingt es nicht, soziale Beziehungen herzustellen, da sie in dieser Welt allzu bitter enttäuscht worden sind.

Der zweite Zeitabschnitt, in dem das Kind kritischen autistischen Erfahrungen ausgesetzt sein kann, könnte die Periode vom sechsten bis zum neunten Monat sein, die normalerweise die Angstphase des achten Monats einschließt. Das Kind erkennt nun sich selbst und andere Personen als Einzelpersonen. Wenn der Säugling in dieser Periode mit einem anderen Menschen zu kommunizieren versucht, ohne daß dieser Mensch darauf eingeht, kann er diese Versuche aufgeben. Da er jedoch den anderen nicht gefunden hat, kann er auch sich selbst nicht finden.

Der dritte kritische Zeitabschnitt kann die Periode vom achtzehnten Monat bis zum zweiten Lebensjahr umfassen. Das ist die Zeit, in der der Autismus gewöhnlich erkannt wird. Auch ist dies das Alter, in dem das Kind Beziehungen zu seiner Umwelt nicht nur *emotional* herstellen oder verweigern kann, sondern es kann nun einfach zu jemandem hin- oder von jemandem fortgehen. Dieser Abschnitt kann das Stadium sein, in dem zum emotionalen Rückzug von der Mutter (in der zweiten Periode) der emotionale und physische Rückzug von der Welt überhaupt kommt.

Doch handelt es sich hier um sehr vage Vermutungen, um sehr grobe Annäherungen. In jedem Stadium sind andere Strebungen des Selbst blockiert oder schwerwiegend gestört: im ersten Stadium wurde die Aktivität des Kindes generell beeinträchtigt, im zweiten

Stadium wurde seine aktive Kontaktnahme zu anderen frustriert, und im dritten Stadium wurden seine aktiven Bemühungen, die Welt mit Kopf und Körper zu meistern, vereitelt.

Der richtige Zeitpunkt

Ich habe bereits darauf hingewiesen, daß die reibungslose Prägung beim Tier im Grunde eine Frage des richtigen Zeitpunkts ist. Der Mensch dagegen verfügt über einen wesentlich breiteren Spielraum, um die einzelnen Schritte in seinen Entwicklungsphasen zu tun. Was nun die Art und Weise dieser Schritte und mehr noch ihr *Timing* angeht, so weist jede Kultur einen gewissen Spielraum für individuelle Abweichungen auf. Interkulturell gesehen sind diese Abweichungen noch stärker, und ihre Untersuchung kann uns eine Menge über Persönlichkeitsentwicklung lehren. Das ist der Grund, weshalb die Kindererziehung in den israelischen Kibbuzim mein Interesse erregt hat. Der Kibbuz-Säugling wird nur zum Teil von seiner Mutter und zum größten Teil von Kibbuz-Erziehern großgezogen.

Die israelische Gesellschaft ähnelt stark der unsrigen, und die so erzogenen Kinder wachsen zu stabilen und fähigen Erwachsenen heran. Wie das genau geschieht, ist eine lange Geschichte, die ich mir für eine meiner nächsten Veröffentlichungen[7] aufsparen werde. Diese Veröffentlichung wird auf einer begrenzten Feldstudie basieren. An dieser Stelle möchte ich lediglich auf meine Erfahrungen im Kibbuz hinweisen, die mich überzeugt haben, daß jeder Säugling zwar einen Leitstern haben muß, daß dieser Leitstern jedoch nicht seine Mutter zu sein braucht. Denn dieser Leitstern kann, um im Bild zu bleiben, durch eine Konstellation ersetzt werden, unter der Bedingung allerdings, daß das, was an Intensität verloren geht, durch klare Zielsetzungen wettgemacht werden muß.

Ich komme deshalb darauf zu sprechen, weil die Kibbuz-Methode die autonomen Interaktionen des Kindes mit anderen und seine Beherrschung der menschlichen und körperlichen Umwelt wesentlich stärker entwickelt als unsere Erziehung. Es ist richtig, daß die klaren Zielsetzungen in bezug darauf, wie man sich zu entwickeln hat, mit einer ganzen Menge anderer Dinge kombiniert sind, die wünschenswert sein können oder auch nicht. Das Kibbuz-Kind genießt nur einen begrenzten Spielraum, wenn es darum geht, sich solchen Zielsetzungen auf seine eigene individuelle Weise anzupassen. Doch

[7] Vgl. Bruno Bettelheim: Die Kinder der Zukunft, München, 1971 (Anm. d. Ü.).

werden seine körperlichen und andere instinkthafte Bedürfnisse reichlich befriedigt, wobei in frühem Alter ein nur geringer Druck ausgeübt wird, um hier Kontrolle auszuüben. Wenn diese Bedürfnisse mit optimalen Voraussetzungen für die Autonomie des Kindes kombiniert werden, scheinen sogar hinsichtlich der ganz frühen Bemutterung des Kindes Mängel wegzufallen.
Besonders relevant für dieses Buch ist die Kleinkinderfahrung im Kibbuz. Ich habe bereits auf die zwei- (oder mehr-)phasige Entwicklung des Autismus und darauf hingewiesen, daß dieser um das zweite oder dritte Lebensjahr herum voll in Erscheinung tritt. Was immer das Kibbuz-Kind im frühen Säuglingsalter verlieren mag, es erfreut sich bereits im nächsten Stadium einer ungewöhnlichen Autonomie, die es erfolgreich in die Praxis umzusetzen weiß. Auch die besten Eltern in unserer Gesellschaft können ihren Kleinkindern dergleichen nicht bieten.[8]

Trotzdem scheint es klar zu sein, daß die verschiedenen Stufen der sozialen Entwicklung zwar von Kultur zu Kultur variieren, daß jedoch ein wesentlich geringerer Spielraum gegeben ist, wenn es um die geistige oder körperliche Entwicklung des Kindes geht.

Das Kriechen kommt – das ist die Regel – vor dem Gehen, und während manche Kinder das Kriechen überspringen, fällt es einem schwer, sich das Kleinkind vorzustellen, das, nachdem es gelernt hat, sich vom Bauch auf den Rücken zu drehen, sogleich das Gehen lernt, um erst dann als bevorzugten Fortbewegungsmodus das Kriechen zu lernen.

Die Autonomie wird dadurch erheblich vermehrt, daß das Kind die Funktionen seines Körpers beherrschen lernt. Doch ist der Mensch in solchem Maße soziales Wesen, daß auch diese Entwicklung nur dann stattfindet, wenn sie aus sozialer Erfahrung resultiert. Wir Menschen können die Beherrschung sowohl des Körpers als auch der Umwelt nur durch Kommunikation erlangen; und diese Beherrschung ist erst dann gewährleistet, wenn wir auch unsere

[8] Wenn ich hier von der Förderung der Autonomie spreche, sollte man mich nicht mißverstehen: ich bin nicht dafür, daß man das Kind in frühem Alter sich selbst überläßt. Denn das würde bedeuten, daß es sich überwältigt fühlt und schließlich scheitert. In unserer Gesellschaft herrscht die starke Tendenz, die Kinder bereits in frühem Alter unabhängig werden zu lassen und sie zu gewissen Dingen anzutreiben – vor allem zu den Dingen, die die Eltern von ihnen fordern. Ich glaube, dieses Vorgehen beeinträchtigt die Autonomieentwicklung am stärksten, da diese am besten durch die Überzeugung gedeiht: Für mich ist es wichtig, das zu tun und deshalb tue ich es; ich tue es nicht, weil man mir sagt, ich solle (oder müsse) es tun und ich tue es nicht, weil ich (was noch schlimmer wäre) das für wichtig halten muß, was andere wünschen, daß ich es für wichtig halte.

Emotionen in den Griff bekommen haben. Natürlich werden diese ebenso wie die Funktionen unseres Körpers hin und wieder stärker sein als wir selbst. Die Beherrschung unserer Ausscheidungsfunktionen enthebt uns nicht der Defäkation. Die Autonomie aber verlangt, daß wir und niemand anderer entscheidet, wann, wie und wo wir defäkieren; sie kann jedoch nicht verlangen, daß wir nicht defäkieren, wenn unser Körper das dringende Bedürfnis hat.

Die körperlichen Bedürfnisse einer strengen Kontrolle durch den Willen zu unterwerfen, führt nicht zur Autonomie. Es bedeutet lediglich, daß die Unterwerfung unter die Eltern eingetauscht worden ist gegen eine Unterwerfung unter Zwänge, die noch stärker verkrüppeln, weil sie unserer eigenen Angst entspringen. Diese Angst aber ist immer bei uns – es sei denn, sie wird durch die korrigierende emotionale Erfahrung gelindert –, während die Eltern nicht immer bei uns sind.

So ist also die Autonomie weder durch eine absolute Kontrolle unserer Gefühle bedingt, noch wird sie durch eine derartige Kontrolle gefördert. Ein solcher Prozeß würde lediglich zu einer zwanghaft entleerten Persönlichkeit führen. Unsere Emotionen müssen – wie unser Darm – die Freiheit besitzen, ihr Recht auf Befriedigung und Entleerung wahrzunehmen. Autonomie setzt zwar nicht die totale, aber doch hinreichende Beherrschung unserer Emotionen voraus. Das aber bedeutet – und auch hier liegt der Fall genauso wie bei Darm und Blase –, daß niemand anderer sie kontrollieren sollte, obwohl andere sie natürlich beeinflussen können. Wir müssen unsere Emotionen vor allem deshalb hinreichend kontrollieren, damit sie uns nicht veranlassen, uns selbst oder andere zu verletzen.[9]

[9] Extremsituationen wie die des Krieges werfen besondere Probleme auf. Doch sogar in solchen Fällen möchte man hoffen, es sei die autonome Entscheidung einer Person, die diese wünschen läßt, ihr Land unter eigener Lebensgefahr zu verteidigen.
Eine Situation, die wir alle nur zu gut kennen, kann meinen Standpunkt klarer machen. Ich glaube die Angst, die wir vor dem Atomkrieg haben, hat, wenn wir von der Angst, die jeder Krieg mit sich bringt, einmal absehen, genau mit dem Problem der Autonomie zu tun. Jeder von uns kann nur einmal sterben, so daß es eigentlich kaum irgendwelchen Unterschied macht, ob wir durch einen Atomschlag oder eine gewöhnliche Bombe, die auf unser Haus fällt, ums Leben kommen. Die Bombe könnte auch die eigene Frau, die eigenen Kinder auslöschen – doch ich bezweifle, ob die Liebe zur Menschheit generell oder die Möglichkeit, daß diese Menschheit die eigene Familie und die eigenen Freunde überlebt, viele unter uns wirklich interessiert. Doch scheint der konventionelle Krieg (ein Schein, der übrigens trügt) Entscheidungen darüber zuzulassen, ob man kämpfen oder fliehen soll. Die Vorstellung vom plötzlichen Atomschlag hat jedoch offenbar mit der autonomen oder halb autonomen Entscheidung, wie man der Gefahr des Krieges begegnen soll, aufgeräumt. Der Atomkrieg scheint deshalb zerstörerischer, weil er uns noch weniger Spielraum als andere Arten von Kriegen läßt, wenn es darum geht, uns der Gefahr auf unsere eigene Weise zu stellen.

Fremdlinge des Lebens

Tiere wissen; und sie können lernen, Hebel zu betätigen, ja sie können sogar zählen lernen. Sie wissen, wie man schwierige Strukturen errichtet und finden ihren Weg über Tausende von Kilometern hinweg. Sie kommunizieren miteinander wie zum Beispiel die Biene, die durch ihren Tanz anderen Bienen erklärt, wo es Honig gibt. Sie wissen um diese und viele andere Dinge, und nur weil wir nicht wissen, wie sie zu diesem Wissen gelangen, nennen wir es »Instinkt«. Wenn wir sie lehren, lernen sie schwierige Labyrinthe durchqueren, verschiedene Formen pickend unterscheiden. Auch können wir ihnen beibringen, Maschinen in Gang zu halten, die wir selbst gebaut haben. Doch haben manche Tiere auch ohne unsere Hilfe gewisse Dinge gelernt – so zum Beispiel die Meise in England, die daraufgekommen ist, wie man Milchflaschen öffnet.

Auch können Tiere selbstlos und voller Hingabe handeln. Als Beispiel seien hier die beiden Paviane angeführt, die, um ihre eigene Horde zu schützen, einen Leoparden töteten und dabei selbst ums Leben kamen (Marais, 1940). Doch ist das insofern nicht ungewöhnlich, als es viele Hunde gibt, die, um ihr Herrchen zu schützen, kämpfen, ja sterben würden.

Doch ich bezweifle stark, ob die Tiere im Verlauf oder nach solchen Handlungen *wissen*, daß sie nun so gehandelt haben. Denn wenn die übrigen Paviane von der heroischen Tat ihrer Verteidiger gewußt hätten, hätten auch sie eine kämpferische Strategie gegen den Leoparden entwickeln können, um am Ende ganze Epen zu schaffen, mit denen sie ihre Helden aus alter Zeit hätten feiern können.

Auch können Tiere die Ergebnisse ihrer Handlungen vorhersagen. Sie können vorhersagen und sie können handeln. Wie sonst könnte der Hund, der den Teppich zerbissen hat, die Rückkehr seines Herrn fürchten und sich in eine Ecke verkriechen? Doch weiß der Hund, daß er seine Bestrafung »verursacht« hat oder hat er durch sie eine Art konditionierte Reaktion lediglich gelernt, welches Ereignis welchem folgt? Wie dem auch sei, der Hund kann den Lauf der Dinge nicht beeinflussen: er kann den zerrissenen Teppich nicht zusammenflicken. Ebenso wenig wie er den Teppich, den er beschmutzt hat, saubermachen kann. Das aber ist der springende Punkt.

Woran es dem Tier nach meiner Überzeugung fehlt, ist das Wissen oder die Vorstellung, daß es durch sein eigenes Eingreifen den Lauf der Dinge ändern könnte. Ich glaube, die Überzeugung *Ich hab's getan und mein Tun hat etwas verändert* ist eine ausschließlich menschliche Erfahrung. Und diese Überzeugung ist es, die zur spontanen Entwicklung der Persönlichkeit und des Erfahrungsbereiches führt, denn nun können komplizierte Abfolgen von Ereignissen modifiziert, gemeistert, zum Stillstand gebracht und kontrolliert oder gesteuert werden, je nachdem wie es die jeweilige Persönlichkeit wünscht.

Ein Grund zu handeln

Die menschliche Erfahrung basiert auf unserem Gefühl für Zeit, Raum und Kausalität, also auf Kants *A priori-Kategorien* des Verstandes und der Vernunft. Bei vielen Tieren übertrifft das Gefühl für Zeit und Raum das unsrige bei weitem. Doch unsere Fähigkeit, aus der Kontiguität von Raum und Zeit ein Kausalitätsgefühl zu entwikkeln, hat uns in das Abenteuer der Menschheit hineingeführt. Das, wodurch wir wurden, und das, was wir sind, ist nicht einfach auf die Tatsache zurückzuführen, daß wir kausale Zusammenhänge zu erkennen begannen, sondern auch darauf, daß wir in diesem Prozeß zu der Überzeugung gelangten, wir könnten Abfolgen von Ereignissen durch unseren Einfluß verändern, die Überzeugung, daß wir durch die Einfügung eines neuen Gliedes in die Kette der Kausalität den Lauf der Ereignisse derart verändern können, daß das Resultat völlig anders ausfällt als das Resultat, das sich ohne unser spontanes Handeln eingestellt hätte. Hier liegt der Grund, weshalb ich im letzten Kapitel eindringlich darauf hingewiesen habe, daß der Säugling durch Eßzeiten nach der Uhr entmenschlicht werden kann, da er unter solchen Umständen nicht das Gefühl vermittelt bekommt, daß *sein* Handeln (Weinen oder Lächeln) zur Fütterung führt.

Wenn wir das Gefühl haben, wir könnten die wichtigsten Dinge, die uns zustoßen, nicht beeinflussen, und wenn diese Dinge uns durch irgendeine unerklärliche Macht zudiktiert zu sein scheinen, dann geben wir es auf zu lernen, wie wir auf sie reagieren und wie wir sie verändern könnten. Mit der Zeit können wir diese scheinbar unerschütterliche Ordnung als eine Art Maschine erfahren, bis wir schließlich zu der Überzeugung gelangen, alle Ereignisse würden durch diesen oder ähnliche Mechanismen erzeugt werden. Da ein Großteil des Lebens, welches das Kind führt, durch einen willkürlichen Zeitplan geregelt zu werden scheint, kann dieses Kind die Macht, die es dahinter vermutet, mit einer Uhr oder mit der Uhrzeit schlechthin identifizieren. Doch das geschieht wesentlich später.

Normalerweise ist es jedoch so, daß das Kind, je mehr es heranwächst, um so mehr zu der Überzeugung gelangt, daß es durch seine persönlichen Bemühungen bestimmte Abfolgen von Ereignissen verändern könne. Und wenn dem so ist, gewinnt die Fähigkeit des Kindes, Dinge zu ordnen und vorherzusagen, eine neue Bedeutung, weil das Kind dadurch, daß es die Ereignisse in Raum und Zeit richtig einordnet, deren Kausalzusammenhänge zu begreifen beginnt.

Die Fähigkeit, zweckgerichtet zu handeln, stützt sich darauf, daß wir die wahrscheinlichen Folgen unseres Handelns begreifen. Diese Fähigkeit kommt nur dann zustande, wenn sich der Handelnde in Raum und Zeit orientiert oder wenn er die von ihm beobachteten Ereignisse in ihrer Kausalität organisiert. Doch auch die Fähigkeit, aus richtigen Rückschlüssen und Anhaltspunkten zukünftige Ereignisse vorherzusagen, macht noch keinen ganzen Menschen. Die Vorhersage besitzt erst dann einen Wert, wenn wir sehen, daß wir durch entsprechendes Handeln eine erwartete Abfolge von Ereignissen verändern können. Können wir das nicht, muß es wohl sinnlos erscheinen, solchen Vorhersagen Beachtung zu schenken.

Ist das der Fall, können sogar überraschende Ereignisse nicht meine Aufmerksamkeit erregen, weil ich in bezug auf diese Ereignisse nichts unternehmen kann. Eine Vorhersage könnte in einer solchen Situation lediglich dazu führen, daß ich vor dem unabwendbaren schlimmen Ereignis erschrecke. Doch lieber im vorhinein gar nicht erst erschrecken, da ich mich auf das kommende Ereignis sowieso nicht vorbereiten und da ich es sowieso nicht ändern kann. Lieber die Vorhersage und das richtige Einordnen von Ereignissen aufgeben. Lieber der Welt überhaupt keine Aufmerksamkeit mehr schenken. Dieser Standpunkt ist typisch für das autistische Kind, das sich bewußt nicht für eine Welt interessiert, bei der es spürt, daß es sie nicht ändern kann.

Um als Mensch funktionieren zu können, muß man also gelernt haben, sein eigenes Leben im Raum, in der Zeit und in der Kausaltät zu führen. Diese Kategorien der Vernunft sind nicht bloß metaphysischer Art, da es immer auch die klar umrissene historisch-genetische Entwicklungssequenz gibt, in der sie auftreten.

Die Orientierung im Raum und in der Zeit geht der Kausalitätserfahrung voraus. Das Füttern des Säuglings ist sicherlich eine entscheidende Erfahrung der Zeitdimension, durch die das Leben in einem sehr frühen Alter eine gewisse Ordnung erfährt. Ich weiß nicht, ob die Zeit-Ordnung der Welt (die sich aus der Fütterung, dem Schlafen- und-Wachen und dem Rhythmus von Tag und Nacht ergibt) der Raum-Ordnung durch visuelle, auditive und kinästhetische Erfahrungen vorausgeht (diese Erfahrungen sind zum Beispiel das Erkennen des Säuglings von Ereignissen in- oder außerhalb seines Körpers, wobei er stets auf sich bewegende Objekte reagiert). Nach der Schöpfungsgeschichte ging die Ordnung des Raumes (die Einteilung des Chaos in Oben und Unten von Himmel und Erde) der Ordnung der Zeit (das war die Einteilung in Tag und Nacht) voraus.

Ich bin nicht in der Lage, darüber zu argumentieren, welcher der beiden Prozesse dieser menschlichen Erfahrung zuerst kam – die Orientierung im Raum oder die in der Zeit. Doch ich weiß, daß unseren autistischen Kindern nur der Raum mit seiner Leere bleibt, da sie sich der Zeiterfahrung derart entfremdet haben. Diese Situation aber versuchen sie durch gleichförmiges oder abgrenzendes Verhalten zu bewältigen.

In der Wirklichkeit sind beide Erfahrungen so eng miteinander verquickt, daß es – was unsere natürliche Erfahrung dieser Welt angeht – wenig sinnvoll erscheint, zwischen ihnen zu unterscheiden. Eine unserer ersten Aufgaben bei autistischen Kindern besteht darin, daß wir ihnen helfen, diese Einheit wiederherzustellen. Ich weiß nicht, wie wichtig diese von ihnen vorgenommene Trennung in der rationalen Ordnung der Dinge ist. Doch hätten Minkowski und Einstein diese Einheit nicht schon lange vor uns erkannt, so hätten unsere schizophrenen Kinder uns gelehrt, daß die Raum-Zeit eine Einheit ist, die jedem gesonderten Verständnis der einen oder der anderen Kategorie vorausgeht; genauso wie das Begreifen dieser Einheit Voraussetzung zum Verständnis der Kausalität ist. Unsere autistischen oder schwer blockierten schizophrenen Kinder gelangen ausnahmslos zu einer ziemlich klaren Vorstellung von der Raum-Zeit, lange bevor sie die beiden als klar voneinander unterschieden begreifen können und lange, lange bevor sie kausale Zusammenhänge verstehen können.

So ist zum Beispiel ihr Tag, wenn er schließlich geordnet ist, nicht mit Begriffen wie Morgen, Mittag und Abend organisiert, genauso wenig wie ihre Raumvorstellungen darauf basieren, wo gewisse Räumlichkeiten lokalisiert sind. Stattdessen erwerben sie relativ früh eine Raum-Zeit-Vorstellung, die durch so irreführende Bezeichnungen wie »Speisesaal« oder »Schule« etikettiert wird. Denn diese Bezeichnungen bedeuten eine einheitliche Erfahrung, die sowohl die Tageszeit umschließt, zu der die Kinder vom Schlafsaal zum Speisesaal oder Schulzimmer gehen, als auch die Bewegung durch den Raum, die erforderlich ist, um zu diesen Örtlichkeiten zu gelangen. Diesen Sachverhalt belegen die Kinder durch viele Arten von Verhalten, wobei eines dieser Verhalten folgenden Gedankengang veranschaulichen könnte: »Schule« bedeutet für diese Kinder die Tageszeit, zu der sie dorthin gehen, den Ort selbst, sowie die Person ihres Lehrers. Ein Feiertag bedeutet »keine Schule«, und die Tatsache, daß sie zur üblichen Zeit nicht den üblichen Ort aufsuchen, erfüllt sie mit Panik und sie fühlen sich verloren, weil ihre Raum-Zeit-Orientierung nicht mehr funktioniert.

Wie immer die Lernsequenz, durch die man sich im Raum und in der Zeit zurechtfindet, aussehen mag, der Vorhersage muß eine richtige Ordnung der Ereignisse und der Handlung muß die Vorhersage vorausgehen, da sonst die Handlung planlos und ohne erhofftes Ergebnis geschähe. Normalerweise erfordern derartige Bemühungen keinen bewußten Kraftaufwand. Eine Ausnahme ist nur dann gegeben, wenn eine wissenschaftliche Untersuchung durchgeführt wird. Dadurch, daß für die meisten von uns solches Ordnen und Vorhersagen auf eine halbbewußten Ebene stattfindet, ändert sich nichts an den eben erwähnten Tatsachen. Allgemein scheint zu gelten, daß wir, je weniger wir in wichtigen Situationen handeln können, um so mehr vorhersagen. Und je weniger wir handeln und vorhersagen können, desto mehr neigen wir zum Prozeß des Ordnens. Wenn also der nächste Schritt der Sequenz Ordnen-Vorhersagen-Handeln unmöglich ist, scheinen wir um so mehr Energie auf den vorhergehenden Schritt zu verwenden. Doch ohne den letzten Schritt des zielgerichteten Handelns erscheint keiner der vorausgegangenen Schritte sonderlich sinnvoll.

Das gilt nicht nur für Kinder oder emotional gestörte Menschen, sondern für uns alle. Alle Eltern wissen, daß die Vorhersage des Kindes darüber, was geschehen wird, um so überzeugter klingen, je weniger erfolgreich das Kind handeln kann. Es ist dies teilweise der Versuch, die eigene Handlungsfähigkeit abzustreiten. So kann es vorkommen, daß gerade die Person, die sich am unfähigsten fühlt, so weit geht, daß sie die kühnsten Behauptungen aufstellt. (Anders liegt der Fall beim stark deprimierten Menschen.)

Bei den schwer gestörten Kindern, mit denen wir arbeiten, können wir natürlich das Nichtvorhandensein zielgerichteter Handlungen beobachten oder aber zumeist Handlungen, durch die sie in der Gesellschaft, in der sie leben, nicht bekommen, was sie wollen. Hand in Hand damit geht eine jähe Wut, die gewöhnlich ohne spezifischen Gehalt ist, sowie die ganz und gar mangelnde Bereitschaft, über die Ursache dieser Wut, ja eigentlich aller Gefühle, zu berichten – denn sie sind überzeugt, daß das Gegenüber niemals eine befriedigende emotionale Reaktion geben könne. Doch der Rückzug des autistischen Kindes geht noch viel weiter. Die meisten autistischen Kinder haben nicht nur ihr zielgerichtetes Handeln und die Kommunikation ihrer Gefühle aufgegeben, sondern auch die Vorhersage. Nach diesem Stadium teilen sie sich in mindestens zwei Gruppen: die eine Gruppe Kinder hat sich der Welt ganz einfach nie zugewandt oder zieht sich sogar noch weiter zurück, während die andere den Rückzug mit der Schaffung einer privaten Welt koppelt, die unserer Welt häufig parallel läuft.

In der ersten Gruppe begegnen wir Kindern, die Vorhersagen über das, was geschehen wird, aufgegeben zu haben scheinen, ohne jedoch Vorhersagen darüber, was *nicht* geschehen wird, aufzugeben. Sie fahren fort, Ereignisse zu ordnen, damit sich ihre negativen Vorhersagen bewahrheiten können. Nur daß eben diese Vorhersagen völlig sinnlos sind, weil sich ihnen kein Handeln anschließt. Solche Kinder müssen Objekte auf eine bestimmte ritualistische Weise anordnen. Tun sie das nicht, wird etwas Schreckliches geschehen.

Wir haben es hier mit einer Perversion der Vorhersage zu tun, da eine Vorhersage zum Handeln und das Handeln wiederum zu Ereignissen führen sollte; in diesem Fall besteht die Vorhersage jedoch lediglich darin, daß durch da eigene Handeln (das Ritual) nichts geschehen wird. Es ist der äußerste Defätismus, den das autistische Kind in bezug auf seine Fähigkeit, die Umwelt zu handhaben, an den Tag legt. Statt daß sein Handeln Ereignisse nach sich zöge, vermag es nur eines: Ereignisse daran zu hindern, daß sie stattfinden. Doch dort, wo nichts geschieht, ist auch kein Leben. Und das genau ist die Überzeugung dieser Kinder: sie glauben kein Leben zu besitzen, weil sie diesem keine Richtung geben können.

In einem noch weiter fortgeschrittenen Stadium des Rückzugs ist auch die Fähigkeit der Vorhersage verschwunden. Solche Kinder verbringen den Tag mit vielen Ritualen; Dinge müssen so und nicht anders geordnet werden, Bauklötzchen müssen in einer gewissen Anordnung liegen, Puzzles müssen auf eine bestimmte Weise zusammengefügt, Lieder in einer bestimmten Reihenfolge gesungen werden. Aus diesen Handlungsweisen ergibt sich nichts, nicht einmal eine Vorhersage darüber, was geschehen würde, wenn die Kinder diese Rituale nicht ausführten. Ganze Behandlungsjahre können vergehen, bevor diesen Kindern bewußt wird, welches Ereignis sie durch ihr zwanghaftes Anordnen von Splittern der Realität zu verhindern hofften. Dann aber entdeckt man, daß sich hinter jeder Anordnung das Streben nach einer Vorhersage verbarg. Gelingt es uns jedoch, das Kind so weit zu befreien, daß es wieder zielgerichtet handeln kann, können wir gelegentlich herausfinden, welche Handlungen der anderen es waren, die das Kind verhindern wollte. Hier liegt der Grund, aus dem das Kind einst sorgfältig Dinge zusammentrug, die es für wesentliche Bestandteile eines Wissens gehalten hat, und wieso es auf dieser Grundlage vorherzusagen versuchte, welches unter seinen Verhalten die bösen Folgen am ehesten verhindern würde.

Doch es gibt andere Kinder, die sich noch weiter zurückziehen und weder Dinge ordnen noch über Rituale verfügen. Sie haben sich am weitesten in eine Nichtexistenz zurückgezogen. Beispiele für diesen äußersten Rückzug sind Marcia und Laurie, obwohl in Lauries Fall behauptet wird, daß sie einmal Rituale vollzogen habe.

All diese Dinge kennen wir aus Untersuchungen von Ritualen und anderen Zwängen bei Erwachsenen. Ich versuche hier deshalb einen Überblick darüber zu geben, weil Erwachsenenrituale von Personen durchgeführt werden, die davor bereits recht komplexe Persönlichkeiten ausgebildet hatten. Das Studium solcher Rituale – und sie sind tatsächlich angemessen studiert worden – hilft uns nicht weiter, wenn wir verstehen wollen, wie wesentlich diese Schritte vom vernünftigen Einordnen der Ereignisse über die Vorhersage zum zielgerichteten Handeln sind, wenn es um die Entwicklung der Persönlichkeit geht.

Piaget (1954) gelangt aufgrund seiner eingehenden Beobachtungen sehr kleiner Kinder zu Schlußfolgerungen, die meinen Theorien stark ähneln. Er schreibt:

Die Kausalität besteht aus einer Organisation des Universums, welche der Gesamtheit der Beziehungen zu verdanken ist, die zuerst mit dem Mittel der *Handlung* und später mit dem Mittel der Vorstellung zwischen den Objekten und auch zwischen dem Objekt und dem Subjekt hergestellt wurden. Die Kausalität setzt also auf allen Seiten eine *Interaktion* zwischen dem Ich- und den Dingen voraus. Der radikale Egozentrismus am Anfang läßt das Subjekt alle äußeren Ereignisse der eigenen Handlung zuschreiben. Die spätere Konstruktion eines Universums gibt dem Ich jedoch die Möglichkeit, sich in die

Dinge einzureihen und die Gesamtheit der Sequenzen zu verstehen, die es beobachten kann, oder aber in denen es sich selbst als Ursache oder Wirkung befindet. [Kursivgedrucktes von Bettelheim].

Nehmen wir einmal an, daß in diesem ersten Stadium, in dem das Subjekt alle äußeren Ereignisse einer persönlichen Aktivität zuschreibt, eben diese äußeren Ereignisse dem Individuum zerstörerisch vorkommen, und zwar entweder ihrer Natur oder der Einstellung wegen, die es dahinter vermutet; das heißt aber, der Gefühle wegen, die es in den Personen herausspürt, die diese Ereignisse tatsächlich verursachen. Wie muß eine solche Person ihre eigenen Handlungen sehen? Folgt daraus nicht, daß sie, wenn sie sie tatsächlich so sieht, jegliche Aktivität aufgeben muß, da es (so meint sie) ihre eigenen Handlungen sein müssen, die all diese schrecklichen Ereignisse verursachen? Denn da der Säugling weder Ursache noch Wirkung versteht und deshalb nicht weiß, wer (oder was) was bewirkt, reagiert er auf die Gefühle, die mit Ereignissen einhergehen.

Je stärker er glaubt, es sei er, derEreignisse bewirkt, die derart unangenehme Gefühle erzeugen, desto weniger wird er handeln. Aber auch, wenn Ereignisse weniger oder überhaupt nicht zerstörerisch sind – was, wenn das Individuum daran gehindert wird, mit Menschen oder Dingen zu agieren und zu interagieren? Auch dann kann der Mensch keine kausalen Zusammenhänge entdecken. Doch ist in einer Welt, in der keine Kausalität existiert, weder eine Vorhersage noch ein geplantes Handeln möglich. Wenn wir nicht vorhersehen können, welches die Ergebnisse unseres Handelns sein werden, sind wir nicht Herr unseres Schicksals. In diesem Fall sind nur zwei Handlungsweisen sinnvoll: entweder wir tun nichts, um so Kräfte zu sparen und Entäuschungen zu vermeiden, oder wir schaffen uns eine Phantasiewelt, in der wir uns vorstellen können, wir seien nach wie vor Herr unseres Schicksals.

Das Nichtstun des autistischen Kindes kann sehr unterschiedlichen Motivationen entspringen – es kann aus suizidalen oder Selbstschutzmaßnahmen hervorgehen, es kann die äußerste Selbstaufgabe oder die äußerste Herausforderung bedeuten. Leider ist diese Abwehrmaßnahme für die, die sich ihrer bedienen, so beschaffen, daß sie das Selbst bis zu dem Punkt schwächt, an dem das, was eben noch äußerste Herausforderung war, plötzlich in Selbstmordverhalten umschlägt. So kann das Kind in seiner Notlage nach einer Selbstbehauptung streben, und dieses Streben wiederum kann sich dahingehend auswirken, daß das Kind seinen Eltern durch Nichtstun trotzt.

Doch indem es sich so verhält, gibt es das Lebewesen auf, das es schützen wollte. Oder um es anders auszudrücken: das Selbst, das es durch sein Nichthandeln zu schützen versuchte, wird immer schwächer, bis es sich durch Nichtnutzung auflöst.

Das Selbst ist, so wie wir es hier sehen, keine isolierte Einheit. Es besteht aus einer Gesamtheit von inneren Prozessen, die sich langsam entwickeln, doch nicht beliebig zum Stillstand oder wieder in Gang gebracht werden können, wenn sie einmal angelaufen sind. Werden sie zu lange oder zu plötzlich zum Stillstand gebracht, entarten diese Prozesse, und es wird zusehends schwieriger, sie wieder in Gang zu bringen.

Hat das Kind sogar die Kommunikation mit anderen aufgegeben, verarmt sein Selbst, und zwar um so stärker, je länger sich sein Mutismus hinzieht und je unentwickelter seine Persönlichkeit beim Beginn des Rückzugs gewesen ist.

Es ist richtig, daß Lernen ohne verbale Kommunikation vonstatten gehen kann, ja sogar ohne die nichtverbale Kommunikation von Gefühlen, genauso wie Tiere im experimentellen Rahmen lernen können. Doch die Persönlichkeitsentwicklung erfordert eine gewisse Form der Kommunikation. Während das Denken eine Vorwegnahme des Ergebnisses einer Handlung ist und sich mit dem geringsten Energieaufwand verbindet, ist die Kommunikation eine Testung des sozialen Resultats underer Handlungen, wobei wir selbst so wenig wie möglich gefährdet sind.

Die Kommunikation mit den Erwachsenen, die ungleich besser über diese Welt Bescheid wissen, reduziert die Fehlerquote und fördert die Fähigkeit des Säuglings, das Ergebnis seiner Handlungen vorherzusagen. Ohne Sprache wird die beabsichtigte Mitteilung leichter mißverstanden. Das ist der Grund, wieso die komplexeren Teile der Wirklichkeit am besten durch die Sprache bewältigt werden können, und wieso sich die Ichentwicklung auf die richtige Begriffsbildung stützt, welche auf der Sprache fußt.

Natürlich kann Sprache, wie Talleyrand bemerkt hat, auch benutzt werden, um andere, was unsere wahren Absichten und Gefühle angeht, zu täuschen. So entsteht wohl auch Batesons *double-bind* (1956), diese doppeldeutige Bindung oder Beziehungsfalle, die so häufig bei den Eltern von Schizophrenen zu beobachten ist. Wenn das gesprochene Wort einen Sachverhalt kommuniziert, und das Gefühl, das sich dahinter verbirgt, einen anderen, wird keine klare Botschaft vermittelt; so kann das Kind seiner Fähigkeit, das Ergebnis seiner Handlungen vorherzusagen, nicht trauen.

Erst wenn die Kommunikation zur symbolischen Sprachebene vorgestoßen ist, kann sich das Selbst, das nunmehr klar vom »Du« getrennt ist, zusammen mit dem »Ich« voll durchsetzen. Erst dann können wir unsere Erfahrungen, was ihre Gültigkeit angeht, nachprüfen, so daß nun im Gegensatz zur Konditionierung intellektuelles Lernen stattfinden kann.

Das aber bedeutet, daß Sprache nicht nur dann ungemein nützlich ist, wenn Wissen vermittelt werden soll, sondern auch dann, wenn all die Dinge bewertet und objektiviert werden sollen, die insgesamt und unter anderen Umständen eine solipsistische Sicht dieser Welt bleiben würden. Doch ist auch das kein ausreichender Grund dafür, daß der Mensch seine Sprache erwirbt und fortfährt sie zu benutzen, es sei denn, sie dient ihm als Instrument für den positiven emotionalen Kontakt mit der Wirklichkeit.

Das bedeutet nicht, daß die ärgerlichen Worte eines Elternteils das Kind veranlassen werden, seine Sprache aufzugeben. Ärger ist in der Regel eine klare und unzweideutige Emotion. Der verbale Ärger der Eltern hilft dem Kind, genau zu bestimmen, wie es im Augenblick zu seinen Eltern steht, er hilft ihm, seine Handlungen dementsprechend zu planen, zum Beispiel auszuweichen, zu widersprechen oder sich zu entschuldigen. Nur wenn Sprache überhaupt keine Unterschiede macht, verliert sie ihren Wert; oder wenn sich trotz verbaler Proteste unangenehme Folgen einstellen. Aber auch diese Gründe reichen häufig nicht aus, um die Sprache sterben zu lassen. Das autistische Kind kann immer noch mit sich selbst oder einer imaginären Person oder auch mit ganz realen Menschen sprechen, allerdings in einer privaten Sprache, die diese Menschen nicht verstehen können.

Auf diesem Wege kann es immer noch die symbolischen Begriffe erwerben, die Fähigkeit, vom Besonderen aufs Allgemeine zu schließen, die allein die Entwicklung der Urteilskraft ermöglicht. Beginnt es jedoch zu glauben, daß alles Sprechen, auch das Sprechen mit sich selbst oder in einer privaten Sprache, tödliche Gefahr bedeutet, dann gibt es die Sprache auf.

Geschieht dies in der Zeit, in der das Kind, da es noch keine drei oder vier Jahre alt ist, noch nicht ganz gelernt hat, wie man mit symbolischen Formen umgeht, wird es ihm auch nicht gelingen, die höheren geistigen Prozesse zu lernen. Da es die Wirklichkeit weder im Geiste noch in der Tat manipulieren kann, bleibt ihm zum Manipulieren nur sein eigener Körper. Durch das, was es mit seinem Körper anfängt oder was in diesem geschieht, konzentriert es nun seine ganzen Bemühungen darauf, die Wirklichkeit zu bewältigen, wenn nicht gar zu bekämpfen.

In extremen Fällen von stummem Autismus wäre es unrichtig zu sagen, daß das Kind durch seinen Mutismus zu den Positionen zurückkehrt, in der es sich befunden hatte, bevor irgendeine interpersonale und intrapersonale Entwicklung stattgefunden hatte. Denn das Kind kann sich auf eine Position zurückziehen, in der es noch weniger Kontakt zur Welt unterhält als das Neugeborene. Extrem autistische Kinder reagieren nicht einmal auf Reize, auf die alle Menschen, auch die Neugeborenen, mit Anzeichen von Schmerz reagieren würden. Sie scheinen in jeder Hinsicht völlig schmerzunempfindlich zu sein.

Die Auslöschung des Fühlens

In den deutschen Konzentrationslagern traute ich meinen Augen nicht, als ich Zeuge wurde, wie manche Gefangene auch auf die grausamsten Erfahrungen überhaupt nicht mehr reagierten. Ich wußte nicht und hätte nie geglaubt, daß ich ähnlichem Verhalten in den gutartigsten therapeutischen Umgebungen begegnen würde, mit dem einzigen Unterschied, daß dieses Verhalten frühe kindheitliche Erfahrungen zur Ursache hatte.

Wie andere, die mit autistischen Kindern gearbeitet haben, wurden auch wir immer wieder mit der Tatsache konfrontiert, daß alle Schmerzempfindungen des Kindes ausgemerzt waren.[1] Zumindest fällt es schwer sich vorzustellen, daß irgendjemand den schrecklichen Schmerz hätte ertragen können, den einige unter diesen Kindern empfanden oder empfunden hätten, wenn ihr Schmerzempfinden normal gewesen wäre.

Ein stummes autistisches Mädchen, das erst vor kurzem so sprechen gelernt hatte, daß es nun alles verstehen, klar antworten und

[1] Ribble (1945) bemerkt dazu: »Aus genauer Beobachtung geht hervor, daß die ersten drei Lebensmonate einen Zeitabschnitt bilden, in dem das Kind bei schweren physiologischen Störungen und als Reaktion auf seine Angst am empfindlichsten reagiert ... Es ist eine aufschlußreiche Tatsache, daß sich Angst als eine direkte, einer äußeren Gefahr angemessene Reaktion bei solchen Kindern schwach äußert, bei denen in der frühen Säuglingszeit Symptome von Angstspannung zu bemerken gewesen waren. Sie sind unempfindlich gegenüber einem Schmerz, der beim normalen Kind Weinen oder andere Äußerungen von Protest hervorrufen würde.« Demzufolge läßt sich das Nichtreagieren auf Schmerz bei autistischen Kindern vielleicht darauf zurückführen, daß sie in frühester Kindheit mit tiefgreifenden Ängsten konfrontiert wurden.

mit vollständigen Sätzen alles zum Ausdruck bringen konnte, was es wolle, zeigte zum Beispiel keine Schmerzreaktionen, obwohl es ganz offensichtlich krank war (es hatte hohe Temperatur, zu viele weiße Blutkörperchen und so weiter). Da das Mädchen erst seit kurzem sein Bein in einer Weise angezogen hielt, die typisch ist für Kinder, welche Schmerzen in der Bauchhöhle haben, vermuteten wir eine Blinddarmentzündung. So wurde das Mädchen von den Personen, denen es sich am nächsten fühlte, nach Schmerzen befragt; auch wurde es wegen dieser Vermutung täglich von Ärzten der Universitäts-Kinderabteilung, darunter auch Professoren, untersucht. Doch eine Empfindlichkeit der Palpation war nicht festzustellen.

Doch unser Verdacht blieb bestehen. Im Verdacht des Zeitraums von sechs Tagen, um den es hier geht, wurde das Mädchen nicht nur mehrmals täglich von unserer Kinderschwester untersucht, sondern auch verschiedene Male von Spezialisten, unter ihnen auch Chirurgen. Der medizinische Befund, es sei keine Blinddarmentzündung, stützte sich hauptsächlich darauf, daß das Mädchen nach wie vor weder die geringsten Schmerzreaktionen zeigte noch die betreffende Körpergegend schützte. Was die Angelegenheit noch komplizierte, war, daß das Mädchen zur selben Zeit eine Infektion hatte, die das Fieber und die übermäßig vielen weißen Blutkörperchen hätte erklären können. Doch da verfiel das Mädchen in eine tiefe Bewußtlosigkeit und es ging zusehends mit ihm abwärts. Wir entschlossen uns zu der Notmaßnahme, eine Operation zu Untersuchungszwecken durchzuführen und entdeckten einen mindestens zwei Tage alten Blinddarmbruch.

Andere autistische Kinder könnten viele ähnliche Beispiele liefern. Ich habe deshalb diesen Fall mit dem Blinddarmbruch gewählt, weil er die mangelnde Reaktionsfähigkeit bei viszeralen Schmerzen veranschaulicht, und weil Mahler (1952) von der »höchst unzulänglichen peripheren Schmerzempfindlichkeit dieser Kinder« spricht und hinzufügt, daß »im Gegensatz dazu propriozeptive Reize und viszerale Schmerzen heftig gespürt wurden und ebenso heftige Reaktionen auslösten«. Doch läßt mein Beispiel (zusammen mit einigen anderen) vermuten, daß sich die mangelnde normale Besetzung nicht auf die Peripherie beschränkt. Ich glaube, die Differenz ist auf den unterschiedlich starken autistischen Rückzug zurückzuführen. Mahlers Patient war nur dreieinhalb Jahre alt, während ein autistischer Mutismus bei einem Zwölfjährigen (so alt war unser Patient) eine wesentlich stärkere Geistesgestörtheit erkennen läßt, als dies in einem erheblich jüngeren Alter der Fall sein dürfte.

Warum diese Kinder auf körperlichen Schmerz so teilnahmslos reagieren, ist schwer zu sagen. Um so erstaunlicher ist diese Tatsache, weil sie ihrer Außenwelt kaum irgendwelche Aufmerksamkeit schenken und ihr ganzes Augenmerk auf sie selbst gerichtet zu sein scheint. So wäre es denn nur zu logisch, wenn sie auf alles, was von innen kommt, also auch auf ihren Schmerz, empfindlicher reagieren würden als normale Menschen. Doch das Gegenteil trifft zu. Diese Kinder sind auf sonderbare Weise ihrem Körper und seinen üblichen Signalen ebenso entfremdet wie ihrer Außenwelt. Dazu kommt noch, daß das Zusammenspiel ihrer Muskeln mangelhaft ist, daß ihre Gehweise seltsam ist, und daß sie sich völlig anders als normale Kinder bewegen.

Ich glaube, daß sich bei diesen Kindern alles auf das Abwehrsystem konzentriert, so daß alle anderen Reize, ganz gleich, ob sie von innen oder außen kommen, ausgeschaltet werden. Oder aber alle ihre Sinnesempfindungen werden auf der Stelle in ihr Abwehrsystem eingearbeitet, weshalb diese Kinder nicht wahrnehmen, daß diese Empfindungen sagen wir von einem gebrochenen Zehen oder einer Blindarmentzündung herrühren.

So verkörpern sie ein weiteres Paradox. Während viele unter ihnen, wenn sie zu uns kommen, völlig passiv, reaktionsträge, ja fast wie abgestorben erscheinen, ist ihr Widerstand gegen die Umwelt so stark wie möglich. Nach Selyes (1956) Streßtheorie müßten diese Kinder zum Beispiel an einem totalen Erschöpfungszustand leiden, da ihr Streß kein Ende findet. Doch das ist nicht der Fall. Im Gegenteil, ihre Abwehrreaktionen werden von immer neuer Energie gespeist. Doch sie benutzen nichts von dieser Energie dazu, sich der Realität, so wie wir sie sehen, anzupassen. Aus unserer Sicht tun sie kaum etwas oder gar nichts. Stattdessen konzentriert sich ihre ganze Energie auf eine einzige Abwehrmaßnahme: sie versuchen alle inneren und äußeren Reize auszuschalten, um allen weiteren Schmerzen oder dem Impuls zu handeln, aus dem Weg zu gehen.

Sogar der Mutismus der autistischen Kinder, die gar nicht sprechen, scheint großenteils ein Abwehrmanöver gegen emotionalen Schmerz oder jede weitere Entleerung des Selbst zu sein. Verschiedene einst stumme Kinder haben uns später erzählt, daß sie deshalb nicht redeten, weil sonst die Leere in ihrem Kopf vollständig geworden wäre.

Bion (1955) befaßt sich mit der Sprache und dem Schizophrenen und bemerkt in diesem Zusammenhang, daß »beim Einsetzen der infantilen depressiven Position Elemente verbalen Denkens an Intensität und Tiefe zunehmen. Die Folge ist, daß sich die Schmerzen der psychischen Realität verschlimmern und daß sich der Patient, der auf die paranoid-schizoide Position regrediert, in diesem Prozeß auf zerstörerische Weise gegen seine Fähigkeit des verbalen Denkens wenden wird, da diese Fähigkeit eines der Elemente darstellt, die Schmerz bewirkt haben«.

Unsere Erfahrung hat uns nicht veranlaßt, uns allen theoretischen Standpunkten anzuschließen, die Melanie Klein (1932, 1950) in bezug auf die Normalität der infantil-depressiven und besonders der paranoid-schizophrenen Position entwickelt hat. Trotzdem zweifeln wir eigentlich nicht daran, daß, wenn das später autistische Kind sprechen lernt, die psychische Reaktion dieses Kindes wesentlich schmerzhafter ausfällt, so daß es sich veranlaßt sieht, sich »auf zerstörerische Weise gegen seine Fähigkeit des verbalen Denkens« zu wenden.

Manche Kinder gehen dabei so weit, daß sie völlig verstummen, während andere ihre spontanen Äußerungen abblocken und ihre Zuflucht nehmen zum Nachsingen von irgendwelchen Liedchen oder zur Wiederholung früher gehörter Äußerungen und dergleichen mehr. Sie vermeiden es, ihre eigenen Gedanken zu formulieren, indem sie diese nur mehr mit den Worten anderer ausdrücken.
Ein letztes Paradox besteht darin, daß autistische Kinder zwar keinen Schmerz zu fühlen scheinen, daß jedoch ihre Angst vor dem Schmerz fast übermenschliche Energien in ihnen freisetzt. Ich komme hier noch einmal auf jenes kränkliche Mädchen zu sprechen, das auf den normalerweise unerträglichen Schmerz, den ein Blinddarmbruch mit sich bringt, nicht reagierte. Doch als es ihm später körperlich gut ging, mußte sie jedesmal, wenn sie eine Spritze bekam, von zwei Erwachsenen festgehalten werden. Ein Eindringen von außen muß diesen Kindern also wesentlich gefährlicher erscheinen als Dinge, die von innen kommen. Belegt wird diese Vermutung durch eine Verhaltensweise, auf die wir, wenn auch nicht bei allen, so doch bei vielen unserer autistischen Kinder gestoßen sind: wir meinen ihre Reaktion auf die Zahnbehandlung. Diese Reaktion ist trotz der Tatsache aufgetreten, daß wir einen ungewöhnlich geschickten Zahnarzt beschäftigen, der auch mit den schwerstgestörten Kindern zurechtkommt.

Die meisten unserer autistischen Kinder haben mit gewaltigen Energien und mit der Heftigkeit einer totalen Verzweiflung sogar die geduldigsten Bemühungen, ihre Zähne zu richten, bekämpft. Manche unter ihnen ließen keine Anzeichen eines Unwohlbefindens erkennen, obwohl ihre Zähne verfaulten und die Zahnnerven bloß lagen. Obwohl sie, wenn man sie darüber befragte, entweder überhaupt keine oder eine nur sehr vage Antwort gaben, und obwohl sie begriffen, daß der Zahnarzt da war, um ihre Schmerzen zu lindern, wehrten sie sich so verzweifelt gegen ein Eindringen in ihren Mund, daß sie nicht behandelt werden konnten. Allerdings glaube ich, daß sich die Kinder, hätten sie den Schmerz stärker empfunden, gegen den Zahnarzt nicht so heftig zur Wehr gesetzt hätten, obwohl sie das orale Eindringen derart stark bewerteten.

Bei der Zahnbehandlung autistischer Kinder geht es natürlich vor allem darum, daß den Zähnen, dem Beißorgan, etwas geschieht, so daß die Einstellungen dieser Kinder stark durch ihre Angst davor geprägt sind, was dieses Etwas wohl sein mag. So weit wir über autistische Kinder Bescheid wissen, besteht ihre Hauptangst wahrscheinlich darin, daß der Zahnarzt ihre Zähne als Vergeltung für ihren Wunsch, zu beißen und zu verschlingen, zerstören könnte. So wird verständlich, daß diese Kinder eine Zahnbehandlung nur dann zulassen, wenn sie keine derartige Vergeltung mehr fürchten. Dieses Geschehen wird aus der Reaktion solcher Kinder auf die Behandlung ihrer Zähne offenkundig.

Wenn das autistische Kind schließlich zumindest einer Person zu vertrauen beginnt, beginnt es auch zu glauben, daß diese Person die Zerstörung seiner Zähne, also dieses wesentlichen Organs der Aggression und Einverleibung, nicht unterstützen würde. (Später wird es auch unserer Erklärung, daß Zahnpflege zwar schmerzhaft, aber nützlich ist, Glauben schenken.) Das ist der Zeitpunkt, zu dem die autistischen Kinder allmählich in die Behandlung ihrer Zähne einwilligen, immer vorausgesetzt natürlich, daß sie dabei die Hand oder den Arm ihrer Vertrauensperson umklammern dürfen. Andere Kinder halten sich an den Haaren oder am Kopf ihrer Vertrauensperson fest, während die Behandlung an ihrem eigenen Kopf stattfindet. Es hat den Anschein, als könnten sie dieses aggressive Eindringen nur dann ertragen, wenn sie dabei selbst aktiv und aggressiv sein dürfen. Es ist vor allem dieses Aktivsein, das ihnen die Erfahrung erspart, sie würden oral überwältigt und wieder einmal in den autistischen Rückzug getrieben. Nach dieser Phase beginnen die Kinder nicht nur mit dem Zahnarzt, sondern auch mit dem Arzt zu kooperieren, und sie wehren sich nicht mehr mit Händen und Füßen, wenn man ihnen zum Beispiel Spritzen gibt. Um diese Zeit des zunehmenden Vertrauens in einige Aspekte der Welt entwickeln diese Kinder auch eine normalere Schmerzempfindlichkeit.

Nun beginnt das Kind nicht nur über Schmerzen zu klagen, sondern es empfindet diese Schmerzen als wesentlich akuter denn die normale Person. So kann es zum Beispiel passieren, daß vormals autistische Kinder über Schmerzen in einem Zahn klagen, noch lange bevor durch eine Röntgenaufnahme und durch sorgfältige Untersuchung ein Loch im Zahn festgestellt werden kann. Das verblüffte unseren Zahnarzt zunächst so sehr, daß er, als eines der Kinder das nächste Mal über Zahnschmerzen klagte, mit allen Mitteln versuchte, im Zahn ein entsprechendes Loch zu finden. Immer wieder verwandelte sich seine anfängliche Skepsis in Verblüffung, wenn sich herausstellte, daß das Kind recht hatte, obwohl davor die sorgfältigste Untersuchung kein Ergebnis erbracht hatte.

Es ist möglich, daß diese Kinder wesentlich schmerzempfindlicher als normale Kinder sind und daß sie deshalb ungewöhnlich starke Abwehrmaßnahmen gege alle Arten von Schmerz entwickelt haben.

Aber vielleicht liegt in der verzweifelten Art, in der sich diese Kinder gegen den Zahnarzt sträuben, um später schmerzüberempfindlich zu werden, ein Schlüssel für ihre allgemeine Schmerzunempfindlichkeit. Denn diese Kinder könnten in einem Abwehrvorgang schrittweise die Besetzung von der Außenwelt und fast von ihrem ganzen Körper abgezogen haben: daher ihr Unvermögen, auf das, was sie sehen, hören und fühlen, zu reagieren. Und in einem parallelen Prozeß verlagern sie jegliche Besetzung und jegliche Schutzmaßnahmen in konzentrierter Form nach einer inneren Festung, die sie für den Kern des Lebens selbst halten.

Ist diese Annahme richtig und haben Ursprung oder Anlage des infantilen Autismus tatsächlich mit sehr frühen, vielleicht sogar allerfrühesten Erfahrungen zu tun, dann gehören die Schädigung im Verlauf der oralen Phase und die völlig verdrängte, aber extreme orale Aggression zu den Ursachen dieser Störung. Vielleicht haben diese Kinder die verschwommene Vorstellung, daß hier der Ort sei, an dem der entscheidende Schaden eintrat. Und ist es nicht möglich, daß, wenn der in diesem Bereich der körperlichen Interaktion mit der Welt zugefügte Schaden auf das Leben des Betroffenen insgesamt übergegriffen hat, daß dann die wichtigste Schutzmaßnahme darin besteht, daß der Betroffene jegliche weitere Schädgung meidet? Wenn Mund (und Zähne) geschützt werden können, kann ihrer wichtigen Existenz zumindest kein weiterer Schaden zugefügt werden. Und wenn diese Kinder es peinlich vermeiden, ihre Zähne, sei es nun durch Beißen oder Sprechen, zu benutzen, wird an ihnen wegen ihrer Angst vielleicht auch keine Vergeltung mehr geübt werden. Wenn dem so ist, müssen sie die Benutzung ihrer Zähne um so mehr vermeiden, je stärker ihr Impuls zu beißen ist. Vielleicht ist das der Grund dafür, daß sie ihr Essen zwar hinunterschlucken, ohne es jedoch zu kauen.

Es wäre hilfreich, wenn diese Spekulation dadurch belegt werden könnte, daß das stumme autistische Kind seinen Mund aus Sicherheitsgründen geschlossen hält. Doch das Gegenteil ist der Fall: die meisten autistischen Kinder halten die Lippen stets leicht geöffnet. Vielleicht ist das der Fall, weil die Lippen ein äußerer, peripherer Körperteil sind, wenn man sie mit dem Zahnfleisch, das die mütterliche Brustwarze umschließt, und mit den beißenden Zähnen vergleicht – vor allem diese inneren Körperteile sind es, die durch die Lippen geschützt werden sollen. Auf alle Fälle scheint die Schutzmaßnahme weniger darin zu bestehen, Lippen und Zähne (wenn wir von der unerwarteten Bedrohung durch den Zahnarzt einmal absehen) geschlossen zu halten, als vielmehr darin, jegliches Tun mit dem Mund zu vermeiden. Und selbstverständlich ist auch das Sprechen mit dem Mund ein Tun. Natürlich trägt der Abzug libidinöser Energie vom oralen Apparat dazu bei, daß Lippen und Zähne leicht geöffnet bleiben. Wie alle zentralen Symptome einer emotionalen Störung ist auch dieses Symptom überdeterminiert und es weist sich durch viele Ursprünge und Bedeutungen aus, von denen wir einige in den Fallgeschichten erläutern werden.

Das Verlöschen aller Empfindungen einschließlich der des Schmerzes kündigt sich wahrscheinlich in einer völligen Verdrängung der Feindseligkeit an. Zumindest gelangt man zu dieser Schlußfolgerung, wenn man mitverfolgt, was im umgekehrten Falle geschieht, wenn das autistische Kind aus seinem Autismus zurückzukehren beginnt. Marcia zeigte erst dann heftige Aggressionen, als sie sich für Objekte in der Außenwelt zu interessieren begann. In ihrem ersten Spiel (mit Sand) reagierte sie zum Beispiel nicht auf den Schmerz, der entsteht, wenn man Sand in die Augen bekommt. Doch es war im Sandkasten, wo sie sich zum ersten Mal heftig gegen uns wandte, als wir dort in ihre Privatsphäre eindrangen. Ähnliche unbedeutende Störungen hatten davor keine Reaktionen ausgelöst, vermutlich weil sie nicht ins Bewußtsein gedrungen waren. Das Aufschmelzen der Feindseligkeit fiel also zusammen mit einem ersten über die Bewußtseinsschwelle tretenden Interesse an der Welt, ja es machte dieses Interesse wahrscheinlich erst möglich. Von diesem beginnenden Aufschmelzen der Feindseligkeit – in dessen Verlauf die Welt im großen und ganzen nicht mehr zurückgewiesen wird, obwohl sie immer noch hauptsächlich als bedrohlich und zerstörerisch erfahren wird – ist es noch ein langer Weg bis zu dem Abschnitt, in dem bestimmte Aggressionsziele auszumachen sind.

Die Annahme scheint vernünftig, daß in der normalen Entwicklung dasselbe gilt. Währen der Säugling auf Unbehagen mit einer vagen Wut reagiert, muß er (wie Marcia) für eine bestimmte Person eine gewisse Zuneigung entwickelt haben, bevor seine Wut sich auf ein Ziel richten kann. Offenbar wird uns die Welt zunächst als ein verschwommenes Ganzes bewußt, das entweder befriedigt oder frustriert. Doch während unsere Gefühle spezifischen Ereignissen entspringen, durchdringen sie unsere gesamte Welterfahrung bis zu der Zeit, in der sich einige positive Merkmale dieser Welt als für uns spezifisch abzuzeichnen beginnen. Ist das geschehen, darf für die Erfahrung, die unseren Unwillen erregt hat, eine ähnliche Spezifität angenommen werden. So sind es also allein unsere positiven Emotionen, die es uns, während sie unsere Erfahrungswelt organisieren, ermöglichen, unsere Feindseligkeit zu organisieren.

Derartige Vorstellungen werden durch unsere Erfahrungen mit anderen autistischen Kindern erhärtet; diese Kinder beginnen ihre heftige Feindseligkeit erst dann zu äußern, wenn sie von ihrer völligen Untätigkeit durch eine einsetzende positive Beziehung bis zu dem fortgeschritteneren Stadium gelangen, in dem sie auf der Identität der Außenwelt beharren. Ich nenne dieses Stadium deshalb fortgeschrittener, weil es den Akt des Beharrens zur Folge hat, und weil die Tatsache, daß man an seine Umwelt Forderungen stellt, bedeutet, daß man deren Existenz als gegeben annimmt.

Auch andere Autoren haben darauf hingewiesen, daß das Erwachen des autistischen Kindes zu neuem Leben mit der Freisetzung von Feindseligkeit beginnt. Ich bin versucht hinzuzufügen: weil die Verdrängung aller oder fast aller Aktivität und damit eine totale Verdrängung auch der Feindseligkeit zum Autismus geführt haben. Rubinfine (1962) sagt von autistischen Kindern: »Ich möchte behaupten, daß das ... Verhalten solch atypischer Kinder gegenüber menschlichen Objekten als Abwehrmaßnahme dient gegen ein Bewußtsein von diesen Objekten, wodurch Kind wie Objekt vor einer Aggression geschützt werden.« Und er führt das Verhalten eines seiner Patienten an, für den andere erst dann lebendig wurden, als er seinen Aggressionen freien Lauf zu lassen vermochte. »Zu solchen Zeiten ist er ganz offensichtlich wütend auf mich, doch ebenso offensichtlich ist dann die Tatsache, daß ich [für ihn] existiere.«

Trotz der unglaublichen Vielfalt an Symptomen, welche die schizophrenen Kinder, mit denen wir im Lauf der Jahre gearbeitet haben, aufwiesen, hatten sie alle eines gemeinsam: sie bangten unaufhörlich um ihr Leben. Das bringt uns kurz auf einen Bereich, der über die engere Gruppe autistischer Kinder hinausgeht. Dabei gehe ich von meiner bereits geäußerten Überzeugung (1956) aus, daß alle psychotischen Kinder an der Erfahrung leiden, daß sie extremen Lebensbedingungen ausgesetzt gewesen sind, und daß die Schwere ihrer Störungen direkt damit zusammenhängt, wie früh diese Bedingungen aufgetreten sind, wie lange sie gedauert und wie stark sie sich auf das Kind ausgewirkt haben.

Wenn wir uns mit der Literatur auseinandersetzen, entdecken wir, daß andere Autoren bei ihren schizophrenen Kindern das Gleiche beobachtet haben. Furer (1964) meint alle Typen von psychotischen Kindern, wenn er schreibt, daß sie »an äußerster Panik und Angst« leiden. Und je autistischer das schizophrene Kind ist, je kräftezehrender seine Symptome sind, desto größer ist seine Todesangst. Besonders autistische Kinder bangen nicht nur ständig um ihr Leben, sondern sind anscheinend überzeugt, daß ihr Tod unmittelbar bevorsteht und daß sie ihn durch Nichtkenntnisnahme vom Leben vielleicht noch etwas hinausschieben könnten.

Andere Fachleute, die autistische Kinder psychoanalytisch untersucht haben, sind zu denselben Schlußfolgerungen gelangt. In dem Jahr, als ich diesen Standpunkt vortrug, schrieb Rodrigué (1955): »Ich glaube, die Intensität der Angst des autistischen Kindes ähnelt jener intensiven Angst, die unmittelbar vor dem Tod auftritt.«

Angesichts dieser Todesangst, die in der Regel der Symptomatik schizophrener und vor allem autistischer Kinder zugrundeliegt, war ich eine Zeitlang stark von den Ansichten Pious' (1949) über die Rolle des *mortido* in der Schizophrenie eingenommen. Trotzdem stimmen diese Ansichten mit unseren Beobachtungen nicht völlig überein. Als ich begann, diese Standpunkte gegen meine Beobachtungen abzuwägen, fiel mir ein, daß ich schon einmal das ganze Spektrum autistischer und schizophrener Reaktionen nicht nur beobachtet, sondern zum Teil auch beschrieben hatte – allerdings nicht bei Kindern, sondern bei Erwachsenen. Aber was noch mehr war, ich hatte gewußt, welche spezifische Bedingungen diese Pathologie bei Personen erzeugte, die bis zu der Zeit, zu der ihnen diese Bedingungen aufgezwungen worden waren, ganz normale, durchschnittliche Menschen gewesen waren. Diese Reaktionen aber waren, obwohl sie von Person zu Person unterschiedlich ausfielen, durchwegs Reaktionen auf ein und dieselbe psychische Situation.

Am bezeichnendsten an dieser Situation war ihre Unausweichlichkeit, ihre ungewisse Dauer (mit der Aussicht, ein ganzes Leben lang zu dauern), die Tatsache, daß nichts an ihr vorhersagbar war, daß das Leben des Betroffenen in jedem Augenblick bedroht war und daß dieser nichts dagegen unternehmen konnte. Diese Erfahrung war so ungewöhnlich, daß ich einen neuen Begriff brauchte, um sie zu beschreiben. Ich wählte den Begriff *Extremsituationen.* Ich beziehe mich hier auf meine Auseinandersetzung mit den deutschen Konzentrationslagern (1943, 1960) und deren radikale Auswirkungen auf die Persönlichkeit der Häftlinge.

Seither ist eine ganze Literatur veröffentlicht worden, die sich sowohl mit den Auswirkungen von extremen Bedingungen auf die Persönlichkeit befaßt hat, als auch mit der Simulation von Einzelaspekten extremer Bedingungen und in diesem Zusammenhang vor allem mit der Frage, was mit einer Person geschieht, wenn sie der angemessenen Stimulierung beraubt wird. Ich beziehe mich hier zum Beispiel auf sensorische Deprivationsexperimente (1961). Ich habe mich in diesem Rahmen mit der Frage auseinandergesetzt, wie sich die Reaktionen von Menschen auf sehr schwere Leiden von Reaktionen auf extreme Erfahrungen überhaupt unterscheiden. Solches Leiden wurde von der normalen (oder sogar neurotischen) Persönlichkeit bewältigt. Nur die extreme Erfahrung bewirkte einschneidende Veränderungen der Persönlichkeitsstruktur.

Ähnlich wie der »institutionelle« Rahmen für alle Kinder, die Spitz (1945, 1949) untersucht hat, derselbe war (obwohl sich nicht alle zu dahinvegetierenden Kindern entwickelten), waren die Bedingungen in den Konzentrationslagern für alle Häftlinge mehr oder weniger dieselben (obwohl nicht alle ähnlich reagierten). Man konnte in den Lagern im Grunde genommen alle Kategorien schizophrener Anpassung und Symptomatik beobachten – und zwar in einem solchen Maße, daß eine Beschreibung des Häftlingsverhaltens einen Katalog schizophrener Reaktionen ergeben hätte.

So reagierten manche Häftlinge zum Beispiel mit Selbstmord oder Selbstmordneigungen, wozu auch die Unfähigkeit zu essen gehörte (eine Reaktion, die man mit der des infantilen Marasmus vergleichen könnte). Andere entwickelten katatonische Symptome, die in einer rücksichtslosen Anpassungsfähigkeit bestehen konnten, bei der die

Häftlinge jede Forderung der SS-Wachen erfüllten, so als hätten sie keinen eigenen Willen mehr oder als hätten sie jegliche Kontrolle über ihren eigenen Körper verloren. Doch war auch völlige Rigidität eine symptomatische Erscheinung. Viele verfielen der melancholischen Depression, während andere an einem Ausmaß an Verfolgungswahn litten, das in keinem Verhältnis zur tatsächlich erlittenen Verfolgung stand. Starke Realitätsverzerrungen, Sinnestäuschungen, Wahnvorstellungen und Beziehungswahn waren ebenso häufig wie Größenwahn. Über-Ich- und Ichkontrollen brachen zusammen und führten einerseits zu pflichtvergessenen und kriminellen Handlungen und andererseits zur Regression auf infantiles Verhalten, Inkontinenz mit einbeschlossen. Der Verlust des Erinnerungsvermögens war allgemein verbreitet, und weit verbreitet waren auch völlig unbedeutende, unausgeglichene und unverhältnismäßig übertriebene Gefühle.

Natürlich waren die starken Unterschiede der schiziophrenen Symptome bedingt durch die Persönlichkeit, Lebensgeschichte, den sozioökonomischen Hintergrund und andere wesentliche Faktoren im Leben der Häftlinge. Doch die Tatsache, daß sie überhaupt schizophrene Reaktionen entwickelten, war das eindeutige Ergebnis der ihnen aufgezwungenen Extremsituation. Wir dürfen annehmen, daß sie das mit den von Spitz untersuchten Säuglinge gemeinsam hatten.

Jene Häftlinge dagegen, die auch weiterhin überzeugt waren, sie könnten im eigenen Namen handeln und die das auch taten, blieben im großen und ganzen von schwerster Pathologie verschont, obwohl für sie die tatsächlichen Gefahren natürlich die gleichen waren. Ziemlich unwichtig war, ob der Vorteil, den man für sich selbst oder für andere durch eigenes Handeln herausschlug, im Grunde unbedeutend war. Manchmal war es ein zusätzlicher Happen zu essen, ein Fetzen Papier, um den Körper darin etwas wärmer zu halten, eine Arbeit, die man fertiggestellt oder der man aus dem Weg gegangen war. Diese Dinge an sich waren eben nicht unbedeutend, so lange man das Gefühl hatte, daß man durch eigenes Handeln die eigene Situation, und sei es noch so geringfügig, verbessert hatte.

Was an der KZ-Erfahrung verblüffte, war, daß die unmenschlichen Bedingungen zwar für viele Häftlinge die gleichen waren, daß ihnen jedoch nicht alle Häftlinge zum Opfer fielen. Nur die Menschen zeigten schizophrenie-ähnliche Reaktionen, die nicht nur das Gefühl hatten, dieser neuen Situation gegenüber hilflos zu sein, sondern auch das Gefühl, daß sie ihrem Schicksal nicht entrinnen könnten. Dieser Zustand verschlimmerte sich zu einem beinahe autistischen Verhalten, wenn das Gefühl, das Verhängnis nicht aufhalten zu können, derart überhand nahm, daß die Betroffenen zu der Überzeugung gelangten, der Tod stehe ihnen unmittelbar bevor. Solche Leute wurden in den Lagern als »Muselmänner« bezeichnet, und diese »Muselmänner« wurden von den anderen Häftlingen gemieden, als hätten sie Angst, von ihnen angesteckt zu werden.

Die Konnotation bestand hier darin, daß sich diese Leute widerstandslos dem Tod fügten, als sei dies der Wille der SS (oder Allahs). Den Mithäftlingen, aber auch den SS-Leuten kam diese Einstellung wie eine sehr fremdartige »östliche« Fügung in den Tod vor, die im Gegensatz stand zur »normalen« Einstellung derer, die um ihr Überleben kämpften.

Die »Muselmänner« litten nicht nur unter einer vollständigen emotionalen, sondern auch körperlichen Erschöpfung, durch die sie sich in ihrem einzigen Wunsch bestätigt fühlten: sie wollten so wenig Energien wie möglich ausgeben. Obwohl manche autistische Kinder (wie zum Beispiel Laurie) anorektisch und andere (wie zum Beispiel Joey) ausgemergelt sind, gibt es eine dritte Kategorie, die wohlgenährt, ja sogar dick ist. So hatte zum Beispiel Marcia, ungeachtet ihrer Schwierigkeiten bei der Nahrungsaufnahme und Defäkation, ein gutes Durchschnittsgewicht, als sie zu uns kam. Im großen und ganzen sind es nicht die erschöpften körperlichen Energien, die den Autismus von Kindern erklären. Allerdings trifft das Gegenteil auf den früher normalen Erwachsenen zu. Bei ihm müssen zum psychischen Trauma totale Erschöpfung und die Entkräftigung durch den Hunger hinzukommen, damit ähnliches Verhalten entstehen kann.

Im übrigen entspricht dem, was für den KZ-Häftling äußere Realität war, beim autistischen Kind eine innere Realität. Beide gelangen, wenn auch aus unterschiedlichen Gründen, zu einer parallelen Erfahrung dieser Welt. Das autistische Kind hält seine Erfahrung für eine wahre Repräsentation der Welt, da es innere und äußerliche Realität nicht getrennt, sondern mehr oder weniger als ein und dasselbe erfährt. Und der »Muselmann«, den die SS-Leute nicht nur physisch, sondern auch emotional in den Griff bekamen, verinnerlichte die SS-Einstellung, die besagte, daß er kein Mensch sei, daß er nicht in eigenem Namen handeln dürfe, daß er keinen eigenen Willen besitze. Indem er also seinen inneren Erfahrungsbereich so umformte, daß er mit der äußeren Realität übereinstimme, gelangte er schließlich, wenn auch aus völlig anderen Gründen, zu einer Einstellung sich selbst gegenüber und zu einer Sicht der Welt, die der des autistischen Kindes stark ähnelte.

Rodrigué (1955) bedient sich Melanie Kleins Konstrukten der frühkindlichen Erfahrung, wenn er die Sicht der Welt des autistischen Kindes erklärt:

Diese Kinder leugnen das Vorhandensein der äußeren Welt, weil sie alles (Objekte, Gefühle, Situationen), was hassenswert, schmerzhaft und erschreckend ist, in sie hineinprojiziert haben. Der quantitative Faktor ist enorm wichtig und begründet ihren extremen Rückzug: sie scheinen alle ihr aggressives Selbst *en bloc* zu projizieren und zu verleugnen. Diese massive Verleugnung könnte erstens erklären, warum sich ihr äußeres Objekt plötzlich in einen schrecklichen Verfolger verwandeln kann, und zweitens, warum sie in einem solchen Maße nicht-aggressiv sind, daß es ihnen sogar an Selbsterhaltungstrieben fehlt.

Während dies eine treffende Beschreibung der Art und Weise ist, wie solche Kinder die Welt offenbar erfahren, glaube ich nicht, daß die primäre Ursache des infantilen Autismus die Angst ist vor einer Welt, welche dadurch, daß das Kind auf sie sein eigenes »aggressives Selbst« projiziert hat, hassenswert geworden ist. Sonst könnten wir nicht erklären, wieso manche Kinder autistisch werden und andere nicht, denn die meisten Kinder projizieren in einem bestimmten Alter ihre Aggressionen.

Ich glaube, die primäre Ursache des Rückzugs ist eher im richtigen Verständnis der negativen Emotionen zu suchen, mit denen das Kind sich der Umwelt nähert. Das aber bewirkt die Wut im Kinde, bis das Kind schließlich die Welt – was ja auch reife Menschen tun – im Sinne dieser Wut zu interpretieren beginnt. Jeder von uns handelt gelegentlich so, Kinder aber tun das häufiger. Die Tragödie der Kinder, deren Schicksal Autismus heißt, ist darin zu suchen, daß ihre Sicht von ihrem Standpunkt aus gesehen richtig ist; außerdem entsteht diese Sicht in so frühem Alter, daß die Kinder über keine andere hilfreiche Erfahrung verfügen, die eine Art Gegengewicht darstellen könnte. Diese Tatsache und nicht die Projektion ihres aggressiven Selbst bewirkt, daß sie sich auf die autistische Position zurückziehen, wobei natürlich besagte Projektion später noch hinzukommt.

Während wir nur spekulieren oder rekonstruieren können, wie das autistische Kind die Welt erfahren könnte, können wir wesentlich klarer umreißen, wie der KZ-Häftling die Welt, in der er lebte, betrachtete. Obwohl SS und Häftlinge selbstverständlich Todfeinde waren, sollte der Häftling genauso denken und die Welt genauso sehen wir sein Feind. Die SS-Leute erwarteten von ihm, daß er sich nie eine Meinung bilde oder selbständig handle. Die Gefahr bestand weniger darin, eine falsche Meinung als überhaupt eine Meinung zu haben. Der Häftling mußte sich selbst so gut wie möglich ausradieren, das heißt, er durfte kein Selbst sein oder haben. Doch während erfahrene Häftlinge viele Forderungen der Gestapo zu ihren eigenen machten, verinnerlichten sie diese Forderungen nur selektiv, und was sie sich zu verinnerlichen weigerten, war die Forderung, daß sie nicht leben sollten.

Der Häftling hatte die besondere Anweisung, das, was um ihn herum vorging, das heißt, einen Großteil dessen, was die SS-Wachen heimtückisch planten, nicht zu beachten, nicht zu sehen, nicht zu bemerken. Natürlich hatte der Häftling auch Angst, etwas *nicht* zu sehen oder zu wissen, da sein Leben doch von der genauen Wahrnehmung einer Gefahr abhängen konnte. Die Tragödie bestand darin, daß der von außen kommende Befehl der SS, der Beobachtungen verbot, seine genaue Entsprechung in jenem Befehl fand, den das Ich des Häftlings sich selbst erteilte; denn nur so konnte der Häftling vermeiden, auf die Greueltaten, die vor seinen Augen verübt wurden, zu reagieren, indem er sich einmischte – was ihm das Leben gekostet hätte – oder sich selbst wegen seiner Nichteinmischung verabscheute.

In Übereinstimmung mit diesen Beobachtungen haben Goldfarb (1956) und andere darauf hingewiesen, daß schizophrene Kinder, die keine wesentliche Schädigung der Seh- oder Hörschärfe aufwiesen, eine reduzierte Nutzung der Entfernungsrezeptoren des Sehens und Hörens erkennen ließen. Der Autor behauptet, daß »das schizophrene Kind hören und sehen kann, ohne freilich zuzuhören oder zuzuschauen«.

Andere Fachleute haben den ausweichenden Blick autistischer Kinder bemerkt, sowie ihr vages In-die-Ferne-Schauen, ohne daß sie dabei offenbar etwas sehen, und ihre konzentrierte Aufmerksamkeit, die sie den nächsten Dingen schenken, auch dann, wenn sie nichts vor Augen haben als ihre eigenen mit sich selbst spielenden Finger.

Wenn sie nach links oder rechts blicken, tun sie das häufig nur verstohlen. Der Kopf folgt nicht den Augenbewegungen. Wir haben es hier im wesentlichen mit demselben Phänomen zu tun, das uns beim Beiseiteblicken des Häftlings begegnet, auch wenn dieser den widerstreitenden Impuls hat, sorgfältig zu beobachten. Beide Verhalten resultieren aus der Überzeugung, daß man es sich nicht merken lassen soll, wenn man andere beobachtet, weil solches Beobachten unerwünscht ist. Und so geschah es denn auch: der KZ-Häftling beobachtete nur verstohlen und ohne den Kopf zu bewegen.

Beim Häftling lag diesem Verhalten eine richtige Bewertung dessen zugrunde, was die Situation erforderte. Doch dasselbe kann man von seinem nichtvorhandenen Muskeltonus nicht behaupten. Die »Muselmänner« zeichneten sich wie viele autistische Kinder vor allem dadurch aus, daß sie nicht gingen, sondern schlurften, als seien sie nicht willens oder fähig, die Füße vom festen Boden zu heben; auch bildeten ihre Armbewegungen keinen glatten und alternierenden Rhythmus zu den Beinbewegungen. Trotz dieses Nichtvorhandenseins einer reibungslosen Gangart zeichnete sich ihr Körper entweder durch eine gewisse Steifheit oder durch eine nicht artikulierte Schlaffheit aus, und beiden Merkmalen sind wir auch bei autistischen Kindern begegnet.

Eine weitere wichtige Parallele ist die Nichtbeachtung der Wirklichkeit und der Rückzug in die Phantasiewelt. Die KZ-Häftlinge beachteten die wahre Kausalität in ihrem Leben kaum und ersetzten sie durch wahnhafte Phantasien. Ihr fast unablässiges Tagträumen erinnerte stark an die Selbststimulierung autistischer Kinder, zum Beispiel an deren Fingerspiele. In beiden Fällen ging es für die Betroffenen darum, die Erkenntnis einer unmittelbar gegebenen, bedrohlichen Wirklichkeit zu vermeiden.

Außerdem gibt es noch die häufig erwähnte Verhaltensweise, die darin besteht, daß sich die autistische Person eines »leeren« Auswendiglernens und eines Aufzählens von Namen oder Daten befleißigt; dieser Verhaltensweise begegnen wir in ähnlicher Form bei Häftlingen. Sie entspringt dem Wunsch, sich selbst zu beweisen, daß man nicht verrückt ist und daß man nach wie vor seine Intelligenz und sein Erinnerungsvermögen besitzt, obwohl man weder das eine noch das andere sinnvoll einsetzen kann. Und genauso wie das autistische Kind nicht einmal mehr den Versuch macht zu beweisen, daß sein Denken noch funktioniert, verhielt sich der »Muselmann« in den Lagern.

In meinem Buch *Aufstand gegen die Masse* setzte ich mich mit dem starken Wunsch der Häftlinge auseinander, daß in der Außenwelt alles unverändert bleiben möge, sowie mit ihrer ohnmächtigen Wut, die dann auftrat, wenn Veränderungen stattfanden. Eine Parallele liefert das autistische Kind, das auf Monotonie und Gleichförmigkeit beharrt, ein Verhalten, das, wie jenes der Häftlinge, aus dem Gefühl der Unmöglichkeit, die Außenwelt zu beeinflussen, resultieren dürfte.

Die wichtigste Ähnlichkeit findet sich jedoch vermutlich in dem Gefühl sowohl des Häftlings als auch des autistischen Kindes, daß es hoffnungslos ist, die Dinge zum Besseren verändern zu wollen, in jenem völligen Mangel an Hoffnung, der die »Muselmänner« von den restlichen Häftlingen unterschied.

Wenn wir uns eingehender mit der allmählichen Verschlimmerung der Verfassung des KZ-Häftlings befassen, entdecken wir, daß er zunächst die Fähigkeit einbüßt, im Einklang mit der objektiven Wirklichkeit zu handeln, und sich stattdessen in das Reich der Phantasie zurückzieht: die Wunscherfüllung weicht ängstlichen und schließlich sehr vagen Tagträumen. Dann büßt er seine Selbstachtung und das Gefühl ein, tatsächlich eine Person zu sein. Hierauf schränkt er innerlich seine Wahrnehmung der Realität und danach sogar seine Emotionen ein, weil beide zu schmerzhaft sind. Als nächstes unterdrückt er sein Interesse für die Gefühlsbindungen an seine Familie, da auch diese viel zu schmerzhaft werden. Und schließlich findet die endgültige Trennung statt zwischen den Häftlingen, die überleben, und jenen, die sterben werden: den letzteren erstarb jede Hoffnung, daß sich die Lage jemals wieder bessern könnte.

Im Rahmen dieses Prozesses erlischt jedes Interesse an der Außenwelt. Der Häftling gibt es auf, zu sehen, zu hören, zu reagieren. Wenn er nicht nur in seinem Handeln, sondern auch in seinen Bewegungen (der Füße und Augen) radikal eingeschränkt worden ist, wird die ganze Bandbreite an Merkmalen – oder, besser gesagt, an nichtvorhandenen Merkmalen – erreicht: das ist dann »Muselmann«-Verhalten *par excellence*, und der Tod steht unmittelbar bevor.

Ich möchte hier noch einmal den wesentlichen Unterschied hervorheben zwischen der Zwangslage dieser Häftlinge und den Bedingungen, die bei Kindern zu Autismus und Schizophrenie führen; dieser Unterschied besteht darin, daß das Kind nie die Gelegenheit hatte, auch nur einen Schatten von Persönlichkeit zu entwickeln. Daher kam es auch nicht in den Genuß irgendeiner geistigen Reife. Um Kindheitsschizophrenie zu entwickeln, genügt es folglich, den Säugling dahingehend zu überzeugen, daß sein Leben gefühllosen, irrationalen Mächten unterworfen ist, die sein Leben und seinen Tod absolut kontrollieren. Für den normalen Erwachsenen, der plötzlich schizophrenie-ähnliche Reaktionen entwickelt, gelten dieselben Voraussetzungen, und die waren in den Lagern auch gegeben.

Daher sind wir der Ansicht, daß der infantile Autismus ein Geisteszustand ist, der sich als Reaktion darauf entwickelt, daß man sich in einer Extremsituation erfährt, die einem völlig hoffnungslos vorkommt.

Spontane Reaktion

Wenn wir uns den Ursprüngen von Extremsituationen in der frühen Kindheit zuwenden, dürfen wir behaupten, daß die Pathologie der Mutter häufig schwerwiegend ist und daß ihr Verhalten gegenüber dem Kind in vielen Fällen ein faszinierendes Beispiel für eine abnorme Beziehung darstellt. Doch beweist dies weder, daß die Mutter den autistischen Prozeß auslöst, noch daß die besonderen Merkmale ihrer Pathologie jene ihres Kindes erklären. Die Tatsache, daß man sich in diesem Kontext auf die Mutter oder die Mutter-Kind-Beziehung konzentriert, dürfte einer unrealistischen Idealvorstellung entspringen – der Idealvorstellung von der vollkommenen Säugling-Mutter-Symbiose, in der die beiden Beteiligten eine glückselige psychologische Einheit bilden. Was dabei übersehen wird, ist, daß die Individuation mit ihrer ganzen Mühsal und ihrem ganzen Schmerz bereits zum Zeitpunkt der Geburt einsetzt.

Zum Glück beginnen Psychoanalytiker die zählebige Vorstellung von der zurückweisenden Mutter allmählich abzulehnen. Anna Freud (1954) schreibt:

> Eine Mutter kann von ihrem Säugling aus ganz verschiedenen Gründen als zurückweisend erfahren werden, wobei diese Gründe mit ihren bewußten und unbewußten Einstellungen, mit ihren körperlichen oder mentalen Defekten, mit ihrer physischen An- oder Abwesenheit, mit ihren unvermeidlichen libidinösen Beschäftigungen, ihren Aggressionen, ihren Ängsten und so fort zusammenhängen können. Die Enttäuschungen und Frustrationen, die aus der Mutter-Kind-Beziehung nicht wegzudenken sind, [müssen] hervorgehoben werden. In der oralen Phase ist die Mutter lediglich die Repräsentanz und das Symbol unvermeidbarer Frustration. Wenn man die Schuld an einer infantilen Neurose in der oralen Phase den Fehlern und Mängeln der Mutter zuschreibt, so ist das nichts als eine allzu leichte und irreführende Verallgemeinerung . . . Die Mutter ist für die Neurose des Kindes nicht verantwortlich, auch wenn sie in manchen Fällen eine »chaotische« Entwicklung bewirkt. Indem sie zurückweist und verführt, kann sie die Entwicklung zwar beeinflussen, verzerren und entscheiden, doch eine Neurose oder Psychose kann sie nicht erzeugen. Ich glaube, wir sollten den Einfluß der Mutter in dieser Hinsicht vor dem Hintergrund der spontanen Entwicklungskräfte sehen, die im Kinde tätig sind.

Sarvis und Garcia (1961) gelangten durch eine Untersuchung, die sich mit zirka achtzig autistischen Kindern befaßte, zu einem Standpunkt, der dem unsrigen und dem Anna Freuds ähnelt. Ihrer Meinung nach ist es nicht die Einstellung der Mutter, sondern die entsprechende spontane Reaktion des Kindes, die den Autismus herbeiführt. Die beiden Autoren glauben, daß während der Periode der Ablösung von der Mutter (im Alter von sechs Monaten bis zu drei Jahren)

> alles, was dem Kind zustößt, gleichgültig, ob es von innen oder außen kommt, vom Kind als Verfolgung durch die Mutter gedeutet werden kann . . . Da es die Mutter für seine Schwierigkeiten verantwortlich glaubt, weist es die Mutter zurück. Wir bezeichnen diese paranoide Zurückweisung als die *autistische Position.*

Zwar sind wir der Ansicht, daß diese Reaktion nicht erst nach sechs Monaten, sondern schon bald nach der Geburt auftreten kann, doch stimmen wir mit den Autoren überein, wenn sie sagen, daß diese Reaktion sich zur chronischen autistischen Krankheit entwickelt, wenn die Mutter als Gegenreaktion »das Kind nun von sich aus nachhaltig zurückweist oder sich von ihm zurückzieht«. Im chronischen autistischen Stadium, so fahren die Autoren fort, »bleiben Anzeichen seines ursprünglichen Negativismus und paranoide Einstellungen erhalten, doch hat sich der Schwerpunkt auf zwanghafte, magische, autonome Bemühungen um Bewältigung der Störung verlagert«.

So kann die beginnende autistische Position des Kindes durch eine Vielfalt von Bedingungen ausgelöst werden, doch ob sich diese zeitlich begrenzte Reaktion zur chronischen Krankheit entwickelt, hängt von der Reaktion der Umwelt ab. Dennoch sind die ursprüngliche Reaktion und das spätere autistische Verhalten spontane und autonome Reaktionen des Kindes.

Aufgrund unserer Erfahrungen stimmen wir mit diesen Schlußfolgerungen überein, doch erklären die Autoren nicht, wieso das Kind seine Zuflucht zu autistischem Verhalten sucht, weil es sich in einem kritischen Augenblick von seiner Mutter verfolgt fühlt. Denn kein Kind wächst heran, ohne nicht gelegentlich ähnliche Gefühle zu erleben, auch wenn man nicht daran glaubt, daß alle Kinder eine paranoide Periode durchmachen. Ich selbst glaube, daß Autismus weniger aus dem Gefühl des Kindes, von der Mutter verfolgt zu werden, als aus wesentlich spezifischeren Erfahrungen resultiert.

In unserer Arbeit mit schizophrenen Kindern haben wir immer

wieder festgestellt, daß deren Symptomatik nicht nur eine Reaktion war auf generalisierte Einstellungen der Eltern wie zum Beispiel Zurückweisung, Vernachlässigung oder Launenhaftigkeit. Zusätzlich dazu hatte eine spezifische und für jedes Kind anders geartete Einstellung in den Kindern die Überzeugung entstehen lassen, daß sie von totaler Zerstörung bedroht seien, hatte diese Einstellung in ihnen das subjektive Gefühl erzeugt, daß sie in einer Extremsituation lebten.

Szurek (1956) und Szurek und Berlin (1956) haben mit ihren Befunden diese Behauptung erhärtet. Für so gut wie jedes Beispiel, das sie anführen, können wir aus unserem Erfahrungsschatz einen oder mehrere parallele Fälle anführen. So berichten sie zum Beispiel, daß »in einer Familie der Ehemann nicht der Vater des Kindes war, eine Tatsache, die zwar beiden Eltern seit neun Jahren bekannt war, ohne daß sie jedoch je darüber gesprochen hätten«.

Auch wir haben mit einem autistischen Kind zu tun gehabt, bei dem dies der Fall war. Darüber hinaus wußten wir, daß beide Eltern wünschten, das Kind wäre nie geboren, und daß das Kind durch seine bloße Existenz das Elend der Eltern noch verschlimmerte, weil es sie ständig an die Lüge erinnerte, in der sie lebten. Auch Mahler (1965) erzählt von der Mutter eines autistischen Kindes, die »ihre eigenen mörderischen Impulse unterdrückte«, ein Vorgang, auf den die Autorin das Verhalten der Mutter gegenüber ihrem Kind zurückführt. Und Niederland (1965) berichtet über einen schizophrenen Jungen, der neun Jahre lang immer wieder psychoanalytisch behandelt worden war, bis sich im Alter von ungefähr einundzwanzig Jahren folgende Geschichte herausstellte:

> Sie [seine Eltern] erzählten ihm, daß sie ihn, als er noch kein Jahr alt war, tatsächlich aus seinem Urin, seinem Kot und seinem Erbrochenen »auftauen« mußten, weil sie in jener eiskalten Winternacht »versehentlich« das Fenster in seinem Zimmer halb offen gelassen hatten. Auf den Rat ihres Kinderarztes hin hatten sie auf sein Schreien in dieser Nacht nicht geachtet. Er bekam eine Lungenentzündung, wurde ins Krankenhaus eingeliefert und kränkelte lange Zeit vor sich hin.

Wenn die Kindheitsschizophrenie jedoch eine autonome Reaktion ist, kann sie in keinem Fall mit einer äußeren Ursache identisch noch auch deren unerläßliches Ergebnis sein. Denn wenn dem so wäre, wäre keine Autonomie im Spiel. Es wäre also ein schwerer Irrtum anzunehmen, daß ein Elternteil seinem Kind irgendeine Art von Autismus wünschen könnte, denn das Gegenteil ist der Fall.

Die Eltern autistischer Kinder lebten ganz einfach ihr eigenes Leben und reagierten aus ihrer eigenen psychischen Verfassung heraus auf die Bedingungen dieses Lebens. Es ist richtig, daß sie dabei kaum irgendwelche Rücksicht auf ihr Kind nahmen, doch das war ihnen nicht bewußt. Spontan am Kind war die Art und Weise, wie es für sich selbst das Verhalten und die Einstellungen seiner Eltern deutete. Und je weniger es damals die Realität erfaßte, desto unwahrscheinlicher war es, daß es realitätsgerechte Ansichten entwickeln würde.

Ekstein und Wallerstein (1956) erinnern uns in ihrer Auseinandersetzung mit psychotischen Kindern an das Märchen von Hänsel und Gretel, das veranschaulicht, wie die zurückweisende Mutterfigur im Geist des Kindes verwandelt wird. Diese Geschichte, so bemerken die Autoren, »folgt einem aggressiven Weg . . . und führt vom anfänglichen Mißtrauen der Kinder zur paranoiden Position der verschlingenden Hexe«. Hier haben die Autoren die Schlußfolgerung dieses Buches vorweggenommen. Trotzdem möchte ich ihre Bemerkungen erweitern und betonen, daß die Gestalt der zerstörerischen Mutter (der verschlingenden Hexe also) die Schöpfung der Phantasie des Kindes ist, obwohl dieses Phantasiegebilde insofern in der Wirklichkeit wurzelt, als ihm die zerstörerischen Tendenzen der bemutternden Person zugrunde liegen.

Tatsächlich werden unsere Kinder auch heute noch von der Vorstellung, der wir in diesem und anderen Märchen begegnen, heimgesucht. Martha, eines unserer schizophrenen Mädchen, war – wie Gretel – überzeugt, daß ihre Mutter sie im Ofen backen und auffressen wollte. Diese Überzeugung teilte sie ihrem Berater erst nach jahrelanger hingebungsvoller Pflege mit. Doch ihre alptraumhafte Angst und ihr Autismus waren ihre Eigenschöpfungen: der Alptraum widerspiegelte, wie sie sich die Gefühle, die ihre Mutter für sie empfand, vorstellte und erklärte, und der autistische Rückzug war ihre spontane Abwehr dieses Alptraumes.

Wie tief die Kluft zwischen der Realität und der Deutung oder Reaktion des Kindes sein kann, veranschaulichten zum Beispiel die vorherrschenden Merkmale von Marthas Zuhause und die entsprechenden Faktoren, die das Verhalten ihrer Eltern bestimmten. Bevor Martha zur Welt kam, litt ihre Mutter bereits seit Jahren an Depressionen und epilepsieartigen Ohnmachtsanfällen. Trotzdem hatte sie vor Martha ein Kind geboren, das sich normal entwickelte.

Danach hatte ihre Mutter, deren Schwangerschaften immer mit Schwierigkeiten verbunden waren, eine Fehlgeburt. Man nahm an ihr eine Unterleibsoperation vor, nach der sie einige Zeit lang in Lebensgefahr schwebte, und ihr Arzt sagte ihr, daß sie keine Kinder mehr haben könne. Das löste bei ihr einen derartigen Haß gegen diesen Mann aus, daß sie vor allem aus einer Trotzreaktion heraus noch einmal schwanger wurde und Martha gebar. Nach dieser Geburt warf die Mutter ihrem Kinderarzt vor, er sei überzeugt, daß ihr Kind nicht am Leben bleiben würde, egal, was sie, die Mutter, auch unternähme; daraus sprach eine eindeutige Projektion ihrer eigenen Gefühle auf das Kind. Die Beziehung zwischen ihr und ihrem Kind gestaltete sich von Anfang an derart schwierig, daß der Vater schließlich glaubte, zwischen seiner Frau und seiner zweiten Tochter wählen zu müssen. Wenn die beiden weiter zusammenlebten, so meinte er, würde eine von ihnen in die Nervenklinik eingeliefert werden.

Angesichts dieses Dilemmas entschied er sich – wie der Vater von Hänsel und Gretel – für seine Frau. Doch obwohl die Mutter glaubte, daß Martha nicht am Leben bleiben würde, und obgleich der Vater meinte, die Tochter würde die Mutter zerstören, vermittelten die Einstellungen der Eltern in keiner Weise den Eindruck, als wollten sie ihr Kind im Ofen backen, um es dann aufzufressen, ebenso wenig wie da die Vorstellung war, daß dieses Kind ein Leben als sprachloses, autistisches Geschöpf führen sollte.

Wie und warum setzt also ein derart massiver autistischer Rückzug ein?

Die Dynamik des Autismus

Von *außen* gesehen ist jede emotionale Störung durch ein schwerwiegendes Versagen der Kommunikation mit anderen gekennzeichnet.

Gewöhnlich kommt es nicht unvermutet, daß eine Person das Reden oder den Impuls zu handeln aufgibt. Vielmehr entwickeln sich solche Phänomene langsam und schrittweise. Im Verlauf einer normalen Entwicklung beginnt das Kind zu handeln, wenn sein Mund nach der Brustwarze sucht, wenn es auf auditive und visuelle Reize reagiert, wenn es die Dinge mit seinen Blicken verfolgt. Und zu kommunizieren beginnt es, wenn es an der Mutterbrust saugt. Sogar in diesem frühesten Stadium des Agierens und Interagierens, dieser frühesten Phase der Persönlichkeitsentwicklung können die Dinge bereits fehlgehen.

Der Säugling kann sich von seiner Mutter und der Welt zurückziehen, weil er Schmerzen hat, weil er sich unwohl fühlt und weil er Angst vor solchen Gefühlen hat, oder weil er die Handlungen oder Gefühle der Mutter fehlinterpretiert, oder aber weil er ihre negativen Gefühle richtig einschätzt. Die in ihren mütterlichen Gefühlen oder durch ihre eigene Angst frustrierte Mutter kann, anstatt sanft und geduldig zu reagieren, Ärger oder schmollende Gleichgültigkeit an den Tag legen. Dadurch kann beim Kind neue Angst erzeugt werden, zu der sich das Gefühl gesellen kann, daß die Welt (verkörpert in der Mutter) nicht nur Angst auslöst, sondern auch ärgerlich oder gleichgültig sein kann.

Ein derartiger Rückzug von der Welt hat leicht zur Folge, daß der Impuls des Säuglings, seine Umgebung zu beobachten und in ihr zu handeln, geschwächt wird. Und keine Persönlichkeit kann sich ohne diesen Impuls entwickeln. Ein derartiger Rückzug schwächt das junge Ich, das noch kaum aus dem undifferenzierten Stadium aufgetaucht ist und bewirkt ein verstärktes psychisches Ungleichgewicht.

Wie schwerwiegend dieses Ungleichgewicht ist, hängt von der Natur und vom Ausmaß des Zusammenbruchs der Kommunikation mit der Umwelt ab. Die Teile der Realität, die sich als zu enttäuschend oder zu wenig reaktionsfähig erweisen, werden vom Säugling abgewehrt oder durch imaginäre Teile ersetzt, die mehr Befriedigung versprechen; innere Reaktionen, die zu heftig sind, werden verdrängt – alle diese Bemühungen zielen darauf ab, einen gewissen Kontakt zur Umwelt aufrechtzuerhalten und zumindest einen begrenzten Teil dieser Welt sicherzustellen. Doch wenn sich die Lage weiter verschlimmert und die Realität als allzu zerstörerisch erfahren wird, gibt das Kind alle diese Versuche auf. Es läßt von seinen Bemühungen ab, zumindest einige Aspekte der Realität zu bewältigen und durch Abwehr mit anderen Aspekten fertig zu werden. Nun dient der psychische Apparat nur mehr dem einen Zweck: das nackte Leben zu schützen, weshalb er im Hinblick auf die äußere Realität nun gar nichts mehr unternimmt. Alle Energie dient nun dem Selbstschutz, so daß zur Entwicklung der Persönlichkeit keine Kräfte mehr zur Verfügung stehen. Hinter alledem verbirgt sich die Überzeugung, daß jegliches Sein oder Tun eine katastrophale Reaktion auslösen würde.

Die Gründe für den Zusammenbruch der Kommunikation können vielfältig sein. Eine Person kann deshalb nicht richtig reagieren, weil ihr die Signale, die sie empfängt, Angst oder Feindseligkeit vermitteln oder weil sie sie völlig richtig interpretiert. Sie kann sich gezwungen fühlen, verwirrende Signale auszusenden, um »sich an anderen zu rächen« oder um – was wahrscheinlicher sein dürfte – Gefahren zu vermeiden, die, davon ist die Person überzeugt, sicherlich eintreten würden, wenn andere um ihre wahren Gedanken wüßten.

Wenn immer das auslösende Moment beschaffen sein mag, das Ausmaß und die Nachhaltigkeit der emotionalen Störung sind stets bestimmt durch das Ausmaß und die Nachhaltigkeit des Scheiterns der Person, Mitteilungen richtig auszusenden und zu empfangen. Umgekehrt wird diese Störung immer dann beseitigt, wenn verbesserte Behandlungsbedingungen die Person befähigen, sich selbst und andere mit ihren Gefühlen und Gedanken vertraut zu machen und die Mitteilungen anderer richtig zu verstehen.

So viel zu der Frage, wie eine emotionale Störung im Kontext der zwischenmenschlichen Beziehung von außen aussieht.

Von *innen* (oder intrapersonal) gesehen wird dieser Zusammenbruch der Kommunikation durch eine übermächtige Angst bewirkt. Die angsterfüllte Person kann sich um minimale Sicherheit bemühen, indem sie zunächst ihre Kontakte zu einer Welt, die ihr allzu große Angst bereitet, einschränkt. Bei schwereren Fällen kann die Person im weiteren Verlauf solche Kontakte überhaupt vermeiden und alles Vertrauen in ihre eigene Fähigkeit, mit der nun Welt richtig umzugehen, verlieren. Ist dieser Rückzug zeitlich nicht begrenzt, kann die Person in einen Teufelskreis hineingeraten, in dem Angst um Rückzug von der Realität und dieser Rückzug zu noch größerer Angst führt, so daß der Rückzug am Ende ein nachhaltiger und bleibender geworden ist. In diesem Fall ist es ziemlich gleichgültig, ob die Ursachen der Angst reale oder eingebildete Gefahren oder innere psychische Prozesse gewesen sind. So kann zum Beispiel eine innere Feindseligkeit gewaltige Angst erzeugen, wenn die Person überzeugt ist, daß sie durch eine Ventilierung dieses Gefühls zerstört werden würde.

Doch so lange die Person meint, ihre Angst werde durch die Außenwelt erzeugt, unterhält sie noch einen wenn auch verzerrten Kontakt zur Wirklichkeit. Es tut wenig zur Sache, ob sie in bezug auf die feindseligen Absichten anderer Angst empfindet oder in bezug auf die realen feindseligen Reaktionen dieser anderen. In dem Umfang, in dem sie ihre Angst oder Feindseligkeit zur Außenwelt in Verbindung setzt, steht die Person in Kontakt mit dieser Welt, obwohl die Art und Weise, wie sie diese Welt sieht oder auf sie reagiert, verzerrt ist. Je nach dem Ausmaß ihrer Angst und folglich ihrer

Verzerrung kann es der Person möglich sein, die Ursache ihrer Angst richtig zu erkennen.

Übersteigt diese Angst jedoch ein gewisses Maß, überwältigt sie den Organismus und löst sie Panik aus, so daß der Kontakt zur Wirklichkeit verloren geht. Ob sich die Angst zur Panik auswächst, hängt davon ab, ob die Person glaubt, daß sie handelnd tätig werden kann, um die angsterzeugenden Gefahren und damit die Angst selbst einzuschränken. Auch in diesem Fall ist es unwichtig, ob die äußere Ursache der Angst tatsächlich nicht eingedämmt werden kann. Was zählt, ist einzig und allein, ob die angsterfüllte Person das glaubt oder nicht.

Bei panischer Angst wird Feindseligkeit nicht mehr als solche empfunden. Dadurch verschlimmert sich die Lage erheblich, denn so lange man das Gefühl hat, der Welt feindselig gegenüberzustehen, kann man vernünftigerweise annehmen, daß die Welt entsprechend reagiert. Das macht einem natürlich Angst. Doch obwohl wir Angst haben, erscheint die Welt immer noch sinnvoll. Erst wenn man die eigene Feindseligkeit nicht mehr erkennt und die Welt einen in Angst und Schrecken versetzt, hört die Wirklichkeit auf sinnvoll zu erscheinen. Lebt man jedoch in einer so sinnlosen, unvorhersehbaren Welt, ist das Beste, was man tun kann, die einzige Schutzmaßnahme, die man ergreifen kann, das Nichts-Tun. Wenn einem jedes Handeln Unheil bringt, ist das Nicht-Handeln der einzige sichere Ausweg.

Um dieses Nicht-Handeln sicherzustellen, kann das Kind nur eines versuchen – sich zum Handeln nicht hinreißen zu lassen. Jeder Reiz, der es von außen erreicht, kann es zum Handeln veranlassen, so daß es sich gegenüber allen äußeren Einflüssen gefühllos verhalten muß. Und da es durch seine innere Feindseligkeit ebenfalls zum Handeln veranlaßt werden könnte, muß es auf alle intrapsychischen Vorgänge ebenfalls gefühllos reagieren.

Das ist der Autismus von innen gesehen.

Dialektik der Hoffnung

Die Feststellung, man müsse, um zu überleben, sich selbst schützen, ist eine Binsenwahrheit. Weniger offenkundig ist die Tatsache, daß wir durch unser Handeln unsere psychische Ganzheit und Unverletztheit bewahren, während Passivität uns zerstört. Es ist schwierig, dies am Fall von autistischen Kindern zu veranschaulichen. Durch ihre Unreife und ihre grundlegende Verletzbarkeit ist ihre Möglichkeit, im eigenen Namen zu handeln, stark eingeschränkt, und ihre Motivationen sind unartikuliert und verschwommen.

Vielleicht kann sich das am Fall eines ungewöhnlich intelligenten autistischen Jungen (IQ über 170) veranschaulichen. Der Vater dieses Jungen interessierte sich nur für dessen Intelligenz, während die Mutter ihr Kind als ein liebes Tierchen betrachtete, das gehätschelt werden mußte. Da der Junge unfähig war, zwischen beiden zu wählen, und da ihm die Kraft fehlte, einem oder beiden Elternteilen Widerstand zu leisten, um so seine Persönlichkeit zu entwickeln, bestand sein Ausweg aus dieser Situation darin, daß er sich in seinem Handeln beiden unterwarf.

Da er das Hätschelkind, nach dem sich seine Mutter sehnte, bleiben mußte, gelang es ihm nicht, motorische Fertigkeiten zu entwickeln oder seinen Körper zu artikulieren. Dadurch, daß er sich seiner Mutter unterwarf, verzichtete er darauf, seine sich entwickelnde körperliche Reife auch zu nutzen.

Für den Vater aber entwickelte er seine Intelligenz. Doch da diese Entwicklung nicht in Widerstreit dazu geraten durfte, daß er seiner Mutter zu Gefallen sein wollte, fehlte seiner intellektuellen Betätigung, was sein Leben oder seine Persönlichkeit betraf, die Substanz, die »Körperlichkeit«. Er lernte nicht, zwischen links und rechts zu unterscheiden, ebensowenig wie er Lesen lernte (weil er nicht wissen konnte, wohin ihn das führen mochte). Statt dessen benutzte er seine hohe Intelligenz, um Dinge zu lernen (zum Beispiel die Funktionsweise des Sonnensystems), die ihm so gar nichts nutzten, wenn es darum ging, sich selbst oder seinen Körper zu verstehen.

Indem er handelte, um seinen Eltern zu gefallen, handelte er auch im eigenen Interesse, allerdings ohne seine ureigensten Interessen zu berücksichtigen. Zwar handelte er, doch ohne darauf zu achten, wie zerstörerisch sich dieses Handeln für ihn auswirken konnte. Die Folge war, daß ihn seine eigenen Handlungen dem Autismus immer mehr in die Arme trieben, da er seine Beziehungen zur Wirklichkeit mit jeder seiner Handlungen stärker untergrub und da er sich dadurch immer weiter von der Möglichkeit entfernte, seinen eigenen Körper und sein eigenes Leben zu bewältigen. Trotzdem wurde seine Chance, wieder völlig zu genesen, durch die Tatsache, daß er handelte und sich nicht in die völlige Passivität des stummen autistischen Kindes flüchtete, gewaltig erhöht.

Was nun den Rückzug aus der Wirklichkeit und den Verzicht auf jegliches Handeln anlangt, so können wir zwischen mindestens drei, vermutlich aber mehr Stufen oder Stadien unterscheiden, die natürlich ineinander übergehen.

Auf der untersten Stufe der Funktionsfähigkeit beziehungsweise Funktionsfähigkeit begegnen wir der Person, die ihr eigenständiges Handeln aufgegeben hat und auf ihre Umwelt nicht mehr reagiert – *es ist dies die Person, die jegliche Besetzung von allen (inneren wie äußeren) Aspekten der Wirklichkeit abgezogen hat.* (Das sind die stummen autistischen Kinder, die an infantilem Marasmus leiden.)

Von ihnen zu unterscheiden sind jene Kinder, die bis zu einem gewissen Grad noch handeln, obwohl sie mit ihrer Umwelt nicht mehr interagieren. Diese Kinder wagen es nicht, aufgrund ihrer »natürlichen« Neigungen und Interessen oder aufgrund der realen Gegebenheiten ihrer Umwelt zu handeln; stattdessen sind sie in allen ihren praktischen Bezügen durch ihre Angst motiviert. *Diese Kinder haben jegliche Besetzung von ihrer Umwelt, nicht aber von ihren innerpsychischen Prozessen abgezogen, obwohl diese unterbesetzt sind.* (Das sind die sprechenden autistischen Kinder, die auf Gleichförmigkeit und Monotonie beharren, obgleich sie noch zornige, zerstörerische Ausbrüche haben.)

Dann gibt es noch die Kinder, die sich in einem tödlichen Kampf mit der Umwelt befinden, die sich als zugleich feindselig und übermächtig erfahren. *Obwohl diese Kinder weiterhin handeln, tun sie das hauptsächlich aufgrund innerer psychischer Prozesse, die überbesetzt sind.* Die Art und Weise, wie diese Kinder die Wirklichkeit wahrnehmen und mit ihr Kontakt halten, ist verzerrt, und ihre Persönlichkeit kann stark geschädigt sein, doch ist sie doch nicht völlig desintegriert; das gilt auch für den wesentlichsten Aspekt ihres Daseins – den Aspekt der Handlungsfähigkeit. Die Handlungen dieser Kinder sind unwirksam, wenn es darum geht, die Wirklichkeit zu verändern, denn diese Handlungen basieren lediglich oder hauptsächlich auf zerrütteten inneren psychischen Prozessen. Allerdings intendieren sie immerhin solche Veränderungen. (Das sind die schizophrenen Kinder, die häufig heftig gegen die Welt ankämpfen.)[2]

[2] Manche zeitgenössische Schriftsteller fühlen sich dieser Stufe der Persönlichkeitsentwicklung ebenso stark verbunden wie einst der Marquis de Sade. So wie dieser versuchte, seine sexuellen Phantasien in einer Welt auszuleben, die ihn deshalb hinter Schloß und Gitter steckte, haben sich geisteskranke Patienten schon immer verhalten. Der Unterschied besteht darin, daß es dem geisteskranken Patienten an der Fähigkeit mangelt, seine innerpsychischen Prozesse so stark zu kontrollieren, daß er sie hinreichend ordnen und dadurch zumindest teilweise anderen verständlich machen könnte. In einem merkwürdigen dialektischen Prozeß scheinen sich manche moderne Autoren (zum Beispiel Burroughs) nicht damit zufriedenzugeben, ihrem ungezähm-

Dieser Verzicht auf den Kontakt mit der Umwelt geschieht häufig, wenn auch nicht immer (das hängt vom Alter und Entwicklungsstadium ab, in denen der massive autistische Rückzug einsetzt) in einer Reihenfolge, die umgekehrt verläuft als die drei oben angeführten Stadien der Entfremdung von der inneren und äußeren Realität.

Doch warum zieht sich eine Person so vollständig zurück, daß sie sogar ihr Selbst aufgibt? Daß dieser Mensch eine furchteinflößende Welt aufgibt, können wir verstehen. Aber warum gibt sie auch dieses innere Selbst auf, das sie anfänglich noch zu schützen versucht hat?

Zwei Gründe haben wir bereits genannt: Erstens möchte die Person verhindern, daß ihr Reize bewußt werden, weil diese zu schmerzhaft sind, und zweitens möchte sie der Versuchung zu handeln aus dem Weg gehen. Die Folge davon ist, daß die Person die Außenwelt immer weniger beachtet, und daß die inneren Aktivitäten im Vergleich dazu einen immer breiteren Raum einnehmen. Doch obgleich sich die Person diesen Aktivitäten immer stärker zuwendet und obwohl sie sie immer stärker besetzt, erbringen sie nicht mehr, sondern weniger Befriedigung, weil sie nicht wettmachen können, was der Person abgeht, wenn sie ihren emotionalen Kontakt zur Realität abbricht. So aber kommt es, daß dieser innere Prozeß, von dem die Person hoffte, er würde ihren Mangel ausgleichen, sie um so stärker im Stich läßt, je mehr sie sich auf ihn verläßt. Deshalb gibt sie schließlich auch die Besetzung dieses Prozesses auf. Und was

ten primärprozeßhaften Denken zu leben, sondern sie benutzen darüber hinaus Drogen, um sich in Geistesverfassungen zu versetzen, die denen des Schizophrenen ähneln. Ihr Stolz scheint darin zu gründen, daß sie sich absichtlich in einen Geisteszustand versetzen, in dem der Geisteskranke notgedrungen leben muß. Indem sie den Kontakt zur Realität oder zumindest die Fähigkeit, in Übereinstimmung mit den Anforderungen dieser Realität zu leben, verloren haben, ohne jedoch »den Verstand verloren zu haben«, versuchen sie diesen zumindest zeitweise durch die Einnahme von Drogen zu verlieren. Ihre Haltung ist die, daß sie eine Welt zurückweisen, die es verdient: zurückgewiesen zu werden. Tatsächlich ist ihnen dieses Leben zu wenig, das heißt, es fehlt ihnen entweder an Mut, dieses Mangelempfinden als vorübergehende Unzulänglichkeit der Persönlichkeit zu akzeptieren, die geheilt werden könnte und sollte, oder aber ihnen fehlt die Überzeugung, daß diese Welt, wenn sie schlecht ist, gebessert zu werden verdient. Dieses Unvermögen, für die Welt oder für die eigene Persönlichkeit oder für beide etwas zu unternehmen, versuchen sie dadurch zu vertuschen, daß sie aus der Flucht in eine drogenerzeugte Traumwelt eine Tugend machen. (Gemeint sind hier nicht die Leute, die Drogen im Rahmen einer wissenschaftlichen Untersuchung einnehmen, obwohl ihre unbewußten Motivationen zu solchem Handeln wahrscheinlich dieselben sind.)

zunächst ein Suchen nach innerer Fülle war, um einer Welt ohne Befriedigungen zu entrinnen, mündet so in eine völlige Leere.

Wollte man diesen Rückzug lediglich als die Flucht vor einer bedrohlichen Umgebung betrachten, würde man diesen Prozeß auf einer viel zu rationalen Grundlage als einen durchdachten, bewußten Entschluß interpretieren. Doch in diesem Fall gibt es diese Grundlage nicht, und man würde den Funktionen der menschlichen Psyche nicht gerecht werden, wenn man trotzdem mit ihr zu arbeiten versuchte. In Wirklichkeit haben wir es hier eher mit einem dialektischen Prozeß zu tun. Für jeden von uns bedeutet Überleben normalerweise einen andauernden Kampf um die Synthese von Gegensätzen. Das autistische Kind aber scheint in der Antithese steckengeblieben zu sein und die zum erfolgreichen Überleben erforderliche Synthese nie zu verwirklichen.

Vielleicht kann ich auch diesen Punkt mit Hilfe der Konzentrationslager veranschaulichen. Die überwältigende These hieß hier: ständige Lebensgefahr. Die erste psychische Reaktion auf Gefahr aber besteht nicht darin, daß man sie übersieht, sondern darin, daß man sie scharf im Auge behält. Das heißt, wir bedienen uns der frühesten, primitivsten, aber auch wichtigsten psychischen Fähigkeit – der Fähigkeit zur Aufmerksamkeit.

So schenkt der KZ-Häftling zunächst den SS-Wachen und dem Gefangenenaufseher, der häufig eine noch unmittelbare Gefahr darstellte, ungewöhnliche Beachtung. Er tut das Tag und Nacht, und da der Feind für ihn ständig gegenwärtig ist, beginnt der Häftling zu glauben, er sei dies auch in der Realität. Das stimmt zwar, aber doch nicht ganz. Hier aber liegt die Antithese: die Reaktion auf die These von der Gefahr.

Die Häftlinge, die sich nicht zu »Muselmännern« entwickelten, gelangten von diesem Punkt zu einer lebensfähigen Synthese. Zwar schenkten sie dem Feind erhöhte Aufmerksamkeit, doch vergaßen sie deshalb nicht, sich um ihre Selbsterhaltung zu sorgen – das heißt, sie versuchten sich weniger gefährliche oder aufreibende Jobs zu verschaffen, Freunde zu finden wann immer möglich, in besseren Baracken unterzukommen oder bequemere Schlafplätze zu belegen; aber sie machten sich auch viele Hoffnungen und hatten ihre Tagträume von einer besseren Zukunft, in denen auch Rache und Rachepläne ihren Platz hatten. Die Häftlinge dagegen, die zu »Muselmännern« geworden waren, schenkten dem Feind so ausschließlich ihre Aufmerksamkeit, daß es bald nur mehr diesen zu geben schien. So aber lebten sie, psychologisch gesehen, in einer Innen- und

Außenwelt, in der alles destruktiv war, weil alles den unvermeidlichen Untergang widerspiegelte.

Es ist das eine Situation, in der wir uns aller Erfahrung verschließen, weil das – irrtümlicherweise – der einzige Ausweg zu sein scheint. In Wirklichkeit sind wir im Begriff, uns selbst zu zerstören, weil uns unser psychisches Überlebensverhalten (also unsere totale Konzentration auf den Feind) aller Kräfte beraubt. Genau so sieht die psychische Extremsituation aus: wir reagieren auf eine – reale oder eingebildete – Gefahr von außen mit inneren Manövern, die uns faktisch noch mehr erschöpfen.

Wie bereits erwähnt, gab es viele Gefangene, die sich (und anderen) sagten, daß sie jeden Tag etwas tun müßten, und sei dieses Tun auch noch so unbedeutend, um ihr Los zu verbessern. Dieses Rezept rettete vielen das Leben; aber nicht nur weil die Häftlinge trotz der tödlichen Gefahr beweisen konnten, daß sie nach wie vor einen Teil ihres Geschicks selbst bestimmen konnten, sondern auch weil sie sich dadurch gezwungen sahen, ihre Aufmerksamkeit auf Dinge zu richten, die außerhalb der ständigen tödlichen Bedrohung lagen.

Es ist schwieriger, die parallelen Prozesse zu erhellen, die in Kindern mit infantilem Autismus stattfinden, da sich bei diesen Kindern alles in der emotionalen Sphäre abspielt, ohne daß man klar erkennen könnte, warum die als Feinde erfahrenen Personen auf Zerstörung derart erpicht sein sollten. Doch nehmen wir zum Beispiel das Fingerspiel autistischer Kinder (vgl. S. 213 ff.) und die Tatsache, daß dieses Fingerspiel der verzweifelte Versuch ist, an die Brust und zur Befriedigung zu gelangen, obwohl dieses Spiel nie diesen Erfolg hat. Kann man in diesem Verhalten nicht dieselbe totale Konzentration vermuten, die den »Muselmann« so sehr charakterisierte, daß er bald an nichts anderes mehr denken konnte? Und kann man die Sache nicht so sehen, daß seine ausschließliche Beschäftigung mit der Zerstörung so qualvoll war, daß er auch darüber bald nicht mehr nachdenken konnte?

Ähnlich könnte der Fall bei autistischen Kindern gelagert sein – wenn nicht bei allen, so doch bei denjenigen, die das Fingerspiel spielen. Vielleicht haben diese Kinder zunächst ihre ganze Aufmerksamkeit auf die Brust und die Befriedigung, die sie versprach, gerichtet. Im Gegensatz zum KZ-Häftling, dessen Aufmerksamkeit durch Angst bewirkt wurde, geht die Aufmerksamkeit des autistischen Kindes aus dem Verlangen und nicht aus der Angst hervor, einem Verlangen allerdings, das wegen der schrecklichen Zerstörung, die überall lauert, alles andere auffrißt. Da sich die Aufmerksamkeit des autistischen Kindes mehr und mehr der Brust zuwendet, werden andere Aktivitäten zusehends ausgeschaltet, bis in seinem Leben schließlich nur mehr die Frustration vorherrscht.

Die einfache Enttäuschung, die man durch die Mutterbrust erfahren kann, reicht allerdings nicht aus, um eine derartige Aufmerksamkeit auf den Plan zu rufen. Ich habe bereits darauf hingewiesen, daß die Ursache der infantilen Schizophrenie in der Überzeugung liegt, die Umgebung sei ausnahmslos zerstörerisch. Diese Überzeugung bewirkt eine unglaublich starke Fixierung an die Brust, diesem einzigen Objekt, das einmal Befriedigung oder zumindest eine gewisse Linderung verschafft hat. Diese unerfüllbare Hoffnung aber, von der Brust alles zu bekommen, verstärkt die Verzweiflung des Kindes nur noch.

Das Kind reagiert, indem es sich in einen inneren Festungsring zurückzieht, um so in einer total frustrierenden Umgebung überleben zu können. Doch hat keine Festung je ohne Unterstützung von außen standhalten können. Der KZ-Häftling, der keine Unterstützung von anderen bekam oder unfähig war, diese Unterstützung zu nutzen, war verloren. Hier liegt der Grund für meine Behauptung, der Autismus setze mit dem Zusammenbrechen der Kommunikation ein.

Je schwerer die Kommunikation gestört ist, desto geringer wird der Kontakt zu den Mitmenschen, und desto intensiver muß die Person, will sie die Realität interpretieren, auf ihre inneren Erfahrungen zurückgreifen. Als sei das nicht schon schlimm genug, ist es auch noch so, daß die Person, je weniger Kontakt sie zur Realität hat, um so weniger ihre inneren Erfahrungen an etwas messen kann, das ein ausgewogenes Urteil erlauben könnte. Und je weniger Kontakt sie hat, desto wahrscheinlicher ist es, daß sie die Signale von außen falsch und die von innen auf solipsistische Weise interpretiert. Kommt die Kommunikation völlig zum Erliegen oder hat sie sich überhaupt nie entwickeln können, besitzt die Person nur ihre inneren Erfahrungen, von denen sie sich leiten lassen kann, ohne daß sie jedoch einen zusätzlichen Maßstab hätte.

Auf den ersten Blick könnte man vermuten, daß sich das innere Selbst in diesem Fall vielfältiger entwickeln sollte. Doch diese Vermutung ist falsch. Ein Innenleben, das sich nicht an äußeren Erfahrungen mißt und bewertet, um dieser Bewertung entsprechend organisiert zu werden, bleibt chaotisch. Je ausschließlicher wir uns dem Innenleben zuwenden, desto größer wird das Chaos.

Das Innenleben und mit ihm die Persönlichkeit entwickeln sich nicht, um zu einer größeren Fülle an inneren Empfindungen oder Erfahrungen zu gelangen. Die Persönlichkeit entwickelt sich aus nur einem Grund: sie möchte ihre Umwelt bewältigen und beeinflussen. Gelingt ihr das nicht, ist es für sie sinnlos, die inneren Strukturen zur Verwirklichung dieses Zieles zu entwickeln. So wie sich unser Sprechen nur dann entwickelt, wenn wir mit Leuten reden oder Leuten zuhören oder verstehen möchten, was die Leute zu uns sagen, so entwickelt sich unsere Persönlichkeit nur, wenn wir den Wunsch haben, mit anderen Leuten etwas zusammen zu tun, etwas für diese Leute zu tun.

Dasselbe trifft auf die Art zu, wie wir in den Schwarm von Bildern und Vorstellungen Ordnung bringen. Wir ordnen sie nur dann zu Gedanken, wenn wir die Absicht haben, sie als Grundlage unseres Handelns zu benutzen oder wenn wir sie zumindest anderen Leuten mitteilen möchten, um diese Leute mit unserem Denken vertraut zu machen.

Das ist das Geheimnis der psychoanalytischen Technik. Um dem Analytiker den Gehalt unserer »freien Assoziationen« vermitteln zu können, müssen wir diese genügend ordnen, damit wir sie in Form von Sätzen ausdrücken können. Folglich sind unsere freien Assoziationen, wenn wir sie formulieren, nicht mehr frei, sondern geordnet. Bloße Ausrufe können beim Analytiker höchstens teilnahmsvolle Gefühle oder scharfsinnige Vermutungen darüber auslösen, wie die Gedanken des Patienten geordnet werden könnten, damit sie »einen Sinn ergeben«. Dieser Vorgang kann nötig sein, damit die analytische Arbeit überhaupt in Gang kommt, und der Analytiker kann fähig sein, die Ausrufe seines Patienten in Sätze umzuformulieren, die den sich dahinter verbergenden Sinn deutlich machen. Doch in analytisches Material verwandeln sich diese Ausrufe erst, wenn sie zu Sätzen umformuliert werden. Sätze aber sind entweder Handlungen oder Feststellungen über Handlungen.

Würde jemand einwenden, daß ein Satz wie: »Das ist blaues Gras« keine Handlung impliziert, so würde ich entgegnen, daß dieser Satz zwar keine Handlung beschreibt, daß jedoch meine Äußerung dieses Satzes eine Handlung ist. Die intendierte Handlung, die sich hinter der Äußerung verbirgt, besteht darin, daß man den jeweiligen Gedanken jemand anderem mitteilen möchte. Ein klares Beispiel hierfür ist das »Schau!« des kleinen Kindes, das bedeutet, daß man achtgeben soll. Und sein späterer, bereits etwas weiter entwickelter Ausruf »Eine Blume!« bedeutet genau dasselbe: wir sollen seine Freude beim Betrachten der Blume teilen.

Was wir, technisch gesehen als freie Assoziationen bezeichnen, sind also keine verschwommenen Bilder oder Gefühle, sondern Vorstellungen, die zu Gedanken geordnet und in einer Weise ausformuliert worden sind, die eine Handlung impliziert. Es wirkt heilend, wenn man solche Assoziationen äußert und lernt, verschwommene und chaotische Vorstellungen und Gefühle in eine Form zu bringen, die eine Handlung (und sei es auch nur eine potentielle Handlung) implizieren. Dadurch kommt der Patient zum Ziel, in eigenem Namen aktiv zu werden, näher, obwohl seine wichtigste Aktivität einige Zeit lang darin bestehen kann und häufig darin bestehen sollte, daß er Ordnung in seine chaotischen Vorstellungen und Gefühle bringt.

Sogar die schrecklichste Angst wird kontrollierbar, wenn ihre scheinbare Allgegenwärtigkeit punktuell fixiert und anschließend durch Formulierung klar eingegrenzt werden kann – eingegrenzt zu der Form, daß jemand oder etwas mir etwas anzutun droht. Denn da ich nun mit einem bestimmten Jemand oder Etwas konfrontiert bin, kann ich meine amorphe Angst durch gewisse Schutzmaßnahmen eindämmen. Hier liegt der Grund, wieso eine Selbstanalyse nicht denselben Zweck erfüllt. Denkt man über die eigenen unbewußten Regungen nach, ist man nicht gezwungen, sie zu Sätzen auszuformulieren, die von einer anderen Person verstanden werden können. Doch bleiben unsere Gedanken ungeordnet, wenn wir sie nicht in Sätze fassen, und sie bleiben häufig nicht nur solipsistisch, sondern jeglichen implizierten Handelns entblößt.

All das gilt besonders für die Schizophrenen und in diesem Kontext am stärksten für die autistischen Denkprozesse. Die Sache sieht zum Beispiel anders aus, wenn es um das Ausagieren einer Person geht. Ihre verschwommenen Gedanken streben Handlungen entgegen. Während die schizophrene (und besonders die autistische) Person leidet, weil sie unfähig ist, ihre chaotischen Gedanken in einer Form zu äußern, die ein Handeln einschließt und überprüfbar macht, leidet die ausagierende Person, weil sie nur handeln, nicht aber über ihr Handeln nachdenken kann. Um ihr ausagierendes Verhalten unter Kontrolle zu bringen, muß die Person lernen, ihre beabsichtigten Handlungen laut in Worte zu fassen, so daß sie die Ursache und die wahrscheinlichen Folgen begreifen kann. Doch würde eine endgültige Analyse ergeben, daß beide an demselben Mangel leiden, auch wenn dieser in jeweils anderer Form auftritt: beide sind unfähig, über ihr Handeln richtig nachzudenken.

Was wir über das Denken gesagt haben, gilt auch für die Gefühle.

Auch Gefühle werden voneinander gesondert, werden geklärt, in der Hoffnung, sie dann jemandem erzählen zu können, der einfühlsam auf uns reagiert. Hier liegt der Grund dafür, daß autistische Kinder weder lachen noch weinen. Ihr Unvermögen zu lachen läßt sich durch ihr Unglücklichsein erklären. Ihr Unvermögen zu weinen ist darauf zurückzuführen, daß Weinen eine trostbringende Reaktion auslösen soll – eine reale, wenn jemand Zeuge des Weinens wird, oder eine imaginäre, wenn man allein weint.

Wenn wir in unserer Verzweiflung das sichere Gefühl haben, daß niemand auf unser Weinen reagieren würde, und wenn wir uns nicht ausmalen können, daß uns jemand sein Mitgefühl entgegenbringen könnte, dann weinen wir nicht. Weinen ist, stärker noch als das Lächeln, eine Gefühlsäußerung, die darauf abzielt, eine Reaktion auszulösen. So können wir zum Beispiel lächeln, wenn wir uns überlegen vorkommen. Das heißt, wir können lächeln und selbst zum reagierenden Zeugen dieses Lächelns werden. Beim Weinen aber geschieht das äußerst selten. Obwohl es vorkommen kann, daß jemand weint und sich selbst zum Publikum nimmt (»Schau, wie groß mein Kummer, meine Empfindlichkeit sind, die mich weinen machen«), ist das doch äußerst selten. Daß Weinen mit dem tatsächlich erlebten Leid oder Elend nur wenig zu tun hat, lehren uns die Konzentrationslager. Die Häftlinge weinten sehr selten und sie weinten nur dann, wenn sie sicher waren, ein teilnahmsvolles Publikum zu haben. »Muselmänner« aber weinten nie.

Niedergang des Selbst

Unsere Erfahrungen mit autistischen Kindern haben bestätigt, was frühere Berichte über solche Kinder bereits vermuten ließen, daß nämlich das Phantasieleben der Person um so leerer, einförmiger und stereotyper wird, je stärker sich die Person von der Realität in den Autismus zurückzieht, obwohl dieses Phantasieleben nun alles ist, was sie noch besitzt. Und je verschwommener nun gar ihre Empfindungen werden, desto weniger Struktur und Gehalt weist ihr Selbst auf.

Einer der Gründe für dieses Geschehen ist in der nichtvorhandenen Voraussetzung zu suchen, wonach das Selbst, will es nicht verwelken, sich in einem Prozeß aktiver Selbstbehauptung stets gegen das Nichtselbst durchsetzen muß. Selbstbehauptung bedeutet hier nicht rücksichtslosen Egoismus, bedeutet kein egozentrisches

Durchsetzen eigener Interessen. Das eine wie das andere könnte keine Erprobung des Selbst gegen das Nichtselbst sein, sondern lediglich ein Zurückstoßen oder eine gewaltsame Manipulation des Nichtselbst. Eine solche Erprobung setzt stets Respekt und Rücksichtnahme gegenüber dem voraus, woran wir uns erproben. Ist das nicht der Fall, ist das keine Erprobung des Selbst, sondern etwas völlig anderes, vielleicht die Erprobung brutaler Gewalt.

In der Tat ist die Grundlage einer solchen Erprobung, die die Person auswählt, äußerst aufschlußreich in bezug auf die Natur und Qualität des Selbst. Ein passives Nachgeben im Rahmen einer gewissen Erfahrung kann eine wesentlich schwierigere Erprobung des Selbst gegenüber dem Nichtselbst sein als eine aggressive Reaktion. Erfolg bedeutet in diesem Zusammenhang also weder das Ausmaß, in dem das Selbst aus dieser Erprobung unverändert hervorgeht, noch das Ausmaß, in dem es das Nichtselbst seinem Willen unterwirft, sondern das Ausmaß, in dem es durch diesen Prozeß bereichert wird.

Der fruchtbarsten Erprobung des Selbst liegt stets die Erfahrung zugrunde, die für uns im Augenblick am entscheidendsten ist. Daher das Bedürfnis des Säuglings, sich im Rahmen des Kriteriums der emotionalen Anerkennung durch seine Eltern zu erproben, sowie das Bedürfnis des Kindes, im Spiel den Geist am Körper oder sich selbst an seinen Spielkameraden zu erproben.

Übrigens nimmt auch das Nichtselbst verschwommene, undifferenzierte Züge an, wenn ihm keine Aufmerksamkeit geschenkt wird, das heißt wenn es nie Besetzung und später Abziehung von Besetzung erfährt. Die Fülle von Selbst wie von Nichtselbst entsteht durch einen unablässigen simultanen Prozeß, bei dem das eine das andere fördert, obwohl wir bei unserem heutigen Erkenntnisstand nicht sagen können, was wem vorausgeht oder was Ursache und was Wirkung ist.

Wenn der Säugling die Vielfalt und Kompliziertheit der Welt begreifen will, wenn er seine Hände betrachtet und bemerkt, wie sich seine Finger in der Außenwelt bewegen, wird ihm bewußt, daß er es selbst, daß es sein innerer Wille ist, der sie bewegt. Wenn er Objekte und Ziele erreichen will, die entsprechenden Anstrengungen unternimmt und Erfolg hat, entwickelt sich sein Selbst weiter. Da er nur seine unmittelbare Umgebung beeinflussen kann, beschränkt er seine Aufmerksamkeit auf diese. Entfernte Ereignisse können ihn beunruhigen, doch im Grunde interessieren sie ihn nicht. Er konzentriert sich auf das, was er durch Tasten, Riechen, Schmecken begreifen kann. Erst wenn sich seine Persönlichkeit und sein Begreifen der Welt entwickeln, beginnt er sich für entfernte Objekte und Probleme und schließlich sogar für abstrakte Denkprozesse zu interessieren.

Das Verhalten autistischer Kinder weist auf einen Niedergang des Selbst hin, auf einen Verfall der Fähigkeit zu handeln und des Interesses an der Außenwelt, aber vielleicht handelt es sich hier weniger um einen Niedergang als um eine sehr frühe Blockierung. Diese Kinder ähneln dem Säugling insofern als sie gewöhnlich nicht interessiert, was sich in einiger Entfernung abspielt. Falls sie überhaupt etwas interessiert und zum Handeln veranlaßt, ist es ihr eigener Körper und sind es einige wenige Objekte, die immer wieder auf dieselbe ritualistische Weise gehandhabt werden.

Wunderliche Deutungsversuche schreiben diesen Objekten zuweilen eine äußerst persönliche, spezifische Bedeutung zu. Es ist richtig, daß sie besetzt werden mit allem, was im Denken des Kindes auf wiederholende Weise vorgeht, und das ist tatsächlich die ganze Besetzung, mit der das Kind die Objekte ausstatten kann. Doch funktionieren diese Objekte häufig weniger als Bedeutungsträger denn als Möglichkeiten der Abwehr jeglicher Herausforderung zum Handeln, die von der Umwelt kommen könnte. Die Konzentration des autistischen Kindes auf das endlos hin und hergewendete Spielzeug, auf das immer wieder in ritualistischer Weise zusammengesetzte Puzzlespiel, auf die wieder und wieder gespielte Schallplatte, diese Konzentration erfüllt auch – wenn wir von der Bedeutung eines solchen Verhaltens einmal absehen – den Zweck, Reize nicht an sich herankommen zu lassen, da sie zum Handeln verleiten könnten.

Für einige dieser Kinder ist es bezeichnend, daß sie beim Zusammensetzen von Puzzlespielen sehr geschickt sind, wobei sie jedoch beharrlich immer nur mit der einfarbigen Seite der Puzzlestücke arbeiten. Die Bilder, die das Auge bestürmen, wenn die Puzzlestücke mit der bunten Seite nach oben zusammengesetzt werden, bedeuten zu viel Abwechslung und eine zu große Versuchung zu handeln, da die Kinder in diesem Fall entdecken könnten, daß sie etwas leisten können. Benutzen sie jedoch nur die einfarbige Seite der Puzzlestücke, können sie sicher gehen, daß jeder Versuch, etwas Neues zu machen, vergeblich wäre.

Ähnlich sind diese Kinder häufig erstaunlich geschickt, wenn es darum geht, Rhythmen wiederzugeben, und oft hören sie stundenlang denselben Rhythmen zu. Solch endlose Wiederholung gefällt ihnen, weil sie zu gewährleisten scheinen, daß nichts sich je verändern wird. Außerdem überdecken solche Rhythmen jeglichen Lärm, der diese Kinder erschrecken und dadurch zum Handeln veranlassen könnte. Jede Unterbrechung, das heißt alles Neue, muß da es ja zum Handeln herausfordert, unter allen Umständen vermieden werden.

Der vage leere Blick dieser Kinder in die Ferne, der auf nichts fixiert ist und kein bestimmtes Objekt zum Ziel hat, erfüllt denselben Zweck, nämlich nichts zu sehen, was sich der unmittelbaren Umgebung abspielt, da solches Geschehen diese Kinder wirklich interessiet und sie daher zu Aktion und Reaktion veranlassen könnte. Sowohl die Außenwelt, die zur Aktion auffordert, als auch die Innenwelt, die reagieren könnte, wird verleugnet. Wenn diese Kinder alle Kommunikation aufgeben, ist die extreme Form des Niedergangs des Selbst, ist die extremste Form des Nichthandelns und des Desinteresses an der Welt erreicht.

Der sehnsüchtige Wunsch des Menschen nach Ordnung

Viele Überlegungen über den Wunsch des autistischen Kindes nach Monotonie und Gleichförmigkeit haben zu der Erkenntnis geführt, daß dieses Verlangen den Zweck hat, Ängste zu lindern. Weniger hervorgehoben wird dagegen die Tatsache, daß dieses Verlangen auch darauf basiert, die Dinge zu ordnen und Regeln aufzustellen, denen jedes Geschehen untergeordnet werden kann.

Auch wir meinen, daß ein wissenschaftliches Gesetz der Vorhersage dient, daß unter denselben Bedingungen dieselben Ereignisse stattfinden. In dem beharrlichen Wunsch des autistischen Kindes nach Gleichförmigkeit spiegelt sich die mühselige Suche nach einem Gesetz, durch das sein Leben Ordnung und Dauer erfahren könnte. Wenn dem Forschen nach Naturgesetzen ein Zweck zugrunde liegt, so ist dieser Zweck in der Vorhersage von Ereignissen und in der Beherrschung der Natur zu suchen, immer mit dem Ziel, unser Leben sicherer zu machen. Auch die gesellschaftlichen Spielregeln erfüllen nur den Zweck, unsere Existenz in der Gemeinschaft zu sichern. Alle unsere Gesetze haben mit den Spielregeln, die sich das autistische Kind schafft, diesen innersten Zweck gemeinsam. Das autistische Kind ist fest überzeugt, daß die Regeln, nach denen es lebt, zu seiner Sicherheit unerläßlich sind. Es muß diese Regeln befolgen, da sein Leben sonst zerbröckeln würde, genauso wie die Gesellschaft zerfallen würde, wenn niemand die Gesetze seines Landes achten würde. Das autistische Kind muß, um solche Zerstörung zu verhindern, Spielzeuge in ewig dieselbe Anordnung bringen, Sätze stets auf genau dieselbe Weise wiederholen. Was seine Spielregeln von den unsrigen unterscheidet, ist, daß sie universal sind und Anpassung nicht kennen. Ein und dieselbe Spielregel beherrscht alles und jedes.

Erikson (1959) beschreibt eine Störung, die bei Jugendlichen auftritt und die er als »Zeitdiffusion« bezeichnet. Vorbedingung für eine derartige »Diffusion« ist eine Fehlentwicklung im Rahmen der allerersten Lebenskrisen,

> ... weil die Wahrnehmung von Zeitzyklen und Zeitqualitäten der ersten Erfahrung von wachsender Bedürfnisspannung, Befriedigungsaufschub und schließlicher Vereinigung mit dem bedürfnisstillenden ›Objekt‹ entspringt. Unsere am bedenklichsten regredierten jungen Patienten zeigen deutlich eine allgemeine Haltung, die so etwas wie ein Mißtrauen gegen die Zeit an sich darstellt; jeder Aufschub erscheint als ein Betrug, jedes Wartenmüssen als ein Ohnmachtserlebnis, jede Hoffnung als eine Gefahr, jeder Plan als eine Katastrophe, jeder potentielle Versorger als ein Verräter. Deshalb muß die Zeit zum Stillstand gebracht werden, notfalls mit dem magischen Mittel katatoner Unbeweglichkeit – oder durch den Tod.

Wenn in den frühen Lebenstagen die Spannung zunimmt und nicht durch eine »endgültige Vereinigung mit dem befriedigenden Objekt« (oder, so möchte ich es ausdrücken, durch eine Befriedigung auf wechselseitiger Basis) abgebaut wird, kommt es zu einer ohnmächtigen Wut, in deren Verlauf »Antizipation und damit Zukunft ausradiert werden«.

Diese Beschreibung der Verfassung des Ich, das einen Erwartungszustand nicht ertragen kann, trifft auf das autistische Kind noch stärker zu als auf den Jugendlichen. Sicherlich bestehen alle autistischen Kinder darauf, daß die Zeit stillstehen muß. Das war der Grund, wieso Joey nicht dulden konnte, daß wir von Kindern oder Erwachsenen, von älteren oder jüngeren Leuten sprachen, denn solche Begriffe beinhalteten Bewegung in der Zeit. Die einzige Ordnung, die er billigte, war die Kategorie der Größe – er bevölkerte seine Welt nicht mit Erwachsenen und Kinder, sondern nur mit großen und kleinen Menschen. Die Zeit ist die Zerstörerin der Gleichförmigkeit. Soll diese Gleichförmigkeit erhalten bleiben, muß die Zeit stillstehen. Daher ist die Welt des autistischen Kindes nur räumliche Welt. Hier existieren weder Zeit noch Kausalität, da Kausalität eine Zeitsequenz erfordert, in der Ereignisse aufeinander zu folgen haben.[3]

Auch beinhaltet Kausalität, daß ein Ereignis ein anderes verursacht, wobei zwischen beiden eine Beziehung besteht. Das autistische Kind aber hat Angst vor Beziehungen, weil es sie für zerstörerisch hält. In der Welt des autistischen Kindes wird die Abfolge der Ereignisse nicht durch die uns vertraute Kausalität bestimmt. Doch da ein Ereignis dem anderen folgt, muß es ein zeitloses kosmisches Gesetz geben, das diese Folge bestimmt. Dieses Gesetz aber muß ein ewiges Gesetz sein. Dinge geschehen, weil sie geschehen müssen, nicht weil sie verursacht werden.

Zeit beinhaltet auch Hoffnung. Wenn Dinge anders sein können, können sie auch besser sein. Doch erzeugt die allzu häufig enttäuschte Hoffnung zunächst unbeherrschte Wut, um schließlich einer totalen Lähmung Platz zu machen. Deshalb muß alle Enttäuschung vermieden werden.

Ohne Zeit gibt es keine Hoffnung, aber auch keine Enttäuschung, gibt es nicht die Angst, die Lage könnte sich noch verschlimmern. Daher die ewige Wiederholung in Gleichförmigkeit, die alle Hoffnung darauf, daß sich die Dinge ändern könnten, aber auch jegliche Enttäuschung ausschaltet. Auch die geringfügigste Veränderung kann Hoffnungen wecken oder die Lage verschlimmern, weshalb sie unbedingt vermieden werden muß. Daher kommen der Autismus und besagtes kosmisches Gesetz. Dieses Gesetz verfügt ein für alle Mal und auf absolute Art und Weise die Ordnung der Dinge. Vernünftige Gesetze können auf vernünftige Weise verändert werden und damit Anlaß zur Hoffnung geben. Für das autistische Kind aber muß es ein »unvernünftiges« Gesetz geben, das sich niemals ändert. Dieses Gesetz aber muß im wesentlichen lauten: »Du darfst nie hoffen, daß sich etwas ändern kann.«

Nicht alle autistischen Kinder sind wie Laurie und Marcia, die ihre Umgebung ewig einförmig und monoton haben wollten. Es gibt andere Kinder, die, so repetitiv ihr Verhalten und ihre Handlungen auch sein mögen, wie Joey sind: anstelle des autistischen Wunsches

[3] Manche autistische Kinder sprechen zwar von vergangenen Ereignissen, doch ist das insofern irreführend, als für sie solche Ereignisse immer noch Gegenwart sind. Ein autistischer Junge erzählte immer wieder von einer Fahrt, die er mit seiner Mutter durch einen Tunnel gemacht hatte; doch obwohl diese Fahrt unserer Zeitrechnung nach Jahre zurücklag, war sie für ihn immer noch Gegenwart. So kam es, daß er zwar erzählte: »Ich fuhr durch den Tunnel«, wobei er jedoch in seinem gegenwärtigen Erfahrungsbereich immer noch durch ihn hindurchfuhr.

nach Gleichförmigkeit suchen sie nach einem anderen Ordnungsprinzip, das freilich genauso unveränderlich und dauerhaft sein muß. Joey wählte das absolute Gesetz, das die Maschine verkörpert.

Jedes autistische Kind entwickelt seine eigene Strategie, wenn es um sein Bedürfnis geht, außerhalb der Kausalität und damit außerhalb der Zeit zu leben. Joeys Lösung bestand darin, daß er die Tatsache, wonach Menschen Maschinen entwickelt haben, um sie zu benutzen, einfach auf den Kopf stellte: in seinen Augen wurden die Menschen durch Maschinen gesteuert. Um in einer Welt leben zu können, in der es keine Zeit geben durfte, vermied er es, irgendwelche Zeitabläufe zu erwähnen. Ein anderer autistischer Junge behauptete steif und fest, daß die Sonne nicht untergehe, sondern am Himmel bleiben müsse. Wenn die Tage länger wurden, bestand er darauf, daß sie kürzer werden mußten und umgekehrt. Anstatt die Zeit abzuschaffen, versuchte er sie zu kontrollieren. Andere autistische Kinder behaupten, das Wetter zu kontrollieren; dahinter verbirgt sich häufig die Überzeugung, daß sie auf diese Weise auch die Zeit kontrollieren.

Wie gelingt es dem Säugling, von einem solchen kosmischen Gesetz aus zu einem Verständnis der wahren Zusammenhänge zwischen Zeit, Raum und Kausalität und damit zur wahren Beschaffenheit sozialer Spielregeln oder Gesetzmäßigkeiten zu gelangen? Piaget hat erhellt, wie sich das Denken des normalen Kindes entwickelt. Was mich hier interessiert, ist die Frage nach den Zusammenhängen zwischen den verschiedenen Stufen der sich entwickelnden Kognition einerseits und den entscheidenden Lebenserfahrungen des Kindes andererseits. Wie beeinflussen die Erfahrungen, die das Kind mit anderen Personen macht, seine Vorstellungen von der richtigen Funktionsweise seines Körpers und dadurch seine Vorstellungen von der natürlichen Ordnung der Dinge?

Autistische Kinder können, was die Funktionsweise ihres Körpers anlangt, keine Ordnung erkennen. Sie sind unfähig, ihre Körperfunktionen auf ihren Körper selbst und auf seine Bedürfnisse zurückzuführen. Diese Funktionen bilden höchstens ein mechanisches System, gehorchen höchstens einer mechanischen Ordnung.

Doch nur dadurch, daß wir unseren Körper den unterschiedlichen Bedingungen des Tages und daß wir unsere Emotionen der sich entfaltenden menschlichen Umwelt anpassen, beginnen wir Kausalität mit unseren tieferen Gefühlen, sozusagen aus dem Bauch heraus, zu verstehen. Jemand tut etwas, und deshalb fühlen wir uns gut oder schlecht. Wenn Bedingungen sich verändern, verändert sich auch unser Wohlbefinden – zunächst das Wohlbefinden des Körpers und später das Wohlbefinden, das wir durch das Zusammensein mit anderen erleben. All diese Dinge bilden unsere erste Erfahrung einer sehr persönlich gefärbten Kausalität. Wir lernen, daß »dieses« durch »jenes« verursacht wird. Diese Erfahrung wird uns sozusagen eingeimpft und aus ihr entwickelt sich ein wesentlich zwingenderer Zusammenhang zwischen Ursache und Wirkung, eine Kausalität, die wir nicht mehr bloß »fühlen«, sondern auch verstehen und in unserem Leben praktisch verwerten können.

ZWEITER TEIL

Drei Krankengeschichten

Eine Anmerkung zur leidenschaftlichen Indifferenz

> ... denn es war weniger durch Kenntnis der Wörter, daß ich zum Verständnis der Dinge gelangte, als durch meine Erfahrung der Dinge, die mich befähigte, die Bedeutung der Wörter zu begreifen.
>
> *Plutarch*

Aus der Literatur (Kanner, 1943, 1944) erfahren wir, daß autistische Kinder nicht mit Personen, aber manchmal mit Objekten kommunizieren. Dieses Buch geht von der Überzeugung aus, daß diese Kinder auch mit Personen kommunizieren, allerdings nicht mehr auf positive Weise, falls das überhaupt je der Fall gewesen sein sollte. Sicher eignet autistischen Kindern eine sonderbare Art der Kommunikation, aber zu behaupten, sie kommunizierten überhaupt nicht, hieße, ein sehr dürftiges Konzept von der menschlichen Kommunikationsfähigkeit oder zumindest eine vor-freudsche Vorstellung von der Natur menschlicher Emotionen entwickeln.

Wenn wir unter Kommunikation allerdings nur positive Kontakte verstehen, können wir mit einem gewissen Recht sagen, daß autistische Kinder nicht kommunizieren. Doch ist es seit Freud schwierig geworden, Emotionen, das heißt, die meisten unserer Gefühle, die wir im Hinblick auf andere hegen, anders zu beurteilen als ambivalent.

Jede menschliche Beziehung beinhaltet zu jedem Zeitpunkt eine gewisse Mischung aus Zuneigung und Vermeidung. Die verschiedenen Mischungsgrade könnte man anhand eines Kontinuums darstellen, das von der stärksten Zuneigung bis zur heftigsten Abneigung reichen müsste. Letztere kann zuweilen den Eindruck einer totalen Vermeidung machen. Doch sogar der äußerste Haß noch läßt eine innere Einstellung vermuten, der der Wunsch zugrunde liegt, etwas in bezug auf die Ursache dieses Hasses zu unternehmen, ein Wunsch, der nicht dasselbe ist wie Vermeidung.

Der Abschnitt dieses Kontinuums, in dem der heftige Haß anzusiedeln wäre, könnte noch so extrem außen liegen, es gäbe immer noch einen Abschnitt, der noch extremer wäre als dieser von keiner Liebe gelinderte Haß. (Und unter fast allem Haß verbirgt sich Liebe, da wir ja nur dann hassen, wenn uns etwas betrifft, denn sonst verhielten wir uns gleichgültig.) Die Art und Weise, wie das autistische Kind Beziehungen zu anderen total vermeidet, ist gekennzeichnet durch ein Nichtvorhandensein sichtbaren Hasses. Auch läßt sich aus solch offenem Verhalten ein derartiger Haß nicht ableiten, da dieses Verhalten nur eines sichtbar macht: die tiefe Enttäuschung des autistischen Kindes in bezug auf seine Mitmenschen. Das autistische Kind hat jede Hoffnung aufgegeben, durch sein Handeln seinen tiefsten Wunsch befriedigen zu können: den Wunsch, von den Menschen zu empfangen. Im autistischen Fall ist die Verdrängung des Verlangens nach Kommunikation vollständiger als in jeder offeneren oder aktiveren Äußerung von Haßgefühlen. Diese Verdrängung reicht so tief, daß das Kind die entsprechende Bewußtwerdung unter allen Umständen durch einen vollständigen Kommunikationsverzicht verhindern muß – doch eine Haltung der Gleichgültigkeit ist das ganz gewiß nicht.

Wieso bin ich meiner Sache so sicher, wenn ich im Gegensatz zu anderen Autoren, die von der nichtvorhandenen Kommunikation ausgehen, behaupte, daß das autistische Kind durchaus die Bezugssysteme der Liebe und des Hasses kennt? Der Grund dafür ist darin zu suchen, daß wir in jedem Fall, in dem wir tiefer gedrungen sind, auf äußersten und explosiven Haß gestoßen sind. Hinter diesem Haß aber verbarg sich stets das ständig enttäuschte Verlangen, das freilich nicht aufgegeben wurde – ein Verlangen, das nun eingekapselt war in die Verdrängung, mit dem Ziel, seine Bewußtwerdung und den damit verbundenen unerträglichen Schmerz zu verhindern.

Auch andere Autoren haben erkannt, daß sich hinter der Beziehung des autistischen Kindes zu Objekten (die übrigens unverändert bleiben müssen) der Wunsch nach einer unwandelbaren Beziehung zu einer Person verbirgt. Rochlin (1953) hat darauf hingewiesen, daß dieser Wunsch nach Gleichförmigkeit das autistische Kind selbst und seine ganze Innenwelt einschließt. Es geht hier um die endgültige Feststellung, daß jeder weitere Verlust untragbar ist, denn das autistische Kind ist in einer Weise entleert, daß jeder zusätzliche Verlust den Tod bedeuten würde.

Tatsächlich ist es so, daß das autistische Kind zunächst einmal blinden Haß und besinnungslose Wut freisetzt, wenn es zu der Überzeugung gelangt, daß Veränderung möglich ist und wenn seine

Gefühle aufzutauen beginnen. Man darf vermuten, daß es diese Gefühle gegen das einzige verfügbare Objekt richtet – gegen das Selbst, das zum Opfer seiner Selbstmordversuche wird. So ist also Autismus eine noch extremere Position als der Selbstmord, und die Selbstmordneigungen sind der erste Schritt zu einer neuen Aktivierung.

Wenn dem so ist, dürfen wir den infantilen Autismus tatsächlich als eine Position betrachten, die im äußersten negativen Abschnitt jenes Kontinuums anzusiedeln ist, dort, wo der Kampf ums Überleben am stärksten entbrennen kann. Der Selbstmord nur scheint eine extremere Position zu sein, doch ist das nicht der Fall. Denn der Selbstmord setzt ein zielgerichtetes Handeln voraus, zu dem das autistische Kind noch weniger imstande zu sein scheint als die Person mit Suizidneigung. Man könnte den infantilen Autismus als einen Zustand der Verzweiflung betrachten, in dem es dem Betroffenen sogar an der Kraft, allem ein Ende zu machen, fehlt, oder in dem alles Tun nur deshalb vermieden wird, um einem passiven Sterben, zum Beispiel dem Tod durch Marasmus, vorzubeugen.

Ich habe bereits erwähnt, daß das frühe Säuglingsalter häufig als ein Stadium dargestellt wird, in dem das Kind seine vollkommene positive Zuneigung zur Mutter erlebt. Ich bezweifle, ob der Mensch zu solch makelloser Liebe fähig ist, denn ich akzeptiere Freuds Standpunkt, der besagt, daß unsere Gefühle für die anderen ambivalent sind. Doch wahrscheinlich ist es richtig, daß das frühe Säuglingsalter keine zarten emotionalen Schattierungen kennt und daß plötzliche Schwankungen vom einen Extrem ins andere für dieses Alter typisch sind. Nehmen wir dennoch einmal an, daß die Zuneigung des normalen Säuglings für seine Mutter so intensiv und vollkommen ist, daß er dieses Gefühl bei anderen nie wieder erleben wird. Ist es dann nicht vernünftig anzunehmen, daß der Säugling solche Zuneigung genauso heftig meidet wie er sie davor suchte, wenn er in dieser Hinsicht einmal tief enttäuscht worden ist?

Die Extreme, das gilt vor allem für's Säuglingsalter, berühren einander. Wenn dem so ist, kennzeichnet den infantilen Autismus nicht der nichtvorhandene Bezug zu Personen der Umwelt, sondern die Tatsache, daß das Kind alles, was es erlebt, auf eine bestimmte Person oder Personengruppe zurückbezieht. In den vorhergegangenen Kapiteln habe ich versucht, die Beschaffenheit dieser Kategorie von Erfahrungen oder die aus ihr resultierende Lebenseinstellung zu beschreiben. Die nun folgenden drei Kapitel – die drei Krankengeschichten – befassen sich vor allem mit der Kommunikation des autistischen Kindes, weil wir der Ansicht sind, daß es die sehr ungewöhnliche, idiosynkratische Beschaffenheit dieser Kommunikation ist, die unsere Behandlung lenken muß.

Da das autistische Kind unserer Meinung nach alle Kommunikation als zerstörerisch und ausweglos empfindet, besteht unsere Aufgabe darin, ihm zu zeigen, daß es noch andere Kommunikationsformen gibt. Durch eine einzige Beziehung, die den Säugling, bildlich gesprochen, mit aller Gewalt aus seiner Position der Liebe und der Ambivalenz herausgeschleudert hat, ist dieser tief in Gefühle des Hasses verstrickt worden. Unsere Aufgabe ist es, ihm zu helfen, diese Position extremen Hasses und äußerster Hoffnungslosigkeit aufzugeben und zur menschlichen Ambivalenz zurückzukehren, in der normale Beziehungen gedeihen können.

Aus dem eben Gesagten folgt, daß ich auch mit den Leuten nicht übereinstimme, die behaupten, das autistische Kind kommuniziere nicht mit Personen, sondern mit Objekten, denn diese Behauptung impliziert, daß diese Objektbeziehungen positiv sind. Wenn dem so wäre, würde diese Art der Kommunikation eine selbstgewählte positive Zuneigung bedeuten, was dem Kind bald erlauben würde, seine zwanghafte Beziehung zu jener Gruppe an negativen Erfahrungen aufzugeben. Diesen Gedanken versuchte uns Plutarch nahezubringen, und das ist auch der Grund, wieso ich seinen Ausspruch diesen drei Krankengeschichten vorangestellt habe. Wenn wir tatsächlich imstande sind, die Bedeutung der Dinge einzukreisen, so heißt das, daß wir, was diese Dinge betrifft, erfolgreich gehandelt haben. Auf diese Weise entwickeln wir unser Denkvermögen und begreifen wir unser Verhältnis zu den Dingen, anstatt uns diesen hilflos ausgeliefert zu fühlen.

Da sich das autistische Kind in seiner Existenz nicht durch Objekte, sondern durch Personen bedroht fühlt, hat es vor Objekten natürlich weniger Angst, ja es kann sich durch sie sogar zum Handeln verleiten lassen. Trotzdem benutzt es die Objekte nicht so, wie sie benutzt werden sollten. Manche stumme autistische Kinder aber haben, um sich selbst zu schützen, ihr Interesse für die Umwelt so total eingeschränkt, daß ihnen sogar Objekte bereits zu gefährlich sind.

Oder anders ausgedrückt: ich bin überzeugt, daß die Beziehung des autistischen Kindes zu den Personen oder Erfahrungen, durch die es in den Autismus verstrickt wurde, so total ist, daß kein anderer Beziehungsmodus, auch nicht zu Objekten, möglich sein kann. Ich glaube, daß sich sogar sein Umgang mit Objekten innerhalb des einen und einzigen Zusammenhanges abspielt, der seine Existenz unter Ausschluß aller anderen Dinge durchdringt. Während ich also glaube, daß autistische Kinder sowohl mit Personen als auch mit Objekten kommunizieren können, bin ich zugleich überzeugt, daß sie dazu nur auf eine sehr idiosynkratische Weise in der Lage sind.

Das bedeutet nicht, daß das Ich in solchen Kindern nicht existent ist. Ungeachtet der schrecklichen Leere ihrer Beziehungen zu Leuten und Dingen haben intrapersonale Entwicklungen, mögen sie auch noch so abweichend gewesen sein, stattgefunden. Das Selbst ist verkümmert, ist sehr unausgewogen entwickelt und scheint doch auf einer Minimalstufe zu funktionieren, um das Kind vor weiterer Schädigung zu schützen.

Außerdem gibt es immer einige Lebensbereiche, die nicht völlig angstdurchdrungen und einigermaßen konfliktfrei geblieben sind, so daß das Ich wenigstens hier seine Aufgaben bewältigen konnte. Manche dieser Kinder sind zur Sauberkeit erzogen, ziehen sich bis zu einem gewissen Grad selbst an und essen auch alleine, obwohl gewöhnlich von nur sehr wenigen Speisen.

Unter den eben erwähnten Aufgaben gibt es einige, die das autistische Kind zwar in Verbindung mit einer bedrohlichen Umwelt lernen mußte, doch geht das entsprechende Können des Kindes im Verlauf des Rückzugs nicht unbedingt verloren. Leider genügt das nicht, um dem Kind Aufgaben zu erschließen, bei denen sich das Selbst engagieren kann. Was das Kind an Aufgaben durchführt, erinnert an konditionierte Reaktionen. Es reagiert, wenn der konditionierte Reiz vorhanden ist, ganz gleich, ob diese Reaktion für es selbst oder für die umgebende Wirklichkeit sinnvoll ist. Der ursprüngliche konditionierende Einfluß bestand gewöhnlich in der Forderung eines Elternteils, der sich das Kind nicht widersetzte, ebenso wenig wie es sich diese zu eigen machte. Gab der Elternteil diese Forderung auf, begannen die entsprechenden Fertigkeiten langsam zu verschwinden. Ohne in irgendeiner Weise betroffen zu sein oder das Gefühl eines Verlustes zu haben, gibt das Kind auf, was es gelernt hat.

Auch in diesem Fall gilt, daß diese Fertigkeiten für die Kinder keine positive Bedeutung besaßen, da sie nicht um des Behagens und der Bequemlichkeit willen, die sie hätte vermitteln können, gelernt wurden. Wir entdecken, daß wir unfähig gewesen sind, solche Fähigkeiten zu erhalten, indem wir ihren negativen Zweck (Abwehr möglichen Schadens) in einen positiven (das Leben angenehmer gestalten) hätten verwandeln können. So kommt es zum Beispiel dazu, daß Kinder, die sich in unserer Pflege befinden, ihre Sauberkeitserziehung oder ihre Fähigkeit, sich selbst anzukleiden, aufgeben können, weil sich diese Fertigkeiten für sie allzu eng mit der Unterwerfung unter eine Macht verbinden, die sie hassen und fürchten. Erst nach einer Phase der Selbstbeschmutzung und des Nicht-Sich-Selbst-Ankleidens erwerben sie die entsprechende Fertigkeit von neuem, jetzt allerdings im Rahmen einer positiven Beziehung und eines sich entwickelnden Selbst, das auch das Gefühl des eigenen gesteigerten Wohlbefindens erlebt.

Anscheinend kann man eine Lernerfahrung, die keine positive emotionale Konnotation aufweist und als unangenehmer Kompromiß beginnt, nicht einfach dadurch abstützen und untermauern, daß man ihr eine bessere Erfahrung nachfolgen läßt. Die selbstentfremdende Erfahrung muß aus dem Leben des Kindes ganz und gar verschwinden, bevor sie noch einmal als positive Erfahrung erlebt werden kann.

Da diese Kinder aufgehört haben, von irgendeinem Teil der Umwelt Bedürfnisbefriedigung zu erwarten, müssen wir ihnen eine Umwelt mit potentiell positiver Wertigkeit zur Verfügung stellen; das muß geschehen, lange bevor diese Umwelt bei den Kindern irgendein konstruktives Interesse weckt. Erst wenn sie dieser Umwelt genügend lange ausgesetzt gewesen sind, beginnen sie zu ahnen, daß eine andere Umwelt als die, die sie bisher kannten, möglich sein könnte. Erst dann werden sie sich – zumindest zeitweise – der Realität zuwenden und einige ihrer Aspekte positiv werten. Daher schreitet die Behandlung solcher Kinder so schrecklich langsam voran.

Sie mißtrauen lange Zeit der Möglichkeit, daß irgendein Tun oder Lernen einen positiven Zweck haben könnte. Bei jedem Schritt, den sie hin zur Selbständigkeit – und fort vom mechanischen Handeln – tun, müssen sie sich zahllose Male vergewissern, daß sie zu nichts gezwungen werden und daß sie es selbst sind, die essen, defäkieren, reden oder was auch immer tun wollen.

Hier liegt der Grund, warum die ersten positiven Dinge, die sie tun, häufig das Gegenteil dessen sind, was sie glauben, daß wir von ihnen erwarten. Auch ist das der Grund, weshalb sie Fertigkeiten wie die der Sauberkeitserziehung aufgeben. Doch brauchen sie bereits unsere Unterstützung und Ermunterung, wenn es darum geht, sie zum selbständigen Handeln zu bewegen – allerdings nicht zu viel, da sie sich sonst wieder gezwungen fühlen würden. Wir müssen sie also in einem merkwürdigen Prozeß ermutigen, uns zu trotzen, doch müssen sie uns trotzen, weil sie das wollen und nicht, weil wir sie dazu ermuntern. Nur dadurch, daß sie lernen uns die Stirn zu bieten, können sie sicher sein, daß sie nicht nur dienstbares Opfer ihrer Umwelt sind.

Dadurch, daß wird diese Kinder ermutigen, wollen wir sie hauptsächlich davon überzeugen, daß sie in ihrem Kampf um ihr Selbst weder allein noch in Gefahr sind. Dabei müssen wir sogar unsere Freude an ihrer Widersprüchlichkeit – eine Freude, die sich sehr leicht einstellt, weil wir so glücklich sind, wenn sie überhaupt etwas tun – mäßigen, damit sie sich uns nicht in positiver oder negativer Weise verpflichtet fühlen. Erst wenn sie sich dem Widerspruch ausgesetzt und dadurch ihre Selbständigkeit bewiesen haben, können sie positive Schritte unternehmen, um mit ihrer Umwelt in Einklang zu kommen. Aber auch diese Bemühung müssen sie als ihr Eigentum beschützen, indem sie handeln, nicht wenn wir, sondern wenn *sie* es wollen. In dieser Phase laufen sie uns ständig nach, denn nur unsere Geduld kann sie überzeugen, daß sie aus eigenem Willen handeln und nicht von uns dazu gezwungen werden. Diese Phase dauerte übrigens bei Marcia recht lange.

Jede der drei folgenden Krankengeschichten ist eine Beschreibung des Verhaltens der Kinder, eine Darstellung der theoretischen Überlegungen, die unsere Behandlung bestimmten, und der Einsichten, die wir gewannen. In einem der Fälle waren unsere Bemühungen zum Scheitern verurteilt. Ein bemerkenswerter Fortschritt, den wir erzielten, entpuppte sich als ein ziemlicher Mißerfolg. Die Behandlung des letzten Falles dagegen verlief relativ erfolgreich.

Da Kinder wie Laurie und Marcia, noch bevor sie zur Sprache als Kommunikationsmittel gelangen, wichtige Schritte unternehmen, um ihre Abkapselung zu durchbrechen, beschlossen wir, einige dieser Schritte zu filmen, allerdings unter der Voraussetzung, daß ihr augenblickliches Wohlbefinden oder ihre späteren Fortschritte dadurch nicht beeinträchtigt würden. Es ist schwierig, nichtverbales Verhalten in Worte zu fassen, doch auch wenn uns dies gelungen sein sollte, müßte der Leser unseren Beschreibungen und Interpretationen Vertrauen schenken. Filmmaterial dagegen gestattet es dem Betrachter, sich eine eigene Meinung zu bilden. Bisher haben wir solche filmische Aufzeichnungen nur von sehr wenigen zumeist stummen autistischen Kindern angefertigt.

Wir können immer nur mit einer begrenzten Anzahl autistischer Kinder arbeiten, wenn wir ihnen wirklich helfen wollen. So aber kommt es, daß unter den Patienten der *Orthogenetischen Schule* von fünfundvierzig Personen immer nur sechs bis acht wirklich autistische Kinder sind. Wären es mehr, würden sie im wesentlichen nichtresponsive Kinder um sich haben, was sie sicherlich nicht motivieren würde, ihre Abkapselung zu durchbrechen. In der Praxis haben wir die Entdeckung gemacht, daß die Anwesenheit sehr aktiver, ja sogar ausagierender Kinder zuweilen eine positive Wirkung haben kann, natürlich immer vorausgesetzt, daß die autistischen Kinder nicht verletzt werden. So können diese Kinder zum Beispiel beobachten, daß die selbstsichere, ja sogar aggressive Handhabung der Probleme des Lebens weder zu Unglück noch zur Vergeltung führt, sondern ganz im Gegenteil von uns begrüßt wird.

Auch aus anderen Gründen können wir es uns nicht leisten, eine zu große Anzahl autistischer Kinder zu uns zu nehmen. Unsere Mitarbeiter könnten ihre positive Einstellung gegenüber so vielen Kindern nicht aufrechterhalten, da sie in einer solchen Situation im Übermaß der Zurückweisung – ja, schlimmer noch, der völligen Nichtbeachtung – durch diese Kinder ausgesetzt wären. Unsere anderen Kinder sind zwar ziemlich gestört, reagieren jedoch menschlicher auf unsere Bemühungen und machen uns manches leichter. Zugleich aber konfrontieren sie das autistische Kind mit Beziehungs- und Kommunikationsmöglichkeiten, die es für sich selbst nutzen kann, wenn es in der Lage ist, seine völlige Isolierung aufzugeben.

Da die Behandlung von Autismus langsam voranschreitet, war bei Laurie am Ende ihres einen Jahres bei uns nur ein geringer Teil ihres Ich an die Oberfläche gelangt. Trotzdem war die Art, wie Laurie ihre ersten entscheidenden Schritte aus dem Autismus heraus tat, in mancher Hinsicht augenfälliger und aufschlußreicher als bei anderen autistischen Kindern. Daher steht ihre Krankengeschichte in diesem Buch an erster Stelle.

Laurie

Unmittelbar mit Laurie gearbeitet haben verschiedene Mitarbeiter unseres Stabes, hauptsächlich aber Wanda Weiss, Lauries Beraterin, und Hazel Osborn, ihre Lehrerin. Ihnen vor allem waren Lauries Fortschritte bei uns, ihnen vor allem ist das rohe Beobachtungsmaterial, auf dem dieser Bericht basiert, zu verdanken.

Laurie, ein stummes autistisches Mädchen, wurde mit sieben Jahren in die Orthogenetische Schule aufgenommen. Kurz vor ihrer Aufnahme hatte man sie in eine öffentliche Heilanstalt eingeliefert. Als wir Laurie zum ersten Mal sahen, war sie sehr abgemagert, aber ungewöhnlich hübsch und sauber.

Abgesehen von ihrer schweren Anorexie, war sie völlig indifferent, und seit mehr als vier Jahren hatte sie nicht gesprochen.

Hintergrund und Biographie

Lauries Mutter hatte, wie sie selbst erzählte, wenig Glück im Leben gehabt. Mit noch nicht zwanzig Jahren gelang es ihr, ihrem Zuhause, insbesondere einem autoritären und ständig strafenden Vater, zu entrinnen, indem sie einen erheblich älteren Mann heiratete. Das Ehepaar trennte sich bald, und einige Jahre später erfolgte die Scheidung.

Ungefähr um diese Zeit war es gewesen, daß die Mutter einen Zusammenbruch ihrer ganzen Gefühlswelt erlitten hatte, worauf sie sich einige Zeit wegen ihres strapazierten nervlichen Zustands, wie sie es nannte, in Behandlung befand. Danach zog sie aus ihrer Heimatstadt fort.

Bevor sie ihren Mann kennenlernte, hatten beide in ihren Liebesbeziehungen bittere Enttäuschungen erlebt. Sie waren sich ihrer wechselseitigen Schwierigkeiten bewußt und beschlossen, so lange kein Kind zu haben, bis sie das Gefühl hätten, daß ihrer Ehe Dauer beschieden sei. Trotzdem wurde kurz darauf Laurie und einige Jahre später eine weitere Tochter geboren. Bis zu der Zeit, zu der Laurie an die Orthogenetische Schule kam, nahm die Entwicklung ihrer Schwester einen ziemlich normalen Verlauf, obwohl uns dieses Mädchen bei unserer einzigen Begegnung einen angespannten und zwanghaften Eindruck machte. Nach dem, was uns die Mutter erzählte (der Vater war nicht daran interessiert, uns einen Bericht zu geben, er war zu „beschäftigt"), war Lauries Schwangerschaft geplant gewesen, weil die Mutter sich ein Mädchen gewünscht hatte. Der Widerspruch zwischen dieser Äußerung und jener anderen Behauptung, sie hätten zunächst keine Kinder haben wollen, ist einer unter vielen, der die Aussage und das Verhalten der Mutter charakterisierte. Nach der Geburt Lauries ging ihre Mutter wieder zur Arbeit, und als Laurie sechs Wochen alt war, wurde ihre gesamte Pflege einem jungen Kindermädchen anvertraut.

Die Mutter sah keinen Unterschied zwischen ihrem Säugling und anderen normalen Kindern. Laurie summte bald Melodien vor sich hin, ahmte Unterhaltungskünstler, die sie im Fernsehen mitbekommen hatte, nach und sie spielte und badete gern an einem Strand in der Nähe. Die Mutter war von ihrem rundlichen gesunden Säugling sehr angetan, und so hübsch war dieser Säugling, daß er bei einem Säuglings-Schönheitswettbewerb den ersten Preis gewann; das war für die Mutter ein wichtiges Ereignis.

Wie uns erzählt wurde, hatte Laurie mit fünfzehn Monaten zu sprechen begonnen, und sie hatte Wörter gewagt wie »nimmer«, »heiß«, »bye-bye« und »Wasser«. Doch nie hatte sie jemanden beim Namen genannt, nie hatte sie »Mamma« oder »Pappa« gesagt.

Als Laurie zweieinhalb Jahre alt war, kündigte ihr Kindermädchen plötzlich. Es wurde ersetzt durch eine ältere Frau, die blieb, bis Laurie vier war. Diese Frau und alle anderen Menschen, die nach ihr kamen, schienen Laurie kaum etwas zu bedeuten; von dem Zeitpunkt an, als ihr erstes Kindermädchen gegangen war, hatte Laurie begonnen, alles bisher Gelernte aufzugeben.

Schon nach wenigen Tagen bemerkte die Mutter eine starke Veränderung an ihrem Kind. Sie äußerte die gelernten Wörter nicht mehr, und anstatt zu sprechen, gab sie glucksende Laute von sich. Eines Tages äußerte Laurie wiederholt tierähnliche Laute, und ihre Mutter wurde sehr zornig, verabreichte ihr eine Tracht Prügel und befahl ihr, still zu sein. Da hörte Laurie gänzlich auf zu sprechen, und seither hatte sie nie mehr gesprochen.

Bald gab sie auch die Kontrolle ihres Stuhlgangs auf. Einige Zeit später begann sich Laurie immer mehr zurückzuziehen, und diese Entwicklung hatte, als sie sechs war, solche Ausmaße angenommen, daß sie über lange Zeitabschnitte hinweg blind, taub und unfähig schien, sich unabhängig fortzubewegen. Die meiste Zeit saß sie nun so lange bewegungslos auf einem Stuhl, auf dem Boden oder auf der Toilette, bis sie von jemandem woanders hingebracht wurde. Den dürftigen Rest des Tages brachte sie damit zu, daß sie leeren Blicks in Zeitschriften blätterte oder daß sie die Seiten zu winzigen Schnipseln zerriß.

Die einzigen Tätigkeiten, auf die sich Laurie spontan einließ, waren destruktiver Art. Sie riß Knöpfe von ihren Kleidern, zerriß ihre Laken und riß Tapeten von den Wänden. Fiel ihr ein Stoffetzen in die Hände, zerriß sie ihn so lange, bis nur mehr ein Haufen feiner Fasern übrigblieb, der wie ein Wattebausch aussah. Genauso verfuhr sie mit Teppichen oder ihren Bettdecken. Wir erwähnen dieses Verhalten, weil es stark absticht von jenem anderen Verhalten, bei dem Laurie einige Monate später auf eine genauso raffinierte wie komplizierte Weise Papier zerriß.

Sprach man mit ihr, so wandte Laurie das Gesicht ab. Ärgerte sie sich oder schalt man sie, starrte sie entweder auf ihre Hand oder ins Leere. Und mit der Zeit zog sie sich immer mehr zurück.

Als Laurie vier Jahre alt war, überredete ihr Kinderarzt die Mutter, das Mädchen von einem kompetenten Team, bestehend aus einem Psychiater und einem Psychologen, untersuchen zu lassen. Anläßlich der ersten Untersuchung wurde Laurie als ein hübsches Kind mit langem, blondem Haar beschrieben, das still dasaß und auf die Fragen, die man ihm stellte, eine Antwort gab. Als die untersuchende Person die Arme nach ihr ausstreckte, kam sie sogleich zu ihr – ebenfalls mit ausgestreckten Armen, doch ohne einen Gesichtsausdruck, der irgendwelche Freude verraten hätte. Sie ließ sich vom Arzt ins Behandlungszimmer tragen, ohne wegen der Trennung von ihrer Mutter beunruhigt zu wirken, und im Verlauf der Stunde, die sie mit dem Arzt zubrachte, ließ sie keine Anzeichen von Trennungsangst erkennen.

Laurie verhielt sich dem Arzt gegenüber sanft und umgänglich; sie behandelte ihn wie ein Objekt. Manchmal lächelte sie etwas gezwungen, aber nicht als Reaktion auf irgendwelche offenkundige Reize. Sie begann auf eine perfektionistische Weise Klötzchen zusammenzubauen. Auf jeden Versuch des Arztes, die von ihr errichteten Formen zu verändern, reagierte sie mit Bestürzung. Mit Farbstiften zeichnete sie zumeist Vierecke, denen sie ein Gekritzel oder »Fenster« hinzufügte. Gab ihr der Arzt ein halbfertiges Viereck, zeichnete sie es hastig fertig, so als könne sie offene oder unvollständige Formen nicht ertragen. Sie sprach kein einziges Wort und ebenso wenig reagierte sie auf irgendwelche verbale Bitten. Zuweilen lachte sie sonderbar, und ab und zu waren Anzeichen einer tiefsitzenden Beunruhigung zu bemerken. Als sie zur Mutter zurückkehrte, vermittelte sie einen völlig gleichgültigen Eindruck.

Alle medizinischen und neurologischen Untersuchungen einschließlich eines EEG fielen negativ aus. Die Diagnose lautete auf infantilen Autismus. Die Eltern wurden warnend darauf hingewiesen, daß nur ein Klinikaufenthalt, verbunden mit einer psychiatrischen Behandlung, die Chance auf Erfolg biete, und man riet ihnen, sich bei der Orthogenetischen Schule oder einer ähnlichen, nicht ganz so weit von zu Hause entfernten Institution nach einer Behandlungsmöglichkeit umzusehen. Das aber unterließen sie, denn »ungefähr um diese Zeit«, so erzählte die Mutter, »hatte ich von einer Schule für Sprachstörungen gehört. Zwei Jahre lang war ich mit Laurie jede Woche dreimal dort.« Doch dann gaben sich die Eltern geschlagen und kapitulierten. Um diese Zeit war Laurie ungefähr sechs.

In der ersten Zeit, als Laurie zu sprechen aufgehört hatte, schrie sie zunächst laut, dann weinte sie immer leiser. Aber sogar dieses Weinen hörte auf, als sie fünf war. Um diese Zeit hatte sie auch aufgehört selbst zu essen, und ihr Zustand war stark anorektisch geworden. Sie mußte ernährt und an- und ausgezogen werden.

Laurie hatte hin und wieder ferngesehen. Die Cartoons hatten ihr besonders gut gefallen. In den letzten beiden Jahren wandte sie bewußt den Kopf ab, wenn man sie vor den Fernseher setzte. Und wenn die Mutter sie aufforderte, doch hinzuschauen, wandte sie den Kopf noch weiter ab und ließ Anzeichen von Ärger und Kummer erkennen.

Früher hatte sie gern mit Bleistift und Papier gespielt und Zeichnungen von Puppen, Autos und Bällen abgemalt. Auch diese Betätigung fand im fünften Lebensjahr ihr Ende, und danach wehrte und wand sie sich voller Ablehnung in ihrem Stuhl, wenn die Mutter ihr einen Bleistift, einen Buntstift oder ein Blatt Papier zeigte. (Dieser Punkt sei hier im Zusammenhang mit der Entwicklung erwähnt, die ihr Buntstiftzeichnen bei uns machte.)

Sogar als Laurie anorektisch geworden war, hatte sie an heißen Tagen Coca Cola gemocht. Doch als sie sechs war, lehnte sie alle Getränke, auch Coca Cola, ab. Einmal, als sie innerlich stark ausgetrocknet war, wollte die Mutter ihre Beständigkeit oder ihren Widerstand auf die Probe stellen und so ließ sie dort, wo Laurie saß, ein Glas Coca Cola stehen. Es war ein sehr heißer Nachmittag, und Lauries Augen leuchteten kurz auf. Die Mutter entfernte sich und war überzeugt, Laurie werde das Glas nehmen und austrinken. Aber über eine Stunde lang stand es unberührt dort. Als die Mutter zurückkehrte, das Glas nahm und die Flüssigkeit Laurie in den Mund schüttete, schluckte Laurie das Ganze in einem Zug, ohne ein Geräusch zu machen oder eine Regung zu zeigen.

Obwohl ihr Vater ein vielbeschäftigter Mann und selten daheim war, hatte Laurie das Gefühl, daß beide Elternteile keine Liebe für sie empfanden und sie sah in ihnen »nur zwei Leute, die herumhockten«. Sie sah sie als Objekte, deren Nutzen darin bestand, »daß sie ihr halfen, daß sie sie an- und auszogen, mit dem Löffel fütterten oder ihr Milchglas für sie hielten«. Sie fühlten sich tief gekränkt und konnten es ihr nicht verzeihen, daß sie kein einziges Mal »Mamma« oder »Pappa« zu ihnen gesagt hatte, auch damals nicht, als sie noch sprach.

Nach der Geburt einer kleinen Schwester verschlimmerte sich das Verhalten der nun Sechsjährigen erheblich. Kein sonderbares Lachen mehr, kein Laut mehr, kein zerstörerisches Verhalten mehr. Sie verbrachte den Tag bewegungslos auf einem Stuhl oder wo immer man sie hingesetzt hatte. Sie aß zwar noch, wenn man sie mit dem Löffel fütterte, allerdings nur sehr wenig und nur bestimmte Speisen. Wenn ihre Mutter Druck auf sie auszuüben versuchte, indem sie sie hungrig und durstig werden ließ, gab Laurie kein Zeichen von sich; sie saß da und blickte auf ihren Teller, Mahlzeit um Mahlzeit, ohne etwas anzurühren. Und ihre Hände benutzte sie immer weniger.

Als die Mutter Laurie von eben jenem Team noch einmal untersuchen ließ, fand man sie noch zurückgezogener; sie lebte nun noch stärker in einer Welt, die einzig und allein ihr gehörte. Die Grimassen, das Lächeln, das Winken mit den Händen, all diese Äußerungen, die man bei der ersten Untersuchung festgestellt hatte und die den Eindruck erweckt hatten, als reagiere Laurie auf halluzinatorische innere Reize – all diese Dinge waren nun verschwunden. Geblieben war nur eine Leere. Laurie weigerte sich zu malen, ja auch nur einen Stift zur Hand zu nehmen. Ihr autistischer Rückzug war noch alarmierender geworden, doch die Ratschläge, die da erteilt wurden, blieben dieselben. Bei dieser zweiten Untersuchung schien sich die Mutter, obwohl sie einen selbstbeherrschten, ja übertrieben selbstbeherrschten Eindruck machte, gegen eine weitere Niederlage dadurch schützen zu wollen, daß sie gegenüber Laurie eine feindselige Haltung an den Tag legte.

Nach dieser zweiten Untersuchung korrespondierte die Mutter mit uns wegen Lauries Aufnahme in die Orthogenetische Schule. In dieser Zeit verschlimmerte sich Lauries Verhalten, und obwohl man sie mittlerweile in eine staatliche Nervenklinik gegeben hatte, fürchtete man wegen ihres anorektischen Gewichtsverlustes um ihr Leben.

Bei der Einlieferung in diese Klinik hatte die Mutter zwei Hauptanliegen. Erstens sollte Lauries langes Haar nicht geschnitten werden, weil die Mutter es »einfach wundervoll fand«, und zweitens sollte Laurie mit Elektroschocks behandelt werden.

Als uns die Mutter darüber informierte, erklärten wir ihr, wir könnten Laurie nicht zu uns nehmen, wenn sie einer Elektroschockbehandlung unterzogen würde, und die von uns gestellten Bedingungen wurden befolgt. So war es möglich, daß wir Laurie nach einem kurzen Aufenthalt in jener Klinik zu uns nehmen konnten. Das taten wir jedoch erst, als wir von der Mutter die schriftliche und vom Vater die mündliche Zusicherung erhalten hatten, daß sie Laurie so lange bei uns lassen wollten, bis sie entweder wiederhergestellt sein würde, oder bis wir die Hoffnungslosigkeit ihres Falles einsehen müßten. Als die Mutter uns Laurie anvertraute, verlangte sie noch einmal, daß ihr Haar nicht geschnitten werden dürfe. Das versprachen wir, und wir hielten uns daran.

Lauries Mutter machte uns den Eindruck einer narzißtischen Persönlichkeit, die darum zu kämpfen schien, den Bezug zur Wirklichkeit nicht zu verlieren. Sie schien sich von der Welt in einem hohen Maße zurückgezogen zu haben. Auch der Vater hatte sein Interesse an Laurie offenbar großenteils schon sehr früh verloren, denn er war überzeugt, daß seine Tochter vor oder bei der Geburt eine nicht wiedergutzumachende Schädigung davongetragen hatte. Er hielt sie für einen hoffnungslosen unheilbaren Fall, für einen Schicksalsschlag, den er als eine persönliche Bürde hinnahm – trotz der gegenteiligen Beurteilung verschiedener Ärzte und Psychiater seiner Wahl (oder zumindest der Wahl seiner Frau). Das erklärt auch, warum er nicht teilhatte an den verschiedenen Bemühungen, für Laurie eine Diagnose, Behandlung, ja nur Behandlungsmöglichkeit zu finden.

(In Verbindung mit dieser Haltung sollte erwähnt werden, daß die Befunde der psychiatrischen wie psychologischen Untersuchungen, die durchgeführt wurden, bevor Laurie zu uns kam, eindeutig belegten, daß Laurie weder schwachsinnig noch hirngeschädigt war, sondern an infantilem Autismus litt. Diese Diagnose wurde durch eine gründliche Untersuchung an der Universität von Chicago bestätigt, an der die pädiatrischen, neurologischen und psychiatrischen Abteilungen beteiligt waren. Im Verlauf des einen Jahres, das Laurie bei uns verbrachte, wurde sie fast täglich von der Psychiaterin unseres Stabes beobachtet, die selbst ein Mitglied der Universitätsfakultät für Kinderpsychiatrie war. Diese Psychiaterin hatte in früheren Jahren an der Mayo-Klinik in bezug auf die differentielle Diagnose von organischen und funktionellen Kindheitsstörungen mannigfache Erfahrungen gesammelt. Außerdem wurde Laurie fast täglich von den verschiedenen Psychologen des Stabes und von mir selbst beobachtet. Zugleich wurde sie einmal in der Woche von den beiden beratenden Psychiatern der Orthogenetischen Schule [beide waren Kinderpsychologen] beobachtet. Und alle diese Leute pflichteten der ursprünglichen Diagnose bei.)

Aufflackern des Willens

Was uns an Laurie anfangs beeindruckte, war, daß sie nicht gar so verschlossen, narzißtisch und innerlich leer zu sein schien, wie manche anderen autistischen Kinder, die wir kannten. Im Gegenteil, hinter dem hübschen, kraftlosen Püppchen und hinter seiner völligen Lethargie spürten wir klarer als bei anderen stummen, autistischen Kindern eine Einsamkeit und Verzweiflung, die sie allerdings nicht sichtbar äußerte. Einigen von uns vermittelte sie das Gefühl, als lebte tief in ihr eine sehr alte Frau, die zugleich todmüde und auf eine unerträgliche Weise verschreckt war. Laurie erschütterte mich – stärker als alle anderen autistischen Kinder, die ich erlebt habe – dadurch, daß sie so stark jenen »Muselmännern« (s. S. 85 ff.) ähnelte, bei denen man zweimal hinsehen mußte, um sicher zu sein, daß noch Leben in ihnen war. Lauries Abmagerung und schlaffe Trägheit ließen diesen Vergleich nur noch treffender erscheinen.

Während der ersten Tage, die sie bei uns verbrachte, bleib sie stark dehydriert oder ausgetrocknet: obwohl sie sich häufig übergab, aß und trank sie fast nichts. Tatsächlich gab sie immer nur dann Lebenszeichen von sich, wenn ihr übel wurde und wenn sie sich übergab. Alles, wozu sie fähig schien, war offenbar, zu würgen und zu erbrechen. Doch sogar wenn sie ihrem Erbrochenen passiv gestattete, ihr Gesicht, ihr Haar und ihre Kleider zu besudeln, lag sie ohne Bewegung und ohne irgendeine andere Reaktion da.

Monatelang blieben Lauries Zähne und die ausgetrockneten Lippen immer leicht geöffnet. Sie aß nur solche Nahrung, die sie nicht zu kauen brauchte, sondern sofort schlucken konnte: weiche Lebensmittel also und hin und wieder eine Rosine oder etwas Gebäck oder andere Süßigkeiten. Bei dieser Nahrung brauchte sie den Mund nicht zu schließen, um zu kauen. Hatte sie ein Stückchen abgebissen, trennten sich sofort wieder Lippen und Zähne, so daß ihr Mund halb offen stand wie zuvor.

Zunächst glaubten wir, dieses Mundverhalten sei auf die Austrocknung zurückzuführen, doch änderte es sich auch dann nicht, als Laurie genügend trank. Wir versuchten, damit sie sich wohler fühle, ihre Lippen zu benetzen und mit Öl einzureiben. Ihre Beraterin rieb zart ihre Lippen, dann steckte sie behutsam ihren Finger in Lauries Mund, wo sie ihn auf die Zunge legte. (Lauries Hauptberaterin, eine junge Frau in den Zwanzigern, war eine ausgebildete Krankenschwester, die jedoch lieber als psychiatrische Kinderpflegerin arbeitete). Zunächst reagierte Laurie kaum, doch schien sie später Gefallen daran zu finden, so daß sie den Finger einen Augenblick lang mit ihrer Zunge berührte, ja vielleicht sogar leckte. Dann schien sie dieselbe Erfahrung wiederholt haben zu wollen. Aber auch jetzt schloß sie den Mund nicht. So sehr sie den Finger der Beraterin in ihrem Mund zu mögen und so sehr sie diese Berührung ihrer Zunge zu genießen schien, in den ersten vier Monaten schloß sie ihre Lippen kein einziges Mal um diesen Finger, genauso wenig wie sie an ihm saugte.

Die Art und Weise, wie sie, was immer auch geschehen mochte, den Mund offenhielt, und die Art und Weise, wie sie auf unser Vorgehen reagierte, erweckte den Eindruck, als sei ihr Mund ein nicht reagierender Teil ihrer selbst oder zumindest ein Teil, der mit anderen Teilen ihres Körpers kaum etwas zu tun hatte. Auch ihre Zunge schien mit dem übrigen Teil ihrer Person, ja sogar mit dem restlichen Mund nichts zu tun zu haben.

Freilich war ihr Mund nicht der einzige Körperteil, der vom restlichen Körper abgetrennt zu sein schien. Ja, schon die Tatsache, daß wir hier vom »restlichen Körper« sprechen, vermittelt einen falschen Eindruck. Denn Laurie besaß keinen vollständigen Körper, sondern nur eine Summe von einzelnen Teilen, die nichts miteinander zu verbinden schien, die nicht zusammenzugehören schienen.

Zogen wir sie an oder aus oder berührten wir sie, fühlte sie sich nicht bloß schlaff an, sondern so, als seien ihre Hände, Arme und Beine von ihrer Person und ihrem Bewußtsein abgetrennt. Jeder Teil ihres Körpers schien ein Objekt zu sein, abgetrennt von allen anderen Teilen, und auch diese Teile schien nichts miteinander zu verbinden, da sie nicht als eine Einheit funktionierten. Wenn wir ihre Hände wuschen oder wenn sie ihre Hand in der unsrigen liegen ließ – zu Beginn ihres Aufenthalts bei uns legte sie ihre Hand nicht von allein in die unsrige –, fühlte sie sich gespenstisch an, so als seien ihre Gliedmaßen nicht aus Fleisch und Blut.[1]

Auch vermittelte sie uns den Eindruck, als nehme sie uns nicht als ganze Personen wahr, sondern immer nur als den Teil von uns, sei es nun eine Hand, eine Schulter, einen Arm, der sich mit ihr im Augenblick befaßte.

Sogar viel später noch, als wir Dinge taten, die sie wünschte, zum Beispiel ein Stück Schnur zerschneiden, reagierte sie nur auf unsere Hand; zuweilen schöpfte sie in bezug auf unsere restliche Person Verdacht oder es ergriff sie ein Ärger, doch unserer ganzen Person bewußt wurde sie sich nicht, ganz zu schweigen davon, daß sie uns ins Gesicht geblickt hätte. Wir waren in diesem Augenblick für sie nichts als eine abgetrennte, verbindungslose Hand, die eine Schnur zerschnitt.

Obwohl Laurie, als sie zu uns kam, völlig anorektisch war, begann sie am zweiten Tag, wenn wir sie mit der Hand fütterten, ein bißchen zu essen und zu trinken. Wir haben nie versucht, sie mit dem Löffel

[1] Als ich sie zum erstenmal in ihrem Elternhaus sah – sie war aus der staatlichen Klinik zu Besuch gekommen, damit ich sie kennenlernen und entscheiden sollte, ob wir glaubten, ihr helfen zu können –, hatte sie ihre Hand in die meine gelegt. Doch geschah das, nachdem ich ihr ein wichtiges Angebot gemacht hatte. Davor war ich sehr lange Zeit bei ihr gesessen, zuerst ganz ruhig, während ich später versuchte, es ihr körperlich wie emotional bequemer zu machen, indem ich zum Beispiel die Fliegen verjagte, die sich an diesem heißen Tag auf ihrem Körper niedergelassen hatten, wo sie über ihr Gesicht, ja über ihre Augen krabbelten, ohne daß Laurie im geringsten reagiert hätte.

Dann begann ich liebevoll mit ihr zu sprechen, und ich lud sie ein, mit uns zu leben, weit fort von zu Hause, und sagte ihr, wie sehr ich wünschte, daß sie das täte und daß wir ihr helfen würden, ein besseres Leben für sich selbst zu führen. Nachdem diese Gedanken in sie eingesickert waren – das zumindest hoffte ich –, schlug ich vor, einen kleinen Spaziergang zu machen, heraus aus der sengenden Sonne in eine schattige Gegend, und ich streckte meine Hand aus und lud sie ein, mit mir zu kommen. Nach einer beträchtlichen Zeit legte sie in meine wartende Hand die ihre und sie stand auf und ging neben mir her.

Dieses Handeln war vermutlich darauf zurückzuführen, daß ich ihr angeboten hatte, sie fort von hier an einen anderen Ort zu bringen, was die minimalen Energien, die ihr zur Fortbewegung ihres Körpers zur Verfügung standen, auf ungewöhnliche Weise zu aktivieren schien. Als sie bei uns in der Schule war, konnten wir ihr keine so unvermutet neuen Aussichten anbieten und so legte sie – zumindest in den ersten paar Monaten, die sie bei uns verbrachte – ihre Hand auch nicht mehr in die unsrige. Später tat sie das aus freien Stücken und sie tat es häufig, zum Beispiel dann, wenn sie mit uns von einem Ort zum anderen ging.

zu füttern. Es schien uns das eine allzu mechanische und distanzierte Prozedur zu sein, um unser Ziel, Laurie als eine Person zu neuem Leben zu erwecken, in die Praxis umzusetzen. Doch schon bald liebte sie es, wenn wir ihr mit den Fingern Rosinen und Gebäckstückchen in den Mund steckten.

Am fünften Abend, den Laurie bei uns verbrachte, saß ihre Beraterin bei ihr am Bett, redete liebevoll mit ihr und steckte ihr eine Rosine nach der anderen in den Mund. Als einige Rosinen auf die Bettdecke fielen, sammelte Laurie manche davon auf und steckte sie sich selbst in den Mund. Es war das erste Mal seit mehreren Jahren, daß sie sich etwas in den Mund steckte. Und als sie das tat, gab sie einen kurzen lachenden Laut von sich, den ersten Laut seit ebenso vielen Jahren. Dann bestand einen Monat lang ihr Lieblingsspiel darin, daß sie, während sie bequem ruhte, Rosinen auf ihre Bettdecke verstreut bekam, die sie dann auflas und aß. Dieses Spiel spielten wir jeden Abend stundenlang mit ihr.

Nach zwei Wochen spielte Laurie hin und wieder, aber immer nur einige Augenblicke lang, so, wie eine Eineinhalbjährige gespielt haben würde. Eine Woche später gab sie der Person, die sich am intensivsten mit ihr beschäftigte, einen Klaps. Laurie legte, vielleicht weil auf diese schwache Aggression keine Reaktion erfolgte, ihre Arme um den Hals der Beraterin, und ihre Beine schlang sie um ihre Hüften; in dieser Stellung wollte sie getragen werden. Sie legte ihren Kopf auf die Schulter der Beraterin, den Hinterkopf dem Hals zugewendet. Die Beraterin hatte dabei das Gefühl, daß Laurie meinte, sie könne besser in dem Menschen, der für sie sorgte, aufgehen, wenn sie diesen Menschen oder das, was er tat, nicht sah.

An diesem Abend griff sie plötzlich nach einem Teller mit Gebäck, der vor ihr stand, und sie nahm ein Plätzchen und aß es auf. Einige Kinder waren so überrascht, daß eines von ihnen ausrief: »Ich hab' gemeint, sie ißt nicht von selbst!« Fünf Tage später aß sie eine ganze Mahlzeit: drei Schüsseln mit Spaghetti, die wir ihr langsam einfütterten. Dieser Tag war auch insofern bemerkenswert, als sie mehr Geräusche denn je zuvor machte: glucksende Töne, sonderbares Lachen, aber auch einige richtige Babylaute.

In diesem Zusammenhang sollten wir erwähnen, daß Laurie, als sie selbständig zu essen begann, dieselben glucksenden Geräusche von sich gab, mit denen einige Jahre davor ihre Sprechversuche zu Ende gegangen waren, weil sie offenbar gemeint hatte, sie würde für diese Geräusche bestraft. Vielleicht war die Anorexie, die sie zeigte, in dieser Form ein weiterer Versuch, jedes Tun mit dem Mund zu vermeiden. (Dasselbe gilt übrigens für andere autistische Kinder, mit denen wir gearbeitet haben.) Und vielleicht war auch das Trauma, das sie erlebt hatte, als sie diese glucksenden Geräusche von sich gab, die ursprüngliche Schädigung im Bereich der oralen Erfahrung, die jedes Tun mit dem Munde so stark tabuisierte.

Jedenfalls stand Laurie an diesem Abend zu später Stunde plötzlich auf, lief zum Tisch mitten im Zimmer, biß in ein Plätzchen, das dort auf einem Teller lag, und ging wieder ins Bett. Diese Sequenz wiederholte sie fast eine halbe Stunde lang, dann hatte sie alle Plätzchen auf dem Teller, einige Kekse, mehrere Stückchen Schokolade und eine Schale mit Rosinen aufgegessen. Hocherfreut holte ihre Beraterin ein weiteres Stück Schokolade, um sie damit zu füttern. Doch als sie Laurie dieses Stück in den Mund steckte, biß das Mädchen sie kräftig in den Finger, und danach wollte sie die Zähne nicht mehr öffnen (obwohl ihre Lippen, wie sonst auch, leicht geöffnet blieben); und die Beraterin sah sich gezwungen, Lauries Kiefer gewaltsam zu öffnen, um ihren Finger zu befreien.

Möglicherweise widerstrebte es Laurie, von Hand gefüttert zu werden, wo sie es doch eben geschafft hatte, selbständig zu essen. Auf diese Kränkung reagierte sie mit einer feindseligen Handlung (dem Beißen), bei der genau die Organe, die sich eben als autonom erwiesen hatten, die Antwort nicht schuldig blieben. Die Beraterin erkannte, daß Lauries Reaktion zwar schmerzhaft, aber richtig war, und so legte sie einen weiteren Schokoladenriegel neben Lauries Hand auf's Bett. Laurie riß das Papier auf, wickelte die Schokolade aus (es war dies das erste Mal, daß sie irgendwelche Nahrung für sich »zurechtmachte«) und aß sie auf. Das war der Anfang einer wesentlich spontaneren, wenn auch immer noch sehr zögernden Einstellung zum Essen.

Solche Augenblicke einer größeren Unabhängigkeit waren auch weiterhin sehr selten. Meistens war Laurie völlig in sich zurückgezogen oder aber sie schien, wenn sie auf dem Schoß ihrer Beraterin saß oder herumgetragen wurde, mit dem Körper dieser Frau zu verschmelzen. Sie wirkte nicht wie ein Kind, das da auf dem Schoß saß, sondern wie ein regungsloser Körperteil des Erwachsenen. Den Rest der Zeit vermittelte Lauries nichtbenutzter inaktiver Körper den Eindruck, als habe sie ihr Interesse an der Welt in einem solchen Maße aufgegeben, daß sie die Teile ihres Körpers nicht mehr besetzen konnte (oder wollte), die irgendeine Verbindung zur Umwelt unterhielten. Inwieweit das auch für ihre Innenwelt galt, wissen wir nicht.

Ihr puppenhaftes Verhalten, das sie beim An- und Auskleiden an den Tag legte, wenn wir diesen Arm oder jenes Bein hoben, ließ vermuten, daß sie sich sogar von ihrem eigenen Körper völlig distanziert hatte. Was diesem Körper auch geschah, es geschah nicht ihr. Nichts, was diesen Körper berührte, berührte sie je auch innerlich. Auch schien sie blind und taub zu sein: das, was sie hätte sehen oder hören müssen, schien nicht bis zu ihr durchzudringen.

Langsames Auftauen

Trotzdem schien in Laurie oder zumindest in einigen ihrer Körperfunktionen allmählich eine Lockerung, ein Auftauen stattzufinden. In den Jahren, in denen sie sich von der Welt so völlig zurückgezogen hatte, funktionierten sogar ihre autonomen Organe nicht mehr. Besser gesagt, ihr offenkundiges Nichtfunktionieren entsprach völlig Lauries Zustand einer fast völligen Leblosigkeit. Das galt auch für ihre Ausscheidungsprozesse.

Wir erfuhren, daß Laurie nur sehr selten Stuhlgang gehabt hatte und daß man sie zur Defäkation hatte zwingen müssen. Diesen Weg schlugen wir nicht ein. Und so kam es, daß Laurie im ersten Monat bei uns nur alle neun Tage defäkierte, wobei ihr Stuhl hart wie Stein war. Im Monat darauf defäkierte sie häufiger: alle acht, sieben und sechs Tage und schließlich in immer kleineren Abständen. Am Ende des dritten Monats lagen zwischen den einzelnen Stuhlgängen nur mehr drei Tage. Es folgten einige Monate, in denen sie zwei oder drei Mal pro Woche defäkierte, und nach einem halben Jahr bei uns hatte sie fast täglich Stuhlgang. Eine Art Parallelprozeß bestand darin, daß ihr Stuhl, der zunächst an marmorartige Kügelchen erinnerte, im Laufe der Monate immer weicher wurde, bis er gegen Ende ihres Aufenthalts bei uns zu normaler Konsistenz gelangt war.

Ihre zunehmende Autonomie beim Essen und Ausscheiden war wahrscheinlich darauf zurückzuführen, daß wir sie ermunterten, sich so zu verhalten wie es ihr behagte, auch wenn sie ihre Freiheit wenig nutzte. Wir setzten sie nicht – so war man bei ihr Zuhause verfahren – mehrere Male täglich auf die Toilette. Statt dessen ermunterten wir sie, ihren Stuhlgang zu haben wo immer sie wollte: im Bett, auf einem Stuhl, auf dem Schoß der Beraterin oder im Stehen.

Laurie war sich der Dinge, die in ihrem Körper geschahen, so wenig bewußt, daß sie in den ersten Monaten bei uns weder gestisch noch mimisch zeigte, daß sie defäkierte. Häufig bemerkten wir erst dann, daß sie defäkiert hatte, wenn wir den Stuhl sahen. Im dritten Monat, den sie mit uns verbrachte, zeigte sie immer noch keine sichtbare Reaktion, wenn sie defäkierte, doch dauerte es nicht mehr lange und sie wand ihren Unterkörper, bis der Stuhl aus ihrem Höschen zu Boden fiel. Als sie sich ihrer Exkremente bewußt zu werden begann (und das auch zeigte), reagierte sie zunächst wie auf ein fremdartiges Ereignis – nicht wie auf einen Prozeß, der in ihrem eigenen Körper stattgefunden hatte. In einer weiteren Entwicklungsphase, die mit dem vierten Monat bei uns einsetzte, pflegte sie den Stuhl gelegentlich, aber noch nicht regelmäßig mit den Händen herauszuholen. Ungefähr um dieselbe Zeit begann sie nach einer Pause von zweieinhalb Jahren wieder mit Klötzchen zu bauen.

Indem sie Exkremente aus ihrem Höschen herausholte, erlangte sie einige Freiheit im Umgang mit diesen Exkrementen, doch erstreckte sich diese Freiheit nicht auf den Ausscheidungsprozeß selbst. Das war unser Rückschluß, da weder ihr Gesicht noch ihr Körper Anzeichen eines entsprechenden Bewußtseins erkennen ließen, ebensowenig wie sie beim Defäkieren irgendwelche andere Reaktionen zeigte; die Tatsache stand im Gegensatz zu jenem leichten Interesse, das sie im Umgang mit ihrem Stuhl an den Tag legte. Doch dann setzte ein hochinteressantes Verhalten ein.

Eines Tages fielen, nachdem sie defäkiert hatte, einige der Kotkügelchen neben ihren Klötzchenhaufen. Sie hob sie auf, hielt sie in der Hand und ließ sie fallen, so wie sie ihre Klötzchen hatte fallen lassen. Diesen Ablauf wiederholte sie viele Male. Dann wurde das Spiel etwas komplizierter. Zunächst pflegte Laurie irgend etwas mit den Klötzchen zu bauen, dann nahm sie das Erbaute auseinander und anschließend hatte sie ihren Stuhlgang. Nun nahm sie Teile ihres Stuhls in die Hand und ließ sie fallen, dann nahm sie einige Klötzchen in die Hand und ließ sie fallen. Daraufhin machte sie sich wieder daran, irgend etwas mit den Klötzchen zu bauen, indem sie sie zusammensetzte.

Wir waren sehr beeindruckt, als Laurie vier Tage nach diesen parallelen Sequenzen, bestehend aus Klötzchenspiel und Defäkation, zugleich Stuhlgang hatte und urinierte, denn bislang waren diese beiden Ausscheidungsfunktionen strikt voneinander getrennt gewesen. (Ihre bewußte Entdeckung des eigenen Urinierens oder ihr offenkundiges Bewußtsein von diesem Vorgang trat zwar gleichzeitig mit diesen Ereignissen auf, doch werden wir diesen Bereich weiter unten gesondert diskutieren.)

Wichtiger noch war, daß sie, nachdem sie einen Klötzchenturm auseinandergenommen hatte, defäkierte und dabei zum erstenmal offenkundige Anzeichen dieses Vorgangs erkennen ließ. Ihr Gesicht und ihr ganzer Körper vermittelten den Eindruck, daß sie sich mühte, den Stuhl auszustoßen. Doch ihr Gesicht und ihr Körper verrieten auch, wie unvertraut und aufregend diese Erfahrung für sie war, nachdem sie nun jahrelang irgendwie defäkiert hatte. Als sie den Stuhl ausgeschieden hatte, holte sie wieder einige Teile davon aus dem Höschen, nahm diese in die Hand und so weiter.

Schrittweise gelangte Laurie von dem »Nichtwissen«, daß sie defäkierte, zumindest zu dem Wissen, daß sich etwas Körperfremdes in ihrem Unterhöschen befand, das sie, indem sie mit ihrem Unterkörper wackelte, loszuwerden versuchte; und schrittweise entfernte sie ihren Stuhl zuerst mit der Hand, dann ging sie mit ihm um wie mit ihren Bauklötzchen, und schließlich wurde ihr die Defäkation selbst bewußt. Diese Abfolge läßt darauf schließen, daß ihr diese Körperfunktion nach und nach bewußt wurde.

Vielleicht gab es auch bei der früheren Zunahme der Häufigkeit des Stuhlgangs eine Parallelentwicklung. Da Laurie nun mehr mit ihrem Körper anfangen konnte (das heißt, sie konnte etwas mehr defäkieren), fühlte sie auch mehr (nämlich die Fäkalien, die sie in die Hand nahm). Und da sie mehr tat und mehr fühlte, wußte sie auch mehr: es wurde ihr der Prozeß der Defäkation bewußt.

Ihre Errichtung eines Klötzchenturms, dessen Auseinandernehmen und die nachfolgende Defäkation lassen einen weiteren Prozeß vermuten – die Auseinandersetzung mit dem Problem, mehr zu haben oder zu besitzen (einen Turm, Exkremente in sich selbst) oder weniger zu haben (keinen Turm, Exkremente, die den eigenen Körper verlassen) und gleichzeitig in der Überzeugung zu leben, in Wirklichkeit nichts verloren zu haben (das Mädchen hält den ausgeschiedenen Stuhl in der Hand, es errichtet einen neuen Turm).

Aber es ging hier um mehr: in einem Prozeß wurde Laurie gleichzeitig fähig, etwas mit ihrem eigenen Körper zu tun (sie strengte sich an, um zu defäkieren) und auch in der Welt etwas zu tun (nämlich Klötzchenbauten zu errichten). So wie sich der Säugling zunächst bewußt wird, daß er ißt, bevor er sich »bewußt« ist, daß er defäkiert, aktivierte Laurie bei dem Versuch, ihr Vermögen zu handeln und zu befreien neu zu entwickeln, zunächst ihr Eßverhalten, bevor sie in anderen Bereichen (Defäkation, Klötzchenspiel) aktiv wurde.

Dieses Zusammentreffen ihres Spielens mit Klötzchen auf der einen und mit Exkrementen auf der anderen Seite kann eine weitere Bedeutung haben. Laurie wußte, daß die Klötzchen von uns stammten, die Exkremente aber nicht. Der aufmerksame Umgang mit beiden kann ihr zu einem volleren Verständnis der Tatsache verholfen haben, daß sie es war, die defäkiert hatte, und – was am wichtigsten war – daß sie eine greifbare Tat vollbracht hatte. Und wer das tut, ist Person. Mit diesem Tun aber tauchte das erste tastende und rudimentäre Gefühl auf, ein Selbst zu haben, eine Person zu sein.

Darüber hinaus können an diesem Punkt natürlich andere Entwicklungen begonnen haben, die mit dem Problem zu tun hatten, was nun Selbst ist und was nicht. Als Laurie ihren Stuhl in der Hand hielt und ihn nachdenklich fallen ließ, um dann denselben Vorgang mit den Klötzchen zu wiederholen, schien sie sich mit dem Problem auseinanderzusetzen, wie etwas, das Teil ihres Selbst gewesen war, plötzlich Nicht-Selbst werden konnte. Zusätzlich zu der Frage »War wirklich ich es, die da gehandelt hat?« schien sie sich eine weitere Frage zu stellen: »Kann etwas, das ein Teil von meinem Ich gewesen ist, Nicht-Ich werden, so wie diese Holzklötzchen Nicht-Ich sind?« Dieses Problem stellte sich für Laurie wesentlich komplizierter dar als für den normalen Säugling.

Doch erst als sie so aktiv, selbstbestimmend und ausscheidungsbewußt geworden war, hatte sie häufiger Stuhlgang und veränderte sich dessen Konsistenz; ihr Stuhl wurde weicher. Doch als das geschah, wurde Laurie, was den Umgang mit ihren Exkrementen anlangt, aktiver und mutiger, indem sie diese auf ihrem Körper und ihren Händen verschmierte.

Um diese Zeit machte sie den Eindruck, als wolle sie Exkremente aus den verschiedenen Körperteilen herausschütteln; dabei handelte es sich immer um die Arme, Beine und Hände, die sie fäkalisch beschmiert hatte. Vielleicht wollte sie so ergründen, aus welchem Körperteil genau die Exkremente gekommen waren, zu welchem Körperteil sie gehörten, welcher Körperteil sie produziert hatte, und ob wir es zuließen, daß sie damit tat, was sie wollte.

Es fand ein sonderbarer Parallelprozeß statt, der mit Lauries Entdeckung des eigenen Urinierens zu tun hatte. Lauries Geschichte nach zu schließen war ihre Erziehung zum Urinieren nie zusammengebrochen. Als sie zu uns kam, setzten wir sie nicht mehrmals pro Tag auf die Toilette, wie das bei ihr Zuhause der Fall gewesen war. Trotzdem hatte sie schon am zweiten Tag bei uns die strenge Routine eines zweimaligen Auf-Der-Toilette-Urinierens pro Tag entwickelt. Dieser Prozeß schien für Laurie eine bisher ebenso nichtexistente psychische Erfahrung zu sein wie die Defäkation. Nun fällt es aber schwer sich vorzustellen, daß eine Gesamthandlung, die darin besteht, daß man auf die Toilette geht, die Unterhose abstreift, uriniert, von der Toilettenschüssel aufsteht usw. unbemerkt bleiben kann. Trotzdem können wir die spätere Entdeckung des Urinierens nicht anders erklären.

Wie dem auch sei, Laurie hatte zweimal pro Tag uriniert, ganz am Anfang des Tages und unmittelbar bevor sie zu Bett ging, und das in einer Art, die wir unter uns als zwanghaft bezeichneten, da dieses Verhaltensmuster keine Abweichung kannte. Doch als sie zu erkunden begann, woher ihr Stuhl kam, begann sie auch weniger zwanghaft zu urinieren. Eine Zeitlang urinierte sie immer noch zweimal pro Tag auf der Toilette, doch begann sie nun auch zwischendurch, wenn sie saß, ihr Höschen naßzumachen. Doch schien sie sich dieses Vorgangs ebenso wenig bewußt zu sein wie des Vorgangs der Defäkation.

Etwas später, als ihr der Umgang mit ihrem Stuhl leichter fiel, urinierte sie nicht nur im Sitzen, sondern auch im Stehen, ja in jeder Körperstellung. Es folgte eine Zeit, in der augenfällig war, daß sie fühlte, wie sie urinierte – das war ihrer verwirrten, ängstlichen und faszinierten Reaktion zu entnehmen. Da das Urinieren für sie zu einer Erfahrung wurde, an der sie selbst aktiv beteiligt war, schien sie das Gefühl, daß sie es war, die urinierte, zu genießen. Doch schien dieses Gefühl Laurie derart auszufüllen, daß für andere Dinge kein Raum mehr war. Ihr ganzer Körper wurde schlaff und büßte auch das Wenige an Spannkraft, das er besaß, ein. Sie schloß sogar die Augen, als könnte das Sehen sie zu sehr von ihrer Erfahrung ablenken.

Schließlich kam eine Zeit, in der sie sich nicht nur mit allen ihren Gefühlen auf das Urinieren konzentrieren, sondern in der sie diesen Vorgang auch sehen und verstehen wollte. Der Bericht über die erste diesbezügliche Beobachtung lautete folgendermaßen: „Laurie hatte ein gelbes Unterhöschen an, so daß man leicht sehen konnte, wenn sie zu urinieren begann. Zum ersten Mal war sie sehr daran interessiert, mitzuverfolgen, was geschah. Sie zog ihre Kleidchen zurück, um zu beobachten, wie sich ihr Unterhöschen dunkelgelb färbte. Davor hatte sie sich jedesmal, wenn sie sich auf's Urinieren konzentrierte, so verhalten, als spielte sich der ganze Vorgang nicht in ihr selbst, sondern in einem anderen Teil der Welt ab. Doch dieses Mal schien sie fasziniert zu sein." Danach urinierte sie eine Zeitlang im Stehen und mit gespreizten Beinen auf den Boden, wobei sie sich vorbeugte und fasziniert beobachtete, wie sie urinierte und auf dem Boden Pfützen entstanden.

Die Fähigkeit, diesen Vorgang zu erforschen, war ein Beweis der inneren Freiheit, die Laurie erlangte, sowie ihres erwachenden Interesses an sich selbst und daran, was in ihrem Körper vor sich ging; ein Beweis auch ihrer Selbstbehauptung, sowie all der zusätzlichen Bedeutungen, die ihre Nachforschungen für sie gehabt haben mochten. Hand in Hand damit gingen andere Anzeichen einer größeren Freiheit und Selbstbestimmung. Sie hingen zum Teil mit Lauries Interesse an der eigenen Ausscheidung zusammen; das galt zum Beispiel für ihre neue Fähigkeit, voller Hingabe im Sand und Schmutz zu spielen und sich selbst so richtig schmutzig zu machen.

Genauso wie sich ihre Verstopfung gegeben hatte, je aktiver, ja aggressiver sie mit ihrem Stuhl umzugehen lernte, legte sich ihre Anorexie, je fähiger sie wurde, aktiv zu essen, ja aggressiv zuzubeißen. Ihr Essen wurde immer normaler – normaler vielleicht nicht im Vergleich zu ihrem Alter, aber doch im Vergleich dazu, was für ein wesentlich jüngeres Kind normal gewesen wäre. Begeistert fuhrwerkte sie nun bei den gemeinsamen Mahlzeiten mit ihrem Essen und dem Essen ihrer Berater und ihres Lehrers herum. Und indem sie sich so verhielt, wurde ihre Nahrungsaufnahme, was Abwechslung und Qualität anlangt, zusehends normal.

Es ist interessant, daß das erste heftig-aggressive Verhalten – soweit man bei unserer armen, passiven und unfähigen Laurie überhaupt von solchem Verhalten sprechen kann – bei diesem einst anorektischen Kind im Bereich der Nahrungsaufnahme begann. Ich habe bereits erwähnt, daß sie ihre Beraterin einmal schlug und in den Finger biß. Doch das waren vereinzelte Handlungen: ein Beißen, ein Klaps. Deshalb waren wir alle eines Tages sehr verdutzt, als Laurie bei Tisch erst einen Löffel, dann ein Messer und schließlich eine Gabel nahm, die sie alle mit ein bißchen Kraft über ihre Schulter auf den Boden warf. Es folgten die Pfeffer- und Salzstreuer, die sie hinterdrein schleuderte. Als die Beraterin vom Tisch aufstand, um die Streuer aufzusammeln, verließ auch Laurie ihren Stuhl und ging lachend aus dem Speisesaal. Doch noch bevor sie diesen verließ, und wie um ihrem Anliegen noch mehr Nachdruck zu verleihen, nahm sie von einem Geschirrwagen einen Teller, den sie auf den Boden warf. Dann verschwand sie, offenbar zufrieden mit sich selbst.

Hand in Hand mit ihrer zunehmenden Freiheit, sich impulsiv und der Umwelt gegenüber aktiv zu verhalten, kam Laurie der Sprache immer näher. Ihre Rachenlaute nahmen an Lautstärke, Häufigkeit und Intonation zu. Die Geräusche, die sie von sich gab, wurden dunkler und tiefer, und wir hatten das Gefühl, daß sie mit ihrer Stimme immer mehr experimentierte. Die Laute, die sie äußerte, wurden immer deutlicher, sie hörten auf, bloße Geräusche zu sein und waren die deutlichsten Sprechversuche, die Laurie je unternommen hatte. Auch lachte sie nun ungezwungener und leichter, obwohl es immer nur ein kleines und nie ein lautes oder gar hemmungsloses Lachen war. Es kam uns lediglich vergleichsweise unglaublich ungezwungen vor.

Einige Beobachtungen ihrer Lehrerin vermitteln uns einen Eindruck davon, wozu sie damals fähig war und wie sehr uns diese Fähigkeiten verblüfften: »Laurie hatte einen Stuhl zu meinem Schreibtisch gebracht, auf dem sie nun stand und nach meinen Schlüsseln langte, um das Schränkchen zu öffnen, dem sie mich hatte Kreide entnehmen sehen. Sie hat in letzter Zeit diese vermehrte Unabhängigkeit auf verschiedenste Weise kundgetan. Obwohl sie die Fähigkeit zu gehen und eine im selben Maße entwickelte körperliche Unabhängigkeit besaß, waren ihr diese Dinge nicht bewußt. Heute glaube ich, daß sie ihr bewußt sind, und so geht und bewegt sie sich mit Freude und Sicherheit. Anstatt darauf zu warten, daß ich ihr aus dem Mantel helfe, hat sie ihn diese Woche mehrmals selbst ausgezogen und mir gegeben.«

Auch begann sich Laurie stärker für ihren Körper zu interessieren; sie fing an, ihre Arme und Hände zu untersuchen. Dabei pflegte sie die Arme emporzuheben und aufmerksam zu betrachten – ihr Blick wanderte den einen Arm hinauf oder hinunter oder er verfolgte den Arm, der sich auf und ab bewegte. Wir hatten das Gefühl, daß sie ihre Arme oder den Zusammenhang zwischen ihren Armen und Händen entdeckte. Dieses Gefühl unterschied sich völlig von jenem anderen, das wir dann hatten, wenn ihre Armbewegungen vage, hilflos und ziellos waren. Die Entdeckung ihrer Arme und Beine führte allerdings auch zu Mißgeschicken. Wir waren sehr betroffen, als Laurie hinfiel. Bis dahin war Laurie nie gestürzt und hatte sie sich nie verletzt. Jetzt aber stürzte sie gelegentlich und schlug sich dabei die Knie auf, wie das jedem normalen Kind passiert.

Es war, als hätte das Nichtvorhandensein eines Körperbewußtseins und eines Bewußtseins der Körperteile bewirkt, daß jedes Glied eine »unbewußte«, doch unabhängige Existenz führte. So konnten alle Körperteile irgendwie funktionieren, allerdings ohne durch Lauries Selbst zentral gesteuert zu werden. Doch nun, da sie fühlte, daß sie handeln konnte, wurde dieser Körper zu ihrem eigenen Körper, wodurch er zu einer größeren Einheitlichkeit gelangte. Doch die lange Zeit, die sie ihrem Körper und seinen Funktionen entfremdet gewesen war, bewirkte nun, zusammen mit der jetzt bewußten, aber ungeschickten Koordination der Gliedmaßen, einen plumperen, wenn auch zweckvolleren Gebrauch ihres Körper. Ihre Gliedmaßen, die nun vom Verstand her zentral und zielgerichtet gesteuert wurden, waren eine solche Steuerung nicht gewohnt. Daher funktionierten sie auf noch ungelenke Weise, während diese Funktionen selbst Laurie immer bewußter wurden.

Was ist das – Ich?

Kehren wir zu Lauries zentralem Problem zurück, dem Problem, zunächst aktiv zu werden, um dann zu einem Bewußtsein vom eigenen Selbst zu gelangen, so sollten wir noch einmal betonen, daß dieses stark anorektische Kind als erstes beim Essen aktiv wurde. Doch es geschah bei der Ausscheidung, daß sie die ersten wichtigen Schritte tat, um Selbst und Nicht-Selbst voneinander zu trennen.

Wir haben bereits in einem früheren Kapitel die Möglichkeit erläutert, daß dieser Ablauf mit dem Unterschied zwischen der aktiven Ausscheidung von Fäkalien einerseits und der aktiven Nahrungsaufnahme andererseits zusammenhängen kann, bei der wir in bezug auf das, was wir in uns aufnehmen, von anderen abhängig sind.

Ich sollte hier einen weiteren Grund anführen, weshalb die Ausscheidung als eine entscheidende Grenze zwischen Selbst und Nicht-Selbst dienen kann. Wird sich der normale Säugling der Defäkation bewußt – und das nicht als eines Unbehagens, dem sich das Nachlassen einer inneren Körperanspannung anschließt (diese Erfahrung kommt viel früher), sondern als eines Prozesses, durch den er Materie aus seinem Körper ausstößt –, so interessiert er sich stark für seine Exkremente. Er nimmt sie in die Hand und verschmiert sie, so wie das Laurie getan hatte. Doch ist diese Periode gewöhnlich sehr kurz, wenn die Mutter durch ihre negative Reaktion auf diese Exkremente und ihre Handhabung Fäkalien und Kind klar voneinander trennt. Sie reagiert auf ihren Säugling im selben Maße positiv, indem sie auf die Exkremente oder zumindest ihre Handhabung negativ reagiert. In der normalen Entwicklung geschieht das ungefähr in der Zeit, in der der Säugling sich selbst eine enorme Bedeutung zuzuschreiben beginnt, was vor allem darauf zurückzuführen ist, daß er eben diese Bedeutung durch seine Eltern, insbesondere durch seine Mutter, erfährt.

Da das sich entwickelnde Selbst für die Mutter von Bedeutung sein möchte und auch ist, ist es ein Leichtes, dieses Selbst von seinem Produkt, das die Mutter in seiner Besudelungsfunktion für unerwünscht erklärt, zu trennen. Auf diese Weise kommt es zu zwei Erfahrungen (zum einen die, daß das, was in mir, in meinem Selbst enthalten ist, erwünscht ist, und zum anderen die, daß das, was meinen Körper verläßt und Nicht-Selbst wird, unerwünscht ist), die das positive Selbstgefühl stark fördern. Diese Erfahrungen führen zu der Überzeugung: mein Selbst ist erwünscht, mein Nicht-Selbst ist es nicht.

Doch da etwas, das dem Selbst so nahesteht wie die eigenen Fäkalien, so unerwünscht sein kann, ist es doppelt wichtig, das Selbst gegen das Nicht-Selbst abzugrenzen. Die Bedeutung, die der Sauberkeitserziehung bei der Entwicklung einer klareren und positiveren Vorstellung vom Selbst zukommt, ist weniger stark unterstrichen worden als die Schwierigkeit des Kindes, das Selbst in diesem Rahmen vom Nicht-Selbst zu trennen.

Wenn meine Spekulation richtig ist, müßte daraus folgen, daß eine Überbewertung des Kindes und eine klare Ablehnung seiner Fäkalien ein zeitweiliges Problem für das Kind darstellen kann; doch wird ihm dadurch geholfen, ein klares Bild von seinem Selbst zu gewinnen, das sich von seinem Nicht-Selbst stark unterscheidet, sowie ein Selbst zu erlangen, das der Liebe für würdig befunden wird. Auch folgt daraus, daß, wenn das Kind *und* seine Fäkalien abgelehnt werden, keine klare Trennung zwischen Selbst und Nicht-Selbst erfolgen kann, zumindest nicht was diese Körperfunktion anlangt. Im Gegenteil kann sich, wenn keine klare emotionale Unterscheidung erfolgt, die starke Ablehnung der Fäkalien auf den Bereich ausweiten, dem sie eben noch zugehörten, und damit auf das Kind selbst.

Wenn dem so ist, und die Erfahrung scheint das zu bestätigen, treten parallele Probleme auf, wenn sich die bemutternde Person oder, schlimmer noch, wenn sich beide Elternteile für den Stuhlgang des Kindes, kaum aber für das Kind selbst interessieren, so daß sich das Kind, um sich die Liebe seiner Eltern zu erhalten, nicht von seinem Stuhl trennt, sondern sich mit diesem identifiziert. Ergebnis ist, daß es sich als »reine Scheiße« erfährt. Nur daß in diesem Fall die Fäkalien oder das Gefühl, »Scheiße« zu sein, stark positive Konnotationen beinhalten. Während das Kind als Person den Eltern wenig bedeutet, ist es zumindest als Hervorbringer von Fäkalien ziemlich wichtig. Das Ergebnis einer solchen Konstellation ist eine mangelhafte Persönlichkeitsentwicklung, aber auch die Überzeugung, daß man für eine bestimmte Sache geschätzt wird. Manche Personen dieser Kategorie sind später auf ihre »beschissene« Persönlichkeit sehr stolz.

Die Situation ist wesentlich schwerwiegender, wenn die Eltern an der Defäkation ihres Kindes keinen Anteil nehmen, sondern um der eigenen Bequemlichkeit willen regelmäßigen mechanischen Stuhlgang fordern. Ich habe mich mit den entsprechenden Auswirkungen auf die Kinder befaßt, die entweder defäkieren müssen, wenn sie ihren Eltern gefallen wollen, oder die die strengen Anforderungen der Eltern erfüllen müssen. Doch ebenso beeindruckt war ich von den seltsamen Auswirkungen, die sich dann einstellen, wenn das Kind seine Sauberkeitserziehung durch solche Eltern erfuhr, die sich für die Leistungen des Kindes auf diesem oder auf anderen Gebieten überhaupt nicht interessierten.

Aber es braucht schon wesentlich mehr als bloße Gleichgültigkeit, um ein Kind seinen Körperfunktionen so sehr zu entfremden, daß diese nicht sein Bewußtsein erreichen; diesen Zustand veranschaulichen die autistischen Kinder, die sich in unserer Obhut befinden und die nur langsam, qualvoll und staunend die Prozesse des Fühlens, Hörens, Sehens, Essens und Ausscheidens entdecken (oder wiederentdecken). Zu dieser Entfremdung braucht es, was die Sauberkeitserziehung anlangt, verschiedene emotionale Einstellungen des Erwachsenen, unter anderem eine gleichgültige oder völlig zurückweisende Haltung gegenüber dem Kind, verbunden mit der beharrlichen Forderung nach mechanischem Gehorsam. Ein solches Kind lebt schließlich in dem Gefühl, nichts als eine Fäkalien produzierende Maschine zu sein. Joeys Geschichte wird das veranschaulichen.

Wie immer auch, auf Laurie schien diese These zuzutreffen: weil sie und ihre Defäkation entweder einer überwältigenden Ablehnung oder völliger Gleichgültigkeit begegneten, konnte sie nie klar zwischen dem Körper und seinem Produkt unterscheiden. In ihrer Vergangenheit hatte jede Zurückweisung ihrer Fäkalien eine weitere Erfahrung des Inhalts bedeutet, daß sie nichts sein, nichts tun sollte, eine Erfahrung, die zu schmerzhaft war, als daß sie sie hätte riskieren können. Daher auch ihr striktes Nichtstun hinsichtlich der Defäkation, bevor sie zu uns kam. Und daher auch ihre Fähigkeit, diesen Zustand der Verstopfung aufzugeben, als sie zusehends das Gefühl hatte, von uns gewünscht, bei uns erwünscht zu sein.

Zwar sind wir uns dessen nicht sicher, doch könnte sogar ihre Anorexie – noch so ein Akt des Vermeidens jeglichen Tuns – verschlimmert worden sein durch ihre Ausscheidungserfahrungen. Sie war nicht bereit, von den Leuten etwas an- und in sich aufzunehmen, die ihr als Feinde erschienen. Doch wie ihre Verstopfung zeigte, wollte sie auch nichts hergeben. Erleichtert wurde ihr das dadurch, daß sie nichts in sich aufnahm.

Wir wissen nicht, wie Laurie von ihrem Kindermädchen zur Sauberkeit erzogen wurde, doch besteht eine verbreitete Methode darin, daß man das Kind, wenn es Anzeichen von Stuhlgang erkennen läßt, einfach auf den Topf setzt. Falls das auch bei Laurie geschehen ist, könnte eine der Ursachen für die ihr nicht bewußte Defäkation (und das ebenso wenig bewußte Urinieren) der Wunsch gewesen sein, nicht zu zeigen, daß sie im Begriff war zu defäkieren, um so der untrennbar damit verbundenen Zwangsmaßnahme zu entgehen. Doch auch wenn das der Fall war, ist es doch undenkbar, daß ein im Verlauf des Defäkierens ausgeübter Zwang derartig nachhaltige Folgen haben sollte, daß sich die betroffene Person einer so lebensnotwendigen Funktion ihres Körpers nicht mehr bewußt ist. Sogar Marcia, die sich in diesem Bereich schrecklich überwältigt fühlte, verlor dieses Bewußtsein nicht in einem solchen Maße.

Wie Laurie haben verschiedene andere autistische Kinder bei uns relativ spät im Leben plötzlich entdeckt, daß *sie* es sind, die urinieren und defäkieren. Was in diesem Augenblick stattfindet, ist vielleicht die Herstellung des ersten bewußten Zusammenhangs zwischen den visuellen und auditiven Ausscheidungserfahrungen einerseits und dem kinästhetischen Erleben andererseits, obwohl das Verhalten einiger dieser Kinder vermuten läßt, daß ihnen davor irgendwelche kinästhetischen Erfahrungen überhaupt nicht bewußt gewesen sind. Das aber erstaunt insofern, als das Grimassieren des Säuglings zeigt, daß er von einem sehr frühen Alter an auf kinästhetische Sinnesempfindungen der Defäkation anspricht, ganz gleich, ob er sich ihrer bewußt ist oder nicht.

Wenn autistische Kinder überhaupt keine Reaktion bei der Defäkation zeigen, müssen wir annehmen, daß sie sich ihren eigenen Empfindungen derart entfremdet haben, daß sie nicht einmal mehr fühlen, was in ihrem Körper geschieht. Diese Auffassung wird erhärtet durch ihre Schmerzunempfindlichkeit, die wir bereits in einem früheren Kapitel behandelt haben.[2]

[2] Andere haben ähnliche Beobachtungen angestellt. So erläutern zum Beispiel Mahler, Furer und Settlage (1959): »Diese Kinder haben im normalen Alter die Sauberkeitserziehung häufig bereits hinter sich. Diese relative Problemlosigkeit der Sauberkeitserziehung scheint auf zwei Faktoren zu beruhen: bei dem einen handelt es sich anscheinend um eine unzureichende Erotisierung der Körperoberflächen und -öffnungen, während der zweite Faktor mit der paradoxen Situation zu tun hat, daß es eben jener Mangel an emotionalem Einbezogensein ist, der die Sauberkeitserziehung zu einem nichtaffektiven Konditionierungsprozeß für diese Kinder werden läßt. Weder ißt

Man fühlt sich versucht hinzuzufügen: durch eine gewaltige Willensanstrengung gelang es Laurie, sich jegliches Fühlen und Tun zu versagen. Das könnte wahrscheinlich erklären, was sonst in meiner Auseinandersetzung mit dem infantilen Autismus als ein Widerspruch erscheinen könnte: daß nämlich die autistische Position, diese gewaltige Anstrengung, die eigene Existenz zu schützen, das Selbst-Sein zerstört. Es hat den Anschein, als werde Libido nur dann erzeugt, wenn die Absicht besteht, sie zu verbrauchen, und als welke sie dahin, wenn wir entschlossen sind, sie brach liegen zu lassen.

Laurie bekam bei uns ein wenig das Gefühl, daß Überleben nicht von Nichtsein oder Nichtstun abhängt. Das waren selbstverständlich keine Gedanken, die sie sich machte, sondern Gefühlseindrücke. Sie versteifte sich nicht mehr einfach auf's Nichthandeln, sondern gelegentlich handelte sie nun auch; das aber erforderte eine Unterscheidung zwischen dem Wann (und Wie) des Handelns und des Nichthandelns. Jede selbständige Handlung aber bedeutete einen weiteren Schritt in Richtung Selbstbestimmung. Zusammen mit dem spontanen Handeln tauchten die Rudimente eines Selbst auf, und Hand in Hand damit ging ein erwachendes Interesse an einer klareren Unterscheidung zwischen Selbst und Nicht-Selbst.

Dieser Prozeß ist wichtig wegen der Angst, den er beinhaltet: wenn ein Teil dessen, was Selbst gewesen ist (nämlich der Stuhl) Nicht-Selbst werden kann, kann das gesamte Selbst Nicht-Selbst werden und verschwinden. Das Ergebnis solcher Überlegungen – wenn man die verschwommene Neugierde eines kleinen Kindes überhaupt als Überlegungen bezeichnen kann – ist zum Beispiel die Angst des Kindes, es könne den Abfluß der Badewanne hinuntergerissen oder in der Toilettenschüssel fortgespült werden. Und wie kommt es auch, daß ich diese Sache da, die ich selbst gemacht habe, daß ich diesen so wichtigen Beweis meiner Fähigkeit, Dinge zu tun, einfach die Schüssel hinunterspülen soll?

Das sind einige der Gründe, weshalb sich so viele unserer schwer gestörten Kinder (auch Jahre nachdem sie das Problem der Ausscheidung an sich bewältigt haben) immer noch weigern, die Toilettenspülung zu betätigen. Da wir das verstehen, sind wir gern bereit, das Spülen für sie zu besorgen. Die Hygiene macht es leider notwen-

noch defäkiert das autistische Kind, um dem Elternteil zu gefallen, und ebenso wenig verweigert es die Nahrung oder hält es seinen Stuhl zurück, um der Mutter zu trotzen ... Die meisten autistischen Kinder weisen eine relativ geringe Besetzung ihrer Körperoberfläche auf, worauf ihre überaus mangelhafte Schmerzempfindlichkeit zurückzuführen ist.«

dig, daß wir diesen Beweis der Fähigkeit unserer Kinder hinunterspülen.

Ich glaube, das erklärt auch, wieso normale Kleinkinder, wenn sie sich der Defäkation bewußt werden, ihren Stuhl zu verhalten versuchen, was häufig als eine Art Spielerei interpretiert wird; sie möchten nicht auf einmal das von sich geben, was eben noch ein Teil ihrer selbst gewesen ist. Doch das normale Kleinkind kann lernen, seinen Stuhl herauszulassen, denn sein Selbst ist um diese Zeit bereits genügend gefestigt: es wird durch die Erfahrung, daß ein kleiner Teil dessen, was Selbst war, Nicht-Selbst wird, nicht erschüttert.

(Wie anders war doch bis vor kurzem sogar bei uns im Abendland die Erfahrung des Kindes und Erwachsenen in einer bäuerlichen Gesellschaft: das Exkrement ist als Düngemittel hochgeschätzt gewesen. Es wurde nicht für wertlos erklärt, sobald das Kind für seine Erzeugung gelobt worden war. Stattdessen wurde es sorgsam gesammelt, und da es zum Wachstum überhaupt beitrug, fand das Kind seinen Wert durch das, was es im Jahr darauf selbst an Nahrung sich einverleibte, bestätigt.)

Angesichts der befremdlichen Natur des Nicht-Selbst möchte man sich fragen: Wie kommt es, daß normale Kinder Nahrung aufnehmen und ausscheiden? Die von uns bereits früher in diesem Buch gegebene Antwort ist die, daß die normale Fähigkeit dieser Kinder von ihrer menschenfreundlichen Umgebung abhängt. Doch ist so manches auch auf die Tatsache zurückzuführen, daß der Säugling sehr bald lernt, daß er dem Nicht-Selbst nicht völlig ausgeliefert ist. Er kann es beeinflussen und, wenn nötig, aggressiv behandeln. Einem Beispiel für solche Aggressivität begegnen wir dann, wenn der Säugling beim Essen beißt, während seine Einflußnahme darin bestehen kann, daß seine Gefühlsäußerungen zum Beispiel Reaktionen seiner Eltern auslösen.

Vielleicht enthält diese Spekulation die Antwort auf die Frage, warum Lauries Fähigkeit, (ihre Beraterin in den Finger) zu beißen am Anfang selbst ihrer Bemühungen stand, ein Selbst zu entwickeln, und weshalb diese Fähigkeit ihrem Vermögen, zwischen Selbst und Nicht-Selbst (durch Defäkation) zu trennen, vorausging.

Im späten Alter von acht Jahren den Unterschied zwischen Selbst und Nicht-Selbst ausloten zu müssen anhand des Stuhls, der den eigenen Körper verläßt, war eine schreckliche Aufgabe. Das war der Grund, weshalb Laurie nun immer wieder den Defäkationsvorgang bei sich selbst verfolgte und weshalb sie diesen Vorgang immer wieder mit Bauklötzchen nachahmte.

In einem parallelen Prozeß wurden Laurie nach und nach die Körper der Menschen bewußt, die sich am meisten um ihre Bedürfnisse kümmerten. Wir kennen nicht den inneren Zusammenhang zwischen den beiden Prozessen – nämlich zwischen der Bewußtwerdung des eigenen Körpers und der Bewußtwerdung der Körperlichkeit der Pflegepersonen. Doch unsere Beobachtungen ließen wenig Zweifel daran, daß Laurie dann eine stärkere Beziehung zu ihrem eigenen Körper entwickelte, als es ihr Freude machte, mit ihrer Lieblingsberaterin und bald auch mit ihren anderen Pflegepersonen mehr Körperkontakt zu haben.

Laurie wollte nun immer häufiger und länger getragen werden, allerdings immer auf dieselbe Weise: ihr Körper preßte sich gegen die Brust des Erwachsenen, ihre Beine umschlangen seine Hüften und ihr Kopf schmiegte sich an seinen Hals. Es dauerte nicht lange, und sie liebte es, auf dem Schoß ihrer Beraterin zu sitzen – entweder in der eben beschriebenen Position oder den Rücken der Brust des Erwachsenen zugewandt, die Beine hochgezogen, die Hände um sie geschlossen, insgesamt also eine Stellung, die an die fetale Position erinnerte.

Und sie fuhr fort, den Körper ihrer Beraterin zu »entdecken«. Eines Tages, die Beraterin lag auf dem Bauch und las den Kindern eine Geschichte vor, setzte sich Laurie auf ihren Rücken. Von da an konnte Laurie nicht genug bekommen von einem Spiel, das immer damit begann, daß die Beraterin ausgestreckt auf dem Boden lag, während Laurie rittlings auf ihr saß. Doch wenn die Beraterin auf dem Rücken lag, zog Laurie es bald vor, lange Zeit ganz ruhig und eingekringelt auf ihrem Bauch zu liegen. Immer wenn sie so dort lag, erinnerte sie an einen im Uterus zusammengerollten Fetus.

Wochenlang zog sie ihre Beraterin nun immer wieder an den Schultern, damit sie sich auf den Boden lege. Danach wurde sie noch aktiver. Nach einer Periode des stillen Ausruhens setzte oder legte sich Laurie nicht nur auf den Bauch ihrer Beraterin, sondern sie hüpfte rittlings auf ihm heraum. Hatte sie dieses Spiel einige Zeit gespielt, hörte sie damit auf, ging zu ihrem Bett, um dort ziemlich lange ihren Kopf entweder auf's Kissen zu schlagen oder von einer Seite zur anderen zu rollen. Dadurch, daß sie sich des Körpers der bemutternden Person stärker bewußt wurde, schien sie dieses Hin- und Herrollen des Kopfes zu lernen oder von neuem zu lernen.

Bezeichnenderweise begegnet man dieser Art des Hin- und Herrollen des Kopfes bei blinden Kindern (Cutsforth, 1951; Lowenfeld, 1955), und begründet wird diese Körperbewegung mit dem Bedürfnis nach körperlicher Stimulierung. So aber benutzten diese Kinder ihren eigenen Körper als Ursache und Objekt der Stimulierung. Auch bei sehenden Kindern führt man das Kopfrollen auf eine zu geringe Stimulierung durch die Außenwelt zurück, so daß die Reaktion eine eifrige Suche nach Selbststimulierung ist. Was an Lauries Kopfrollen verblüffte, war, daß es sich dem Prozeß anschloß, in dessen Verlauf sie bei einer anderen Person körperliche Stimulierung gesucht und gefunden hatte. Das läßt vermuten, daß das kopfrollende Kind in bestimmten Gesichtsbereichen das Lustgefühl der Stimulierung erlebt haben muß, bevor es sich dieses Gefühl selbst zu verschaffen versucht.

So lange Lauries Körper wie festgefroren war, bemühte sie sich nicht um Selbststimulierung. Das heißt, es hat den Anschein, als suchten wir erst dann nach Selbststimulierung, wenn wir sie durch andere in geringem Umfang erlebt und als angenehm erfahren haben. Diese Überlegungen stimmen mit der Ansicht von Spitz (1962) überein, der von »der entscheidenden Rolle der Mutter-Kind-Beziehungen bei auto-erotischen Handlungen« spricht. Er stellt fest, daß solche Spiele dort, »wo die Beziehung zwischen Mutter und Kind optimal war«, im ersten Lebensjahr »in allen Fällen anzutreffen waren«.

Kopfrollen beschränkt sich nicht auf autistische Kinder; viele längst nicht so stark gestörte Kinder äußern ebenfalls dieses Verhalten. Beobachtet man sie dabei, wie sie den Kopf auf dem Kissen hin und herrollen, fühlt man sich an den Säugling erinnert, der mit dem Mund nach der Brustwarze sucht und zugleich den Bereich seines Gesichtes stimuliert, der beim Stillen den Körper der Mutter berührt. Wenn dem Tun dieser Kinder tatsächlich diese Bestrebung zugrunde liegt, wird verständlich, weshalb Laurie begann, ihren Kopf auf dem Kissen hin und herzurollen, als sie es zum ersten Mal – oder zum ersten Mal wieder – erlebt hatte, daß die Körpernähe einer anderen Person, in diesem Fall sogar einer bemutternden Person, nicht mehr etwas war, wovor sie tödliche Angst haben mußte.

Es dauerte nicht lange, und eine neue Art des Kopfrollens setzte ein. Es entstand dadurch, daß Laurie am Körper ihrer Beraterin nach weiterer Befriedigung und Nähe suchte, und zwar in einer Weise, in der Selbststimulierung ihres Gesichtes und vor allem ihres Mundbereiches mitenthalten war. Es begann damit, daß sich Laurie ihrer Beraterin von hinten näherte, um ihr aufs Gesäß zu klatschen. Schon bald kam Laurie, immer wenn ihre Beraterin aufstand, von hinten herangeschlichen und später herbeigelaufen, um ihr aufs Gesäß zu klatschen. Dieses Spielchen wurde, da Laurie immer kräftiger zuschlug, mit der Zeit ziemlich anstrengend. Eine Zeitlang schien sie derart fixiert zu sein auf das Gesäß einiger Lieblingspfleger, daß sie mit beiden Händen mit den Gesäßbacken spielte, daß sie darauf klatschte und manchmal so kräftig dagegendrückte, daß die Betroffenen nur mühsam ihr Gleichgewicht halten konnten. Als die Beraterin dieses Verhalten vergnügt akzeptierte und darauf reagierte, indem sie nach hinten griff und Laurie leicht auf den Rücken klatschte, brach das Kind in echtes Gelächter aus.

Dieses Spielchen zog sich über Wochen hin, und obwohl wir damals seine Bedeutung nicht verstanden, machte es uns doch glücklich, weil Laurie sich aktivierte. Danach führte sie dasselbe Verhalten nicht mehr mit den Händen, sondern mit dem Kopf aus, den sie nun auf dem Gesäß ihrer Beraterin hin und herrollte. Anscheinend hatte Lauries klatschende Hand erst einmal prüfen sollen, inwieweit dieses Verhalten ungefährlich war, bevor sie selbst es wagte, Gesicht und Mund, die ungleich verletzbarer waren, zu exponieren. Auch in dieser Situation erinnerte uns Laurie mit ihrem auf den Gesäßbacken hin und herrollenden Kopf an einen Säugling, der an den Brüsten saugen möchte. Andere Male hatten wir eher den Eindruck, als versuche sie, in ihre Beraterin hineinzukriechen. Erst vor kurzem hatte sie erfahren, daß sie an dieser Stelle etwas aus dem Körper ausscheiden konnte. Vielleicht versuchte sie herauszubekommen, ob sie an eben dieser Stelle nicht auch in den Körper hineingelangen konnte. Dieser Versuch war für die Fragmentierung ihres Körpers und ihrer Erfahrung typisch. Während sie sich auf ihre Erfahrungen im Wangen- und Mundbereich konzentrierte, gab es keinen weiteren Körperteil, der besetzt worden wäre oder partizipiert hätte. Ihre Augen blieben geschlossen, ihre Arme und Hände hingen schlaff herab, ihr ganzer Körper war, von Mund und Wangen abgesehen, ohne Tonus.

Als sie wieder einmal mit dem Kopf stieß und ihre Beraterin mit Klapsen antwortete, ging sie um sie herum und betatschte behutsam ihren Bauch. Ihre Hände wanderten über diesen ganzen Körperbereich, dann stieß sie mit ihrem Kopf gegen den Bauch und lachte die ganze Zeit über kräftig.

Am nächsten Tag setzte sie diese Versuche fort, indem sie die ganze Vorderseite des Körpers ihrer Beraterin berührte und erforschte, indem sie ihre Arme befühlte und schließlich die Brüste, die sie nie zuvor berührt hatte.

Erst nach dieser gründlichen und anhaltenden Erforschung des Körpers ihrer Beraterin und erst nachdem sie die Brüste entdeckt und zu berühren gewagt hatte, schien Laurie wirklich zum Leben zu erwachen. Sie wurde sich ihres eigenen Körpers bewußter und lernte besser, ihn zu benutzen. Saß sie nun auf dem Schoß ihrer Beraterin, war das nicht mehr ein bloßes Auf-Jemandem-Sitzen oder ein bloßes Verschmelzen mit oder Verschwinden im anderen – Laurie saß jetzt energisch und tatkräftig da. Ihre Beraterin hatte nun verstärkt das Gefühl, es mit einem normalen Säugling zu tun zu haben, so daß es möglich schien, mit Laurie zu spielen und zu kommunizieren.

Um diese Zeit war es auch, daß Laurie zu halluzinieren begann. Das folgerten wir aus der Art, wie sie nach oben blickte, meistens zur Zimmerdecke empor, völlig mit dem beschäftigt, was sich in ihrem Kopf abspielte, so daß sie nichts von dem, was um sie herum vorging, bemerkte. Nach solchen halluzinatorischen Perioden, die zunächst sehr kurz waren, danach aber immer länger und intensiver wurden, nahm sie die Tätigkeit, von der sie davor abgelassen hatte, wieder auf. Von dieser Zeit an schien sie wieder so zu funktionieren, wie sie, nach ihrem damaligen Psychiater zu schließen, mit vier Jahren funktioniert hatte, das heißt sie hatte das Entwicklungsstadium wiedererlangt, das sie zwischen dem vierten Lebensjahr und ihrer nächsten Untersuchung im Alter von sechs Jahren eingebüßt hatte.

Die Geburt des Spiels

Bevor ihr Körper zu neuem Leben erwachte, hatte Laurie es über sich ergehen lassen, daß man sie anzog – aber so, wie man eine Puppe oder Kleiderpuppe anzieht. Doch nun entwickelte sie hier eine gewisse Mutwilligkeit. Auch beobachteten wir voller Freude, daß Laurie ihrer Beraterin zum erstenmal direkt ins Gesicht und in die Augen schaute. Und mit der Zeit sah sie sie ziemlich lange an.

Mittlerweile erwartete Laurie von uns, daß wir beim Waschen und bei anderen Gelegenheiten ihre Lippen rieben. Ihr stets leicht geöffneter Mund war nun bereit, den Finger der Beraterin aufzunehmen, doch schloß sie niemals ihre Lippen um diesen Finger. Später schob sie diesen Finger mit der Zunge auf den Zähnen entlang. Trotz ihrer Angst vor jeglichem Eindringen vertraute sie nun offenbar der guten Absicht ihrer Beraterin. Doch waren dies alles tastende Versuche und Erfahrungen, die im Grunde weniger angenehm als interessant waren. Außerdem ließ Laurie es, wenn auch stets zögernd, geschehen, daß die Beraterin ihr Zahnfleisch massierte.

Schließlich begann sie die Beraterin nachzuahmen. Das tat sie zum erstenmal nach einem langen Bad, bei dem sie Entspannung und angenehme Hautempfindungen erlebte, wobei ihr Wohlbefinden noch dadurch gesteigert wurde, daß die Beraterin sie streichelte und mit einigen Spielsachen mit ihr spielte. Da stand Laurie in der Wanne auf und schaute die Beraterin aufmerksam an; dann stieg sie aus der Wanne und setzte sich in derselben Körperhaltung neben ihre Beraterin auf den Wannenrand. Sie bemerkte die übereinandergeschlagenen Beine ihrer Beraterin und schlug ihre Beine genauso übereinander. Und als sie sah, wie ihre Beraterin die Arme verschränkt hielt, tat sie dasselbe. Schließlich schaute Laurie die Beraterin direkt an und lachte. Mit großer Ernsthaftigkeit und offensichtlicher Freude wiederholte sie den ganzen Vorgang mehrmals. Nachdem sie sich durch die angenehme Erfahrung in der Badewanne ihres Körpers bewußter geworden war, war sie nun also fähig, ihre Beraterin nachzuahmen. Dabei konnte sie auch den Körper ihrer Beraterin in bestimmten Einzelheiten erkennen, und dieser Erkenntnis folgte der Wunsch, die Tatsache, daß sie zwei gesonderte Lebewesen waren, dadurch auszuschalten, daß sie beide durch Nachahmung einander ähnlich gemacht wurden.

Nun, da sie einen anderen Körper erkannt und gelernt hatte, ihren eigenen Körper diesem anderen ähnlicher zu machen, war sie bereit zum Spiel. Denn mit jemandem spielen bedeutet, daß wir eine zweite Person erkennen und fähig sein müssen, einander so sehr zu ähneln, daß wir zusammen handeln können. Von da an entwickelte Laurie nach jedem Bad ein zappliges Verhalten und sie drehte sich im Kreis und streckte mal einen Arm, mal ein Bein aus, um abgetrocknet zu werden. Diese spielerische mutwillige Art war völlig neu an ihr, denn bis dahin hatte sie das Abtrocknen einfach so über sich ergehen lassen, und die Beraterin hatte immer das Gefühl gehabt, steife hölzerne Glieder abzutrocknen.

Bald begann Laurie auch in anderen Situationen mehr zu spielen, obwohl die Lernprozesse langsam einsetzten. So lief sie eines Tages zum Beispiel plötzlich auf allen Vieren um den Tisch herum. Wir dachten, nun würde sie kriechen, doch sie tat es nicht, obwohl sie dem Kriechen noch nie so nahe gekommen war. Zwei Wochen später versuchte sie es nocheinmal. Zuerst streckte sie die Hände vorsichtig zum Boden hin, dann ließ sie sich von ihrem Stuhl gleiten und begab sich in eine kriechende Stellung. Aber immer noch lief sie auf

Händen und Füßen. Doch schließlich senkte sie ihren ganzen Körper dem Boden entgegen und nun kroch sie wie ein Säugling auf Händen und Knien.

Die natürlichen Schritte einer Entwicklung in umgekehrter Reihenfolge lernen zu müssen, ist ein langsamer, schmerzhafter und schwieriger Prozeß. Gwöhnlich fällt dem Säugling der Übergang vom Kriechen zum Gehen leicht. Für Laurie jedoch, die nur schlaff dahinschlurfen konnte, war die Aufgabe des Kriechenlernens gewaltig. Sie erforderte die reibungslose Koordination, die von der Hand über Arm und Körper zum Bein führt. Es war eine Aufgabe, die mit viel Angst verbunden war und nur sehr vorsichtig in Angriff genommen werden konnte.

Nachdem sie sich nun freier gab und freier bewegte, fand in bezug auf ihre Defäkationsprobleme eine neue Entwicklung statt, die eindeutig belegte, daß Laurie mehr Autonomie bekam. Doch bewirkte diese Entwicklung nicht immer bessere Leistung, mehr Reife oder verstärkte Sozialisation. Laurie, die gelernt hatte, wie man geht, mußte nun lernen, wie man kriecht. Die bei der Defäkation neu gewonnene Freiheit zielte in zwei Richtungen: einerseits auf eine verstärkte Sozialisation (Defäkation auf der Toilette) und andererseits auf primitiveres Verhalten (Auf-den-Boden-Urinieren). Doch der Tag kam, als Laurie zum ersten Mal von sich aus auf die Toilette ging.

Um diese Zeit saß Laurie eines Tages auf dem Schoß ihrer Betreuerin und machte ihr Höschen naß, was sie bis dahin nie getan hatte. Als sie entdeckte, daß die Beraterin nichts dagegen hatte, ja sogar erfreut war, war sie überglücklich. Bis dahin hatte Laurie, wenn sie sich naß machte oder beschmutzte, nie gelacht oder irgendwelche andere Freude gezeigt, doch von nun an machte sie ihre Berater oder Beraterinnen häufig mit offenkundigem Vergnügen naß.

Das Anfassen und die Untersuchung ihres Stuhls waren weniger eine Quelle des Vergnügens als ein Problem gewesen, das bewältigt werden mußte. Die Beraterin naß zu machen indes war ein Vergnügen, weil diese positiv reagierte. Laurie mußte die Freude am Funktionieren ihres Körpers bei jedem einzelnen Erfahrungsmodus zurückgewinnen; das galt für's Essen und Kriechen genauso wie für's Urinieren und Defäkieren.

Vielleicht mußte Laurie erst einmal die von ihr unabhängige körperliche Existenz ihrer Beraterin entdecken, bevor sie von der Tatsache, daß dieser Mensch ihr Vergnügen an ihrem eigenen körperlichen Funktionieren teilte, profitieren und die Beraterin durch

Körperspiel nach dem Bad imitieren konnte. Das Naßmachen ihrer Beraterin, das urinieren nicht bloß auf, sondern zusammen mit der Mutterfigur, das dadurch zustande kam, daß beide in einem einzigen Prozeß naßgemacht wurden – vielleicht gab ihr dieses wechselseitige Vergnügen den Mut, für sich selbst zu handeln; und nachdem sie ihre Beraterin naß gemacht hatte, ging sie auf die Toilette, um zu defäkieren.

Diese reifere Benutzung der Toilette war nur ein vorübergehender Fortschritt, ein Beweis, daß sie zu solchem Verhalten fähig war; doch eine Gewohnheit war sie noch nicht. Laurie näherte sich dem normaleren Kleinkindverhalten zwar zusehends, doch zu seiner vollständigen Verwirklichung fehlte noch einiges. Es ist kein natürlicher Prozeß, wenn man sich in der Zeit nicht vorwärts, sondern rückwärts entwickeln muß, und diese Rückwärtsentwicklung ist nie das genaue Spiegelbild der Vorwärtsentwicklung.

Eine Rekonstruktion von Lauries Entwicklung

An diesem Punkt können wir uns anhand der bekannten Fallgeschichte und anhand von Eriksons (1950, 1956) Theorien zur kindheitlichen Entwicklung einen Überblick über Lauries Entwicklung verschaffen. Und wir können vermuten, daß Laurie in ihrer analen Entwicklung nie den verhaltenden und ausscheidenden Modus erreicht hatte. Oder vielleicht hatte sie beide Modi aufgegeben, nachdem sie von ihrem Kindermädchen verlassen worden war und nachdem sie selbst auf eine Wirklichkeit verzichtet hatte, die ihr allzu teilnahmslos vorkam.

Als Laurie den Versuch, mit ihrer Umgebung zurechtzukommen, aufgab, wurde ihr der Ausscheidungsprozeß aufgezwungen. Als Reaktion darauf zog sie alle Besetzung von den Körperprozessen ab, die eine Interaktion mit der Umwelt erforderten (das aber waren Nahrungsaufnahme und -ausscheidung); sie tat das in einem solchen Maße, daß man den Eindruck hatte, diese Prozesse gebe es nun überhaupt nicht mehr. Weder nahm sie auf noch schied sie aus (und das Ergebnis waren Anorexie und Verstopfung). Doch sträubte sie sich auch gegen alle anderen Aktivitäten. Nur widerstrebend (oder aus mangelnder Kraft, sich zu wehren) duldete sie es, wenn man ihr etwas Nahrung einflößte und sie von ihrem Stuhl befreite. Doch da dies geschah, handelte es sich bei dem erstgenannten Prozeß um keine echte Nahrungsaufnahme, ebensowenig wie der zweite Prozeß irgend etwas mit Verhalten oder Ausscheidung zu tun hatte: vielmehr handelte es sich bei beiden Prozessen um ein defensives Nichtfunktionieren. Ihr Nichtdefäkieren war also nicht dem Wunsch nach Verhaltung zuzuschreiben, sondern der Tatsache, daß sie diese Körperfunktion aufgegeben hatte. Und als sie später wieder häufiger Stuhlgang hatte und ihr Stuhl seine marmorartige Konsistenz verlor, handelte es sich dabei wahrscheinlich nicht um das Aufgeben einer Verhaltung, sondern um ein allmähliches Wiederfunktionieren dieser Körperzone.

Werfen wir einen Blick auf Lauries erste Lebensjahre, insbesondere auf ihre Entwicklung bis zu dem Zeitpunkt, an dem ihr erstes Kindermädchen sie verließ, so begegnen wir zwei negativen Merkmalen – der abgebrochenen Sprachentwicklung und der Unfähigkeit, Personen zu erkennen (Laurie benannte zwar Gegenstände, nicht aber Menschen). Die Beziehung zwischen ihr und ihrem Kindermädchen war sicher nicht befriedigend, da Laurie sonst ihren Namen gelernt hätte. Man könnte daraus schließen, daß das Kindermädchen Laurie nie als ein Kleinkind behandelt hat, sondern sich immer nur mit einigen Einzelaspekten befaßt hat – das heißt, Laurie galt nicht als ein zwar kleines und noch nicht entwickeltes, aber dennoch völlig menschliches Lebewesen. Vielleicht hat dieses Kindermädchen dazu geneigt, seinen »Herrschaften« mit dem geringsten Gefühlsaufwand zu Gefallen zu sein. Oder vielleicht hat sie Laurie zu einem Verhalten erzogen, das für sie und/oder für die Eltern am bequemsten war: ein Kind, das keine Umstände machte, das regelmäßig aß und defäkierte und das sich still mit sich selber beschäftigte. Erreicht wurde das wahrscheinlich dadurch, daß man Laurie aller Spontaneität beraubte; diese Beraubung war unerläßlich, um etwas wie einen Konditionierungsprozeß in Gang zu bringen. Da man sie wie ein Objekt behandelte, lernte Laurie, Objekte zu benennen, sowie einige »konditionierte« Reaktionen wie »Bye-bye«. Doch da sie nie als eine Person behandelt und da ihr nie erlaubt, da sie nie ermuntert wurde, sich zur Person zu entwickeln, hat sie vielleicht nie gelernt, Personen zu erkennen; gewiß aber hat sie nie gelernt, sie beim Namen zu nennen.

Ein Vergleich mit den Krankengeschichten anderer autistischer Kinder, die wir gekannt haben, führt zu einigen zusätzlichen Spekulationen. Zum Beispiel die, daß sich das Kindermädchen gegenüber Laurie möglicherweise nie als eine vollständige Person verhalten hat. Viele Mütter autistischer Kinder haben Angst, sich als vollständige Person zu verhalten, und andere sind zu solchem Verhalten aus diesem oder jenem Grund unfähig. Eine Mutter, die den Wunsch verspürt, daß es ihr Kind nicht gäbe, hat solche Angst vor ihren eigenen Neigungen, daß sie sich beim Umgang mit ihrem Kind aller Spontaneität und Gefühlsregungen beraubt. Bei ihren Bemühungen, das Kind etwas zu lehren, kommuniziert sie nie mit dem Kind als einer ganzen Person, um nur ja nicht ihre eigenen Gefühle in die Beziehung eindringen zu lassen. Sie befaßt sich nur mit einem einzelnen Körperteil oder mit der Einzelfunktion, die sie dem Kind anerziehen möchte.

Laurie mag so behandelt worden sein, obwohl ich das bezweifle. Es besteht kein Grund zu der Annahme, daß das Kindermädchen in Laurie emotional so viel investiert hatte, daß sie ihre Emotionen verdrängen und das Kind mechanisch, das heißt als ein Objekt behandeln mußte. Da ist es schon wahrscheinlicher, daß das Kindermädchen, da es sehr jung war und voller eigener Interessen und Probleme steckte, einfach kein Interesse aufbrachte für ein Baby, das wahrscheinlich von Anfang an nicht sehr reaktionsfreudig war. Da ihm jede Gefühlsbeziehung zu dem Kleinkind und zu seinen Aufgaben im Hause abging, wollte es von Laurie vielleicht so wenig wie möglich belästigt werden – das galt für die Nahrungsaufnahme wie für ihre Ausscheidung. Wahrscheinlich war ihr Interesse für Laurie so gering, daß es ihr egal war, ob Laurie besagte Prozesse rasch oder wie auch immer erledigte.

Auffälligstes Merkmal des Verhaltens des Kindermädchens gegenüber Laurie dürfte seine emotionale Gleichgültigkeit gewesen sein. Da das Kindermädchen für Laurie nichts empfand, zeigte es keine Reaktion auf Lauries Gefühle, ganz gleich, ob das Kind gehorsam war oder nicht. So aber erlebte auch Laurie keine gefühlsmäßige Reaktion auf das, was sie tat oder nicht tat. Nur daß eben die Enttäuschung des Erwachsenen über das unterlassene Tun des Säuglings und seine Bemühungen, den Säugling zu aktivieren, für die Persönlichkeitsentwicklung des Kleinkindes genauso wichtig sind wie die Gefühlsreaktion auf das Tun des Säuglings. Da aber Laurie das eine wie das andere fehlte, erlebte sie vermutlich keine einzige echte Begegnung mit einer anderen Person.

All diese Dinge könnten teilweise erklären, weshalb es Laurie nicht gelungen ist, Personen (einschließlich ihrer selbst) zu erkennen oder mit anderen durch Sprache und Gesten zu kommunizieren. Die Konzentration auf unbedeutende und isolierte Teile eines Ganzen finden wir widergespiegelt in der Tatsache, daß die Mutter in Lauries langes Haar geradezu närrisch verliebt war. Und vielleicht hat auch das Kindermädchen eine »Fixierung« dieser Art aufzuweisen gehabt.

Sollte meine Rekonstruktion der frühen Erfahrungen Lauries richtig sein, würde das erklären, weshalb Lauries Entwicklung eine so sonderbare Richtung nahm, und was genau geschah, als ihr Kindermädchen sie verließ. Im Gegensatz zur Meinung der Mutter – die Eltern waren in Lauries Säuglingsalter häufig von zu Hause fort – verlief Lauries Entwicklung wahrscheinlich überhaupt nicht normal.

Was wir, als wir uns zum ersten Mal Lauries Krankengeschichte anhörten, als eine heftige Reaktion auf die Trennung von dem Kindermädchen, als eine tiefe Trauer wegen des Fortgehens einer geliebten bemutternden Person interpretiert hatten, war vielleicht etwas völlig anderes.

Das Kindermädchen kann Laurie geduldig zu einigen »Tricks« erzogen haben, die dem Kind selbst nichts bedeuteten; »Tricks«, die nur mit dieser Erzieherin selbst etwas zu tun hatten und in Laurie keine Wurzeln geschlagen hatten. Als konditionierte Reaktionen hingen sie von der Anwesenheit der konditionierenden Person ab. Die Beherrschung der Körperfunktionen besaß für das Kindermädchen und folglich auch für Laurie keine emotionale Bedeutung. Als das Kindermädchen fortgegangen war, hatte sich Laurie möglicherweise weiter an diese Regeln gehalten, so als sei das Mädchen noch da. Doch als Laurie nach einigen Tagen völlig andere Reaktionen auf diese »Tricks« erlebte (wo sich das Kindermädchen vielleicht gleichgültig verhalten hatte, reagierte die Mutter nun mit Ärger und Schlägen), gab sie diese »Tricks« einfach auf, denn sei erfüllten nicht mehr ihren Zweck, ja hatten nun unangenehme Auswirkungen.

Obwohl wir, die wir Laurie so gut kannten wie man sie nur kennen konnte, diese Rekonstruktion für überzeugend halten, ist sie doch fragmentarisch und unvollständig. Sie läßt die Möglichkeiten, die jedem Menschen angeboren sind, unbeachtet. Sie vernachlässigt die autonome Reaktion des Kindes auf seine Umwelt, sowie seinen Wunsch und seine Fähigkeit, sein Leben, egal unter welchen Bedingungen, zu schützen. Sie übersieht zum Beispiel das, was positiv war: den Widerstand, der sich in Lauries Nichtstun widerspiegelte; die Identifizierung mit einer Mutter, bei der Laurie den Eindruck von Leere hatte, und mit der Nichtreaktion beider Eltern auf ihr Kind, so wie Laurie diese erlebte. Auch diese Dinge bildeten einen Teil von Lauries Nichtstun. Unsere Rekonstruktion übersieht die Tatsache, daß Laurie, nachdem das Kindermädchen gegangen war, einige Zeit mit Bauklötzchen spielte und diese bemalte. Das läßt auf die spontane Bemühung schließen, etwas zu tun, sich zu entwickeln; eine Bemühung, die, da sie nicht belohnt wurde, langsam in einen Rückzug mündete; dieser Rückzug begann vielleicht als Ärger und verwandelte sich erst später in Verzweiflung.

Wie dem auch sei, mit dem Fortgehen des Kindermädchens setzte der Rückzug ein, der in manchen Bereichen langsam, in anderen sehr rasch vor sich ging. Dieser Rückzug wurde bald so vollkommen, daß einen die Fähigkeit dieses Kindes, derart reaktionslos zu leben, baß erstaunen mußte. Um nur von Lauries oralem Apparat zu sprechen: die Tatsache, daß es sie nicht einmal »hob«, wenn sie sich erbrach, und daß sie das Erbrochene passiv aus dem Munde fließen ließ, beweist, in welchem Umfang jegliche Besetzung vom Ausscheidungsmodus der oralen Zone abgezogen war. In unserer ganzen Gruppe autistischer Kinder, die stummen miteinbeschlossen, hat es kein weiteres Kind gegeben, das weder physisch noch emotional keine Reaktion, ja nicht einmal eine Andeutung von Unbehagen, Angst oder Ekel auf sein Erbrechen gezeigt hätte.

Indem sie die selbständige Nahrungsaufnahme aufgab, bewies Laurie, daß die Besetzung des aktiven einverleibenden Modus der oralen Zone nicht mehr existierte. Laurie nahm lediglich passiv auf, was man ihr in den Mund steckte. Sie hatte sogar einen Teil des frühesten Modus, den der oralen Einbehaltung, aufgegeben. Es war beeindruckend mitzuverfolgen, wie sie auf einen wesentlichen Teil dieses Modus, nämlich das Schließen von Zähnen und Lippen, verzichtet hatte. Wie bereits erwähnt, blieben ihre Lippen noch Monate, nachdem sie zu uns gekommen war, leicht geöffnet; ihre Zähne schlossen sich nicht, ihr Mund stand passiv offen – höchstwahrscheinlich um jedem Beißen oder Sprechen vorzubeugen (s. S. 130f.). Davon abgesehen, schien der Mund in seinen normalen Funktionen der Einverleibung und Einbehaltung mit so wenig Energie besetzt zu sein, daß er zu keiner schließenden Schutzfunktion mehr fähig war – einzige Ausnahme bildeten die Fälle des forcierten Eindringens (denken wir nur an die Zahnbehandlung solcher Kinder oder an die Situation, in der Laurie ihre Beraterin in den Finger biß).

Wir können sagen, daß Laurie, als sie zu uns kam, nichts tun, ja nicht einmal etwas entgegennehmen konnte; denn das bißchen Nahrung, das in ihren Körper gelangte, mußte ihr eingeflößt werden. Man möchte fast sagen, daß sogar ihre Passivität einen Großteil der zum Handeln dringend erforderlichen Energiebesetzung eingebüßt hatte. In bezug auf die orale Zone und auf den oralen Modus war nie eine Aktivität entwickelt oder vor langer Zeit aufgegeben worden. Zunächst half Laurie, wenn man ihr etwas in den Mund steckte, überhaupt nicht nach. Ihre ersten Schritte zur aktiven Einverleibung bestanden darin, daß sie zunächst Rosinen und später auch den Finger ihrer Beraterin in ihren Mund aufnahm. Vielleicht war das die Zeit, in der sich ihr passives Entgegennehmen zum ersten Mal in aktive Aufnahme verwandelte.

Doch sollte Laurie früher tatsächlich einmal voll aktiv gewesen sein, so war der Prozeß, der nach dem Fortgehen des Kindermädchens eingesetzt hatte, ein schrittweiser Rückzug in ein präpersonales Stadium: sie gab das Sprechen auf, verlor die Kontrolle über ihre Ausscheidungsfunktionen, gab das Spielen auf und am Ende sogar die Fortbewegung, das Sehen und (wie man annehmen möchte) alle menschlichen Gefühlsregungen.

Wir wissen nicht, wie ihre Sauberkeitserziehung im einzelnen zusammengebrochen ist. Was wir vermuten konnten, war lediglich, daß Laurie, kurz nachdem sie zu sprechen aufgehört hatte, die Kontrolle über ihre Ausscheidungsfunktionen verlor, worauf sie das Spielen und die Fortbewegung aufgab. So aber schien es uns bedeutungsvoll, daß sie sich (im Gegensatz zu dem simplen Bewußtsein ihres eigenen Stuhles, das früher einsetzte) erst dann der Tatsache bewußt wurde, daß *sie* es war, die defäkierte, als sie den Genuß erlebt hatte, den ihr die folgenden Dinge vermittelten: erstens der Körper der bemutternden Person, zweitens ihr eigener Körper, der mit dem des Erwachsenen interagierte, und drittens ihre Ausscheidung bei engem körperlichem Kontakt (bei der sie die Beraterin naßmachte).

Wie bereits erwähnt, war Laurie, obwohl sie sich nun ihrer eigenen Ausscheidung bewußt geworden war, immer noch ein autistisches Kind. Sie war immer noch im Begriff, die Beherrschung eines Zonenmodus nach dem anderen zu erlangen oder zurückzuerlangen. Doch konnte sie die einzelnen Modi noch nicht in einem integralen Erleben zusammenschließen. So schloß sie zum Beispiel die Augen und aus ihrem Körper wich alle Muskelspannung, als sie schließlich aktiv urinieren konnte. Ihre Arme hingen passiv an ihr herab, als werde ihr Körper durch keine Muskeln zusammengehalten.

Wenn sich Laurie also mit ihrem Gefühl und Bewußtsein auf den Ausscheidungsmodus konzentrierte, schien diese Erfahrung so intensiv zu sein, daß für etwas anderes kein Raum oder keine Energie blieb. Und kein anderer Modus kam ins Spiel, was sich daraus ersehen läßt, daß Fortbewegung und Einverleibung ausgeschaltet blieben. Sie war zwar beim Urinieren aktiv geworden, nicht aber als ganze Person. Sonst hätten ihre anderen Fähigkeiten (zum Beispiel die des Sehens) an dieser Erfahrung teilgehabt, was später dann ja auch der Fall war.

Einen solchen Fragmentierungsprozeß haben wir auch in umgekehrter Richtung beobachtet, wenn die Absicht die war, daß ein Reiz *nicht* ins Bewußtsein gelangen sollte. Einer unserer autistischen Jungen nahm manchmal ganz plötzlich eine total erstarrte Körperhaltung ein, wobei er die Fingerspitzen an den Ohrläppchen hatte oder die Schultern gegen die Ohren preßte. Wir erlebten das immer nur dann, wenn jemand mit ihm sprach. So kam das zum Beispiel mehrere Male vor, als man ihm sagte, daß einer unserer Mitarbeiter, an dem er sehr hing, in Urlaub gehe. Auch kam das dann vor, wenn man ihm sagte, daß der Berater, der zu Einzelsitzungen zu ihm kam, noch ein anderes Kind besuchen werde. Diese Unbeweglichkeit schien der Versuch zu sein, sensorische Stimulierung zu vermeiden, wobei es im Falle dieses Jungen um einen auditiven Reiz ging, der eine besondere Bedeutung für ihn besaß.

Doch der entscheidende Punkt, um den es hier geht, ist die Reaktion des ganzen Körpers auf einen einzigen Reiz, eine Reaktion, bei der aller sensorischer Input minimal gehalten wurde und die motorische Aktivität abbrach. Das heißt, der Junge war unfähig, durch Hören oder Nichthören angemessen oder selektiv auf einen auditiven Reiz zu reagieren. Um jegliches Hören zu vermeiden, mußten alle Empfindungen, einschließlich derer, die durch Bewegung entstanden, unterbunden werden.

Erikson (1950, 1956) vertritt den Standpunkt, daß, während in jedem Entwicklungsstadium ein Modus dominiert, alle Zonen und alle anderen Modi präsent bleiben und Hilfsfunktionen erfüllen. Das Wechselspiel der Zonen und Modi fehlte bei Laurie, das ist sicher, und es fehlt bei den meisten unserer autistischen Kinder. Erikson geht auf die erste Entwicklungsperiode ein, die den ganzen Prozeß der Persönlichkeitsentwicklung ins Rollen bringt, und nennt die Faktoren, die zu einer gesunden, abgerundeten Entwicklung der geamten Persönlichkeit nötig sind: Im ersten Einverleibungsstadium muß der vorherrschende Einverleibungsmodus Schritt um Schritt unterstützt werden durch Versteifung von Kiefer und Zahnfleisch (zweiter Einverleibungsmodus), durch Auf- und Ausstoßen (Ausscheidungsmodus), durch Schließen der Lippen (Verhaltungsmodus) und eine »eindringende« (aggressive) Tendenz von Kopf und Hals, energisch nach dem gewünschten Ziel zu suchen.

Als Laurie zu uns kam, fehlten alle diese stützenden Modi. Sie benutzte weder Kopf noch Hals, um besser essen zu können, sie biß nicht und stieß nicht auf, sie schloß weder Kiefer noch Lippen. Alle diese Modi mußte Laurie in einem jeweils gesonderten Lernprozeß erlangen oder zurückerlangen. So lernte sie zum Beispiel, mit ihrem Kopf und ihrem Hals ein Ziel suchen, als sie ihren Kopf auf dem Körper der Beraterin und auf dem Kopfkissen hin und herwiegte. Während ihres Aufenthaltes bei uns kam es selten vor, daß alle Modi einander auf reibungslose, koordinierte Weise unterstützten. Doch bevor sie die Orthogenetische Schule verließ, war sie einer Integration der fraglichen Modi und damit der Möglichkeit zu sprechen sehr nahe gekommen. Das lassen zumindest die lautlose Artikulation, die an ihren Mundbewegungen abzulesen war, und die zunehmende Vielfalt von Geräuschen, die sie machte, vermuten.

Bei nichtsprechenden autistischen Kindern wie Laurie erweist sich Eriksons Analyse der Verstandestätigkeit, die als eine Teilfunktion zu betrachten ist, als besonders aufschlußreich:

> Wir nehmen ein Informationsitem wahr; wenn wir es einverleiben, erfassen wir den Teil davon, der des Erfassens wert scheint; indem wir es verarbeiten, versuchen wir es auf unsere eigene Weise zu verstehen, wobei wir es anderen Informationsitems anpassen; wir halten Teile davon zurück und scheiden andere aus; und wir geben es an eine andere Person weiter, bei der sich die entsprechende Verarbeitung oder Einprägung wiederholt.

Damit sich Sprache zu Kommunikation entwickeln kann, ist ein Zusammenspiel aller Modi erforderlich. Da auch die Sprachentwicklung mit der Einverleibung (von Informationen) beginnt, ist ein Zusammenspiel der verschiedenen Modi im ersten und primitivsten Einverleibungsstadium eine unerläßliche Vorbedingung des Sprachvermögens.

Doch Eriksons Analyse befähigt uns auch, ein mangelndes Sprechvermögen auf die Enttäuschung seiner intendierten Funktion zurückzuführen – es ist das ein Mangel an angemessener Verarbeitung durch eine andere Person. Als das Kindermädchen fortgegangen war, hat Laurie vielleicht herauszufinden versucht, ob sie ein neues Leben mit ihren Eltern beginnen könne, so wie sie damals ein neues Leben mit dem Kindermädchen begonnen hatte. Deshalb kehrte sie zu den glucksenden, nichtartikulierten Lauten zurück, die die präverbale Interaktion zwischen Eltern und Kindern einleiten und sich später zum artikulierten Sprechen entwickeln. An diesem

Punkt wurden ihre Bemühungen durch ihre Mutter vereitelt. Doch obwohl das wahrscheinlich zu Lauries mangelndem Sprechvermögen beitrug, bestand ihre Hauptschwierigkeit beim Erwerb von Sprache unserer Meinung darin, daß sie die verschiedenen Modi nie vollständig integrierte und daß sie innerhalb auch nur einer Zone oder eines Modus nie eine vollständige Funktionsfähigkeit erreichte.

Laurie, die einst etwas sprechen konnte und dann das Sprechen aufgab, vermittelt uns ein Bild, das sich von dem anderer nichtsprechender autistischer Kinder unterscheidet. Das Scheitern des Erwerbs von Sprache dieser Kinder scheint darauf zurückzuführen zu sein, daß unter Ausschaltung der einverleibenden, ausscheidenden und eindringenden Modi ein ganz besonderer Nachdruck auf dem verhaltenden Modus des ersten Entwicklungsstadiums liegt. So begann zum Beispiel ein siebenjähriges nichtsprechendes Mädchen, das wie Laurie früher offenbar einige Wörter gesagt hatte, sein Sprechvermögen mittels glucksender Geräusche zu entwickeln, die früher anscheinend auch bei Laurie zu beobachten waren. Von uns ermuntert, entwickelten sich diese Geräusche zu einem infantilen Gaga-Gebabbel, wobei Tonfall und Gefühlsqualität immer vielfältiger wurden und sich richtiges Sprechen immer klarer abzeichnete.

Doch führt die Fähigkeit zu sprechen bei diesen Kindern nicht zur Kommunikation. Dazu muß der gesamte orale Apparat integriert und in sich selbst abgesichert sein. Erst dann vermag er sich in den Dienst der persönlichen Interaktion zu stellen. So benutzte dieses Mädchen die Sprache einige Zeit lang als Signal und Befehl (»Nein!«, »Geh!«). Doch als es von dem Mitarbeiter, der ihm am nächsten stand, wieder einmal zum Sprechen aufgefordert wurde, antwortete es mit einem klaren und entschlossenen »Noch nicht!« Dabei aber blieb es für geraume Zeit.

Auch Marcia hatte, als sie die meisten oralen Modi bewältigt hatte, lange Zeit einige Wörter wiederholt. Als sie bereit war, die Möglichkeit des Sprechens im Sinne einer Kommunikation in Betracht zu ziehen und ihr Berater sie dazu ermutigte, reagierte sie mit der sehr unschlüssigen Frage: »Warum sprichst du?« Sogar nach dem Erwerb der Sprechfähigkeit mußte sie deren Wert und Bedeutung als interpersonales Phänomen verstehen, bevor sie die Aufgaben der Kommunikation meistern konnte.

Die vorangegangene theoretische Abschweifung wurde deshalb eingeschaltet, weil sich an diesem Punkt von Lauries Entwicklung einige wichtige Dinge ereigneten, die wir vielleicht immer noch nicht ganz verstehen. Sie äußerten sich in der bestürzenden Form eines totalen Zusammenbruchs.

Einmal schon, es war um Weihnachten gewesen, hatten wir einen teilweisen Zusammenbruch Lauries miterleben müssen. Sie war bereits drei Monate in unserer Schule gewesen, und nun nahm ihre Lehrerin eine Woche Urlaub, was sicher hart für sie war, und dann war ihre Hauptberaterin fünf Tage lang nicht für sie da. In den letzten drei Tagen dieser Zeit zog sich Laurie, die sich im Stich gelassen fühlte, zurück. Sie wurde still, aß und trank wenig und schien von neuem allen Lebenswillen verloren zu haben.

In diesen Tagen (wahrscheinlich gegen Ende dieses Zeitabschnittes) verlor Laurie über zwei Kilogramm an Gewicht, was bei diesem zarten Kind, das immer noch mehr oder weniger anorektisch war, alarmierte. Doch nach der Rückkehr ihrer Beraterin holte sie dieses Gewicht bald wieder auf und ihr Verhalten wurde wieder so, wie es vor diesem Einschnitt gewesen war. Damals sahen wir in diesem Vorfall eine positive und angemessene Reaktion auf das Gefühl, im Stich gelassen zu werden – sie schien uns zu beweisen, daß einige Mitglieder des Personals für Laurie wichtig geworden waren; das aber schien uns ein gutes Vorzeichen für die weitere Entwicklung ihrer Persönlichkeit zu sein.

Doch nach diesem dramatischen Rückzug machte sich Lauries Hauptberaterin immer wieder Sorgen darüber, wie sie je wieder Urlaub nehmen könnte, ohne schwerwiegende Folgen für Laurie und heftige Schuldgefühle für sich selbst befürchten zu müssen. Als es Frühling wurde, plante sie, in Bälde die Schule zu verlassen, doch hatte sie Angst, die starke Bindung zwischen ihr und Laurie könnte sie daran hindern. Als sich der zweite heftige Zusammenbruch ereignete, suchten wir nach der Ursache zuerst in dem Wunsch dieser Beraterin, die Schule zu verlassen, und in der daraus resultierenden Ambivalenz. Doch rückblickend halten wir es für ziemlich unwahrscheinlich, daß diese Ambivalenz der Hauptfaktor für Lauries Zusammenbruch gewesen sein könnte. Einer unserer Gründe für diese Annahme ist die Tatsache, daß diese Ambivalenz einige Zeit vor und nach dem Rückfall vorhanden gewesen war, ohne daß sie weitreichende Folgen gehabt hätte; auch war diese Ambivalenz in Zeiten vorhanden gewesen, in denen Laurie beachtliche Fortschritte gemacht hatte.

Die Bedeutung der Mutter beim infantilen Autismus

Ich möchte nun noch einmal abschweifen, da der Grund dafür, daß wir Lauries Zusammenbruch der Ambivalenz der bemutternden Personen zugeschrieben haben, doch von einiger theoretischer Bedeutung zu sein scheint. In der Literatur hat man den Einstellungen der Mutter als Autismus verursachender Faktor große Aufmerksamkeit geschenkt.

In diesem Buch begegnet der Leser immer wieder meiner Überzeugung, daß der beschleunigende Faktor beim infantilen Autismus im Wunsch des Elternteils besteht, das Kind möge nicht existieren. Während derselbe Wunsch bei anderen Kindern nicht dieselbe Störung zu bewirken braucht, und während wir irgendwann vielleicht entdecken werden, daß irgendein organischer Faktor eine Vorbedingung des Autismus ist, sehen wir uns heute der Tatsache gegenüber, daß fast alle organischen Bedingungen, die bisher mit dieser Krankheit in Zusammenhang gebracht worden sind, auch bei nichtautistischen Kindern anzutreffen sind.

Das scheint mit Grund genug, um in den elterlichen Einstellungen nach der Ursache dafür zu suchen, daß eine organische Empfänglichkeit – falls sich ein derartiger Faktor als typisch herausstellen sollte – nur bei einigen Kindern Autismus bewirkt, bei anderen dagegen nicht. Auch scheint mir das ein ausreichender Grund zu sein, als diese bewußten oder unbewußten Einstellungen in allen uns bekannten Fällen, die eine einigermaßen verläßliche Überprüfung zuließen, vom Kind als der Wunsch, daß es nicht existieren wollte, erfahren wurde.

Ich möchte hier klarstellen, weshalb sich die nun anschließende Auseinandersetzung vor allem mit ambivalenten Einstellungen gegenüber dem autistischen Kind befaßt. Der Grund ist der, daß die Ambivalenz meiner Meinung eine zu schwach ausgeprägte, eine zu alltägliche Erscheinung ist, als daß sie den infantilen Autismus begründen könnte.

Es dürfte unmöglich sein, das bereits autistische Kind in jahrelanger Pflege zu umsorgen, ohne daß wiederholte und zuweilen anhaltende Perioden der Ambivalenz aufträten. Das totale Engagement, das die Störung dieser Kinder erfordert, die Notwendigkeit der bemutternden Person, die Seltenheit positiver Reaktionen – diese und viele andere Dinge erzeugen Ambivalenz. Von zentraler Bedeutung aber sind der Verdruß und der Ärger über das Ausmaß, in dem diese Kinder durch ihre Negation und Passivität ihre Umgebung beherrschen; ist der häufige Mangel an klaren positiven Reaktionen sogar auf die hingebungsvollsten Bemühungen und damit der Zweifel daran, ob diese Bemühungen überhaupt richtig sind; ist die Befürchtung, man müsse sich diesen Kindern jahrelang in aller Ausschließlichkeit widmen; sind die Schuldgefühle darüber, daß man selbst frei sein möchte.

Diese und andere Faktoren erzeugen sogar bei den Mitarbeitern ambivalente Gefühle, die am stärksten wünschen, einem solchen Kind zu helfen und die sich dieser Aufgabe weit über ihre Pflicht hinaus verschreiben. Dieser Ambivalenz begegnet man gewöhnlich dann, wenn sich das Kind zurückzieht, denn ein solcher Rückzug scheint, wenn er schwerwiegend ist, alles bisher Geleistete in Frage zu stellen; er erzeugt ein Gefühl des Sich-Verletztfühlens darüber, daß immense Anstrengungen vergeblich gewesen sind; und er bewirkt die Angst, man könne Fehler gemacht, könne die Erwartungen des Kindes enttäuscht haben. Auch ist da die Befürchtung, daß der ganze schwierige Prozeß, durch den man das Kind nun so weit gebracht hat, noch einmal von vorne beginnen könnte. So aber ist das Auftreten von Ambivalenz oder die Verschlimmerung einer solchen Ambivalenz häufig die Folge und nicht die Ursache des autistischen Rückzuges.

Das Handeln eines Säuglings oder Kleinkindes, das auf die Mutter ausgerichtet ist, und die entsprechende Reaktion der Mutter erfolgen häufig so blitzschnell, daß es sehr schwierig ist, sich ein genaues Bild von ihrem zeitlichen Ablauf zu machen. Was eine Folge war, kann leicht als Ursache interpretiert werden. Und die Reaktion der Mutter kann wesentlich früher zu Bewußtsein gelangen als das Handeln des Kindes. Wenn die emotionale Reaktion des Kindes für die Mutter sozusagen auf einer Reizschwelle angesiedelt ist, kann sich die Mutter ihrer eigenen Reaktion zuerst bewußt werden, während sie die Reaktion des Kindes erst später oder überhaupt nicht bemerkt. Dasselbe gilt für die Beziehungen des autistischen Kindes zu seiner Pflegeperson, da dieses Kind, ähnlich wie der Säugling, häufig nur Reaktionen auf einer Reizschwelle äußert.

Wir können nun die folgende Sequenz von Ereignissen annehmen: eine Reaktion des autistischen Kindes auf der Reizschwelle – und seine meisten Reaktionen spielen sich auf oder unter dieser Schwelle ab – erzeugt in der bemutternden Person Ambivalenz oder eine negative Reaktion. Darauf aber reagiert das Kind mit einem massiven Rückzug.

Konfrontiert mit solch offenkundigem und bedrohlichem Verhalten, grübelt die Pflegeperson darüber nach, weshalb sich das Kind zurückgezogen hat. Alles, was sie erinnert oder was ihr bewußt ist, ist ihre eigene Ambivalenz oder ihr eigener Negativismus. Aus ihrem Schuldgefühl heraus hält sie diesen Negativismus für die Ursache des Rückzugs, oder es sind ihre Mitarbeiter, die zu dieser Meinung gelangen, wenn die Pflegeperson über ihre selbstbeobachtete Ambivalenz berichtet. Dementsprechend wird der Rückzug des Kindes als Folge der Gefühle der Pflegeperson betrachtet, obwohl diese Gefühle nicht Ursache, sondern Wirkung des vorausgegangenen Rückzugs auf oder unter der Reizschwelle gewesen sein können. Doch da nur eine Gruppe von Ursachen erkannt wird, begründen wir prompt mit ihrer Hilfe ein Verhalten (den totalen Rückzug), das wir als bedrohlich erleben, so lange es unbegründet bleibt.

Ich glaube, daß parallele Erscheinungen die in der Literatur beschriebenen Einstellungen der Mutter oder bemutternden Person begründen können. Mütterliche Gefühle, seien sie nun gleichgültig, negativ oder ambivalent, müssen dazu herhalten, den infantilen Autismus zu erklären, obwohl meiner Meinung nach nur das Extrem der negativen elterlichen Gefühle den autistischen Prozeß auslösen kann.

Lauries Zusammenbruch, dieser totale Rückzug aus der Welt, veranschaulicht auf lehrreiche Weise diesen Irrtum. Denn beeinflußt von der Literatur suchten auch wir zunächst nach einer Begründung in der emotionalen Einstellung der bemutternden Person. Und da wir sie hier suchten, fanden wir sie hier natürlich auch. Die Beraterin war um jene Zeit voll ambivalenter Gefühle gegenüber Laurie, aber auch wenn sie das nicht gewesen wäre, hätte das kaum einen Unterschied gemacht. Für die anderen Mitarbeiter, die sich mit Laurie beschäftigten, lag das klar auf der Hand.

So glaubten wir einige Zeit lang mit ziemlicher Sicherheit zu wissen, was den Zusammenbruch Lauries bewirkt haben mochte. Doch vom günstigeren Standpunkt einer späteren Zeit aus gesehen – diese Niederschrift erfolgt fast zehn Jahre nach dem hier beschriebenen Ereignis – und nach einer sehr sorgfältigen Überprüfung des Materials konnten wir begreifen, daß es sich bei dem ambivalenten Verhalten der Pflegeperson gegenüber Laurie um die unmittelbare bitter enttäuschte Reaktion auf Lauries Rückzug handelte, die einsetzte, kaum daß sich dieser Rückzug abzuzeichnen begann.

So weit wir uns nachträglich ein Bild machen können, bestand das Geschehen lediglich darin, daß Laurie, als sie mit ihrer Lehrerin vom Klassenzimmer zurückkehrte, rückwärts in den Schlafsaal ging. Dieses Schwellensignal wurde von der Beraterin bewußt registriert, weil solches Verhalten für Laurie ungewöhnlich war; doch vermochte die Beraterin nicht die unbewußte Bedeutung, die dieses Verhalten für Laurie besaß, zu erkennen, ebensowenig wie sie die inneren Gefühle erkannte, die sich in diesem Verhalten äußerten. Doch erkannte die Beraterin das Verhalten unbewußt immerhin als eine Rückzugsreaktion, was es ja auch war, und so sah sie in ihm eine Zurückweisung, was es nicht war.

Da die Beraterin in Lauries Fortschritte so viele Energien investiert hatte, war die ausgelöste Angst so groß, daß die Zuneigung, die die Beraterin für Laurie empfand, akut ambivalent wurde. Bewußt wurde diese Ambivalenz in einer Weise erlebt, wie wir sie bereits beschrieben haben: die Beraterin trug sich wieder mit dem Gedanken, die Orthogenetische Schule zu verlassen, hatte dabei jedoch das Gefühl, daß dies wegen Laurie unmöglich sei und so weiter.

An diesem und vor allem an den beiden folgenden Tagen, an denen sich Laurie in eine totenähnliche Anorexie zurückzog, nahmen die erkannten ambivalenten Gefühle der Beraterin, das heißt, deren Schuldgefühle, ständig zu. Bei unseren Spekulationen beschäftigten wir uns vor allem mit der Frage, was zu diesem Zusammenbruch geführt haben mochte und was getan werden mußte, um Laurie aus ihm herauszuholen. Die Ambivalenz der Beraterin, die wir damals für die wesentliche Ursache des Zusammenbruches hielten, betrachten wir heute als einen vielleicht sogar unwesentlichen Faktor, der den Rückzug ursprünglich förderte und sich zum kontinuierlichen Faktor auswuchs, als der Rückzug dann tatsächlich einsetzte.

Die unterschiedliche Reaktion, die wir und die Beraterin auf Lauries Rückzug und Anorexie um Weihnachten herum zeigten, erhellt, wenn man sie mit dem Geschehen im Frühjahr vergleicht, noch stärker, wie eine Ambivalenz einen Rückzug verschlimmern kann. Um Weihnachten herum interpretierten wir Lauries Rückzug als ein Zeichen für die zunehmende Zuneigung, die sie für die eine Beraterin empfand; das gefiel und beruhigte uns. Daher konnte die Beraterin Laurie gegenüber sofort wieder alle ihre alten positiven Gefühle äußern, sowie die zusätzlichen neuen Emotionen, die sich daraus ergaben, daß sie im Rückzug Lauries einen Beweis dafür sehen konnte, daß sie zu dem Kind vorgedrungen war. Die Folge war, daß dieser Rückzug bald wieder in die entgegengesetzte Richtung strebte.

Im Frühjahr dagegen setzte Lauries Rückzug zu einer Zeit ein, zu der die Beraterin aus den eben erwähnten Gründen eine ganze Menge ambivalenter Gefühle entwickelte. Durch diese Ambivalenz löste Lauries Verhalten bei der Beraterin Schuld, Angst und Ressentiments aus. Daraus konnte sie weder eine narzißtische Befriedigung ziehen noch die zusätzliche Kraft, um ihre Ambivalenz aufzulösen. Im Gegenteil, ein heftiger Ansturm negativer Gefühle war die Folge, der nur durch bewußte Bemühung eingedämmt und aufgefangen werden konnte.

Wird diese Erfahrung als gültig für die Beziehungen zwischen Kleinkindern und Müttern anerkannt – das kann richtig, kann unrichtig, kann zum Teil richtig sein –, so besteht der für das Los des Kindes entscheidende Faktor darin, ob einem spontanen Rückzug eine positive, ambivalente oder negative Reaktion sich anschließt. Doch obgleich die Einstellungen der bemutternden Person gegenüber dem Rückzug des Kindes aus eben diesem Grund wesentlich sind, dürfen wir deshalb keinesfalls annehmen, daß sie ihn verursacht haben. Denn sogar eine negative Reaktion führt nur dann zum infantilen Autismus, wenn sie so extrem ist, daß sie im Kind die bleibende Überzeugung erzeugt, daß seine Existenz unerwünscht ist.

Fachleute, die Tiere dressiert haben, haben mir erzählt, daß es vergleichsweise einfach sei, mit großen katzenartigen Tieren zu arbeiten, weil sie, bevor sie angreifen, typisches prodromales Verhalten zeigen, das darin besteht, daß sie sich einige Handbreit zurückziehen. Ob dieses gerade eben einsetzende und häufig sich auf der Wahrnehmungsschwelle abspielende Verhalten zu einem bösartigen Angriff führt oder einfach vorübergeht, hängt völlig von der Reaktion des Dresseurs ab. Wenn dieser so und so reagiert, kann er angegriffen, ja getötet werden oder zumindest wird seine Beziehung zu dem Tier beeinträchtigt; reagiert er dagegen anders, kann ihm nichts zustoßen.

Es wäre falsch, wollte man das Verhalten des Tieres mit der Reaktion des Dresseurs begründen, obwohl auf der Hand liegt, daß es die Angst des Dresseurs gewesen ist, die dem Angriff des Tieres vorausging. Doch nicht die Angst des Dresseurs war es, die, wie häufig angenommen wird, den Angriff ausgelöst hat. Im Gegenteil, die plötzlich einsetzende Angst ist eine (zwar unglückliche, jedoch) angemessene Reaktion auf das prodromale Verhalten des Tieres. Da das Schwellenverhalten des Sichzurückziehens des Tieées unmerklich geschieht und leicht übersehen wird (wie übrigens auch Lauries Verhalten, als diese rückwärts in den Schlafsaal ging), während die

Angst des Dresseurs und der sich anschließende Angriff des Tieres sehr dramatisch sind, begeht man häufig den Fehler, diesen Angriff auf die Angst zurückzuführen. Diese Begründung ist, so weit sie reicht, genau, doch reicht sie eben nicht weit genug, um die ganze Abfolge von Ereignissen korrekt begründen zu können. Sie übersieht die Handlung, die alles andere Geschehen auslöst.

Kommen wir dadurch auf die Frage zurück, was zuerst gewesen ist – das Huhn oder das Ei? Ich bezweifle es. Jedes Kind kommt mit einer anderen Sensibilität zur Welt und reagiert auf seine Umwelt anders. Jedes Kind zeigt bald einige positive und einige negative Reaktionen. Es gibt kein Kind irgendeiner Altersstufe, das auf seine Eltern nicht zuweilen negativ reagiert und sich von ihnen zurückzieht. Die meisten Eltern lernen die prodromalen Reaktionen ihrer Kinder kennen und meistens lernen sie – manchmal bewußt, häufiger freilich unbewußt – so darauf zu reagieren, daß die negativen Reaktionen des Kindes in ihr Gegenteil verkehrt oder zumindest aufgefangen werden, während sie seine positiven Reaktionen unterstützen.

In der frühen Kindheit hängt also alles von der Reaktion der Pflegeperson des Kindes auf dessen positive und negative Reaktionen ab. (Es braucht hier wohl kaum hinzugefügt werden, daß die Reaktionen der Pflegeperson durch deren Persönlichkeit und Biografie geprägt worden sind.) Denn sogar die positiven Reaktionen des Kleinkindes können als beabsichtigte Zurückweisung mißverstanden werden. Werden die Absichten des Kindes trotz seiner häufig nur schwellenartigen Verhaltensweisen richtig gedeutet, wird die Pflegeperson richtig reagieren. Werden sie – wegen der Bedürfnisse und Wünsche der Pflegeperson selbst – fehlinterpretiert, wird die Entwicklung des Kindes gestört.

Daher tut es im Bereich der Interaktion wenig zur Sache, wer zuerst handelt, wer die Interaktion einleitet oder wie die Handlung beschaffen ist. Was zählt, ist, ob die Handlung richtig interpretiert wird und die richtige Reaktion zur Folge hat.

Folgt aus alledem, daß die Einstellung der bemutternden Person gegenüber dem autistischen Kind unwesentlich ist? Gewiß nicht. Doch während Lauries Beraterin in bezug auf ihre Beziehungen zu Laurie und in bezug auf die in diesen Beziehungen enthaltenen Anforderungen ambivalent war, war sie niemals ambivalent hinsichtlich ihres Wunsches, Laurie solle aktiv werden. Im Gegenteil, den Kern ihrer Ambivalenz bildete die Angst, sie müsse wegen Laurie unter Umständen einige Jahre länger an unserer Schule zubringen als sie geplant hatte, so daß jeder Schritt, den Laurie vorwärts tat, Freude bei ihr auslöste und der Ambivalenz entgegenwirkte. Außerdem war sich die Beraterin ihrer ambivalenten Gefühle bewußt, das heißt, weder verdrängte noch verleugnete sie sie.

Zusammenbruch und Wiedergeburt

Doch wenn die Ambivalenz der Beraterin nur ein zusätzlicher Faktor war, was war es dann, das Lauries Zusammenbruch bewirkte? Zwar sind wir uns dessen nicht völlig sicher, doch wir glauben, daß Laurie in ihrer Entwicklung einen Punkt erreicht hatte, an dem sie spürte, daß ihr in ihrer eigenen Person und in der Welt Befriedigungsmöglichkeiten zur Verfügung standen. Und da sie nach solchen Möglichkeiten ausgehungert war, kann sie versucht haben, mehr davon zu verwirklichen als gut für sie war. Und indem sie so verfuhr, wurde sie vielleicht von dem Gefühl überwältigt, sie könne sich selbst nicht integrieren, denn schließlich war sie auf diese Gefühle völlig unvorbereitet. All diese Dinge können sie tief erschreckt haben.

In der Woche vor ihrem Zusammenbruch hatte Laurie tatsächlich zu masturbieren begonnen. Als sie zu uns gekommen war, hatte sie nie masturbiert. Sie hatte ein vorbildhaftes Benehmen gezeigt, war sauber und makellos gepflegt und völlig untätig und somit anspruchslos gewesen. Interessant war, daß sie, wie ihre Mutter uns erzählte, ihr Masturbieren ebenso plötzlich einstellte wie ihr Sprechen: »Ich habe sie ein oder zweimal beim Masturbieren erwischt und ihr eins auf die Finger gegeben.« So fand Lauries Masturbieren ein Ende. Nachdem sie einige Monate bei uns verbracht hatte, begann sie hin und wieder ihre Genitalien zu berühren, doch geschah diese Berührung verstohlen, sie war ein bloßer Versuch, nicht mehr. Doch in dieser einen Woche hatte sie mit ihren Genitalien aktiv und ständig herumgespielt.

Davor hatte sie ihre Beine immer in einer Weise geschlossen gehalten, die einen Eindruck von »Anständigkeit« erweckte, obwohl diesem Verhalten vermutlich der Wunsch zugrundelag, ihren Körper zu schützen und sich so wenig wie möglich zu exponieren. Doch nun lag sie abends oder tagsüber mit weit geöffneten Beinen auf ihrem Bett und rieb aktiv ihr Genital, in dem sie mit den Fingern herumtastete. Eine Woche nachdem sie sich dieser Körperöffnung bewußter geworden war, benutzte sie ihr am stärksten gehemmtes Organ, den Mund, auf eine viel ungezwungenere Weise.

Am Tag vor ihrem Zusammenbruch schloß sie endlich die Lippen und spielte eine ganze Zeit lang mit Zunge und Lippen, wobei sie ihre Lippen leckte oder diese lediglich mit der Zunge betastete. Solches Verhalten hatten wir in derart eindeutiger und nachhaltiger Form noch nie bei ihr erlebt. Ihre Lippen waren bis dahin immer halb geöffnet gewesen und ihre Zunge hatte gewöhnlich den Raum hinter den Zähnen nicht verlassen. Hatte sie mit ihrer Zunge gespielt, so immer nur an der Rückwand ihrer Zähne oder an ihrem Gaumen. An diesem Abend wurde dieses Spiel intensiver, und spielerisch befeuchtete sie ihre Lippen oder sie leckte mit der Zunge darüber hinweg.

An diesem Abend war es auch, daß sie zum ersten Mal nach der Hand ihrer Beraterin griff, um sie an ihren Lippen zu reiben. Nachdem sie sich eine Weile so verhalten hatte, rieb Laurie ihre Lippen mit der eigenen Hand, so wie sie sie davor mit ihrer Zunge und mit der Hand ihrer Beraterin gerieben hatte. Später, als sie sich bequem zurücklegte, spielte Laurie, wie sie es oft tat, mit ihrem Haar, durch das sie mit den Fingern fuhr oder das sie zu mehreren Strähnen verteilte, um dann damit zu spielen. Dann griff sie plötzlich nach dem Haar ihrer Beraterin, mit dem sie auf ähnliche Weise spielte. Ihre ganze Erkundung des Körpers ihrer Beraterin hatte bisher bei deren Haar und Gesicht haltgemacht. Doch am folgenden Tag brach Laurie zusammen, sie hörte zu essen und zu trinken auf, schloß die Augen und hielt sie geschlossen.

Unsere erste Interpretation basierte (anders als bei der Ambivalenz der Beraterin) auf ihrem in den letzten Tagen sich abzeichnenden neuen und größeren Mut, ihren eigenen Körper abzutasten und zu fühlen, ein Verhalten, das sie am stärksten am Abend davor geäußert hatte. Das und ihr stark verändertes Masturbationsverhalten und ihre ungehemmte Benutzung des Mundes ließen vermuten, daß sie vielleicht noch mehr fühlen wollte; daß sie durch das Schließen der Augen und den Ausschluß der Welt hoffte, die Berührungen sowohl des eigenen als auch des Körpers der Beraterin stärker zu erleben. (Trotz ihrer geschlossenen Augen ging sie herum, ohne zu zögern und ohne daß ein Mißgeschick passiert wäre.)

Doch beim Dunkelwerden zog sie sich in ihr Bett zurück und sie schloß uns alle aus. Wir begannen uns nun Sorgen zu machen, die in den folgenden Tagen zunahmen, weil Laurie die wiedererlangte Kontrolle aller Körperfunktionen aufgab. Ihre Augen blieben geschlossen, sie bewegte sich nicht und weder aß sie noch defäkierte sie, und zu hören schien sie auch nichts.

So schwer es uns heute fällt zu begreifen, weshalb wir den offenkundigen Zeichen Lauries gegenüber blind waren, war es doch Tatsache, daß wir die eine entscheidende Bewegung, mit der alles begann, übersehen hatten – das war, als sich Laurie bei der Rückkehr vom Unterricht umgedreht hatte, um ihrer Lehrerin einen letzten Blick zuzuwerfen, während sie sich rückwärts ihrer Beraterin im Schlafsaal näherte. (Wir sollten zu dem Begriff »Unterricht« anmerken, daß das in der Regel die Stunden sind, die unsere Kinder mit ihrem Lehrer oder ihrer Lehrerin zubringen – in einer Art Kindergartenumgebung, die völlig auf die therapeutischen Bedürfnisse dieser Kinder abgestimmt ist, wobei eine psychoanalytisch und gruppentherapeutisch ausgebildete Fachkraft als »Lehrer« fungiert.)

Ihr Rückwärtsgehen entsprang möglicherweise dem Wunsch, den Kontakt zu ihrer Lehrerin, von der sie bis zum nächsten Tag getrennt sein würde, noch etwas länger aufrechtzuerhalten. Vielleicht wollte sie es auch vermeiden, ihrer Beraterin ins Gesicht zu sehen, weil sie befürchtete, sie könnte die neue Beziehung zu ihrer Lehrerin als Verrat auffassen. Wenn dem so war, ließ Laurie ihre Ambivalenz gegenüber der Person erkennen, die eben begonnen hatte, wichtig für sie zu werden und die sie nun verlassen würde, sowie gegenüber der anderen Person, zu der sie nun zurückkehrte und die immer noch der wichtigste, ja bisher der einzige Mensch war, den sie in dieser Welt hatte.

Hätten wir ihr Verhalten damals als eine Frage verstanden – »Ist es richtig, daß ich mich nicht nur einer, sondern mehreren Personen zuwende? Ist es annehmbar, ja ist es sicher für mich, wenn ich mich meiner Beraterin *und* meiner Lehrerin zuwende?« – und hätten wir erkannt, daß sie, ebenso wie sie sich nun wesentlich aktiver ihrem eigenen Körper gegenüber verhielt, auch in ihrem Interesse an der Welt aktiver geworden war, wäre unsere Reaktion völlig anders ausgefallen und hätten die Ereignisse der darauf folgenden Tage möglicherweise einen völlig anderen Verlauf genommen. Auch war sie von ihrer Beraterin umworben worden, lange bevor sie irgendein positives Interesse an den Tag gelegt hatte und als ihre Beziehung noch sehr einseitig gewesen war. Ihre Lehrerin hatte ebenfalls versucht, Laurie für sich zu gewinnen, doch gelang ihr das erst viel später. Um diese Zeit war Laurie wesentlich aktiver geworden und wahrscheinlich war sie sich bewußt, daß sich dieser neue Mensch nicht nur ihr, sondern daß auch sie sich diesem neuen Menschen zuwandte. Das kann in ihr Angstgefühle darüber erzeugt haben, wie ihre Beraterin auf eine derartige Unabhängigkeit wohl reagieren würde.

All das geschah zu Beginn unserer intensiven Auseinandersetzung mit autistischen Kindern, zu einer Zeit also, in der wir wesentlich weniger über sie wußten als heute und wesentlich stärker der vorherrschenden Meinung zuneigten, die autistische Kinder als passiv und kommunikationsunfähig begriff. So unterlief uns der Fehler, daß wir annahmen, Lauries Verhalten sei durch das Verhalten der Erwachsenen bewirkt worden, anstatt zu erkennen, daß Laurie im Begriff war, ihre Angelegenheiten selbst in die Hand zu nehmen.

Das ist also ein weiteres Beispiel für die unreflektierte Bestätigung vorgefaßter Meinungen. Wir erblickten in ihrem Rückwärtsgehen keinen positiven, sondern einen negativen Schritt – für uns war das keine Hin-, sondern eine Abwendung von der Welt. Das heißt, wir sahen im infantilen Autismus nicht die positive Bemühung des Kindes, selbst etwas zu unternehmen, sondern (aufgrund mangelnder Einfühlung) eine völlig negative Reaktionsweise. Dieser irrigen Annahme entsprach unsere Reaktion. Hätten wir diesen Zwischenfall richtig interpretiert, wäre Lauries Beraterin glücklich gewesen. Und wenn Laurie sich, gesetzt diesen Fall, ihrer Lehrerin zugewendet hätte, hätte sich die Beraterin wegen der Gefahren ihres Fortgehens weniger zu sorgen brauchen. Und Laurie, ermutigt durch diese positive Reaktion auf ihre sich entfaltenden Zuneigungen, hätte keinen Zusammenbruch zu erleiden brauchen.

Doch als man die Tatsache, daß sie sich jemand anderem zuwandte, als einen Rückzug interpretierte, dem man voller Besorgnis und Ambivalenz begegnete, sah sich Laurie in ihren schlimmsten Befürchtungen bestätigt: niemand, nicht einmal wir von der Orthogenetischen Schule, wollte, daß sie ein selbständiges Leben führe. Daher kehrte sie zur autistischen Position zurück.

Wir waren zunächst derart beunruhigt, daß wir Lauries Unbehagen auf keinen Fall durch eine Veränderung des gewohnten Tagesablaufes vermehren wollten, so daß wir uns so weit wie möglich an die übliche Routine hielten. Doch am dritten Tag wurde uns klar, daß wir so nicht weiterkamen. Wir machten uns einen völlig anderen Standpunkt zu eigen und beschlossen, daß ihre Lieblingsberaterin nun ständig bei ihr sein und sie wie einen Säugling pflegen sollte. So kam es, daß sie von ihrer Beraterin in den nun folgenden Tagen die meiste Zeit des Tages und einen großen Teil der Nacht liebevoll umarmt und gestreichelt wurde. Zunächst entzog sich Laurie widerwillig, doch nach einigen Stunden begann sie diese Behandlung hinzunehmen. Sechsunddreißig Stunden nachdem wir mit diesem fortwährenden Streicheln und Auf-dem-Schoß-Halten, mit diesem liebevollen Tätscheln und Ihr-Gut-Zureden begonnen hatten, leerte Laurie ihre Blase – die erste Körperfunktion, die ihre Tätigkeit wieder aufnahm.

Am nächsten Tag legten wir sie, in Ermangelung einer anderen Möglichkeit, in einen großen Puppenwagen. Vorher hatten wir sie gefragt, ob ihr das recht sei, und aus ihrer Reaktion oder aus Gründen, die nur sie kannte, entnahmen wir, daß sie kooperierte – so hob sie zum Beispiel die Arme, als wir sie in den Wagen legten. Dort blieb sie lange Zeit, während wir sie herumfuhren. Das schien ihr zu gefallen. Da es Sonntag war, mußten wir einen Tag warten, um einen richtigen Kinderwagen zu besorgen. Am folgenden Tag kauften wir einen und wir sagten ihr, der gehöre nun ihr.

In diesem größeren Wagen saß sie nun nicht mehr, sondern sie rollte sich zusammen, was bei ihrer Körpergröße nicht einfach war. Später an diesem Tag begann sie kleine Flüssigkeitsmengen zu sich zu nehmen. Während der nächsten Tage und einen Großteil der Nächte hindurch wurde sie entweder in ihrem Wagen umhergefahren oder umarmt, gestreichelt und gewiegt.

Eine Woche nachdem sie die Augen zugemacht hatte – sie wurde gerade in ihrem Kinderwagen spazierengefahren – machte Laurie die Augen wieder auf, zunächst immer nur für einige Augenblicke, in denen sie zur Zimmerdecke emporblickte und blinzelte, wie ein Säugling, der eben erwacht ist.

An diesem Morgen tat Laurie einen entscheidenden Schritt zurück ins Leben, als ihre Beraterin mit ihr redete und ihr sagte, daß das Leben nicht so schlimm sei wie sie denke, daß es wieder aufwärts gehen würde, daß es schon richtig sei, wenn sie im Augenblick nichts anschauen wolle, doch wenn sie es wolle, brauche sie nur noch einmal hinzuschauen. Laurie reagierte nicht, doch sah sie an diesem Morgen etwas zufriedener aus, ja sie lächelte sogar ein wenig. Kurz darauf nahmen wir sie zum Frühstück mit, und sie aß ihren ersten festen Bissen seit Beginn dieser Episode.

Auch ließen wir sie einen Teil des Tages wieder bei ihrer Lehrerin zubringen. Obwohl sie die Augen geschlossen hatte, fand sie den Weg selbst, indem sie vorsichtig Stühle und andere Hindernisse, ja sogar solche Gegenstände vermied, die nicht immer am selben Platz standen. Im Unterricht hielt sie die Augen eine ganze Weile offen, als sie zeichnend an der Tafel stand. Dieses Verhalten und die Art, wie sie voller Intensität Linien, Vierecke und Kreise auf die Tafel malte, markierten ihre volle Rückkehr ins Leben. Am Tag darauf hatten wir das Gefühl, daß sie ihr normales Verhalten wieder aufnahm, und den größten Teil des Tages hielt sie auch die Augen offen.

Zwei Tage später war die ganze Episode vorbei. Laurie stand, so schien es zumindest, wieder an dem Punkt, an dem ihr Zusammenbruch begonnen hatte. Ihre Rückkehr ins Leben und das Gefühl, das sie uns dadurch vermittelte, werden am eindringlichsten in dem Bericht der Lehrerin geschildert, den diese am Ende des Tages, an dem Laurie »den ganzen Weg zurück gekommen war«, abgefaßt hatte.

»Die beiden letzten Tage waren für mich und die Kinder in jeder Hinsicht die glücklichsten und leichtesten. Es war eine gewaltige Erleichterung und ein Glück dazu, als Laurie die Augen aufmachte und zugleich so voller Leben war wie nie zuvor. Tatsächlich war meine Assoziation an diesen beiden Tagen immer wieder, daß das kleine Mädchen so richtig gestärkt schien, als es aus seinem schlaf erwachte.« Diese Beobachtung wurde angestellt, lange bevor uns Lauries nächste Fortschritte bewußt wurden.

Laurie war nicht einfach zu dem Punkt zurückgekehrt, an dem sie es aufgegeben hatte zu leben; denn diese Periode eines totalen Rückzugs markierte das Ende eines alten und den Anfang eines neuen Entwicklungsabschnitts.

Jahre später begriffen wir dann auch, was uns lange Zeit so verblüfft hatte: die Tatsache nämlich, daß sie ihre Augen im Beisein ihrer Beraterin, die ihr durch diese ganze schwierige Periode hindurchgeholfen hatte, immer nur für Augenblicke öffnete, während sie sie im Unterricht in Gegenwart ihrer Lehrerin eine ganze Weile offenhielt. Denn es war die Reaktion ihrer Beraterin auf ihr Rückwärtsgehen und nicht die Reaktion ihrer Lehrerin gewesen, die sie zur Verzweiflung getrieben hatte. Daher auch kehrte sie in Gegenwart ihrer Lehrerin voll ins Leben zurück, und deshalb geschah es auch im Unterricht, daß sie zum ersten Mal zeigte, wie sie »so richtig gestärkt« zurückgekehrt war. Ihre neue Lebenserwartung schloß, so zerbrechlich sie auch sein mochte, den Glauben ein, daß sich Kommunikation nicht auf eine einzige Person zu beschränken braucht.

Wir werden nie genau wissen, was Laurie ins Leben zurückgerufen oder ihr zu einem echten Neuanfang verholfen hat. Doch wir können nicht ausschließen, daß sie sich angesichts so vieler neuer Erfahrungen lediglich von all den physischen wie psychischen Belastungen erholen mußte.

Sie war mit großen Schritten vorangeeilt. Doch vielleicht war sie – angesichts der Mängel in ihrer frühesten Entwicklung und angesichts des gegenwärtig immer noch schwachen Fundaments – allzu rasch vorangeeilt. Aber vielleicht wäre es treffender zu sagen, daß eine Laurie, die ihre Emotionen plötzlich überstrapaziert hatte, ganz radikal zurückstecken mußte.[3]

Indem sie rückwärts ging, hat sie vielleicht den überwältigenden Wunsch dieses Augenblicks geäußert: noch einmal zurückzugehen und ihr »Moratorium« zu haben. Diesen Rückzug hat sie gebraucht, um ihre neuerworbenen Fertigkeiten so zu ordnen, daß nicht nur eine ausschließliche zwischenmenschliche Beziehung Gültigkeit besaß. Oder vielleicht hat sie, genauer gesagt, das Bedürfnis gehabt, eine Lebensweise aufzugeben, die nur eine Beziehung beinhaltete, und zu einer zu gelangen, die mehrere Beziehungen erlaubte. Dazu konnte sie sich desselben Instrumentarums bedienen, das sie sich in jüngster Zeit angeeignet hatte, vor allem der gefühlsmäßigen Vertrautheit mit ihrem eigenen Körper und seinen Funktionen. Doch mußte dieses Instrumentarium zunächst völlig zerlegt werden, dann erst konnte es in neuen Kombinationen wieder zusammengesetzt werden.

Wenn all das stimmt, beinhaltete Lauries Rückzug dieses Mal nicht den angstvollen Wunsch nach Nicht-Sein, mit dem sie zu uns gekommen war. Mit unserer Hilfe hatte sich dieser Wunsch bald in etwas Neues und Positives verwandelt, nämlich in das Bemühen um einen neuen Start ganz am Anfang der Persönlichkeitsentwicklung. Das geschah, als wir ihr verschiedene Dinge anboten und sie sich dafür entschied, daß wir sie in den Kinderwagen stecken sollten. So entschloß sie sich, in einen Säuglingszustand zurückzukehren, der es ihr ermöglichte, sich streicheln und wiegen und herumfahren zu lassen. Vielleicht reichte die kontinuierliche »Säuglingspflege«, die

[3] Meine Auseinandersetzung mit diesem Punkt ist befruchtet worden durch einen Gedankenaustausch mit Dr. Peter Wolff, der eine frühe Fassung von Lauries Krankengeschichte gelesen hatte. Ich bin ihm zu Dank verpflichtet wegen dieser und vieler anderer Anregungen, vor allem aber wegen der selbstlosen Art, mir seine Gedanken und Überlegungen, immer gespeist von persönlicher Erfahrung, mitzuteilen. »Gegenwärtig habe ich nicht den Mut, Cellostunden zu nehmen. Ich drücke mich davor, vorausgesetzt, daß meine Quartettpartner genügend Toleranz aufbringen. Ich bin sicher, daß ich durch mein autodidaktisches Lernen vieles falsch gelernt habe, und jeder Cellolehrer, an den ich bisher herangetreten bin, hat mir eindringlich klargemacht, daß der einzige Weg, mich zu unterrichten, der sei, daß ich noch einmal ganz von vorne anfange. Ich glaube, daß ich erst dann aufgeben könnte, was ich mir selbst mehr schlecht denn recht beigebracht habe, wenn ich ein gewisses Niveau des Könnens erreichen würde. Ähnlich mußte vielleicht Laurie zunächst ein gewisses stabiles Gehvermögen oder ein generelles Gleichgewicht in anderen Bereichen der räumlichen Kontrolle erreicht haben, bevor sie eine neue Möglichkeit, Räumlichkeit zu handhaben, erkunden konnte.«

wir ihr angedeihen ließen, aus, um sie emotional wiederherzustellen.

Im Verlauf der vorausgegangenen Monate hatte Laurie ein gewisses Körpergefühl entwickelt und gelernt, daß ihr Körper funktionieren, daß er Dinge verrichten konnte. Und als sie aus ihrem Rückzug zurückkehrte, unterschied sich das, was sie tat, völlig von dem, was sie in ihrer Entwicklung während ihrer ersten Monate bei uns getan hatte. Von nun an zeigte sie eigenständiges Verhalten, durch das sie äußerte, mit was sie sich befassen wollte. Nichts an diesem Verhalten war ein einfaches Hinnehmen oder Nachahmen dessen, was wir anboten; ihr Verhalten war selbständiges Neuerfinden, war ihre eigenständige Art, den Kampf um die eigene Person zu führen.

Es war als sei Laurie mit einer neuen Einstellung in die Welt zurückgekehrt. Wollten wir ihre Erfahrung in Worte fassen (wodurch wir einen Standpunkt außerhalb Lauries Erfahrungswelt beziehen würden), so könnten wir Laurie sagen lassen: »Ich habe versucht, ich selbst zu sein, indem ich mich an die Ratschläge meiner Berater gehalten habe, aber das hat nichts geholfen. Wenn ich's je noch einmal versuche, dann nicht unter ihren, sondern unter meinen Bedingungen.«

Diesen Prozeß, ein positives Selbst zu entwickeln, nahm Laurie nun entschlossen in Angriff. Er beschäftigte sie die meiste Zeit, in der ihr Denken aktiv war, bis zu dem Tag, an dem sie uns verließ. Doch obwohl wesentlich aktiver als früher, tat sie nach wie vor den größten Teil der Zeit nichts.

Selbst-Behauptung

Lauries selbständiges und zweckgerichtetes neues Tun bestand aus drei miteinander zusammenhängenden Tätigkeiten: 1. im Zerreißen von Papier zu langen Streifen, 2. im Anmalen dieses Papiers und 3. in der Schaffung von Grenzstrukturen. Jede dieser Tätigkeiten trat zunächst für sich in Erscheinung, um sich später mit den anderen zu verbinden, zum Beispiel dann, als Laurie zunächst ein Blatt Papier anmalte, das sie danach zu einem einzigen langen Streifen zerriß, zu einem Streifen, mit dem sie schließlich eine Grenzstruktur schuf, die ihre eigene persönliche Welt gegen die übrige Welt abgrenzte. Ihrer Lebensgeschichte konnten wir entnehmen, daß sie schon früher Objekte angemalt oder zu winzigen Fetzen zerrissen hatte. Doch die Tätigkeit des Anmalens und Zerreißens war, so wie sie sie jetzt praktizierte, völlig anders geartet.

Jede dieser drei Tätigkeiten begann mit einem besonderen Ereignis. Laurie fing an, Papier anzumalen, nachdem sie begonnen hatte, Fingerfarbe zu benutzen, und Fingerfarbe hatte sie erst benutzt, als sie sich zum selben Zweck ihrer Spucke bedient hatte. Jede dieser Aktivitäten mußte zunächst und für einige Zeit sehr intensiv betrieben werden und sehr persönlich geartet sein. Nur indem sie zu Beginn einen Teil ihres Körpers (den Speichel) benutzte, gelangte sie zur Fingermalerei. Ihr Selbst-Gefühl wurde erheblich bestärkt, wenn ihr Körper am jeweiligen Schöpfungsakt beteiligt war, ganz gleich ob es sich bei den benutzten Substanzen um Fäkalien oder Farbe (in dem Fall Speichel) handelte. Ging ihr Speichel in ihre kreative Betätigung ein, war das resultierende Bild umso mehr das ihre. Nur indem sie die Schöpfung dieser Bilder als ihr ureigenstes Tun erlebte, konnte sie ihr »Handwerkszeug« später durch Farbstifte ergänzen.

Es hat also den Anschein, daß eine Bewältigung der Außenwelt dann einsetzt, wenn eine Ausweitung des Körpers (das Körper-Ich) diese Außenwelt, einzukreisen, zu beeinflussen oder zu verändern versucht. Das Verschmieren einer Substanz, also das Malen mit Fäkalien oder Speichel, bedeutet, daß man etwas benutzt, was dem eigenen Körper entstammt, um außerhalb dieses Körpers etwas zu verändern, wobei dieser Prozeß wiederum zu unserem Tun und folglich zu unserem Eigentum wird.

Eine sehr persönliche Ausweitung des Körpers, ein Verschmelzen von Körper und äußeren Objekten stehen am Anfang einer wichtigen Erkenntnis: daß nämlich diese Welt zwar nicht uns gehört und doch die unsrige ist, wenn wir sie unseren Wünschen gemäß zu verändern versuchen, daß diese Welt in dem Maße hier und jetzt gegeben ist, in dem sie zu der unsrigen gemacht werden muß. Nur wenn wir meinen, daß wir dazu in der Lage sind, erscheint uns die Welt nicht als fremd. Denn dann machen wir die Erfahrung, daß wir mit unserem Körper (und später mit unserem Denken) die Welt beeinflussen können. Und wenn wir das können, trägt sie den Stempel unseres Willens, wird sie ein Teil von uns, denn nun sind wir es gewesen, die wir sie gemacht haben.

Am Bemerkenswertesten war Lauries Zerreißen. Ein Blatt Papier, das ungefähr 22 mal 28 Zentimeter maß, verwandelte sie in einen einzigen langen Streifen, indem sie sich vom Rand her konzentrisch bis zur Mitte vorarbeitete – allerdings ohne ihr Tun mit den Augen zu verfolgen. Auf diese Weise gelang es ihr, ein solches Blatt in einen einzigen Streifen zu verwandeln, der fünfeinhalb Meter oder länger war, wobei sie die ganze Zeit zur Zimmerdecke emporstarrte. Mit diesen selbstgeschaffenen Streifen schuf sie anschließend Grenzstrukturen zwischen ihrer ureigensten Welt (was sie war oder tat oder was ihr gehörte) und der übrigen Welt.

Es begann einen Tag nachdem sie defäkiert und sich dabei offenbar noch einmal sorgsam mit dem Problem auseinandergesetzt hatte, wie etwas, das eben noch ein Teil ihrer selbst gewesen war, Nicht-Selbst werden konnte. Dann ließ sie von diesem Problem ab, wandte sich einem ihrer hölzernen Spielzeugautos zu, dessen Schnur sie mit der Schnur eines Luftballons zusammenknüpfte. Daraufhin benutzte sie die Luftballonschnur, um Ballon wie Holzspielzeug mit einigen anderen Spielzeugen zusammenzubinden. Und schließlich benutzte sie die Schnüre anderer Spielzeugautos, um alle diese Dinge zusammenzubinden.

Die Tatsache, daß sie ihre erste Schnur mit einem Ballon zusammenband, ist möglicherweise bezeichnend. Ein Ball oder Luftballon symbolisiert für solche Kinder häufig die Mutterbrust. Der Luftballon schwankt, was für eine Qual, über dem Kopf des Kindes, so wie auch die Brust der Mutter für diese ewig frustrierten Kinder unerfüllbare Versuchung zu bleiben scheint.

Und was nun das Spielzeugauto angeht, das sie benutzte, so hatte es insofern mit Fäkalien zu tun, als es dieses Auto gewesen war, das sie bei ihrem ersten gleichzeitigen Spiel mit Fäkalien und Spielsachen benutzt hatte. So aber hatte sie vielleicht zusammengebunden, was sie am stärksten wünschte, nicht zu verlieren: die Brust und den Inhalt ihres Körpers.

Dadurch, daß sie den Luftballon mit ihren Spielsachen zusammenband, wollte sie vielleicht sichergehen, daß diese ihre Besitztümer, ihr Anteil und Einsatz in dieser Welt, weder in der Toilette hinuntergespült noch in den Himmel entschwinden sollten (so wie die Brust nach oben entschwindet, entzogen wird). Vielleicht ist die Brust der Mutter der erste »Besitz« des Kindes. Freilich schien für Laurie die Brust als emotionale Erfahrung unerreichbar zu sein. Und dazu erlebte sie nun auch noch, daß ihr ihr Stuhl entwich. So aber mag sie sich entschlossen haben, dieses Mal sicherzustellen, daß der Ballon, der die Brust repräsentierte, nicht verschwinden würde. Doch vielleicht bekundete sie durch ihr Tun auch, wie sehr für sie alle Objekte nach wie vor mit dem allerersten Objekt, also mit der Mutterbrust, verbunden waren.

Doch schließlich fühlte sie sich durch diese Handlung, alles, was ihr gehörte, zusammenzubinden, unbefriedigt, vielleicht weil die Objekte auch durch die Schnüre nicht hinreichend ihr Besitz wurden. So aber geschah es eines Tages, daß Laurie – wieder hatte sie gerade defäkiert und ihren Stuhl aufmerksam in die Hand genommen – ein Blatt Papier zu einem langen Streifen zerriß. Daß dieses Zerreißen, bei dem sie sich immer parallel zum Papierrand voranarbeitete, einen wesentlichen Bestandteil ihrer Tätigkeit bildete, läßt die Tatsache vermuten, daß sie Papier nie in dieser Weise zerschnitt. Zu jener Zeit konnte sie bereits ohne Schwierigkeiten mit der Schere umgehen. Doch pflegte sie mit der Schere lediglich ein Stück nach dem anderen (gewöhnlich waren es Dreiecke) abzuschnipseln, wobei sie die Schnipsel einfach zu Boden fallen ließ.

Auch diesen von ihr selbst geschaffenen Streifen benutzte sie dazu, miteinander zu verbinden, was für sie am wichtigsten war. Es waren ihr Kinderwagen und ihr Bett, die sie zusammenzubinden pflegte. So aber entstand eine Grenze, die ihre eigene Welt vom restlichen Zimmer abtrennte. Innerhalb des so entstandenen Bereiches befanden sich, eng miteinander verbunden, Laurie und alle ihre liebsten Besitztümer. Und kein Kind, kein Erwachsener durfte diesen Bereich betreten. So prekär noch war ihr höchstpersönlicher Besitz einer Welt, daß jedes Eindringen diese Welt zerstört und ihre unabhängige Existenz bedroht hätte.

Innerhalb weniger Tage geschahen diese Tätigkeiten des Abreißens von Papierstreifen und der Schaffung von Grenzen unabhängig von der Defäkation, so wie das auch beim Zusammenknüpfen der Schnüre der Fall gewesen war. Von da an werkte sie täglich stundenlang voller Hingabe und Intensität, indem sie Blätter Papier zu kontinuierlichen Streifen zerriß, mit deren Hilfe sie neue Grenzen zog, aber immer so, daß sie selbst innerhalb des abgegrenzten Bereiches blieb.

Kurze Zeit später machte sie diese Grenzstreifen noch mehr zu ihrem eigenen Besitz, indem sie die Blätter anmalte, bevor sie sie zerriß. Beiden Tätigkeiten ging sie mit einer unglaublichen Konzentration und Hingabe nach, wobei sie gewöhnlich aktiv halluzinierte. So pflegte sie zum Beispiel völlig versunken und ohne zu ermüden eineinviertel Stunden lang ununterbrochen Papier anzumalen.

Später wurden aus dem Anmalen, dem Zerreißen und dem Ziehen von Grenzen gesonderte Tätigkeiten, die alle eine eigene Bedeutung hatten und die sich, wenn auch in einem eindeutig parallelen Prozeß, entlang unterschiedlicher Linien entwickelten. Nur um der Darstellung willen behandeln wir jede dieser Tätigkeiten für sich. Doch sollten wir dabei nicht vergessen, daß die zunehmende Komplexität jeder dieser Tätigkeiten Ausdruck war derselben inneren Entwicklung, die ihnen ihre Einheitlichkeit verlieh: Lauries Bemühungen, inneren Druck zu bewältigen, fanden ihren symbolischen Ausdruck in Hervorbringungen, die ihr auch helfen konnten, wesentliche Aspekte der Außenwelt zu bewältigen. In völliger Übereinstimmung mit der psychoanalytischen Theorie begann sich ein Ich zu entwickeln, als der gleichzeitige Kampf der beiden Funktionen dieses Ich einsetzte – es mußten sowohl der innere Druck als auch die äußere Realität gemeistert werden.

Das erste neue Element, das sich in ihrem Zerreißen abzeichnete, war ein weiterer Anhaltspunkt für die Frage, weshalb Laurie die Welt anscheinend nicht für sich nutzen konnte – offenbar war der Mittelpunkt selbst dieser Welt nicht für sie bestimmt. Denn Laurie riß, ans Ende gelangt, das letzte Stück des langen Streifens ab und ließ es fallen – einfach so. Das war immer der Schnipsel, der eben noch den Mittelpunkt des Blattes gebildet hatte. Auch war diese Handlung kein Zufall, da Laurie jedesmal so verfuhr. Später warf sie den Schnipsel offenbar absichtlich fort, wobei sie einen angewiderten Gesichtsausdruck hatte. Im Endstadium dieser Entwicklung riß sie die Mitte des Blattes gleich zu Beginn heraus und auch diesen Schnipsel Papier warf sie mit angewidertem Gesichtsausdruck fort. Erst dann begann sie das Blatt vom Rand zur Mitte hin zu zerreißen. Es war beeindruckend, wie geschickt und zugleich mühelos sie den Mittelpunkt fand, und wie der ganze Prozeß des Zerreißens stets dort endete. Das war die Zeit, als sie nicht mehr nacktes weißes Papier benutzte. Sie schuf sich nun ihr erstes eigenes symbolisches Universum, indem sie die Blätter mit Farbstiften anmalte. Zuerst färbte Laurie beide Seiten des Blattes einheitlich schwarz, obwohl ihr alle Farben zur Verfügung standen und obwohl sie sah, wie andere Kinder diese Farben benutzten (Abb. 1 und 2).

Als nächster Schritt beim Anmalen wurden die fast schwarzen Farbtöne nicht mit schwarzer Kreide oder schwarzen Farbstiften hergestellt, sondern mit vielen verschiedenen Kreideschichten. Die verschiedenen Farben wählte sie sorgsam aus dem Kästchen mit den Kreiden und Farbstiften aus, die mittlerweile sehr wichtig für sie geworden waren. Das Endergebnis war immer noch schwarz oder schwarzgrau.

Um dieses Blatt ganz zu ihrem eigenen zu machen, malte Laurie es mit Deckfarbe an, also in der dunklen Farbe ihrer Fäkalien, die das erste Objekt gewesen waren, das sie sowohl als ihr Eigenes als

Abbildung 1: Nachdem Laurie ein Blatt Papier (ungefähr 22 × 28 cm) schwarz angemalt und seine Mitte herausgerissen hatte, zerriß sie es zu einem einzigen langen Streifen. Wir haben diesen Streifen wieder zur Blattform zusammengelegt, um zu zeigen, wie sie diese Leistung mit einem einzigen Blatt Papier zuwege brachte.

Abbildung 2: Der auseinandergefaltete Papierstreifen und oben rechts ein Meterstab, der zeigen soll, daß der Streifen an die sechs Meter lang ist. In der Mitte ein zweiter Streifen, der zur ursprünglichen Blattform zusammengefaltet ist.

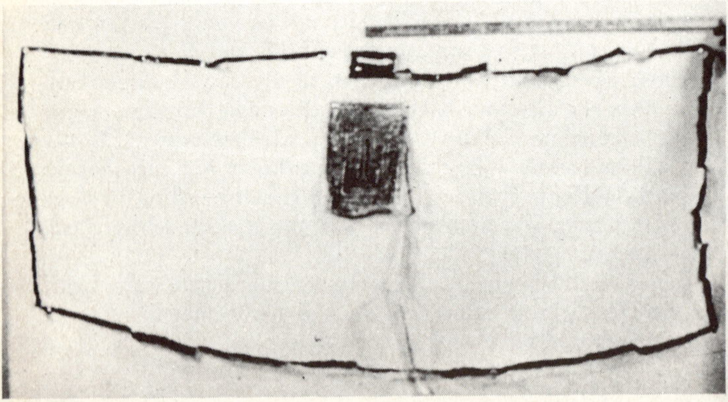

auch ein Fremdes in der Außenwelt erkannt hatte. Das spätere Vermischen vieler Farben, das schließlich zum selben schwärzlichen Farbton führte, könnte eine Art Parallele darstellen zu den vielen vielfarbigen Nahrungsmitteln, die im Stuhl zu einer einzigen Farbe verschmolzen sind. Doch das sind Spekulationen, denn da uns Laurie nichts darüber erzählt hat, können wir nicht sicher sein, ob ihrem Anmalen diese Bedeutung zugrunde lag.

Doch eines Tages, als sie die eine Seite völlig schwarz angemalt hatte, gab sie sich damit zufrieden, die andere hellgrau zu lassen. Später begnügte sie sich mit Hellgrau auf beiden Seiten, und schließlich bemalte sie das Blatt Papier mit den Farben Hellrot, Hellgrün und Hellviolett oder mit irgendeiner anderen Farbe, bevor sie es zerriß. Ihr Leben war nun »farbig« geworden.

Ihre Beraterin in den Finger zu beißen, den eigenen Stuhl zu erforschen – das waren, ebenso wie ihre Masturbation oder ihr Herumklecksen mit dem Essen – zweifellos autonome Tätigkeiten. Trotzdem waren diese Tätigkeiten dem Körper zugeordnet und direkt mit der sinnlichen Erfahrung verbunden. Lauries Zerreißen von Papier in Streifen, die sie dann zu Grenzen zwischen Selbst und Nicht-Selbst zurechtlegte – das waren ihre ersten spontanen, zielgerichteten Tätigkeiten, die (und das war noch wichtiger) Symbolgehalt besaßen. Es waren Tätigkeiten, für die sie kein Vorbild hatte. Sie waren wirklich ihre Erfindung – selbstgeschaffen aus einem Material der Außenwelt, mit dem Ziel, den Druck der Innenwelt zu bewältigen. Nichts, was wir oder die anderen Kinder taten oder dachten, hätte – im Gegensatz zu Lauries Masturbation oder fäkalischem Spiel – eine solche Tätigkeit inspirieren können. Niemand an unserer Schule, kein Kind und kein Erwachsener, hatte sich jemals so betätigt.

Doch während ihre Methoden einzigartig waren, traf das auf ihre Bedürfnisse nicht zu. Es gab einige andere Kinder, bei denen wir recht intensive Bemühungen beobachten konnten, die darauf abzielten, Grenzen in der Außenwelt herzustellen. Die Kinder, die bereits einige Fortschritte gemacht haben, tun das mit Hilfe von Material wie Papierketten oder Schnüren, während die Kinder, die noch stärker entwicklungsblockiert sind, lediglich ihren eigenen Körper benutzen, am häufigsten in Form einer recht eigenartigen Gangart. So hatte zum Beispiel einer unserer Jungen eine schlurfend-hüpfende Art zu gehen oder zu laufen. Er machte nur sehr kleine Schritte und schlurfte dabei so, daß seine Füße immer im Kontakt mit dem Boden blieben. Eine Untersuchung seiner Schuhe ergab, daß weder der Absatz noch die Schuhspitze die üblichen Scheuerstellen aufwiesen; abgescheuert waren nur die Sohlen selbst.

Dieser unablässige Kontakt mit einer Oberfläche ist ein wichtiges Vorstadium für echtes »Grenzverhalten«. Diesem Verhalten begegneten wir auch in der Art, wie dieser Junge Treppen zu steigen pflegte. Dabei setzte er den einen Fuß auf die nächsthöhere Stufe, dann zog er den zweiten Fuß nach, und erst dann nahm er die nächste Stufe in Angriff. Nachdem er in vielen Sitzungen durch den Berater instruiert und ermuntert worden war, »lernte« oder besser: wagte er es, auf die übliche Weise hinauf- oder hinabzusteigen, bei der wechselweise der eine Fuß vor den anderen gesetzt wird. Das freilich tat er nur im Beisein eines Erwachsenen, dem er vertraute. War er allein, verfiel er auch in den nächsten Jahren noch in die alte Gangart.

Das »Grenzverhalten« dieses Jungen bestand auch darin, daß er entlang der Außenseite jedes halb umbauten Raumes, ganz gleich, ob es sich um den Schlafsaal, die Turnhalle oder den Spielplatz handelte, entlangging (oder schlurfte/rannte). Wenn er ins Freie durfte, ging er stets auf der Seite des Gehsteigs, die zur Straße hin lag, wobei er, da er immer nur auf dem Bordstein ging, die parkenden Autos streifte. Auf diese Weise vermied er den Gehsteig selbst, der keine vertikale Grenze aufwies. Als dieser Junge mit sieben Jahren an die Orthogenetische Schule kam, bewegte er sich nur dann fort, wenn er dabei einer vertikalen Fläche so nahe war, daß er sie berühren konnte. Die Tatsache, daß er es schließlich wagte, auf dem Bordstein zu gehen, markierte eine erhebliche Befreiung von seinen Fortbewegungsängsten.

Die leere Mitte

Nun können wir versuchen, Lauries Zerreißverhalten aus der Sicht ihrer wesentlichen Symptomatologie zu sehen: gemeint ist ihre Unfähigkeit, sich Dinge ein- (und folglich aus-) zuverleiben oder mit der Umwelt zu kommunizieren. Wenn wir uns vorstellen, wie beim Menschen der Eßprozeß beginnt, wenn wir an ihr hingerissenes Halluzinieren denken, das sie bei ihrem Zerreißverhalten überkam, und wenn wir überlegen, wie sie mit diesem Blatt Papier hantierte, ohne daß sie es anschaute, den Blick immer nach oben gewandt, ist es vielleicht nicht allzu übertrieben, dieses Zerreißverhalten als den Versuch zu deuten, zur Mitte der Störung selbst vorzudringen. Die primäre Nahrungs- und Kommunikationsquelle und zugleich das wichtigste Nicht-Selbst ist die Brust der Mutter, ein Objekt, zu dem der Säugling emporblickt und das er, ohne es anzusehen, befingert.

Ebenso wie der Säugling nach der Brust oder Flasche greift, um die nährende Brustwarze oder den nährenden Sauger zu finden, könnte Laurie mit ihren vorantastenden Fingern in ihren Halluzinationen nach der lebensspendenden Mitte gesucht haben. So wie der Säugling zur Brust und zum Gesicht der Mutter emporblickt, blickte auch Laurie in ihren Halluzinationen nach oben, während sie das Papier befingerte, umklammerte und zerriß. Ebenso wie der Säugling die Brust befingert und sich an ihr festzuhalten versucht, versuchte Laurie das Papier zu befingern und sich daran festzuhalten.

Und indem sie das Papier zu besagtem langem Streifen zerriß, hatte sie ein Tasterlebnis, das dem des Säuglings ähneln mochte, der Brust, Gesicht oder Körper der Mutter betastet. Die beiden Finger, die das Papier zerrissen, berührten reibend die Finger der Hand, die das restliche Papier hielten; und während sich die Finger beider Hände bewegten und sich am Papierrand entlangarbeiteten, berührten sie einander. Nur daß eben dieses Papier Lauries Verlangen nicht befriedigte; die lebensspendende Mitte spendete kein Leben, genauso wenig wie sie Lauries krampfhafter Suche entgegenkam. Gelangte Larie schließlich zur Mitte, hielt diese nichts als Enttäuschung für sie bereit. So aber zerstörte Laurie in einer symbolischen Handlung, was sie nicht haben konnte. Sie riß und zerrte sozusagen an der Mauer, die ihr den Weg zu den Befriedigungen des Lebens versperrte.

So aber kann dieses Zerreißen auch für die Feindseligkeit, Frustration und Wut darüber stehen, daß ihre Hoffnung immer wieder enttäuscht wurde. Sie agierte sowohl ihren Wunsch, zur lebensspendenden Mitte zu gelangen, aus als auch ihre Wut darüber, daß dies so schwierig war und daß diese Mitte, wenn sie sie erreichte, leer war. Ihr ganzes Verlangen war in diesen heftigen Bemühungen verkörpert, zu dieser Mitte zu gelangen; und ihre ganze Wut, ihre ganze Frustration waren darin verkörpert, daß sie das Endstück des Streifens, wenn sie es schließlich erreichte, abriß und fortwarf.

Wenn wir Lauries Verhalten noch einmal verbal interpretieren, könnten wir sagen, daß dieses Kind eine Vorstellung davon vermittelte, welchen Eindruck es von der Welt hatte – die Welt war wie eine Wand der Teilnahmslosigkeit, durch die sie ausgesperrt wurde vom Leben und seinen Befriedigungen. Die gleichgültige Mutter, die nur ihren eigenen Bedürfnissen gelebt hatte, die Laurie daran gehindert hatte, am Leben teilzuhaben, die weder ihre Brust noch irgendeinen Ersatz geboten hatte, diese Mutter erstand nun noch einmal in einem weißen Blatt Papier. Nun zerriß Laurie die Teilnahmslosigkeit, die zwischen ihr und der Mitte ihres Lebens gestanden hatte. Sie zerstörte diese Teilnahmslosigkeit und machte eine Wand daraus, durch die sie von der übrigen Welt ausgeschlossen wurde. So wie sich Laurie lange Zeit eingesperrt gefühlt hatte, sperrte sie nun uns alle aus. Die Tatsache, daß sie sich selbst zu dieser Handlung aktivieren konnte, bedeutete, daß sie kein passives Objekt mehr war, das von äußeren Kräften herumgestoßen wurde; und sie bedeutete einen großen Fortschritt hin zur Selbstbestimmung. Trotzdem war Laurie am Ende von der Welt ausgeschlossen.

Der nächste große Schritt wäre gewesen, wenn sich Laurie aus dieser Versklavung durch diesen trügerischen und immer nur frustrierenden Kern des Lebens befreit hätte. Doch diesen Schritt vermochte sie noch nicht zu tun. Aber sie kam ihm bereits nahe, wenn sie jene frustrierende »Mitte« voller Zorn abriß und fortwarf. Es gab noch einen weiteren Schritt, den sie insofern vorwegnahm, als sie die Tatsache, daß sie am Ende des Bemühens enttäuscht werden würde, nicht mehr abwartete: bevor sie das jeweilige Blatt zum Streifen zerriß, der ihr dann als Grenze diente, riß sie das Mittelstück dieses Blattes heraus. Und als sie zur selben Zeit Farben zu benutzen begann, war das ein weiterer Schritt hin zur aktiven Äußerung von Gefühlen, von Wünschen und auch von Unabhängigkeit. Die leere weiße Fläche bedeutete für sie vielleicht die innere Leere ihrer Mutter, während die schwarz angemalte Fläche die Tatsache symbolisieren mochte, daß sie dieser Leere im eigenen Namen einen Inhalt zu geben versuchte.

Der Erwerb der Fähigkeit, die Dinge, die im eigenen Denken vor sich gehen, symbolisch auszudrücken, ist ein entscheidender Schritt in der Persönlichkeitsentwicklung. Und die Fähigkeit dabei so zu verfahren, daß der Beobachter auf ein Verständnis für geometrische Prinzipien schließen kann (das sich darin zeigt, daß ein Blatt Papier zu einem einzigen mehrere Meter langen Streifen zerrissen wird) – diese Fähigkeit läßt sowohl auf Entschlossenheit als auch auf Geschicklichkeit schließen. Das so entstandene Objekt zu benutzen, um die eigene Welt abzugrenzen, ist ein weiterer großer Schritt in der persönlichen Entwicklung und Selbstbehauptung. Doch eine der entscheidendsten Funktionen des Denkens ist die Gabe der Vorhersage: die Fähigkeit, die Zukunft zu antizipieren. Sie allein ermöglicht erfolgreiche Planung und Handlungen, die auf solcher Planung basieren.

Laurie trat diese Schritte hin zur Personwerdung und zur selbständigen Bewältigung ihres Lebens, als sie nicht mehr passiv die Enttäuschung am Ende ihres jeweiligen Suchens abwartete, sondern diese Enttäuschung aktiv antizipierte. Es war, als habe sie erkannt, daß sie erst dann ihr eigenes, von der frustrierenden Mutter unabhängiges Leben würde führen können, wenn sie sich bewußt entschließen könnte, diese Mutter aufzugeben. So aber gab sie sowohl den überwältigenden passiven Wunsch nach der guten Mutter (der »guten Brust«) auf als auch ihren Haß und ihre Angst vor der bösen Mutter (der »bösen Brust«), die alle ihre aktiven Bestrebungen im Keim erstickte.

Als Laurie zu handeln und zu sein begann – das heißt, als sie sich aus ihrem Autismus löste –, war es, als verstehte sie den Zwiespalt, in den sie geraten war. Da sie einander diametral entgegengesetzte Dinge mit demselben überwältigenden Verlangen wollte, konnte sie nichts anerkennen oder ablehnen, und folglich konnte sie auch keine Absicht verwirklichen. Nun, da sie endlich begann, Dinge (ihren Bereich, ihren Besitz) anzuerkennen, begann sie auch zu verneinen (also schlechte Dinge abzulehnen). Von nun an würde sie durch ihre eigenen Bemühungen vielleicht sogar fähig sein, das zu bewältigen und sich von dem zu befreien, was in ihrer Vergangenheit schlecht gewesen war. Als dieser Punkt erreicht war, trat das ganze Farbspektrum in ihr Leben.

Am Rande der Sprache

In einem der folgenden Entwicklungsstadien wurde Lauries Zerreißverhalten wesentlich komplexer. Wieder waren es Blätter weißen Papiers, die sie anmalte. Später erstreckte sich diese Tätigkeit allerdings auch auf das Bettzeug. Nur zögernd interpretiere ich ihre nächste typische Zeichnung. Sie zeigte eine Doppelreihe ineinandergreifender »Zähne«, die dadurch entstanden war, daß Laurie zuerst einen Mittelstreifen aus dem Blatt gerissen hatte, um dann die beiden Hälften des Blattes in Links-Rechts-Links-Manier aufzureißen (Abb. 3). Möglicherweise schuf sie, nachdem sie den ungeahnten Mittelstreifen herausgerissen und fortgeworfen hatte, auf diese Weise einen Mund voller Zähne, um so der Welt aggressiver und erwachsener gegenüberzutreten. Wer weiß, aber vielleicht haben wir

Abbildung 3: Ein Blatt Papier, dessen Mittelstreifen Laurie herausgerissen hat. Anschließend riß sie die beiden so entstandenen Hälften zu zwei Reihen waagrecht und übereinander angeordneter Zähne zurecht. (Der Riß am rechten Rand stammt nicht von Laurie, sondern entstand, als wir das Blatt, bevor wir es fotografierten, zu glätten versuchten.)

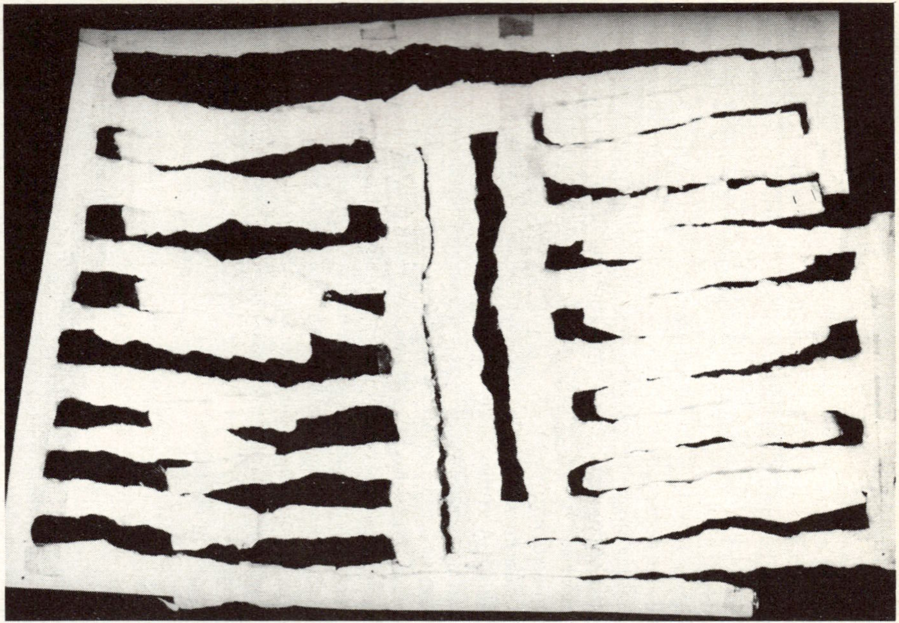

es hier mit zwei Gruppierungen von Zähnen zu tun, die den beiden Brüsten entsprechen?

Wie alle anderen Deutungsversuche des Verhaltens Lauries ist aber auch dieser sehr spekulativ. Leider blieb Laurie nicht genügend lange bei uns, um sprechen zu lernen, denn nur so hätten wir später erfahren können, welche ihre Gedanken waren, als sie dieses Blatt Papier anmalte und zerriß.

Doch basieren unsere Vermutungen nicht auf einzelnen Belegen oder Beweisstücken, die zum Beispiel ihr Zerreißverhalten veranschaulichten. Um die Zeit, als Laurie die Mittelstücke zuerst herauszureißen begann, war sie zu einem höheren Grad an Freiheit und Selbstbestimmung gelangt, denn nun hatte sie begonnen, andere Grenzen als die mit Hilfe von Papierstreifen gezogenen zu schaffen. Sie vermochte nun dasselbe Bedürfnis oder dieselbe Vorstellung in den verschiedensten Situationen und mit verschiedenen Materialien auszudrücken. Das heißt, sie lernte verallgemeinern. Sie schuf Grenzen, denen komplizierte Pläne zugrunde lagen, die strengen Voraussetzungen gehorchten. So verwendete sie zum Beispiel Sand, um auf der Kante des Sandkastens, den sie so zu ihrem Bereich machte, Muster zu schaffen.

Die Vermutung mag unwahrscheinlich klingen, daß nämlich Laurie ziemlich komplexe geometrische Vorstellungen besaß oder entwickelt hatte, die sie nun in die Praxis umsetzte. Deshalb sollten wir hinzufügen, daß sie aus einem so ungeeigneten Material wie Tannenrinde eine Reihe von fünfzig fast vollkommenen Sinuskurven auf einem über zwanzig Meter langen Mäuerchen schuf, das unseren Spielplatz von einem Gehsteig trennt. Noch erstaunlicher war es, daß sie mit großer Geschicklichkeit das schwierige Problem der Umrundung einer Ecke dieses Mäuerchens löste, ohne die Kontinuierlichkeit ihres Musters zu unterbrechen. Doch blieb sie stets innerhalb dieser Grenzen, die ihre private Welt von allem anderen abtrennten (Abb. 4 und 5).

Die Möglichkeit eines Zusammenhangs zwischen Lauries Zerreißverhalten und ihrer Nahrungsaufnahme mag zwar weithergeholt erscheinen, doch möchte ich trotzdem kurz schildern, wie sie um diese Zeit begann, Schokoladenriegel zu essen. Sie brach nicht das Mittelstück der Riegel heraus (vielleicht weil sie so gut schmeckten?), sondern knabberte mit den Zähnen immer am Riegelrand entlang, genauso wie sie sich am Rand des Blattes entlanggearbeitet hatte: sie machte kleine Bisse auf der einen Seite, drehte den Riegel um neunzig Grad und knabberte an der nächsten Seite weiter. Auf diese

Abbildung 4: Laurie zieht eine Grenze aus Tannenrinde. Sie besteht aus fünfzig fast vollkommenen Sinuskurven und wurde von Laurie auf einem etwa zwanzig Meter langen Mäuerchen angelegt.

Abbildung 5: Wie Laurie das Problem löste, die Mauerecke zu umrunden, ohne die Symmetrie der aus Sinuskurven bestehenden Grenzstruktur zu unterbrechen.

Weise »umknabberte« sie einen Riegel etwa fünf Mal, bis sie ihn aufgegessen hatte.

Ob diese Interpretationen des Verhaltens Lauries richtig sind oder nicht, es besteht doch kein Zweifel daran, daß sie dabei aus einem stets gegenwärtigen Motiv heraus handelte, denn ihr Malverhalten durchlief eine Entwicklung, die eine enge Parallele bildete zu ihrem Zerreiß- und Knabberverhalten.[4]

Als Laurie begann, die Mittelstücke ihrer Malblätter herauszureißen, tauchte in ihrer »Malerei« ein bestimmtes Muster auf. Zunächst nahm die massiv schwarze Fläche etwas ab, so daß sie nur mehr zwei Drittel des Blattes füllte. Dann malte Laurie nur mehr eine Ecke, sagen wir ein Achtel des Blattes, mit tiefschwarzer Farbe; den Rest des Blattes unterteilte sie in vier Rechtecke von ungefähr gleicher Größe. Dann verband sie den dunklen Bereich in der einen Ecke mittels einer kräftigen schwarzen Linie mit der Mitte des Blattes.

Es folgte eine weitere Zeichnung, auf der die Rechtecke innen grau und außen schwarz umrandet waren, wobei von der Mitte her schwarze Linien ausstrahlten. Noch später wurden einige der Linien, die aus der schwarzen Ecke kamen, farbig gestaltet, nämlich grün, rot und blau.

Laurie zeichnete diese dunkle rechtwinklige Ecke zuerst und verwandte viel Zeit auf die Ausführung. Die Linien, die aus dieser Ecke kamen, fügte Laurie in den letzten paar Sekunden rasch und flüchtig hinzu, dann war sie mit diesem Blatt fertig (Abb. 6).

Wenn wir uns noch einmal auf Spekulationen einlassen, könnten wir sagen, daß auch diese Zeichnungen – zunächst ganz in Schwarz, dann lediglich mit einer schwarzen Ecke, danach in Grau mit schwarzer Umrandung – die idiosynkratische Weise darstellten, durch die Laurie die Dinge zu ihrem eigensten Besitz machte; das aber geschah dadurch, daß sie zunächst schwarz, dann nur mehr teilweise schwarz und schließlich grau waren, wobei immer größere Flächen frei gelassen wurden.

Falls Laurie, wie wir vermuten, mit dem Problem der bösen Mutter (der »bösen Brust«) zu kämpfen hatte, hat sie dieses Problem vielleicht dadurch zu bewältigen versucht, daß sie es zunächst von der ganzen übrigen Welt (= das Blatt Papier insgesamt) auf einen kleinen Bereich reduzierte, worauf sie, anstatt nur mehr schwarzzu-

[4] Lange bevor wir zu diesen Interpretationen gelangten, stellten einige unserer Mitarbeiter spontan einen Zusammenhang her zwischen Lauries Zerreiß- und Malverhalten einerseits und ihrem Eßverhalten andererseits. So erzählten sie zum Beispiel, wie »ausgehungert« Laurie nach dem Malen gewesen sei.

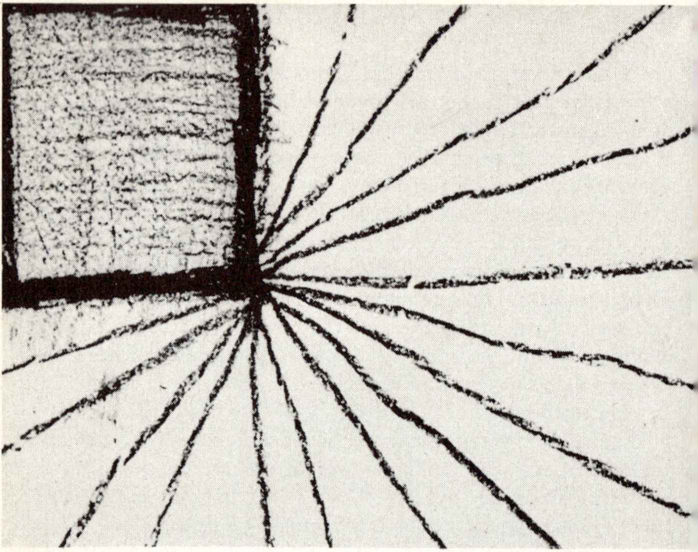

Abbildung 6: Malkreidezeichnung mit dem dunklen Kernbereich, von dem zunächst nur schwarze Linien ausgingen. Spätere Zeichnungen dieses Musters wiesen auch bunte Linien auf.

sehen, »grausah«. Und schließlich hat sie vielleicht zu hoffen begonnen, daß trotz des dunklen Bereichs aus alledem etwas Positives entstehen könnte. Vielleicht lag hier der Grund dafür, weshalb sie die bunten Linien, die diesen Bereich verlassen, so rasch und flüchtig hinwarf. Dadurch, daß sie das Böse in der Welt oder die »böse Brust« in ihrem Umfang und ihrer Bedeutung reduzierte, vermochte sie dieses Böse allmählich zu akzeptieren, zumal sie nun unabhängig von ihm existieren konnte.

Ein weiterer Schritt ihrer Entwicklung bestand darin, daß sie neue und farbige Muster zu zeichnen begann. Diese Muster wiesen einen starken zentralen Bereich auf, der in Rosa oder Rot gehalten war und den sie mit vielen anderen Farben etwas übermalte; diese anderen Farben benutzte sie auch im übrigen Blatt. Das Rot (die Farbe der starken Gefühle) dieses zentralen Bereiches wurde zusehends tiefer und dunkler. Dieses Zentrum, das sie früher herausgerissen und fortgeworfen hatte, erschien nun akzentuiert und voller Farbigkeit und Bedeutung. Der nächste Schritt bestand darin, daß sie in den Ekken diagonale Linien anbrachte, so daß das rote Zentrum schließlich von einem elliptischen Bereich umgeben war, der seine Bedeutung noch unterstrich.

Laurie mag in dieser Phase Phantasien erlebt haben, die vom wunderbaren guten Leben, von der »guten Brust« handelten. Falls dem so war, war dies nur ein Wunsch, bei dem sie spürte, daß er sich nicht verwirklichen ließe, denn nun kehrte sie wieder zu den dunklen Zentren zurück, die allerdings nicht mehr schwarz waren. Um solch dunkle Bereiche zu schaffen, bediente sie sich wieder einer starken Mischung aus Rot, Blau und Grün, während die restlichen Flächen des Blattes, die restliche Welt sozusagen, farbig bleiben. Im allerletzten Stadium dieser Serie von Zeichnungen traten zwei Zentralbereiche dieser Art in Erscheinung (Abb. 7). Vielleicht drückte Lau-

Abbildung 7: Zeichnung mit zwei zentralen Bereichen, die wahrscheinlich je eine Brust symbolisieren (oder repräsentieren).

rie hier die Erkenntnis aus, daß es nicht eine, sondern zwei Brüste gibt, die Nahrung und Leben spenden können, und vielleicht hatte sie davor aus demselben Grund jene beiden »Gebißstrukturen« fabriziert.

Die dunklen, hauptsächlich in Rot gehaltenen Bereiche verwandelten sich später in weiße Bereiche. Dieser Prozeß begann ungefähr einen Monat bevor uns Laurie verließ. Eines Tages saß sie etwa eine Stunde lang völlig versunken an ihrem Schreibtisch und betrachtete einige ihrer alten farbigen Zeichnungen. Dann bemalte sie rasch hintereinander drei Blätter mit dunkelroten Farbtönen. Doch obwohl sie jedes dieser Blätter mehrere Male überarbeitete und mehrere Farbschichten übereinander gab, wies jedes Blatt einen runden weißen Bereich, ein weißes »Loch« auf, das in der roten Fläche ausgespart geblieben war. Diese weißen Zonen waren wesentlich augenfälliger als alle »Löcher«, die sie sonst ausgespart hatte, ganz gleich, ob sie diese nun ins Blatt hineingemalt oder aus ihm herausgerissen hatte (Abb. 8).

Entweder hatte sie diese Leistung erschöpft oder sie hatte ihre Anorexie überwunden, auf jeden Fall aß sie an diesem Mittag sechs Schalen Gemüsesuppe und zum Nachtisch einige große Portionen Blaubeerpudding, eine ungewöhnliche Menge für jedes Kind und eine unerhörte Quantität für Laurie.

Diese Art zu malen, bei der sich Rot und Orange in mehreren Schichten überlagerten, wobei ein zentraler Bereich weiß ausgespart blieb, gipfelte in einem zusätzlichen weißen Bereich, so daß nun zwei runde weiße Stellen ausgespart blieben (Abb. 9).

Das allerletzte von Lauries »Kunstprodukten« läßt sowohl auf eine Zusammenführung ihres Mal- und Zerreißverhaltens schließen als auch auf eine Zusammenführung ihrer Bemühungen, sich von dem frustrierenden lebensspendenden Zentrum zu befreien, das ihr für so lange Zeit als ein unfruchtbares Loch erschienen war. Das tat sie, indem sie das Loch augenfällig machte. Ihre Zeichnungen bestanden nun aus starken roten Farbstreifen, die mit weißen oder hellrosa gefärbten Streifen abwechselten. Hatte sie jedoch eine dieser Zeichnungen fertiggestellt, faltete sie das Blatt zwei (und manchmal vier) Mal, riß ein Stück aus ihm heraus und entfaltete es wieder. Das Resultat war eine große Fläche mit alternierenden roten und rosafarbenen Streifen, mitten darin zwei klaffende Löcher, zwei leere Zentren in einer sonst farbigen Welt.

Diese Zeichnungen mit den herausgerissenen Löchern bildeten den Abschluß von Lauries Malversuchen. Doch da war noch etwas,

Abbildung 8: Zeichnung, in der wahrscheinlich die »weiße« (also die gute) Brust symbolisch erscheint.

Abbildung 9: Dieselbe Vorstellung äußert sich hier in Form von zwei »Löchern«, die wahrscheinlich zwei »weiße« Brüste symbolisieren.

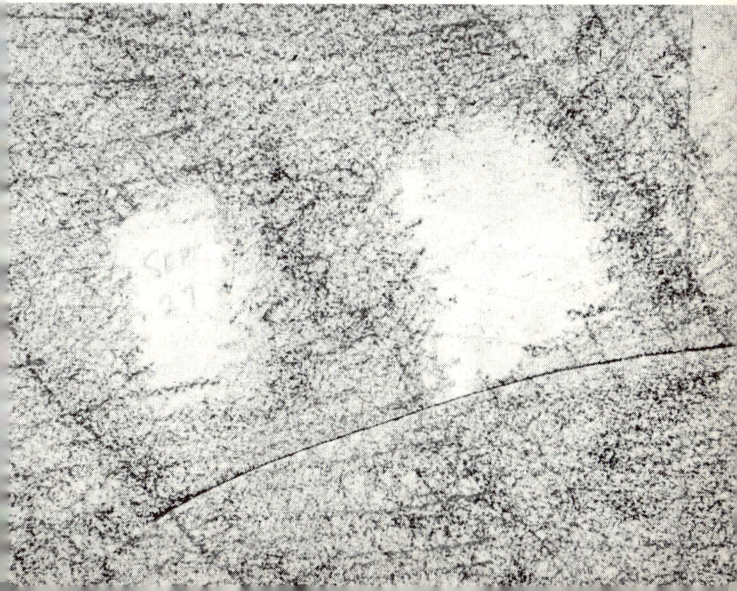

was sie tat, bevor sie uns verließ. Eines Tages fand sie eine Papierschlinge. Sie schien sie zu faszinieren, und geschickt riß Laurie die Schlinge der Länge nach in zwei Teile, so daß sie nun zwei Schlingen hatte. Diese drehte und wendete sie zwischen den Fingern, wobei sie sie angestrengt betrachtete, so als verwundere sie sich über ihre Bedeutung. Als wir sie dabei beobachteten, hatten einige von uns unabhängig voneinander sofort das Gefühl, daß sie über den Unterschied zwischen guter und böser Brust nachdachte. Das war natürlich nur eine Vermutung, doch was sonst konnten wir tun als Vermutungen anstellen bei der Auseinandersetzung mit einem Kind wie Laurie es war; allerdings basierte unsere Vermutung zumindest auf der Tatsache, daß wir Laurie monatelang und manchmal ganze Tage und Nächte hindurch aufmerksam beobachtet hatten.

Während diese Entwicklungen stattfanden, gab Laurie immer lautere und stärker differenzierte Geräusche von sich. Ihr Mund und ihre Lippen begannen Wörter zu formen, doch leider erreichte sie nie den Punkt, wo sie diese Wörter laut hätte aussprechen können, so laut, daß wir gewußt hätten – nun hat sie etwas gesagt.

Unsere ausgesprochen spekulative Interpretation des Verhaltens Lauries ist die, daß sich Laurie in einem ständigen Widerstreit befand zwischen ihrem übermächtigen Verlangen nach der guten Brust (beziehungsweise der guten Mutter) und ihrer Verzweiflung darüber, daß es, ungeachtet all ihrer Bemühungen, dort, wo sie suchte, nichts für sie zu suchen gab, nicht einmal eine »böse Brust«. Unfähig zu irgendeiner Bejahung oder Verneinung, wurde sie inaktiv, und das blieb sie auch. Dieser Konflikt hinderte sie, hinaus in die Welt zu ziehen, und jede Bewegung hin zur guten Mutter lief darauf hinaus, daß sie den Gefahren des Nichtseins noch stärker ausgesetzt war. In dieser heiklen Lage kannte sie nur eine Abwehr – überhaupt nichts zu tun, indem sie nicht mehr handelte, ja nicht einmal mehr aß.

Langsam begann sie bei uns zu handeln und zu sein. Durch ihr Zerreiß- und Malverhalten versuchte sie dieses Dilemma symbolisch sichtbar zu machen, zu verstehen, auszuagieren und zu lösen, und durch diesen Versuch entwickelte sie eine Art von Selbst. Sicherlich tauschte sie ihr dahinvegetierendes Dasein gegen ein Leben ein, das zunächst für kurze, dann aber immer längere Perioden betriebsam, aktiv und selbstbestätigend war. Daß sie ihre Bedürfnisse symbolisch durch buchstäbliche Tausende von Zeichnungen und durch die sich wiederholende Schaffung von Grenzen auszudrücken vermochte, war ein gewaltiger Schritt auf ihre Selbstbehauptung zu. Durch diese Arbeiten schuf sie sich ihren eigenen Lebensbereich, und ihre übermächtigen Probleme versuchte sie durch Prozeduren zu bewältigen, die sie ganz allein entwickelt hatte.

Doch leider wollte es die innere Logik dieses Falles, daß sich Lauries Eltern, die wir ständig über die erzielten Fortschritte informiert hatten, an diesem Punkt einschalteten und beschlossen, das Kind von unserer Schule zu nehmen.

Am Tag bevor sich ihr Aufenthalt bei uns gejährt hätte, erschienen die Eltern, die uns avisiert hatten, daß sie ihrer Tochter einen kurzen Besuch abstatten wollten. Sie nahmen sie mit, damit sie bei ihnen übernachte, und am nächsten Tag riefen sie an, um uns mitzuteilen, daß sie ihr Kind von der Schule nehmen wollten. Sie hätten das, so meinten sie, bereits vor einigen Monaten tun wollen, doch hätten sie in dieser Zwischenzeit nicht nach Chicago kommen können. Auf meine Frage, weshalb sie ihr Kommen als einen Besuch hingestellt hätten, wußten sie keine Antwort. Beide erklärten (aber ganz besonders bestand die Mutter darauf), daß Laurie ihnen gehöre, und daß sie ohne sie nicht leben könnten. Sie nannten einen Zeitpunkt noch am selben Tag, an dem sie Lauries Habe holen kommen wollten.

Nachdem sie Laurie am Tag davor wiedergesehen hatten, und auch während unseres Telefongespräches, waren die Eltern voll des Lobes über den »unerwarteten« und »bemerkenswerten« Fortschritt (so die Mutter), den Laurie in dem Jahr bei uns gemacht habe. Besonders beeindruckt war sie, daß sie nicht mehr an Verstopfung litt, daß die Sauberkeitserziehung angeschlagen hatte, daß sie wesentlich besser aß und viel unabhängiger war.

Inzwischen hatten wir mit unseren beiden Psychiatern, die Lauries Fortschritte verfolgt hatten, vereinbart, sie sollten mit den Eltern sprechen. Weder Vater noch Mutter waren zunächst dafür zu haben, doch erklärten sie sich schließlich doch bereit – aus Achtung vor der guten Arbeit, die wir geleistet hatten, wie sie sagten. Obwohl sie noch einmal beteuerten, daß sie Lauries Fortschritt erkennen könnten, hörten uns (also den Psychiater und mir) Lauries Eltern mit undurchdringlicher Miene zu.

Einer unserer Psychiater faßte den Eindruck, den sie von diesem Gespräch hatte, in den Worten zusammen, daß sie die ganze Zeit das Gefühl gehabt habe, die Eltern seien so abgeneigt gewesen, uns zuzuhören, daß sie das, was sie sagten, wahrscheinlich gar nicht gehört hätten. Wir erboten uns, Laurie zu einem sehr niedrigen Satz bei uns zu behalten, doch das interessierte die Eltern nicht. Ich machte den Vorschlag, sie sollten einen Psychiater ihrer eigenen Wahl konsultieren. Aber auch das interessierte die Eltern nicht. Was immer wir vorbrachten, es schien sie anzuöden. Ich bin überzeugt, daß es sich hier um mehr als um ein bloßes Desinteresse handelte; beide Eltern waren völlig am Ende. Jahrelang hatte ihnen Laurie das Gefühl vermittelt, daß sie als Eltern völlig unzulänglich seien, und jetzt konnten sie einfach nicht mehr. Und am allerwenigsten konnten sie noch einmal die Hoffnung auf eine Besserung aufbringen, denn sie waren fest überzeugt, daß ein Hoffen in diesem Fall schließlich nur auf eine noch tiefere Enttäuschung hinauslaufen würde.

Die Reaktion des Vaters auf alle Argumente bestand darin, daß er immer wieder erklärte, Laurie sei seine Tochter und »die Bürde«, die er zu tragen habe; und die Mutter meinte, Laurie gehöre ihr, und daher hätten sie beschlossen, sie von unserer Schule zu nehmen.

Als ich sie an unsere Übereinkunft erinnerte – daß Laurie, wenn wir sie zu uns nähmen, so lange bei uns bleiben sollte wie wir es für nötig hielten –, meinte der Vater: »Ich habe damals eingewilligt, weil ich überzeugt war, daß sie ein hoffnungsloser Fall sei, den Sie nicht behalten würden. Doch wo sie nun solche Fortschritte gemacht hat . . .« – hier brach er ab.

Ich überredete die Eltern, Laurie noch einmal die Kinder und unsere Mitarbeiter besuchen zu lassen, mit denen sie ein Jahr zusammengelebt hatte, damit sie ihnen zumindest »Lebwohl« sage. Als ich Laurie zurück in den Schlafsaal begleitete, lief sie neben mir her, begierig, ihre Lehrerin, ihre Berater und die Kinder wiederzusehen. Doch als ich ihre einige Minuten später erklärte, daß sie die Schule verlassen müsse und als ihr die Kinder und Mitarbeiter »Lebwohl« gesagt hatten, kam der Zusammenbruch: sie kehrte in jenes totale Nichtsein zurück und wurde wieder dieselbe, die sie gewesen war, als sie zu uns gekommen war. Sie konnte oder wollte die Schule nicht gehend verlassen. Ihr Vater mußte sie zum Wagen tragen, und er trug sie, wie man ein lebloses Bündel trägt.

Ungefähr ein Jahr später erfuhren wir, daß man Laurie kurz nach ihrem Fortgehen von uns in eine öffentliche Heilanstalt für geistesgestörte Kinder gegeben hatte. Dort besuchte ich sie einige Jahre später, und ich fand sie in fast demselben Zustand vor, in dem ich sie kennengelernt hatte: ein ungemein abgemagertes Geschöpf, das auf nichts und auf niemanden reagierte.

Ich saß eine Zeitlang bei ihr und erzählte ihr, wie schrecklich traurig wir, das heißt alle von uns, immer noch darüber seien, daß sie uns verlassen hatte, und daß unser größter Wunsch ihr Bleiben gewesen sei. Sie wandte ihren Kopf und schaute mir mit einem Blick ins Gesicht, in dem ein Verstehen zu dämmern schien, und sie legte ihre Hand auf mein Knie. Ganz ähnlich hatte sie ihre Hand bei unserer ersten Begegnung in die meine gelegt, damals, als ich ihr gesagt hatte, ich wünschte, sie käme und lebte bei uns. Und ich reagierte auf ihre Geste, so wie ich sie verstand, und erklärte ihr, daß es, so gern ich es auch wollte, nicht in meiner Macht stehe, sie aus dieser öffentlichen Anstalt herauszuholen. Langsam zog sie ihre Hand zurück, und obwohl ich noch ein Weilchen bei ihr blieb, äußerte sie nicht mehr die geringste Reaktion, nicht mehr den geringsten Funken des Erkennens.

Trotz des jammervollen Endes von Lauries Aufenthalt bei uns, enthält ihre Entwicklung, die sich in diesem einen Jahr abzeichnete, bereits viele Implikationen für unser Verständnis des infantilen Autismus und der frühen Ichentwicklung. Außerdem beweist ihr Fall, welches Potential an innerem Reichtum und an komplexen geistig-seelischen Strukturen sich hinter dem Handeln oder Nichthandeln eines autistischen Kindes verbergen kann. Anzeichen dafür können über- oder unterschwellig, können schwer erkennbar und noch schwerer verständlich sein. Doch trotz dieser Schwierigkeiten sollten wir die Menschen nie gering schätzen oder im Stich lassen, die angesichts der Frage »Sein oder Nichtsein« das Nichtsein wählen. Sie tun das so lange, bis wir ihnen den Mut zum Sein, zum Dasein eingeflößt haben.

Marcia

Das Leben, nach seiner Mühsal Wert gemessen,
Liebt' heftig ich wohl nie . . .

In jungen Jahren war es mir
– weshalb, ich wüßt' es nicht zu sagen –
Auch eines scheelen Seitenblicks nicht wert;
Es könnte meine Zweiflerart gewesen sein,
Die schleichend mich, verbunden mit des Zufalls Tücke,
Dahin gebracht, daß Eifer für den Lebenstanz
Ich nie als groß und wichtig fand.

Doch dann Musik: sanft, süß und voller Farbe,
So hat es später mich umworben, dieses Leben,
Und ungereimt erschien die Ausflucht; auch erlag sie
Dem Schmeicheln jener Melodie,
So daß auch ich nun mich erwärmte
Und fades Abseits gegen Menschennähe tauschte.

Thomas Hardy

Der hauptsächliche Dank für die Fortschritte, die Marcia hin zur Genesung machte, gebührt Carlson (»Karen«) Zelan und Inge Fleischmann, denen wir auch die Beobachtungen verdanken, auf denen dieser Krankenbericht basiert. Unter den vielen anderen Mitarbeitern, die sich für Marcia engagiert haben, befanden sich Margaret Fuller, Shelton Key, Hazel Osborn und Fae Lohn Tyroler.

Marcia kam zu uns an die Orthogenetische Schule im Alter von elf Jahren, als sie bereits auf der Schwelle zur Pubertät stand. Als wir sie das erste Mal sahen, war sie nicht nur stumm und autistisch – sie reagierte nicht einmal auf Objekte. Sie reagierte lediglich auf ihren eigenen Körper.

Ihr Solipsismus wurde offenkundig, als sie zu sprechen begann und ihr Sprechen in keiner Hinsicht organisiert war. Was uns vorkam wie ein Strom stiller Assoziationen, wurde hin und wieder von einzelnen Wörtern unterbrochen, die alle auf eine sehr ungewöhnliche und eigenartige Weise ausgesprochen wurden und von denen die meisten private Bedeutungsinhalte aufwiesen. Einige Zeit lang war es so, daß wir uns nur von unserem Einfühlungsvermögen leiten lassen konnten, wenn wir das, was sie sagte, verstehen wollten. Trotzdem kam es dabei häufig zu Mißverständnissen.

Wir hoffen, daß diese Auszüge aus ihrer Krankengeschichte hinreichend erhellen, wie die Entwicklung des Selbst und die Entwicklung persönlicher Beziehungen Hand in Hand gehen und wie beide Entwicklungen der Sprache vorausgehen. Außerdem dürfte diese Geschichte zeigen, wie diese drei Prozesse mit den höheren Geistesfunktionen zusammenhängen.

Bei unserer ersten Begegnung fanden wir Marcia sehr anziehend. Das war wahrscheinlich ein Faktor, der zu unserem Entschluß, sie zu uns zu nehmen, beitrug, denn in der Regel haben wir bei solch extremer Pathologie in so spätem Alter unsere schweren Zweifel.[1]

Ungeachtet der bemerkenswerten Fortschritte, die sie gemacht hat, bezweifeln wir, ob sie je fähig sein wird, in der Gesellschaft völlig selbständig zu leben. Aufgrund unserer Erfahrungen mit ähnlich gearteten Fällen möchten wir heute behaupten, daß Marcia diese Fähigkeit hätte entwickeln können, wenn sie nur drei oder vier Jahre früher zu uns gekommen wäre.

Vor Marcia hatten wir einige Kinder, deren Fall ähnlich gelagert gewesen war wie der ihre, so weit wiederhergestellt, daß sie selbständig in der Gesellschaft leben konnten. Allerdings waren diese Kinder im Alter von acht Jahren oder jünger zu uns gekommen. Auch hatten wir einige Kinder mit neun oder zehn Jahren zu uns genommen, bei denen die Behandlungsergebnisse längst nicht so günstig ausgefallen waren. Freilich hatte jeder dieser Fälle seine be-

[1] Schon zu Beginn ihres Aufenthalts bei uns begannen wir ihr nichtverbales Verhalten filmisch aufzuzeichnen. Daher sind wir in der Lage, einige Schritte ihres Genesungsprozesses, sowie die in unseren Behandlungsmethoden enthaltenen Möglichkeiten vorzuführen. Auch zeigt dieser Film, was von der ursprünglichen Störung erhalten geblieben war, nachdem das Kind fünf Jahre lang behandelt (und gefilmt) worden war.

Wir konnten diesen Film dank der Unterstützung der *Ford Foundation* und der *Child Incorporation* produzieren. Die ersten Teile drehte K. Karpszko, unterstützt von I. Yahalom, und für die letzten Teile zeichnet C. Sharp, unterstützt von M. Carey und anderen, verantwortlich. Daß dieses Projekt überhaupt verwirklicht werden konnte, verdanken wir dem besonderen Einsatz der Personen, die am engsten mit Marcia arbeiteten, vor allem also Karen Carlson Zelan.

Überaus dankbar sind wir auch Marcias Eltern, die während ihres Aufenthaltes bei uns hervorragend mit uns zusammengearbeitet haben und die es uns gestatteten, diesen Film zu veröffentlichen und zu wissenschaftlichen Zwecken vorzuführen.

sonderen Merkmale aufzuweisen. So hatte zum Beispiel Anna (s. S. 490ff.) eine Schockbehandlung hinter sich, während Andy (s. S. 496ff.) lange Zeit in einer Anstalt untergebracht war, wo man sich kaum um ihn gekümmert hatte. Unseren Zielvorstellungen entsprechend, hielten wir es für wichtig, daß wir uns auch um solche Kinder bemühen, die körperlich im selben Maße herangereift waren, ohne daß sie jedoch davor böse Erfahrungen gemacht hatten, die unsere therapeutischen Bemühungen hätten beeinträchtigen können.

Ein weiterer wichtiger Grund für unseren Entschluß, Marcia zu nehmen, war ihr Alter. Die Pubertät ist eine wichtige Schwelle im Verlauf des Reifungsprozesses. Unter den vielen ungelösten Problemen, auf die wir zu Beginn dieses Buches angespielt haben, befindet sich die Frage: In welchem Umfang basiert die Entwicklung der Persönlichkeit auf dem körperlichen Reifungsprozeß und in welchem Maße fußt diese Entwicklung auf emotionalen Erfahrungen und den dadurch entstehenden sozialen Bindungen? Während die jeweilige Reife von mehr oder minder feststehenden biologischen Zeitabläufen abhängig ist, können wir nicht mit Sicherheit sagen, welche Schritte der Persönlichkeitsentwicklung welche Stufen der körperlichen Reife voraussetzen.

Nehmen wir zum Beispiel die Abhängigkeit. Der Säugling ist, was sein Überleben anlangt, völlig von seiner sozialen Umgebung abhängig. Daher ist es schwierig festzustellen, ob diese Abhängigkeit und die emotionale Erfahrung, die mit ihr Hand in Hand geht, zur Entwicklung der Persönlichkeit notwendig ist. Wenn dem nicht so ist, müßte die psychische Entwicklung, theoretisch gesehen, auch ohne diese Faktoren auskommen.

Doch wie sieht die Sache aus, wenn gewisse Stufen der Persönlichkeitsentwicklung, ungeachtet der körperlichen Reife, diesen Zustand einer relativen psychischen Abhängigkeit, der für das Säuglingsalter charakteristisch ist, zur Voraussetzung haben? Sollte das der Fall sein, sähen wir die Vermutung bestätigt, wonach einige Stufen der frühen Ich-Entwicklung erst dann zustande kommen können, wenn durch emotionale Abhängigkeit und die Befriedigung abhängiger Bedürfnisse der richtige Rahmen für diesen Prozeß geschaffen worden ist; das aber würde unabhängig von der Frage gelten, ob ein Umsorgen in Abhängigkeit zum Überleben unerläßlich ist.

Aber auch daraus erfahren wir nicht, ob eine Persönlichkeitsentwicklung – wie beim kleinen Kind – schrittweise vor sich gehen muß. Angenommen eine körperliche Reife wäre gegeben – könnten dann alle diese Stufen der Persönlichkeitsentwicklung zusammen auftreten oder müßte es eine andere Sequenz geben? Laurie blieb nicht lange genug bei uns, um es uns zu ermöglichen, diesen Entwicklungsschritten nachzuforschen. Der Bericht über Marcias Aufenthalt bei uns soll hier an nächster Stelle stehen, weil er uns einen deutlicheren Einblick in diese Entwicklungssequenz gibt.

Da Marcias Geschichte nur einen begrenzten Behandlungserfolg widerspiegelt, möchte ich hier kurz auf einen Punkt hinweisen, den wir in den folgenden Kapiteln immer wieder ansprechen werden: gemeint ist die Tatsache, daß wir zwar nicht sicher sein können, ob die Vererbung nun keine Rolle bei der Entwicklung des Autismus spielt, und daß wir nicht wissen, welche Konsequenzen die sehr frühe Erfahrung nun genau hat, daß wir jedoch aufgrund der Tatsache, daß es uns gelungen ist, den autistischen Prozeß in vielen Fällen rückgängig zu machen, mit Sicherheit annehmen können: eine autistische Anlage muß eine Gesundung nicht ausschließen. Die Berichte der Kinder selbst scheinen – ganz gleich, welche Rolle die autistische Anlage spielt – darauf hinzuweisen, daß sie sich deshalb von der Realität zurückgezogen haben, weil eben diese Realität ihre psychische und physische Existenz zu bedrohen schien. Daher lautet die erste Frage, die es zu beantworten gilt: Wodurch ist Marcia zu der felsenfesten Überzeugung gelangt, daß die gesamte Außenwelt ihrer Natur nach ausschließlich destruktiv ist?

Marcias Geschichte

Wie bei allen autistischen Kindern lagen auch bei Marcia die Anfänge ihrer Störung vor ihrer Geburt. Ihre Mutter, die in England geboren und aufgewachsen war, hatte eine schwierige Kindheit gehabt. Als ältestes Kind hatte sie mit elf Jahren ihren Vater verloren und mußte relativ früh Familienverpflichtungen übernehmen. Als Halbwüchsige empfand sie einen starken Widerwillen gegen die Tatsache, ein Mädchen zu sein, das nun langsam zur Frau heranwuchs. Sie selbst meinte dazu: »Die ganze Vorstellung war einfach schrecklich.«

In der Schule kam sie gut voran, dann wurde sie Krankenschwester, ein Beruf, den sie sehr mochte. Zu Beginn des Zweiten Weltkrieges verliebte sie sich und heiratete, doch nach wenigen Monaten kam ihr junger Mann bei einem Gefecht ums Leben. Diese Tragödie löste in ihr eine schwere Depression aus. Später ging sie als Krankenschwester selbst zur Armee. In dieser Zeit lernte sie Marcias Vater kennen, den sie wenig später heiratete, obwohl ihr sein Umwerben nicht sehr viel bedeutet hatte. Da ihre Gefühlsbindung immer noch ihrem ersten Mann galt, brachte sie ihrem zweiten Mann mehr Achtung als Liebe entgegen. Trotzdem hoffte sie, diese zweite Ehe würde ihr vergessen helfen und ihre Depression lindern.

Marcias Vater war das jüngste Kind einer großen Familie und beschrieb sich selbst als einen simplen Farmjungen, das Kind armer Eltern in einer kleinen Stadt. Während Marcias Mutter das Rückgrat der Elternfamilie gewesen war, war Marcias Vater das Kind, das nicht gebraucht wurde und sich allein überlassen blieb. Von seinen Eltern wie von seinen älteren Geschwistern wurde er gnadenlos gehänselt, und vor diesen Hänseleien hatte er eine schreckliche Angst. Seine Mutter war eine beherrschende Person, die ihre Kinder, vor allem aber ihren jüngsten Sohn, streng kontrollierte. In dieser Hinsicht erinnerte ihn seine Frau an seine Mutter.

Marcias Vater hatte gute Schulleistungen zu verzeichnen gehabt. Im letzten Collegejahr meldete er sich freiwillig zum Kriegsdienst und er diente mit Tapferkeit und Auszeichnung und kehrte mit einem hohen Dienstgrad ins Zivilleben zurück. Während des Krieges löste das Mädchen, das er zu heiraten hoffte, die Verlobung auf, und so diente auch ihm die Ehe als Flucht aus der Einsamkeit. Auch Marcias Vater litt unter Angstzuständen. Diese Anfälle wurden in den letzten Kriegsjahren immer heftiger, doch blieben sie auf sein Privatleben beschränkt und beeinträchtigten in keiner Weise seine Arbeit. Er hoffte, diese Anfälle würden sich von selbst geben, wenn er ein Heim und eine Lebensgefährtin hätte. Er heiratete noch während seiner Dienstzeit, und als seine Frau schwanger wurde, entließ man ihn.

Die emotionalen Schwierigkeiten von Marcias Vater bestanden um diese Zeit also bereits seit langem. Seine störendsten Symptome waren – nach eigener Aussage – Anfälle von Erröten und von Angst, beides Dinge, die ihn das Zusammensein mit anderen Menschen meiden ließen.[2] Nach seiner Heirat und seiner Rückkehr ins Zivilleben nahmen seine Schwierigkeiten zu. Er erinnerte sich, wie er plötzlich seinen Arbeitsplatz verlassen und nach Hause eilen mußte,

[2] Er verriet uns nicht, welche Emotionen sein Erröten bewirkten oder sich hinter dieser Reaktion verbargen. Doch im Zusammenhang mit Marcias Angst vor ihrem Vater sollte hier auf Feldman (1962) hingewiesen werden, der sich mit dem Prozeß des krankhaften Errötens befaßt hat und als seine Hauptursache die Hemmung starker aggressiver Antriebe bezeichnet hat. Davon betroffene Personen »meinen, ihre Aggression könnte sie zum Totschlag treiben«.

wo er weinend dasaß und das Gefühl hatte, in Stücke zu fallen. »Eine schreckliche Angst«, so beschrieb er selbst diesen Zustand, »ballte sich in mir zusammen und sie kochte in mir über, und ich konnte sie nicht beherrschen, so daß ich einen totalen Zusammenbruch hatte.« Das passierte, als seine Frau im fünften Monat schwanger war. Nach diesem Vorfall unterzog er sich mehrere Jahre lang einer psychiatrischen Behandlung.

Sprach er über seine emotionalen Schwierigkeiten, so meinte er häufig, daß sie einfach »aus ihm herausplatzen«, und immer verband er sie in seinen Vorstellungen mit der Schwangerschaft seiner Frau. Obwohl er kein Kind haben wollte, ließ er sich von seiner Frau doch überreden, so daß er sich mit der Schwangerschaft zögernd einverstanden erklärte. Doch im Innersten befürchtete er, »das könnte mich in meinem Spielraum beschneiden«. Er entdeckte, daß seine Frau, obwohl sie das Kind wollte, unsicher geworden war, als sie wußte, daß sie schwanger war. Ihre zunehmende Unsicherheit und die Tatsache, daß sie sich während der Schwangerschaft von ihm zurückzog, bestätigten seine schlimmsten Befürchtungen, daß nämlich er gegen das Baby »verlieren« würde, und das Ergebnis war sein Zusammenbruch. Dieser Vorfall stürzte die Mutter natürlich in tiefe Zweifel in bezug auf ihre eigene Zukunft und die Zukunft ihres Kindes.

Als Marcia zur Welt kam, war ihr Vater immer noch schwer gestört, doch hatte sich sein Zustand soweit gebessert, daß er wieder seiner Arbeit nachgehen konnte. In seinen Augen war Marcia nichts als »ein häßliches kleines Baby«. »Sie interessierte mich wirklich nicht. Ich spürte, daß sie das Kind meiner Frau war.« Kinder, vor allem Säuglinge, hatten nie irgendeinen Reiz auf ihn ausgeübt. Nur eine Eigenschaft, eine Möglichkeit an ihnen interessierte ihn: er, der es haßte, geneckt zu werden, liebte es, kleine Kinder zu necken: »Es macht mir Spaß, Säuglinge aus dem Häuschen zu bringen.«

Marcias Mutter dagegen meinte, daß sie sehr glücklich gewesen sei, als sie schwanger wurde. Dieses Gefühl änderte sich jedoch völlig, als ihr Mann seinen Zusammenbruch hatte, obwohl sie neue Hoffnung schöpfte, als sich sein Zustand langsam besserte. Die Mutter erinnerte sich, daß Marcias Entwicklung in den ersten eineinhalb Jahren normal verlief – trotz ihrer finanziellen Sorgen, trotz der häufigen Arbeitsunfähigkeit ihres Mannes und trotz der Tatsache, daß sein Nervenleiden sie stark beunruhigte.

Als Marcia achtzehn Monate alt war, befand sich ihr Vater immer noch in therapeutischer Behandlung, doch nun verschlimmerte sich sein Zustand und er erlebte einen zweiten schweren Rückfall. Marcias Mutter kam diese Ehe nun wie eine Falle vor, und es erfüllte sie ein solcher Widerwille gegen Mann und Kind, daß sie daran dachte, beide im Stich zu lassen. Marcia war es, die sie daran hinderte. Da sie sich für das Kind verantwortlich fühlte, konnte sie sich nicht entschließen, ihrer wahren Neigung nachzugeben: der Neigung, ihr eigenes Leben zu leben und die beiden hinter sich zu lassen, damit sie selbst für sich sorgten. Schließlich ging sie in ihren Beruf zurück, einerseits um ihre Familie zu ernähren und andererseits, um all die Schwierigkeiten zu vergessen. Obgleich sie in der Nähe mehrerer Krankenhäuser lebten, entschloß sie sich, in einer Umgebung zu arbeiten, die ihrer eigenen Hoffnungslosigkeit entsprach: sie suchte sich ein Krankenhaus aus, in dem vor allem hoffnungslose Fälle behandelt wurden. Die Sorge um den Säugling wurde einer Vielzahl von Babysittern überlassen, die Marcia zum Teil große Angst einzujagen schienen. Das wenige, was ihre Mutter für sie tat, tat sie nach eigenen Worten »in aller Eile. Ich bin eine Person, die keinen Widerspruch duldet.«

Als Marcia zwei Jahre alt war, mußten ihre Eltern aus finanziellen Gründen umziehen. Die Mutter fühlte sich in der neuen Umgebung fremd und unwohl, und von da an haßte sie ihr ganzes Leben und lehnte ihren Mann und ihr Kind völlig ab. »Uns ging es ganz erbärmlich.« Marcias Reaktion bestand darin, daß sie sich zurückzog und daß sie es aufgab, die wenigen kindlichen Wörter, die sie bislang gelernt hatte, zu sagen. Mit einer Ausnahme allerdings. Wenn ihre Mutter ganz offensichtlich böse auf sie war, konnte sie klar und deutlich einige Wörter sagen. Wenn also die Signale mit Gefühlen besetzt waren und wenn diese Gefühle ihr galten, pflegte sie dies – obwohl es sich um eine Reaktion des Ärgers handelte – als einen Beweis dafür zu nehmen, daß man gefühlsmäßig Anteil an ihr nahm. Und so reagierte sie auf dieses klare Signal aus der Außenwelt mit einigen Wörtern, doch hatte diese Reaktion mit echter Kommunikation nichts zu tun. Wie um zu beweisen, daß sie zwar sprechen konnte, aber nicht wollte, sagte sie hin und wieder ein paar Wörter, die sie richtig aussprach und nie wiederholte.

Aus dem, was uns die Eltern erzählten, und aus dem Eindruck, den sie und ihr Kind auf uns machten, glaubten wir entnehmen zu können, daß beide Eltern den größten Teil der Zeit wünschten, Marcia wäre nicht am Leben. Doch sie wünschten das nicht aus denselben Gründen. Der Vater wünschte sie sich fort aus seinem Leben, um so mehr von der Mutter zu haben; die Mutter aber wünschte sie sich fort, um frei von Vater und Tochter zu sein. Die Gründe, weshalb die beiden Elternteile Marcia nicht wollten, waren also verschieden, aber die entsprechenden Signale liefen auf ein und dasselbe hinaus – auf den Wunsch, Marcia möge fort sein. Diesem Wunsch beider Eltern entsprach Marcia insofern, als sie ein Leben des Nicht-Seins lebte.

Den Vater fürchtete sie ganz einfach. Vielleicht war es eine Abwehr gegen seine Neckereien, daß sie zunächst nicht mehr hörte, um ihn später nicht mehr zu beachten. Ihre Beziehung zur Mutter war komplizierter. Wegen der Pflege, die ihr von der Mutter zuteil geworden war, fühlte sie sich dieser verpflichtet. Dieses Umsorgen nahm Marcia nur zu einem geringen Teil und nur sehr widerwillig hin. Man ist versucht zu sagen, daß Marcia nur deshalb am Leben blieb, weil das die beste Art war, sich an ihren Eltern zu rächen. Wahrscheinlicher ist es jedoch, daß sie deshalb nichts tat, weil sie dadurch jedem weiteren Schmerz und jeder weiteren Enttäuschung aus dem Weg zu gehen hoffte. Darüber hinaus gab es weder irgendwelche Belohnung noch Herausforderung zum Handeln, so daß das einfachste das Nichthandeln war. Und vielleicht befürchtete sie auch, ein Handeln ihrerseits könnte einen der beiden Elternteile tatsächlich veranlassen, sich ihrer zu entledigen. Je stärker die Mutter Marcia ablehnte und je kranker Marcia wurde, desto schuldiger fühlte sich die Mutter. Aus diesen Schuldgefühlen heraus tat sie Dinge, die Marcia in der Überzeugung, daß sie nicht am Leben sein sollte, noch bestätigten. Diese Verwirrung darüber, was in gefühlsmäßiger Hinsicht um sie herum vor sich ging, kann ein weiterer Grund für ihren totalen Rückzug gewesen sein.

So sah die emotionale Atmosphäre zu Beginn der Sauberkeitserziehung aus, die dadurch von Anfang an ein großes Problem darstellte. Kurz nachdem die Mutter ihre Tochter im Alter von zwei Jahren zur Sauberkeit zu erziehen begonnen hatte, hörte Marcia auf, von allein Stuhlgang zu haben. Dabei handelte es sich nicht um einen bloßen Widerwillen des Kindes, das aufzugeben, was eben noch ein Teil von ihm gewesen war. Denn dieses Verhalten war wie ein Symbol für den zentralen Konflikt zwischen Marcia und ihrer Umwelt, deren Verkörperung ihre Mutter war. Doch das erfuhren wir erst viel später, genauso wie wir erst viel später darauf kamen, daß Marcias Entschlossenheit, nicht zu sprechen, Teil ihres umfassenderen Entschlusses war, sich dadurch zu schützen, daß sie nichts hergab und daß sie ihre Gedanken und Gefühle ebenso einbehielt wie ihren Stuhl. Nur diesen Stuhl konnten ihr die Eltern mit Gewalt nehmen, und das taten sie denn auch – vor allem die Mutter. Marcia konnte nicht verhindern, daß man ihr den Stuhl abzwang, doch da erwies sie sich als noch eigensinniger, als es darum ging, keine Wörter »herzugeben«.

Man versuchte es mit verschiedenen Methoden, um sie zur Defäkation zu veranlassen. Als sie ungefähr zweieinhalb Jahre alt war, hatte sich ihr verstopfter Zustand so verschlimmert, daß man ihr – abgesehen von einigen kurzen Perioden, in denen man tägliche Abführmittel benutzte – wöchentliche Klistierspritzen verabreichte. Gegen diese Spritzen setzte sie sich verzweifelt zur Wehr, so daß ihr Vater sie, als sie kräftiger wurde, festhalten mußte. Das tat er, indem er sich mit ihr Aug in Aug auf's Bett legte, sie stark an sich preßte, während die Mutter-Krankenschwester ihr das Klistier verabreichte.

Das war Marcias erster intimer Körperkontakt mit ihrem Vater, der sie sonst nur selten in den Armen gehalten oder mit ihr gespielt hatte, und so kam es, daß diese ganze Prozedur stark erotisch gefärbt war. Sie fürchtete diese Klistiere im selben Maße wie sie sie erregten. Dieser Vorgang, das ist unsere Meinung, wurde zum Symbol für ihren wesentlichen Konflikt. Nun schaffte sie es noch weniger, sich zu bewegen oder fortzubewegen, und ihr autistischer Rückzug wurde noch vollständiger. Dieser Vorgang, den sie am meisten fürchtete – weil ihr eigener Körper gezwungen wurde, seinen Wünschen zuwider zu handeln, indem er defäkieren mußte –, war zugleich der Vorgang, der sie sexuell am stärksten erregte. Dazu kam noch, daß sie die Personen, die sie derart erregten, als Todfeinde betrachtete, von denen sie allerdings völlig abhängig war.

Wenn das, was wir am meisten fürchten, in gewisser Weise die einzige Erregung darstellt, die wir erleben können, sind wir nicht mehr in der Lage, unserem eigenen Urteil und unseren eigenen Wünschen zu vertrauen. Ja schlimmer noch: wenn das, was wir am meisten fürchten, daß es unserem Körper zustößt und daß es in diesen eindringt, identisch ist mit unserem einzigen körperlichen Lustempfinden, können wir nicht einmal mehr unserem Körper und seinen Signalen vertrauen.

Wenn sich der enge Körperkontakt, den das kleine Kind normalerweise liebt und nach dem es verlangt, als schmerzhaft erweist, bleibt ihm nur die Folgerung, daß es meiden muß, was es sucht, und daß es nicht glauben darf, sein Körper oder sein Suchen könnten ihm etwas Positives einbringen. Und wenn dann auch noch die Personen, die zu seiner stärksten sexuellen Erregung beitragen, darauf aus sind, es seines Darminhalts zu berauben, gelangt es zudem zu der Überzeugung, daß von anderen Personen nichts Gutes kommen kann. Denn sobald diese Personen das Kind erregen, zerstören sie es auch. Daher konnte Marcia nicht einmal mehr ihrem Verlangen vertrauen, denn ihr Wunsch nach sexueller Erregung war zugleich ein schrecklich zerstörerischer Wunsch. Und da sie unfähig war, sich selbst oder ihren Eltern zu vertrauen, beschloß sie, jede Beziehung zu ihnen abzubrechen, ja ihre Existenz selbst zu leugnen.

Ich möchte hier auf Pavenstedt (1956) hinweisen, der über einen Jungen berichtet, bei dem im Alter von einundzwanzig Monaten ein zeitweiser »totaler Ausfall« des Sprechvermögens zu beobachten war. Dieser Ausfall geschah in einer Zeit, in der dieser Junge »jeden Abend vor dem Abendessen einem Ritual unterzogen wurde: der Vater kniete über seinem Kopf und drückte ihn mit seinen Beinen nach unten, während die Mutter dem Kind Klistiere oder Zäpfchen verabreichte«. Obwohl die Eltern diese Prozedur nach einigen Wochen aufgaben, mußte der Junge erst ermuntert werden, sich in anderen Bereichen unabhängiger zu verhalten, bis er nach einigen Monaten schließlich »wieder zu sprechen begann, obwohl seine Wörter nun längst nicht so deutlich waren wie früher; [doch] seine Verhaltung des Stuhls . . . hat bis heute angehalten«, und »heute« das bedeutet bis zum Alter von zwölf Jahren.

Marcia war drei Jahre alt, als sie die Welt und die Menschen keines Blickes mehr würdigte, als sie sich mit den Fingern ihre Ohren (ja sogar die Nasenlöcher) zustopfte – nun wollte sie nicht bloß den Vater, sondern die ganze Welt nicht mehr sehen, hören und riechen. Im übrigen war sie völlig inaktiv oder sie schaukelte hin und her oder klopfte mit den Fingern oder kleinen Gegenständen an ihr Kinn.

Als sie vier Jahre alt wurde und immer noch nicht sprechen oder selbständig handeln wollte, suchte man mit ihr eine auf Kinder spezialisierte heilpädagogische Beratungsstelle auf, und es folgte eine zwei Jahre dauernde Behandlung. Man behauptet, sie habe dort einige Fortschritte gemacht, obgleich sie weder zu sprechen begann noch auf andere Weise ihre autistische Abkapselung aufgab. Um diese Zeit hatte sich der Zustand des Vaters so weit gebessert, daß man beschloß, zurück in die Gegend zu ziehen, in der er geboren war. Als Marcia sieben Jahre alt war, konnten die Eltern sie nicht mehr bei sich zu Hause behalten, so daß sie sie in eine Art geschlossenes Heim gaben, und auch dort tat sie wieder nichts. Der Befund einer psychiatrischen Untersuchung lautete eindeutig auf Schizophrenie. Andere Untersuchungen ergaben Diagnosen, die von infantilem Autismus bis zur Hirnschädigung oder Schwachsinn reichten. Eine an der Universität von Chicago durchgeführte Untersuchung ließ keine neurologischen Krankheitsursachen erkennen.

(Ich sollte hier einen Punkt hinzufügen, der sich auf Marcias spätere Behandlung ausgewirkt hat und damit zu tun hatte, daß ihre Eltern, nachdem sie bereits drei Jahre bei uns war, ein weiteres Kind hatten. Denn als Marcia bei uns zu leben und Fortschritte zu machen begann, fühlten sich die Eltern von ihren entsetzlichen Schuldgefühlen befreit. Langsam gelang es ihnen, ein erträglicheres Leben zu führen. Sie gelangten zu der Überzeugung, daß sie trotz ihrer jeweiligen Schwierigkeiten genausogut zueinander passen könnten wie andere Paare. Mit diesem neuen Zukunftswillen, den sie einander vermittelten, konnten sie sich wesentlich besser anpassen und fühlten sich ermutigt, durch ein weiteres Kind ein neues Familienleben zu beginnen. Dieses Kind aber entwickelte sich normal.)

Die erste Schulzeit

Marcia kam zu uns an die Orthogenetische Schule im Alter von zehn Jahren und neun Monaten. Wie bereits seit Jahren verbrachte sie auch die ersten Tage bei uns im Zustand eines stummen, bösen und angsterfüllten Rückzuges. Stundenlang saß sie auf ihrem Bett in einer sonderbaren Yogaposition, in einer Art Schneidersitz, in dem sie sich entweder nicht rührte oder heftig vor und zurück schaukelte. In dieser sitzenden Position war ihr Rektum vor jeglichem Eindringen gewiß geschützt, doch ist es durchaus möglich, daß sie durch dieses Hin und Herschaukeln die klistierbewirkte anale Stimulierung noch einmal zu erleben versuchte. In solchen Augenblicken konzentrierte sie sich offensichtlich auf einige innere Empfindungen. Äußerlich war ihr ein starker rhythmischer Wechsel von ruhigem zu überaus heftigem Atmen anzumerken.

Ihr dürftiges Sprechen hatte am Anfang aus sehr seltenen, simplen, stark selektiven und immer nur geflüsterten Echolalien bestanden. Fragten wir sie zum Beispiel, ob sie ein Bonbon wolle, echote sie lediglich »Bon-bon«. Sie sagte »nein« und nie »Ja«. In den ersten beiden Wochen bei uns brachte sie von sich aus nur zwei Zweisilbenwörter zustande: »Nein« und »Brot« (wenn es sie zu essen verlangte). Nach einigen Monaten bereicherte sie ihren Wortschatz um einige wenn auch immer nur geflüsterte Forderungen (oder Befehle). In den ersten Jahren bestand ihr Sprechen lediglich aus Signalen, mit denen sie auf Dinge hinweis, die sie haben wollte – diese Signale hatten stets die Form von kurzen einzelnen Wörtern, die manchmal ihrerseits aus Bruchstücken mit langen Pausen dazwischen bestanden.

Wer Marcia ankleiden wollte, brauchte eine unendliche Geduld, da sie zahllose Kleidungsstücke ablehnte, bevor sie sich für dieses oder jenes entschloß. Auch wurde ihr Ankleiden dadurch kompliziert, daß sie es nicht zuließ, daß man sie berührte. Doch da der Umgang mit Knöpfen oder Reißverschlüssen zu schwierig für sie war, erteilte sie uns schließlich den – wenn auch nur geflüsterten – Befehl: »festmachen«.

Sie benutzte nicht unsere, sondern ihre eigene Sprache. Trotz ihres Flüsterns hörte sich jede Silbe, die sie aussprach, wie Flatus oder ein kurzes Platzen von Luft an. Sie entließ immer nur die kleinste Menge eines Wortes oder wessen auch immer aus ihrem Körper. Dann schloß sie rasch den Mund, bis sie widerwillig und ängstlich den zweiten vervollständigenden Teil des Signals von sich gab.

Andere autistische Kinder haben ähnliche Schwierigkeiten mit der Sprache. Manche Kinder sprechen wie Marcia: sie flüstern, äußern sich sehr undeutlich, betonen in der Regel die falsche Silbe und vernuscheln die Buchstaben. Andere Kinder, die sich nicht mehr bloß in Einsilben äußern, ziehen die Silben eines ganzen Satzes derart zusammen, daß er sich wie ein einziges Wort anhört. So aber ist es sehr schwierig und häufig völlig unmöglich, die Wörter auseinanderzuhalten und das Gesagte zu verstehen. Auch gibt es solche Kinder, die sich zwar durch eine überdeutliche Aussprache auszeichnen, doch sprechen sie mit solch ungewöhnlichem Nachdruck, daß sich auch bei ihnen jedes Wort in ein Symbol für irgendein privates Erleben verwandelt.

Übrigens ist der ganze Wortschatz dieser Kinder mit privaten Bedeutungsinhalten durchsetzt, die sich nur zum Teil und immer nur zufällig mit den Bedeutungsinhalten decken, die wir in die jeweiligen Wörter hineinlesen.

Außerdem besitzen die Wörter für diese Kinder eine magische Kraft – Dinge können geschehen oder auch nicht geschehen, je nachdem, ob gewisse Dinge ausgesprochen werden. Am wichtigsten aber ist wohl die Tatsache, daß diese Kinder durch ihre Benutzung der Sprache zeigen, daß die Wörter ihr privates Eigentum sind und nicht irgendwelchen Kommunikationszwecken dienen.

Eines der Mädchen beschäftigte sich – wie das übrigens viele dieser

Kinder tun – auf geradezu monomanische Weise mit dem Wetter. Fasziniert verfolgte sie alles, was mit dem Wetter zusammenhing, und lange Zeit war das Wetter das einzige, worüber sie reden konnte. Erst Jahre später, als sie sich auf dem besten Wege zur vollständigen Genesung befand, teilte sie uns mit, daß ihr monomanisches Interesse am Wetter nicht zuletzt auf eine etwas ver-rückte Schreibweise dieses Wortes zurückzuführen gewesen sei, das im Englischen »weather« lautet, aber auch folgendermaßen getrennt und gelesen werden könnte: »we / eat / her«, was zu Deutsch heißt: »Wir essen sie.« Es handelte sich bei diesem Mädchen um ein Kind, dessen Wunsch zu verschlingen so stark war, daß es sich diesem Wunsch mit Hilfe einer Anorexie entzogen hatte. Diese Anorexie hatte, bevor das Mädchen zu uns kam, mehrere Krankenhausaufenthalte nötig gemacht. Da es überzeugt war, daß seine Mutter, ja daß wir alle es verschlingen wollten, hielt sie es für unerläßlich, diesem »we eat her« peinlichste Aufmerksamkeit zu schenken. Für dieses Mädchen gab es nur eine Möglichkeit, dieser allgegenwärtigen Gefahr zu entgehen, und diese Möglichkeit bestand darin, alles über dieses »we eat her«, über das »weather« also in Erfahrung zu bringen. Dieses Kind lebte in der ständigen schrecklichen Angst, sein ganzes Leben könnte zunichte werden, und so mußte es aufpassen, mußte es alles beobachten, was auch nur im entferntesten etwas mit dem »we eat her«, mit dem »weather« – dem »Wetter« – zu tun hatte.

Dieses Mädchen hatte das Sprechen zwar nie aufgegeben, doch dauerte es lange, bis es mit uns kommunizierte. Aber zumindest hatte es etwas gewußt über seine Fixierung, seine tödliche Angst vor einem einzigen Wort. Denn sehr häufig ist es so, daß der persönliche Sinngehalt, den die Wörter für autistische Kinder besitzen, derart überdeterminiert ist, daß die Kinder am Schluß selbst nicht mehr wissen, wofür diese Wörter eigentlich stehen.

Das Sprechen erzeugte bei Marcia ganz offensichtlich eine panische Angst. Jedesmal, wenn sie etwas sagte, bedeutete das, daß ihre Angst, nicht zu bekommen, was sie sich wünschte, stärker war als die Angst, die sie vom Sprechen abhielt. Als wir uns bemühten zu ihr durchzudringen und dadurch gelegentlich den Wunsch zu reagieren in ihr weckten, biß sie sich zuweilen voller Wut auf die Lippen. Sie schien ihren Wunsch zu sprechen gewaltsam zu unterdrükken und biß sich hart auf die Unterlippe, wie um den eigenen Mund noch sicherer zu verschließen, diesen Mund, den es durch einen entgegengesetzten Wunsch zum Sprechen drängte. Die einzige Ausnahme war das abwehrende »Nein«, das sie zwar ebenfalls nur sehr selten sagte, dann aber mit einem nicht ganz so heftigen inneren Widerstand.

Wie früher beachtete sie auch jetzt weder ihre Umgebung noch andere Menschen; vor allem Erwachsene ignorierte sie. Auch fuhr sie fort, sich für lange Zeit die Ohren und hin und wieder auch die Nase zuzuhalten. Wenn sie die Zeigefinger in die Ohren steckte, benutzte sie die kleinen Finger dazu, ihre Nasenlöcher zu verstopfen.

Jeden Körperkontakt, auch die kleinste Berührung oder ein Halten der Hände, wies sie heftig zurück. Sie wandelte wie im Traum. Und wenn sie sich fortbewegte, schien sie ihrem Körper völlig entfremdet zu sein, so als wüßte sie entweder nicht, daß es ihn gab, oder als ahnte sie nicht, was sie mit ihm anfangen könnte. Sie kannte nur wenige Bewegungen und sogar die wirkten – von einer einzigen Ausnahme abgesehen – erstarrt und gefroren.

Das Spiel mit den Fingern

Obwohl Marcia sehr inaktiv war, hatte sie, lange bevor sie zu uns kam, ein Fingerspielverhalten entwickelt, das darin bestand, daß sie einen oder zwei ihrer Finger rasch schüttelte. Dieses Fingerschütteln war häufig selbsthypnotisch. Und selbsthypnotisch war ihr Verhalten auch, wenn sie glänzende, lichtreflektierende Gegenstände (zum Beispiel eine Metallschachtel) oder – was am häufigsten geschah – die Zimmerdecke mit ihrer Deckenleuchte anstarrte. Wenn sie zur Zimmerdecke emporschaute, schien sie besonders schreckliche Halluzinationen zu haben. Manchmal legte sie ihre flache Hand auf ihr Gesicht oder auf ihre Nase. Vielleicht tat sie das, um zu erfahren, wo ihr eigener Körper endete, da es in ihren Halluzinationen durchaus sein konnte, daß sie sich als eine Ausweitung hin zu den Bildern an der Zimmerdecke erlebte. Oder vielleicht wollte sie durch diese Geste eine Art Schutzschild schaffen zwischen sich und der Welt, die sie nur verschwommen wahrnahm, oder zwischen sich und dem, was sie als Außenwelt halluzinierte. Wesentlich später, als sie genau auf diese Weise halluzinierte, sagte sie: »Mama sehen«, und sie flehte: »Mama wegtun.«

Marcias Fingerspiel war nicht nur selbsthypnotisch, es war auch ein Verhalten, das der Spannungsminderung diente, so als sei es ein Kompromiß zwischen den primitivsten Reaktionen, die ein Tier oder ein Mensch kennt, wenn es oder er mit einer unmittelbaren Gefahr konfrontiert wird – wir meinen die Reaktion des Gelähmtseins und die der Flucht. Wenn die Angst zunimmt und weder die eine noch die andere Reaktion Erfolg verspricht, kommt es zu einer Kompromiß-, zu einer Zwischenlösung, die in einem wilden und ziellosen Hin- und Hergerenne besteht. Marcias Körper, der zu völliger Regungslosigkeit erstarrt war, schien die erstgenannte Schreckreaktion darzustellen. Und das heftige Schlenkern der Finger könnte man dem verzweifelten, ziellosen Hin- und Herhetzen des in die Enge getriebenen Tieres gleichsetzen, das nicht fliehen kann oder nicht zu fliehen wagt.

Für Marcia bedeutete das Fingerspiel vor den eigenen Augen die Summe der ganzen Welt, die Summe aller Erfahrung. Wie wir später herausfanden, drückte sich in ihrem unablässigen Fingerspiel der Wunsch nach oraler und taktiler (also kinästhetischer) Stimulierung aus, sowie ihre schreckliche Angst, irgendeinem oralen Verlangen nachzugeben; denn zuzulassen, daß irgendetwas in eine ihrer Körperöffnungen eindrang, schien ihr viel zu gefährlich zu sein. Deshalb klopfte sie mit den Fingern nur gegen das Kinn und nicht gegen den Mund. Das war ihre liebste Selbststimulierung – »es tut gut«, wie sie uns später erklärte –, eine Stimulierung, die auch als ein magischer Schutz gegen alle Reize diente, die von außen kommen konnten.

Solches Fingerspielverhalten im Pubertätsalter erhärtet und bestätigt die Beobachtungen Hoffers, wonach »Hand und Mund die primitivste Empfindung vom eigenen Selbst vermitteln«. Emotional gesehen war Marcia auf dieser frühesten Stufe der Ichentwicklung stehengeblieben, obwohl sie vereinzelte Aufgaben (zum Beispiel die des Ankleidens) bewältigte, die über diese Stufe hinausgingen.

Hoffer stimmt mit Lewin (1946) und anderen überein, wenn er erklärt, daß bei solchem Verhalten das orale erotische Empfinden und die Hautempfindlichkeit mit taktilen und kinästhetischen Empfindungen verschmelzen. Anstatt sich zu einem Organ zu entwickeln, das zugreift, bleibt die Hand ein Organ, an dem das Kind, um seine Spannung zu lindern, lutscht. Marcia freilich fand diese Linderung nicht. Ihre Hand hatte keinerlei Gelegenheit, nach der Brust zu greifen, und so den die Brustwarze suchenden Mund zu unterstützen, ja Marcia lutschte nicht einmal an ihrer Hand oder an ihren Fingern, um sich so einen Brustersatz zu schaffen, durch den sie ihre Anspannung hätte lindern können. Und obgleich ihre Hand am Ende für die Brust selbst stand, war dies eine Brust, die, obwohl Marcia nach ihr verlangte, unerreichbar blieb. Sie schlenkerte oder spielte lediglich mit dem Zeigefinger, zu dem sich häufig der Mittelfinger hinzugesellte, doch obwohl sie diesen oder diese Finger ständig zu ihrem Mund führte, berührten sie ihn nie, und an ein Eindringen in die Mundhöhle war gar nicht zu denken.

Linn (1955) hat einen ursprünglichen Gesicht-Hand-Brust-Zusammenhang postuliert, bei dem

> uns sogar bei der beiläufigen Beobachtung der Fütterung von Säuglingen die aktive Rolle auffällt, die die Hand beim Prozeß des Saugens spielt. Die Hand klammert sich fast genauso stark an die Brust wie die Lippen die Brustwarze umklammern. Bei der Flaschenfütterung umklammert der Säugling mit derselben Kraft einen Deckenzipfel oder, wenn ihm das erlaubt wird, den Finger der Mutter. Kurzum, in diesem frühen Stadium hängen Klammern und Greifen engstens mit dem Prozeß des Saugens zusammen.

Wenn dem jedoch so ist, so ergänzt Linn,

> dann müssen wir die psychoanalytische Theorie dahingehend ausweiten, daß in diesem primitiven Bewußtseinsstadium Gesicht, Brust und Hand zu einem einzigen homogenen und fundamentalen Ganzen verschmolzen sind. Wird die Brust entzogen, so wird der Fortbestand dieses Ganzen dadurch aufrechterhalten, daß die Hand die abwesende Brust ersetzt.

Aus den Beobachtungen, die wir im Zusammenhang mit Marcias Fingerspiel und den Veränderungen dieses Spiels während ihrer Zeit bei uns anstellten, glauben wir ersehen zu können, daß dieses Symptom nur wenig mit Greifen und sehr viel mit Saugen zu tun hat. Diese Vermutung basiert nicht nur auf Marcias Verhalten, sondern auf unseren Erfahrungen mit verschiedenen anderen autistischen Kindern, die Schwierigkeiten mit dem Saugen hatten und die ein ähnliches Fingerspielverhalten an den Tag legten, welches eng verquickt war mit auf die Zimmerdecke projizierten Halluzinationen.[3]

Wir zweifeln kaum daran, daß Marcias Fingerspiel nicht nur mit dem Verlust der Mutter, sondern der Realität überhaupt zu tun hatte. Dieses Fingerspielverhalten äußerte sich am krampfhaftesten dann, wenn ihre Kontaktlosigkeit und ihr tiefer Kummer am stärksten waren und wenn sie diesen Zustand zu lindern versuchte, falls man das von einem Kind, das nie einen echten Kontakt erlebt hat,

[3] Auch Eisenbud (1965) setzt sich auseinander mit »Verschiebungen und Projektionen oralen Verlangens und oraler Aggression und Schuld auf die Hand«. Er spricht von einem »Hand-Brust-Komplex«, der, aufgrund des »angeborenen Zusammenhangs zwischen Greifen und Saugen in der frühen Stillsituation, als ein dynamisches und symptomatisches Muster mit dem Objektverlust verbunden ist . . .«.

überhaupt sagen kann. War die Brust für Laurie tatsächlich unerreichbar und hatte die Hand (nach Linn) diese Brust ersetzt, können wir das Fingerspiel tatsächlich als eine Ersatzbewegung der »Brust« hin zum Mund und als eine Bewegung des Mundes fort von der Brust begreifen, der der Wunsch zugrunde liegt, der Enttäuschung zu entgehen, diese Brust dann doch nicht zu ergreifen und doch nicht an ihr zu saugen. Das Fingerspiel scheint also das Gegenteil des Daumen- oder Fingerlutschens zu sein. Weit davon entfernt, den Wunsch nach dem Saugen zu erfüllen, symbolisiert es zugleich den Wunsch nach diesem Vergnügen und die totale Abwesenheit dieses Vergnügens.

Die bereits erwähnte Fallgeschichte des Jungen, der wir bei Pavenstedt (1956) begegnet sind, läßt ebenfalls einen Zusammenhang erkennen zwischen Fingerspiel- und Saugverhalten und der übermächtigen Ambivalenz, die beide Verhaltensweisen umgibt. Pavenstedt berichtet:

> Er schüttelte die eine oder beide Hände in einer kreisenden Bewegung. Daumenlutschen . . . wurde aktiv dadurch unterbunden, daß seine Hände mit elf Monaten festgeschnallt und mit dreizehn Monaten in Handschellen gesperrt wurden. Mit achtzehn Monaten bekam er bittere Flüssigkeiten an die Hände und wurde er für sein Daumenlutschen heftig geschlagen. Da gab er es schließlich auf. Die Mutter ist sich ziemlich sicher, daß damals diese Schüttelbewegung der Hände eingesetzt hat.

Bei Marcia dauerte es Jahre, bis der spielende Finger den Mund berühren konnte – um sich allerdings sofort wieder von ihm zurückzuziehen. Als sie zu uns kam, wagte sie nicht einmal die Umgebung ihres Mundes zu berühren. Ihr Fingerspiel führte stets fort von ihrem Körper, oder die Finger näherten sich höchstens dem unteren Teil des Kinnes. Alles, was in ihren Körper eindringen konnte, erzeugte allzu große Angst. Das galt sogar für ihren eigenen Finger. Daher war es ein Anzeichen einer neuen Freiheit, als sich ihr Fingerspiel später mehr zu ihrem Körper und schließlich sogar mehr zu ihrem Mundbereich hin verlagerte.

Ihr Fingerspiel und ihr rapides Sich-ans-Kinn-Klopfen beinhalteten einerseits die Bewegung nach draußen, die Bewegung hinaus in die Welt, die jedoch andererseits sogleich widerrufen wurde durch die Bewegung fort von der Welt und hin zum Körper. Beide Bewegungen aber lösten einander so rasch und kontinuierlich ab, daß Akte der Wahrnehmung, Entscheidung und des Handelns überhaupt effektiv unmöglich waren. So bewegte sie sich lange Zeit zugleich nach innen und nach außen. Was sie dabei tatsächlich erlebte, war, daß jede Bewegung hin zur Welt lediglich in einer kinästhetischen Stimulierung der Hand und der Finger und später in einer Hautstimulierung des Kinn- und Mundbereiches endete. Doch keine dieser Stimulierungen war mit irgendeiner Art von Lutschen oder Saugen verbunden.

Abgesehen von seltenen Ausnahmen war also das Fingerspiel die einzige spontane Aktivität, die eine positive Bedeutung für Marcia besaß. Diese Aktivität führte zumindest zu einer Spannungsminderung und zu einer gewissen körperlichen Stimulierung. (Andere spontane Handlungen wie das Verschließen von Ohren oder Nase waren Abwehrreaktionen, mit dem Ziel, schmerzhafte Erfahrungen zu unterbinden.) Marcia war zwar autistisch, doch ließ sie beim Fingerspiel zumindest eine gewisse Lebendigkeit erkennen, die noch etwas stärker zutage trat, wenn sie sich im Schneidersitz mechanisch hin und her wiegte.

Die klassischen neurologischen Begriffe helfen uns nicht weiter, wenn wir autistische Störungen im motorischen Bereich beschreiben möchten. Obgleich sich diese motorischen Störungen von Kind zu Kind stark unterscheiden, sind sie bei jedem einzelnen Kind auf eine bemerkenswerte Weise konsequent und nachhaltig ausgebildet. Auch das Spiel mit den Fingern zeichnet sich in jedem Fall durch seine Eigenart aus. Das eine Kind benutzt nur einen Finger, das zweite streckt und kontrahiert Finger wie Handgelenk, das dritte Kind zeichnet sich durch eine rotierende Fingerbewegung aus, wobei sich der Unterarm abwechselnd nach außen und nach innen dreht, während Schulter, Ellbogen und die Gelenke der Mittelhand und Fingerglieder völlig unbeweglich bleiben.

Fast alle autistischen Kinder zeigen Fingerspiel- und Fingerklopfverhalten, doch fällt dieses Verhalten bei jedem Kind anders aus. Auch gibt es viele Kinder, die sich dabei eines Gegenstands bedienen. Auch die Auswahl dieses Gegenstands ist stets individuell und besitzt eine persönliche Bedeutung. Das eine Kind wählt einen harten Gegenstand mit einer bestimmten Form, zum Beispiel einen Bleistift. Ein anderes Kind benutzt einen weichen Gegenstand, zum Beispiel ein Tuch oder einen Socken. Ein drittes Kind läßt einen ringförmigen Gegenstand an seinem Fingerende rotieren, ein Verhalten, das sich bei Laurie abzeichnen mochte. Ein viertes Kind zieht einen Lederstreifen vor, und ein fünftes Kind kann auf eine charakteristische Weise mit ganz kleinen Gegenständen »jonglieren«.

Das Spielen mit den Fingern ist als Symptom stark überdeterminiert, es hat viele Ursachen und dient vielen Zwecken. (Das gilt wahrscheinlich auch für das Hin-und-Herwiegen, für das Kopfrollen und das Stoßen mit dem Kopf.) Wir zweifeln kaum daran, daß das Fingerspiel unter anderem die Aufgabe erfüllt, einen »Traumhintergrund« zu erzeugen, auf den das Kind seine eigene persönliche Realität projiziert. Es gibt autistische Kinder, die eine ganz offenkundige Unaufmerksamkeit gegenüber sensorischen Reizen aus der Umwelt an den Tag legen, und manche unter ihnen erzeugen diese Unempfänglichkeit durch eine übertriebene und eintönige Selbststimulierung, die ausgelöst wird durch ihr sonderbares motorisches Verhalten. Auf diese Weise werden äußere Reize zunichte gemacht, das heißt, sie gehen unter in den Empfindungen, die das Kind in sich selbst erzeugt. Durch sein Verhalten verwandelt das Kind seine »Wachheit« in einen Zustand der Aufmerksamkeit, der fast ausschließlich ichzentriert ist, so daß seine Wahrnehmung der Realität effektiv ausgeschaltet wird.

Die vor dem Gesicht herumspielenden Finger bewirken, daß die Wahrnehmung der Realität verwischt wird. Das Resultat besteht darin, daß das Kind nun alles wie durch eine selbstgeschaffene Schutzscheibe hindurch sieht. Die Realität zieht, wenn sie überhaupt wahrgenommen wird, auf eine diskontinuierliche Weise vorbei, und es ist das Kind selbst, das diese Diskontinuität erzeugt. Wenn man die Augen des Kindes, das auf seine spielenden Finger starrt, beobachtet, so hat man den Eindruck, daß es durch eine Art Schleier hindurchschaut, den es zwischen sich und allem, was tatsächlich da ist, aufgespannt hat. Auf diesen »Schleier« scheint es seine verschwommenen und im Grunde leeren (weil unveränderlichen) Tagträume und Semihalluzinationen zu projizieren. Es ersetzt eine unerträgliche Realität durch eine private Wirklichkeit, deren visuelle Erscheinungsform es durch das Tempo seines Fingerspiels bestimmt. Daher ist dieses Verhalten bis zu einem gewissen Grad der Versuch, der Realität eine neue Form zu geben und sie dadurch erträglich zu machen.

Aus dem gleichen Grund halten wir es für wahrscheinlich, daß das Fingerspiel auch den Zweck hat, die körperliche Realität des Kindes und die Kontrolle oder Steuerung dieser Realität neu zu formulieren. Das Spielen mit den Fingern ist ganz eindeutig keine ziellose Aktivität, denn es prägt sich in ihm stets eine spezifische Beziehung zu einem besonderen Objekt aus: das Kind schlägt *sich selbst*, es spielt mit den Fingern zu *seinem* Kinn hin, es verschiebt *sich selbst* im

Raum, es bewegt *seine* Finger vor *seinen* Augen, es schüttelt *seine* Arme und so fort. Auf eine vage Weise kann es sich dergestalt eine megalomanische Unabhängigkeit des eigenen Körpers und seiner Organe vorspiegeln. Durch das Spielen mit Teilobjekten (zum Beispiel mit Papierfetzen, einer Klapper oder einem Band) versucht es, sich zusätzliche Körperorgane zuzulegen und diese zu beherrschen.

Ob an diesem Fingerspielverhalten nun ein Fremdobjekt beteiligt ist oder nicht, das Schwergewicht liegt stets auf der Aktion – es geht darum, die ganze Welt zu beeinflussen, zu manipulieren. Doch hat das Kind diesen Wunsch auf den Bereich seines Fingerspiels reduziert. Und da es dieses Fingerspiel kontrolliert, kann es sich der Sinnestäuschung oder Wahnvorstellung hingeben, daß es die Außenwelt und seinen eigenen Körper absolut beherrscht – obwohl wir dazu anmerken sollten, daß bereits diese Zweiteilung das Denkvermögen des autistischen Kindes bei weitem übersteigt. Daher eingangs auch unsere Feststellung, daß für Marcia das Spielen mit den Fingern vor dem eigenen Gesicht die Gesamtsumme der Welt und deren Erfahrung bedeutete.

So lange diese Bemühungen im Fingerspielverhalten steckenbleiben, führen sie lediglich zur Erfahrung einer weiteren Schwächung – es ist das die Erfahrung, die Realität nicht beeinflussen zu können. Die Brust bleibt unerreichbar, und leer bleibt der Mund und unbefriedigt das Verlangen. Trotzdem sollte man das Fingerspiel des Kindes nicht stören, denn dieses Verhalten ist seine maximale Fähigkeit des Umgangs mit der Realität. Im Gegenteil, wir müssen ihm helfen, dieses Verhalten weiterzuentwickeln, indem wir es später ermuntern, mit realen Objekten zu spielen.

Noch ein Wort zu unserer Einstellung gegenüber den Symptomen des autistischen Kindes. Ganz gleich mit welchem Symptom ein Kind zu uns kommt – und es gibt manche, die es uns nicht leicht fällt hinzunehmen –, wir versuchen diesem Kind stets den Eindruck zu vermitteln, daß wir alle Achtung haben vor der Art und Weise, wie es mit seinem inneren Druck und dem massiven Einfluß der Außenwelt zurechtgekommen ist.

Marcias Fingerspiel, ihr Hin-und-Herwiegen im Schneidersitz, ihr Verschließen der Ohren und ihre Verstopfung, das waren alles stille und unaufdringliche Symptome, die wir leicht hinnehmen konnten. Ein Junge, den wir derzeit bei uns haben, weist ein störenderes Symptom auf – er springt herum und klatscht laut in die Hände und dieses Verhalten kann einen entnerven, wenn es den ganzen Tag lang und einen großen Teil der Nacht hindurch praktiziert wird. Die

Eltern dieses Jungen hatten ihn zu bewegen versucht, dieses Symptom aufzugeben, weil es in ihren Augen seine »Verrücktheit« ankündigte. Wir indes ermunteren ihn nicht nur in seinem Verhalten, sondern klatschten gelegentlich auch mit.

So sonderbar und letztlich wirkungslos diese Symptome auch sein mögen, sie bilden dennoch die höchste spontane Leistung des Kindes. Als Marcia zu uns kam, bestand ihre höchste Ichleistung in ihrem Fingerspielverhalten, durch das sie gleichzeitig eine bedrängende, erschreckende Welt abwehrte und einige halluzinierte Wünsche befriedigte. Ihr Fingerspielverhalten war übrigens keineswegs einfach geartet. Zwar bemühten wir uns, ihr Verhalten zu kopieren, um es besser zu verstehen, doch niemand unter uns konnte seine Finger so rasch und schon gar nicht so lange wie Marcia bewegen, da unsere Handgelenke schon nach wenigen Minuten nicht mehr mitmachten. Da die Symptome des Kindes seine höchste Leistung darstellen, muß es diese Leistung sein, aus der höhere Verhaltensformen hervorgehen. Das war auch bei Marcia der Fall.

Ungemein wichtig scheint uns die Tatsache, daß wir dem Kind keine Achtung für seine Person vermitteln können, wenn wir – anstatt diese seine höchste Leistung anzuerkennen – versuchen, es von seinem Verhalten abzubringen. In diesem Fall bestätigen wir es lediglich in seinen Überzeugungen: daß wir nichts von ihm halten und daß wir seine spontanen Bemühungen, sich Erleichterung zu verschaffen, ja seine Anspannung zum Teil unter Kontrolle zu bringen, herabwürdigen. Außerdem vermitteln wir ihm, was noch schlimmer ist, das Gefühl, daß wir seine Kommunikationsversuche – und jedes symptomatische Verhalten ist auch Kommunikation – ignorieren und daß wir von ihm verlangen, es solle in unserer Sprache mit uns kommunizieren, denn wir sind nicht bereit, in seiner Sprache zu sprechen.

Diesen Punkt kann ein Beispiel veranschaulichen, bei dem es sich allerdings nicht um Fingerspielverhalten handelt. Marcia nahm in den ersten Tagen, die sie bei uns verbrachte, keine regelmäßigen Mahlzeiten ein und nahm nur Süßigkeiten zu sich. Genauer gesagt, konnte sie, wenn sie mit uns bei Tisch saß, gar nicht essen, denn sie hatte sich die Zeigefinger in die Ohren und die kleinen Finger in die Nasenlöcher gestopft. So war sie nicht in der Lage, ihr Essen vom Teller zum Mund zu führen. Einem solchen Kind zu sagen »Na, jetzt nimm doch schon die Finger aus den Ohren und aus der Nase« kommt einer Kurzschlußhandlung gleich. Denn damit sagen wir ihm, daß es schon etwas auf sich haben muß, wenn es sich die Finger in Ohren und Nase steckt, denn sonst würden wir kein Wort darüber verlieren.

Und wenn wir uns erbieten würden, sie zu füttern oder wenn wir sie tatsächlich fütterten, würde sie auch das nicht überzeugen, daß wir ihre Zwangslage verstehen, denn wenn das Kind irgendjemandem so weit vertrauen könnte, daß es sich füttern lassen könnnte, bräuchte es sich vor seiner Umwelt gar nicht zu verschließen. Deshalb machten wir Marcia den Vorschlag, wir würden ihr die Ohren zuhalten, damit sie mit ihren Fingern etwas essen könne. Als sie das gehört hatte, verschloß sie ihre Nase mit den Zeigefingern und nachdem sie sich tief über ihren Teller gebeugt hatte, brachte sie Essen zu ihrem Mund – ein Verfahren, das die anderen Kinder und alle anwesenden Erwachsenen in Erstaunen versetzte. Danach nahm sie an den Mahlzeiten richtig teil, und wir hielten ihr stets die Ohren zu, bis sie sich vor der Welt nicht mehr in diesem Ausmaß verschließen mußte.

Weshalb, so mag man sich fragen, hat diese Taktik geholfen, wo andere Prozeduren versagt oder ihren Rückzug nur noch verstärkt hatten? Erstens, so glauben wir, weil wir Marcia mit unserem Vorschlag zugestanden, daß sie irgendeinen sehr wichtigen Grund haben mußte, um sich aus der Welt herauszuhalten. Zweitens erkannten wir durch unseren Vorschlag, daß sie, obwohl sie »verschlossen« bleiben wollte, vielleicht auch den Wunsch zu essen hatte. Das heißt wir erkannten, daß sie sich in einem Zwiespalt befinden mochte. Unser Vorschlag zeigte ihr, daß wir ihr Dilemma erkannt hatten und nun wünschten, sie solle beide Bedürfnisse befriedigen, ohne irgendetwas dabei aufgeben zu müssen. Das, so glaubten wir, sei entscheidend für ein Kind, das wiederholt die Dinge hatte aufgeben müssen, an die es sich geklammert hatte.

Nach dem ersten halben Jahr bei uns benutzte Marcia ihre beiden Spielfinger und nur diese Finger, um Essen zu ihrem Mund zu bringen; der Zusammenhang zwischen Nahrungsaufnahme und Fingerspielverhalten war damit für uns klar. Zuerst steckte sie die beiden Finger in ein Schälchen mit Zucker, dann führte sie sie an den Mund und leckte den Zucker ab. Was sie noch lieber mochte, war, Salz von ihren Fingern und ihrer Hand zu lecken. Doch weder war dabei ein Saugverhalten zu beobachten, noch berührten ihre Lippen die Finger. Und wenn die Zunge den Zucker oder das Salz fortleckte, blieb der Mund stets leicht geöffnet. Und ebenso leicht geöffnet blieben die Lippen, wenn sie mit Besteck aß. Mechanisch steckte sie den mit

Essen gefüllten Löffel in den offenen Mund, und das Essen gelangte stets in die Mundhöhle, ohne daß es die Lippen berührt hätte. Marcia aß unglaublich langsam, unglaublich mechanisch, als sei sie sich nicht bewußt, was da vor sich ging, als wisse sie nicht, daß sie aß. Nur wenn die beiden Zuckerfinger ihrem Mund so nahe kamen, daß sie sie ablecken konnte, schien sie sich des ganzen Geschehens zumindest ein bißchen bewußt zu sein.

Anfänge von Selbstbehauptung

Sowie Marcia zu uns gekommen war, waren wir überzeugt, daß wir ihr aus ihrer Abkapselung nicht heraushelfen könnten, wenn wir sie zwängen, etwas zu tun oder aufzugeben. Nichts schien wichtiger als ihr das Gefühl zu geben, sie sei, zumindest für ihren Körper, selbst verantwortlich. Daher versicherten wir ihr von Anfang an, daß wir sie nicht zum Stuhlgang zwingen würden, daß sie bei uns an der Schule keine Klistiere oder Abführmittel bekommen würde, kurzum: daß sie in bezug auf ihre Ausscheidungsprozesse tun und lassen konnte, was sie wollte. So aber kam es, daß sie in den ersten beiden Wochen bei uns keinen Stuhlgang hatte. Wir versuchten nicht, sie dazu zu veranlassen, fragten sie jedoch, wie sie sich in ihrem verstopften Zustand fühle. Zwar nicht als direkte Antwort auf unsere Frage flüsterte sie jedoch schließlich: »Verletzt.«

Marcia sprach in den ersten Jahren, die sie bei uns verbrachte, kein Wort mit uns; die wenigen Dinge, die sie sagte, das machte sie klar, waren an niemanden gerichtet. Wenn sie überhaupt etwas sagte, redete sie ins Leere hinein. Doch wenn wir mit ihr sprachen, hörte sie ganz offensichtlich von irgendwoher eine Stimme – eine auf sie eindringende Störung, gegen die sie ihre Ohren verschloß. Lange Zeit verstand sie von dem, was wir zu ihr sagten, ebenso wenig wie wir ihre Worte oder ihr Verhalten verstanden. Wenn sie etwas hörte, so war das häufig ein irritierendes Geräusch, das sie als störend empfand nicht nur weil es auf sie eindrang, sondern auch weil sie es verstehen sollte. Nur bei seltenen Gelegenheiten schien sie vage zu begreifen, was wir sagten. Das geschah immer dann, wenn Sinn- und Gefühlsgehalt unserer Worte dem, was in ihr vorging, sehr nahekamen. Da kein Teil der Außenwelt als existent erkannt wurde, ergab nichts, was von außen kam, einen Sinn, es sei denn, Außen- und Innenreiz fielen zusammen.

Das ist weniger sonderbar als es den Anschein hat, denn dasselbe gilt vermutlich auch für den Säugling – der versteht die Mitteilungen der Mutter nur dann, wenn sie seinen gleichzeitigen inneren Erfahrungen stark entsprechen. Alles andere, was sie zu ihm sagt, kann wegen seines Gefühlstones auf eine vage Weise angenehm sein, doch entzieht sich dem Säugling die Bedeutung des Gesagten immer dann, wenn diese Bedeutung in ihm nicht bereits in irgendeiner Weise vorhanden ist. Dabei ist entscheidend, daß ein Großteil dessen, was der Säugling hört, in ihm zunächst vorhanden sein muß, um erst später dann mehr oder weniger vorhanden sein zu müssen. Denn auf der zunehmenden Fähigkeit des Säuglings, auch dann zu reagieren, wenn er dem »Weniger« konfrontiert ist, basiert die ständige Bereicherung seiner Innenwelt. Dadurch wird er fähig, immer schwierigere Mitteilungen von sich zu geben und zu empfangen. Doch muß der Unterschied zwischen empfangener Mitteilung und innerer Erfahrung zunächst sehr gering sein, da die Mitteilung sonst nicht an ihr Ziel gelangen würde. Dringen zu viele Mitteilungen auf den Säugling ein, so daß die Ganzheit seiner Innenwelt bedroht wird, kann er alle Außenreize ausschalten.[4]

Das aber läßt vermuten, daß Marcia nur auf die Mitteilungen reagieren konnte, die ihr bereits vertraut waren. Es ging hier nicht darum, daß unser Verhalten belegte, daß wir Marcia »verstanden«, denn dieser Gedankengang setzt eine Unterscheidung zwischen einer Person, die versteht, und einer Person, die verstanden wird, voraus. Doch war Marcia zu jener Zeit zu einer solchen Unterscheidung nicht fähig. Sie fühlte sich in ihrer Existenz entweder gestützt oder gestört, das war alles. Fühlte sie sich gestört, so blockte sie ab; fühlte sie sich dagegen gestützt, so nahm sie Notiz.

Daher war es eine entscheidende Erfahrung für sie, daß einige Dinge, die früher auf Ablehnung gestoßen waren, nun plötzlich akzeptiert wurden. Nun war da nicht mehr bloß eine innere Stimme,

[4] Im späteren Leben können wir größere Unterschiede zwischen Innen- und Außenwelt bewältigen, obgleich auch diese Bewältigungsmöglichkeit begrenzt ist. Hier ist auch der Grund dafür zu suchen, weshalb wir unsere Altersgenossen oder die Menschen, mit denen wir aufgewachsen sind, unser ganzes Leben hindurch »besser verstehen« als die Menschen, mit deren Lebensmuster wir weniger vertraut sind. Interaktionen mit dem ersten Typus erfordern eine geringere Anpassung der eigenen inneren Erfahrung und gefährden somit weniger unsere Integration. Und hier ist auch der Grund dafür zu suchen, weshalb neue Erfahrungen mit anderen sozialen Gruppen oder anderen Kulturkreisen derart faszinieren oder bereichern können, immer vorausgesetzt allerdings, daß der innere Erfahrungsspielraum und die innere Sicherheit so groß sind, daß die neue Erfahrung nicht übermächtig wird, sondern integriert werden kann.

die ihr sagte, daß sie defäkieren könne, wann und wie immer sie wolle, sondern es gesellte sich ihr eine äußere Stimme hinzu, die dasselbe sagte. Diese von außen kommende Stimme erklärte ihr wiederholt in einem Tonfall, der weder forderte noch drohte, sondern voller Sympathie war: Du brauchst nicht auf die Toilette zu gehen, sondern kannst deinen Stuhl haben wo und wann immer du willst. Da begann sie sich ungefähr einen Monat lang zu beschmutzen.

Diese Erfahrung der Selbstbeschmutzung muß für Marcia auch in anderer Hinsicht eine Befreiung bedeutet haben, denn nun änderte sich auch die Art und Weise, wie sie ihre Ohren verschloß. Bislang hatte sie dieses Verhalten bei jedem Wort, ja bei jedem Geräusch gezeigt. Doch von nun an trat es allmählich nur mehr zu bestimmten Anlässen auf. Stimmte das von außen kommende Signal mit ihrem Innenleben überein, so ließ sie es ein. Und später ließ sie auch Signale ein, die neutraler Art waren. Doch bei plötzlichen lauten Geräuschen oder bei Stimmen, die zornig, verärgert oder wütend klangen, fuhr sie noch jahrelang fort, sich die Ohren zuzustopfen.

Im dritten Monat nahm Marcia spontan ihre eigene Sauberkeitserziehung in Angriff, indem sie zunächst während ihres täglichen Bades in die Wanne defäkierte.[5] Offenbar waren es das warme Wasser, die angenehmen kinästhetischen und Hautempfindungen, sowie unser zärtliches Streicheln, unsere freundlichen Worte und unser Versuch, mit ihr in der Wanne zu spielen, die schließlich dazu führten, daß sich ihr Schließmuskel entspannte. Sie konnte ihren Stuhl dem weichen Element, das ihren Körper einhüllte, anvertrauen, da die Grenzen ihres Körpers und die des Wassers in diesem Augenblick ineinander übergingen, und so ging ihr Stuhl nicht völlig verloren. Bald nahm sie den Stuhl in der Wanne in die Hand, um mit ihm zu spielen.

Vielleicht fühlte sich Marcia durch unsere Freude darüber, daß sie sich nun an ein und demselben Ort beschmutzte, ermutigt, mit ihrem Stuhl zu spielen und ihren Stuhlgang auf die Wanne zu be-

[5] Eine derart entspannende Wirkung des Bades ist nur dann möglich, wenn das Kind begreift, daß der Zweck des Bades im Grunde in seinen angenehmen Empfindung besteht. Das ist freilich nur dann möglich, wenn das Kind das Bad nicht als eine Prozedur begreift, bei der sein »schmutziger« Körper gereinigt werden soll. Eine Hilfeleistung, an deren Anfang eine kritische Einstellung gegenüber dem Körper steht, kann schwerlich wohlige Körperempfindungen auslösen oder wird zumindest von solchen Empfindungen ablenken. Daher tun wir alles, was in unserer Macht steht, um dem Spielen in der Badewanne den Beigeschmack zu nehmen, daß sein eigentlicher Zweck der sei, das Kind »sauber zu kriegen«. Vielmehr soll dieses Spielen eine Erfahrung sein, so angenehm, so gemächlich und so fröhlich wie möglich.

schränken. Dieses Verhalten setzte sie einige Monate lang fort, dann nahm es ab. Nach ungefähr einem Jahr und nachdem wir einige Vorstöße in diese Richtung unternommen hatten, begann sie die Toilettenschüssel zu benutzen. Dort saß sie nun buchstäblich stundenlang und dort gab sie ihre ersten spontanen plappernden Laute von sich, die so völlig anders geartet waren als die wenigen, immer nur aus einem Wort bestehenden, geflüsterten Bitten, die sie bis dahin geäußert hatte. So aber brach sie das fast vollständige Schweigen, das sie bis dahin konsequent durchgehalten hatte.

Die Sauberkeitserziehung, die mit dem Urinieren zu tun hatte, war offenbar weder bevor noch nachdem Marcia zu uns an die Schule gekommen ein Problem. Erst nach eineinhalb Jahren begann sie nicht am Urinieren, sondern am Urin selbst festzuhalten. Indem sie ihre Schenkel fest zusammenpreßte, entstand eine Urinpfütze, in der sie eine ganze Weile herumzuspielen pflegte. Und indem sie ihre Schenkel öffnete, entließ sie diese Pfütze schließlich in die Toilettenschüssel.

Während sie dergestalt an ihrem Urin festhielt und mit den Fingern in ihm herumspielte, gab sie auch die Kontrolle der Blase auf – übrigens auch dies ein Verhalten, das ihr aufgezwungen worden war. Erst nach vielen Monaten hörte sie auf, an ihrem Urin festzuhalten und in diesem herumzuspielen, und erst jetzt lernte sie von selbst, ihren Harnfluß zu kontrollieren.

So weit wir das feststellen können, erfolgte Marcias erste positive Reaktion auf unsere Bemühungen, als wir sie ermuntert hatten, sich zu beschmutzen. Ihre zweite positive Reaktion erfolgte, als wir ihr, während sie mit ihren Fingern spielte, einen Gegenstand hinhielten, den sie ergreifen konnte, das heißt, wir führten absichtlich ein Übergangsobjekt in ihr Leben ein. Wir gaben ihr zwei Riemen, mit denen sie bald wesentlich lieber spielte als mit ihren Fingern oder mit den beiden Enden eines Gürtels, mit denen sie gelegentlich beschäftigt gewesen war. Doch so sehr sie diese Riemen auch mochte, sie wollte sie nicht in Empfang nehmen, denn das hätte bedeutet, daß sie den Geber oder die Gabe hätte erkennen müssen. Sie wollte, daß die Riemen einfach da seien, dort auf dem Tisch lägen, immer bereit, wenn sie ins Zimmer kam. Bald wurde es sehr wichtig für sie, daß diese beiden Riemen bereitlagen. Sie gehörten zu den ersten Objekten, nach denen sie sich die Mühe nahm, Ausschau zu halten.

Was Marcia zunächst mit einem Teil ihrers Körpers getan hatte, tat sie nun mit diesen körperunabhängigen Objekten, die eine größere Vielfalt und Ausgefeiltheit ihrer selbststimulierenden Aktivität möglich machten. Später spielte sie mit nur einer Hand mit den Riemen, während sie mit anderen, wenn sie wollte, etwas anderes tun konnte. Vorher waren immer beide Hände beschäftigt gewesen, wenn Marcia mit ihren Fingern oder mit den Gürtelenden gespielt hatte.

Als ihr diese Riemen zur Gewohnheit wurden, begann sie ihr Spiel raffinierter zu gestalten: die Auf-und-Ab-Bewegung wurde abgelöst durch eine Bewegung nach beiden Seiten, und diese Bewegung wiederum wich einer Bewegung, die von außen nach innen ging, und am Schluß stand das ›Ans-Kinn-Klopfen‹.

Während der Stuhl ein Teil ihres Körpers gewesen war, der sich in ein körperunabhängiges Objekt verwandelt hatte, waren diese Riemen zunächst körperunabhängige Objekte gewesen, um dann, wenn Marcia mit ihnen spielte, zu einem Teil ihres Körpers zu werden. Außen- und Innenwelt waren noch nicht voneinander getrennt, doch einige wenige isolierte Objekte erzeugten ansatzweise bereits einen Übergang.

Im Laufe der Zeit wiesen die beiden Riemen und ihre Benutzung einige der Qualitäten auf, die Winnicott (1953) im Rahmen seiner sieben Entwicklungsstadien den Übergangsobjekten zuschreibt; unter diesen Qualitäten war auch die, daß die Riemen für die Brust standen. Allerdings vermittelten diese Riemen nicht die Sicherheit, die ein fester Gegenstand hätte vermitteln können. Da es ihnen an dem fehlte, was in der Regel befriedigendes Merkmal des Übergangsobjektes ist, wiesen sie vor allem solche Merkmale auf, die mit dem Verlangen, nicht aber mit seiner Befriedigung zu tun haben. Diese Merkmale waren also lediglich eine Parallele zu denen, die Winnicott aufzählt. Diese Parallele allerdings stimmte in allen einzelnen Punkten. Um das zu veranschaulichen, möchte ich lediglich die drei letzten Qualitäten Winnicotts anführen.

Im *fünften* Stadium muß das Objekt »sich offenbar bewegen oder eine Textur haben oder etwas tun, das anscheinend belegt, daß es eine eigene Lebenskraft oder Realität besitzt«. Eine solche Realität erlangte Marcias Spielobjekt erst nach weiteren zwei Jahren.

Im *sechsten* Entwicklungsstadium gehört das Übergangsobjekt »nur für uns Erwachsene der Außenwelt an, nicht aber für das Kind; anderseits gehört es auch nicht zur inneren Welt des Kindes: das Übergangsobjekt ist keine Halluzination«.[6] Nur daß eben Marcia,

[6] Zitat und entsprechende Erläuterung finden sich bei J. Laplanche und J.-B. Pontalis: *Das Vokabular der Psychoanalyse*, Frankfurt/a. M. 1972, S. 548 u. 549. (Anm. d. Ü.)

als sie in ihrer Beziehung zum Spielobjekt diesen Punkt erreichte, bereits drei Jahre bei uns war und auch kein Säugling mehr, sondern fast vierzehn Jahre alt war.

Die abschließende Auflösung der Übergangsobjekte im *siebten* und letzten Übergangsstadium wird folgendermaßen beschrieben:

> Sein Los besteht darin, daß die Besetzung von ihm langsam abgezogen wird, so daß es im Lauf der Jahre weniger aktiv vergessen wird als passiv in Vergessenheit gerät . . . Es büßt seine Bedeutung ein, weil sich die Übergangsphänomene zerstreut und verbreitet haben auf den ganzen Zwischenbereich zwischen der »inneren psychischen Realität« und »der äußeren Welt, so wie sie von zwei Personen gemeinsam wahrgenommen wird«.

Dieses Stadium erreichte Marcia erst, als sie vier Jahre bei uns zugebracht hatte.

Was ihre Nahrungsaufnahme anging, so zeigte sich Marcia zunächst sehr wählerisch. Sie mochte nicht trinken, rührte keine Milch an, und wenn sie trank, dann nur Wasser. Monate später tat sie einen Versprecher als sie flüsterte: »Will Milch!«, doch rasch korrigierte sie sich und forderte laut und erbost: »Was-ser!« Sie aß nur ganz wenige ziemlich feste Speisen. Sie aß sie umständlich und mit entnervender Langsamkeit, doch fing sie zu essen immer erst dann an, wenn sie über ihrem Teller eine ganze Weile mit ihren Fingern (und später mit den Riemen) gespielt hatte. Doch auch dadurch wurde das Essen nicht so gefahrlos, daß es ihre Lippen hätte berühren dürfen. Jede Mund- oder Lippenempfindung schien Marcia zu entsetzen. Sie versuchte auch den Mund zu umgehen, indem sie sich Wasser in die Ohren oder in die Nase schüttete.

Ihr mangelndes Interesse an allem, was um sie herum vor sich ging, war offenkundig. Aber vielleicht handelte es sich hier um den Widerwillen zu zeigen, daß etwas sie interessieren oder zu Reaktionen veranlassen konnte. Und wenn wir uns allzu sehr für das interessierten, was sie tat, ließ sie von ihrem Tun ab.

Bedeutsam in diesem Zusammenhang ist die Tatsache, daß sie es – zumindest lange Zeit hindurch – nicht als ein Interesse interpretierte, wenn wir sie filmten. Obwohl wir drei Monate, nachdem sie zu uns gekommen war, die ersten Filmaufnahmen von ihr machten, war ihr dieser Prozeß zwei Jahre lang nicht bewußt. Da sie auf unser Filmen überhaupt nicht negativ reagierte, setzten wir es fort.

Nach sieben Monaten bestand ihre Lieblingsbetätigung darin, daß sie im Sandkasten saß und – wie wir es nannten – ein Sandbad nahm.

Die Art und Weise, in der sie dort saß und sich mit Sand überschüttete, entsprach genau ihrem früheren Verhalten in der Badewanne. Doch verschmolzen bei diesem Sandspiel zwei Aktivitäten, die zu einem vielfältigeren Spielen und Erkunden führten. In der Badewanne hatte sie mit dem Wasser und ihrem Stuhl gespielt, ohne jedoch dieses Verhalten in irgendeiner Weise mit dem Fingerspielverhalten zu verquicken. Im Sandkasten dagegen verschmolz ihre Handhabung einer festen Substanz mit ihrem Fingerspielverhalten.

Was Marcia auch tat, sie tat es langsam, zweckvoll und sie tat es immer wieder. So verbrachte sie nun Stunden im Sandkasten, wo die Finger beider Hände mit dem Sand spielten oder wo sie den Sand in der einen Hand hielt, während die Finger der anderen Hand mit ihm herumspielten. Aus diesem Fingerspielverhalten entwickelte sich später ein regelrechtes Auf-den-Sand-Klopfen. Und noch später schob sie den Sand herum, hielt ihn in den Händen und rieb ihn sich ins Gesicht und schüttete ihn sich über den Kopf.

Am Anfang jedes Sandkastenspiels stand ein autistisches Spielen mit den Fingern, als wolle sie sich des Sandes vergewissern oder ihn sich zu eigen machen. Doch da sie nun in ihren Handbewegungen freier geworden war, spielte sie mit ihren Fingern nicht mehr in der Luft, sondern im Sand, so daß sie nun das, was sie tat, besser sehen konnte. Langsam fühlte sie jetzt den Sand wirklich, sie bemerkte seine Struktur, sie erkundete ihn. Und jede Bewegung, die erforderlich war, um mit dem Sand umzugehen und ihn zu erforschen, entwickelte sich aus der einen Kategorie von Bewegungen, die sie kannte – aus ihrem autistischen Fingerspielen und -schütteln.

Marcia, die es immer noch nicht zuließ, daß man sie berührte, benutzte den Sand, um bei sich selbst Hautempfindungen zu erzeugen, die sie zu faszinieren schienen. Sand war eines der ersten Objekte, die sie irgendwie als der Außenwelt zugehörig erkannte und darüber hinaus noch als angenehm erlebte. (Auch die Fäkalien, die sie früher in der Hand gehalten hatte, waren mit dem Austritt aus dem Körper ein äußeres Objekt gewesen. Allerdings nur für den Erwachsenen, der gelernt hatte, eine eindeutige Trennungslinie zwischen Selbst und Nicht-Selbst zu ziehen. Für das kleine Kind gehören die Fäkalien in ein Zwischenstadium.) Vielleicht war das der Grund, weshalb der Sand sie so ungemein neugierig machte, und vielleicht war das der Punkt, wo ihre Erforschung der Objekte einsetzte. Jedenfalls erforschte sie den Sand so, als fragte sie sich sehr eindringlich, was das wohl sei.

Doch so sehr sie dieses Spiel auch genoß, sogar mit dem Sand vermochte sie nur über kurze Perioden hinweg einen Kontakt aufrechtzuerhalten. Wenn ihr begrenzte emotionale Erfahrung zu viel für sie wurde, zog sie sich sogleich auf ihr Fingerspielverhalten zurück, wobei wir nicht genau wissen, welche Erleichterung, Entspannung oder Sicherheit ihr dies verschaffte. Hatte sie sich in dieser Weise in ihren vollständigen Autismus zurückgezogen, wagte sie sich nach einiger Zeit wieder hervor, um sich wieder ihren Spielen zuzuwenden.

Autistische Erlebnisse blieben ihre Sandbäder trotzdem, denn sie gestattete niemandem, sich zu ihr in den Sandkasten zu setzen. Überschritt ein Kind oder ein Erwachsener diese Grenze, zog sie sich auf der Stelle in eine totale Abkapselung zurück. Aber es dauerte noch Monate, bis ihr Spielen im Sand weniger formlos wurde und bis sie so weit war, daß sie den Sand mit den Armen umschloß oder ihn wie ein Spielzeug in die Luft warf.

Es war nicht bloß die Außenwelt und es waren nicht bloß die Leute, denen gegenüber sich Marcia gefühllos oder unempfindlich verhielt. Es gingen ihr noch eine ganze Menge autonome, unwillkürliche und spontane Körperreaktionen auf äußere Reize ab. Wenn sie sich Sand ins Gesicht rieb oder über den Kopf schüttete, gerieten Sandkörnchen in ihre Augen, in ihre Nase und ihren Mund, ohne daß sie sichtbar reagiert hätte; weder blinzelten noch schlossen sich ihre Augen und ebenso wenig nieste sie oder wischte sie den Sand fort. Es war unmöglich, ihn ihr aus den Augen zu waschen, weil sie niemanden an sich heranließ. Wenn wir auch nur versuchten, ihr zu helfen, verwandelte sich dieses völlig antriebslose Mädchen in eine kleine Bestie, die uns an die Kehle fuhr, als ob sie uns erwürgen wollte. In ihrem Fall ging die aggressive Selbstverteidigung jeder Entwicklung in Richtung einer menschlichen Beziehung voraus.

Doch schon nach einem Jahr bei uns begann ihr Körper etwas aufzutauen. Von uns ermuntert, versuchte sie sich in neuen Bewegungen, zum Beispiel im Springen oder Hüpfen, die zunächst allerdings recht ungeschickt ausfielen. Sie saß nun nicht mehr bloß im Schneidersitz. Allerdings hingen ihre Beine dann noch nicht locker nach unten, doch streckte sie sie bereits manchmal steif dem Boden entgegen.

Nun legten wir einen Ball in den Sandkasten, um zu sehen, ob sie mit ihm genauso spielen würde wie mit den Riemen.

Im Gegensatz zu anderen autistischen Kindern nuckelte sie an diesem Ball nicht herum – wahrscheinlich weil sie zu dieser Zeit überhaupt noch kein Saugverhalten kannte. Doch unter allen Spielsachen, die wir ihr anboten, war es dieser Ball, diese brustähnliche Form, die sie sogleich akzeptierte. Ungefähr drei Jahre später lag sie gern in ihrem Bett, einen riesigen leichten Ball oder Ballon vor dem Gesicht, der ihr alle Sicht nahm. Aber auch in dieser Situation blieb ihr Mund halb geöffnet und ihre Lippen reagierten nicht – sie lag bloß da und schaute stundenlang und ohne sich zu bewegen zu dieser gewaltigen Kugel hinauf.[7]

Die ersten beiden Objekte, die sie akzeptierte und genoß, waren also Sand (psychisch eng verbunden mit Fäkalien) und ein Ball (psychisch eng verbunden mit der Brust). Ganz sicher stimulierte dieser Ball, wenn sie mit ihm an Mund und Kinn herumspielte, genau den Gesichtsbereich, der beim Saugen an der Brust stimuliert worden wäre.

Nachdem sie mit dem Ball lange Zeit auf diese Weise gespielt hatte, lernte sie auch, ihn zu stoßen, doch nun dauerte es wiederum sehr lange, bis sie ihn, wenn er fiel, auch auffing.

Mit der Zeit erweckten auch andere sich bewegende oder zumindest bewegliche Objekte ihre Aufmersamkeit. So war es eines Tages die Bewegung einer Schaukel, die ihr flüchtiges und verstohlenes Interesse erregte. Ihr Interesse offen zu bekunden, erschien ihr vielleicht noch als zu gefährlich. Sie ging an dieser Wippe vorbei und stieß die eine Seite nach unten, beiläufig fast, kann man sagen, dann ging sie weiter, als sei nichts geschehen. Sie wagte noch einen kurzen Blick zurück um zu sehen, was ihre Handlung bewirkt hatte. Als sie sah, daß die Wippe sich weiterbewegte und zurückwippte, und als sie den Lärm hörte, den sie dabei machte, bekam sie große Angst und bedeckte mit ihrer Hand ihr Rektum, als wolle sie sich vor dieser Sache da, die selbsttätig handeln konnte, schützen.

[7] Eisenbud (1965) beschreibt in seiner bereits erwähnten Abhandlung einen seiner erwachsenen Patienten, für den die vollkommene Kugelform, die die Mutterbrust symbolisierte, von großer Wichtigkeit war. Auch setzt er sich eingehend mit den von ihm so benannten »Hand-Brust«-Objekten auseinander, die seiner Meinung nach seine Patienten als symbolische Repräsentationen der Brust in der Hand hielten. Eines dieser Objekte, das er beschreibt und als Foto wiedergibt, hat genau »die Form und Größe einer Brustwarze und der sie umgebenden Aureole«. Doch obwohl er eine ganze Reihe archäologischer und künstlerischer Hand-Brust-Objekte nennt, vergißt er gerade jenes Objekt, dem wir tagtäglich auf der Straße begegnen: wir meinen den Ball, den die Kinder zärtlich an sich drücken, diese perfekte Rundform, die noch dazu häufig aus tierischer Haut gefertigt ist.

Marcias einziges Mittel, ihre Unabhängigkeit zu behaupten, hatte jahrelang darin bestanden, daß sie der Außenwelt jeglichen Wert abgesprochen hatte, indem sie sich autistisch zurückgezogen hatte. Aber dieses Nichtsprechen, diese Reduktion spontaner Sprachäußerung auf ein bloßes »Nein«, dieses Nichtstun und Nichtsgeben (keine Wörter, keinen Stuhl) führten zu keiner Geburt des Selbst. Diese Geburt konnte nur stattfinden, wenn eine aktive Erkenntnis der Außenwelt stattfand.

Die Grundlage für die Erfahrung eines eigenen Selbst ist, theoretisch gesehen, die Abgrenzung gegen das Nicht-Selbst, denn so lange kein Außen existiert, gibt es auch kein Selbst. In der Praxis jedoch ist es so, daß das Selbst sich in dem Maße abzuzeichnen beginnt, in dem es auf das Nicht-Selbst handelnd einwirkt. Theoretisch formuliert, scheinen wir es hier mit einem Zirkelschluß zu tun zu haben: das Selbst beginnt sich zu entwickeln, wenn es handelnd auf ein Nicht-Selbst einwirkt, doch wie kann ein Selbst handeln, wenn es sich noch gar nicht entwickelt hat?

Die Lösung des Rätsels ist die, daß Handeln zwar kein Bewußtsein erfordert, daß jedoch ein Behandelt-Haben erstes Bewußtsein erzeugt. Durch das Handeln wird also aus einem ursprünglichen Chaos heraus eine Trennung zwischen Selbst und Nicht-Selbst bewirkt. Genauer gesagt heißt das, daß das Handeln eine Spaltung entstehen läßt zwischen dem, was handelt, und dem, auf das handelnd eingewirkt wird, eine Trennung zwischen dem, was sich (durch Handeln) zum Selbst entwickelt, und dem, was (durch einwirkendes Handeln) zum Objekt wird. Diese Trennung aber wird um so stärker abgesichert, je greifbarer die Vorteile sind, die sich das Selbst durch sein Handeln gegenüber einem Objekt verschafft.

Wir haben Marcias erste positive Selbstbehauptung bereits beschrieben. Dieses erste Gefühl der Selbstsicherheit hatte sich eingestellt, als wir ihr versichert hatten, sie könne sich selbst beschmutzen, wenn sie es wolle. Vielleicht war es vor allem diese Versicherung, die ihr den Mut gab, etwas im Hinblick auf die Außenwelt zu unternehmen. Ihr eigener Stuhl war logischerweise das erste Objekt, das es zu erforschen galt, denn da es von ihr produziert wurde und somit mehr sie selbst war, war es auch »sicherer« als andere Objekte.

Ein weiterer Grund war der, daß die Erforschung des Stuhls nun offenbar nicht mehr Zerstörung oder Imstichlassen nach sich ziehen würde. Unsere Freude darüber, daß sie zunächst überhaupt defäkierte und später darüber, daß sie dies in der Badewanne tat, weckten in ihr die Überzeugung, daß ihr Stuhl ein Objekt war, das wir anerkannten. Dadurch wurde ihr Stuhl zu einem Objekt, das in zweierlei Hinsicht gefahrlos war – einmal von innen her, weil es aus ihrem Körper kam, und dann von außen her, weil wir unsere Freude daran hatten.

Da Marcia das Spiel mit ihrem Stuhl in der Badewanne als ungefährlich erlebte, vermochte sie sich nunmehr mit dem Gedanken auseinanderzusetzen, ob in der Außenwelt etwas existieren konnte, ja tatsächlich existierte. Diese von uns in früheren Kapiteln bereits theoretisch ausformulierte und durchdiskutierte Erfahrung, bei der eine Substanz ausgestoßen wird, die eben noch Teil unseres Körpers gewesen ist und nun zu einem Teil der Außenwelt wird, bildet das notwendige Bindeglied zwischen eben diesen beiden Vorgängen. Sie ermöglicht uns eine erste vage Erkenntnis sowohl des Selbst als auch des Nicht-Selbst, und sie ermöglicht uns eine erste Unterscheidung zwischen den beiden. Als nächster Schritt sorgte Marcia für eine Stimulierung der eigenen Haut durch ein Nicht-Selbst (das war der Sand), und übrigens ist diese Hautstimulierung eine der frühesten Erfahrungen des Säuglings. Mit diesem minimalen Interesse an einem Objekt der Außenwelt und diesem minimalen Wunsch, selbständig zu handeln, schien Marcia bereits so viel an Selbst gewonnen zu haben, daß sie sich nun für andere Personen interessieren konnte.

In ihrem Fall war es nicht das Interesse für die bemutternde Person und noch weniger irgendeine Kommunikation mit dieser Person, die sie dazu veranlaßte, die Außenwelt wahrzunehmen und die Entwicklung des Selbst einzuleiten. Im Gegenteil, es war die Entwicklung eines rudimentären Selbst und das einsetzende Interesse für die Welt, die eine gewisse Aufmerksamkeit für einige Einzelaspekte dieser Person, die so hervorragend für sie sorgte, weckten. So wie der Säugling die Stimme der bemutternden Person vor allen anderen Stimmen erkennt, machte nun auch Marcia eine leichte Kopfbewegung hin zu den Stimmen ihrer Beraterinnen, wenn sie diese aus dem Lärm, den die Kinder und sonstigen Mitarbeiter der Schule machten, heraushörte. Es ist richtig, daß der Säugling das Gesicht seiner Mutter wahrscheinlich eher erkennt als ihre Stimme, doch bildet dieses Gesicht eine Zeitlang einen Teil der Stillerfahrung, so daß der Säugling es zunächst in einem solchen Maße als einen Teil seiner Selbst erfährt wie das bei der Stimme der Mutter nicht der Fall sein dürfte. Doch im Gegensatz zum Säugling äußerte Marcia, wenn sie mit ihrer Beraterin allein war, keine Freude oder irgendwelche andere Reaktionen auf deren Stimme.[8]

Nachdem nun ihr Interesse für die Welt geweckt worden war, bestand Marcias nächster Schritt darin, daß sie von dieser Welt etwas wollte. Sobald Marcia die Existenz einer Außenwelt zu erkennen begann, schien sie den Wunsch zu haben, daß diese Außenwelt auch ihre, Marcias Existenz erkennen sollte. Sie war noch nicht so weit, um an dieser Welt teilzuhaben, obwohl dieser Wunsch die Grundlage aller zwischenmenschlicher Beziehungen ist. Doch war Marcia immerhin so weit, daß sie im Kontext dieser Welt an einer zwar vereinzelten, aber wesentlichen Erfahrung ihrer eigenen Existenz teilhaben konnte, das heißt sie war so weit, daß wir für diese Erfahrung sorgen konnten.

Als Marcia knapp ein Jahr bei uns war, begann sie ein Spiel zu spielen, das einzige, das sie je spielen sollte – sie ließ sich fangen. Einige Zeitlang spielte sie dieses Spiel nur mit Inge, dann spielte sie es mit Karen oder Inge. In den beiden folgenden Jahren spielte sie es mit niemand anderem. »Fangen!« war eines der ersten Wörter, das sie so deutlich artikulierte, daß wir es, obwohl nur als Geflüster, verstehen konnten. Doch beruhte dieses Spiel nicht auf Wechselseitigkeit, denn nie versuchte Marcia jemanden von uns zu fangen. Dieser Regel ohne Ausnahme mußten wir uns beugen. Aber zumindest brauchte sie uns für dieses Spiel. Keiner von uns hatte in ihren Augen eine unabhängige Existenz erlangt, und noch gab es für Marcia keine Dauerhaftigkeit eines Objekts oder einer Person. Das Spiel, das heißt ihr Kontakt zu der sie fangenden Person, brach sogleich ab, wenn sie diese Person aus den Augen verlor (ein Verhalten übrigens, das auch Piaget für das frühe erkundende Alter festgestellt hat).

Marcia vermochte auch nicht die Initiative zu ergreifen, einen von uns für dieses Spiel auszuwählen. Das Spiel nahm erst dann seinen Anfang, wenn jemand von uns zufällig in ihr Gesichtsfeld kam; erst dann konnte sie uns auffordern, uns zu fangen. Doch wer immer sie auch fing, er mußte aufpassen, ihr körperlich nicht zu nahe zu kommen, da sie das nicht ertragen konnte. Solche körperliche Nähe konnte nicht nur ihre Freude, sondern das ganze Spiel verderben. Ganz ähnlich war es in all diesen Jahren, wenn wir in irgendeiner Weise mit ihr kommunizieren wollten: wir mußten ihr emotional

[8] In diesem Stadium hatte Marcia zwei Beraterinnen, Inge Fleischmann Fowlie und Karen Carlson Zelan, die gleichermaßen wichtig für sie waren. Erst im Jahr darauf wurde Karen nach und nach zur zentralen Person in Marcias Leben, obwohl Inge nach wie vor eine sehr wichtige Rolle für sie spielte.

und physisch auf den Fersen bleiben, aber immer mit einem gewissen Abstand.

Durch dieses Fangenspielen wurden ihre Körperbewegungen allmählich etwas freier. Sie schlurfte nun nicht mehr, sondern rannte regelrecht. Doch wenn sie nicht Fangen spielte, zog sie immer noch die Füße nach, die sie nicht vom Boden heben wollte. Wesentlich später benutzte sie zum erstenmal ein Pronomen, das sie manchmal sogar laut sagte: »*Du* fangen!« Doch tat sie das lange Zeit immer nur dann, wenn sie uns aufforderte, sie zu fangen.

Das »Du« in dieser Aufforderung diente noch nicht der Unterscheidung zwischen einem »Ich«, das gefangen werden wollte, und einem »Du«, das fangen sollte. Es referierte beide als ein undifferenziertes Ganzes. Die Trennung in zwei Partner, die an ein und derselben Aktivität teilhatten, fand erst viel später statt, als sie mühsam versuchte, zwischen sich und dem Erwachsenen zu unterscheiden. Nun flüsterte sie: »Fang – mich!«, und etwas lauter fügte sie hinzu: »Du.« Sollte sie dazu gelangen, eine andere Person als solche zu erkennen, so mußte diese Person sie aktiv verfolgen – aber nur so, wie sie es wünschte, also auf Distanz.

Dieses gemeinschaftliche »Du«, das sie selbst und den anderen umschloß, mußte als existent anerkannt werden, bevor das »Mich« herausgelöst werden konnte. Marcia akzeptierte das singuläre »Du« erst dann, als sie durch zahllose Wiederholungen dieses Spiels die Gewißheit erlangt hatte, daß nie wieder jemand Besitz von ihr ergreifen und das sich nun abzeichnende »Mich« überwältigen würde. Daher durfte das Fangen nie mit einem tatsächlichen Gefangenwerden enden.

Wir dürfen annehmen, daß Marcia einst in einem minimalen Umfang ein gewisses Bewußtsein vom Nicht-Selbst erlangt hatte, wobei sie dieses Nicht-Selbst allerdings nur mit seinen gefährlichen Eigenschaften erlebt hatte. Denn wenn sie vom Nicht-Selbst nie einen Schimmer der Erkenntnis gehabt hätte, wie könnte man es sich dann erklären, daß sie so beharrlich seine Existenz verleugnete, indem sie sich von ihm abwandte und ihre Ohren, ihre Nase verschloß? Eine solche Verleugnung des Nicht-Selbst, das die Verleugnung auch des »Du« umschließt, zielt notgedrungen in die Vergangenheit, um dort sozusagen auch das »Mich« auszuradieren.

Das ist der Unterschied zwischen dem vermuteten glücklichen Allmachtsgefühl des Säuglings und dem entsetzten Rückzug, den das autistische Kind fort von der Welt und von sich selbst antritt. Wenn die Vereinigung des Säuglings mit der Welt ein fantastisches

Wohlbefinden nach sich zieht, so hängt dieses Gefühl von seinem angenehmen Daseinszustand überhaupt ab, da es sofort in sich zusammenbricht, wenn dieser Zustand nicht mehr gegeben ist.

Wenn der Säugling unglücklich ist, so läßt sein verzweifeltes Klagen vermuten, daß er das Gefühl des Allesseins in das Elend des Nichtsseins hineinprojiziert. Die autistische Position kann als ein Gefühl des Entsetzens beschrieben werden, daß nämlich alles (das Selbst mit einbeschlossen) schlimmer als nichts ist und das nicht bloß manchmal, sondern immer. Wenn der Säugling alles, was ihn an seiner Mutter interessiert, das heißt vor allem die nährende Brust, als einen Teil seiner selbst erfährt, so braucht diese Einheit keinen Namen. Denn jeder Name würde die Existenz anderer und anders bezeichneter Dinge postulieren. Auch wenn die Brust manchmal der Säugling ist und manchmal nicht, bedeutet das trotzdem nicht, daß er und sie zwei verschiedene Dinge sind. Es bedeutet lediglich, daß er ohne sie nicht vollständig ist. Solche Vollständigkeit aber, die sich durch das Wort »Uns« ausdrücken läßt, geht jeder Unterscheidung zwischen »Du« und »Ich« und »Dein« und »Mein« voraus.

Daher bedeutet das »Du«, das die Kinder benutzen, wenn sich das Selbst zu entwickeln beginnt, eigentlich ein »Wir«. Doch im Gegensatz zu dem »Wir«, das sie sich später aneignen, besteht dieses »Du« (= »Wir«) auf keinem »Du« und »Ich«, sondern es ist eine untrennbare Einheit. Nur aus dieser Einheit kann sich das »Du« und »Ich« herauskristallisieren. Wenn meine Spekulation richtig ist, muß jeder Rückzug von diesem »Du«, das mit der Zeit eine rein singuläre Bedeutung annimmt, zu einer Auslöschung des »Ich« führen. Daher muß dieses »Du« noch einmal erkämpft werden, bevor auch das »Ich« wiedererlangt werden kann.

Der Säugling, der zu kommunizieren beginnt, ist viel zu unreif, um ein so komplexes Spiel zu erfinden, mit dem Ziel, die Dinge auszuagieren, die zur Herstellung echter Beziehungen erforderlich sind. Marcia freilich war dazu in der Lage, da sie um einiges älter und da ihr Geist und Körper ungleich entwickelter waren. Und da ihre Enttäuschung in bezug auf ihre ersten Kommunikationsversuche als Säugling so bitter gewesen war, mußte sie nun Kommunikationsmöglichkeiten wieder und wieder durchspielen, bis sie schließlich hoffen durfte, daß Kommunikation doch möglich war. Daher ihr Spiel, bei dem wir versuchten, ihr nahezukommen, bei dem wir sie verfolgten. Diese Verfolgung setzte sie in die Lage, sich unserer Existenz zu vergewissern. Der Abstand, den sie uns zu halten zwang, schien auf eine Umkehrung ihrer alten Erfahrung abzuzielen, denn dieses Abstandhalten sollte beweisen, daß andere existieren können, ohne einen überwältigenden Einfluß auszuüben.

Hand in Hand mit diesen dürftigen und seltenen Kommunikationsversuchen stellte sich ihre erste aktive und anhaltende emotionale Reaktion auf die Außenwelt ein. Sie begann mehrmals am Tag heftige Wutanfälle zu haben, bei denen sie gellend schrie. Da wir für sie zu existieren begannen, wagte sie ihre tiefen Gefühle zu äußern. Doch waren diese Gefühle noch viel zu chaotisch, als daß sie sie auf eine spezifische Weise hätte erfahren können, zum Beispiel als eine Wut auf eine bestimmte Person oder ein bestimmtes Ereignis. Es handelte sich hier ganz einfach um zersplitterte Wutgefühle, die nun die Mauer durchbrachen, die bisher alle Gefühle zurückgedämmt hatte. Obgleich wir für sie so sehr existent waren, daß sie an uns ihre Gefühle auslassen konnte, waren wir nicht existent genug für sie, um ihren Schmerz und Kummer zu lindern. Versuchten wir das trotzdem, geriet sie in eine helle Wut.

Der gewaltige Zorn, der nun in Erscheinung trat, war ihre Reaktion darauf, daß man sie überwältigt, daß man sie zerstört hatte. Und wie konnte sie nun glauben, daß sich ihr andere Menschen in anderer Absicht nähern mochten, wo doch ihre gesamte Erfahrung mit ihrer Umwelt darauf hinausgelaufen war, daß sich diese aggressiv gegen sie verhalten hatte? Doch sogar diese relativ geringe Freisetzung von Emotionen erleichterte es uns bereits, sie zur echolalischen Äußerung einzelner Wörter zu bewegen. Gelegentlich wisperte sie auch selbsterfundene Wörter, die sie sorgsam zu Silben aufbrach und die eine sehr persönliche und angsterfüllte Bedeutung zu haben schienen. Dieses Wispern stand in einem starken Kontrast zum lauten und unartikulierten Gebrüll ihrer Anfälle. Dennoch war dies der Beginn einer Kommunikation, da sie uns jetzt in bezug auf ihre Wünsche nicht mehr bloß Signale, sondern Informationen lieferte. So sagte sie zum Beispiel: »Schreibmaschine kaputt« oder »Feuermaschine, Peng, Peng«, und das waren ihre ersten sprachlichen Äußerungen, die erkennen ließen, wie sehr sie sich mit Schädigung und Zerstörung befaßte. Doch sagte sie uns gleichzeitig, daß ein Gerät zur Übermittlung von Nachrichten (die Schreibmaschine) durch das zerstörende »Feuer« ihrer Gefühle vernichtet worden war.

Um diese Zeit wurde beschlossen, daß ihre Beraterin, die mit ihr tagtäglich allein und in der Gruppe arbeitete, nun zu zusätzlichen regelmäßigen Einzelsitzungen übergehen könne.[9]

[9] Um hier nicht den Eindruck zu erwecken, daß unsere Berater oder Beraterinnen die ganze Zeit arbeiten, möchte ich hier anmerken, daß sie im Schnitt viereinhalb Schich-

Marcia konnte Personalpronomen immer nur dann benutzen, wenn sie ein auswendig gelerntes Liedchen sang oder mit uns Fangen spielte. Doch konnte sie nun durch das ihr zur Verfügung stehende Repertoire an Liedern ziemlich komplexe Emotionen zum Ausdruck bringen. Als sie eine Schallplattenaufnahme von »My Fair Lady« gehört hatte (ein Musical, das unsere Mitarbeiter übrigens für die Kinder in szene gesetzt hatten), suchte sie sich einen der Songs aus, den sie nun wiederholt sang. Dieser Song enthielt die Frage: »Why can't the English teach their children how to speak?« (Wieso können die Engländer ihre Kinder nicht richtig sprechen lehren?) Wozu angemerkt werden sollte, daß ihre Mutter Engländerin war. Und als sie erfuhr, daß ihre Lieblingsberaterin in Urlaub gehen würde, sang sie: »From this valley they say you are going« (Aus diesem Tal, so erzählt man sich, wirst du fortgehen).

Singen, die Worte anderer wiederholen – das schien weniger gefährlich zu sein, als eigene Dinge zu äußern. Spontanes Sprechen war bei ihr immer noch beschränkt auf echolalische Äußerungen oder auf die Vervollständigung von Sätzen anderer. So konnte zum Beispiel ihre Beraterin sagen: »Wir gehen . . .«, und Marcia ergänzte: ». . . einkaufen.« In beiden Fällen übernahm jemand anderer die eigentliche Verantwortung für das, was gesagt wurde. Aber sie lernte auch einige Wörter, die eine neutrale Bedeutung für sie besaßen. Sie benannte die Farben in einem Bilderbuch und zählte bis Fünf. Personennamen auszusprechen weigerte sie sich beharrlich, und dasselbe galt für Personalpronomen, die sich auf ihre Person hätten beziehen können – ausgenommen waren allerdings stets das Singen und das Fangenspielen.

Als Marcias Fangenspielen voll ausgebildet war, entwickelte sich ihr Spielen mit dem Sand und mit ihren Fingern endlich zu einem echten Spiel, und zum erstenmal benutzte sie nun ein Spielzeug (ihren Ball) mehr oder weniger so, wie es sich gehört. Nachdem sie begonnen hatte, ihren Ball zu berühren, zu beklopfen und zu drehen, warf sie ihn nun hin und wieder ein bißchen in die Luft, um ihn schließlich auf dem Boden hüpfen zu lassen.

ten pro Woche arbeiten, wobei die Schicht ungefähr acht Stunden dauert. Doch da die meisten von ihnen bei uns in der Schule leben, die ein Komplex aus mehreren zusammenhängenden Gebäuden ist, und die Mahlzeiten im gemeinsamen Speisesaal einnehmen, sehen sich die Kinder und unsere Mitarbeiter auch zur Tischzeit und bei vielen anderen Gelegenheiten. Auch kommt es häufig vor, daß die Berater oder Beraterinnen auch in ihrer Freizeit bei ihren Kindern vorbeischauen, vor allem dann, wenn es sich um so schwierige Fälle wir Marcia handelt.

Auch war dieser Ball das erste Objekt, mit dem sie versuchsweise an ihrem Kinn- und Mundbereich herumspielte. Doch wichtiger noch war vielleicht die Art und Weise, wie sie nun mit ihrem Mundbereich umging. Immer nur im Zusammenhang mit Halluzinationen hatte sie bisher mit Riemen, Sand und Ball diesen Bereich ihres Gesichtes stimuliert. Diese Stimulierung entwickelte sich nun zu einem echten Erkunden. Während sie der Rundung des Balles nachspürte, öffnete sie den Mund zu einem weiten Rund, so als wolle sie mit den Lippen einen Kreis bilden. Auf diese Weise schien sie durch ihre Mundbewegungen ein Objekt außerhalb ihres Körpers begreifen zu wollen – in diesem Fall die Form und die Eigenschaften ihres Balles.

Von nun an spielte ihr Mund eine immer wichtigere Rolle, und alle ihre wesentlichen Lernprozesse, alle ihre Bemühungen, Realität zu bewältigen, wurden nun von Innervationen des Mundes begleitet oder diese Innervationen gingen diesen Bemühungen voraus. Auch begann sie mit ihrer Zunge in ihrem Mund herumzuspielen. Es hatte den Anschein als könne sie das, was sie tat, besser verstehen, wenn auch der Mund daran beteiligt war. Aber vielleicht war das auch ihre primitive Art, sich alles, was neu für sie war, dadurch anzueignen, daß sie dieses Neue durch ihren Körper erfuhr. Und vielleicht wählte sie den Mund deshalb, weil er das primäre einverleibende Organ darstellt.

Jedenfalls begann sie durch die nun einsetzende Benutzung des Mundes die Funktionen dieses Organs bei sich und anderen zu verstehen. Sie beobachtete den Mund ihrer Beraterin, und wenn man sie dazu ermunterte, steckte sie den Finger hinein und befühlte die Zähne. Dann wiederholte sie, wie um zu erkunden und zu vergleichen, denselben Vorgang bei sich selbst. Daraus ging allmählich ihre Fähigkeit und ihre Neigung hervor, ihren Mund zu Formen zu verziehen, in denen das, was in ihrem Denken vor sich ging oder zumindest ihre entsprechenden Empfindungen zum Ausdruck kamen.

Sie entwickelte nun weitere Interessen. Nachdem sie das Spiel mit den Riemen voll ausgebaut hatte, begann sie sich spontan nach anderen Objekten umzusehen, die denselben Zweck erfüllen konnten. Sie fing an, Grashalme aufmerksam zu betrachten, bevor sie sie pflückte und mit ihnen spielte. Nachdem sie fünfzehn Monate bei uns war, konnte sie Anleitungen befolgen, wenn diese ihren Hauptinteressen entgegenkamen. So lernte sie zum Beispiel, Perlen aufzufädeln, und die so entstandene Kette benutzte sie als ein weiteres Fingerspielobjekt.

Dabei handelte es sich nicht bloß um eine Lernaufgabe, die sie bewältigte, oder um ein äußeres Objekt (Riemen, Sand, Ball), die sie zu eigentümlichen Zwecken benutzte. Zum erstenmal paßte sie einzelne Teile, die – für sich besehen – nutzlos für sie waren, zu einem komplexen Ganzen zusammen, das ihren Zwecken dienlicher war. Sie hätte lediglich mit dem Faden allein herumspielen können. Doch indem sie Perlen auffädelte, ließ sie erkennen, was sie gelernt hatte: daß es für sie nun, zusätzlich zur Anerkennung oder Zurückweisung der Realität, eine dreitte Möglichkeit gab, nämlich eben diese Realität in etwas Besseres zu verwandeln.

Dieses Verhalten unterschied sich vom Spielen ihrer Finger mit einem Ball, dem wir ihr in die Hände gedrückt hatten. Bei diesem Verhalten verfolgte sie lediglich Möglichkeiten weiter, die wir in unserem Sinne eingeleitet hatten. Sogar beim Fangenspielen war sie unfähig, die Spielerfahrung selbst herbeizuführen, wenn wir sie nicht beachteten. Beim Auffädeln von Perlen dagegen wurde sie aus eigenen Stücken tätig und führte sie diese Tätigkeit zu einem Ende. Doch was noch mehr war, sie gab mir dieser Betätigung einer in der Gemeinschaft verbreiteten Gewohnheit nach: das Auffädeln von Perlen ist etwas, was auch andere Kinder tun. Hier war also wirklich ein Ich am Werk, denn sie paßte Teile der Wirklichkeit zusammen, um eine komplexere Form zu schaffen, und sie tat dies in einer Weise, die von der Gemeinschaft gebilligt und erwartet wird, und sie benutzte das Produkt, um instinkthafte Wünsche zu befriedigen.

Alle postulierten Ich-Funktionen waren vorhanden: die Handhabung äußerer Realität (Auffädeln von Perlen) in einer von der Gemeinschaft gebilligten Form (typisches Spiel eines Kindes), das im Dienst instinkthafter Neigungen stand (das Fingerspiel mit der emotionalen Bedeutung, die es für Marcia besaß).

Als Marcia gelernt hatte, sicher mit einem Ball umzugehen, dauerte es nicht lange, und sie begann – wenn auch sehr zögernd und immer bloß für Sekunden – mit Stofftieren zu spielen, die sie so behandelte, als seien auch sie Bälle. Später erkundete sie, ob und wo sie Körperöffnungen besitzen mochten.

Nachdem sie in ihrer Abkapselung mit dem Ball spielen und nachdem sie im Beisein anderer Kinder Perlen auffädeln gelernt hatte, konnten wir sie mit Betätigungen vertraut machen, die eine Parallele bildeten zu dem, was andere Kinder taten. Verglichen mit dem Fangenspielen, bei dem andere tun mußten, was sie wollte, war das ein gewaltiger Fortschritt. Auch wenn es sich dabei lediglich um eine Tätigkeit handelte, der ihr Fingerspielverhalten zugrundelag, zum Beispiel um das Schütteln von Glöckchen im Rhythmus mit anderen

Kindern. Wie bei allen echten Bemühungen wurde dieses Glöckchenschütteln im gemeinsamen Rhythmus von Mundbewegungen begleitet, die die entsprechende innere Erfahrung widerspiegelten. Doch war ihre Fähigkeit zu solch parallelen Betätigungen sehr begrenzt, so daß sie sich bald wieder auf ihr einsames Ballspiel zurückzog.

Um diese Zeit begann auch ihr übriger Körper ihren Geisteszustand widerzuspiegeln. Die Art und Weise, wie sie saß, ließ nun das Ausmaß ihres Realitätsbezugs erkennen. Erregte die Außenwelt ihre Aufmerksamkeit, saß sie in einer zwar steifen, aber normalen Haltung da. Zog sie sich jedoch zurück, so nahm sie wieder den alten Schneidersitz ein.

Symbolische Äußerungen

Langsam besserte sich nun auch ihr symbolisches Verhalten, ihre sprachlichen Äußerungen eingeschlossen. Ähnlich wie sie sich mit besseren Fingerspielobjekten (Ball, Perlenkette) versorgt hatte, vermochte sie nun im Rahmen der Einzelsitzungen deutlicher um Hilfe zu bitten, obwohl sie das immer nur in Form des Liedchens »Help me, help me« (Hilf mir, hilf mir) tat. Auch begann sie nun Wörter zu benutzen, die Emotionen bezeichneten, allerdings immer nur unangenehme oder ärgerliche. »Mad!« (»verrückt!«) war eines dieser Wörter, und ihr Gesichtsausdruck ließ, wenn sie es äußerte, keinen Zweifel daran, daß sie seine Bedeutung genau begriff.

Da sie nun, um ihre höchst persönlichen Bedürfnisse zu befriedigen, gelernt hatte, Teile der Realität zu manipulieren und einige Gefühle in Wörtern auszudrücken, schien sie bereit für eine entscheidende Aufgabe: nämlich ihre inneren Spannungen und Belastungen, die sie bisher verdrängt oder wahllos ausagiert oder die sie durch ihr Fingerspielverhalten zu lindern versucht hatte, symbolisch zu äußern und zu bewältigen.

Bei der Analyse muß der erwachsene Patient das, was in seinem Kopf vorgeht, entweder still erleben oder – was noch besser ist – laut äußern. Er muß seine Assoziationen, Phantasien, Begierden und Träume, aber auch die an der Oberfläche gelangenden Gefühle und seine Körperempfindungen »zur Sprache bringen«, um sich mit Hilfe des Therapeuten fragen zu können: »Weshalb habe ich sie? Was bedeuten sie?« Durch solches Fragen und die damit verbundene Erhellung gelangt er zu einem Verständnis dieser Dinge, obwohl –

das muß hier betont werden – die Gedanken und Gefühle, die er da erkennt, die ganze Zeit schon in ihm gewesen sind.

Sicher, das Verständnis allein kann ihn nicht heilen. Emotionale Schwierigkeiten werden erst dann behoben, wenn wir in angemessener Weise auf sie einzuwirken beginnen. Das kann geschehen, indem wir unsere »korrektive emotionale Erfahrung« (Alexander und French, 1946) machen oder indem wir einen Prozeß und eine Erfahrung durchlaufen, die die Psychoanalyse »Durcharbeitung« nennt. Doch zum Beispiel zu begreifen, vor was man nun genau Angst hat, ist dann häufig immer noch ein großer Schritt zur Lösung von emotionalen Problemen.

Es scheint, als müßten stumme Kinder wie Marcia, da sie sich nicht sagen hören können, was sie fühlen, auf ganz ähnliche Weise Dinge symbolisch darstellen.

Denn da sie, um es anders auszudrücken, eine tödliche Angst davor haben, was geschehen könnte, wenn sie laut sagten, was in ihrem Denken vorgeht, können sie sich nicht die Fragen stellen, die von erwachsenen Patienten ausformuliert oder im Stillen durchdacht werden können. Statt dessen stellen sie ihre Fragen durch ihr Tun im stillen Spiel. Sie stellen sich immer wieder dieselbe Frage, indem sie ein und dieselbe Sequenz zahllose Male durchspielen, bis die endlich die Antwort finden oder bis sie durch ihr Spiel die Erfahrung machen, daß sie das bedrängende Problem durchgearbeitet haben. Auch können sie die Lösung, wenn sie sie gefunden haben, nicht in Worten äußern. Aber der Beobachter kann die Lösung von der Art und Weise ablesen, wie das Kind seine Spielsequenz abändert.

Als Marcia fähig war, sich innere nichtverbale Fragen zu stellen, sie symbolisch auszudrücken und nach Antworten zu suchen, benutzte sie ein Element, zu dem sie nie die Verbindung verloren hatte und das nun plötzlich eine neue Bedeutung für sie gewann. Aufgrund ihrer besonderen Geschichte war Wasser in ihrem Denken stets mit ihrem Hauptproblem verbunden gewesen, das da lautete: Was ging in ihren Körper hinein und was kam aus ihm heraus und was war ihr dadurch geschehen? Obwohl wir damals über all diese Dinge nur wenig wußten, freuten wir uns, als wir mitverfolgen konnten, wie Marcia ihr sehr begrenztes Repertoire durch das Spielen mit Wasser ergänzte.

Als sie ihren eigenen Mund und den ihrer Beraterin zu erkunden begann, meinten wir, nun sei die Zeit gekommen, ihr eine Säuglingsflasche anzubieten. Obwohl wir das mehrmals taten, verhielt sie sich diesen Angeboten gegenüber in den ersten achtzehn Monaten bei uns völlig gleichgültig. Doch eines Tages griff sie erbost nach der Flasche, füllte sie mit Milch, wie sie es uns hatte tun sehen, schüttete die Milch wieder aus und füllte die Flasche mit Wasser. Ihr lag nicht daran, aus der Flasche zu trinken, sondern daran, sie immer wieder mit Wasser zu füllen und das Wasser auf den Boden zu schütten. Erst Jahre später begriffen wir, was das bedeutete. So wie sie mit Einläufen »überflutet« worden war, »überflutete« sie nun uns.

Nun fanden lange Zeit keine neuen Entwicklungen statt, außer daß unsere Fußböden immer stärker überschwemmt wurden, und so dachten wir schließlich, nun sei es an der Zeit, dieses Ein- und Ausschütten von Wasser einzuschränken und zu strukturieren, da diese endlose Wiederholung nirgendwohin zu führen schien. Und während wir uns noch mit dieser Vermutung auseinandersetzten, bedeutete sie uns, daß sie bereit sei. Unter den verschiedenen Wahlmöglichkeiten, die wir bereitstellten, damit Marcia ihr Spiel mehr strukturiere, wählte sie den Eimer aus.

Marcia gestaltete ihr Spiel nun etwas vielfältiger, indem sie eine Plastikflasche benutzte, aus der das Wasser nicht einfach herausfloß, sondern herausgedrückt werden mußte. Und so verspritzte sie den Inhalt ihrer Flasche immer wieder in einen Eimer. So wie sie am eigenen Leib erforscht hatte, wie sich Sand anfühlt und was man mit ihm anfangen kann, so erforschte sie nun das Element Wasser – mit einem entscheidenden Unterschied allerdings, der einen Fortschritt anzeigte.

Es handelte sich dabei nicht einfach um einen Vorgang, bei dem sie sich Wasser über die Hand laufen ließ. Vielmehr schien sie das Wasser, wenn sie es aus der Flasche drückte, zu prüfen, ähnlich wie eine Mutter die Temperatur der Milch in einer Säuglingsflasche prüft. Auch erforderte Marcias Spiel eine kompliziertere Handhabung von Objekten: bevor sie die Flasche auffüllen konnte, mußte sie den Verschluß abschrauben, und bevor sie das Wasser verspritzen konnte, mußte sie ihn wieder aufschrauben. Und während sie die Flasche quetschte, trat ihre Anspannung nicht nur in ihrem Gesicht, sondern an ihrem ganzen Körper zutage; sogar ihre Beine und Füße versteiften sich heftig. Dagegen war ihr ganzer Körper, die Beine eingeschlossen, wesentlich entspannter, wenn sie die Flasche mit Wasser aus dem Eimer füllte. Die beiden Tätigkeiten schienen sehr unterschiedliche emotionale Bedeutungen für sie zu besitzen.

Eine bemerkenswerte Folge war, daß sie nun, da sie lernte, auf symbolische Weise ihre Emotionen zu äußern, offen und empfindlich auf alles reagierte, was in ihren Körper eindrang oder sozusagen

»hineingespritzt« wurde. Sie, die bisher nicht reagiert hatte, wenn ihr Sand in die Augen gekommen war, zeigte nun völlig normale, autonome und unmittelbare Reaktionen, wenn ihr beim Spielen Wasser in die Augen spritzte, obwohl diese Reaktionen noch stark verlangsamt waren. Nun schloß sie die Augen und wischte darüber.

Doch sie zeigte immer noch kein Interesse für Personen. Sogar ihre Lieblingsberaterin war nichts als ein bequemes Ausstattungsstück, nicht wichtiger oder bemerkenswerter als irgendein anderes Ausstattungsstück. Sie war keine Person, sondern etwas, was mit einer Hand ausgestattet war. Diese Hand hob bequemerweise Gegenstände auf, die Marcia hatte fallen lassen, und sie ersparte es ihr, diese Dinge selbst aufheben zu müssen. Doch vermochten wir sie auch für Lernaufgaben und -leistungen zu interessieren, die unseres Wissens keine direkte Beziehung zu ihren inneren Bedürfnissen hatte. Sie lernte mit Klötzchen bauen, errichtete mit ihnen einen Turm und war glücklich, wenn der recht hoch wurde.

Daraus können wir schließen, daß, wenn eine Form des Spiels emotional wichtig geworden ist, die Bedeutung des Spiels überhaupt auf andere Formen übertragen werden kann. Aus Marcias neuem Klötzchenspiel, dem über das unmittelbar erreichte Ziel hinaus geringe emotionale Bedeutung zukam, und unserem begeisterten Lob entwickelten sich noch weitere spielerische Betätigungen.

Wie sonst auch, konnten wir parallel dazu Entwicklungen im Mundbereich verfolgen. Sie klopfte sich nun weniger häufig gegen das Kinn und spielte mehr mit Mund und Lippen. Obwohl sie nach wie vor hauptsächlich feste Nahrung zu sich nahm, aß sie nun auch Gemüse und Obst.

Indem sie fortfuhr, den Mund ihrer Beraterin zu erkunden, versuchte sie in Erfahrung zu bringen, woher die Laute kamen. Nachem sie sorgfältig den Mund ihrer Beraterin von innen befühlt hatte, um zu erkunden, was die Zunge tat, wenn sie ein »L« sagte, sprach sie selbst dieses »L« aus. Sie kam wohl deshalb auf diesen Buchstaben, weil er – mehr als andere Buchstaben – Zungenbewegung bewirkt. Obgleich sie jetzt mehr redete, schien sie immer noch jede Silbe oder jedes kurze Wort wie eine gesonderte Einheit zu behandeln, wie eine Körpersubstanz, die sie einbehalten wollte. Nun hatte zwar das Sprechen zugenommen, doch bezog sich diese Zunahme lediglich auf das Aussprechen von Dingen und nicht auf die Kommunikation als solche.

Hin und wieder gab sie nun mehr als ein bloßes Geflüster von sich und sie sprach die Wörter einzeln aus, so daß wir sie besser verstehen konnten. Doch ihre Welt war immer noch depersonalisiert, da sie niemanden beim Namen nennen konnte oder wollte und da sie auch die Personalpronomen nicht richtig aussprechen mochte.

Andererseits konnte sie nun mit einigen Dingen umgehen und mehr mit Objekten anfangen, die der Welt des Nicht-Selbst zugehörten. Aber bevor sie sich ihrer bedienen konnte, mußte sie sich nach wie vor ihrer versichern oder sie mußte sie zu einem Teil ihres Selbst machen, indem sie mit ihnen ober- oder unterhalb oder gegen ihr Kinn spielte. Das war ein klarer Hinweis darauf, daß sie die Existenz der beiden Welten, um die es hier ging, sowie deren Unabhängigkeit und Verbundenheit noch nicht zu begreifen vermochte. Dennoch wurde nun auch dieses Spielverhalten am Kinn freier. Sie spielte jetzt auf eine vielfältigere Weise, und sie tat das nicht mehr bloß mit den beiden Zeigefingern, sondern mit allen Fingern.

Mit der Zeit weitete sich der Umgang mit den Dingen zum Umgang mit Menschen aus. Marcia gelangte von ihren parallelen Spielen zu einem Spiel, das Interaktion erforderte. Lange Zeit war das erste und einzige Spiel, für das wir ihr Interesse wecken konnten, das Ballspiel. Doch ähnlich dem Säugling konnte auch sie dieses Spiel nur mit den bemutternden Personen spielen. Sie konnte oder wollte nur mit ihren beiden Beraterinnen Ball spielen. Auch in diesem Fall gab es eine lange Phase, in der sich das Spiel mit den Fingern und mit dem Ball vermischte, bevor sie soweit war, den Ball, wenn man ihn ihr zurollte, mit schwacher Kraft fortzustoßen.

Ihre Angst und ihr Zögern, die sie bei all diesen Vorgängen an den Tag legte, belegten eindeutig, wie furchtsam sie war, wenn es um irgendeine aktive Handhabung von Objekten und um persönliche Interaktionen ging. Sie war ihrem Körper und seinen normalen Bewegungen noch so sehr entfremdet, daß sie sich nie so richtig sicher zu sein schien, welche Bewegung nun wirklich wirksam sein mochte, wenn es zum Beispiel darum ging, einen Ball zurückzustoßen. Oder vielleicht war sie so sehr in ihr Fingerspielverhalten verstrickt, daß sie nur durch dieses Verhalten und seine Ergebnisse etwas anfangen konnte. Auf alle Fälle blieb sie lange Zeit unfähig, den Ball wirklich zu fangen oder zurückzuwerfen. Aber eine Bewegung, die sich aus ihrem Fingerspielverhalten entwickelte, ermöglichte es ihr schließlich, den Ball einigermaßen gekonnt zurückzustoßen.

Auch in dieser Phase machte ihr Sprechen Fortschritte. Sie sprach nun nicht mehr, als redete sie mit der Luft. So wie sie gelernt hatte, zunächst mit Objekten, aber noch nicht mit Menschen umzugehen, begann sie nun zunächst mit Objekten zu sprechen. Da es nun Objekte in ihrem Leben gab, die sie beherrschen konnte, konnte sie auch mit ihnen sprechen; sie würden keine Vergeltung üben.

Da sie den Reaktionen von Personen nicht traute, konnte sie mit diesen Personen auch nicht sprechen. Wenn man sie fragte, mit wem oder mit was sie spreche, nannte sie das Objekt – nicht aber die Person –, mit dem sie sprach. Da es sich bei dem Objekt, das sie am liebsten in Händen hielt, um einen Ball handelte, sagte sie in der Regel, sie spreche mit dem Ball. Trotz unserer Hinweise mochte sie sich den Gedanken, zu einer Person zu sprechen, nicht zu eigen machen. Aber da sie begonnen hatte, aktiv zu sein und zu handeln, bereicherte sie ihre Sprache durch Tätigkeitswörter. So konnte sie nun auf einem Spaziergang zum Seeufer sagen: »Mädchen geht zum Strand.« Sie begann zwischen Groß und Klein zu unterscheiden, aber auch in diesem Fall nur bei Objekten, die eine besondere Bedeutung für sie hatten und mit denen sie deshalb gelernt hatte umzugehen und die ihr somit völlig vertraut waren. So konnte sie nun sagen: »Das ist großer Ball. Das ist kleiner Ball.«[10] Auch begann sie in dieser Entwicklungsphase spontan Gegenstände zu zählen.

Nach ungefähr zwanzig Monaten gingen die Interaktionen langsam in eine Art Abhängigkeit über. Das war zumindest bei Karen der Fall, die nun ihre Lieblingsberaterin war. Diese Abhängigkeit war darauf zurückzuführen, daß sie Karen brauchte und daß sie sie als einen Teil ihrer Welt betrachtete. Doch handelte es sich hier noch nicht um irgendeine Kommunikation, von einer echten persönlichen Beziehung ganz zu schweigen, denn anstatt eines Gebens und Nehmens gab es für Marcia bisher nur ein Nehmen, wobei sie sich für ihre Beraterinnen als Personen so gut wie gar nicht interessierte. So sehr sie diese – vor allem Karen – nun brauchte, Marcia konnte es sich nicht leisten, das zuzugeben. Das entnahmen wir aus ihrem scheinbar nicht vorhandenen Interesse, aus ihrer absichtsvollen Art, sich von der Beraterin abzuwenden, sowie daraus, daß sie sich so verhielt, als reagiere sie lediglich auf innere Reize. Die Anfänge einer Kommunikation vermuteten wir, als ihre Motivationen, wenn auch sehr selten, mit dem übereinstimmten, was ihre Beraterin von ihr erwartete oder was sie wünschte, daß sie es täte. Solche Übereinstimmung gab es immer nur in einem sehr engen Bereich, und es gab sie immer nur dann, wenn wir uns in Engelsgeduld übten und Marcia

[10] Diese beiden Aussagen in Druckschrift vermitteln insofern einen völlig falschen Eindruck, als Marcia die einfachsten Sätze auf so eigentümliche Weise aussprach, daß man glaubte, es mit einer völlig fremden Sprache zu tun zu haben.

in keiner Weise antrieben. Erst dann konnte es vorkommen, daß Marcia Stunden später etwas tat, das vage an unsere Anregung erinnerte.

Nun gestattete sie auch gelegentlichen Körperkontakt und später suchte sie, wenn auch nur selten, selbst danach. Sie begann ihre Beraterinnen in einer Weise zu umarmen, die zugleich zärtlich und feindselig war, so als sei Zuneigung nur möglich, wenn sie sich zugleich gegen sie verwahren konnte. Oder vielleicht ist es genauer, wenn wir sagen, daß sie sowohl ihr Verlangen nach Zuneigung als auch ihren Zorn auf die Welt sehr stark verdrängt hatte, und daß nun, wenn dieses Verlangen zutage trat, auch der Zorn zutrage treten mußte. Denn sobald sich das Schleusentor, das ihre Gefühle zurückgedämmt hatte, auch nur einen Spaltbreit öffnete, drängten beide einander entgegengesetzten Emotionen hervor. Doch wenn sich die Freude der Beraterin, mit Marcia zusammen zu sein, impulsiv darin äußerte, daß sie sie umarmte, zog sich Marcia sofort zurück.

In diesem Zusammenhang scheinen uns Federns Überlegungen zur Angst von Interesse zu sein. Er schrieb: »Das Ich blickt der Angst ins Auge und fühlt entweder Mut oder Wut oder die Bereitschaft zu kämpfen. Wird dieser Impuls zunichte gemacht, ist eine große Angst die Folge. Das Ich fühlt oder erinnert seine Schwäche und flieht. Wird diese Flucht vereitelt, resultiert ein Gefühl des Entsetzens – es ist ein Gefühl, dem Tode nahe zu sein« (Glauber, 1963). Als Marcia dieses »Gefühl, dem Tode nahe zu sein«, überwunden hatte, ergriff sie (im Fangenspielen) die Flucht. Doch wurde die Trennungsangst, die (nach Freud) der Angst zugrunde liegt, durch unser Verfolgen negiert.

Als sie nicht mehr fliehen mußte, das heißt, als sie das Gefühl der Todesschwäche ihres Ich überwunden hatte, fand sie den Mut, Zorn und Wut zu empfinden und zu äußern, obwohl diese beiden Gefühle erst später in voll ausgeprägter Form auftraten. Zur selben Zeit fand sie die Kraft, positive Gefühle zu zeigen, das heißt, sie überwand die Trennungangst und die Angst zerstört zu werden, durch die der ganze autistische Prozeß zunächst in Gang gesetzt worden war.

Schon durch diese geringfügige Freisetzung von Emotionen wurde Marcia auf eine wesentlich offenkundigere Weise feindselig. Ihrer Abneigung gegen eine Rivalin namens Mary konnte sie nun durch den Song »Bloody Mary« Ausdruck verleihen. Auch begannen nun destruktive und aggressive Wörter in ihrer Sprache aufzutauchen. Das Wort »Haarwaschen« gehört insofern in diesen Zusammenhang, als man sich offenbar, bevor sie zu uns kam, auf recht übertriebene Weise um ihr Haar gekümmert hatte, und das war ihr anscheinend im tiefsten Herzen zuwider gewesen.

Die Freiheit, die sie bei uns genoß, benutzte sie von Anfang an dazu, daß sie es keinem erlaubte, ihr Haar zu berühren, und daran hielten wir uns fast zwei Jahre lang. Doch da sie nun ihren Ärger und ihre Angst vor dem Haarwaschen zu äußern vermochte, ließ sie es zu, daß wir uns um ihr Haar kümmerten. Und da sie nun ungezwungener ihre Feindseligkeit äußern konnte, fiel es ihr auch leichter »Ja« zu sagen. Und einige Zeit später konnte sie eine der für sie am stärksten tabuisierten Handlungen beim Namen nennen und sie sagte: »Kauen«. Darauf begann sie, obgleich sie immer noch nicht saugte oder kaute, vor dem Essen saugende und schmatzende Geräusche mit dem Mund zu machen.

Ungefähr um diese Zeit bereicherte sie ihr Fingerspielverhalten um eine weitere Dimension, und wir begannen nun besser zu verstehen, was ihre unterschiedlichen Fingerspielverhalten bedeuten konnten. Wenn sie ihre Finger seitwärts schüttelte, was neu war, war es, als wolle sie etwas abwehren. Wenn sie ihre Finger vom Körper weg schüttelte, so stand diese Bewegung für den Wunsch, etwas aus ihrem System ausscheiden zu sollen, während das Klopfen mit den Fingern gegen den Kinn- oder Mund-Nase-Bereich eine Art Einverleibung zu signalisieren schien, obwohl natürlich das Fingerspielverhalten selbst nach wie vor seine antithetische Bedeutung hatte.

Die Ausweitung des Selbst

Als Marcia Karen eines Tages umarmte, nannte sie sie zum ersten Mal beim Namen. Bald begann sie ihrer beider Namen – Karen und Marcia – zu benutzen, doch weigerte sie sich, zwischen ihnen zu unterscheiden. Beide waren sie Karen oder Marcia. Indem sie beide zu einem verschmolz, gelangte sie nun aus einer neuen Sicht heraus zu dem Pronomen »uns«, mit dem sie zum erstenmal diese Zweiereinheit bezeichnete. Auf diese Weise erfuhr ihr Selbst – oder, genauer gesagt, der Raum, den später ihr Selbst ausfüllen sollte – eine Ausweitung, die die Person einschloß, die sich am hingebungsvollsten um sie kümmerte.

Was immer es auch war, das in dieser Außenwelt an Wichtigkeit gewann, sie versuchte es zu besitzen, sich zu eigen zu machen. Und auch diese Bemühungen gingen hervor aus den beiden ursprünglichen und einander entgegengesetzten Zielen: dem zu besitzen und dem auszulöschen. Um sich diese andere Person zu eigen zu machen, mußte sie veranlaßt werden, an der Tätigkeit zu partizipieren, in der Marcia am stärksten sie selbst war: diese Person mußte ebenfalls mit ihren Fingern spielen. Indem sie die Hand oder den Unterarm ihrer Beraterin knapp unterm Handgelenk ergriff, schüttelte sie dieses so rasch, daß sich die Finger der Beraterin ebenso rasch bewegten wie die spielenden Finger Marcias. Als sie sich zunächst in Karens und später Inges Armen (also in den Armen ihrer beiden »Mütter«) sicher fühlte, ja vielleicht sogar in dem Gefühl lebte, sie sich zu eigen gemacht zu haben, begann sie es hinzunehmen, daß sie von beiden umarmt, gehätschelt und herumgetragen wurde, und später liebte sie dieses Umarmtwerden.

Marcia war zwar noch nicht bereit, sich der Welt zu stellen, doch nahm sie immer davon in ihr Selbst auf. Mit Objekten hatte sie das bereits früher getan. Bereits bei ihrem ersten Spiel war der Sand für einen Augenblick zu einem Teil von Marcias Selbstsystem geworden. Neu war jetzt die Tatsache, daß sie eine Person in ihr Selbst einließ und daß sie nun *wußte*, daß Karen und Marcia zu ihrem Selbst gehörten. Marcia besaß noch kein unabhängiges Selbst, das mit einem Nicht-Selbst kommunizieren konnte; doch nun besaß sie ein ausgeweitetes Selbst, das ganz eindeutig persönlich geartete Elemente enthielt. Nun da sie nicht länger allein in der Welt war, brauchte sie deren Mitteilungen nicht mehr zurückzuweisen. Immer seltener verschloß sie nun ihre Ohren, und wenige Monate später verschwand dieses Verhalten völlig.

Hand in Hand mit den Fortschritten, die ihre Kommunikation machte, wurde auch Marcias Spielverhalten zusehends freier und komplexer. Diese Fortschritte zeichneten sich zunächst wieder bei ihrem Ballspielverhalten ab. Es gelang ihr nun ziemlich wirkungsvoll, ihren Ball auf dem Boden hüpfen zu lassen. Und ihr Bauklötzchenspiel machte insofern Fortschritte, als sie nun nicht mehr bloß Türme errichtete, sondern versuchte, »Häuser« zu bauen. Sie begann die Dinge in ihrer Umgebung zu betrachten. Und wenn wir sie nun filmten, kam sie zur Kamera, die sie zum erstenmal genauer in Augenschein nahm.

Eine Ausweitung des Selbst, die dahin geht, daß dieses Selbst Dinge aus der Außenwelt zu sich hereinnimmt, unterscheidet sich total von jenem anderen Prozeß, bei dem sich das Selbst auf den kleinstmöglichen Raum zu reduzieren versucht, da es um so weniger verletzt werden kann, je weniger Raum es einnimmt. Marcia hatte versucht, so wenig Selbst als möglich zu behalten, indem sie sich gegen jegliches Eindringen sperrte, ganz gleich, ob es sich um Gefühle oder Geräusche handelte. Das versuchte sie, indem sie im Schneidersitz in sich zusammenkroch. Doch da sie nun ein wenig in sich aufnehmen konnte, da sie nun ihr Selbst etwas auszuweiten vermochte, begann sie auch teilzuhaben und eine Rolle zu spielen, ohne daß sie wegen des geringen Selbst, das sie besaß, Angst gehabt hätte, ihr neues Selbst zu verlieren.

Nach zwei Jahren konnte Marcia, da sie nun mit anderen zusammengelebt hatte und tätig gewesen war, an Ballspielen teilnehmen und in ziemlich komplizierten Spielen die ihr zugeteilte Rolle übernehmen, zum Beispiel bei einem Spiel, bei dem jedes Kind den Ball mit einem Besen zum anderen Ende der Turnhalle und wieder zurücktreiben mußte. Doch war sie noch nicht soweit, daß sie den Ball nach dem Gib-und-Nimm-Prinzip hätte werfen und fangen können, das heißt, noch war sie zu einer kontinuierlichen Interaktion nicht fähig. Aber in einem Zusammenhang, der auch andere Personen mit einschloß, konnte sie bereits eine Einzelrolle spielen.

Aber was noch wichtiger war: sie hatte – wenn zunächst auch nur langsam – gelernt, wie man lernt. Marcia kam nun besser mit symbolischen Vorstellungen zurecht. Indem sie all ihren Ärger zurückgehalten hatte, war sie offenbar nicht nur unfähig gewesen, über die Welt um sie herum zu sprechen oder diese Welt zu beobachten, sie war auch unfähig gewesen, über diese Welt nachzudenken. Doch nun konnten wir sie so weit bringen, daß sie zu zeichnen begann. Wie gewöhnlich tat sie zunächst so als sei sie völlig desinteressiert, obgleich sie ganz Aufmerksamkeit war. Es war als wolle sie aus einer sicheren Position heraus in Erfahrung bringen, ob solche Betätigung gefährlich für sie war oder nicht. Ehe sie Farbstifte benutzen konnte, mußte sie diese kennenlernen, indem sie sie so lange zwischen ihren Händen rollte, bis sie sie mit ihrem Tastgefühl »erkannt« hatte. Dann mußte sie sich ein Gefühl der Sicherheit dadurch verschaffen, daß sie mit den Stiften gegen ihr Kinn klopfte. Ihr Zeichnen begann mit einem bloßen Gekritzel, doch bald lernte sie, einige Formen zeichnen. Doch auch in diesem Fall geschah alles Lernen durch ihren Körper.

Sie vermochte eine Form nur dann zu begreifen, wenn dieses Begreifen bereits durch ihren Körper oder seine Bewegungen erfolgt war. Den Unterschied zwischen einem Quadrat und einem Kreis lernte sie dadurch, daß sie Karen veranlaßte, mit ihrem Finger die beiden Formen nachzuziehen und daß sie danach dieselben Bewegungen wiederholte, wobei sie die jeweilige Form mit ihrem Mund nachbildete. Sie rekonstruierte (ja man ist versucht zu sagen: verinnerlichte) die beiden Formen, indem sie den Mund weit öffnete, um die Rundung des Kreises nachzuahmen, und indem sie die Lippen fest zusammenpreßte, um die Geraden oder vielleicht auch die Rechtwinkligkeit des Quadrats zu begreifen.

Anstatt dieses Verhalten selbst zu interpretieren, möchte ich an dieser Stelle Piaget zitieren, der eine parallele Beobachtung angestellt hat. Nach Piaget ist ein solches Begreifen räumlicher Phänomene durch eine aktive Beteiligung des Mundes Teil der normalen Entwicklung des Kindes. Gewöhnlich finden solche Prozesse im letzten Stadium der sensomotorischen Entwicklung statt, in dem das Kind die Fähigkeit der Vorstellung und symbolischen Darstellung erwirbt, also die Fähigkeit des echten Denkens. In diesem Stadium lernt das Kind, aus einer bekannten Wirkung die unbekannte Ursache und aus einer bekannten Ursache die unbekannte Wirkung herzuleiten. Das aber ist die Voraussetzung dafür, daß man auf die Welt nicht nur emotional, sondern auch intellektuell reagiert.

Bei dem Beispiel, das Piaget (1952) benutzt, handelt es sich um ein Objekt, das er vor der (sechzehn Monate alten) Lucienne versteckt; er legt ein Kettchen in eine Streichholzschachtel, die er etwa drei Millimeter weit offen läßt.

Es folgt eine Unterbrechung, währenddessen Lucienne eine seltsame Reaktion zeigt. Diese Reaktion ist geeignet, uns davon zu überzeugen, daß sie versucht, die Situation zu denken, die auszuführenden Handlungen im Geiste zu kombinieren und sich die Lösung vorzustellen. Gleichzeitig weist das Verhalten auf die Bedeutung hin, die die Nachahmung im Entstehen von Vorstellungen spielt. Lucienne ahmt in gewisser Weise die Vergrößerung des Spaltes nach. Sie tut das folgendermaßen: Sie betrachtet aufmerksam den Spalt, dann öffnet und schließt sie den Mund mehrmals hintereinander, zuerst nur ganz wenig, dann immer mehr und mehr. Offensichtlich versteht Lucienne, daß unterhalb des Spaltes eine Höhlung besteht, und sie wünscht, diese Höhlung zu erweitern. Ihre Anstrengung, sich das vorzustellen, äußert sich in dieser plastischen Weise. Da sie die Situation nicht in Worten oder visuellen Bildern denken kann, benützt sie als »Bedeutungsträger« oder Symbol eine einfache motorische Handlung. Die motorische Reaktion, die sich quasi von selbst zur Übernahme dieser Rolle anbietet, ist die Nachahmung, d. h. die aus Handlungen bestehende Vorstellung. Diese Nachahmung gestattet noch vor dem ersten Auftreten von geistigen Bildern, das wahrgenommene Schauspiel nicht nur aufzugliedern, sondern es auch nach Belieben in Erinnerung zu rufen und zu reproduzieren. Mit dem Öffnen und Schließen des eigenen Mundes denkt Lucienne, wenn man will, ihren Wunsch, die Öffnung der Schachtel zu vergrößern: Dieses ihr vertraute

Nachahmungsschema stellt also für sie das Mittel dar, die Situation zu denken. Es steckt übrigens in diesem Verhalten ohne Zweifel auch ein Element magisch-phänomenistischer Kausalität oder Wirksamkeit. Ebenso, wie sie oft durch Nachahmung auf andere Personen einzuwirken versucht, um sie dazu zu bewegen, eine interessante Handlung von neuem zu setzen, so ist es nicht ausgeschlossen, daß die Handlung, den Mund vor dem zu vergrößernden Spalt zu öffnen, ein Element magischer Wirksamkeit impliziert.

Sofort nach dieser plastischen Reflexionsphase steckt Lucienne ohne Zögern ihren Finger in den Spalt und zieht, statt wie bisher nach der Kette zu angeln, an der Schachtel, um die Öffnung zu vergrößern. Sie hat Erfolg und kann die Kette in Besitz nehmen.

So weit also Piaget zur plastischen Reflexion des Kindes.

Doch da Marcia nicht sechzehn Monate, sondern über zwölf Jahre alt war, konnte sie, als sie Kreise und Quadrate verinnerlicht und voll begriffen hatte, sofort daran gehen, ihre Formen zu zeichnen. In weniger als sechs Monaten verwandelte sie ihre zunächst etwas vagen Kreise in ein menschliches Gesicht und daraus entwickelte sie immer eindeutigere menschliche Formen, um bald danach eine vollständig durchstrukturierte menschliche Gestalt zu Papier zu bringen. In diesem Zusammenhang ging ihre Entwicklung wesentlich rascher vonstatten als beim normalen Kind – nur daß eben das normale Kind all diese Dinge in einem erheblich früheren Alter zustande bringt.

Indem sie von einer Person, nämlich Karen, eine Vorstellung gewonnen hatte, konnte sie nun Personen in Form von Zeichnungen symbolisch darstellen. Die Gesichter, die sie zeichnete, waren die Gesichter von wichtigen Personen. (Eines darunter, so meinte sie selbst, sei ein Porträt von mir, während drei andere Gesichter Porträts von Familienangehörigen darstellen sollten.) Ihre Entwicklung, in deren Verlauf sie zunächst ein rundes Gesicht zeichnete, um später dann eine volle menschliche Gestalt zu zeichnen, scheint uns rückblickend auch durch ihre Vorstellungen von der fäkalen Geburt beeinflußt gewesen zu sein. Und hier lag vielleicht auch der Grund, weshalb sie die menschliche Gestalt aus ellipsenförmigen »Kotteilchen« zusammensetzen mußte. Sie konnte die Realität am besten dann bewältigen, wenn sie sich mit ihr im Zusammenhang ihrer vorherrschenden Betätigungen auseinandersetzen konnte.

Wie andere Kinder, die mit ähnlichen Schwierigkeiten zu kämpfen hatten, schien es auch Marcia leichter zu fallen, Ziffern und Zahlbegriffe zu lernen als Sätze oder Gedanken zu verstehen. Als sie die Vorstellung »größer« und »kleiner« begriffen hatte, lernte sie relativ mühelos mit einfachen Zahlen und Zahlbegriffen umgehen.

Der Grund dafür ist vielleicht darin zu suchen, daß sich solche Kinder durch Zahlen und ihre Verwendung zu nichts verpflichtet fühlen. Einen Satz zu sagen bedeutet genau das – man sagt etwas. Und etwas sagen bedeutet: handeln. Es bedeutet, daß man sich für sich selbst oder die Welt engagiert: man anerkennt etwas oder lehnt etwas ab. Eine Anzahl von Objekten zu zählen oder nicht zu zählen scheint wesentlich weniger persönliches Engagement zu erfordern. Daher sind solche Kinder eher bereit, abstrakte Dinge wie zum Beispiel Zahlen zu lernen. Das Zählen ist für sie irgendwie ein Spiel, weshalb die meisten frühen Kinderspiele letztlich einfache Zahlen, Zähl- oder Abzählspiele sind.

So kam Marcia zum Beispiel mit dem Brett- und Kubusspiel, das zehn Löcher hat, ganz gut zurecht. Sie begann damit, daß sie die richtige Anzahl von Kuben herausnahm, ehe sie sie in die Löcher tat. Spontan begann sie immer bei der höchsten Zahl 10, von wo aus sie sich nach unten arbeitete, indem sie sich zuerst der Neun-Löcher-Gruppierung zuwandte usf. Etwas abzuziehen, Dinge wegzunehmen fiel ihr immer noch viel leichter als Dinge hinzuzufügen. Wenn sie bei der letzten Aufgabe mit nur einem Loch anlangte, zögerte sie – sie mochte das Spiel nicht beenden. Sie konnte selbständig von der höchsten zur niedrigsten Zahl zählen. Wenn sie jedoch von eins bis zehn oder noch höher zählen sollte, tat sie das nur widerwillig, auch mußten wir ihr dabei helfen. Es war als wisse sie, daß sie unserer Hilfe bedurfte, wenn sie wachsen, wenn sie mehr aus sich machen wollte.[11]

[11] Daß sie selbständig nur rückwärts zählen konnte, läßt vermuten, daß sie symbolische Zahlenwerte in Übereinstimmung mit ihren inneren Bedürfnissen benutzte. Wußte sie, daß sie zurückgehen mußte, daß sie die frühesten Erfahrungen des Menschen noch einmal machen mußte, um zu einer normaleren Persönlichkeit zu gelangen? Diese Vermutung ist weniger weit hergeholt als man vermuten möchte. Fast alle schizophrenen Kinder, mit denen wir arbeiten, verstehen die Bedeutung des Alters, das sich in Form von Geburtstagen darstellt. Doch obwohl sie sich über die Geschenke und Geburtstagsfeiern freuen, erfüllt sie doch eine große Abneigung gegen das Älterwerden. Viele unter ihnen behaupten beharrlich, sie seien jünger. Entweder sie wollen ihre Unfähigkeit, altersgemäße Aufgaben zu lösen, nicht erkennen oder sie äußern den Wunsch, jünger zu sein, um so die kindheitlichen Befriedigungen besser und stärker genießen zu können.

Und da wir schon bei den Zahlen sind, so möchte ich hinzufügen, daß auf dem primitivsten Niveau Zahlen nur mit den Dingen in Verbindung gesetzt werden, die die Person ganz unmittelbar angehen. *Eins* kann ich selbst oder ein Elternteil sein. *Zwei* kann eine andere wichtige Person sein usw. Für Marcia schienen Zahlen in der hier behandelten Phase ihr eigenes Alter darzustellen. In einer späteren Entwicklungsphase stellten Zahlen für sie auch wichtige Personen dar. *Eins* bedeutete in diesem Stadium sie selbst; *Zwei* war je nach dem Kontext ihre Beraterin oder ihre Mut-

Nachdem sie nun sechsundzwanzig Monate bei uns war, unternahm Marcia einen entscheidenden Schritt, um ihre inneren Probleme auszuagieren. Dieser Schritt fand im Rahmen ihrer Wasserspiele statt, die mittlerweile zusehends komplex geworden waren. Auch begannen wir nun den Sinn dieses Spiels mit dem Wasser besser zu verstehen. Um diese Zeit benutzte sie stets drei Gegenstände: einen Eimer, ein Glas und eine Flasche. Ihr Zahlendenken beschränkte sich zweifellos nicht mehr auf ein bloßes Aufzählen. Und so entstand der Zahlenbegriff Drei für etwas sehr Konkretes, nämlich für die Mitglieder ihrer Familie. Die Flasche bezeichnete sie als »Frauflasche«: sie war so geformt, daß man mit einiger Phantasie Brüste an ihr sehen konnte. (Auch hatte das Etikett dieser Flasche ursprünglich die Abbildung einer Frau gezeigt.) Das Hin- und Herschütten des Wassers folgte einer strengen Regel: wenn sie Wasser vom Eimer ins Glas oder in die Flasche füllte, setzte sie sich, und wenn sie das Wasser aus Glas oder Flasche ausschüttete, stand sie auf.

Unsere Interpretation lautete, daß sie mit Hilfe von Behältern, die ihre Familie darstellten, das Problem zu ergründen versuchte, welches Familienmitglied wie was und von wem empfing. Doch schien sie auch zu erforschen, was für wen von wem getan wurde. Die »Frauflasche« stand (wie einige Zeit davor wahrscheinlich auch die Quetschflasche aus Plastik) für die Mutter, während der Eimer wieder Marcia darstellte.

Die Art und Weise, wie sie den Inhalt der Flasche in den Eimer schüttete, ließ vermuten, daß sie Ereignisse aus ihrem Säuglingsalter noch einmal durchspielte, darunter Vorgänge wie das Stillen, die Einführung von Klistieren, die Überprüfung der Temperatur des Klistierwassers oder der Milch, wie sie ein Kindermädchen vornehmen konnte, bevor es das eine oder andere dem Kind verabreichte. Was das Stehen und Sitzen anlangt, so können wir nur Vermutungen anstellen. So mochte zum Beispiel die Tatsache, daß sie immer dann aufstand, wenn sie ihre Flasche oder ihr Glas ausschüttete, für ihre Eltern stehen, die sie turmartig überragt hatten, während der weit offene Eimer, zu dem sie sich niedersetzte, möglicherweise ihre eigene hilflose Passivität widerspiegelte. Aber das sind nichts als Spekulationen.

Als sie nun monatelang zahllose Male Wasser von einem Behälter in den anderen schüttete, fanden innere Entwicklungen statt, die sie

ter; und *Drei* war entweder ihr Vater oder es waren alle drei Familienmitglieder oder aber die Familie war überhaupt gemeint.

innerlich so frei machten, daß sie im Rahmen dieses Wasserspiels sich mit ihrer Beraterin unterhalten konnte. Dabei erzählte sie meistens über angsterregende Erlebnisse. Dabei schaute sie hin und wieder zur Decke empor – dann halluzinierte sie. Als wir sie das erste Mal fragten, wa sie dort sehe, sagte sie: »Mamma sehen« und »Mamma wegtun«. Später gelang ihr die Formulierung »Mamma ist an der Decke« und sie sagte »Großmamma essen«. Und noch später ließ sie durchblicken, daß sie in einem Teil des Wasserspiels das Geschehen »Mamma füttert Baby« ausagiere.

Ihre Halluzinationen schienen abwechselnd aus Bildern zu bestehen, die eine verschlingende und nahrungsspendende Mutter darstellten. Diese Bilder projizierte sie in der Regel nach oben. Zumindest einmal in dieser Zeit erklärte sie uns, daß ihr Fingerspielverhalten viel mit der Mutter zu tun hatte. Denn als wir sie fragten, weshalb sie ihre Finger schüttele, sagte sie nur: »Mamma.«

Sprechen hatte für sie immer noch mit erzwungenem Stuhlgang zu tun. Den Zusammenhang stellte sie dadurch her, daß sie unmittelbar vor jedem Defäkieren auf eine charakteristische Weise tief einatmete, und genau demselben tiefen Einatmen begegneten wir immer dann, wenn sie zum Sprechen ansetzte. Für uns war das ein weiterer Hinweis auf die enge Verbindung zwischen Sprechen und analer Erfahrung.

Wie sehr Sprechen und Ausscheidung für sie miteinander verquickt waren – oder wie wenig sie sie auseinanderhalten konnte – wurde durch die Tatsache bestätigt, daß sie fast vier Jahre lang nicht mit uns sprechen konnte, wenn sie saß. Es war, als müsse sie sich in der Anusgegend wirklich frei fühlen, bevor sie durch Anus oder Mund irgendwelche Dinge »äußern« konnte. So stark waren beide Erlebnisbereiche nach wie vor vermengt. Auch die Wörter schienen für sie eine körperliche Bedeutung zu haben und mochten irgendwie Kotteilchen ähneln. Denn wenn sie jemanden von uns ansprechen wollte, kam sie stets ganz nahe heran, so als wolle sie der betreffenden Person die Wörter bringen. Dieser Eindruck, daß sie Sprache wie Fäkalien ausschied, verstärkte sich noch, wenn man sie beobachtete, wie sie Silbe für Silbe aussprach.

Die körperliche Anwesenheit war für sie so wichtig, daß sie über fünf Jahre brauchte, bis sie mit einem Menschen, den sie nicht sehen konnte oder der sich nicht im Zimmer aufhielt, sprechen konnte. Erst dann konnte sie eine Unterhaltung von Zimmer zu Zimmer durch eine offene Tür fortführen oder zumindest eine Frage auf diese Weise beantworten.

Doch bleiben wir bei der Zeit davor. Als sie ungefähr dreißig Monate bei uns gewesen war, bewirkte ihr vermehrter Mut, sich mit der Realität auseinanderzusetzen, daß sie diese tastend erkundete. Das konnte sie nur, wenn sie von ihrer Beraterin aktiv unterstützt wurde. So hatte sie vor einigen Monaten bereits einen offenen Blick auf die Kamera riskiert, und mit Karens Hilfe wagte sie es nun, diesen Apparat zu erforschen und ihn auch zu benennen, indem sie sagte: »Kamera!«

Wenn etwas sie in Angst und Schrecken versetzte, rannte sie nun zu ihrer Beraterin, bei der sie Sicherheit und Trost suchte. Danach konnte sie ihre Erkundungen fortsetzen. Dabei handelte es sich nicht mehr um eine kurze Umarmung, die sie früher ebenso ersehnt wie gefürchtet hatte. Sie, die so lange Zeit jeglichen körperlichen Kontakt vermieden und abgelehnt hatte, klammerte sich nun jeden Tag stundenlang an ihre Beraterin, und dieses Anklammern war nun nicht mehr feindselig oder ambivalent, sondern voller Zuneigung. Das Gesicht, das Verhalten, die Körperhaltung, kurz: die ganze Person Karens war nun von einem neuen Interesse erfüllt, eine Entwicklung, die von Marcia genau registriert und beobachtet wurde. Nun lernte Mercia endlich, alle Pronomen – wenn auch nicht immer, so doch die meiste Zeit – richtig zu benutzen.

Allerdings gab es zwei Ausnahmen. Erstens fiel es ihr nach wie vor schwer, »Ich« zu sagen. Unser Eindruck war, daß das auf ihr mangelndes Verständnis des Ich-Konzepts zurückzuführen war, was wiederum mit ihrem nach wie vor unzureichenden Selbst-Gefühl zu tun hatte. Anstelle von »Ich« sagte sie häufig »Du«, obgleich sie eben dieses »Du« richtig benutzte, wenn sie mit anderen sprach. Ihre Vermeidung dieses »Ich« war zum Teil auch darauf zurückzuführen, daß sie sich selbst nicht engagieren wollte oder konnte.

Die zweite Ausnahme bezog sich nur auf Karen. Marcia benutzte für sich und Karen immer noch dasselbe Pronomen, wodurch sie sich eine symbiotische Vorstellung von ihren beiden Personen als einer Person bewahrte. Bei anderen Personen allerdings erlebte sie sich als gesondert.

Marcias Wunsch nach Symbiose äußerte sich beharrlich darin, daß sie Karens Anwesenheit wünschte, daß sie über ihre Zusammengehörigkeit sprach und daß sie ihrer beider Namen einfach austauschte. Marcias Selbst war so wenig abgegrenzt, daß es, sobald Karen anwesend war, beide einschloß. Da sie vorerst nur durch diese eine Beraterin Zutritt zur Realität hatte, bestand ein Großteil der Zeit, den sie nicht mit Karen verbrachte, aus einer leerläufigen, angsterfüllten Realitätsflucht, die sich zusammensetzte aus einförmigen Tagträumereien oder Halluzinationen.

Doch sich Karens Anwesenheit nur vorzustellen, das genügte nun nicht mehr. Marcia konnte so viel mehr tun, sie konnte so viel intensiver und angenehmer empfinden, sie konnte so viel mehr *sein*, daß im Vergleich dazu die eingebildete Anwesenheit Karens zu wenig hergab. Das zwang sie zu der Erkenntnis, daß Karen ein eigenständiges Leben führte, das von dem ihren unabhängig war, obwohl sie nicht erkennen konnte, daß sie (Marcia) ein Leben führte, das unabhängig von dem Karens war. Daher wollte sie nun immer im voraus wissen, wann Karen bei ihr wäre und wann nicht.

Hier ging es nicht mehr bloß um den Unterschied zwischen vagem Behagen und vagem Unbehagen, die durch die zufällige An- oder Abwesenheit Karens bedingt waren. Marcia, die sich jetzt auszuweiten und mit ihrer anwesenden Beraterin zu verschmelzen vermochte, erlebte nun ein deutliches Gefühl von Wohlbehagen, von Lebendigkeit. Karens Anwesenheit und Abwesenheit bedeutete nun einen gewaltigen Unterschied, wenn man die beiden resultierenden Zustände mit jener Geistesverfassung von einst verglich, bei der alles ein passiv hingenommener unablässiger Strom von Dingen gewesen war, die nichts voneinander unterschied und die Leiden erzeugten, wenn sie nicht aus dem Bewußtsein gedrängt werden konnten. Nun war die Zeit als eine Vorstellung und eine Erfahrung in ihr Leben getreten, und nun gab es auch eine Zukunft für sie – Zukunft war, wenn Karen zurückkehren würde. Die Zeit war nun aufgebrochen zu einer ordentlichen Sequenz von Ereignissen; die Anwesenheit oder Abwesenheit Karens stattete Marcias Gefühlsleben mit einem Rhythmus aus. Erst als dieser Rhythmus voll zustande gekommen war, vermochte er auf Marcias übriges Leben überzugreifen. Nun wurden auch die Anwesenheit und Abwesenheit Inges und (wenn auch in einem geringeren Maße) der Lehrer und meiner Person sehr wichtig für sie.

Diesen Zeitrhythmus wollte sie verstehen, da sie dann vorhersagen konnte, wann Karen und wann Inge bei ihr sein würden und wann Karen allein mit ihr sein würde und wann sie mit ihr und anderen Kindern zusammen sein würde. So entwickelte Marcia ein Zeitempfinden, sie lernte, die Tage der Woche zu benennen, und wenn sie sich verabschiedete, konnte sie nun sagen: »Adieu. Bis Freitag dann.«

Da nun die Menschen in der Gegenwart für Marcia wirklich wurden und da sie darauf wartete, sie in nächster Zukunft wiederzusehen, begann auch das Geschehen der Vergangenheit festere Form anzunehmen. Zumindest begann sie einige Personen aus ihrer Vergangenheit, zum Beispiel »Tante Jenny«, beim Namen zu nennen.

Doch wenn ich sage, daß Marcia einige Einzelereignisse aus ihrer Vergangenheit zu erkennen begann, so bedeutet das noch lange nicht, daß diese Ereignisse tatsächlich für sie vergangen waren. Die Vergangenheit beherrschte ihr gegenwärtiges Leben nach wie vor in einem solchen Maße, daß sie unmöglich glauben konnte, alles sei nun vergangen und vorbei. Die Überzeugung, daß eine Erfahrung endgültig hinter uns liegt, setzt das Gefühl voraus, daß wichtige vergangene Ereignisse unsere Gegenwart nicht länger beeinflussen. Da das auf Marcia sicher nicht zutraf, war für sie nichts endgültig vergangen. Daher auch das phänomenale Gedächtnis solcher Kinder.

Wollten wir diesen Kontext durch einander entgegengesetzte Vorstellungen erhellen, könnten wir sagen, daß der Neurotiker seine Erfahrungen in die Vergangenheit abzuschieben versucht und in dem Glauben lebt, sie endgültig überwunden zu haben, obwohl sie sein gegenwärtiges Leben nach wie vor sehr stark beeinflussen. Für den Schizophrenen dagegen sind diese vergangenen Erfahrungen vollste Gegenwart. So glaubte zum Beispiel Marcia, daß die Heimsuchung ihres Körpers eine allgegenwärtige Bedrohung sei, gegen die sie sich ständig zur Wehr setzen müsse. Vergangenheit und Gegenwart voneinander zu trennen und sich dergestalt eine Zukunft zu schaffen, hängt von einem Zeitgefühl ab. Und ein solches Zeitgefühl begann Marcia nun, wenn auch nur ansatzweise, zu erwerben.

Wir wissen nicht, ob es irgendeinen Zusammenhang gab zwischen diesem neuen Zeitgefühl und ihrer Fähigkeit, über spezifische Körperfunktionen zu reden und sich zu sorgen; zumindest konnten wir früher ihre entsprechenden Reaktionen nicht auseinanderhalten. Beide nun gesondert auftretenden Reaktionsweisen (das heißt die Reaktion auf die Zeit einerseits und die Reaktion auf ihre Körperfunktionen andererseits) waren wahrscheinlich eine Folge ihrer intensiver werdenden Beziehungen zu Karen, denn dieser Beziehung war es zuzuschreiben, daß Marcia zu einer Person wurde, deren Körper spezifische Funktionen hatte.

Sie begann über diese Funktionen zu sprechen und anvertraute uns Geheimnisse, zum Beispiel daß sie »krank« sei, wenn sie ihre Blutungen hatte. (Später erfuhren wir, daß sie sich auch dann krank wähnte, wenn sie urinierte.) Was sie als »Kranksein« bezeichnete, brachte sie mit ihrer Mutter in Verbindung, indem sie sagte: »Baby ist krank für seine Mammi.« So äußerte sie das Gefühl, daß ihre

Mutter, als sie (Marcia) noch ein Säugling gewesen war, durch Einläufe dafür gesorgt hatte, daß sie krank geworden war, und in diesem Sinne fühlte sie sich nun auch dann krank, wenn sie urinierte oder menstruierte. Aber »krank sein« bedeutete auch emotional krank sein, es bedeutete ihre Lebensschwierigkeiten überhaupt. Fragte man sie, weshalb sie bei uns in der Orthogenetischen Schule lebe oder weshalb sie nicht Dinge tun könne, die andere Kinder ihres Alters längst tun könnten, so sagte sie, das sei deshalb so, weil sie »krank« sei. Um diese Zeit zeigte sie sich immer neugieriger über den Unterschied zwischen Jungen und Mädchen.

Dadurch, daß sie ihre Körperfunktionen erkannte und bewußt mit ihrem »Kranksein« in Zusammenhang brachte, mußten wir in unserer Arbeit mit ihr zwei schwere Rückschläge einstecken. Bei dem ersten Rückschlag handelte es sich um eine verzögerte Reaktion auf das Einsetzen der Menstruation. Marcia begann ungefähr sieben Monate, nachdem sie zu uns gekommen war, zu menstruieren, in einer Zeit also, als sie ihren Körperfunktionen noch völlig entfremdet war. So schenkte sie der Menstruation selbst, sei es nun dem Einsetzen oder der regelmäßigen Wiederkehr ihrer Tage, nicht die geringste Beachtung. Das änderte sich erst, als Karen für Marcia eine große emotionale Bedeutung erlangte.

Dadurch, daß sie das intensive Gefühl hatte, mit Karen eine Einheit zu bilden, wurde ihr irgendwie bewußt, daß sie wie ihre Beraterin weiblichen Geschlechts war. Dieses Bewußtsein verschärfte sich durch ihre kürzlich gemachte Entdeckung, daß sich Jungen von Mädchen unterscheiden und daß sie ein Mädchen war. Um diese Zeit erlebte sie eine depressive Phase, die mehrere Monate dauerte. Dieser Phase lag weniger die Abneigung, ein Mädchen und kein Junge zu sein, zugrunde als das Gefühl, daß Karen, der erste Mensch, dem sie je vertraut hatte, ihr einen Streich gespielt hatte. Denn Marcia war, so glaubte sie wohl, dadurch, daß sie sich mit Karen identifiziert hatte, gezwungen worden, sich zum Mädchen zu entwickeln und wie Karen zu menstruieren.

Wieder einmal hatte eine vorherrschende Angst einen Tatbestand erzeugt: jeder Schritt, den Marcia hinaus in die Welt wagte und der sie einer anderen Person näher brachte, verlieh dieser Person die Macht, Marcias Körper schweren Schaden zuzufügen. Ja, schlimmer noch: wieder floß etwas heraus aus ihrem Körper wie damals, als man ihr die Klistiere verabreicht hatte. So aber zog sie sich zurück von dieser Person, die ein Teil ihrer selbst geworden war, und sie zog sich von sich selbst zurück und von allem, was sie bislang als

Kontakte zur Außenwelt hergestellt hatte. Die äußeren Anzeichen waren bekannt: wieder war sie schwer verstopft und wieder gab sie die meisten Dinge, die sie gelernt hatte, auf.

In einem langsamen Prozeß, der sich über viele Monate erstreckte, setzten wir uns verbal und nichtverbal mit Marcia und ihrer Überzeugung auseinander, wonach Karen ihr die Menstruation aufgezwungen hatte. Danach begann sie endlich wieder Fortschritte in ihren Kommunikationsversuchen zu machen. Trotzdem wurde jede Menstruation auch danach noch einige Jahre lang von einer kurzen Depression und Verstopfung, die mehrere Tage dauern konnten, begleitet. Manchmal gelang es ihr, sich selbst daraus zu befreien. Andere Male mußtem wir mit ihr noch einmal über ihre Überzeugung sprechen, wonach es ihre Beraterinnen gewesen waren, die ihr die Menstruation aufgezwungen hatten, weil sie ihr gewisse Dinge, darunter auch die Menstruation, abverlangt hatten. Ob es solcher Gespräche bedurfte oder nicht und wieviele Gespräche dieser Art geführt werden mußten, hing immer davon ab, wie positiv ihr Kontakt zur Realität und wie positiv ihre Beziehungen zu ihren Beraterinnen zu Beginn der jeweiligen Menstruation waren.

Auf alle Fälle war hier ein Zusammenhang hergestellt worden, und als Marcia ihre erste anhaltende Depression, die von der Menstruation ausgelöst worden war, hinter sich hatte, wurden ihre Körperbewegungen wesentlich freier. Vielleicht hatte sie, zusammen mit der Durcharbeitung ihrer Depression, auch Dinge durchgearbeitet, die etwas mit dem spontanen Funktionieren ihres Körpers zu tun hatten. Da diese Durcharbeitungsprozesse in enger Verbindung mit ihren Beraterinnen geschahen, stellte sich Marcias neue körperliche Bewegungsfreiheit zunächst in deren Beisein ein. Nun dauerte es nur mehr einige Monate, und sie konnte wesentlich freier herumlaufen und ihren Ball wie ein normales Kind werfen und fangen – allerdings immer nur in Gegenwart ihrer Beraterinnen.

Es war um diese Zeit, als sie uns erzählte, sie habe mit ihren Fingern gespielt und ihre Finger geschüttelt, um sich »besser zu fühlen«. Doch war es nun nicht mehr das autistische Fingerspiel, sondern die Beziehung zu ihrer Beraterin, durch die sie sich besser fühlte. Dadurch, daß sie ihre Beraterin als Instrument ihrer Bequemlichkeit benutzte, daß sie sie Dinge für sie tun ließ und daß sie in einem parallelen Geschehen Dinge neben ihr tat, ging Marcia eine symbiotische Beziehung ein, die zumindest einige Merkmale einer persönlichen Beziehung aufwies. Das erkannte Marcia als sie sagte: »Reden ist Spielen.« Das heißt, sie vermochte sich nun mit den Dingen, die sie beunruhigten, nicht mehr bloß durch Spielen und Fingerspielverhalten auseinanderzusetzen, sondern auch durch Sprechen. Später dann stellte sie entschieden den Wert fest: »Reden ist gut.«

Nun konnte sie uns mehr erzählen über den Zusammenhang zwischen der Defäkation und der Äußerung von Wörtern. Sie erzählte uns – zuerst wieder einmal auf der Toilettenschüssel sitzend, später aber auch in anderen Situationen –, daß die Wörter die Toilette hinuntergespült werden. Da sie nun begriffen hatte, daß Sprechen gut tut, konnte sie uns zeigen, daß ihr Verhältnis zu den Wörtern und zu ihrem Stuhl manchmal bereits positiver geartet war. Hin und wieder schickte sie ihrem Stuhl, der die Toilettenschüssel hinuntergespült wurde, ein freundliches »Bye-bye« nach, dem sich später ein selbstermutigendes »Bis morgen dann« hinzugesellte – übrigens genau die Formel, die sie benutzte, wenn ihre Beraterinnen sie abends verließen. Die zugrunde liegende Einstellung war freilich immer noch ambivalent, das heißt, sie war häufiger negativ als positiv, denn meistens wollte sie die Dinge weder auf- noch hergeben. Sie weigerte sich nach wie vor, die Toilettenspülung zu betätigen, doch ließ sie es zu, daß ihre Beraterin diese Aufgabe für sie übernahm. Auch erzählte sie uns, daß es »falsch« sei zu defäkieren.

Frühe Identität

Während sie großenteils immer noch von alten Ängsten erfüllt war, dämmerte Marcia die Erkenntnis, daß Kommunikation auch einen positiven Wert haben kann. Hat das Kind begonnen, ein rudimentäres Selbst von einer vagen Totalität zu unterscheiden, so besteht der nächste wichtige Schritt in Richtung auf Erkenntnis dessen, *was* (aber vielleicht noch nicht *wer*) es ist, darin, daß es zwischen Kind und Erwachsenem zu unterscheiden anfängt und erkennt, daß es selbst noch ein Kind ist. Ein weiterer entscheidender Schritt besteht darin, daß sich das Kind seines Geschlechts bewußt wird, wodurch es ihm wiederum leichter fällt zu erkennen, *wer* es ist.

Unterschiedliche Größen – zum Beispiel zwischen Kind und Erwachsenem – implizieren, daß kleiner sein weniger sein bedeutet; das aber hilft dem Kind zu bestimmen, was es nicht ist. Ähnlich dient die Defäkation (und bis zu einem gewissen Grad das Urinieren) dazu, das Selbst gegen das Nicht-Selbst abzugrenzen, da man in diesem Prozeß herausfindet, was man nicht ist. Doch sogar unter den günstigsten Umständen erfährt man nur, daß das Selbst etwas ausscheiden kann, das zum Nicht-Selbst wird; aber was das Selbst nun ist, erfährt man nicht durch diesen Prozeß.

Allerdings konnte Marcia dadurch, daß sie zwischen Kind und Erwachsenem unterscheiden lernte, nur geringfügig an Selbst gewinnen. Besser gesagt: die Unterscheidung zwischen den beiden fiel ihr ungemein schwer, da sie besagte symbiotische Beziehung zu Karen unterhielt. Auch besaß sie nun die Körpergröße eines kleinen Erwachsenen (und auch Karen war klein von Statur), und die Menstruation belegte, daß sie, physiologisch gesehen, ebenfalls erwachsen war.

Dort, wo es um ihr Geschlecht ging, lag der Fall natürlich anders. Sexuelle Unterschiede aber weisen einen nicht nur darauf hin, was man nicht ist (so wie man auch nicht identisch mit den eigenen Fäkalien ist), sondern auch darauf, was man ist. Und so begann sich Marcia für den Unterschied zwischen Jungen und Mädchen zu interessieren – zuerst allerdings auf eine negative Weise, indem sie diesen Unterschied abstritt. In ihrer einsilbigen Sprache fragte sie zuerst, was Mädchen und dann, was Jungen sind. Doch obwohl sie der Unterschied faszinierte, zielten ihre Fragen darauf ab, die Gleichheit zwischen Jungen und Mädchen bestätigt zu bekommen.

Echolalisch pflegte sie zu betonen, daß Jungen »anders sind« als Mädchen, doch weiter kam sie nicht. Fragte man sie, was die Jungen haben, sagte sie »Füße«, »Finger« und so weiter, das heißt, sie zählte immer nur die Körperteile auf, die beiden Geschlechtern gemeinsam sind. Fragte man sie direkt, so behauptete sie, Jungen wie Mädchen hätten Vaginas. Es gab keinen Hinweis darauf, daß sie ein Junge sein wollte; die symbiotische Beziehung zu ihrer Beraterin hätte einen solchen Wunsch allein schon herabgemindert. Das heißt, sie gab ein Lippenbekenntnis zu der Vorstellung, daß sich die Geschlechter unterschieden und daß sie ein Mädchen war. Doch emotional und intellektuell beharrte sie darauf, daß dieser Unterschied in keiner Weise spezifisch und schon gar nicht körperlicher Art war. Hätte sie die Natur des sexuellen Unterschiedes akzeptiert, wäre sie allzu sehr mit dem Problem, was und wer sie war, in Konflikt gekommen. Diesem Problem aber mußte sie, da es zu komplex und zu bedrohlich war, aus dem Weg gehen.

So aber führte Marcias beginnendes Interesse für die Existenz zweier Geschlechter, ihre Erkenntnis, daß sie ein Mädchen war, und ihre Verleugnung dessen, was sie zum Mädchen machte, zu einem Konflikt der Wünsche: einerseits wollte sie ein Mädchen sein wie Karen und andererseits sollte es zwischen Jungen und Mädchen keinen Unterschied geben. Als sie erkennen konnte, daß es schwierig ist, Dinge als unterschiedlich einzustufen, wenn man jeden charakteristischen Unterschied abstreitet, betrat sie den Bereich des logischen Denkens. Sie fuhr nun zwar fort, sexuelle Unterschiede in Abrede zu stellen, doch konnte sie der Frage, weshalb Jungen und Mädchen sich voneinander unterscheiden, nicht mehr ausweichen. Als sie sich dieses *Weshalb* durch den Kopf gehen ließ, tat sie den ersten Schritt hin zur Erkenntnis kausaler Beziehungen.

Dabei war es typisch, daß sie das Problem der Kausalität von der Sprache her anging, also von dem Symptom, das bei ihr am stärksten gehemmt war. Eines Tages unterhielten sich Marcia und Karen, und Marcia schien von ihrer Beraterin etwas wissen zu wollen. Wie immer wurde sie ermuntert, dabei so vorzugehen, wie es ihr beliebte, und so bestand ihre Reaktion diesmal in der Frage: »Warum redest du?« Es war das erste Mal, daß sie nach einem »Warum?« fragte oder daß sie sich für die Gründe des Verhaltens einer anderen Person interessierte.

Als sie diese ungemein wichtige Frage aufgeworfen hatte, dauerte es nicht mehr lange, und sie konnte spontan und ohne daß man sie gefragt hätte über wichtige Ereignisse in ihrem Leben berichten. Als ihre Lehrerin eines Tages krank war, wurde Marcia vorübergehend in eine andere Klasse gebracht. Als sie nach der Schule ihre Beraterin traf, erzählte sie ihr sofort: »Miß Lukes (das war ihre Lehrerin) ganz weg. Jack ganz weg. Jeanie ganz weg.« (Jack und Jeanie waren zwei Schulkameraden, die vorübergehend in eine andere Klasse gebracht worden waren.) Die Tatsache, daß alle drei »ganz weg« waren, bewies, daß Marcia reale Ereignisse nun zwar erkannte, daß jedoch ihr Denken immer noch nach dem Alles-oder-Nichts-Prinzip funktionierte. War eine Person oder Sache außer Sicht geraten, so existierten sie einfach nicht mehr. Eine Ausnahme bildeten nur die Personen oder Dinge, die ganz direkt zu ihr gehörten, zum Beispiel Karen.

Nun dauerte es nur noch wenige Monate, bis sie, gegen Ende ihres dritten Jahres bei uns, Objekte erforschte, deren Bedeutung für sie neutral war. Was sie zunächst tastend und mit der Hilfe von Erwachsenen gelernt hatte, beherrschte sie nun auch dann, wenn ihre Beraterin nicht zugegen war. Allerdings mußte sie die Dinge immer noch erst durch ihren Körper »wissen«, bevor sie sie intellektuell begreifen konnte. So mußte sie zahllose Male aus- und eingießen, bevor sie begreifen konnte, wie etwas sich füllte und wieder leerte. In ihrem Fall ging die Beherrschung einer Sache durch Handhabung dieser Sache eindeutig dem Verständnis dieser Sache voraus.

Die Art und Weise, wie sie sich mit der Wippe vertraut machte, war typisch. Bei dieser wie bei anderen Lernerfahrungen mußte sie offensichtlich die Entwicklungssequenz wiederholen, die der Säugling auf natürliche Weise erlebt. Zuerst legte sie sich ganz ruhig auf die Wippe, obwohl es sehr schwierig war, in dieser Lage das Gleichgewicht zu halten; dann setzte sie sich auf, um die Wippe im Gleichgewicht zu halten. Indem sie so verfuhr, zähmte sie dieses Objekt regelrecht, das über einen eigenen Willen zu verfügen schien und das nicht wie andere Spielsachen war, die dort blieben, wo sie gerade waren, sondern sich von selbst wieder aufrichtete. Und schließlich lernte sie, aufrecht auf der Wippe zu gehen. Nachdem sie so die Bewegung der Wippe in den Griff bekommen hatte, machte sie sich daran, ihre Funktionsweise zu untersuchen. Sie begann damit, daß sie jedes Ende für sich erforschte, indem sie beide Wippenenden zunächst einmal mit dem Kinn berührte. Dann bewegte sie die Wippe, und sie begriff ihre Funktionsweise durch ihre eigenen Handbewegungen, die sich direkt von ihrem alten Fingerspiel- und Klopfverhalten herleiteten. Nachdem sie sich dergestalt gegenüber der Wippe in jeder Hinsicht abgesichert hatte, erkundete sie deren Mitte, um schließlich selbst richtig zu wippen.

Immer wenn Marcia nun begann, etwas Neues zu lernen, zum Beispiel auf einer schrägen Ebene zu gehen, legte sie eine große Beharrlichkeit an den Tag. Und obwohl sie, wenn sie Angst hatte, auf ihr altes Fingerspiel- und Klopfverhalten zurückgriff, kehrte sie doch bald wieder zu der Tätigkeit zurück, mit der sie sich befaßt hatte. Immer wenn sie solch eine mühevolle Anstrengung, Dinge so zu tun, wie sie getan werden sollten oder wie wir sie getan haben wollten, hinter sich gebracht hatte, mußte sie sich ihre eigene Unabhängigkeit beweisen, indem sie fortlief. Doch da sie nach wie vor gern gefangen werden wollte, war es möglich, sie wieder zurückzubringen.

Erst nachdem sie die Wippe beherrschen und ihre Bewegungen verstehen gelernt hatte, machte sie sich an eine noch gefährlichere Aufgabe – sie lernte nun, mit einer anderen Person zu interagieren. Das war erheblich schwieriger und eine wesentlich größere Leistung als die allmähliche Beherrschung eines Objekts. Das Auf- und Niederwippen zusammen mit einer Person wurde zu einem Meilenstein in ihrer Entwicklung.

Als Marcia Wippen gelernt hatte, war sie begeistert von diesem Spiel, obwohl sie zuerst nur mit ihren Beraterinnen wippte. Als nächstes benutzte sie das Wippen, um ihre Aggressionen in sozial annehmbarer Form auszuagieren. Und wenn sie mit ihrer Beraterin wippte, machte es ihr Spaß, wenn sie diese plötzlich nach unten auf den Boden sausen lassen konnte. Doch löste solches Handeln sofort auch Angst bei ihr aus. Sie schüttelte Arme und Hände und ergriff die Flucht und wir mußten hinter ihr »herjagen«, das heißt, wir mußten sie liebevoll wieder einfangen. Außerdem traute sie unserer Gutartigkeit noch zu wenig, um unbeirrt weiterzumachen.

Marcia konnte nun bald an komplizierteren Spielen teilnehmen, an denen zum Beispiel zwei Kinder und zwei Bälle beteiligt waren. Eine Zeitlang nahm sie nur dann an solchen Spielen teil, wenn ihre Beraterin neben ihr spielte, doch brauchte ihre Beraterin später nicht mehr dabei zu sein. Aber noch wichtiger war, daß sie die Interaktion nun auch dann fortsetzen konnte, wenn kleinere Ängste sie ergriffen. Davor hatte sie sich, wenn etwas schief gegangen war, zum Beispiel wenn sie den Ball hatte fallen lassen, stets derart entmutigt gefühlt, daß sie sich sofort in sich zurückgezogen hatte. Dann pflegte sie hilflos mit den Fingern zu spielen oder wütend wegzulaufen. Jetzt jedoch blieb sie da, und wenn es ihr nicht gelang, den Ball zu fangen, hob sie ihn auf und spielte weiter. Wenn sich die Dinge für sie allzu sehr verwirrten, was ziemlich leicht geschah, klatschte sie, um ihre Spannung zu überwinden, in die Hände – eine Reaktion, die, verglichen mit ihren früheren Reaktionen, einen gewaltigen Fortschritt erkennen ließ.

Als Marcia dadurch, daß sie nun selbst handeln und – wichtiger noch – zusammen mit anderen handeln konnte, gab sie die Vorstellung, daß ihr Name und der ihrer Beraterin identisch sein müßten, auf. Sie mußte sich nicht mehr damit begnügen, nur dann zu handeln, wenn Karen und sie eins waren oder wenn sie ein Teil von Karen war. Aber es fiel ihr nicht leicht, sich als eigenständige Person zu begreifen. Sie akzeptierte ihren eigenen Namen, doch erkannte sie ihr eigenes Selbst noch nicht als ein »Ich«. Als ihr ihre Beraterin die Vorstellung »Du bist du und ich bin ich« beizubringen versuchte, füllten sich ihre Augen mit Tränen, und sie versuchte dieses Faktum abzustreiten, indem sie erklärte: »Du bist du bist ich bist ich.« Die Tränen bewiesen allerdings, daß sie an die Symbiose nicht mehr glaubte. Sie wußte nun, daß es sich hier lediglich um eine ihrer Wunschvorstellungen handelte. Und als Karen ihr erklärte, daß sie (Marcia) das zwar glauben wollte, daß dem jedoch nicht so sei, nickte sie und meinte: »Das ist richtig!« Obgleich sie Angst vor der Unabhängigkeit hatte, war ihr Selbst nun hinreichend entwickelt, um sich als ein eigenständiges Wesen behaupten zu können.

Ihr Sprechen bestand nach wie vor hauptsächlich darin, daß sie einzelne Wörter auf echolalische Weise wiederholte. Allerdings fügte sie diesem Wortschatz nun selbst einige Wörter hinzu. Immerhin fielen die Wiederholungen nun etwas selektiver aus, und sie legte ein größeres Geschick an den Tag, wenn es darum ging, Pronomen in der richtigen Form zu bringen. Wenn wir nun zu ihr sagten: »Es ist dein Mund, mit dem du redest«, wiederholte sie: »Mein Mund.« In solchen Fällen hatte sie früher, wenn überhaupt, stets nur »Dein Mund« wiederholt.

Sie konnte nun Gefühle erkennen, allerdings noch nicht ihre eigenen. Für sie entsprangen Gefühle in der Außenwelt oder in jenem ihr fremderen Teil der symbiotischen Welt, in der sie lebte. So sagte sie gelegentlich »böse«, wenn sie auf etwas böse war, doch konnte sie auch »Karen böse« sagen. Wenn sie weinte, konnte sie »Karen weinen« sagen. Sie sagte nie »Karen weint«, weil das hätte bedeuten können, daß eine andere Person weinte. Sie benutzte stets Verbformen im Plural, als seien Karen und sie die Pluralform eines gemeinsamen Ganzen.

Als sie das erste Mal ein Gefühl als ihr eigenes und nicht als das von Karen erkannte, handelte es sich um einen bestimmten eng begrenzten Bereich ihres Körpers. Sie sagte: »Tut weh« und als wir sie fragten, zeigte sie auf einen Zahn, der schmerzte. (Das »tut weh«, das sie zu Beginn ihres Aufenthaltes bei uns gesagt hatte, war anders, war eine Art kosmisches »Wehtun« gewesen. Es hatte einen Zustand der Welt beschrieben – das heißt ihren [Marcias] Zustand, den einzigen, den sie kannte. Diese Äußerung von damals bezog sich nicht auf irgendeinen spezifischen Bereich ihres Körpers.)

Marcia erlebte allgemeine Gefühle des Ärgers und der Frustration noch nicht als solche, und genauso wenig glaubte sie, daß diese Gefühle in ihr selbst existierten. Die Wutanfälle, die sie einige Zeit lang gehabt hatte, waren Abfuhrphänomene oder gegen andere gerichtete Angriffe gewesen, die allerdings nicht von einem Selbst ausgegangen waren, das sich seines eigenen Ärgers oder seiner eigenen Frustration bewußt gewesen war. Ihren Ärger als solchen zu empfinden, wäre für ihre noch sehr gefährdete Persönlichkeit viel zu gefährlich gewesen; den Zahnschmerz konnte sie zwar aushalten, nicht aber die Überwältigung durch Ärger oder Aggression. Doch ihre zunehmende Fähigkeit, Gefühle zu projizieren, befähigte sie, sich von Zeit zu Zeit offen aggressiv zu verhalten, anstatt Dinge einfach passiv über sich ergehen zu lassen. Obgleich in abgeschwächter Form, konnte sie nun auch ihre Beraterinnen aggressiv behandeln. Die Tatsache, daß solches Verhalten keine negativen Auswirkungen zeitigte, ermutigte sie, so daß sie nun auch in anderer Hinsicht auf eine unverhohlenere Weise aggressiver werden konnte.

Während sich ihr Ärger nun verstärkt gegen äußere Objekte richtete, erzählte sie uns mehr über die Beschaffenheit dieses Gefühls; auch schilderte sie uns, was sie halluzinierte, wenn sie zur Decke starrte. Es begann damit, daß sie nach den runden Deckenleuchten sprang, um diese herunterzureißen. »Lichter springen« und »Lichter brechen« war eine Zeitlang ihre Lieblingsbeschäftigung. Nachdem sie dieses Verhalten zahllose Male wiederholt und dabei die Erfahrung gemacht hatte, daß wir diese destruktive Tätigkeit nicht nur akzeptierten, sondern mit ihr einverstanden waren, weil sie mit ihren Gefühlen übereinstimmte, war sie bereit, uns zu erzählen, weshalb sie die Deckenleuchten herunterreißen wollte. Sie beantwortete unsere Frage mit dem Satz *»Baby needs breakfast«* [Baby braucht Frühstück], als würde das alles erklären. Und das tat es schließlich auch, als sie von da an nicht mehr »breakfast« (Frühstück), sondern *break breast* [Brust brechen] sagte.[12]

Anscheinend mußte Marcia die symbiotische Position aufgeben, um gegenüber der Person, die bisher einen Teil ihrer selbst gebildet hatte, Aggressionen äußern zu können. (Ihr wütendes Aufunslosspringen von früher war nicht gegen eine andere Person gerichtet gewesen; es war ein blindes Umsichschlagen gewesen, das ihrem Selbstschutz diente und mit ihren gegenwärtigen kleinen Aggressionshandlungen so gut wie gar nichts gemein hatte.)

Hatte sie bisher angenommen, daß auch die Brust ein Teil ihrer selbst sei? Und wenn ja, wie konnte sie dann ihren Ärger gegen diese Brust richten, wo sie durch solches Handeln doch auch einen Teil ihrer selbst zerstörte? Sei dem wie auch immer, wir sollten hier unterstreichen, daß Marcia nun, da sie sich von ihrer Beraterin abzulösen begann und die Fähigkeit erlangte, sich gegen diese aggressiv zu verhalten, auch in der Lage war, ein Symbol zu zerbrechen, das für die Brust stand. Einige Monate später wurde unsere Vermutung, daß diese Deckenleuchten und Glühbirnen den ursprünglichen Beweggrund ihres Zornes verkörperten, dadurch erhärtet, daß wir sie in einem völlig anderen Zusammenhang fragten, weshalb sie so wütend sei, worauf sie versetzte: »Wütend auf Glühbirne.«

Daß sie, um diesen Komplex auszuagieren, auf unsere Decken-

[12] Es handelt sich hier um ein unübersetzbares Wortspiel [Anm. d. Ü.]. Dieser Äußerung *break breast* entspricht wohl eher die Vorstellung von einem Säugling, der flaschen- und nicht brustgefüttert wird.

leuchten verfiel, ist keineswegs ungewöhnlich. Viele unserer Kinder setzen Deckenleuchten mit Brüsten gleich, vor allem dann, wenn die Glühbirnen deutlich sichtbar oder wenn die Deckenleuchten rund sind (Übrigens haben wir auch viele Kinder, die auf Autoscheinwerfer genauso reagieren.) In diesem Fall gibt es verschiedene Erklärungsmöglichkeiten, von denen freilich nur zwei auf die meisten Fälle, die wir beobachten, zutreffen. Die erste Möglichkeit ist die, daß der Säugling, der gefüttert oder gestillt wird, von unten her zur Brust oder zum Gesicht und zum Fläschchen emporschaut. Dabei bildet die Zimmerdecke einen Teil seines gesamten visuellen Erlebnisses, und da alle Teile dieses Erlebnisses als gegen die Zimmerdecke projiziert erscheinen, kann der eine Teil für den anderen stehen, kann die Zimmerdecke (oder die Deckenleuchte) für die Brust, für das Gesicht oder für das Fläschchen stehen. Doch dürfte diese Möglichkeit mehr auf den flaschengefütterten als auf den brustgefütterten Säugling zutreffen, da dieser den Kopf wohl eher der Brust selbst zuwendet, anstatt nach oben zu schauen.

Doch können die runden lichtspendenden Deckenleuchten ganz einfach für die Brust stehen. Diese zweite Erfahrung wird häufig von solchen Kindern gemacht, die von ihren Müttern als eine Belastung empfunden werden. Diese Mütter entledigten sich ihrer Aufgaben rasch und widerwillig. Sie wollten, daß ihr Säugling so lang und so oft wie möglich schlief und verdunkelten zu diesem Zweck häufig das Zimmer. Und wenn sie schließlich auftauchten, um den Säugling zu füttern, war das Einschalten des Lichts oder das Zurückziehen der Vorhänge ein Signal dafür, daß nun endlich das Essen da war. In solchen Fällen kann zwischen Licht und Essen eine Art konditionierte Reaktion entstehen. Die Tatsache, daß Marcia nach den Deckenleuchten sprang und dazu meinte: »Baby braucht Frühstück«, läßt den Schluß zu, daß sie die Lampen bei sich haben und von ihnen gestillt werden wollte. Oder daß sie sie zerstören wollte, weil sie ihre Wünsche nicht erfüllten. Ihr Verlangen nach den Deckenleuchten vermittelt eine Vorstellung von ihren heftigen oralen Bedürfnissen, während ihr *break breast* [Brust brechen] ihre ganze Enttäuschung und den daraus resultierenden Zorn widerspiegelt.

Bei diesen Kindern und bei den autistischen Kindern, die halluzinierend zur Decke starren, scheint der verursachende Faktor zunächst in einem verzweifelten Warten zu bestehen, dem sich dann die Enttäuschung darüber anschließt, daß die Fütterung nun zwar stattfindet, allerdings auf eine recht gefühllose Weise. Auch wurde bei manchen autistischen Kindern das in den Mund gesteckte

Fläschchen einfach abgestützt – für das Kind wohl ein Grund mehr, nach dem Gesicht, das sich hinter dieser Fütterung verbergen mochte, Ausschau zu halten.

Ich glaube in der Tat, daß diese Kinder genau das halluzinieren: sie halluzinieren die Person, die sich hinter der Fütterung verbirgt, die Person, die sie emotional nie erreichen, die Person, die sie zugleich suchen und loswerden wollen.

Dadurch, daß wir Marcias Ärger, den sie gegen ihre Mutter hegte, billigten, und dadurch, daß wir bereit waren, unsere Deckenleuchten zu opfern, ermöglichten wir es dem Kind, seine Wut nicht nur auf hilflose Weise zu äußern. Bei der Behandlung neurotischer Kinder mag es genügen, wenn man den Zorn oder die Wut dieser Kinder sich in symbolischer Form (durch Sprechen, Spielen und so weiter) äußern läßt. Doch bei autistischen Kindern genügt es einfach nicht, wenn man ihnen klarmacht, daß sie auf irgendein fernes Objekt oder auf irgendeine ferne Person wütend sein und diese Wut ausleben dürfen oder daß sie diese Gefühle nur im Behandlungszimmer, das von ihrem übrigen Leben im Grunde ausgeschlossen bleibt, zum Ausdruck bringen.

Sie fürchten die Zerstörung nicht, weil sie gegenüber bestimmten Personen feindselig eingestellt sind, sondern sie fürchten die Zerstörung an sich – die Zerstörung durch alles und jedes. Doch da schließlich nicht wir es sind, die sie zerstören möchten, sondern zum Beispiel ihre Mutter, weshalb sollten wir Vergeltung üben? Trotzdem gehören wir in ihren Augen nach wie vor einer Welt an, von der sie überzeugt sind, sie sei ganz und gar zerstörerisch. Aus demselben Grund sind sie überzeugt, daß wir sie zerstören würden, wenn sie ihre Feindseligkeit gegen uns richteten. So aber kommt es, daß sie unserer verbalen Versicherung, wir würden sie nicht bestrafen, erst dann vertrauen können, wenn sie ihre Aggressionen an uns auslassen können.

Doch wenn sie uns oder Objekte, von denen sie glauben, daß sie sehr wichtig für uns seien, angreifen, und wenn wir auch diese Aggressionen hinnehmen, beginnen sie langsam zu glauben, daß wir es ernst meinten mit unserer Versicherung, wir würden ihren Zorn oder ihre Wut akzeptieren. Dessen mußte sich Marcia versichern, bevor und nachdem sie zu den Deckenleuchten emporsprang, ganz gleich, ob sie es schaffte, sie herunterzuholen. (Zum Glück war der Teil der Deckenbeleuchtung, den sie erreichen und herunterreißen konnte, aus Leichtmetall, so daß auch dann nichts passierte, als er herunterfiel.) Bevor Marcia zu ihrem Sprung Anlauf nahm, lief sie zu ihrer Beraterin, um diese zu umarmen und um sich an sie zu klammern, so als wolle sie sichergehen, daß sie noch heil und voller Zuneigung für sie sei. Dasselbe Verhalten äußerte sie nach jedem Sprung.

Was wir diesen Kindern vermitteln müssen, ist unsere Überzeugung, daß wir ihre Wut und ihre zerstörerische Art akzeptieren, weil sie gültige Äußerungen ihrer Gefühle sind. Erst dann beginnen sie zu glauben, daß für uns ihre Gefühle wichtiger sind als unser Eigentum. Wenn sie das einmal wissen, geben sie ihre zerstörerische Art fast sofort auf, denn sie wollten ja nicht in erster Linie kaputtmachen, sondern uns auf die Probe stellen.[13]

Indem wir alles, was Marcia tat, billigten, ermöglichten wir ihr eine Abfuhr ihres Ärgers. Und dadurch, daß sie nun mehr an Selbst gewonnen hatte, konnte sie anderen antun, was andere ihr angetan hatten. Um das zu tun, bedurfte es freilich einer ziemlich klaren Unterscheidung nicht nur zwischen dem Selbst und dem Nicht-Selbst, sondern auch zwischen dem Selbst und den Anderen.

Ungefähr um diese Zeit spielte sie unzählige Male »Teeeinladung«, wie sie es nannte. Dieses Spiel bestand in zwanghaften Vorbereitungen, nach denen Marcia ihrer Puppe gewaltsam Essen oder Klistiere verabreichte. Ihr Lieblingsteddybär – er stellte ihren Vater dar, von dem sie ihn auch bekommen hatte – saß immer nur dabei und schaute zu, ohne daß er etwas unternommen hätte. Es lag auf der Hand, daß dieser Vater/Teddybär mitverfolgte, wie Mund und Anus des Kindes gewaltsam geöffnet wurden.

Schließlich erzählte sie uns, sie sei in diesem Spiel sowohl leidendes Kind als auch strafende Instanz. Genauso wie sie mit ihrer Beraterin vereint, wie sie Karen und Marcia zur selben Zeit gewesen war, war sie nun zugleich Mutter und Kind, und dasselbe galt für ihre Puppe. So war Marcia nun zugleich eine Marcia, die ihrer Mutter gewaltsam Nahrung und Klistiere verabreichte, und eine Marcia, die eben diese Dinge von ihrer Mutter verabreicht bekam.

Dieses Spiel war, stärker als alle anderen Spiele, nicht länger von

[13] Tatsächlich war der Schaden, den Marcia anrichtete, indem sie einen Teil der Deckenbeleuchtungen herunterriß, sehr gering. Die Überschwemmungen, die sie monatelang auf unseren Fußböden anrichtete, waren wesentlich kostspieliger, und doch interessierte sie es nicht, ob wir ihr Tun billigten. Um diese Zeit war sie viel zu sehr mit sich selbst beschäftigt, als daß sie sich für Absichten und Reaktionen interessiert hätte, durch die sie sich nicht bedroht fühlte. Wären uns jedoch unsere Fußböden und ihre Reinhaltung mehr am Herzen gelegen, hätte sie sofort gewußt, wie sie mit uns stand, und sie hätte sogleich aufgehört, uns das volle Ausmaß ihres Ärgers zu zeigen.

Angst und Unsicherheit geprägt. Sogar wenn sie nach den Deckenleuchten sprang, dauerte es eine ganze Weile, bis sie ihre Unsicherheit überwunden hatte und zum Sprung bereit war, während sie den Sprung selbst in aller Eile ausführte. Bei dem Spiel mit der Puppe dagegen war ihr Handeln nicht mehr ängstlich und zögernd, sondern zwanghaft und zielgerichtet. Die beiden Tassen, aus denen sie der Puppe oben und unten Wasser einflößte, mußten speziell zu diesem Zweck gefüllt werden. Sie verließ also ihren Tisch und ging zweimal ins Badezimmer, um zuerst die eine, dann die andere Tasse zu füllen. Dabei zeichnete sich zum ersten Mal ein besonderes Ritual ab, ein eindeutiger Schrittwechsel, der den einen Lebensraum vom anderen trennte. Bezeichnenderweise trennte dieses Ritual das Badezimmer vom Schlafsaal. Obwohl scheinbar in andere Dinge vertieft, vollzog sie diesen Schrittwechsel jedesmal auf der Türschwelle zwischen den beiden Räumlichkeiten. Das Badezimmer, wo sich die bedrohlichen Ausscheidungsvorgänge abzuspielen hatten, mußte symbolisch abgegrenzt werden gegen die sichere Welt des Schlafsaals. Nur so konnte eine »Ansteckung« des Schlafsaals verhindert werden.

Marcias zunehmender Mut bewirkte, daß sie sich nun mit dem alten inneren Druck tatkräftiger auseinandersetzte und daß sie sich auch in der Realität selbst aktiver und selbstbewußter verhielt. Lange Zeit hatte sie die Tatsache, daß wir sie filmten, passiv hingenommen; später dann hatte sie die Kamera betrachtet, und noch später hatte sie sie untersucht und benannt. Jetzt aber äußerte sie endlich die richtige Reaktion: sie wollte die Kamera, die in ihr Privatleben eindrang, zerstören. »Tut die Kamera weg«, sagte sie, und da wir dieser Bitte oder diesem Befehl nicht rasch genug nachkamen, ging sie noch etwas weiter.

Diesmal rettete sie sich nicht, wie sie das in anderen angespannten Situationen getan hatte, in ein kurzlebiges abwehrendes Fingerspielverhalten, sondern faltete die Hände wie zum Gebet. (Betete sie vielleicht darum, daß ihr Wagemut keine schlimmen Folgen haben möge?) Danach ging sie zur Kamera und sagte klar und deutlich: »Kamera kaputtmachen.«[14] Von nun an filmten wir sie immer nur dann, wenn sie es uns erlaubte. Manchmal war sie damit einverstanden und manchmal war sie dagegen. Daran hielten wir uns.

[14] Da sich dieser Vorfall ereignete, nachdem wir sie bei ihrer zwanghaften Verabreichung von Nahrung und Klistieren gefilmt hatten, könnte Marcia eine gewisse Verbindung hergestellt haben. Vielleicht erinnerte sie die größe, röhrenförmige, vorstehende Linse an den vorstehenden Teil der Klistierspritze, die in ihren Körper eingeführt worden war.

Nachdem Marcia drei Jahre bei uns war, wurde sie aggressiver, wurde mehr Person und interessierte sich stärker für die Welt um sie herum. Trotzdem kapselte sie sich nach wie vor einen Großteil der Zeit ab. In diesem Zustand konzentrierte sie sich auf ihre inneren Körperempfindungen und auf vage Halluzinationen und Tagträumereien, deren Inhalt mehr oder weniger begrenzt und stereotyp war. Das erfuhren wir aus ihren Antworten, die sie uns hin und wieder auf entsprechende Fragen gab. Anstatt ein Leben lang der Zerstörung durch das nichtspezifische Symptom des Autismus vorzubeugen, entwickelte sie nun, da sie langsam Person wurde, einige spezifische Symptome, mit deren Hilfe sie spezifische Ängste bewältigte (zu diesen Symptomen gehörte der Schrittwechsel, gehörten die wie zum Gebet gefalteten Hände). Noch wichtiger war freilich, daß sie nun menschlichere Züge annahm, weil einige Leute für sie nicht mehr bloß als Pflegepersonen, sondern als Menschen existierten. Bisher hatte sie niemals reagiert, wenn eine ihrer Beraterinnen ihr gesagt hatte, sie würde für einzige Zeit fort sein. In solchen Fällen hatte sie höchstens mit einem »Bis Dienstag dann« (oder welcher Tag es immer auch sein mochte) reagiert, obwohl die Beraterin betont hatte, sie würde einige Wochen lang fort bleiben. Marcia setzte sich über eine solche Abwesenheit einfach hinweg und vertraute auf ihre Fähigkeit, die Anwesenheit der betreffenden Person halluzinieren zu können. Doch jetzt pflegte sie tagelang zu schreien, weil ihre Beraterin Urlaub genommen hatte oder nehmen wollte. Früher hatte sie ihre Beraterinnen oder Lehrer, wenn sie einige Zeit fort gewesen waren und dann wiederkamen, einfach ignoriert oder sie hatte so getan als hätte sie sie erst gestern gesehen. Kehrte ihre Beraterin jedoch jetzt von ihrem einmonatigen Urlaub zurück, so weinte Marcia zunächst Tränen der Wut, aber bald lachte sie mit ihr zusammen und an den folgenden Tagen lächelte und winkte sie jedesmal, wenn sie ihrer Beraterin begegnete.

Da sie nun die normalen Gefühle, die ein Kind der es umsorgenden Person entgegenbringt, entwickelte und äußerte, schien sie bereit zu der Erfahrung, die gewöhnlich am Anfang jeder Persönlichkeitsentwicklung steht – es erfolgte eine Aktivierung des oralen Apparats, so daß Marcia nun ihre Freude am Lecken und am Trinken hatte. Doch ein Saugen oder Lutschen war noch nicht zu beobachten.

Zu diesem letztgenannten Verhalten gelangte sie spontan. Wie wir bereits bemerkten, hatten wir ihr hin und wieder Babyfläschchen und andere Objekte angeboten, die sich zum Saugen eigneten. Diese Objekte hatte sie stets zurückgewiesen. Milch rührte sie immer noch nicht an und andere Getränke trank sie mit wenig Freude. Aber eines Tages fand sie eine flüssige Nahrung, die ihr durch nichts in der Vergangenheit verleidet worden war. In einem Geschäft am Ort entdeckte sie einen Honigkrug in Form eines Teddybären. Vielleicht wirkte sich gerade diese Teddybärform positiv aus, da der Teddybär für Marcia immer schon den weniger bedrohlichen Vater symbolisiert hatte.

Honig war die richtige Flüssigkeit, denn Honig war ihr von ihrer Mutter nie aufgezwungen worden. Und so trank und leckte sie nun voller Genuß und Hingabe stundenlang Honig. In diesem Prozeß tauten viele ihrer eingefrorenen Mund- und Zungenbewegungen wieder auf; sie leckte ungezwungen an der Flasche und steckte ihre Zunge tief hinein. Diese Art zu trinken bedeutete einen guten Kontakt zur unmittelbaren Umwelt; es war eine Tätigkeit, die nicht zur Abkapselung, sondern zur Kommunikation führte. Und während sie die Flasche befingerte, lockerten sich nun auch ihre bisher steifen Hand- und Fingerbewegungen. Wo immer sie auch hinging, sie hatte stets ihre »Honigbärenflasche« bei sich, so wie ein kleines Kind häufig sein Babyfläschchen mit sich herumschleppt.

Ein zwar kleines, aber doch wichtiges Resultat bestand darin, daß sie anfing, feste Nahrung zu mögen, obgleich sie immer noch keine Freude am Essen, das heißt am Beißen oder Kauen, hatte. Doch sie, die bei den Mahlzeiten sonst stets eine der letzten gewesen war, wurde nun als eine der ersten fertig. Das war teilweise darauf zurückzuführen, daß sie nun nicht mehr versuchte, das mißliebige Essen hinauszuzögern, sondern die Sache so rasch wie möglich hinter sich zu bringen.

Da sie nun so ganz in den Prozeß des Trinkens und Leckens vertieft war, kamen ihrVorstellungen von der oralen Einverleibung der Mutter. Marcia wollte nun nicht mehr bloß die böse Brust kaputtmachen, sie wollte auch die gute Brust aufessen. Wie sie ihrer Beraterin sagte, denke sie häufig daran, »dich aufzuessen«. Hand in Hand damit hatte sie den Wunsch, diese gute Mutter zu besitzen. Wenn sie zufrieden an ihrer Honigflasche leckte, wobei sie sich die ganze Zeit an ihre Beraterin klammerte, sagte sie »meine Karen« und »deine eigene Karen«. In dieser Unterscheidung widerspiegelte sich eine andere Beziehung als die, in der sie sich und ihre Beraterin als eine einzige große verschwommene Einheit erlebt hatte. Was sich nun abzeichnete, war keine Symbiose mehr, sondern der Wunsch zu besitzen.

Dieser Wunsch beinhaltete noch keine Erkenntnis eines Selbstseins. Eine solche Erkenntnis hätte den Wunsch, andere zu besitzen, der stets eine Folge eines Gefühls der Unvollständigkeit ist, ausgeschlossen. Doch beinhaltete jener Wunsch ein Bewußtsein von der unabhängigen Existenz des anderen – ein Wissen um das eigene Abgetrenntsein, dem man ein Ende machen möchte, weil es so schmerzhaft ist. Deshalb trachtete sie auch nach größerer Nähe zu dieser Person, bei der sie nun das Gefühl hatte, daß sie sie nicht mehr besaß, daß sie nicht mehr eins mit ihr war.

Obwohl Marcia Klistierspritzen bereits erwähnt und die entsprechenden Einläufe viele Male ausagiert hatte, vermochte sie sie erst dann mit ihrer Mutter in Verbindung zu bringen, als sie dieses Erlebnis, indem sie es immer wieder durchspielte, teilweise bewältigt hatte. Verbal tat sie das durch eine Verballhornung, in der die beiden Wörter *»enema«* und *»momma«* (also »Klistier« und »Mamma«) zu dem Wort *»enemommas«* verschmolzen. Dieser Neologismus, den sie häufig verwandte, läßt vermuten, daß die Mutter und das, was sie Marcia angetan hatte, zu einer einzigen emotionalen Erfahrung verschmolzen worden waren. Daher war es ihr vermutlich auch so schwer gefallen, diese Erfahrung zu bewältigen. Als sie versucht hatte, über das Klistiertrauma hinwegzukommen, hatte sich stets die Erfahrung mit der Mutter eingeschaltet, denn das eine war vom anderen nicht wegzudenken. Das aber machte es Marcia unmöglich, sich von ihrem Klistiertrauma und ihrer Verstopfung zu befreien, denn diese Befreiung hätte automatisch bedeutet, daß sie ihre Mutter und all die erhofften Befriedigungen, für die die Mutter nach wie vor stand, hätte aufgeben müssen. Versuchte sie aber die emotionale Erfahrung mit der Mutter zu bewältigen, so trat sofort die traumatische Klistiererfahrung dazwischen, die nun ihrersetis diesen Versuch vereitelte.

Schließlich verfiel sie auf den Schrittwechsel, der eine symbolische Möglichkeit war, die Räumlichkeit, die erzwungene Ausscheidung bedeutete, von jener anderen Räumlichkeit abzugrenzen, wo sie selbst anderen Ausscheidungsprozesse aufzwang. Damit trennte sie auch ihren Wohnraum, wo sie ihr eigenes Leben führen, ja wo sie sogar essen konnte, wann sie wollte, von jener Räumlichkeit, die Ausscheidung bedeutete. Es war das, wichtiger noch, eine symbolische Trennung zwischen passivem Leiden und aktiver Bewältigung.

Zwei weitere Erfahrungen trugen wesentlich zur Bewältigung ihrer Vergangenheit bei. Zunächst gab es eine Person, die sich als Persönlichkeit von der Funktion, die sie ausfüllte, abgelöst hatte: In Marcias Augen hatte sich Karen zu einer eigenständigen Person entwickelt, die nun aus ihrer pflegerischen Funktion herausgetreten war. Durch Karen machte Marcia die Erfahrung, daß Tun und Person zwei verschiedene Dinge sind, während ihre Mutter damals untrennbar von dem gewesen war, was sie Marcia angetan hatte. Zweitens war es Marcia gelungen, eine angenehme Erfahrung (das Honiglecken) von den Personen zu unterscheiden, die für diese Erfahrung sorgten. Der Vorgang hatte also darin bestanden, daß eine Person aus ihrem Tun herausgetreten war und daß sich später von dieser Person eine befriedigende Erfahrung abgelöst hatte. Und da nun Person und Erfahrung klar voneinander unterschieden waren, konnte in die Außenwelt eine gewisse Ordnung gebracht und ihre Bewältigung versucht werden.

So aber kam es, daß Marcia um diese Zeit neue Fortschritte machte. Indem Marcia, wenn auch nur in einzelnen Wörtern, über ihre Ambivalenz gegenüber der Brust sprach, nach der es sie einerseits so dringend verlangte, während sie sie andererseits kaputtmachen wollte, tat sie die ersten Schritte hin zur Befreiung von jener beherrschenden Ambivalenz, die sie bisher gelähmt hatte.

Und es wurde klarer, worin Marcias mißliche Lage bestanden hatte. Das Erlebnis der Nahrungsaufnahme und die Klistiererfahrung waren in ihrem Denken zu einem einzigen Vorgang geworden, der jede Fähigkeit zu handeln oder zu sein blockiert hatte. Fütterung, Klistiere und die Mutter – das war für sie alles ein und dasselbe gewesen. Dinge wurden in sie hineingeschüttet, nur um wieder aus ihr herausgezogen zu werden. Flüssigkeiten wurden ihr durch Mund oder Anus mit Gewalt eingeflößt. Was war also der Mund und was der Anus? Was diente welcher Funktion?

Sie war unfähig, eine Persönlichkeit auszubilden, weil ihre Zurückweisung durch die Eltern jegliche Interaktion mit der Welt als hoffnungslos oder als zu gefährlich und folglich als unklug erscheinen ließ. Dadurch wurde sie auf ihr ureigenstes Hilfsmittel zurückgeworfen – auf ihren Körper. Aber die Klistiere richteten nun sogar bei dieser letzten ihr verbleibenden Sache Verwirrung an. Da sie sich völlig im unklaren darüber war, welches Organ welchem Zweck diente, welcher Teil des Körpers aufnahm und welcher ausschied, lernte sie weder den einen noch den anderen beherrschen.[15]

[15] Eine Entwicklung braucht gar nicht so extrem zu verlaufen wie die Marcias, um ein Kind in totale Verwirrung in bezug auf seinen Körper und sein Selbst zu stürzen.

Schlimmer freilich noch ist die Tatsache, daß keinem dieser Organe die Freiheit eingeräumt wurde, selbständig zu handeln. Stattdessen wirkten gefühllose und übermächtige Kräfte auf sie ein, von denen sich zumindest eine gegen die natürliche Funktion eines solchen Organs selbst richtete. Der Anus, zur Ausscheidung bestimmt, wurde gezwungen, aufzunehmen. Alles, was sie dagegen tun konnte, war, das, was sie an Körper und Körperfunktionen noch ihr eigen nennen durfte, dadurch zu schützen, daß sie nichts mehr hergab, weder durch Wörter noch durch ihren Stuhl, und daß sie jegliche Einverleibung, sei es nun die von Nahrung oder die von Zuneigung, vermied.

Marcia lernte einige dieser Erfahrungen aktiv bewältigen, indem sie kleinschrittchenweise vorging und indem sie jeden Schritt endlos wiederholte, bevor sie den nächsten wagte – so schüttete sie zunächst Wasser vom Eimer in die Flasche, dann wiederholte sie denselben Vorgang mit Hilfe von Flasche, Glas und Wasser, bis sie schließlich ihrer Puppe endlose Male Wasser durch Mund und Anus einflößte. Doch schließlich gelang es ihr, Mund und Rektum voneinander zu trennen. Und als es ihr gelang, eine gewisse Art der Einverleibung (Honigbär) zu genießen, wurde Marcia zum echten Sprechen fähig. So schaffte sie es schließlich, auch gedanklich zu begreifen, was sie bis dahin nur emotional begriffen hatte. Durch die Sprache aber konnte sie nun ihr ganzes Leben mit Hilfe von Begriffen verstehen.

Eine unmittelbare Konsequenz ihrer Beziehung zu Karen und ihres einsetzenden Verständnisses der Nahrungsaufnahme und -aus-

Wir haben bei vielen schwer gestörten Kindern immer wieder die Erfahrung gemacht, daß aus ähnlichen Gründen bereits ein Erbrechen augenblicks eine vernichtende Wirkung haben kann. Das Körpergefühl des Kindes wird dadurch verwirrt, daß das Organ, das bisher der Aufnahme gedient hat, nun plötzlich der Ausscheidung dient. Da das Selbst-Gefühl aus dem Bewußtsein hervorgeht, man verfüge über einen geordneten Körper, wird das Selbstvertrauen des Kindes durch die Erfahrung des Erbrechens erschüttert.

Umgekehrt zeigen sich unsere schwer gestörten Kinder sehr beruhigt, wenn wir ihnen beweisen können, daß ihre Körper richtig funktionieren. Eine einfache Erfahrung – und davon gibt es viele – mag diesen Punkt veranschaulichen. Diese Kinder sind verwundert, wenn sie entdecken, daß sie auch dann etwas Flüssigkeit oder einen Bissen hinunterschlucken können, wenn sie mit dem Kopf nach unten gehalten werden. Dabei stellt sich dann heraus, daß viele dieser Kinder, wenn sie überhaupt je darüber nachgedacht haben, der festen Überzeugung sind, daß die Nahrung, die sie einnehmen, nicht ihren Hals hinuntergelangt, weil ihr Körper richtig funktioniert, sondern weil alles immer nach unten fällt, aus Gründen der Schwerkraft, würden wir Erwachsenen sagen, wobei diese Kinder mit diesem Begriff vertraut oder nicht vertraut sein können.

scheidung bestand darin, daß sie sich als eine Person erfuhr. So konnte sich die Vorstellung von einem »Ich« voll entwickeln, obwohl diese Vorstellung noch nicht als sicher galt. Sie sagte zum Beispiel nun häufig und ganz aufgeregt »Ich« und »Ich bin«, so als wolle sie ihre neu erlangte Identität immer wieder bestätigen.

Marcias Schwierigkeiten beim Umgang mit Pronomen hingen – wie übrigens bei allen autistischen Kindern – mit ihrem Kampf, sich selbst als Person von der Welt abzulösen, zusammen. Sagt man zum Beispiel: »Das ist mein Ball«, so setzt diese Aussage eine Unterscheidung zwischen Person und Objekt voraus, wobei das Objekt in einer besonderen Beziehung zur Person steht. Da alles, was zur Welt Marcias gehörte, Marcia war, sagte sie, als das »Ich« sich einmal durchgesetzt hatte: »Ich bin der Ball.« Aber irgendwie wußte sie, daß sie nicht der Ball war. Und so kam es, daß sie, wenn man sie danach befragte und wenn sie unklar einen Unterschied spürte, den sie nicht richtig begreifen konnte, rasch behauptete: »Ich bin nicht der Ball.«

Da sie in dem einen Augenblick der Ball *war* (denn der Ball war ein Teil ihrer Welt) und im nächsten Augenblick nicht mehr, gelang es nicht, das Problem, wessen Ball es war, zu lösen. Ja schlimmer noch: sie war in bezug auf die Frage, wer oder was sie war, völlig verwirrt.

Tatsächlich konnte Marcia keinen Besitz für sich in Anspruch nehmen, ohne ihre Identität zu verfälschen. Ich habe mich bereits mit dem Säugling auseinandergesetzt, der, wenn er sich seiner Fäkalien bewußt wird, verwirrt ist, weil diese eben noch Teil seines Körpers waren, während sie das im nächsten Augenblick schon nicht mehr sind. Bei Marcia wurde diese Erfahrung durch die Klistiererlebnisse noch kompliziert. Ihre Schwierigkeiten veranschaulichen die gewaltige Aufgabe, die ein Mensch bewältigen muß, wenn er im späten Alter von vierzehn Jahren anfängt, sich selbst als eine Person und seine Beziehungen zu den Objekten seiner Umwelt zu begreifen.

Marcia zeigte sich besonders verwirrt, wenn es um eine Einverleibung von Objekten ging. Hatte sie zum Beispiel in *Stineway's Drugstore* etwas gegessen und erzählte sie uns etwas darüber, so fügte sie rasch hinzu: »Ich bin nicht *Stineway's.*« Das Problem bestand darin, daß sie, sobald sie sich ein Objekt einverleibt hatte, dieses Objekt *wurde*; und da sie bei *Stineway's* gegessen hatte, hatte sie Angst, sie sei *Stineway's Drugstore* geworden.

Je mehr sie ihre eigene unabhängige Existenz erkannte, desto mehr mußte sie die ihrer Beraterin erkennen. Und je mehr Person Karen wurde, desto stärker fielen Marcias Reaktionen auf eine zeitweilige Abwesenheit ihrer Beraterin aus. Nun weinte sie bereits bei den kürzesten Trennungen, zum Beispiel morgens, wenn sie zur Schule mußte.

Trotzdem traute Marcia unseren Absichten immer mehr, so daß sie, die sich immer heftig gegen irgendein Eindringen in ihren Mund gewehrt hatte, schließlich sogar den Zahnarzt an ihre Zähne ließ. Freilich war die Zahnbehandlung nur im Beisein ihrer Beraterin und mit ihrem guten Zuspruch möglich.

Sie benutzte nun ungezwungener Adjektive und Adverbien. Der Honig, an dem sie leckte, wurde zu »klebrigem Honig«. Als sie »ich« und »mich« gelernt hatte und richtig benutzte und klar unterschied vom »du«, »wir« und »uns«, begann sie andere Mitarbeiter und Kinder richtig beim Namen zu nennen. Auch ihre Gefühlsäußerungen waren nun ungezwungener. Sie konnte weinen oder schreien, wenn sie wütend war, und wenn sie glücklich war, sang und redete sie. Im Rahmen einer starken Interaktion (die vorläufig nur bei Karen in Frage kam) verfügte sie theoretisch über die ganze Bandbreite von Emotionen, doch fanden derart breitgefächerte Äußerungen immer noch selten statt. Manchmal gelang es ihr sogar, sich selbst zu sehen. Dann nannte sie sich eine »Göre« oder ein »dickköpfiges Mädchen«.

Ungefähr in diesem Entwicklungsstadium wurde Marcias Bruder geboren, was einen weiteren schweren Rückschlag zur Folge hatte. Wir erzählten ihr nichts von der Schwangerschaft, doch informierten wir sie unverzüglich über die Geburt. Alle betrüblichen oder schmerzlichen Situationen schwächten sogleich ihr immer noch empfindliches Selbst, eine Tatsache, die immer wieder belegte, wie unzulänglich dieses Selbst als Schutzmaßnahme war. Ihre Ichgrenzen waren immer noch recht unsicher. Als sie von der Geburt erfuhr, gaben diese Ichgrenzen nach, und um überhaupt zu überleben, zog sie sich aus der Realität in ein vages inneres Selbst zurück und versuchte wieder mit ihrer Lieblingsberaterin zu verschmelzen. Dabei blieb ihr letztlich nur der Schluß, daß jegliche Bedrohung ihren Ursprung in ihrer Beraterin habe. Und so gab Marcia ihrer Lieblingsberaterin sogleich die Schuld an der Geburt des Kindes.

Doch daß sie trotzdem Fortschritte gemacht hatte, war daraus zu ersehen, daß sie in ihren Emotionen nicht erstarrte. Obwohl sie den Sachverhalt der Geburt auf ihre Beraterin projizierte, hatte sie sofort die richtige Reaktion: sie zerfloß in Tränen. Und während sie fest behauptete, Karen sei an der Geburt schuld klammerte sie sich gleichzeitig heftig an sie. Aber es sollte einige Zeit dauern, bis sie zuzugeben vermochte, daß ihr Brüderchen nicht Karens Tat, sondern die Tat ihrer Eltern war.

Durcharbeiten

Im Frühjahr, als Marcia bereits dreieinhalb Jahre bei uns war, waren ihre Körperbewegungen so locker geworden und ihre Selbstsicherheit so groß, daß sie jetzt nicht nur frei herumlief und ihren Beraterinnen nachrannte (was bereits vor einigen Monaten begonnen hatte), sondern es auch zuließ, daß andere Kinder sie zu fangen versuchten. Doch was noch wichtiger war: sie begann nun ihrerseits die anderen zu fangen. Sie nahm auch am Tanzen und – mit Hilfe der anderen Kinder – an ziemlich komplizierten Spielen teil. Die Tatsache, daß diese Kinder Marcias Langsamkeit akzeptierten und daß sie dem Kind halfen, wenn es nicht weiter wußte, war ein weiterer Beweis für die Entwicklung seiner Kommunikationsfähigkeit. Als Marcia noch gegen jede Interaktion war, hatten die Kinder Abstand gehalten und sie allein gelassen.

Nun, da Marcia zum nächsten Schritt bereit war, der darin bestand, zwischen Quetschflaschen und Klistierspritzen zu unterscheiden, verschaffte sie sich wieder das nötige Spielmaterial. In diesem Frühjahr entdeckte sie in einem Geschäft ein Set, bestehend aus einer Babypuppe, einem Babyfläschchen und einem Wasserbeutel (den sie bald »Klistierbeutel« nannte) und spielte wiederum zahllose Male das Spiel, das sie, wenn auch weniger deutlich, bereits in ihrer Wasserphase gespielt hatte. Einige Zeitlang bestand das Hauptproblem darin, daß der Puppe gewaltsam Wasser eingeflößt werden mußte, das die Puppe danach wieder auszuscheiden hatte.

Zuerst machte sie bei der Benutzung des Babyfläschchens und des »Klistierbeutels« keinen Unterschied. Doch dann begann sie langsam zwischen den beiden zu unterscheiden. Das Babyfläschchen unterschied sich insofern von dem »Klistierbeutel«, als es stärker auf die Fütterung bezogen war, was sich schon daran zeigte, daß Marcia mit ihm im Mund- und Kinnbereich herumspielte und daß sie es mit aller Sorgfalt füllte und vorbereitete. In späteren Stadien dieser Entwicklung fütterte sie ihre Puppe nur mehr mit der Säuglingsflasche, wobei sie dem Punkt, an dem sie selbst an der Flasche gesaugt hätte, immer näher kam. Die Versuchung war groß, aber Marcia beschränkte sich darauf, daß sie mit diesem Fläschchen vor ihrem Gesicht herumspielte, wobei der Sauger ihrem Mund immer näher kam. Schließlich verband sich das alte Fingerspielverhalten unmißverständlich mit der Puppe und dem Fläschchen, denn nun spielte sie mit beiden in Mundnähe, wodurch sie noch klarer machte, daß ihre Fingerbewegungen sowohl für die Fütterung als auch für den Säugling standen. Dabei berührte und betätschelte sie Wange und Kinn der Puppe mit dem Fläschchen, bevor sie ihr den Sauger in den Mund zwängte. Marcia selbst freilich kannte nach wie vor nur das heftige Verlangen und die Angst, so daß sie den Sauger nie sich selbst in den Mund schob.

Dieses Spiel wurde nicht nur von Mundbewegungen, sondern auch von Selbstgesprächen begleitet. Alte zwanghafte Rituale verschwanden; sie trennte Bad und Schlafsaal nicht mehr mit Hilfe eines Schrittwechsels, sondern wechselte ungezwungen von der einen Räumlichkeit zur anderen. Ebenso spielte sie nun mit ihrer Puppe unterschiedslos im Bad wie im Schlafsaal.

Bei all diesen Bemühungen, innere Erfahrungen zu bewältigen, machte sich Marcia Mut durch den engen Körperkontakt mit den Erwachsenen, die sie am meisten mochte. Sie streckte die Arme aus und forderte selbst zu solcher Kontaktnahme auf. Aus dem Sich-Fest-Klammern an nur einen Teil des fremden Körpers entwickelte sich in den folgenden Monaten eine Kontaktnahme, in die größere Teile ihres eigenen und des fremden Körpers einbezogen waren. Das war mehr als eine flüchtige Umarmung, denn Marcia genoß nun das lange entspannte Ausruhen, wenn sie eingekringelt auf dem Schoß ihrer Beraterin lag.

Bei Marcias ersten Wasserspielen, die aus einem simplen Hin- und Hergießen bestanden hatten, waren die beiden Erfahrungen der Einflößung von Wasser in den Mund und in das Rektum vermischt und nicht voneinander zu unterscheiden gewesen. Bei dem Spiel mit der Puppe waren diese beiden Erfahrungen nunmehr klar voneinander getrennt – allerdings nur als Handlungen und nicht als emotionale Erfahrungen, denn der Puppe wurde bei beiden Vorgängen gleichermaßen Gewalt angetan. Zwar unterschied Marcia die beiden Körperöffnungen, doch sie unterschied nicht die Körperempfindungen, die entstehen, wenn hier oder wenn dort Dinge eingeführt werden. Erst als sie an ihrem »Honigbären« leckte, gewann sie eine emotionale Vorstellung von lustvoller Einverleibung. Das half ihr sehr, die Welt, zumindest im Bereich der Nahrungsaufnahme, als befriedigender zu erfahren, doch stellte sie keine Verbindung her zu der alten zentralen Klistiererfahrung. Als sie, wie in dem letzten beschriebenen Spiel, versuchte weiterzugehen, wurde das Ganze wieder zu einer einzigen gewaltigen negativen Erfahrung.

Marcia mußte von dieser »Neuinszenierung« ablassen und auf das Spielen mit dem Wasser verzichten, um in aller Sicherheit zwischen angenehmer Einverleibung und gewaltsamem Eindringen zu unterscheiden. Auch diesen Prozeß nahm sie selbst in die Hand.

Eines Tages entdeckte sie in einem Spielwarenladen ein neues Spielzeug – es handelte sich um ein Kindergewehr, von dem aus man einen Ball abschießen konnte, der mit dem Gewehr mit einer Schnur verbunden war. Was Marcia geradezu faszinierte, war, daß sie aus diesem Gewehr etwas ausstoßen konnte, das *nicht* verloren ging. Sie konnte den Ball einfach wieder nehmen und den ganzen Vorgang von vorne beginnen. Zum ersten Mal machte sie die Erfahrung, daß man ein Objekt zugleich fahrenlassen und behalten kann.

Um diese Zeit begann sie ein weiteres Spielzeug zu faszinieren, das sie selbst entdeckte. Es war eine kleine Puppe, die in jeder Hand eine Rumbakugel hielt und beide Hände schüttelte. Rasch entfernte Marcia eine der Rumbakugeln, so daß die eine Puppenhand dasselbe Fingerspielverhalten äußerte, das Marcia immer wieder an den Tag gelegt hatte. Die andere Hand fuhr fort, die Rumbakugel zu schütteln, die nicht nur wie eine Brust aussah, sondern von Marcia als eine solche erlebt wurde. So begegneten wir auch in diesem Fall wieder einer Kombination, bei der die eine Hand Fingerspielverhalten äußerte, während die andere Hand eine brustähnliche Form schüttelte. Die Mundbewegungen, die wir an Marcia beobachten konnten, wenn sie sich stundenlang diesem Spiel widmete, ließen auf die tiefe orale Bedeutung dieses Spielverhaltens schließen.

Durch diese beiden Spiele konnte Marcia zwischen ihrem Wunsch nach passiver Einverleibung und ihrem Wunsch nach aggressiver Zerstörung unterscheiden. Das Erlernen dieser Unterscheidung erwies sich als ein entscheidender Schritt in bezug auf ihre sich entwikkelnden Beziehungen. Marcia kommunizierte zwar mit Karen, aber nicht mit anderen Personen. Sie selbst war zu sehr an Karen gebunden und Karen war auch für andere enorm wichtig, als daß sie (Marcia) diese anderen als Personen für sich hätte erfahren können. Doch da sie nun in der Lage war, gewaltsames Eindringen und lustvolle Einverleibung als Handlungen und Emotionen voneinander zu unterscheiden, konnte sie auch zwischen Personen unterscheiden.

Wo immer sie nun mit Karen hinging, stets hatte sie die »Rumbakugelpuppe« dabei, während sie, wenn sie mit Inge unterwegs war, immer das Gewehr bei sich hatte. Jede Person und jedes Spiel hatten nun eine ganz gewisse Bedeutung für sie.

Einige Zeit später brauchte Marcia, um Leute auseinanderzuhalten, nicht mehr ihre Tätigkeiten auseinanderzuhalten. Mit beiden Beraterinnen konnte sie nun Spiele spielen, bei denen sie sich aggressiv verhalten oder dem Partner offen zuwenden konnte. Sie konnte Freude und Ärger mit beiden Beraterinnen erleben, ohne zu vergessen, daß das zwei verschiedene Personen waren, die ihr jedoch beide sehr nahestanden. Ihre Welt war nun keine symbiotische Welt mehr, sondern bevölkert von verschiedenen Personen.

Marcia hatte sich zwar gelegentlich Bücher angeschaut, doch hatte sie nicht den Wunsch, lesen zu lernen. Auch vermochten wir diesen Wunsch in ihr nicht zu wecken. Aber jetzt war sie bereit, und so lernte sie in kurzer Zeit zunächst ihren Namen und dann – auf ihren eigenen Wunsch hin – das Wort »Ball« lesen, die Bezeichnung also für das erste Spielzeug, mit dem sie richtig gespielt hatte. Als nächstes lernte sie drei Sätze, die jeweils ihren Namen enthielten. Auch in diesem Fall wollten wir sie nicht drängen, genauso wenig wir wir ihren hartnäckigen Widerstand wecken wollten, weshalb wir sie fragten, was sie lesen lernen wollte, und so malten wir hin, was sie uns diktierte. Die Sätze, die sie lernen wollte, lauteten: »Marcia geht zur Schule«, »Marcia geht zum Geschäft« und »Marcia geht zum Essen«. Jeder dieser Sätze war ein Tagesereignis. Doch was vielleicht noch wichtiger war, war die Tatsache, daß jeder dieser Sätze eine Aussage war über Marcias selbständiges Tun.

Nun hatte Marcia nicht bloß gelernt, ihre Gefühle anzuerkennen, sondern auch, sie zu befriedigen. Schließlich begann sie zu masturbieren. Sie begann diese Tätigkeit bezeichnenderweise in der Badewanne, also an dem Ort, an dem sie schon sehr früh Wohlbefinden und Unabhängigkeit erlebt hatte.

Ihr Leben gewann immer mehr Dimensionen hinzu. Sie konnte nun über ihre Ängste sprechen, von denen sie ergriffen wurde, wenn ihre Pflegepersonen fortgingen. Wo sie früher geschrien hatte, wenn man ihr erzählt hatte, daß diese oder jene Pflegeperson in Urlaub gehen würde, grübelte und beunruhigte sie nun die Tatsache, daß »Karen fortgehen könnte«. Es war das erste Mal, daß sie sich zu Möglichkeiten der Zukunft äußerte oder den Konjunktiv mit allem, was er beinhaltete, verwendete. Sie begann nun eine Zukunft zu haben, obwohl sie im Hinblick auf ihre Zukunftsaussichten nur eines tun konnte – sich Sorgen machen und auf das Schlimmste gefaßt sein.

Sie konnte die richtigen Pronomen in schwierigen Satzstrukturen benutzen, zum Beispiel wenn sie gefragt wurde: »Hängst du an mir?«, und wenn sie antwortete: »Ich hänge an dir.« Da unsere Frage ihr Bedürfnis, an jemandem zu hängen, anerkannte, konnte sie selbst erkennen, daß es bei dieser Frage um zwei gesonderte Personen ging.

Wie treffend sie sich auszudrücken vermochte, hing großenteils von ihrem Interesse ab. Versuchte sie zum Beispiel mit einem Jo-Jo zu spielen, und fiel das Jo-Jo zu Boden, so konnte sie sagen: »Fällt in den Boden«, wobei sie sogleich erkannte, daß dieses »in« nicht richtig war. Doch ein anderes Wort fiel ihr nicht ein. Anders war die Sache, wenn ihre Gefühle mit betroffen waren, zum Beispiel dann, wenn sie mit einem Spielzeug spielte, das sie »das lange Ding« nannte. In diesem Fall konnte sie erfinderisch mit Wörtern spielen. Wenn sie es nicht schaffte, mit dem Spielzeug so umzugehen, wie es ihr vorschwebte, nannte sie ihr »langes Ding« ein »falsches Ding«.

Die Erkundung des »Warum«

In ihrer Sprache tauchten moralische Wertungen auf. Menschen und Dinge waren entweder »gut« oder »schlecht«, und die Personen erlangten bald ausgeprägtere Unterscheidungsmerkmale. Sie waren nun nicht mehr bloß eifersüchtig oder ärgerlich, sondern eifersüchtig oder ärgerlich wegen bestimmter Personen oder besonderer Ereignisse. Marcia hatte zwar schon früher erkannt, daß sie starrsinnig war, doch nun wußte sie, daß es »etwas mit der Mutter zu tun hat«. Später gelangte sie zu dem Schluß, daß ihre Mutter starrsinnig gewesen sei und daß sie diesen Zug verstärkt von ihr übernommen habe. Nun stellte sie auch fest, wodurch sich eine gute Mutter auszeichnet, und sie begann zwischen guten und bösen Müttern zu unterscheiden. Gute Mütter, so erklärte sie, »hoffen Dinge« (was bedeutete, daß sie im Kind Hoffnungen auf eine bessere Zukunft wecken), während böse Mütter »fortgehen« (das heißt, sie verlassen nicht nur das Kind, sondern stürzen es auch noch in Einsamkeit und Verzweiflung). Das aber war der Zeitpunkt, als die Existenz ihres Brüderchens, die einige Zeit lang keine Bedeutung mehr für sie zu haben schien, schlagartig einen neuen negativen Einfluß ausübte.

Das passierte ungefähr sieben Monate nach der Geburt ihres Brüderchens, und die zeitweilige Folge war ein weiterer wütender Rückzug. Doch konnte sie dieses Mal klar und deutlich den Grund angeben: aus einer spontanen Erkenntnis heraus wußte sie, daß es um ihren Bruder ging, weil es jetzt auch ihren Eltern besser ging.

Gelegentlich versuchte sie es mit einem einfachen Ausweg, indem sie behauptete, mit ihrem Bruder sei deshalb alles in Ordnung, weil er ein Junge sei. Auch überschätzte sie seine Leistungen. So nahm sie an, daß er bereits sprechen könne und daß er bereits viele Dinge beherrsche, mit denen sie noch kaum oder erst seit kurzem zu Rande kam. Wir versicherten ihr, daß dem nicht so sei und daß sie immer noch die Möglichkeit habe, ihm ein Stück voraus zu sein.

Dann erklärte sie uns, sie sei »böse auf Mammi-Pappi«, wobei sie »Mammi« und »Pappi« auf eine bisher nicht dagewesene Weise vermischte. In den ersten Jahren, die sie mit uns verbracht hatte, hatte die übermächtige Mutter für sie selbst und für beide Eltern gestanden. Dann hatte sie ihren Teddybären bei der Verabreichung der Klistiere zuschauen lassen, und so wurde dieser Teddy zum ersten Symbol, das den Vater allein darstellte. Doch der Begriff »Mutter« stand nach wie vor für beide Eltern als eine Einheit. So aber stellte Marcias »Mammi-Pappi« den ersten Versuch dar, die beiden Elternteile auseinanderzuhalten.

Auch in diesem Fall waren der Beweggrund die Klistiere: obwohl sie Marcias Autismus in keiner Weise begründeten, verkörperten sie doch all die bösen Erfahrungen, deren Gesamtheit die Schwere ihrer Störung erklären kann.[16] Es ist richtig, daß ihre Eltern, als sie ihr die Klistiere verabreichten, verschiedene Dinge taten. Doch so, wie sie ihre Absichten und ihr Verhalten erlebt hatte, bildeten diese eine einzige verschwommene Einheit. Dieser Einheit aber hatte sie verzweifelt und voller Haß den Inhalt ihres Körpers überantworten müssen.

Einen Tag nachdem sie erklärt hatte, sie sei »böse auf Mammi-Pappi«, kam sie auf ihre Äußerung noch einmal zurück, als wolle sie eine Erklärung liefern, und sie sagte: »Böse, weil sie glücklich sind.« Da aber zeichnete sich der Gedanke ab, daß sie offenbar glaubte, ihre Eltern könnten nun, da sie nicht mehr da war, glücklich sein. Denn nun konnte sie ihr Leben ja nicht mehr zugrunderichten, und daß sie das bewußt getan hatte, diese vermeintliche Tatsache wurde ihr nun halb bewußt. Jetzt konnten wir die Frage aufwerfen, weshalb sie ihr Leben hatte zugrunde richten wollen. Und Marcias Antwort lautete: »Weil Mammi-Pappi dich krank machen.«

[16] Aus diesem Grund muß sich der Leser, wenn ich von Marcias heikler Lage, von ihren entscheidenden Problemen und so weiter spreche, stets vor Augen halten, daß sich diese Dinge ihrem ursprünglichen Autismus überlagerten, denn im Grunde war dieser Autismus ja Marcias Reaktion auf den unbewußten Wunsch ihrer Eltern, daß sie nicht existieren solle. Ohne diesen Wunsch hätten sogar ihre traumatischsten Erfahrungen ihre Entwicklung weniger radikal beeinflußt.

Auch jetzt konnte Marcia, wenn sie sich mit schwerwiegenden emotionalen Problemen herumschlug, noch nicht das Wort »Ich« benutzen; stattdessen bediente sie sich des »Du« oder »Dich«. (Das nur als ein weiteres Streiflicht auf den Zusammenhang zwischen Personalpronomen und Ichentwicklung.) Das heißt, Marcia konnte nach wie vor nur dann von sich selbst als einem »Ich« sprechen, wenn die implizierten Gefühle positiv waren und ihr eigenes Aktivsein mit ins Spiel kam. Waren die implizierten Gefühle negativ, was besonders dann der Fall war, wenn die Situation nur ein passives Erleiden zuließ, schützte sie sich durch die altbekannte Selbstentfremdung, die sich nun darin äußerte, daß sie sich selbst von außen, in der zweiten Person, als »Du« sah. Auch fuhr sie fort, das, was ihr ihre Eltern angetan hatten, als »Dich krank machen« zu bezeichnen, wobei sie zwei Dinge auf ein und dieselbe Ursache zurückführte – einerseits nämlich ihre körperliche Störung (das heißt ihre Verstopfung oder den wässrigen Klistierstuhl, den sie für Durchfall gehalten haben kann) und andererseits ihre emotionale Störung.

In bezug auf ihre Eltern konnte sie im Augenblick nur eines tun – hilflosen Ärger äußern. Doch was nun ihren Bruder anging, so begann sie ihre ihn betreffenden Gefühle etwas besser zu verstehen. Das erreichte sie im Spiel, wo sie ihn umbrachte. Interessanterweise, indem sie ihn ertränkte. Sie, die mit Flüssigkeiten geradezu vergewaltigt worden war, vernichtete nun ihren Bruder immer wieder auf dieselbe Weise. Dabei ertränkte sie gewöhnlich eine Babypuppe, von der sie behauptete, sie sei ihr Bruder, in einer Spielzeugbadewanne, in Ausgüssen oder ähnlichen Behältnissen.

Indem sie so, ihren Gefühlen gemäß, mit ihm verfahren war, konnte sie seine Existenz in Wirklichkeit akzeptieren. Das tat sie einen Monat später, als sie aus Liebesperlen einige Figuren formte. Von nun an waren es immer vier Figuren: sie selbst, ihre Eltern und ihr Bruder. Diese Personen, die sie bisher immer nur durch das dargestellt hatte, was sie ihr angetan hatten – nämlich Flüssigkeiten in sie hinein- und aus ihr herausgezwungen –, erlangten nun eine menschliche Gestalt und gelangten zu einer unabhängigen Existenz. Obwohl sie sich selbst wesentlich größer darstellte als die anderen und somit die wichtigste Person der ganzen Familie sein wollte, war sie doch nur eine unter vieren.

Als sie nun die Gefühle erforschte, die sich mit ihrer Klistiererfahrung verbanden, konnte sie entdecken, daß nicht alle diese Gefühle unangenehm gewesen waren. Sie erklärte nach wie vor voller Überzeugung, daß Klistiere sich »schlecht anfühlen«, doch ergänzte sie zuweilen zögernd, daß sie sich auch »warm« oder »gut anfühlten«. So begann sie ihre ambivalente Einstellung gegenüber dieser Erfahrung zu erkennen, die zugleich destruktiv und erregend gewesen war.

Gegenüber ihrer Ausscheidung legte sie nun mehr Mut an den Tag, so daß sie schließlich sogar die Toilettenspülung benutzen konnte. Auf unsere Fragen hin erklärte sie uns eines Tages, jede Toilettenspülung habe für sie die Verabreichung eines Klistiers außerhalb ihres Körpers bedeutet, bei der das Wasser ihren Stuhl fortgespült habe.

Einige Zeit später konnte sie uns den Zusammenhang zwischen Defäkation und Sprechen erklären und so erfuhren wir, daß es die Sauberkeitserziehung gewesen war, die zu ihrer Stummheit geführt hatte. Karen und Marcia waren beide in entspannter und empfänglicher Stimmung, und während Marcia auf Karens Schoß saß, versuchte diese, das Kind so weit zu bringen, daß es einfach einmal darauf losredete. Das tat sie, indem sie selber drauflosschwätzte. Marcia aber weigerte sich, zwanglos zu reden. Als Karen das Kind verbal dazu aufforderte, erwiderte es völlig unerwartet: »Schmutzig.« Befragt, wer schmutzig sei, antwortete sie: »Karen schmutzig mit Scheiße.«

Offenbar hatte Marcia das Gerede ihrer Beraterin mit Scheiße gleichgesetzt. Als sie gefragt wurde, ob sie meine, daß Karen voller Scheiße sei, weil sie so ungezwungen rede, sagte sie: »Ja.« Daher versuchte ihr Karen den Unterschied zwischen Sprechen und Ausscheiden zu erklären und als sie glaubte, die Sache klargemacht zu haben, schloß sie: »Entweder ist Reden wie Scheißen oder nicht«, worauf Marcia voller Überzeugung sagte: »Ist wie Scheißen.«

Angesichts der Erfahrungen, die Marcia gemacht hatte, ist dieses Verständnis über das Sprechen durchaus einsichtig. Denn die beiden entsprechenden Körperöffnungen Marcias hatten demselben Zweck gedient, und die emotionale Wirkung der gewaltsamen Ausscheidung durch das Rektum war so übermächtig, daß die Ausscheidungsfunktion jeder anderen Körperöffnung mitbetroffen wurde. Bis zu dieser Zeit hatten wir ihren Widerwillen zu sprechen für ein Anzeichen ihrer grundlegenden Verneinung genommen – für ihr Mißtrauen gegenüber den Personen, mit denen sie hätte sprechen können, für ihre Angst, was die Folge sein konnte, wenn sie spräche, und vor allem für ihren mächtigen Wunsch, nichts her-, nichts herauszugeben. Wir waren uns nicht bewußt gewesen, daß für sie Wörter dasselbe wie Fäkalien waren.

In diesem Zusammenhang sind Freuds Einsichten und seine geschickte Wahl der Fachausdrücke geradezu bestechend. Es ist für den Therapeuten wesentlich einfacher, sich in seinem Denken und seinen Gefühlen mit analen Erfahrungen zu befassen und darüber zu sprechen, anstatt sich mit der sogenannten Scheiße auseinanderzusetzen. Es ist wesentlich einfacher, an Spielen teilzunehmen, deren Objekte und Materialien fäkalische Symbolfunktion haben – zum Beispiel Fingerfarbe, Plastilin, Lehm – als sich mit echten Exkrementen zu befassen. Doch konnten wir uns bei Marcia – und genausowenig bei anderen autistischen und schizophrenen Kindern – den Luxus der Sublimierung nicht leisten, da uns Begriffe wie »anal«, »Analität« nicht weitergeholfen hätten. Wir mußten Marcias Scheiße als solche und noch dazu mit Freude akzeptieren, weil sie sonst ihre Verstopfung nie aufgegeben und sich selbst nie zur Sauberkeit erzogen hätte.[17]

Einige Wochen später erklärte uns Marcia: »Wörter laufen den Kanal hinunter«, und sie ließ uns auf vielerlei Weise wissen, daß ihre Sprechschwierigkeiten damit zu tun hatten, daß sie die Wörter, die die Leute aus ihr herauszuholen versuchten, sehr stark mit den Fäkalien identifizierte, die man tatsächlich aus ihr herausgeholt hatte.

[17] Wie das unsere Mitarbeiter genau schafften, soll Karen selbst beantworten. Der folgende Text wurde von ihr zwei Jahre nachdem sie unsere Schule verlassen hatte, verfaßt: »Sie fragen mich, wie wir es trotz unserer antiseptischen Mittelschichterziehung geschafft haben, Marcia zu ermuntern, sich selbst zu erziehen. Zum einen wurde mir bei der Vorstellung, daß sie überhaupt nicht defäkierte, angst und bange. Meiner Pflege war ein Kind anvertraut, das nicht scheißen konnte – einfach so. Als ich das eine Woche lang mitgemacht hatte, sagte ich zu jedem von unserer Belegschaft, der mir zuhörte: ›Es ist mir egal, *wo* sie ihr Geschäft macht, wenn sie es nur macht!‹ Ihr Verhalten besagte klipp und klar: ›Entweder ihr Erwachsenen überlaßt mir meine eigenen Körperfunktionen oder ich funktioniere überhaupt nicht!‹ Meine Mittelschichtvorstellungen (Defäkiert wird nur in die Toilette!) lösten sich rasch auf, und diese Veränderung meiner Einstellung bewirkte zweifellos eine Veränderung. Nach einigen Wochen begann sie endlich, in die Badewanne zu machen. Ich war überglücklich, von meiner Erleichterung ganz zu schweigen. Um diese Zeit wunderte ich mich selbst über meine Fähigkeit, solches Verhalten gleichmütig hinzunehmen; ja, ich nahm es nicht nur hin, sondern hieß es willkommen. Die Tatsache, daß sie in die Badewanne und in die Hose machte, war immer noch besser als überhaupt kein Stuhlgang. Angesichts der körperlichen Komplikationen, die da zu erwarten waren, war eine solche Beschmutzung meines Erachtens bei weitem vorzuziehen.

Ich glaube, meine eigene innere Beteiligung ging noch viel tiefer. So entdeckte ich, daß sich meine Einstellung – ich brauchte nur etwas ermutigt zu werden – rapid in ihr Gegenteil verkehrte, so daß ich nun nicht nur fähig war, sogenanntes unzivilisiertes Verhalten zu dulden, sondern in ihm auch einen Sinn zu erkennen – das freilich nicht nur im Sinne der Bedürfnisse des Kindes, sondern auch in dem Sinne, daß ich selbst rasch zu neuen eigenständigen Einstellungen gelangte.

Und einmal erzählte sie uns, in bezug auf ihre ›Verstopftheit‹, spontan: »Ich nicht reden.« Wörter waren für sie nicht nur wie Fäkalien, sondern Fäkalien waren auch wie Wörter für sie.

Einige Monate später – ihr Aufenthalt bei uns jährte sich zum vierten Male – erklärte sie noch einmal, daß Einläufe einem etwas fortnehmen. Doch als wir sie diesmal fragten, wer etwas fortnehme, sagte sie nicht mehr bloß »Mammi« wie so oft, sondern fügte hinzu: »Mammi nimmt sowas wie Scheiße fort.« Dieses Mal war es also mehr als nur der Stuhl, den man ihr abzwang. Wir konnten sie nun fragen, welche Art von Scheiße durch die Einläufe fortgenommen werde, worauf sie klar und deutlich erwiderte: »Marcia!« Endlich hatte sie erkannt, wann, wie und weshalb sie jene Grundlage eingebüßt hatte, die vermutlich die Wurzeln ihres Selbst-Seins gebildet hatten, und wieso das, was davon noch übriggeblieben war, mit Fäkalien identifiziert worden war. Dazu gezwungen, immer nur dann und immer nur so zu defäkieren, wann und wie ihre Mutter es wollte, hatte ihre Reaktion darin bestanden, daß sie jeden Wunsch zu sprechen oder zu kommunizieren verloren hatte, und damit hatte sie auch ihr Gefühl, ein Selbst zu besitzen, eingebüßt.

Nachdem sie nun erkannte, was ihre Mutter ihr angetan hatte, konnte sie auch erkennen, wie wichtig diese Mutter für sie gewesen war. Als ihre Beraterin über ihr Leben bei uns und darüber, wie ihre Interessen zugenommen hatten, berichtete, erwähnte sie auch, wie Marcia begonnen hatte, sich für das Spiel mit dem Wasser zu interessieren. Doch Marcia korrigierte sie und sagte: »Sand.« Die Beraterin lobte sie, weil sie recht hatte, und sie erklärte, es sei tatsächlich das Spiel mit dem Sand gewesen, bei dem Marcias Interesse für die Dinge geweckt worden sei. Wieder korrigierte Marcia sie, indem sie träumerisch sagte: »Mammi.« Endlich hatte sie ihr frühestes Interesse entdeckt, ein Interesse allerdings, das ihr so frustrierend erschienen war, daß sie jegliches Interesse an der Welt verloren hatte.

Da sie nun den Ausscheidungsprozeß in einem etwas realeren Licht sah, verminderte sich der entsprechende Druck auf ihren oralen Apparat, so daß sie die Lustempfindungen, die mit dem Munde zusammenhingen, stärker genießen konnte. Nun wurde das Füttern ihrer Puppe wichtiger als die Einläufe, die sie ihr durch Rektum oder Mund verabreichte. Als sie nun ihre Puppe wirklich fütterte, wagte sie es, ihren Finger in den eigenen Mund zu stecken. Einige Zeit lang tat sie das nur sehr zögernd und voller Angst, doch schien sie schließlich auch dabei eine gewisse Lust zu empfinden. Allerdings steckte sie nicht den Daumen, sondern den Finger in den Mund, mit dem sie ihr Fingerspielverhalten bestritten hatte. Doch braucht ein Finger, der in den Mund gesteckt werden kann, nicht länger in endloser Unentschlossenheit vor dem Mund hin und herbewegt zu werden. So aber war das der Punkt, an dem ihr Fingerspielverhalten fast völlig verschwand.

Nachdem Marcia vier Jahre bei uns war, hatte sie gelernt, zunächst neben und dann mit anderen Kindern zu spielen, und nun machte sie sich aus freien Stücken daran, mit ihnen zu reden und zu interagieren. Das bewirkte natürlich, daß sich die Kinder wesentlich mehr für sie interessierten. Tatsächlich versuchten manche Kinder ihr zu helfen, weil sie spürten, wie sie auf ihre Bemühungen reagierte. Ihr Betragen und ihr Spielverhalten befremdete sie nicht mehr, und so konnten sie nun Marcias Gefühle und ihr Ausagieren verstehen. Sie reagierten mit Einfühlungsvermögen und versuchten ihr bessere Lösungsmöglichkeiten für ihre Probleme beizubringen.

Es ist für unsere Kinder typisch, daß sie sich eher so verhalten, wenn das Problem, um das es geht, irgendwie auch ihr Problem ist. Ein Mädchen, das bei seiner Geburt ausgesetzt worden war und das in seinen ersten Lebensjahren an Marasmus gelitten hatte, zeigte sich von der Art und Weise, wie Marcia ihre Babypuppen fütterte, besonders bestürzt. Dieses Mädchen hatte schon früher gegen diese Behandlung protestiert, doch Marcia hatte es nicht beachtet. Doch da Marcia nun den anderen Kindern etwas ähnlicher geworden war, versuchte dieses Mädchen es noch einmal. Das sei, so erklärte sie Marcia, sicherlich keine Art, ein Baby zu behandeln. Völlig neu an Marcias Verhalten war, daß sie sich von dem Mädchen zeigen ließ, wie man eine Babypuppe hält und pflegt, und daß sie den Erklärungen des Kindes aufmerksam lauschte und ihre Ratschläge später zu befolgen versuchte.

Auch ihre Distanz uns gegenüber wurde geringer, und nun verstanden wir auch besser, weshalb das Fangenspielen so wichtig für sie gewesen war. Denn was sie jetzt von uns verlangte, war, daß wir sie fingen, bevor sie defäkierte; sie ließ es nicht nur zu, sondern forderte von uns, daß wir sie packen und festhalten sollten – ein Verhalten, das uns zu Beginn streng untersagt gewesen war. In der ersten Phase dieses Fangenspielens hatte sie noch einmal die erregende Situation durchgespielt, in der die Mutter ihrer habhaft zu werden versuchte, um ihr die Einläufe zu verabreichen, mit dem einzigen Unterschied allerdings, daß Marcia in dieser Situation bei uns stets den Sieg davontrug. Denn es war uns nicht gestattet, ihr nahezukommen, ganz zu schweigen sie zu berühren.

Drei Jahre später verschaffte sie sich in einem völlig anderen Spiel jene Erregung, die den Einläufen immer vorausgegangen war. Dabei ließ sie sich nun von ihren Beraterinnen auch packen und festhalten. Doch nahm die Umarmung in diesem Spiel eine neue Form an. Marcia wollte von ihrer Beraterin von hinten so umarmt werden, daß sich deren Arme um ihre Mitte schlossen und daß sie sich mit dem Rücken gegen Bauch und Brust der Beraterin pressen konnte. So bot sie nun ihr Rektum dar, das sie bislang stets abgeschirmt hatte. Dadurch wollte sie sich offenbar selbst überzeugen, daß es nicht nur sicher war, sich dergestalt der bemutternden Person zu exponieren, sondern daß der Körper der Beraterin sie wie ein Schild vor jeglichem Eindringen schützen würde. Nach diesem Spiel ging sie gern allein auf die Toilette, um dort ungezwungen und mit Vergnügen zu defäkieren. Dieses Spiel war für sie so wichtig, daß sie monatelang nur dann defäkierte, wenn sie auf diese Weise in ihrer Selbstsicherheit bestätigt worden war.

Nun entwickelten sich auch die intellektuellen Fähigkeiten, obgleich dieser Prozeß wesentlich langsamer vonstatten ging als die Freisetzung der Gefühlswelt. Nachdem Marcia nun bereits einige Monate lang einfache Sätze lesen konnte, lernte sie schreiben. Auch bei diesem Lernprozeß benutzte sie ein Material, das den Fäkalien eng verwandt war – sie arbeitete mit Plastilin. Und die ersten Wörter, die sie formte, waren dieselben Wörter, die sie als erste lesen gelernt hatte: ihr eigener Name und das Wort »Ball«.

Als sie viereinhalb Jahre bei uns war, war sie allen ABC-Schützen voraus. Lesen und Buchstaben oder Wörter zu formen fiel ihr nicht leicht. Aber sie konzentrierte sich auf beide Aufgaben, bemühte sich intensiv zu begreifen, und es war offenkundig, daß sie über das, was sie tat, nachdachte, ohne dabei irgendwelchen Halluzinationen zu erliegen. Wenn ihr etwas wirklich gut gelang, strahlte ihr ganzes Gesicht vor Freude. Sie wußte, daß allmählich ein richtiges Schulmädchen aus ihr wurde. Und so machte sie, was das Verständnis ihrer eigenen Störung und die Äußerung ihrer Hoffnung Gesundung anging, weitere Fortschritte.

Doch zeigte sie sich häufig immer noch sehr entmutigt und sie sagte uns, sie sei sich nicht sicher, ob sie ein aufgewecktes Mädchen werden oder ein starrsinniges, in sich selbst verkrochenes Mädchen bleiben wolle. Sie unterschied klar und deutlich zwischen einer Marcia, die »verrückt bleibt« und einer »vernünftigen Marcia«, die das Wort »›Mädchen‹ schreiben kann«. Auch konnte sie sich nun bereits von anderen Kindern unterscheiden. Fragte man sie, weshalb sie keine redende, sondern eine starrsinnige Marcia sei, so antwortete sie: »Marcia ist ein starrsinniges Mädchen; Jeanne (eine ihrer Rivalinnen) ist ein spielendes Mädchen; Ellen (ein weiteres Mädchen aus ihrer Gruppe) ist ein redendes Mädchen.«

Obgleich diese Merkmale an den beiden Mädchen in keiner Weise hervorstachen, waren sie für Marcia doch das, was sie selbst von diesen beiden am stärksten unterschied. So wie diese beiden Mädchen Verhalten äußerten, das ihnen eigentümlich war, hatte auch Marcia ihre Eigenheit – nämlich ihren Starrsinn. In dieser Vorstellung war die Erkenntnis impliziert, daß ihr Starrsinn ein Teil ihrer Bemühung war, sich zu einer eigenständigen Person zu entwickeln.

Während des fünften Jahres, das sie bei uns verbrachte, bemüht sich Marcia allen Kräften, ein besseres Leben für sich zu schaffen. Sie erkannte: »Wenn es einem besser geht, fühlt man sich schlechter«, und wenn man sie fragte, wer sich schlechter fühle, antwortete sie: »Marcia.«

Und fragte man sie gezielt: »Fühlst du dich nicht besser, wenn du darüber, was dir Angst macht, redest?«, so meinte sie nur: »Mehr Angst.« Das aber war tatsächlich so: je weiter sich Marcia in die Welt hinein wagte, desto schmerzlicher wurden ihr ihre Unzulänglichkeiten, ihr Ärger und vor allem ihre unglückliche Lage bewußt.

Sie erkannte, daß ihre wirkliche Stärke in ihrer Widerstandskraft lag, die sie als »nichts tun« bezeichnete. »Marcia ist ein starkes Mädchen«, sagte sie, und wenn man sie fragte: »Stark, um was zu tun?«, so antwortete sie: »Stark, um nichts zu tun.« Und fragte man sie, vor welchem Tun sie sich denn so sehr fürchte, daß sie lieber nichts tat, erwiderte sie: »Schlechte Sachen.« Ihr Nichtstun beruhte also auf zwei verschiedenen Ängsten, wobei die eine mit dem Tun und die andere mit dem Fühlen zu tun hatte. Wenn sie überhaupt etwas täte, würde sie sehr schlechte Dinge tun. Und wenn sie überhaupt etwas fühlte, würde sie sich schrecklich fühlen.

Weiteres Durcharbeiten

Vier Jahre lang hatte Marcia nur mit Menschen zusammengelebt, die ihr das Leben so angenehm wie möglich zu machen versuchten; niemand hatte ihr seinen Willen aufgezwungen. Weshalb war das Leben immer noch so schlimm für sie, daß jeder kleinste Fortschritt gegen den qualvollsten Widerstand erkämpft werden mußte?

Eines Tages sagte ihre Beraterin: »Hör mal zu, Marcia. Entweder die Orthogenetische Schule ist gut für dich oder sie ist es nicht.« Worauf sie erwiderte: »Schule ist gut.« Und die Beraterin fragte sie: »Aber wenn du glaubst, daß das ein guter Ort für dich ist, wieso benimmst du dich dann nicht vernünftig?« Was die überraschende Antwort zur Folge hatte: »Nicht der erste Ort.« Es war Marcias Vergangenheit vor der Zeit, als sie zu uns gekommen war, die es ihr unmöglich machte, sich im Rahmen unserer Schule oder in welchem Rahmen auch immer wohlzufühlen. Daher war das Problem, das sie nun in Angriff nahm, die Frage nach dem Warum.

Aufgrund vereinzelter Verhaltensweisen konnten wir bald feststellen, daß Marcia erneut Anstrengungen unternahm, um über die Klistiererfahrung hinauszugelangen und sich dem tödlichen Griff dieser Erfahrung zu entziehen. Um Traumatisierungen dingfest zu machen, die ihren analen Traumata vorausgegangen sein mußten, mußte sie die analen Erfahrungen offenbar zuerst bewältigen. Das aber hatte sie nun seit Jahren versucht. Trotzdem hatte es den Anschein, als werde jede Bemühung, über dieses Stadium hinauszugelangen, blockiert.

Da bei Marcia anale Erlebnisse eng mit oralen Phänomenen zusammenhingen, übte die Analität bei allem einen starken Einfluß aus, was mit Nahrungsaufnahme, Mundbereich, Sprechen und den frühesten Beziehungen zur Mutter zu tun hatte. Jedesmal, wenn sie an diese früheren Beziehungen und Erfahrungen heranzukommen versuchte, wurde sie durch ihre Gedanken an die Mutter, also an die entsprechenden analen Erlebnisse, die sie durch sie gehabt hatte, derart wütend, daß sie diesen ganzen Komplex noch einmal aufgreifen mußte und nie zu den Dingen gelangte, die sich hinter ihm verbargen.

Auch in diesem Fall wählte sie selbst das Objekt aus, mit dem sie das ganze Problem ausagierte. Dieses Objekt war eine Tasse, die außen rot und innen weiß war. Die Farbe Rot stand, das wußten wir jetzt, für die Klistiere, die aus einem roten Wasserbeutel verabreicht wurden. Als sie nun wieder begann, ihre Klistiererfahrungen mittels einer Puppe und einer Tasse nachzubilden und als dieser Prozeß Wochen um Wochen andauerte, konnten wir uns des Gefühls »Nur das nicht wieder!« nicht erwehren. Doch unsere lange Erfahrung sagte uns, daß Marcia wußte, was sie tat, und daß sie keine Fortschritte machen würde, wenn wir dem Weg, den sie einschlug, nicht vertrauten. So trug die Vernunft den Sieg über unsere zeitweise Erschöpfung davon.

Schließlich wurden wir belohnt. Bisher hatte sie immer dann die

Klistiererfahrung ins Spiel gebracht, wenn wir versucht hatten, mit ihr über die Erfahrungen zu reden, die mit ihrer Nahrungsaufnahme verquickt gewesen waren. Nun setzten tastende Versuche ein, die Sache von der anderen Seite her anzupacken.

Die weiße Innenseite der Tasse stand für die Brust. Ähnlich wie sich die Klistiererfahrung der Fütterungserfahrung überlagert hatte und ähnlich wie uns von außen her immer nur die Klistiererfahrung entgegentrat, so war auch diese Tasse, von außen besehen, völlig rot. Doch verbargen sich in dieser Erfahrung noch frühere Erfahrungen, die gewiß mit der Enttäuschung über ihre Mutter und ihr Leben zu tun hatten, die durch das weiße Innere der Tasse symbolisiert wurde.

Wie so oft schon mußte sie ein Problem ausagieren, bevor sie seine Bedeutung verstehen konnte. Daher mußte sie nun all die Dinge heftig angreifen, die für die Mutter standen, bevor sie die Natur ihres Ärgers begreifen konnte. Zu diesem Zweck suchte sie sich eine Puppe aus, die sie »Mammi« nannte, und diese Puppe knallte sie nun gegen die Wand, dann verprügelte sie sie und schließlich riß sie ihr den Kopf ab, wobei sie wieder und wieder sagte, wie gut es tue, Mammi gegen die Wand zu knallen.

Diese Aggressionen wurden wiederholt unterbrochen durch Verleugnung und Angst- und Schuldgefühle. Immer wenn sie die Mutter mißhandelt hatte, nannte sie die Babypuppe ein böses Baby. Und von der Mutter sagte sie, sie sei eine gute Mutter. Als man Marcia fragte, was mit dem Baby nicht in Ordnung sei, sagte sie: »Sein Mund.« Und wenn man sie fragte, was mit dem Mund des Babys los sei, sagte sie: »Hat Fläschchen ausgetrunken.« Noch einmal wurde sie ein Opfer der alten Verwirrung: die Tatsache, daß sie so liebelos gefüttert worden war, und die Tatsache, daß ihr Dinge gewaltsam in den Mund und ins Rektum eingeführt worden waren, hatten für sie ein und denselben Grund und das war ihr »böser Mund«. Doch war dieser Mund auch deshalb böse, weil er nicht nur die Milch, sondern die ganze Brust (»Hat Fläschchen ausgetrunken«) hatte verschlingen wollen.

Wir hatten die ganze Zeit schon gewußt, daß ihr Mund und alles Tun, das sich mit diesem verband, aus irgendeinem Grund tabu war, und daß sich jede Erfahrung, die mit ihrem Rektum zu tun hatte, äußerst schwierig gestaltete. Aber jetzt konnte sie ihre Meinung kundtun, daß nämlich beide Körperöffnungen böse seien, und schließlich konnte sie erkennen und sagen, daß von den beiden der Anus weniger böse sei als der Mund. Erst nach dieser Erkenntnis konnte Marcia *verbal* äußern, wie sehr sie die Klistiererfahrung, die sie bislang immer nur zornig ausagiert hatte, verabscheut hatte. Wörter waren derart tabu und sie waren wesentlich gefährlicher als Taten.

Während sie nun die Klistiererfahrung mit den Puppen ausagierte, schrie sie immer wieder laut und heftig: *»Mag keine Klistiere!«* War sie von diesen verbalen Angriffen gegen die Klistiere erschöpft, sagte sie plötzlich: »Gib mir ein Fläschchen!«

Marcia hatte uns von Anfang an immer wieder warten lassen. Als sie sich nun darüber beklagte, daß böse Mütter (die Puppen) gemein seien, kam auch dieser Komplex zur Sprache. Befragt, weshalb sie gemein seien, sagte sie ungefähr zwanzig Mal hintereinander: »Warten, warten, warten, warten ...«. Zunächst wußten wir nicht so recht, was wir mit dieser wichtigen Information anfangen sollten. Doch als sie als Antwort auf die Frage »Haben sie dich nicht richtig gefüttert? Waren sie deshalb so gemein?« voll einer heftigen Wut immer wieder sagte: »Warten, warten, warten ...«, da entdeckten wir, daß sich hinter der tiefen Verstimmung über die gewaltsame Fütterung und Klistiererfahrung ein früherer und noch stärkerer Ärger darüber verbarg, daß die Mutter sie ständig hatte warten lassen – vor allem auf die Fütterung.

Wir wissen nicht, ob die Mutter sie wirklich warten ließ und inwieweit dieses Warten, falls es der Wirklichkeit entsprach, auf die erbarmungswürdige Situation zurückzuführen war, in der sich Marcia in ihrer frühen Kindheit befunden hatte. Was jedoch zählt, ist, daß dieses Warten für Marcia eine verheerende Erfahrung war.

Aber der Wunsch,die Brust zu verschlingen, ist nicht so ungewöhnlich; man begegnet ihm in einem bestimmten Alter praktisch bei allen Kindern. Jeder Säugling erlebt eine gewisse Trennungsangst und hat des öfteren das Gefühl, zu lange warten zu müssen. Er möchte die Brust verschlingen, weil er dann für immer mit Milch versorgt sein wird und weil er dann nie wieder hungrig sein, weil er nie wieder warten müssen wird. Entscheidend in diesem Zusammenhang ist lediglich die Reaktion der Mutter, sind ihre Gefühle, wenn sie wieder auftaucht. Ihre Freude, dem Säugling die Brust zu geben, vermittelt diesem die Überzeugung, daß für seine Mutter das Warten ebenso schrecklich war wie für ihn, und daß die nun von beiden erfahrene Lust bedeutet, daß solche Trennungen immer glücklich enden werden. Nur dieses »Ende gut alles gut« ist es, das diese Erfahrung reinwäscht von aller Angst.

Worin besteht nun der Unterschied zwischen der Trennungsangst – die eine grundlegende Angst des Menschen zu sein scheint und die erst später als eine Angst vor Zerstörung erfahren wird – und jener anderen Angst, die zum autistischen Rückzug führt? Ich glaube dieser Rückzug hat viel zu tun mit dem richtigen Bild, das sich der Säugling von den Gefühlen der Mutter macht, wenn diese zurückkehrt – er spürt, daß ihr dieses Wiedersehen nicht gelegen kommt, ja daß sie gar nicht daran interessiert ist. Das ist der Punkt, an dem die Trennungsangst zur Gewißheit wird, daß die eigene Existenz nicht erwünscht ist. So aber wird jede Trennung als ein mögliches Im-Stich-Lassen, als eine mögliche endgültige Vernichtung erlebt, als ein Schicksal, das nur verzweifelte Bemühungen abzuwehren vermögen.

Überreste dieser alten Angst zwangen Marcia immer noch, sich von ihrem ursprünglichen Zorn und seiner Ursache zu distanzieren. Es war die Schuld der Milch, daß man sie so lange warten ließ, und es war die Schuld der Milch, daß sie auf so schmerzhafte, auf so unangenehme Weise gefüttert wurde. Die Tatsache, daß sie – das war nun schon lange her – unsere Fußböden mit Milch und Wasser überschwemmt hatte, hatte viel zu bedeuten gehabt, unter anderem auch ihre Rache an der Milch.

Entpersönlichung war stets ihre Abwehr gewesen. Wenn nichts Schlimmeres als Milch das eigene Leben bedroht, ist man noch relativ geschützt, zumal wenn man diesen Zustand mit jenem anderen vergleicht, in dem man glaubt, die eigene Mutter wolle einen vernichten. Nur daß eben diese Entpersönlichung nicht auf die Mutter beschränkt blieb, sondern sich auch auf Marcia erstreckte. Denn wenn die Pflegeperson eines Säuglings nicht als ein Mensch erfahren wird, kann auch der Säugling nicht zum Menschen heranwachsen.

Wie wir bereits wissen, hatte Marcias Fingerspielverhalten etwas zu tun mit dem Wunsch, an der Brust zu saugen. Fragten wir sie nun, woran sie gern saugen würde, so sagte sie: »Inge«, und fragten wir sie, an welcher Stelle sie gern saugen würde, so nannte sie den Mund ihrer Beraterin. Daß irgendetwas Gutes von der Brust kommen konnte, vermochte sie noch nicht zu glauben, aber von Mund zu Mund gefüttert zu werden, das konnte sie sich bereits vorstellen. Unerwartet fügte sie hinzu, daß Milchtrinken »schlechtes Zeug« sei. Dann beschuldigte sie einen Spielzeughund, Milch getrunken zu haben, und sie schlug ihn heftig auf die Schnauze. Da erkannten wir plötzlich oder zumindest glaubten wir zu erkennen, daß das für Marcia typische Klopfen gegen das Kinn eine Art Ersatzhandlung darstellte für den Schlag auf den Mund, der deshalb erfolgte, weil der oder die Betroffene Milch trinken wollte.

Nach wenigen Wochen war es mehr als der Wunsch, Milch zu

trinken, wofür der Mund bestraft gehörte, denn nun gesellte sich das mächtige Verlangen zu beißen hinzu. Lange Zeit hatte sie sich gegen dieses Verlangen gesträubt, indem sie, wenn sie aß, weder Zähne noch Lippen schloß. Stattdessen hatten wir ihr immer solche Nahrung in den Mund geschoben, bei der sich jegliches Beißen erübrigte.

Beißen war, meinte Marcia, »schlechtes Zeug«. Doch worin bestand dieses »schlechte Zeug«, wovor sie sich fürchtete? »Inge essen«, lautete ihre Antwort auf diese Frage. Und als wolle sie dieses Verlangen rechtfertigen, fügte sie spontan hinzu: »Inge ißt Marcia.« Wir fragten sie: »Wann passiert das?« und ihre Antwort lautete: »Schlecht.« Das bedeutete, daß sie immer dann befürchtete, als eine Art Vergeltung verschlungen zu werden, wenn sie sich selbst schlecht fühlte oder schlechte Dinge tat, das heißt wenn sie selbst beißen, wenn sie selbst verschlingen wollte. Daher mußte sie sich eiserne Zwänge auferlegen, denn nur so konnte sie sich selbst daran hindern, das zu tun, was sie so schrecklich gern getan hätte – nämlich die sie bemutternde Person zu verschlingen.

Es war nicht das Saugen oder Lutschen allein, was sie wollte. Als wir ihr erklärten, sie könne Bonbons oder Kaugummi lutschen, wies sie diese Vorstellung als albern zurück. »Was ist denn am Bonbonlutschen so toll?« fragte sie voller Geringschätzung. Woran ihr gelegen war, war nicht bloß das Lutschen – sie wollte die Brust und sie wollte in sie hineinbeißen. Eine allmähliche Bewußtwerdung dieses Verlangens setzte ein, als sie für kurze Zeit ihr Fingerschütteln wieder aufnahm, und zwar nicht mehr in der Nähe ihres Mundes, sondern vor den Brüsten ihrer Beraterin. Und als sie gefragt wurde: »Weshalb möchtest du in meine Brust beißen?«, sagte Marcia: »Die ganze Zeit!« Womit sie meinte, daß ihr Verlangen weniger im Beißen als im Besitzen bestand. Im selben Maße, in dem sie *die ganze Zeit über* damit beschäftigt gewesen war, was andere ihr angetan hatten (gewaltsame Fütterung und Verabreichung von Klistieren), war sie *die ganze Zeit über* mit dem beschäftigt, wonach sie verlangt hatte und was sie hatte besitzen wollen. Doch wenn sie nicht bekommen hatte, wonach es sie verlangte, verlangte es sie danach zu beißen und zu verschlingen – denn nur so konnte sie Besitz ergreifen.

Als wir sie fragten, weshalb sie sich immer noch mit ihrer Klistiererfahrung beschäftige, sagte sie: »Für gutes Zeug«, womit sie meinte, daß sie aus ihren schlechten Erfahrungen etwas Gutes machen wolle. Als wir ihr erklärten, es sei sehr schwerig, aus schlechtem Zeug gutes Zeug zu machen, doch könne sie stattdessen in der Welt nach anderem gutem Zeug suchen, stimmte sie uns endlich einmal freudig zu und meinte, sie werde ihr Beschäftigtsein mit der Klistiererfahrung gegen andere angenehmere Betätigungen, zum Beispiel das Lutschen von Honig, eintauschen. Doch handelte es sich bei solchen Äußerungen leider meistens um Absichtserklärungen, die mit dem tatsächlichen Stand der Dinge nichts zu tun hatten.

In ihrer ganzen Gefühlswelt, in ihrem gesamten Erfahrungsbereich und in ihrem Verlangen nach »gutem Zeug« war sie stets nur Menschen begegnet, die anscheinend nur ihre Vernichtung im Sinn gehabt hatten. Daher fühlte sie sich ihrerseits getrieben, diese Menschen zu vernichten, um nur ja nicht selbst vernichtet zu werden. Alles Tun, das heißt ihr Tun und das Tun der anderen, war nichts als ein schrecklicher Teufelskreis wechselseitiger Vernichtung. Kein Wunder also, daß die einzige Lösung, die sie in dieser Lage finden konnte, in einem totalen Nichtstun bestand.

Trotzdem versuchte sie nun die Dinge auszusortieren, die wirklich schlecht oder böse waren. Sie alle hatten etwas mit der Fütterung zu tun, denn sie hießen »Flasche«, »Mammi« und »Mund«. Um diese Zeit erklärte sie entschieden, wirklich schlimm sei die Art und Weise gewesen, wie Mammi ihr Baby gefüttert habe. Die Brüste blieben als Gesprächsgegenstand tabu. Kamen wir auf sie zu sprechen, verbarrikadierte sich Marcia hinter einer privaten Sprache, die wir nicht entziffern konnten. Doch setzte diese Sprache, obwohl sinnlos für uns, in Marcia etwas frei, so daß sie nun, als wir sie fragten, was in der Brust sei, die Antwort »Milch darin« geben konnte.

Dann knetete sie sich eine Brust aus rosafarbenem Ton zurecht, streute Salz darauf und leckte es ab. Davor hatte sie seit Jahren die Gewohnheit gehabt, Salz auf ihre flache Hand zu streuen und abzulecken. (Wir können also sagen, daß sich in ihrem Fingerspielverhalten der Wunsch nach und die Angst vor der Brust geäußert hatte, während dieselbe Hand für die nahrungsspendende Brust gestanden hatte, wenn Marcia Salz oder andere Nahrung von ihr abgeleckt hatte.) Doch nun war sie endlich in der Lage, einen Teil ihres Körpers, der die Brust darstellte, gegen eine symbolische Brust einzutauschen.

Das wiedergewonnene Selbst

Langsam dämmerte ihr die Erkenntnis, daß nicht beide, das Baby und die Mutter, schlimm zu sein brauchten, sondern daß das Baby durchaus gut und nur die Mutter schlimm oder böse sein konnte.

Nach diesem Schritt begann sie die Möglichkeit zu akzeptieren, daß es auch gute Mütter geben könne. Eine solche Mutter versuchte sie in ihrer Lieblingsberaterin zu finden.

In der Schule schrieb sie aus freien Stücken folgende Geschichte, die sie für ihre Beraterin aufhob:

Marcia sah Karen auf dem Spielplatz. Karen mag Marcia.
Marcia läuft zu Karen.

Als ihre Beraterin jedoch sagte: »Karen mag Marcia und Marcia mag . . .«, lautete ihre Antwort: »Marcia.« Sie blieb also im Grunde in ihrer Egozentrik verstrickt, obwohl sie sich dessen durchaus bewußt war. Denn als wir sie fragten, was das größte Problem sei, sagte sie: »Leute.«

Erst jetzt sah sie die Ursache ihres Fingerklopfens gegen das Kinn klarer. Fragten wir sie nach dem Grund für dieses Verhalten, sagte sie: »Wegen Lutschen.« Nun konnte sie endlich einen Schnuller genießen und später nahm sie auch das Fläschchen an.

In diesem wie in vielen anderen Fällen mußte sie sichergehen, daß sie selbst die Sache in der Hand hatte, wenn sie den nächsten Schritt unternahm, um sich eine der heißbegehrten Befriedigungen zu verschaffen. Dabei handelte es sich nun nicht mehr um ein passives Empfangen, sondern um ein aktives Erlangen. So geschah es des öfteren, daß Marcia das von ihrer Beraterin gefüllte Fläschchen einfach ausschüttete, um es anschließend selbst zu füllen. Danach befingerten ihre Finger den Sauger des Fläschchens auf ähnliche Weise wie sie früher Riemen und andere Objekte befingert hatten. Schließlich schüttete sie den Flascheninhalt über die Hände ihrer Beraterin, denn Hände standen, wie wir wissen, ebenfalls für die Brust.

Das verstand ihre Beraterin, ebenso wie sie verstand, daß Marcia vermutlich auch auf ihrer Brust Milch ausschütten wollte, sich jedoch nicht getraute. Deshalb ergriff die Beraterin die Initiative und goß sich selbst Milch auf die Brust, wobei sie sagte, sie wisse, daß Marcia an ihrer Brust saugen wolle, doch da sie leider keine Milch für sie habe, würde sie sich, wie alle Mütter, die ihre Kinder nicht mit der Brust stillen können, damit begnügen müssen, ihr das Fläschchen zu geben. Derart ermutigt nahm Marcia das angebotene Fläschchen und steckte es entschlossen – ihrer Beraterin in den Mund. Als die Beraterin voller Freude darauf reagierte und von der Milch auch etwas trank, war Marcia erleichtert. Doch wiederholte sich dieser Vorgang noch viele Male, ehe sie sich auf die aktive Rolle im Stillprozeß einließ. Erst jetzt nahm sie das Fläschchen von ihrer Beraterin an, und während diese es für sie hielt, saugte sie daran.

Trotzdem dauerte es lange, bis sie aus einem Fläschchen trinken wollte, das Milch enthielt. Zuerst verschüttete sie die Milch aus dem Fläschchen auf den Boden – eine letzte Wiederholung ihres frühen Spiels mit dem verschütteten Wasser. Dann war sie bereit, aus dem Fläschchen Fruchtsaft zu trinken, später trank sie Wasser daraus und schließlich genoß sie die Milch aus dem Fläschchen, diese allererste Nahrung des Menschen.

Nachdem sie nun die früheste Erfahrung ihres Lebens bewältigt und genießen gelernt hatte, versuchte sie immer mehr sie selbst zu werden. Bisher hatte sie höchstens eingeräumt, daß sie Marcia war und daß Karen ebenfalls Marcia war. Aber nun konnte sie äußern, was sie bis dahin nie verstanden hatte und so erklärte sie Karen entschieden: »Du bist nicht Marcia.« Das Nicht-Selbst wurde als solches erkannt. Nun konnte diesem Nicht-Selbst mit angemessenen Emotionen entsprochen werden. Als Karen zu Marcia sagte, sie werde in Urlaub gehen, erklärte Marcia immer wieder und voller Energie: »Geh zum Teufel!«

Sie begann nun auf die Gefühle anderer empfindlich zu reagieren. Jeanne, das »spielende Mädchen« aus ihrer Gruppe, war empört über Inges Urlaub und voller Zorn ließ sie Murmeln auftauchen und wieder verschwinden. Marcia beobachtete das aufmerksam und so fragte man sie: »Weshalb glaubst du, daß sie das tut?« Worauf Marcia erwiderte: »Inge fortgegangen.« Es war das erste Mal, daß sie genügend Anteil an anderen nahm, um deren Handlungen und Gefühle verstehen zu können. Doch ähnelten die Gefühle in diesem Fall natürlich besonders stark ihren eigenen, da auch sie ihre Beraterin vermißte.

Als sich Marcias Aufenthalt bei uns zum vierten Mal jährte, heiratete Karen und zog aus der Orthogenetischen Schule aus, um ein eigenes Heim zu beziehen. Marcia war auf Karens Mann böse, weil sie die Vorstellung, ihre Lieblingsberaterin mit ihm teilen zu müssen, nicht akzeptieren wollte. Freilich sah sie ihn nur selten (unter anderem bei der Hochzeit, an der sie teilnahm), so daß er sie nicht sonderlich beunruhigte. Es war gut für ihre Geistesverfassung und schlecht war es für ihren Realitätssinn, daß die Dinge, die sich nicht unmittelbar vor ihren Augen abspielten, nur einen geringen Eindruck auf sie machten. Wir hielten Karens Ehemann und ihr Eheleben absichtlich von Marcia fern. Und da sich Karen ebenso wie früher um sie kümmerte, hatte die Ehe einen geringeren Einfluß als wir befürchtet hatten. Doch wurden unsere Ängste wahrscheinlich durch den Wunschgedanken genährt, zeitlich oder räumlich entlegene Ereignisse sollten sie nachhaltiger beeindrucken als sie es tatsächlich taten.

Ihre Eifersucht auf Karens Mann setzte im Eßbereich ein. Marcia war auf Karen eifersüchtig, weil sie »in der Küche backte«, das heißt: weil sie nun neben Marcia auch noch ihren Mann fütterte. Tatsächlich verbarg sich hinter Marcias Interesse für diesen Mann der Wunsch, jenen Abgrund zu erkunden, in dem sie das Bild jenes anderen Mannes, ihres Vaters nämlich, begraben hatte, der sie ihrer Mutter beraubt hatte.

Nun agierte sie im Spiel jene frühe Zeit aus, als sie sich derart vernachlässigt gefühlt hatte, daß sie sich zusehends zurückgezogen hatte. Darüber hinaus hatte sie mitansehen müssen, daß ihre Mutter immer dann ihren Vater umsorgt hatte, wenn sie (Marcia) leer ausging. Und so befahl Marcia ihrer Beraterin, eine Szene zu spielen, in der ihr Vater krank war und zu Bett gebracht wurde. So trat also die Mammi auf, die sich um den Vater kümmerte und ihm Orangensaft einflößte. Doch als wir Marcia fragten: »Und was ist mit Marcia?«, setzte sie die Babypuppe in einen Stuhl, den sie nun so heftig hin und herschaukelte, daß die Puppe zu Boden fiel, wo sie unbeachtet liegenblieb. Marcias Hin- und Hergeschaukel war unverkennbar ein Akt der Verzweiflung, es war der angestrengte Versuch, in dieser Situation, in der ihr Vater gehegt und gepflegt wurde, selbst etwas Liebe abzubekommen.

Dann veranstaltete sie einen Kampf zwischen Vater und Mutter. Das habe sie beide (gemeint waren sie und ihr Vater) unglücklich gemacht, so erklärte Marcia und dann »war ich wütend auf Pappi«. Als wir sie fragten, was sonst noch geschah, sagte sie: »Marcia wird krank.« Sie stellte hier also eine Verbindung her zwischen dem Kranksein ihres Vaters und ihrem eigenen Kranksein.

Als sie das Kranksein ihres Vaters ausagiert hatte, kehrte Marcia zu dem heftigen Ärger zurück, den sie gegen ihre Mutter hegte. Doch ließ sie es diesmal nicht bei einer bloßen Äußerung des Ärgers bewenden, sondern unternahm zum ersten Mal Schritte, um sich seiner zu entledigen.

Das tat sie, indem sie durch ein symbolisches Spiel versuchte, die Mutter aus sich auszuscheiden. Die Puppe, die für Marcia sie selbst verkörperte, war nun seit Jahren gefüttert und zum Stuhlgang veranlaßt worden. Nun spielte Marcia immer wieder ein Spiel, bei dem die Puppe erbrechen mußte. Gewiß hatte sie der Puppe früher schon Wasser aus dem Mund geschüttelt, doch handelte es sich in diesem Fall eindeutig um ein Erbrechen. Marcia nannte es selbst »Kotzen«, als sie den Bauch der Puppe gewaltsam eindrückte, so daß aus ihr ein ganzer Wasserstrahl herausspritzte. Als wir Marcia fragten: »Was ist los mit ihr?«, erwiderte sie: »Kotzt sich aus.« Und als wir uns erkundigten: »Wie denn das?«, sagte sie: »Mammi kommt ihr hoch.« Wir erklärten ihr, das sei sehr interessant, aber wieso komme der Puppe Mammi hoch? Und Marcia sagte: »Weil sie eine böse Mammi ist.« Und später fügte sie als eine Art Erläuterung hinzu: »Marcia ist eine böse Mammi.«

Das aber faßte schlüssig zusammen, was sie versuchte zu verstehen, auszuagieren und zu bewältigen: daß nämlich die »böse« Mutter in einem solchen Maße von ihr Besitz ergriffen hatte, daß sie zusammen mit ihren Ausscheidungsfunktionen auch alle ihre inneren Funktionen in Besitz genommen hatte, und daß es somit die böse Mutter in ihr selbst war, die alle Verwirrung stiftete und die sie nun zu erbrechen versuchte.

Doch sie durch den Mund auszuscheiden genügte nicht. Da sie alle Körperteile Marcias in Besitz genommen hatte, mußte sie aus allen Teilen auch wieder ausgeschieden werden. Daher bestand einer der nächsten Schritte darin, daß sie die Vorstellung »Marcia scheißt Mammi« ausagierte. Wir fragten sie, wie die Mutter in diesen Teil ihres Körpers gelangt sei, und ihre Antwort lautete: »Scheißen für Mammi.« Nachdem sie von der Mutter gezwungen worden war, Nahrung aufzunehmen und auszuscheiden wann immer sie [die Mutter] es wollte, hatte sie jegliche Kontrolle über ihren Körper und ihre Persönlichkeit verloren. Ihr gesamtes Selbst war durch ihre Mutter ersetzt worden, die die Funktionen ihres Körpers nun beherrschte. Da sie aber ihre Mutter haßte, konnte sie diese Inbesitznahme nicht positiv ummünzen.

Trotzdem haben wir es hier mit keiner Introjektion zu tun. Hätte Marcia ihre Mutter introjiziert oder sich einverleibt, wäre dies ein Akt des Willens gewesen, durch den ihr Selbst nicht zerstört worden wäre. Marcias Tragödie bestand darin, daß ihre Mutter als Introjektion undenkbar war, weil sie Marcia aus dem Weg haben wollte, und daß Marcia auch nicht die Fähigkeit hatte, ihre Mutter zu introjizieren, da die Mutter Marcia kein Handeln gestattete, indem sie ihre Körperfunktionen beherrschte. Daher konnte die böse Mutter, das böse Objekt nicht einverleibt werden, und so geschah es, daß diese böse Mutter einfach von Marcia Besitz ergriff. In dieser Lage in irgendeiner Weise tätig zu werden, hätte bedeutet, die Macht des Eindringlings noch zu vergrößern, und deshalb tat Marcia überhaupt nichts mehr.

Erst jetzt, nach einem fünfjährigen Kampf, vermochte Marcia zu handeln. Durch alle ihre Körperöffnungen, durch alle Teile ihres Körpers entäußerte sie sich dessen, wovon sie so lange besessen gewesen war. Nachdem sie all diese Dinge ausgeschieden hatte, hätte sie endlich bereit sein müssen, ein echtes Selbst zu entwickeln. Doch im Augenblick war sie nur eines: leer. Denn die Schritte, die zu der von mir eben dargestellten Entwicklung eines echten Selbst führten, waren leider eben nur Schritte – Schritte einem Ziel entgegen, das nach wie vor außer Reichweite lag.

Abschließende Bemerkungen

Welche sind nun diese entscheidenden Schritte der Persönlichkeitsentwicklung eines autistischen Kindes, das sich in stationärer Behandlung befindet? Man hat lange angenommen, daß die Beziehung des Säuglings zur bemutternden Person am Anfang der menschlichen Entwicklung stehen müsse. Aber unsere Erfahrungen mit Marcia und anderen autistischen Kindern belegen, daß das nicht unbedingt der Fall sein muß.

Damit das Kind aus seinem autistischen Rückzug zurückkehren und wieder handlungsfähig werden kann, braucht es mindestens eine Person, die mit ihm so positiv als möglich kommuniziert. Den Bedürfnissen des Kindes muß entsprochen, seine Wünsche müssen erkannt, respektiert und soweit als möglich befriedigt werden. Aber auch wenn wir all das tun und wenn wir zusätzlich dafür sorgen, daß das Kind getröstet, angeregt und umsorgt wird und daß es ständig jemanden um sich hat, auch dann taucht zunächst ein rudimentäres Selbst und noch keine Beziehung zu anderen auf.

Nehmen die Dinge einen normalen Verlauf, so ist es stets die Mutter, die den Teil der Realität bildet, für den sich der Säugling zuerst interessiert. Das aber täuscht einen leicht über die Tatsache hinweg, daß es nicht die Beziehung zur Mutter ist, sondern daß es die Reaktionen des Säuglings und die entsprechenden Gegenreaktionen sind, die sein Interesse wecken. Damit die Entwicklung des Selbst überhaupt in Gang kommen kann, bedarf es zumindest dieses Interesses an der Realität sowie der Erfahrung, daß man selbst etwas für sein Leben tun kann.

Bei Marcia fand diese Entwicklung eines Selbst durch ihren Körper mit seinen Ausscheidungsfunktionen und durch ihr Fingerspielverhalten statt, das sozusagen eine Erweiterung ihres Körpers war.

Einer der ersten Schritte, die sie unternahm, um eine eigene Existenz zu behaupten, war die Tatsache, daß sie sich beim Defäkieren selbst beschmutzte. Es war dies kein Geschenk, das sie uns gab, dazu war sie zu ängstlich, noch ein Schritt hin zur Kommunikation – es war lediglich eine starrsinnige und herausfordernde Selbstbehauptung. Der nächste Schritt bestand darin, daß sich aus ihrem autistischen Fingerspiel ihre ersten Bemühungen entwickelten, einen Teil der äußeren Realität (Sand) für sich zu nutzen. Bei diesem Bemühen gesellten sich zur kinästhetischen Sinnesempfindung des Fingerschüttelns neue Tastempfindungen hinzu, die von außen kamen.

Jede neue Leistung bei der Bewältigung der Realität war im engsten Umkreis der autistischen Position angesiedelt, und jede Frustration führte zum sofortigen Rückzug. In diesem Fall beinhaltete der Beginn des Selbst also Marcias Erkenntnis und aktive Verwertung einiger Einzelaspekte der Realität. Spricht man jedoch von einem Selbst, so bedeutet das eine begriffliche Vorstellung von einem Daseinszustand, der der Fähigkeit der Begriffsbildung vorausgegangen sein muß. Es wäre richtiger, wenn wir sagten, daß Marcia, die ein autistisches Etwas gewesen war, nun, da sie Dinge nach ihrem eigenen Willen unternahm, ein Jemand wurde.

Erst jetzt gelangten andere Dinge in ihre Welt. Das geschah bezeichnenderweise in einem Spiel, bei dem Fluchtverhalten und der Wunsch nach Kommunikation zusammenwirkten. Bei diesem simplen Fangenspielen mußte der Erwachsene Marcia verfolgen, ohne daß er sie jedoch fangen durfte. Dieses Spiel kannte keine Wechselseitigkeit, und das bißchen an Sprache, das Marcia in diesem Stadium benutzte, diente nicht der Kommunikation, sondern war eine echolalische Reaktion – ein Merkmal übrigens, das typisch für den Autismus ist.

Von diesem Punkt an stießen wir auf keine saubere Abfolge von Entwicklungsschritten, sondern auf das glatte Gegenteil: Marcia entwickelte sich in verschiedene und manchmal sogar widersprüchliche Richtungen.

So tat sie den Schritt hin zu positiven Objektbeziehungen, der gekoppelt war mit einer Bewältigung der Außenwelt. Aber Hand in Hand damit gingen Aggression und Symptombildung. Wenn ich hier von Symptombildung spreche, so impliziere ich nicht, daß die autistische Abkapselung nicht auch als ein Symptom gesehen werden kann. Doch ist dieses »Symptom« so allgegenwärtig, daß ich es nur ungern als ein solches bezeichne. Die Symptome, die ich hier meine, referieren Einzelaspekte der Realitätsbewältigung und Abwehr, Aspekte also, die sie entwickelte, nicht um mit dem Leben als Ganzes, sondern um mit besonderen Problemen fertigzuwerden.

Erst als Marcia versuchte, Probleme zu lösen, begann sie sich wirklich für eine andere Person zu interessieren. Gleichzeitig mit diesem Prozeß erfolgten Aggressionen und die Fähigkeit der symbolischen Darstellung, des echten Denkens also. Wenn das Individuum anfängt, sich für die Welt zu interessieren, beginnt es offenbar auch Zuneigung für eine oder mehrere Personen zu empfinden, denn es sind die Personen, die unter allem, was Nicht-Selbst ist, am stärksten herausragen. Doch dann wendet das Individuum seine Aufmerksamkeit verstärkt der Welt zu, indem es seine Aggressionen gegen diese richtet. Aber vielleicht ist dieser ganze Prozeß wesentlich primitiver. Vielleicht kann das Individuum erst dann Frustration erleben und wütende und zerstörerische Reaktionen äußern, wenn es in der Lage ist, Zuneigung zu erleben. Erst wenn sich ein Mensch unablässig um das autistische Kind mit seinen positiven Emotionen kümmert, interessiert sich dieses Kind für die Außenwelt. Freilich ist mit diesem Interesse untrennbar die Möglichkeit der Frustration verbunden, ganz gleich, ob solche Versagung durch Objekte oder menschliche Beziehungen geschieht.

Erst als Marcia erlebt hatte, wie es ist, wenn man sich an jemandem festhalten oder anklammern kann, erst als sie dieses Vergnügen, diesen Genuß erlebt hatte, konnte sich ihr Selbst fortentwickeln. Zunächst aber versuchte sie, diesen Genuß einzubehalten und ihre Abkapselung nicht aufzugeben. Sie versuchte mit ihrer Beraterin auf symbiotische Weise zu verschmelzen, und die Tatsache, daß sie bei diesem Versuch scheiterte, setzte sie in die Lage, die Realität zu erkennen – sie entdeckte, daß die bemutternde Person ein Geschöpf für sich war, und das gleiche traf auf sie selbst zu.

Persönlichkeitsentwicklung scheint also ein dialektischer Prozeß zu sein. Wenn die Individuation des Menschen einsetzt, zeichnen sich entgegengesetzte Tendenzen ab. Erst wenn wir einen Teil unseres ichbezogenen Interesses in ein Interesse für andere verwandeln, entwickelt unser eigenes Selbst eine Tiefenstruktur. Wenn wir einige Personen zu lieben beginnen, beginnen wir gegenüber anderen Haß und Eifersucht zu empfinden. Erst wenn der Mensch zu einem umfassenderen Verständnis seiner Mitmenschen gelangt, entwickelt er sich zu einem differenzierteren Individuum.

Marcia erreichte dieses Entwickungsstadium mit fünfzehneinhalb Jahren. Nun war sie sich der ganzen Bandbreite ihrer Gefühle bewußt und konnte eine Beziehung eingehen, die von tiefer emotionaler Bedeutung für sie war. Doch ihre geistigen Fähigkeiten entsprachen so gar nicht diesem reichen Gefühlsleben, das zu führen sie nun in der Lage war. Ihre Lesefähigkeit war kaum entwickelt, und ihre Fortschritte auf diesem Gebiet waren sehr langsam.

Daß sie diesen Stand überhaupt erreicht hatte, hätte uns ermutigen sollen, denn immerhin hatte Marcia erst vor drei Jahren mit dem »Vorschulunterricht« begonnen. Doch eben wegen der gewaltigen emotionalen Fortschritte, die sie gemacht hatte, war sie nun über die Tatsache, daß ihre geistige Entwicklung nicht Schritt hielt, schrecklich enttäuscht. In diesem Punkt ähnelt ihre Geschichte der Entwicklung anderer stummer autistischer Kinder, die wir bei uns gehabt haben. Bei sprechenden autistischen Kindern liegt der Fall dagegen völlig anders. Zwar ist es offenbar möglich, dem stummen autistischen Kind sein ganzes Gefühlsleben zurückzugeben und ihm seine ganze libidinöse Energie zugänglich zu machen, doch trifft dasselbe auf seine Realitätsbewältigung, auf sein Ich nicht zu.

Zu Beginn des ersten Kapitels sprach ich von der biologischen Uhr, die unseren physischen Reifungsprozeß zu beherrschen scheint. Ich kann nun feststellen, daß bei der Entwicklung unseres Gefühlslebens kein biologisches Zeitmaß am Werk zu sein scheint, während wir einem solchen Zeitmaß wiederum bei der geistigen Entwicklung, die sich auf das Gefühlsleben stützt, begegnen. Hat das Kind die erforderlichen emotionalen Erfahrungen vor dem Beginn der Pubertät nicht gemacht – das heißt zu einer Zeit, in der diese Erfahrungen zur vollen Entfaltung seiner geistigen Fähigkeiten oder seines Ichs unerläßlich sind – sieht es sich in seiner Entwicklung gestört, obwohl es seine emotionale Entwicklung aufholen kann. Das ist die Lage der Dinge – zumindest so lange es uns nicht gelingt, diese Schwierigkeit bei der Behandlung autistischer Kinder auszuschalten.

Als Marcia das emotionale Potential zur Erlangung eines Selbst erlangt, als sie alle wichtigen Bestandteile zur Errichtung dieses Selbst zusammengetragen und in sich selbst vorbereitet hatte, indem sie ihr Selbst vom Nicht-Selbst befreite – da war es leider zu spät. Sie konnte dieses Potential nicht mehr in faktische Wirklichkeit umsetzen.

Ich wollte mit Marcias Geschichte veranschaulichen, wie die Trennung vom Nicht-Selbst zum Auftauchen des Selbst führt. Dabei müssen wir es im Augenblick bewenden lassen.

Inwieweit würde Marcia an den Fortschritten, die sie gemacht hatte, festhalten können? Als wir uns diese Frage stellten, war die Antwort noch nicht abzusehen.

Die erste Person, die für Marcia an der Schule wichtig geworden war, war Inge gewesen. Sie war es, die erheblich dazu beitrug, daß Marcia auftaute, und mit ihr spielte Marcia ihr erstes Fangenspiel. Inge heiratete und verließ die Schule ungefähr fünf Jahre nachdem Marcia zu uns gekommen war. Zwei Jahre danach verließ uns Karen, die Marcias Hauptstütze gewesen war. Als Inge gegangen war, trauerte ihr Marcia einige Zeit lang nach, und als Karen ging, war ihre Trauer noch größer. In diesem Fall befürchteten wir, sie könnte alles, was sie an Fortschritten gemacht hatte, wieder einbüßen, aber das war nicht der Fall. Sie war drei Monate lang sehr niedergeschlagen und zeigte sich ziemlich aggressiv, ja fast gewalttätig, als sie diese Depression überwunden hatte. Doch das dauerte nicht lange, und nach sechs Monaten war sie wieder die alte – sie hatte kaum irgendeinen Schaden davongetragen und fuhr fort, kleinschrittchenweise Fortschritte zu machen. Das ließ uns hoffen, daß sie bei Beendigung der Behandlung das Hinüberwechseln ins Elternhaus ohne Schaden überstehen würde. Zumal sich ihre Eltern in der Zwischenzeit sehr verändert hatten: Marcia lag ihnen nun sehr am Herzen, und sie waren bereit, ihr das behütete Leben zu geben, das sie brauchte.

Die Hoffnungen, die wir in bezug auf Marcia und die Ergebnisse unserer Arbeit hegten, waren vielleicht zu hoch gegriffen, zu unrealistisch. Es kommt uns grausam vor, daß wir das, was wir für ein klein wenig jüngere Kinder tun konnten, bei Marcia nicht zu tun in der Lage waren. Aber zumindest hatte sie ein Stadium erreicht, in dem ein behütetes Leben außerhalb einer Anstalt eine echte Möglichkeit geworden war, und ihre Eltern waren bereit, diese Möglichkeit zu verwirklichen.

Marcia konnte einfache Aufgaben erledigen, sie konnte für sich selbst sorgen und sich im Haushalt nützlich machen. Sie gab sehr auf ihre Kleider und auf ihren Besitz acht und arbeitete gern in der Küche und im Speisesaal. Aber was vor allem zählte, war, daß dieses einst innerlich völlig erstarrte Mädchen, das nicht die geringste Reaktion geäußert hatte, nunmehr voller Leben und voller Gefühle war – voll der richtigen Gefühle allerdings. So hatten wir sie denn, um auf Thomas Hardy zurückzukommen, in einer Zeit umworben, in der sie das Leben nicht liebte, doch

. . . ungereimt erschien die Ausflucht; auch erlag sie
Dem Schmeicheln jener Melodie,
So daß auch ich nun mich erwärmte
Und fades Abseits gegen Menschennähe tauschte.

Joey

Meine Freude, mein Kummer, meine Hoffnung, meine Liebe,
Sie regten sich zuhauf im selben Kreis.
Ein enger Raum.

Edmund Waller

In den Jahren, die Joey bei uns an der Schule verbrachte, wurde er hingebungsvoll umsorgt von den Beratern und Lehrern Fae Lohn Tyroler, Louis Harper und Barbara Beachy – dieser Reihenfolge entspricht ihre jeweilige Bedeutung. Ihnen ist es in erster Linie zu verdanken, daß sich Joeys Zustand besserte, und daß die entsprechenden Beobachtungen, auf denen dieser Bericht basiert, angestellt wurden. Doch selbstverständlich gebührt unser Dank in diesem Zusammenhang auch allen anderen beteiligten Mitarbeitern.

Der allerersten Beschreibung eines autistischen Kindes können wir entnehmen, daß das Kind in seinem zweiten Lebensjahr »eine Manie für sich drehende Gegenstände sowie für Pfannen und andere runde Objekte entwickelte« und später Dreiräder und ähnliche Fahrzeuge derart verabscheute, daß es »fast ein Entsetzen« gegen sie zu empfinden schien (Kanner, 1943). Die Faszination für sich drehende Objekte ist seither eines der Merkmale, die eine Diagnose des infantilen Autismus ermöglichen. Dieser Kreis, in dem sich die Kinder endlos um sich selbst drehen, ist die kleinste und schlimmste aller Welten. Aber zumindest rotiert die Welt um den Betroffenen, gehört sie ihm. Die Grenzen dieser Welt zu überschreiten, und sei es auch nur auf einem Dreirad, hieße das Verhängnis herausfordern.

Im Gegensatz zu Laurie und Marcia handelte es sich bei Joey um ein sprechendes autistisches Kind. Das heißt Joey sprach, ohne jedoch zu kommunizieren. Während sich beide Mädchen erst um eine gewisse Autonomie bemühen mußten, hatte Joey diesen Kampf nie völlig aufgegeben. Da ihm die Welt, die er um sich herum vorfand, nicht einmal ein winziges Maß an Autonomie einräumte, schuf er sich eine eigenständige und gesonderte Welt. Da ihm die Welt menschlicher Wärme verschlossen war, so daß Fühlen für ihn das gleiche bedeutete wie Verletztwerden, schuf sich Joey eine Welt, in der Gefühle keinen Platz hatten. Doch da sich ständig irgendwelche

Dinge zutragen, mußte es eine Welt sein, in der Dinge geschehen konnten, ohne daß irgendwelche Gefühle einbezogen waren. Es mußte eine Maschinenwelt sein.

An anderer Stelle (1960) habe ich mich mit der Tatsache auseinandergesetzt, daß die Wahnvorstellungen der autistischen Person die Hoffnungen und Ängste der Gesellschaft, in der sie lebt, widerspiegeln, während alle Psychosen auf einen innerpersönlichen Konflikt zurückzuführen sind. Indem ich die Wahnvorstellungen von heute mit denen des Mittelalters verglich, behauptete ich, man habe damals sogar den Satan als eine – wenn auch verzerrte – Person gesehen. Was in unserem Maschinenzeitalter völlig neu ist, ist die Tatsache, daß weder Erlöser noch Vernichter menschenähnliche Züge tragen. Die typische moderne Wahnvorstellung ist in der Überzeugung zu suchen, man werde von einer Maschine gesteuert.

So wie die Engel und Heiligen eines tief religiösen Zeitalters uns helfen können, die größten Hoffnungen des Menschen von damals auszuloten, während die Gestalt des Teufels die Ängste der damaligen Zeit offenbart, scheinen auch die Wahnvorstellungen, die heute die Maschine zum Gegenstand haben, ein Wahrzeichen dafür zu sein, was wir hoffen oder was wir befürchten, daß die Maschine für uns tun oder uns antun könnte. Unter diesem Gesichtspunkt kann man Joeys Geschichte auch als ein warnendes Märchen betrachten.

Als wir Joey kennenlernten, sah er für seine neuneinhalb Jahre sehr klein und zerbrechlich aus. Dieser erschreckend dünne Körper schien nur aus Augen zu bestehen, aus dunklen kummervollen Augen, die leer vor sich hinstarrten. Wenn er überhaupt handelte, schien er wie ferngesteuert zu funktionieren – ein »mechanischer Mensch«, gesteuert von Maschinen, die er selbst geschaffen hatte aber nicht mehr kontrollieren konnte.

Ein menschlicher Körper, der wie eine Maschine arbeitet, und eine Maschine, die menschliche Funktionen erfüllt – das ist beides eine unheimliche Sache, die einem noch unheimlicher vorkommt, wenn es sich bei dem betreffenden Körper um den eines Kindes handelt. Ein solcher Anblick ist vor allem deshalb gespenstisch, weil ein Kind der Natur näherzustehen scheint als ein Erwachsener und weil Kindheit einen Prozeß der Entfaltung und des natürlichen Wachstums impliziert, wobei nun all diese Dinge durch mechanisches Verhalten negiert werden. Joey aber war ein Kind, dem alles abging, was wir als menschlich und kindlich ansehen, und so hatte man bei ihm das Gefühl, als bewege er nicht Arme oder Beine, sondern Streckmuskeln, die durch Schaltungen in Gang gesetzt wurden. Andererseits war sein Verhalten auch nicht das eines dahinvegetierenden Tieres. Hinter allem, was er tat, spürte man Spannung und Zielgerichtetheit, aber auch eine Komplexität, die er selbst offenbar nicht zu begreifen vermochte. Nur war es so, daß uns diese Komplexität und diese Spannungen nicht als menschliche Äußerungen erreichten. Joeys Spannungszustand erinnerte vielmehr an einen mit Starkstrom geladenen Draht oder an ein Stahlkabel, das bis zum Zerreißpunkt angespannt ist.

Joey war in vieler Hinsicht typisch autistisch. Aber während er ganz das Verhalten zeigte, das wir dieser Störung zuschreiben, würde sogar eine vollständige Aufzählung seiner Symptome kein getreues Bild vermitteln. Die Literatur, die sich mit autistischen Kindern befaßt, geht stets von normalen oder anomalen *menschlichen* Geschöpfen aus. Doch wenn wir Joey während seiner ersten Jahre bei uns gerecht werden wollen, so können wir ihn nur mit zwei Dingen zugleich vergleichen – mit einem unbeholfenen Kleinkind und einer komplizierten Maschine. Häufig mußten wir uns die Tatsache, daß wir ein Kind in ihm zu sehen hatten, erst wieder ins Bewußtsein rufen. So lange wir unsere Aufmerksamkeit nicht auf ihn richteten, schien er sich in ein Nichts aufzulösen. Dasselbe passiert uns gewöhnlich bei Haushaltsgeräten, die unbeachtet in der Wohnung herumstehen, wenn wir sie nicht gerade benutzen. Dieser Maschinenjunge war nur unter uns und bei uns, wenn er arbeitete; doch wenn er nichts tat, besaß er keine Existenz. Obwohl eben noch nicht »da«, schien sich Joey im nächsten Augenblick in eine Maschine zu verwandeln, die sich stampfend drehte und bewegte und uns als solche, ob wir es wollten oder nicht, faszinierte.

Doch war Joey nicht fortwährend »nichtexistent« wie das einige unserer völlig abgekapselten oder stummen autistischen Kinder sind, und auch so unterhuman wie andere autistische Jungen war er nicht, die man ihrer Wildheit und Grausamkeit wegen mit Tieren verglichen und als »verwilderte Kinder« bezeichnet hat. Joey war weder eine reduzierte menschliche noch eine tierähnliche Existenz. Er war »wirklich«, das kann man sagen, doch war seine Wirklichkeit eine Maschinenwirklichkeit.

Es gab die Augenblicke, in denen eine lange Zeitspanne der Nichtexistenz unterbrochen wurde von dieser Maschine, die nun startete und in immer höhere Gänge schaltete, bis der Höhepunkt erreicht wurde, der mit einer gewaltigen »Explosion« endete. Dieser Vorgang spielte sich mehrere Male pro Tag ab und endete stets damit, daß Joey plötzlich eine Radioröhre oder eine Glühbirne zerschmetterte. Er hatte eine bemerkenswerte Fähigkeit, sich solche Röhren zu beschaffen oder Glühbirnen herauszudrehen, ehe wir merkten, was los war. Stand ihm kein derartiges Objekt zur Verfügung, begnügte er sich mit einer Flasche oder mit Gegenständen, die leicht zu zerschmettern waren.

War die Zeit gekommen, um die Welt wieder einmal in die Luft zu jagen, verwandelte sich dieses Kind, das eben noch völlig still, stumm und regungslos gewesen war, mit einem Schlag in einen Berserker und rannte wild herum und brüllte: »Peng! Peng!« oder »Explosion!« und zerschmetterte eine Glühbirne oder einen Motor. War der geschleuderte Gegenstand zerbrochen und der entsprechende Lärm gestorben, so war auch Joey gestorben. Übergangslos war er in seine Nichtexistenz zurückgekehrt. War die Maschine einmal explodiert, war nichts mehr übrig – keine Bewegung, kein Leben.

In den ersten Wochen, die Joey bei uns verbrachte, beobachteten wir ihn genau – zum Beispiel wie er den Speisesaal betrat. Zuerst entledigte er sich einer unsichtbaren Drahtspule, die ihn mit seiner elektrischen Energiequelle verbinden würde. Dann spulte er diesen unsichtbaren Draht ab und legte ihn bis zum Eßtisch, um sich dort zu isolieren. Nun steckte er den unsichtbaren Draht in die Steckdose. (Er hatte versucht echten Draht zu benutzen, doch das durften wir nicht zulassen, denn er hätte sich dadurch einen Schaden zufügen und wir hätte über die auf dem Fußboden ausgelegten Drähte stolpern können.) Diese unsichtbaren elektrischen Leitungen mußte er legen, bevor er aß, weil sein Verdauungsapparat nur mit Strom funktionierte. Er führte dieses Ritual derart geschickt aus, daß man schon zweimal hinschauen mußte, um sich zu vergewissern, daß er tatsächlich keinen Draht, keinen Stecker und keine Steckdose benutzte. Seine Pantomime war so gekonnt und seine Konzentration derart ansteckend, daß die, die ihm dabei zuschauten, ihre eigene Existenz zu vergessen schienen und zu Augenzeugen einer anderen Realität wurden. Ähnliche Leitungen mußten gelegt werden, bevor er schlafen, spielen, lesen konnte.

So wie der Säugling den Kontakt zur Mutter herstellen muß, um gestillt zu werden, mußte Joey den Kontakt zur Elektrizität herstellen, bevor er funktionieren konnte. Die Elektrizität, die durch den Draht fließt, ließ er durch seinen Körper fließen. So verband er sich mit einer Energiequelle, die mehr Energien barg als er selbst, ähnlich wie das Kind im Arm der Mutter Teil eines größeren Kreislaufs wird und den Kontakt zu einer stärkeren Energiequelle herstellt.

So wie keiner von uns die stillende Mutter und ihr Kind stören möchte, weil hier ein lebenspendender Kreislauf am Werk ist, bemühten sich unsere Kinder und unsere Mitarbeiter unwillkürlich, nicht auf Joeys unsichtbare Drähte zu treten, damit der Strom nicht unterbrochen und seinem Leben kein Ende gesetzt wurde.

Sogar unsere Hausangestellten, die sich, was die sonderbaren Verhaltensweisen unserer Kinder anlangt, ein dickes Fell zugelegt hatten, machten bei Joey, dessen kindliche Zerbrechlichkeit sie beeindruckte, eine Ausnahme. Sein spindeldürrer Körper mit den vorstehenden Rippen und sein verlorener, ausgehungerter Gesichtsausdruck standen in einem seltsamen Kontrast zu seiner megalomanischen Erhabenheit, eine Haltung, die er aus der Macht der Maschinen bezog. Joey hatte an seinem Bett einen komplizierten Apparat befestigt, eine Art Wagenmotor, der ihn, wenn er schlief, in Gang hielt. Dieser Atmungsapparat bestand aus Abdeckband, Karton, Draht und anderem Krimskrams. Gelegentlich geschah es, daß Teile dieses Apparats zu Boden fielen. Unsere Putzfrauen hoben gewöhnlich alles, was sie auf dem Fußboden fanden, auf und legten es auf einen Tisch, damit die Kinder es dort fänden; fanden sie jedoch Teile von Joeys Apparat am Boden, so befestigten sie diese wieder sorgfältig, denn »Joey braucht seinen Karburator, um zu atmen« (Abb. 10 und 11).[1] Der Automotor versorgte ihn mit Kraft und der »Karburator« ermöglichte ihm das Atmen. Genauso hoben sie für ihn sorgfältig die Auspuffrohre auf, durch die er ausatmete, oder die Motoren, die seinen Verdauungsapparat in Gang hielten.

Auch die Kinder, bei denen er lebte – daß er mit ihnen lebte, konnte man kaum von ihm behaupten – nahmen Rücksicht auf ihn. Obwohl sie nicht immer so hilfsbereit wie unsere Putzfrauen waren, machten sie um Joeys Dinge vorsichtig einen Bogen. Spontan machten sie Platz für seinen Apparat, auch dann noch, als dieser nur mehr aus einem Stück Karton bestand. »Rück zur Seite«, sagten sie, »siehst du denn nicht, daß du an Joeys Transistor stößt?« Und sie machten Platz für einen Transistor, den sich Joey aus leerem Raum geschaffen hatte.

[1] Eine Vorstellung von unserer Scheu und von unserer Zurückweisung des Unheimlichen vermittelt die Tatsache, daß es uns nicht gelungen ist, von den ausgeklügeltsten Apparaten, die Joey schuf, um Geist und Körper am Leben zu erhalten, irgendwelche Aufnahmen zu machen. Erst als diese Phase Joeys im Abklingen begriffen war, waren wir vernünftig genug, diese Apparate zu fotografieren. Leider zeigen die beiden Abbildungen die Maschinerie in einer bereits sehr reduzierten Form, zu einer Zeit nämlich, als Joey bereits eineinhalb Jahre bei uns war.

Abbildung 10: Joeys Automotor, der ihn mit Energie versorgte, und am Fuß des Bettes der »Karburator«, der ihn atmen ließ, und der Motor, der seinen Körper in Gang hielt.

Abbildung 11: Nahaufnahme des Kopfbrettes von Joeys Bett. Linkerhand das Steuer, Mitte unten die Batterie, die den Lautsprecher rechterhand betrieb, sowie andere Teile der Maschine, die Joey, wenn er schlief, funktionsfähig erhielt. Der »Lautsprecher« ermöglichte es Joey, nicht nur zu sprechen, sondern auch zu hören.

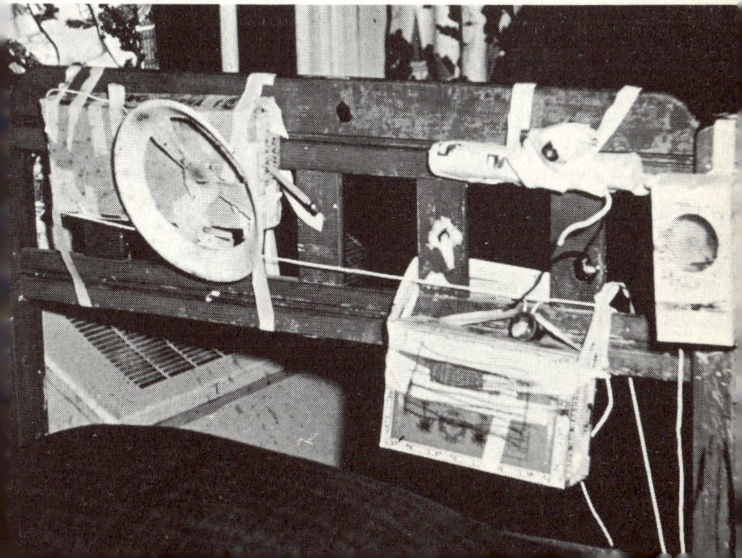

Wir hatten es also mit einem Roboter zu tun – allerdings mit einem hilflosen, denn aus allen seinen Handlungen spürten wir die totale Verzweiflung heraus. Doch kam es häufig vor, daß Joeys Verhalten nicht nur unsere therapeutischen, sondern auch unsere alltäglichen Reaktionen lähmte. Es war, als verlören wir dadurch, daß wir ihn beobachteten und ihm gefühlsmäßig in seine mechanische Welt zu folgen versuchten, selbst etwas von unserer Menschlichkeit. In seiner autistischen Welt konnten wir ihm nicht einmal zu Gefährten werden.

Daß schizophrene, vor allem aber autistische Kinder ein Vakuum um sich herum schaffen können und daß sie sich in ihren Wahnvorstellungen oder in leerläufigen Betätigungen völlig abkapseln können, ist eine so reichlich dokumentierte Tatsache, daß wir sie kaum mehr zu erwähnen brauchen. Aber Joey besaß die zusätzliche Fähigkeit, die Faszination derjenigen zu wecken, die ihn in seinem Vakuum beobachteten, und sie momentan dahingehend zu überzeugen, daß er tatsächlich eine Maschine war.

Vielleicht handelten wir in einer Art Selbstschutz gegen diese unheimliche und entmenschlichende Erfahrung, und vielleicht war unser Handeln auch darauf zurückzuführen, daß unsere intensivsten Bemühungen, mit ihm zu kommunizieren, an seinem maschinenartigen Wesen scheiterten. Und alle, die sich ihm freundlich näherten, darunter auch seine Eltern, versahen diesen mechanischen Jungen schließlich mit den Röhren und Motoren, die anscheinend eine Lebensnotwendigkeit für ihn waren, wichtiger noch als jegliche Zuneigung.

Rückblickend fällt es uns leicht zu erkennen, was es uns so schwer machte, ihm nahezukommen. Wir alle hegen Gefühle gegenüber der Macht, die unsere Maschinen ausüben: in diesem Atomzeitalter haben wir allen Grund zu der Befürchtung, daß unsere eigenen Erfindungen uns zerstören werden. Joey war ein krasses Beispiel dafür, daß das bereits geschehen war. Joey hatte seine Selbstkontrolle an Maschinen abgegeben; er war der lebende Beweis dafür, daß unsere Befürchtungen nicht unbegründet waren. Hier liegt auch der Grund, wieso sein sonderbares Sprechen, sein Verhalten und später seine Zeichnungen nur eine vage Vorstellung von der Schockqualität geben können, die wir in seiner unmittelbaren Gegenwart erlebten. Und hier liegt auch der Grund, weshalb seine Wahnvorstellungen auf uns, die wir doch viele autistische Kinder erlebt hatten, eine Wirkung hatten, wie sie noch kein anderes Kind gehabt hatte. Diese Wirkung läßt sich nicht beschreiben. Ich kann höchstens sagen, daß unsere Fähigkeit, als Menschen mit ihm zu kommunizieren, dadurch, daß wir ihn beobachteten, ganz erheblich litt.

Unsere Faszination war häufig morbide statt vital. Doch konnten wir ihn nur durch solche Vitalität erreichen. Diese sonderbare Faszination hatte auch mit der Frage zu tun, was der Zweck dieser Maschine war, eine Frage, in der sich die unausgesprochene Angst unseres Zeitalters wiederspiegelte: Dienen Maschinen immer noch menschlichen Zwecken oder laufen sie heute bereits ohne Sinn und Zweck? Oder schlimmer noch: verfolgen sie bereits ihre eigenen Absichten, die wir nicht mehr kennen noch kontrollieren?

Joeys Frühgeschichte

Die Lebensbedingungen, die Joey veranlaßten, sich in eine mechanische Vorrichtung zu verwandeln, setzten bereits vor seiner Geburt ein. Bei seiner Geburt hielt ihn seine Mutter »eher für ein Ding als für eine Person«. Aber auch davor schon hatte er offenbar wenig Eindruck gemacht. »Ich hab nie gewußt, daß ich schwanger war«, sagte sie, womit sie meinte, daß ihre Schwangerschaft ihr Leben nicht verändert hatte. Auch seine Geburt »änderte nichts«.

Beide Elternteile hatten eine enttäuschende Liebesgeschichte erlebt, bevor sie sich entschlossen zu heiraten. Die Mutter hatte einen Mann geliebt, der vor kurzem im Luftkrieg (des Zweiten Weltkrieges) ums Leben gekommen war. Beide Elternteile hatten einen Partner verloren, an dem sie sehr gehangen hatten, und beide meinten, jetzt könne nur noch eine vernünftige Partnerwahl helfen. Eine solche Beziehung war zwar weniger aufregend, aber auch weniger schmerzhaft und weniger risikoreich.

Beide Eltern hatten, als sie heranwuchsen, Schwierigkeiten gehabt. Die Jugend der Mutter war recht stürmisch verlaufen. Es hatte eine Zeit gegeben, in der sie sich weigerte, zur Schule zu gehen, in der sie keine Freunde beziehungsweise Freundinnen hatte und in einer ständigen Angst vor Ohnmachtsanfällen lebte. Ihre Mutter suchte mit ihr einen Psychiater auf, und obwohl das Mädchen die Behandlung nicht weiterführte, konnte es an die *High School* zurückkehren, die es schließlich erfolgreich absolvierte.

Auch Joeys Vater hatte an der *High School* Schwierigkeiten und schwänzte häufig die Schule. Doch als er sein Elternhaus verlassen hatte und eine Art Internat besuchte, ging es ihm wesentlich besser.

Auch am College, bei der Armee und später im Berufsleben zeichnete er sich aus.

Das junge Ehepaar erwartete von seiner Ehe vor allem eines: beide wollten ihren ungeteilten persönlichen Schmerz vergessen. Da sie noch nicht fähig waren, einander echten Trost zuteil werden zu lassen, versuchten sie sich von ihrem vergangenen Unglück und den schwierigen Verhältnissen der Kriegszeit dadurch abzulenken, daß sie sich in ein hektisches Gesellschaftsleben stürzten. Die Schwangerschaft der Mutter war kein Grund, diesem Leben ein Ende zu machen. Die Geburt verlief ohne Komplikationen, und die Mutterschaft änderte auch nicht viel, weil Joey »ein gutes Baby war«. Oder genauer gesagt: die Mutter ließ sich von ihrem Säugling nicht weiter beeindrucken.

Keiner der beiden Elternteile war emotional auf das Kind vorbereitet. Aber dasselbe traf damals auf viele Eltern zu, vor allem auf die Ehen, die sofort nach dem Kriegsdienst des Mannes geschlossen worden waren. Zum Glück beginnen die meisten Eltern, die ein Kind bekommen haben, einen Wandel durchzumachen. Doch bei Joey war das nicht der Fall. Im Gegenteil: während sich die Mutter während des Krieges über die Vorstellung, ein Kind zu haben, gefreut hatte, war sie nun, als ihr Baby geboren war, über die neue Verantwortung, die da auf sie zukam, entsetzt. Wie gelähmt von der Angst, sie würde eine schlechte Mutter abgeben, wollte sie mit dem Säugling nichts zu tun haben. In einem Akt der Selbstverteidigung mußte sie ihre emotionale Besetzungsenergie an diese Angst binden. Was diese Mutter uns später erzählt hat, sollte nicht als eine Gleichgültigkeit gegenüber dem Kind, sondern als ein Überlebenskampf in einer Krise interpretiert werden.

Im Krankenhaus wollte sie Joey, als dieser geboren war, nicht sehen. »Ich wollte ihn nicht stillen. Ich empfand kein wirkliches Gefühl der Abneigung – ich wollte einfach nicht für ihn sorgen« – aber nicht aus einer Fahrlässigkeit heraus, sondern weil sie das Gefühl hatte, dem nicht gewachsen zu sein. So aber wurde Joey in dieser Welt nicht mit Liebe noch mit Zurückweisung noch mit Ambivalenz willkommen geheißen. Aus reiner Angst heraus wurde er ebenso simpel wie vollständig ignoriert.

In der Klinik ging es Joey gut, doch das änderte sich, als er nach Hause kam. Die ersten drei Monate seines Lebens »schrie und weinte er die meiste Zeit«. Er war ein Säugling, der zu Koliken neigte, man hielt sich an einen strikten Vier-Stunden-Fütterungsplan und niemand gab sich mit ihm ab oder spielte mit ihm, niemand umarmte oder liebkoste ihn. Joey war bei seiner Geburt ein starkes und gesundes Kind gewesen, doch entwickelte er nun ein Verhalten, bei dem er rhythmisch mit dem Kopf schlug.

Um diese Zeit wurde der Vater versetzt, und die Mutter zog für einige Zeit mit einer anderen Soldatenfrau zusammen. Die Ängste und Spannungen zwischen den beiden Ehepartnern nahmen zu, was zum Teil auf ihre Beziehung, zum Teil auf den Krieg zurückzuführen war. Die Mutter litt unter körperlicher Erschöpfung und beschäftigte sich mit sich selbst, so daß Joey in seinem Kinderbett oder Laufstall allein blieb. Einige Monate später zog sie wieder zu ihrem Mann, aber die inneren Spannungen und die Ungewißheit des Krieges nahmen kein Ende. Dazu kam noch die schlechte Gesundheit der Mutter (sie behauptete, »einige Zeit lang mit einer Lungenentzündung auf den Beinen gewesen zu sein«) und daraus resultierte »die schwierigste Zeit für beide von uns«. Die Gereiztheit des Vaters entlud sich häufig gegen den Säugling, und wenn der Säugling nachts weinte, wurde er bestraft. Dann wurde der Vater nach Europa versetzt.

Als er abgereist war, zog die Mutter mit dem eineinhalbjährigen Joey zu ihren Eltern. Bereits als sie einzogen, bemerkten die Großeltern eine auffällige und unheilverheißende Veränderung an dem Jungen. Sie waren betroffen von seinem abweisenden Verhalten, das unangenehm von seiner früheren Aufgeschlossenheit abstach. Er war völlig mit Maschinerien und Mechanismen beschäftigt, vor allem mit einem elektrischen Ventilator, den er mit einem Jahr von seinen Eltern bekommen hatte. Dieses Gerät konnte er mit erstaunlicher Fingerfertigkeit auseinandernehmen und wieder zusammensetzen. Dieses Interesse ließ sich durch die Tatsache erklären, daß er, wenn sein Vater ankam oder abreiste, häufig zum Flugplatz mitgenommen wurde; das aber waren Ausflüge, die für ihn von großer Bedeutung waren. Sein Interesse für Ventilatoren war zuerst auf dem Flughafen geweckt worden. Doch die Sonderbarkeit dieses Spielzeugs und die Ungewöhnlichkeit dieses Interessengebietes fielen den Eltern auch in den nächsten Jahren nicht auf, ebensowenig wie sie das Gefahrensignal beobachteten, das darin bestand, daß Joeys Sprache sich nur an ihn selbst richtete.

Angesichts der abwehrenden Distanz, die die Eltern zu Joey, zueinander und zum Leben überhaupt hielten, verwunderte es uns nicht, daß wir in Joeys frühe Jahre kaum Licht bringen konnten. Aber immerhin erfuhren wir etwas über den Prozeß, durch den Joeys ursprünglich normale Sprache autistisch geworden war.

Da Joey in einem solch emotionalen Vakuum lebte, wurde seine Sprache Schritt um Schritt abstrakt, entpersönlicht, beziehungslos. Er verlor die Fähigkeit, Personalpronomen richtig zu benutzen und benutzte sie später überhaupt nicht mehr. Joeys Fall belegt, daß es nicht Unfähigkeit, sondern eine Entscheidung ist, die diese Kinder ihre autistische Sprache entwickeln läßt. Da Goldstein (1959) und andere im infantilen Autismus die Unfähigkeit zum abstrakten Denken gesehen haben, möchten wir ein gegenteiliges Beispiel aus der Entwicklung Joeys anführen. Allerdings ein Beispiel, das sich durch die für den Autismus typische individuelle Besonderheit auszeichnet.

Joey hatte Nahrungsmittel zunächst richtig bezeichnet, indem er sie »Butter«, »Zucker«, »Wasser« und so weiter genannt hatte, doch hatte er derartige Benennungen später aufgegeben. Stattdessen faßte er bestimmte Nahrungsmittel in neuen Gruppierungen zusammen, die die jeweils nährende Eigenschaft nicht berücksichtigten. Nun nannte er Zucker »Sand«, Butter »Schmiere«, Wasser »Flüssigkeit« und so weiter. Das Äußere der Substanz trat an die Stelle der nährenden Qualität, weil Joey nur mit Substanzen und nicht mit Gefühlen gefüttert wurde. Er nahm den Nahrungsmitteln ihren Geruch und Geschmack und ersetzte diese Qualitäten durch die Art und Weise, wie sich diese Nahrungsmittel dem Tastgefühl darstellen. Er besaß also eindeutig die Fähigkeit abstrakt zu denken. Auch ist es offenkundig, daß das autistische Kind sich dadurch, daß es Bezeichnungen vertauscht oder die Benutzung von Pronomen aufgibt, eine Sprache schafft, die mit seiner emotionalen Erfahrung der Welt übereinstimmt. Das aber ist eine geistige Leistung. Weit davon entfernt, über die richtige Benutzung von Sprache nicht Bescheid zu wissen, faßt das autistische Kind den spontanen Entschluß, sich eine Sprache zu schaffen, die übereinstimmt mit *seinem* Erfahrungsmodus der Dinge – allerdings nur der Dinge und nicht der Menschen.

Als Joey zu uns gebracht wurde, unterhielten wir uns eingehend mit beiden Eltern. Was uns an der Mutter auffiel, war ihre tiefe Unsicherheit und die augenfällige Gleichgültigkeit, wenn sie über Joey sprach, sowie ihr Unvermögen, in ihm einen eigenständigen Menschen zu erblicken. Diese Züge schienen uns bemerkenswerter zu sein als die tatsächlichen Fehler, die sie beim Umgang mit ihm machte. Wir dürfen mit Sicherheit annehmen, daß Joey, wenn er hungrig war, stundenlang weinte, da sie ihn nach einem strengen Zeitplan fütterte. Auch wurde er in aller Strenge zur Sauberkeit erzogen, damit er nur ja keine Unannehmlichkeiten mache. Aber solche Dinge erleben viele Kinder, ohne dadurch autistisch zu werden oder zu bleiben.

So weit sich die Mutter erinnern konnte, verschmolz Joey einmal mit diesem Vorgang oder dieser Person und dann wieder mit einem anderen Vorgang, einer anderen Person. Sie wußte nie, ob es Joey oder jemand anders gewesen war, der eine bestimmte Sache getan hatte. Über andere Leute und Ereignisse sprach sie mit großer Lebhaftigkeit und voller Klarheit. Konzentrierte sich das Gespräch jedoch auf Joey, wurde sie sogleich unpersönlich und sie distanzierte sich innerlich, so daß sie wenig später nicht mehr in der Lage war, ihre volle Aufmerkamkeit Joey zu widmen. In dieser Situation wechselte sie stets das Thema. Als sie uns über seine Geburt und sein Säuglingsalter erzählte, vermittelte sie den Eindruck, als spreche sie von einem entfernten Bekannten, von einer Person oder einem Geschehnis, von dem sie gehört und das sie ohne Interesse registriert hatte. Bald schweiften ihre Gedanken zu anderen Personen oder zu sich selbst ab. Es sah so aus, als sei Joey nie zu seiner Mutter durchgedrungen.

Als wir uns mit ihr unterhielten, hatte sie Joeys Geschichte bereits viele Male Lehrern, Psychiatern und Sozialarbeitern erzählt. Dadurch waren natürlich die Zwischentöne und Nuancen der unmittelbar geschilderten Erfahrung verlorengegangen. Trotzdem stimmten die von uns an ihr beobachteten Eigenschaften mit jenen Merkmalen überein, die andere Fachleute bereits vor Jahren (Joey war damals gerade vier) an ihr festgestellt hatten. Zu dieser Zeit wurde Joey von einem Vorschullehrer an eine heilpädagogische Beratungsstelle verwiesen. Dieser Lehrer erkannte, daß sich das Kind völlig abkapselte und sich wahnhaft für nur eine Tätigkeit interessierte – das Spiel mit den Fingern. Die Beratungsstelle diagnostizierte Joey als ein autistisches Kind und so wurden Joey und seine Eltern zur Behandlung zugelassen.

Die Psychotherapie verhalf der Mutter zu der Erkenntnis, daß sie ihre Ehe schon zu Beginn als eine regelrechte Falle empfunden hatte und daß sie jahrelang geglaubt hatte, sie liebe ihren Mann, während viele andere Gefühle tief in ihr schlummerten. Sie war entsetzt bei dem Gedanken, die strenge Kontrolle, die sie auf ihre Gefühle ausübte, zu lockern. Während sie anderen Leuten etwas vormachte, fühlte sie sich betäubt und gefühllos. Ihre Gedanken weilten häufig bei ihrem einstigen Liebsten und seinem Tod. In solchen Augenblicken hatte sie Angstanfälle, in deren Verlauf sie spürte, daß sie »aus dem Leim ging«, und es packte sie die schreckliche Furcht, sie könnte geistesgestört werden. Sie suchte im Alkohol Vergessen, doch weder wurde sie betrunken noch erleichterte sie das. Trotzdem genas diese Frau vollständig – durch ihre jahrelange Therapie und nicht zuletzt durch die Tatsache, daß wir ihr Pflege und Behandlung Joeys abgenommen hatten. Die Ehe besserte sich zusehends und die beiden Eheleute hatten zwei weitere normale Kinder – eine Schwester, die sechs Jahre und einen Bruder, der dreizehn Jahre jünger als Joey war.

Der Vater hatte eine Therapie wesentlich weniger nötig. Die Veränderungen, die diese Therapie in ihm auslöste und die sichtliche Besserung der Mutter bewirkten, daß die beiden schließlich ein gutes Eheleben und ein angepaßtes Leben überhaupt führen konnten.

Die ambulante Behandlung

Mit vier Jahren kam Joey an einen Kindergarten für emotional gestörte Kinder, der der Leitung einer der Universität angeschlossenen heilpädagogischen Beratungsstelle für Kinderfragen unterstand. Hier machte er auch eine Einzeltherapie mit. In den hier verbrachten drei Jahren machte er zwar einige Fortschritte, ohne sich jedoch von seinen autistischen Einstellungen zu befreien.[2] Wir führen hier einige der dort angestellten Beobachtungen an.

Joey wurde geschildert als ein für sein Alter kleiner zarter Junge mit abwesendem Blick. Am erstaunlichsten war sein Lächeln, das überhaupt niemandem galt und von allen freundlichen Versuchen, ihm eine Reaktion zu entlocken, unberührt blieb. Er beachtete weder seine Mutter noch andere Personen, bewegte sich rasch und betrachtete fortwährend seine Hände, die er propellerartig bewegte. Er entdeckte sofort einen elektrischen Ventilator und im Augenblick konnte ihn nun nichts mehr davon ablenken – weder die Kinder, die ihn an ihrem Spiel teilhaben lassen wollten noch sonst irgendetwas. Wenn man ihn daran hinderte, sich diesem Ventilator zu widmen, »sauste« er durch das weitläufige Schulgelände und ließ seine Hand vor seinem Gesicht rotieren, während er fortwährend Geräusche von sich gab, die an einen Ventilator (oder Propeller) erinnerten. Wenn er so dahinsauste, war er nicht nur der mächtige Propeller, sondern auch das Flugzeug, das von diesem angetrieben wurde.

[2] Eine Magisterarbeit ihres Therapeuten, M. Monk, beschreibt eingehend das Geschehen dieser Jahre.

Typisch für diesen therapeutischen Zeitabschnitt waren Joeys einförmig sich wiederholende Aktivitäten und sein begrenztes Interesse, das sich auf Dinge, nicht aber Personen erstreckte. Seine intensive und zwanghafte Beschäftigung mit Ventilatoren schloß jeden anderen Kontakt zur Realität aus. Seine Aufmerksamkeit wurde nur von solchen Dingen geweckt, die sich auf der Stelle in einen sich drehenden Propeller verwandeln ließen, sei es nun eine Schaufel, ein Blatt, ein Löffel oder ein Stock. Keine Ermunterung vermochte ihn dazu zu motivieren, daß er zum Beispiel die herumwirbelnde Schaufel zum Graben benutzte, und mit Spielsachen spielte er schon gar nicht. Erblickte er einen echten Ventilator oder Motor, konnten nicht einmal seine eingebildeten »Propeller« seine Aufmerksamkeit ablenken. Es war unmöglich, ihn von solchen Dingen fernzuhalten. Joey schaltete sie ein und aus, er verfolgte aufmerksam das Langsamer- und Schnellerwerden der Propellerflügel. Er imitierte mit einer fast schon mechanischen Präzision die verschiedenen Geräuschstufen, die Hand in Hand mit den verschiedenen Geschwindigkeiten gingen. Sein Verständnis der ganzen Mechanik eines solchen Ventilators wäre für ein älteres Kind bemerkenswert gewesen. Er benutzte Fachbegriffe wie »Propellerflügel«, »Ventilatorriemen«, *»Tumbler«* (bei einer Waschmaschine) und »Geschwindigkeitsregler« (beim Plattenspieler).

Wenn er nicht damit beschäftigt war, Motoren nachzuahmen – oder wenn er, wie *er* es erlebte, kein laufender Motor war – drehte er durch. Dann warf er mit Tellern um sich, riß Regale von den Wänden, damit sie »Krach-Wumms« machten, oder seine Zerstörungswut richtete sich gegen ihn selbst.

Sein totaler Mangel am Empfänglichkeit für lebendige Dinge und seine Faszination für mechanische bildeten einen erstaunlichen Kontrast. Was gewöhnlich die Voraussetzung jeder therapeutischen Beziehung ist, nämlich daß der Therapeut dem Kind vertraut wird, stellte sich in diesem Fall als ein fast hoffnungsloses Problem dar. Der Lebensbereich, in dem Joey sich befand, war so abgekapselt, daß es unmöglich schien, ihn dort zu stellen. Trotzdem gelang es der Therapeutin in einem jahrelangen beharrlichen und geschickten Bemühen, Joey so weit zu bekommen, daß er sich ihrer bewußt wurde. Später reagierte er auf sie sogar ein wenig und ergänzte sein stark begrenztes Repertoire an Interessen und Betätigungen durch einige neue Dinge.

Obgleich er aus seinem Autismus nie herauskam, begann er – wie übrigens die meisten autistischen Kinder – nach einiger Zeit Personalpronomen zu benutzen, allerdings stets verkehrt herum. Wenn er sich selbst meinte, sagte er »Du« und erwachsene Personen redete er, wenn überhaupt, mit »Ich« an. Ein Jahr später nannte er seine Therapeutin beim Namen, aber er sagte immer noch nicht »Du« zu ihr. Wenn er selbst etwas von ihr verlangte, konnte er zum Beispiel sagen: »Wollen Miss M. dich schaukeln.«

Diese ins Gegenteil verkehrte Art zu reden ist für ein kleines Kind nicht leicht und belegt ebenfalls seine logischen Fähigkeiten. Es ist keineswegs einfach, beim Reden alle Pronomen ins Gegenteil zu verkehren und nie den »Fehler« zu begehen, daß man ein Pronomen richtig benutzt. Kurz bevor Joeys Behandlung beendet wurde, hatte er gelernt, das »Ich« richtig zu verwenden und nicht nur seine Therapeutin, sondern auch einige Kinder beim Namen zu nennen. Doch benutzte er Namen oder Personalpronomen nie in der direkten Anrede, sondern immer nur auf indirekte Weise, in der dritten Person sozusagen.

Ungeachtet dieser Fortschritte spielte Joey niemals mit anderen Kindern. Erst im letzten Jahr, das er in besagter Institution verbrachte (er war damals sechs), war er sich der Kinder um ihn herum zumindest so weit bewußt, daß er seine ungewöhnliche Feindseligkeit zum Ausdruck bringen konnte.

Leider hatte er nun die Altersgrenze erreicht, die sein Ausscheiden aus dem Kindergarten nötig machte, und so ging in den folgenden beiden Jahren, die er an einer strengen Konfessionsschule mit Internat verbrachte, ein großer Teil seiner Fortschritte verloren. Dort gewöhnte er sich die Benutzung von Personalpronomen und die Nennung anderer Personen bei ihrem Namen wieder ab. Seine Welt, die im therapeutischen Rahmen des Kindergartens menschliche Züge angenommen hatte, wurde wieder völlig entpersönlicht. Natürlich ist es so, daß die Nichtbenutzung von Personalpronomen oder die (von Kanner so benannte) pronominale Umkehrung nichts mit angeborenen Eigenschaften, sondern immer nur damit zu tun hat, wie das Kind die Welt und seine Person in dieser Welt erfährt. Es kam immer schlimmer, bis Joey nur mehr mit seiner Mutter sprach, aber auch das nur im Flüsterton. Dem repressiven System des Internats ausgeliefert, entwickelte er neue und ihn selbst verkrüppelnde zwanghafte Abwehrmaßnahmen, die er als seine »Vorbeugungen« bezeichnete. Das war die Zeit, als ihn die Maschinen, die seine Ängste und Wünsche äußerten, zu beherrschen begannen.

Da die Menschen in seinen Augen versagt hatten, wurden nun Maschinen zu seinen Beschützern (»Vorbeugungen«) und Überwachern. Da die Menschen seinen Gefühlen keine »Nahrung« gaben, mußte die Elektrizität diese Aufgabe übernehmen. Da er sich aus dem Kreis der Menschen ausgeschlossen fühlte, schaltete er sich in einen anderen Kreis ein, der ihn stärkte und nährte – in den Stromkreis. Nun konnte er nur mehr essen, wenn er mit dem Tisch in Berührung stand. Er mußte auf einem Stück Papier sitzen, gegen den Tisch gepreßt, und seine Kleidung mußte mit Servietten abgedeckt werden. War das nicht der Fall, so war er – wie er uns später selbst erzählte – nicht isoliert, was zur Folge hatte, daß der elektrische Strom ihn verließ. Wenn der lebensspendende Stromkreis jedoch unterbrochen war und keine Energie mehr durch seinen Körper strömte, wie konnte er dann essen? Und trinken konnte er nur mit Hilfe eines komplizierten Röhrensystems, das aus Strohhalmen bestand. Flüßigkeiten mußten (so meinte er) in ihn hineingepumpt werden. Daher war er nicht in der Lage zu saugen oder zu lutschen. Diese und andere entnervende Präventivmaßnahmen beeinflußten und beherrschten alle seine Lebensbereiche.

Sein Zustand verschlimmerte sich, und so mußte er das Internat verlassen und zu Hause warten, bis er zu uns an die Orthogenetische Schule kommen konnte.

Sein stark eingeschränktes Sprechen wurde nun noch stärker beeinträchtigt. Das begann damit, daß er nicht mehr »Mammi« oder »Pappi« sagte, sondern diese Wörter buchstabierte, so daß er zum Beispiel zu seiner Mutter sagen konnte: »Sag P-a-p-p-i, daß . . .« Später meinte er zu seiner Mutter nur mehr: »Frag ›ihn‹, ob . . .«

Indem er mit seiner Mutter nur im Flüsterton sprach, hatte er versucht, ihre Aufmerksamkeit zu erzwingen. Doch die Zuwendung, die daraus resultierte, war nicht die, die er sich ersehnt hatte. Sein Zustand verschlimmerte sich in den letzten drei Monaten so sehr, daß er einen ernsthaften Selbstmordversuch unternahm. Dadurch, daß er zu Hause nun den ganzen Tag mitverfolgen konnte, wie sein Schwesterchen alle die Dinge bekam, nach denen er verlangte, wurde der Bogen bis zum Zerbrechen überspannt. Das Leben selbst wurde unerträglich und so versuchte er, überwältigt von blinder Zerstörungswut, dem Ganzen ein Ende zu machen. Auch in diesem Fall mußte er erleben, daß Fühlen gleichbedeutend ist mit Zerstörtwerden, und daß er nur überleben könnte, wenn er völlig gefühllos lebte. Doch da er auch dann noch handeln müßte, mußte er sichergehen, daß ein gefühlloses Subjekt handelte – eine Maschine also. Und so kam er als eine lebende Maschine zu uns an die Schule.

Die Tatsache, daß Joeys Interesse für Ventilatoren seinen Ursprung auf dem Flughafen hatte und daß ihn rotierende Propellerflügel gleich welcher Größe unter allen mechanischen Dingen am stärksten faszinierten, läßt den Schluß zu, daß für ihn diese Besuche auf dem Flughafen von enormer Bedeutung gewesen sein müssen. Dieser Schluß wirft ein interessantes psychologisches Problem auf. Wenn die Liebe zu seinem Vater Propellern eine derartige Bedeutung verlieh, wie war es dann möglich, daß seine Wahnidee alles, was er für seine Umgebung einschließlich seines Vaters empfand, abtötete? Auch ist es so, daß der Mensch durch seine Wahnidee tiefere Ängste abzuwehren versucht. Wir dürfen annehmen, daß die Angst um so größer ist, je überwältigender die Wahnidee ist. Folglich können wir trotz der Tatsache, daß es offenbar einen Zusammenhang gab zwischen Vater, Flughafen und Propeller, nicht glauben, daß es der Vater als Person gewesen ist, der Joeys Wahnidee verursacht hatte.

Joeys erste Erfahrungen müssen Erlebnisse mit Personen gewesen sein und diese Erlebnisse müssen so tödlich gewesen sein, daß Joey sie, um überhaupt überleben zu können, entpersönlichen mußte. Nur so glaubte er sie bewältigen zu können. Das war natürlich ein Trugschluß, denn je weiter wir uns von einer Erfahrung entfernen, desto weniger sind wir in der Lage, sie zu verstehen oder zu bewältigen. Doch wie soll ein kleines Kind das wissen, wo nicht einmal ein Großteil der Erwachsenen zu dieser Erkenntnis gelangt? Joeys emotionale Erfahrungen müssen verheerend gewesen sein, zumal er nichts gegen sie unternehmen konnte. Rotierende Objekte (Propeller, Ventilatoren) wurden mit diesen Erfahrungen irgendwie – vielleicht durch eine zufällige Assoziation im Raum oder in der Zeit – in einen Zusammenhang gebracht und traten schließlich an ihre Stelle. Das kann leicht geschehen, wenn das Kind noch sehr klein und noch nicht in der Lage ist, im Rahmen seiner Gesamterfahrung zwischen dem Wesentlichen und dem Unwesentlichen zu unterscheiden, und wenn es gewichtige emotionale Gründe dafür hat, daß es den unwesentlichen Teil für das Ganze nimmt.

Einen Ventilator konnte Joey auseinandernehmen. Er konnte ihn wieder zusammenbauen. Er verstand ihn. Bei diesem Teil der Erfahrung war er weniger hilflos als bei der Gesamterfahrung. Wenn der Ventilator aber für die Gesamterfahrung stehen und wenn Maschinen überhaupt genauso wichtig sein konnten wie seine Eltern, ja wenn sie diese sogar zu ersetzen vermochten, dann konnte er – so sah Joey es wohl – unter Umständen die ganze Erfahrung selbst verstehen und bewältigen.

Was ich hier deduktiv beschrieben habe, kann in Wirklichkeit nur ein vages und amorphes Denken sein, das überwältigt wird von Gefühlen. Diese Gefühle können den eineinhalbjährigen Joey wesentlich stärker beeinflußt haben als jedes Denken. Denn Denken setzt stets eine ganze Menge Erfahrung voraus, weshalb es nie unser ganzes Leben erfassen oder einbeziehen kann. Aber starke emotionale Reaktionen in der frühesten Kindheit sind durchaus dazu in der Lage, weil sie, was ihre Auswirkungen angeht, nicht im Widerstreit zu allen anderen Erfahrungen stehen. Falls Joeys Reaktionen auf dem Flughafen tatsächlich so geartet waren wie ich vermute, könnte das erklären, weshalb er seine Erfahrungen mit Menschen in solche mit Maschinen übersetzte. Was nun genau an seinen Erfahrungen mit Menschen so schmerzhaft war, darüber können wir freilich nur spekulieren.

Vielleicht lösten in der Mutter das Landen und Starten von Flugzeugen starke Gefühle aus, die zum Teil mit dem Tod des Mannes zu tun hatten, den sie so sehr geliebt hatte, und zum Teil mit der Befürchtung, ob sie ihren jetzigen Mann lebend wiedersehen werde. Auf alle Fälle konnten diese Maschinen in Joeys Mutter Gefühle wecken, die er selbst nicht auslösen konnte. Besäße er jedoch ihre Macht oder ihre magischen Kräfte, könnte vielleicht auch er solche Gefühle in seiner Mutter wecken. Wir haben es hier also mit einem kleinen Kind zu tun, das keiner Person in Wechselseitigkeit verbunden war und das erfüllt war von dem brennenden Wunsch, jemand möge auf seine Existenz reagieren und das ausgeliefert war dem dröhnenden Lärm, dem schrecklichen Vibrieren und dem unheimlichen Luftdruck der Propeller, die einmal (beim Abflug) schreckliche Angst erzeugen konnten und ein ander Mal (bei der Ankunft) große Freude. Maschinen bewirkten Dinge, zu denen er unfähig war.

Die Gefühle, die diese Propellerflügel, egal ob sie rotierten oder stillstanden, auslösten, waren zugleich rätselhaft, überwältigend und widersprüchlich. Der dröhnende Flugzeuglärm wühlte ihn in einem Maße auf wie seine Emotionen seine Eltern hätten aufwühlen sollen, doch leider war das nicht der Fall. Einmal erzeugten diese Propeller Angst, dann wieder Erleichterung. Wenn ein und dieselbe Sache die Macht besitzt, uns mit großem Glück zu erfüllen oder in tiefe Verzweiflung zu stürzen, und wenn es, bedingt durch die emotionale Distanziertheit der Eltern, kein anderes Objekt gibt, das dazu in der Lage wäre, dann muß es wohl diese Höllenmaschine sein, die die menschlichen Emotionen reguliert. Hier lag wohl der Grund für die Faszination durch die Propellerflügel und für das Bedürfnis ihre Wirkungsweise zu verstehen und sich dergestalt vielleicht ihre Macht anzueignen. (Diese Macht bestand darin, daß man einen solchen Propeller oder Ventilator stoppen, auseinandernehmen und wieder zusammenbauen konnte.) Als es Joey nicht gelang, sich die Erleichterung zu verschaffen, die dem kleinen Kind nur durch die Liebe eines Erwachsenen zuteil werden kann, kann er versucht haben, sich durch ein psychisches Manöver, das als Identifizierung mit dem Aggressor bekannt ist, Macht und Einfluß über diese Maschinen zu verschaffen. Ein Aggressor aber war dieser betäubende Lärm, denn gewaltsam wühlte er Joeys Innenleben auf und förderte dort die widersprüchlichsten Gefühle zutage.

Die knallenden oder explosiven Geräusche der Flugzeugmotoren bildeten vielleicht den Prototyp jener späteren gewaltsamen »Explosionen«, die Joeys Verhalten während des ersten Jahres bei uns charakterisierten. Der depressive Rückzug, der sich jeder »Explosion« unmittelbar anschloß, läßt vermuten, wie unerträglich die »explosive« Spannung gewesen sein muß, die dem betäubenden Lärm jedes Abflugs und jeder Landung vorausging, und wie tief die Enttäuschung gewesen sein muß, die jedem Abflug und jeder Landung folgte, da die sehnlichst erhoffte Gefühlsreaktion immer wieder ausblieb. Auch bei den Eltern mögen sich die Gefühle bis zum Augenblick des Abflugs ins Unerträgliche gesteigert haben – und bei der Mutter übrigens auch bis zum Augenblick der Ankunft. War die ganze Erregung einmal vorbei, folgte ihr ein Gefühl der Leere, und vielleicht war es dieses Muster aus heftiger Steigerung und plötzlichem Absacken, das Joey später durch seine »Explosionen« widerzugeben versuchte.

Machte die Tatsache, daß Joeys Vater endgültig an die Front nach Europa versetzt wurde, der Situation ein Ende, die Joey ein wenn auch nur geringfügiges Miterleben von Realität auf dem Flughafen ermöglicht hatte? Oder war jede Ankunft und jeder Abflug ein Trauma gewesen, das die vorausgegangenen Traumen noch verstärkt hatte? Oder hatten die Flugzeugpropeller, die den Flug erst möglich machten, ein Ende der Anspannung und zwischenmenschlichen Zurückweisung symbolisiert? Oder waren sie Symbol gewesen für die Flucht vor allen leidvollen zwischenmenschlichen Beziehungen und vor der Realität selbst? Das sind alles Erklärungsmöglichkeiten für die Faszination, die Joey gegenüber Propellern, Ventilatoren und elektrischer Energie an den Tag legte.

All diese Dinge trugen sich in den ersten achtzehn Lebensmonaten zu, in einer Zeit also, in der emotionale Erfahrungen noch nicht in Worte gefaßt werden können, so daß auch eine eindeutige Entziffe-rung von Joeys Verhalten nicht möglich ist. Aber wir dürfen sicher sein, daß allein schon die Aufregung auf dem Flughafen, das plötzliche Aufheulen der Flugzeugmotoren und die darauf folgende Stille einen tiefen Eindruck hinterließen bei einem Menschen, dessen Leben sonst schal und leer war. Derartige Ereignisse mußten in einem apathischen und betäubten Dasein eine enorme emotionale Bedeutung gewinnen. Nur im Vergleich zur »Unwirklichkeit« seiner Eltern konnten Motoren oder Maschinen eine größere Bedeutung erlangen als Menschen sie haben.

Joey wendete sich Maschienen und technischen Apparaten zu, weil er durch sie die entscheidendere emotionale Erfahrung erlebte. Zwar sind sie gefährlich, doch sind sie greifbar und verständlich. Doch wichtiger noch, wenn es darum ging, zu einer Autonomie zu gelangen, war die Tatsache, daß ihr Handeln vorhersagbar war: sie starteten mit einem donnernden Dröhnen, und wenn man sie ausschaltete, hörte auch dieses Dröhnen auf. Sie waren effektiv verständlich, wenn er sie mit der »schwammigen« Art und mit der emotionalen Distanziertheit seiner Mutter verglich. Doch auch wenn er sich in einen Ventilator vertiefte, wurde dieser Wink von den desinteressierten Eltern nicht verstanden – der Mangel an Wechselseitigkeit blieb sich gleich. Da die Mutter keinen fruchtbaren Boden anzubieten hatte für die Greifärmchen seiner Gefühlsreaktionen, klammerten sie sich vielleicht an Dinge (in diesem Fall an das Erlebnis »Flugzeug«), die durch die Menschen seiner nächsten Umgebung stark mit Gefühlen besetzt waren.

Angesichts der aufgeschreckten Reaktion, die Joey als kleines Kind bei lautem Lärm geäußert haben muß – bei Flugzeugen ein Lärm übrigens, der alle anderen Sinneserfahrungen im Keim erstickt –, mögen Motoren mit ihrem knallenden Dröhnen am Ende für alle komplexen Gefühle gestanden haben, während die Propeller deren Symbole darstellten. Dazu kam noch, daß Joey schon sehr früh von den Gefahren des Fliegens erfahren hatte, so daß diese Maschinen in seinen Augen die Macht über Leben und Tod besaßen.

Joeys Erfahrungen auf dem Flughafen und alle anderen damit verbundenen Erlebnisse dürften erklären, weshalb er Propeller und knallende Elektromotoren wählte, um das Hauptverlangen seines Lebens zu äußern: er wollte andere mit der dringenden Bitte erreichen, daß sie ihm doch zuhören und daß sie seine Bedürfnisse doch verstehen sollten. Das vor allem war der Punkt, in dem er Hilfe brauchte.

Doch reicht das Flughafenerlebnis ganz offensichtlich nicht aus, um Joeys Faszination für rotierende Propeller zu erklären. Wir haben bereits darauf hingewiesen, daß die Beschäftigung mit rotierenden Objekten für viele autistische Kinder typisch ist, doch nicht alle diese Kinder bekommen Ventilatoren oder werden zum Flughafen mitgenommen. Kreisende oder kreiselnde Objekte müssen eine tiefere Bedeutung besitzen. Sie müssen sich besonders für die Äußerung eines Sachverhalts eignen, der die autistische Störung generell charakterisiert. Meiner Meinung besteht diese Bedeutung darin, daß diese Objekte immer im Kreis sich bewegen, ohne je zu einem Ziel zu gelangen.

Anstatt hier in meinen Spekulationen fortzufahren, möchte ich Joeys Äußerungen anführen, die er einige Jahre, nachdem er uns verlassen hatte, anläßlich eines Besuches von sich gab. Nun erzählte er uns, was wir bis dahin nur vermutet hatten: daß nämlich für ihn das äußere Erscheinungsbild selbst dieser rotierenden Objekte den Kreis versinnbildlichte, in dem er hoffnungslos gefangen saß. Diese Objekte standen für den Teufelskreis aus Verlangen und Angst, sowie aus dem Wunsch, von anderen etwas zu fordern, und aus der tödlichen Angst, diese Forderung – sei es nun sich selbst oder anderen gegenüber – laut werden zu lassen.

Aber da war noch etwas, was diesen Teufelskreis, in dem sich Joey bewegte, ausmachte – es war da eine große Wut. Hätte er sich diese Wut gestattet, sie hätte ihn – vielleicht auf nicht wiedergutzumachende Weise – überwältigt. Hätte er seiner Wut gegen die Personen, die dieses Gefühl in ihm bewirkten, Luft gemacht, so hätten ihn diese Menschen – das war zumindest seine Befürchtung – im Stich gelassen oder sie hätten Vergeltung geübt, und so wäre er vernichtet worden.

Wie ich bereits sagte, glaube ich, daß alle Kindheitspsychosen, ganz besonders aber der infantile Autismus, auf die Überzeugung des Kindes zurückgeführt werden können, daß es in Lebensgefahr schwebe. Ohne diese Überzeugung sind derart zerstörerische Abwehrmaßnahmen einfach nicht denkbar. So lange man noch auf Leben hoffen kann, schließt man diese Möglichkeit nicht radikal aus. Nur wenn das Leben selbst in Frage gestellt ist, scheint der Rückzug aus der Welt der unerläßliche Preis fürs nackte Überleben zu sein. So lange eine lebende Kreatur noch die Hoffnung hat, Kampf oder Flucht könnten es retten, stellt es sich nicht tot.

Wollen wir von Joeys Verhalten auf das Verhalten anderer autistischer Kinder, die sich mit rotierenden Objekten beschäftigen, extrapolieren, um so festzustellen, wo sie am meisten unserer Hilfe bedürfen, so können wir sagen, daß rotierende Objekte für solche Kinder einen Teufelskreis, einen Circulus vitiosus darstellen, in dem sich Verlangen, Angst, Wut und Verzweiflung ständig abwechseln, so daß die Verzweiflung immer wieder in das Verlangen mündet.

Das Kind braucht Wechselseitigkeit, es braucht Kommunikation. Es will Teil sein eines Kreises, der aus ihm und seinen Eltern besteht, und am liebsten möchte es den Mittelpunkt dieses Kreises bilden, um den herum sich das Leben seiner Bezugspersonen abspielt. Dieses Verlangen bringt das autistische Kind in seinem Hin-und-Herschaukeln und seinen kreisenden Verhaltensweisen zum Ausdruck. Doch je stärker es nach Kommunikation und Wechselseitigkeit verlangt, desto stärker wächst seine Wut darüber, daß sich diese Dinge nicht einstellen. Diese Wut aber muß es unterdrücken, da sie es sonst zerstören könnte. So aber wendet es sich wieder dem Verlangen zu und vom Verlangen führt der Weg wieder zur Wut und so geht es immer weiter und weiter, bis das Kind, völlig erschöpft, alle Hoffnung fahrenläßt und überhaupt kein Objekt mehr im Kreis bewegt. Marcias Fingerspiel und Lauries Zerreißverhalten – das eine ging hin und her und das andere führte immer im Kreis – symbolisieren das gleiche Verlangen nach und die gleiche Angst vor der Brust, und so sind diese Verhaltensweisen primitivere Vorläufer des Rotierens von Objekten. Doch stehen sie für das gleiche Verlangen nach und die gleiche Angst vor der wechselseitigen Kommunikation.

Das erklärt vielleicht die Bedeutung, die Joey kreisenden Objekten, vor allem Ventilatoren zuschrieb. Ergänzend dazu sei aus einem Bericht über einen autistischen Jungen zitiert, dessen »Interesse sich auf Räder und Windmühlen konzentrierte« und der sich »mit dem Kreiseln runder Objekte beschäftigte . . . Seine Mutter meinte, ›er schaltet sich auf diese Weise aus und ein wie eine Maschine‹« (Alpert und Pfeiffer, 1964). Zwar gibt es viele autistische Kinder, die von kreisenden Objekten und mechanischen Apparaten fasziniert sind, doch hat man von ihnen nicht berichtet, daß sie sich an Steckdosen anschließen mußten und in der Überzeugung lebten, nur durch elektrischen Strom weiterleben zu können. Die Elektrizität, die Maschinen betreibt, kann zwar eine Teilerklärung für Joeys Überzeugungen sein, doch die ganze Geschichte erklärt sie nicht. Der elektrische Strom ist tatsächlich ein Kreis, doch muß die Bedeutung der Elektrizität in Joeys Fall überdeterminiert gewesen sein.

Die Elektrizität versorgt uns mit Licht und Wärme, beides Dinge, die für unser Wohlbefinden und unser Überleben von enormer Wichtigkeit sind. Wie wir später erfuhren, spielten diese beiden Dinge in bezug auf das Vertrauen, das Joey in den elektrischen Strom setzte, zwar nicht die wesentliche, aber doch eine wichtige Rolle. Aber Elektrizität ist auch Kraft und Energie. Doch wenn die Elektrizität mit ihrer Energie Emotionen, ja einen ganzen Teufelskreis aus Wut und Verlangen speisen konnte, und wenn dieser *Circulus vitiosus* alles war, was Joeys Leben ausmachte, dann speiste der Strom sein Leben tatsächlich mit seiner Energie. Wenn er jedoch dazu in der Lage war, konnte er ihm dann nicht das liefern, was er so dringend brauchte, nämlich die lebensspendende Kraft, die die Liebe freisetzt? Wenn die Elektrizität so viele Dinge bereithält, für die sonst die Mutter sorgt, weshalb sollte sie dann nicht auch alle anderen Dinge bereithalten? »Sich an eine Steckdose anschließen« bedeutet für Joey folglich, mit dem Fluß, der alles Leben erhält, in Kontakt zu bleiben.

Daß diese Spekulationen eine gewisse Gültigkeit besaßen, erfuhren wir aus vielen Dingen, die Joey uns mitteilte, nachdem er eineinhalb Jahre bei uns verbracht hatte. Um diese Zeit konstruierte er bereits seine eigenen Apparate, anstatt sich auf bereits vorhandene Geräte zu verlassen, obwohl ihn diese Arbeit manchmal, wenn er mit ihr nicht weiterkam, schier verzweifeln ließ. So erzählte er uns eines Tages, seine Maschine funktioniere nicht, weil eine Sicherung durchgebrannt sei. Das aber bedeutete, daß der Strom ausgefallen und daß die elektrischen Leitungen tot waren. Seine Beraterin erbot sich, ihm bei der Reparatur zu helfen und fügte spontan hinzu: »Möchtest du ein Bonbon oder einen Kaugummi, bis die Sache wieder klappt?« Joeys Reaktion zeigte, daß er ihren Vorschlag für vernünftig und bedeutungsvoll hielt, denn während er sich das Bonbon holte, warf er einen Blick auf den Apparat und sagte: »Jetzt sind die Drähte wieder okay.« Mit Liebe gespeist zu werden, bedeutete, daß die lebensnotwendige Energie wieder durch ihn hindurchfloß. Der Kontakt war wiederhergestellt.

Joeys »Vorbeugungsmaßnahmen« zeigten, daß er wesentlich weiter ging als Laurie oder Marcia, wenn er, gegen seine spezifischen inneren Ängste komplexe Abwehrmaßnahmen entwickeln wollte. Seine Persönlichkeit war ungleich differenzierter als die ihre. Und obwohl er mit anderen nicht wirklich kommunizierte, war es doch so, daß er die Sprache beherrschte und sogar schwierige technische Ausdrücke kannte und benutzte. Aus all diesen Gründen konnte die Genesung bei ihm nicht in einer einfachen Entwicklung bestehen, die direkt herausführte aus seinem Autismus und hin zu menschlichen Beziehungen und zur Entwicklung einer reicheren Persönlichkeit.

Es gab eine Zeit, als ein Aspekt seiner eigentümlichen Vorstellungen im Mittelpunkt des Prozesses stand, der ihn allmählich an einer ihm und uns gemeinsamen Welt teilhaben ließ. Dann gab es eine Zeit, zu der ein völlig anderer Aspekt in Erscheinung trat. Und so wurde ein Aspekt durch den anderen Aspekt ersetzt, und alle damit verbundenen Bemühungen verliefen weder glatt noch in irgendeiner logischen Ordnung. Ganz gewiß aber erfolgten sie nicht in einer ordentlichen zeitlichen Abfolge, bei der ein Problem aufgenommen und gelöst worden wäre, um dem nächsten Platz zu machen. Joeys Geschichte so festhalten zu wollen, wie sie sich in der chronologischen Zeit abspielte, würde deshalb einige Verwirrung stiften.

Stattdessen verfolgten wir in seiner Entwicklung einige Hauptströmungen, denen wir unterschiedlich lange nachgehen konnten. Für den Leser bedeutet das, daß er von einer »Vorbeugungsmaßnahme« erfahren kann, die Joey aufgeben konnte, um wenige Seiten später in einem anderen Zusammenhang zu erfahren, daß ein und dieselbe Abwehrmaßnahme immer noch in Kraft war. Es bedeutet, daß sich der Leser auf sein eigenes Einfühlungsvermögen gegenüber Joey verlassen muß, um einen Zusammenhang zwischen den Entwicklungstendenzen herzustellen, die ich selbst in einer relativen Isolierung darstelle. Doch wird der Leser bei sich selbst vor allem den Prozeß rekonstruieren müssen, durch den die liebevolle Pflege, die Joey zuteil wurde, und das dadurch ausgelöste Vertrauen dazu führten, daß dieser ganze Entwicklungsprozeß überhaupt in Gang gehalten wurde.

Ich habe diese Art der Beschreibung deshalb gewählt, weil ich der Meinung bin, daß die drei Krankengeschichten, die ich zu Darstellungszwecken ausgewählt habe, um so aufschlußreicher sein dürften, je stärker jede von ihnen die ihr eigenen Merkmale herausstreicht. So habe ich zum Beispiel bei Marcia geglaubt, daß eine chronologische Darstellung, bei der das Wechselspiel zwischen Erfahrung und Fortschritt und zwischen Behandlung und Besserung so evident als möglich gemacht würde, am lehrreichsten sein könnte. Bei Joey schien ein solches Vorgehen weniger wertvoll als eine Prozedur, die darin besteht, daß man sich so lange auf die Entzifferung eines autistischen Systems konzentriert, bis man erkennt, daß es vertrauten menschlichen Bedürfnissen analog läuft, denn erst dann können auch die autistischen Bedürfnisse befriedigt werden.

Joey kam zu uns an die Schule, mit einem ganzen Heer von Vorbeugungsmaßnahmen im Schlepptau. Alle Möglichkeiten der Zuneigung, die wir normalerweise zu Mitmenschen hegen (und die beim Kinde meistens dessen Eltern gelten), investierte Joey in Maschinen. Sowie er zur Tür herein kam, fanden gewaltsame Explosionen statt – es explodierten Röhren, Glühbirnen und Emotionen. Doch als es für die Eltern Zeit war, sich zu verabschieden, ließ er sich nicht das geringste Gefühl anmerken. In dem ersten Jahr, das er bei uns verbrachte, war sein Gesicht völlig ausdruckslos, es sei denn er erlebte gerade die Erregung und Gewalttätigkeit irgendeiner »Explosion«.

Ein erster schattenhafter Riß in seiner Panzerung zeigte sich am dritten Tag, als wir ihm einen Teddybär gaben. Völlig überrascht zeigte er sich einen Augenblick lang hocherfreut. Aber unsere Hoffnung, ihm mit anderen Geschenken zu gefallen, erwies sich als unberechtigt. Er war jetzt auf der Hut, so daß nichts, was wir in den nächsten Monaten versuchten, eine positive Reaktion auslöste. Vielleicht ließ seine Freude an dem Teddybär deshalb so rasch nach, weil er wußte, daß er ihn nur dann behalten könnte, wenn er einen Teil seiner Röhren und den schweren Motor, die er mit sich herumschleppte, aufgeben würde. Wir versuchten es mit einem Kompromiß, in dem die Beraterin den Motor tragen sollte, während er selbst den Teddy in der einen und die Röhren in der anderen Hand tragen sollte. Doch schon als er die Dinge in diesem Sinne umgruppiert hatte, war er wieder in seiner völligen Abwesenheit von Emotionen befangen und hatte er jedes Interesse an dem Spielzeug verloren.

In jenen ersten Monaten versuchten wir immer wieder, die Häufigkeit und Gewalttätigkeit seiner »Explosionen« und seiner Aggressionen gegenüber anderen Kindern einzuschränken. Wir versuchten sie gegen uns selbst zu lenken, um so eine zumindest aggressive Beziehung zu uns herzustellen, die wir dann in eine positivere Beziehung hätten umwandeln können. Meistens versuchte er andere Kinder mit Gegenständen zu bewerfen. Obwohl sich darin ein gewisses Interesse kundtat, mußten wir dieses Verhalten aus Sicherheitsgründen unterbinden.

Wir versuchten für Joey Möglichkeiten ausfindig zu machen, die ihm erlaubten, auf eine weniger gefährliche und kräfteraubende Weise zu reagieren. Aber sein Beschäftigtsein mit Maschinen erschwerte es uns ungemein, ihn auf einem rein praktischen Gebiet zu stellen. Denn hatte er zum Beispiel etwas mit seiner Beraterin im

Sinn – er konnte mit ihr und mit einem Spielzeug, das flüchtig seine Aufmerksamkeit erregt hatte, spielen wollen –, so war er unfähig, ein solches Vorhaben in die Praxis umzusetzen, weil er zuerst seine ganze Maschinerie in einem komplizierten Prozeß abstellen mußte. Und wenn er alle seine Vorsichtsmaßnahmen getroffen hatte, hatte er jegliches Interesse verloren. Wenn wir ihm ein Spielzeug anboten, sagte er meist in mattem Tonfall: »Damit zu spielen wäre einfach hinreißend.« Doch er konnte das Spielzeug nicht ergreifen, weil ihm seine Motoren und Röhren keine Hand frei ließen. So aber war unser Angebot, mit ihm zu spielen, nichts als eine zusätzliche Frustration für ihn.

Alle unsere Spielgeräte »verwandelte« er in bedrohliche, zerstörerische Maschinen. So waren zum Beispiel unsere Schaukeln Abbruchmaschinen. Dort oder im Kletternetz verbrachte er Stunden, wobei er Geräusche von sich gab, die man, wenn man ihn nicht bemerkte, für den Lärm einer Maschine im Leerlauf hätte halten können. Wie gefährlich diese Maschinen waren, konnte man den Namen, die er ihnen gab, entnehmen – so taufte er zum Beispiel eine von ihnen »Schädelbrecher«.

Viele Farben waren gefährlich und machten bestimmte Dinge tabu, weil sie sein eigenes Leben oder das Leben anderer gefährdeten: »Manche Farben unterbrechen den Strom; niemand darf sie berühren, denn niemand kann ohne den Strom leben.« Oder: »Diese Farbe ist beinahe schwarz; sie wird den Schlafsaal zum Explodieren bringen.«

Seine Entpersönlichung konnte man weniger darin erkennen, daß in seinem Wortschatz keine Personalpronomen oder Namen vorkamen, sondern daß die Benutzung solcher Wortarten ganz einfach zu gefährlich war. Monate später gestand er uns, daß die Erwähnung gewisser Namen oder Wörter sehr gefährlich sei. Bei welchem Namen wir ihn immer auch riefen, ob nun bei seinem eigenen oder einem Kosenamen, sofort wurde er von Entsetzen gepackt; das gleiche geschah, wenn ihm jemand eine Nachricht mit seinem Namen darauf schrieb. Personalpronomen wollte er nicht benutzen. Wie bereits erwähnt, hatte er die Verwendung des »Ich« bereits zweimal aufgegeben – einmal bevor er in die Vorschule kam und ein zweites Mal während seiner Internatszeit. Wenn man zweimal versucht hat, sich selbst als eine Person zu begreifen und wenn man bei diesem Versuch jedesmal gescheitert ist, fällt einem ein dritter Versuch nicht leicht. Doch da er sich selbst nicht als eine gesonderte und eigenständige Person erlebte, erlebte er auch andere nicht als solche Personen.

Er nannte nie jemanden beim Namen; andere Leute waren für ihn lediglich »diese Person«; später differenzierte er ein wenig, indem er den einen »die kleine Person« und den anderen »die große Person« nannte. In dieser seiner letztlich entpersönlichten Welt passierten Dinge und die Leute wurden geordnet oder beschrieben je nach ihrer Größe.

Zunächst teilte er mit uns überhaupt nichts; später war das einzige, was wir erhoffen durften, ein vager Hinweis, daß wir ihm doch bei der Wartung seiner Apparate helfen sollten. Freilich äußerte er solche positive Reaktionen nur dann, wenn er sich selbst wohl fühlte und das gleiche Gefühl uns gegenüber hatte. Solche Äußerungen schlossen ganz selten ihn selbst ein. Dann redete er in die Luft und sorgte dafür, daß er niemanden direkt ansprach, auch wenn nur eine einzige Person zugegen war. Er sagte zum Beispiel: »Die Person soll weggehen« oder »Die große Person soll zur kleinen Person sagen, daß sie die Röhren nicht anrühren soll«. Es machte ihn wütend, wenn man in seiner Gegenwart nicht »große Person«, sondern »Erwachsener« sagte. Später, als sich unser Kontakt wesentlich gebessert hatte, erklärte er uns, wir sollten nie »Erwachsener« sagen, weil er sonst überhaupt nicht mehr mit uns sprechen würde. Auch war er unfähig, eine Sache, die starke Emotionen in ihm auslöste, beim Namen zu nennen.

Im Unterricht war er zwei Jahre lang nicht zum Lesen zu bewegen, wenn im Text das Wort »Vater« auftauchte, das heißt, er mußte die jeweilige Seite immer überschlagen. Bei anderen gefährlichen Wörtern benutzte er Neologismen, die er immer dann veränderte, wenn er glaubte, wir hätten ihre Bedeutung erkannt. Wenn ich von Joeys »Lesen« spreche, könnte der Eindruck entstehen, daß er las wie jedes andere Kind auch. Aber das war nicht der Fall. Joey konnte nur dann etwas tun, wenn er von Maschinen Energien zugespeist bekam. Bevor er anfangen konnte zu lesen, ja bevor er sich überhaupt hinsetzen konnte, mußte er den Schreibtisch mit einer Energiequelle verbinden. Dann mußte er sich selbst an eine Steckdose anschließen und sein Buch oder seine Schreibstifte an den Schreibtisch anschließen und erst jetzt konnte er seine Aufgabe in Angriff nehmen.

Er beklagte sie häufig darüber, daß »nicht genügend Energie hereinkommt«, womit er wohl meinte, daß es ihm körperlich zwar gut gehe, daß er von uns jedoch nicht genügend emotionale Energien bekomme, um sich auf die Gefahren des Lesens einzulassen. Nahmen die Dinge keinen glatten Verlauf, wurde er auf sich selbst schrecklich wütend und versuchte er sich einen Bleistift in die Hand zu bohren. In den ersten beiden Jahren las er immer nur ein oder zwei Wörter auf einmal. Mit der Zeit las er auch ganze Sätze, doch pausierte er nach jedem Satz, als wolle er für den nächsten genügend Kraft sammeln. Nichts floß ihm je leicht von den Lippen.

Doch besaßen Objekte, insbesondere die lebenswichtigen Teile von Apparaten oder Maschinerien wie zum Beispiel Motoren oder Röhren, ein Eigenleben, und sie hatten Namen, die sich nicht änderten, ja sogar Gefühle. Später begann er uns vor drohenden Explosionen zu warnen, und so konnten wir seine Wut oder seinen Kummer besänftigen, indem wir ihn entweder trösteten oder indem wir die Glühbirne entfernten, bevor er sie warf. Dann sagte er manchmal: »Diese Glühbirne wird einen Wutanfall kriegen.« Es war dies nicht eine bloße Vertauschung von Subjekt und Objekt, mit dem Ziel, einer Bestrafung für sein eigenes Verhalten zu entgehen. Vielmehr war diese Reaktion die logische Konsequenz seines eigenen Totseins, sowie eine Folge der Tatsache, daß die Röhren und Maschinen nun im Besitz des Lebens waren, das in ihm selbst erstorben war.[3] Da diese Röhren Gefühle hatten, litten sie auch. Sie »bluteten«, wenn sie verletzt wurden und manchmal wurden sie krank. Die Vertauschung von Subjekt und Objekt war für ihn ein permanenter Zustand. Das war auch zu einer wesentlich späteren Zeit noch der Fall, als ihm der Gedanke kam, daß andere Personen Gefühle haben konnten. In diesem Zusammenhang meinte er: »Es gibt lebende Leute und es gibt Leute, die Röhren brauchen.«

Doch es war nicht so, daß Joey nicht eine ganze Menge über lebende Dinge gewußt hätte. Er wußte mehr über physiologische Dinge als die meisten Kinder seines Alters. Aber es waren physiologische Merkmale, die er Objekten zuschrieb, wodurch er diesen ein eigenes Leben verlieh. Ein Beispiel aus einer späteren Zeit mag das illustrieren. Joey hatte mit einer kleinen Flasche gespielt, die er verlegt hatte und nach der er nun im Klassenzimmer fiebrig suchte. Schließlich entdeckte der Lehrer das Fläschchen unter einem Holzklotz auf dem Tisch und er zog es hervor. Als Joey das sah, packte

[3] Der Unterschied zwischen infantilem Autismus und anderen schweren primären Verhaltensstörungen der Kindheit läßt sich anhand eines Vergleichs illustrieren, nämlich zwischen Joey und seiner mechanischen Welt, in der keine Lebewesen Platz hatten, und Harry, einem Jungen, den man wegen der Schwere seiner Paranoia und seiner Wahnvorstellungen als schizophren einstufen konnte. Sogar in seinen wahnhaftesten Augenblicken hatte Harry (dessen Geschichte ich 1949 und 1955 dargelegt habe) nie daran gezweifelt, daß die Welt mit Menschen bevölkert ist, obgleich er diese Menschen nicht erreichen konnte, weil sie alle Masken trugen, die er unfähig war zu entfernen.

er den ärgerlichen Klotz und schleuderte ihn weit durchs Klassenzimmer.

Es dauerte nun schon Monate, daß sich Joey tagtäglich solche Frustrationen selbst schuf. Und jedesmal, wenn der Lehrer Joey aus diesen mißlichen Lagen, in die er sich selbst gebracht hatte, herauszuhelfen versuchte, bestand Joeys Reaktion darin, daß er mit Gegenständen um sich warf. Aber diesmal verlor der Lehrer die Geduld, er nahm den Holzklotz und sagte: »Schau! Dieser Klotz kann sich nicht rühren. Wenn du ihn auf den Tisch legst, kann er nicht aufstehen und fortgehen; und er kann nichts unter sich verstecken. Das ist einer der Klötze, mit denen du gespielt hast.« Joey schaute den Lehrer voller Verwunderung an – die Forderung, daß er Dinge so sehen sollte wie wir sie sahen, kam völlig unerwartet. Doch da sein Lehrer seine (Joeys) Sicht der Dinge viele Male akzeptiert und da er ihm geholfen hatte, so manche Angelegenheit wieder in Ordnung zu bringen und zwar so, wie Joey diese Ordnung sah, hielt er nun inne und überlegte. Die Bemerkung seines Lehrers stimmte ihn nachdenklich, und so betrachtete er aufmerksam den Klotz. Dann aber erklärte er fest überzeugt: »er *kann* sich rühren. Die Nervenimpulse bewirken, daß sich der Muskel bewegt.«

Freilich waren in Joeys System auch Widersprüche enthalten. Denn zwar konnten Motoren und Röhren fühlen und handeln, doch gab es auch Zeiten, in denen ihr Los wesentlich vorteilhafter war als das des Menschen, weil sie dann eben keine Gefühle hatten und nicht verletzt werden konnten. Als Joey später menschlichere Züge annahm, wurden seine Röhren deshalb nicht weniger lebendig. Diese Entwicklung bewirkte lediglich, daß er sie nun besser kontrollieren konnte. Nun litten sie Schmerzen, weil er sie dafür, daß sie nicht auf ihn achtgegeben hatten, bestraft hatte. In diesem Sinne erklärte er uns: »Gewöhnlich zerbrach ich meine Röhren, wenn ich wütend wurde. Ich legte sie auf den Boden und ich verletzte sie und ich trat auf ihnen herum und ich ließ sie bluten. Ich ließ sie den ganzen Tag bluten.«

Nicht bloß Farben, sondern viele alltägliche Geräusche waren gefährlich, denn sie dehnten seine Röhren aus und bewirkten, daß sie sich »am einen Ende fältelten«, was heißen sollte, daß sie Dinge in die Luft gehen ließen. Unsere meisten Versuche mit ihm zu sprechen, stellten Geräusche dieser Art dar, und in den ersten Wochen, die er bei uns verbrachte, neutralisierte er unsere Stimmen gewöhnlich mit einem lauten »Bang!« Tat er das nicht, so fand eine »Explosion« statt. Das geschah allerdings nur, wenn *wir* mit ihm sprachen.

Wenn er selbst redete, war die Sache anders. Er war dann nicht mehr wortkarg, sondern fast geschwätzig. Nur daß eben alles, was er sagte, seinen Abwehrmaßnahmen diente. Die meisten verbalen Äußerungen waren in die Luft hineingeredet und sie bestanden aus wahnhaften Bemerkungen, die mit Motoren und Röhren zu tun hatten, sowie aus Neologismen oder Ausrufen wie: »Explodiere!«

Zu anderen Zeiten lag seinem Gerede eine Pseudologik zugrunde, zum Beispiel dann, wenn er behauptete, daß der Holzklotz Nervenimpulse hätte, die bewirkten, daß sich seine Muskeln bewegten. Doch äußerte er sich meistens in Form von Widersprüchen und privaten Anspielungen, und die Anordnung und Wahl seiner Wörter war so sprunghaft und verwirrend, daß wir lange Zeit keinen Sinn in seiner Rede entdecken konnten.

Es war von Anfang an klar, daß Joeys widersprüchlichen Äußerungen ein Zweck zugrundelag. Durch sie bestätigte er seine Selbständigkeit und konnte er Ängste ausschalten, die er nicht kontrollieren zu können glaubte. So lange seine Feststellungen so mysteriös waren wie die Feststellung »Kreise sind gerade, sie bilden eine gerade Linie«, war es unmöglich, in Erfahrung zu bringen, was er nun genau verändern oder kontrollieren wollte. Doch als wir später begriffen, wie sehr er von einer Wechselseitigkeit träumte, die ihm unerreichbar schien, begannen wir auch diese Behauptung zu begreifen. Wenn alle Kreise gerade waren, dann genoß keiner, was ihm so sehr fehlte; folglich handelte es sich hier nicht um sein persönliches Schicksal, sondern um ein kosmisches Gesetz.

Im Gegensatz dazu begriffen wir viel früher, weshalb er, wenn er zum Beispiel zeichnete, zu uns sagte: »Ihr könnt mich nicht zum Zeichnen bringen«, oder weshalb er, obwohl wir schwiegen, uns befahl: »Seid still!« In diesen Fällen machte er die Erfahrung, daß er unseren Anordnungen aus freien Stücken entgegenhandeln konnte. Denn wenn er weiter zeichnete, so belegte diese Äußerung, daß sein Zeichnen ein freier Willensakt war. Und wenn wir sein Zeichnen unterbrachen, so gefährdete das keineswegs seine Selbständigkeit, denn dann hielten wir ihn lediglich von dieser Tätigkeit ab, so wie er es uns befohlen hatte. Das war sehr wichtig, denn abgesehen von seinen Explosionen und seinem passiven Widerstand, der sich darin äußerte, daß er weder etwas von sich hergab noch kommunizierte, war Joey die meiste Zeit ungewöhnlich nachgiebig und willfährig. Das traf nur dann nicht zu, wenn es um seine Vorbeugungsmaßnahmen ging oder wenn ihm seine Motoren übermenschliche Kraft verliehen. Doch weder das eine noch das andere änderte etwas an seiner

Schwäche, denn die resultierende Kraft war nicht die seine, sondern die der Maschine. Für sich gesehen war Joey erschöpft und hilflos. Hier lag der Grund, weshalb es notwendig und überaus wertvoll für ihn war, seine eigene Selbständigkeit durch widersprüchliche Feststellungen zu bestätigen.

Ein weiterer Vorteil solch gegenteiliger Feststellungen besteht darin, daß man über das sprechen kann, was einen gerade am stärksten beschäftigt, ohne die betreffende Sache beim Namen nennen zu müssen. In diesem Fall bleibt einem die Enttäuschung, daß man nicht bekommt, wonach es einen am meisten verlangt, erspart. In diesem Sinne erklärte uns Joey später, als er uns langsam zu vertrauen begann: »Eltern sollen schlecht zu ihren Kindern sein. Wenn ich ein Vater oder eine Mutter wäre, würde ich meine Kinder umbringen. Du sollst mich nicht mögen. Du sollst etwas tun, um mich zu verletzen. Du sollst mich schlagen und schlecht zu mir sein. Du sollst nichts tun, was ich nicht möchte, daß du's tust.« Mit dieser letzten Feststellung wollte er sagen, daß wir ihn nicht zärtlich umsorgen sollten. Doch indem er das glatte Gegenteil seines tatsächlichen Wunsches äußerte, lief er nicht Gefahr, sich zerstört zu fühlen, wenn er das, was er insgeheim verlangte, nicht bekam.

Eines der ersten Dinge, die Joey bei uns an der Schule mochte, war das Gebadetwerden, obgleich auch dieser Vorgang lange Zeit eine mechanische Prozedur war. In der Badewanne schaukelte er heftig hin und her, mit der Regelmäßigkeit einer Maschine und ohne jegliches Gefühl, wobei er den Fußboden überschwemmte. Wenn er damit aufhörte, so tat er auch das abrupt wie eine Maschine. Plötzlich war da keine Bewegung mehr, außer dem Wasser, das an seinem Körper vorbeischwappte. Ob er sich nun hin und herwiegte oder ganz still und steif dasaß, sein Gesicht blieb völlig ausdruckslos. Nur einmal – wir hatten ihn nun schon seit Monaten vom Bad zum Bett getragen – entdeckten wir einen leicht verwunderten Ausdruck auf seinem Gesicht und mit sehr leister Stimme sagte er: »Sie tragen dich hier sogar zu deinem Bett.« Das war das erste Mal, daß wir ihn ein Personalpronomen benutzten hörten.

Die Maschinenhörigkeit Joeys nimmt ab

Zuerst schritten wir im Bereich der Nahrungsaufnahme gegen Joeys ›Vorbeugungsmaßnahmen‹ ein; vielleicht weil wir dunkel fühlten, daß für ihn die Probleme der Nahrungsaufnahme weniger wichtig waren. Nach einigen Wochen wurden wir der Tatsache, daß er seine Motoren, Röhren und Elektrodrähte mit in den Speisesaal brachte und in diesem ganzen Durcheinander kaum essen konnte, derart überdrüssig, daß das der Punkt war, an dem wir ansetzten. Der Grund dafür war nicht bloß, daß Joey in diesem Durcheinander völlig unterging oder daß wir ihm ständig helfen mußten, seine Vorrichtung unbeschädigt von hier nach dort zu schleppen, er bestand vor allem darin, daß er auch dann nicht essen konnte, wenn er wollte. Denn immer wenn er bereit war, einen Bissen zu sich zu nehmen, war irgendeine Kleinigkeit nicht in Ordnung – entweder er hatte sich bewegt, so daß das Isolierpapier abgegangen war und wieder befestigt werden mußte, oder irgendetwas anderes stimmte nicht.

Daher riskierten wir es und ließen ihn nur eine kleine Röhre oder einen Motorteil zum Essen mitbringen. Natürlich war das nur ein Abklatsch der wahren Maschinerie. Als wir ihm unseren Entschluß mitteilten, ergriff ihn, wie wir es erwartet hatten, ein Entsetzen, und er behauptete, ohne seine Maschinerie nicht essen zu können. Doch trotz vieler gewaltiger Explosionen blieben wir standhaft. Denn da er bei Tisch so wenig aß, meinten wir, es mache kaum einen Unterschied, wenn er bei dieser Gelegenheit überhaupt nichts zu sich nahm.

Dieser Entschluß wurde uns durch die Tatsache erleichtert, daß er uns nach einigen Wochen gestattete, ihn mit der Hand zu füttern. Dabei handelte es sich meistens um Süßigkeiten, die er auch nachts in großen Mengen heimlich unter der Bettdecke zu sich nahm. Später schleppte er gern eine Decke mit sich herum, und wenn er von dieser Decke völlig zugedeckt war, aß er gerne die Bonbons und Plätzchen, die wir ihm reichten. Hätte sich unser Entschluß als zu riskant erwiesen, hätten wir ihn immer noch rückgängig machen können.

Wir selbst waren der Ansicht, daß menschliche Vorbeugungsmaßnahmen (gemeint ist unser Eingreifen) vorzuziehen waren, und wir hofften, daß sich sein versteckter Zorn oder Ärger nun gegen uns richten und dadurch eine aktive menschliche Beziehung entstehen würde. Allerdings überschätzten wir in diesem Punkt seine Fähigkeit, mit anderen Menschen zu interagieren.

Bald zeigte sich, daß seine Nahrungsaufnahme nicht unbedingt mit Hilfe von Motoren erfolgen mußte. Zwar machte er uns eine große Szene, als er behauptete, ohne seine Motoren nicht essen zu können, doch als er entdeckte, daß er uns damit keine Angst einjagte und daß wir ihn, was noch wichtiger war, nicht zu essen zwangen, begann er ohne seine mechanischen Hilfen zu essen. Das war wohl auf die Tatsache zurückzuführen, daß seine ausgeklügelten Vorbeugungsmaßnahmen in bezug auf das Essen bei Tisch in jener Konfessionsschule entstanden waren, wo er geglaubt hatte, sein ganzes Augenmerk darauf richten zu müssen, daß seine Todfeinde nicht sein Leben (also seinen Körper) kontrollierten. Wenn er nun durch Maschinen gesteuert wurde, so kontrollierte er diese zumindest teilweise, da sie ja nur arbeiteten, wenn er sie selbst in Betrieb setzte. Da wir Joey bei der Nahrungsaufnahme keine Bedingungen auferlegten, konnte er auf einige seiner Vorbeugungsmaßnahmen verzichten. Das fiel ihm um so leichter, als er spürte, daß wir dieser seiner wesentlichsten Möglichkeit, eine minimale Selbständigkeit zu behaupten, trotz allem Raum ließen. Und als wolle er unterstreichen, daß er diese selbstgeschaffenen Vorrichtungen nicht aufgegeben habe, bediente er sich nun unsichtbarer Apparate und schloß sich, wie bereits beschrieben, mit unsichtbaren Drähten an die Steckdose an.

Allerdings gab es im Eßbereich zwei Vorbeugungsmaßnahmen, auf die er nicht verzichtete: erstens konnte er nur mit Hilfe von Strohhalmen trinken und zweitens vermochte er nur in einem »Speisewagen« zuessen. Stieß seine Behauptung, der Speisesaal sei ein Speisewagen, auf Widerspruch, war es aus mit dem Essen. Eine Erklärung für dieses Bedürfnis, in einem sich bewegenden Raum essen und durch ein röhrchenförmiges Objekt trinken zu müssen, fanden wir erst viel später.

Obgleich wir dafür sorgten, daß er sich, was die Benutzung von Apparaturen anlangte, auch in anderen Lebensbereichen einschränkte, konnten wir sie nicht völlig ausschalten, bevor wir sie nicht durch menschliche »Kontakte« ersetzt hatten. Es war lange Zeit noch sehr schwierig, in jedem Augenblick genau zu wissen, welche Rolle die Röhren und Motoren für Joey spielten – erfüllten sie in einer gewissen Situation eine segensreiche oder eine destruktive Funktion? So gab es zum Beispiel auf einem Spielplatz nicht unweit von der Schule eine niedrige Kinderrutsche, die Joey gern benutzte. Doch sein verkrampftes Lächeln und seine zitternden Lippen zeigten uns, daß diese Betätigung gefährlich für ihn war, weshalb wir sie ihm verboten. Wie üblich wehrte er sich lange und voller Wut gegen dieses Verbot, bis er schließlich überzeugt war, daß an unserem Entschluß nicht zu rütteln war. Erst jetzt erzählte er uns, es sei nicht die Schwerkraft gewesen, die ihn die Rutsche hatte hinabgleiten lassen. Vielmehr habe er oben mit seiner Röhre einen Kontakt zur Rutsche hergestellt, der ihn mit einer gewaltigen elektronischen Energiequelle verbunden habe. Diese Energie und der übliche elektrische Strom hätten ihn dann nach unten getragen. Freilich sei dieser Energiekreis am Ende der Rutsche unterbrochen worden und dadurch sei er selbst »explodiert«.

Wir begegnen hier einer anders gearteten Bedeutung seiner Explosionen. So lange er sich an die lebensspendende Energiequelle »angeschlossen« fühlte, befand er sich zumindest mit irgendetwas in Kontakt. Wurde dieser Kontakt jedoch unterbrochen und verlor er diese eingebildete Quelle der Wärme und Energie, so »explodierte« die Wut über seine tatsächliche Isolierung und sie zerstörte ihn und alle anderen, die ihn wieder einmal in Stich gelassen hatten.

Nach vielen Monaten wagten wir es, ihn von dem Motor zu trennen, den er überall – nur nicht zu Mahlzeiten – mit sich herumschleppte. Als wir das Gefühl hatten, daß er unseren guten Absichten einigermaßen vertraute, erzählten wir ihm als nächstes, wir würden zerbrochene Röhren nicht mehr ersetzen und wir warnten ihn, die Röhren »explodieren« zu lassen, die noch heil waren. Auf diese Weise gaben wir ihm die Chance, einige seiner Röhren zu behalten, für den Fall, daß sie wirklich lebensnotwendig für ihn waren. Aber die Explosionen dauerten an, und nach zwei Monaten waren alle Röhren verbraucht. Er drohte uns mit schrecklichen Dingen, wenn wir sie nicht ersetzen würden, und als er sicher war, daß uns diese Drohungen nicht umstimmen würden, erzählte er uns, wie sehr er sich in seinen Emotionen durch diese Röhren gestört gefühlt hatte.

Allmählich begann er auch zuzugeben, daß ihn seine Apparaturen und Röhren verletzen konnten. Es gab nun gute und böse Röhren. Zum ersten Mal brachte er eine gewisse menschliche Ordnung in seine rigide Maschinenwelt. Davor waren alle seine Röhren zugleich lebensnotwendig und destruktiv gewesen (genauso wie seine Eltern zugleich lebensnotwendig und, emotional gesehen, zerstörerisch gewesen waren), doch nun trennte er seine Röhren in solche, die halfen und solche, die schadeten. Während die Welt, in der er davor gelebt hatte, leer und ohne Form gewesen war, trennte er nun das Dunkel vom Licht. Gleichzeitig begann er, das Gute vom Bösen zu unterscheiden. Und wer immer das tut, sieht sich gezwungen, in dieser Welt eine menschliche Existenz zu leben.

Denn wenn die Welt nicht nur schlecht, sondern auch gut ist, lohnt es die Mühe, dem Guten hinzuzufügen und das Schlechte einzuschränken. Aber auf welcher Seite standen wir nun, so fragte er sich. Seit Wochen sprach er nun von seinen Eltern, die es zugelassen hätten, daß er sich Gefahren aussetze, und er erklärte, wir müßten uns genauso verhalten. Aber auch wenn wir uns weigerten, mache das nichts, denn wenn ihn seine Eltern besuchen kämen, würden sie ihm die Röhren schon besorgen, wenn sie wüßten, daß er sie brauche.

Obwohl seine Bitten immer heftiger worden, gaben wir nicht nach, und so erklärte er uns, wir seien im Unrecht und nur seine Eltern hätten begriffen, wie sehr er die Röhren brauche. Doch eines Tages erzählte er uns, seine Eltern hätten ihm »Röhren mit Gift darin« gegeben. Nach dieser Feststellung dauerte es nicht mehr lange und Joey beschuldigte sie, daß sie nichts dagegen hätten, wenn er sich verletze. Dabei schwang in seiner Stimme stets eine große Bewunderung für seine Eltern und ein Gefühl der Verzweiflung sich selbst gegenüber mit. Er bewunderte sie wegen ihrer Stärke (die durch ihre Sorglosigkeit und Gleichgültigkeit belegt wurde), und seine Verzweiflung bezog sich auf seine Hilflosigkeit gegenüber dieser Stärke.

Dadurch, daß wir uns nicht erweichen ließen, fiel auch Joeys Reaktion anders aus. Sein flehendes Bitten, das seine Eltern veranlaßt hatte, ihm die Werkzeuge für seine unmenschliche Existenz zu liefern, erwies sich nun, wie er einsehen mußte, als vergebens. Und so geschah es, daß er uns einige Monate später sogar bat, ihn vor einer Versuchung zu bewahren, gegen die zu schützen er sich selbst zu schwach fühlte. »Ihr sollt die kleine Person (Joey) in der Schule einsperren. Sonst geht die kleine Person in Geschäfte die Röhren haben«, sagte er mit einem Unterton tiefer Hilflosigkeit und Verbitterung. Dann erzählte er uns, was wir bereits wußten: daß er Glühbirnen zerschmettere oder andere Explosionen erzeuge, wenn ihn wegen seiner hilflosen Isolierung und seiner Wut darüber ein großes Entsetzen ergreife. Seine Explosionen waren also Feststellungen über seinen Geisteszustand. Doch sollten sie auch in anderen Gefühle auslösen. Wenn wir seine positiven Gefühle nicht teilten, zwang er uns, seine explosive Angst und Wut zu teilen. Nur daß die Sache so nicht funktionierte. Denn wenn wir auf seine Gefühle positiv reagierten, kam es stets zu einem Mißton, zu einer Diskrepanz zwischen uns, denn die Überzeugung, daß niemand ihn mochte, war fest in ihm verwurzelt. Hätten wir jedoch negativ reagiert, hätten wir seinen Ärger und seine Angst nur noch vermehrt.

Monatelang kam er immer wieder auf seine Angst vor und sein Verlangen nach Röhren zurück, wobei er jedesmal etwas mehr von seiner Abneigung gegen seine Eltern äußerte. Als es ihm in diesem Kontext gelang, seine Gefühle auszuformulieren, wurde er so weit Person, daß er Personalpronomen verwenden konnte, die er von nun an ungezwungen und richtig benutzte. »Wären meine Eltern hier, ich würde sie umbringen; es ist nicht die Schule, die schlecht ist; es ist die Schuld meiner Eltern. Wenn sie hier wären und ich einen Ventilator hätte, würde ich ihre Finger, während er sich dreht, in ihn hineinstecken und ich würde sie zerstückeln.« Das war sein erster Hinweis darauf, was sich hinter seinen frühkindlichen Interesse für Ventilatoren verbergen mochte. Doch vermittelt diese Aussage auch eine Vorstellung von den destruktiven Phantasien, die ihn erfüllt haben mögen, als er als Kleinkind das Erlebnis mit den rotierenden Propellern hatte.

Es ist bezeichnend, daß er seine wuterfüllten Phantasien kundtun konnte, Jahre bevor er ihren tatsächlichen Ursprung zu erkennen vermochte. Er konnte in einem Ventilator ein Werkzeug der Zerstörung sehen und diese Sicht in Worte fassen. Er konnte über die Schlechtigkeit seiner Eltern reden, die ihm »Röhren mit Gift darin« gegeben hatten. Kurzum, er konnte über Dinge sprechen, die ihm seine Eltern angetan hatten.

Doch wie lange es dauern kann, bis ein Mensch das Verlangen entdeckt, das sich hinter seiner Wut verbirgt, ersehen wir aus der Tatsache, daß Joey mehrere Jahre brauchte, um zunächst sich selbst und dann auch uns eingestehen zu können, daß seinem Gefühl nach der Fehler seiner Eltern nicht darin bestanden hatte, daß sie ihm Böses getan hatten, sondern ganz im Gegenteil darin, daß sie in ihrer Gleichgültigkeit ihm gegenüber nicht einmal das vermocht hatten.

Jahre später meinte er eines Tages, er habe sich so oft selbst verletzen wollen, weil er auf die Welt, vor allem aber auf seine Eltern, derart wütend gewesen sei. Dann schränkte er diese Behauptung auf seine Mutter ein. Er war so wütend auf sie, »weil sie mich für die wütenden Gefühle, die ich gegen sie hatte, nicht bestrafte. Ich mußte mich selbst bestrafen.« Es war als beklage er sich darüber, daß seiner Mutter alle seine Gefühle, darunter sogar seine heftigste Wut, nichts bedeutet hatten. Das war der tiefe Schmerz, unter dem er nun litt und dessen er sich voll bewußt war. Aber Joey brauchte auch jetzt noch einige Jahre, um dieses verzweifelte Verlangen nach seiner Mutter zu erkennen, das zusammen mit seiner Wut den *Circulus vitiosus* seines bisherigen Lebens gebildet hatte. Die Ursache für diesen Verzug ist darin zu suchen, daß es sicherer ist, wenn man sich Gefühle der Wut eingesteht, weil diese Gefühle die eigene Stärke widerspiegeln und zuerst stets die anderen bedrohen, obwohl sie später natürlich auch uns selbst bedrohen können. Wut ist eine Äußerung von Gefühlen, doch ist in dieser Äußerung keine direkte Forderung enthalten. Offenbaren wir jedoch unser Verlangen, so zeigen wir, was wir alles wollen und wie wehrlos wir sind, wenn unserer Bitte um Liebe nicht entsprochen wird.

Natürlich gab Joey die Benutzung von Röhren nicht bloß deshalb auf, weil wir sie nicht mehr nachkauften. Denn als wir sie nicht mehr nachkauften, fabrizierte er selbst Röhren aus Zellophan, Pappe, Abdeckband und Drahtresten. Doch da er sie nun selbst herstellte und somit über ihre Beschaffenheit genau Bescheid wußte, kontrollierte er sie in gewisser Weise, anstatt von ihnen kontrolliert zu werden. Das war unserer Ansicht das positivste Ergebnis unserer Strategie, die wirklichen Ersatzteile Joey vorzuenthalten. Denn dadurch mußte sich dieser auf eine direktere Weise behaupten – zumindest insoweit, als er die Instrumente, von denen er glaubte, er brauche sie zum Leben, nunmehr selbst anfertigen mußte. So hatten wir für eine Situation gesorgt, die aus ihm tatsächlich einen *homo faber* machte. Das war der Beginn einer langen mühevollen Reise, auf der er zunächst materielle Objekte verwandelte, um sie den Bedürfnissen seines Lebens anzupassen, und später veränderte er sich dann selbst, so daß er nicht nur die Objekte, sondern auch das Leben, das er führen wollte, haben konnte.

Wir selbst fühlten uns lange Zeit von Joeys völliger Motorenabhängigkeit tief betroffen. Trat ein Notfall ein und mußten wir rasch Kontakt zu ihm aufnehmen, so ließen wir uns nicht auf eine menschliche, sondern auf eine motorenartige Beziehung ein. So griff zum Beispiel Joey eines Tages im Park einige andere Kinder an, so daß wir eingreifen mußten. Daraufhin wandte er sich in wilder Wut gegen seine Beraterin, die er biß und kratzte und mit Füßen trat. Ihre Versuche, ihn zu umarmen und zu tragen – ein Verhalten, das seine Gewalttätigkeit häufig auffing – erwiesen sich als nutzlos. Da er vor dieser »explosiven« Situation die Flucht ergreifen zu wollen schien, erbot sich die Beraterin, mit ihm zusammen davonzulaufen. Er aber schrie: »Bleib weg!« und stürzte trotz des entgegenkommenden Verkehrs auf die Straße.

Ihm nachzurufen oder nachzulaufen schien hoffnungslos, ja gefährlich zu sein, da er in einen Wagen hätte hineinlaufen können. Da streckte die Beraterin fast automatisch den Motor hoch empor, damit er ihn sehen konnte. Das wirkte, und Joey kam sogleich zurück.

So verließen sich sogar die Personen, die mit Joey am engsten zusammenarbeiteten, auf Motoren und Röhren, wenn es galt, die Mauer, mit der er sich umgab, zu durchbrechen. Denn eben diese Dinge waren es, aus denen er seine emotionale Kraft bezog, um seinem selbstzerstörerischen Handeln Einhalt zu gebieten.

Um noch besser verstehen zu können, weshalb Joey seine Lebenskraft aus Maschinen bezog, müssen wir noch einmal auf seine erste Erfahrung mit Menschen zurückkommen. Ich möchte mich hier nicht wieder mit seinen Flughafenerlebnissen auseinandersetzen. Es ist wahr, daß es einen tiefen Eindruck auf ihn gemacht haben muß, als ihm seine Eltern als Spielzeug einen Ventilator überließen. Doch muß Joey im Grunde das Gefühl gehabt haben, daß seine emotionalen Forderungen an die Mutter eine Bürde für diese waren, von der er sie dadurch hätte befreien sollen, daß er keine Zuneigung mehr forderte. Es gab viele Gründe, weshalb Maschinen besser waren als Menschen. Einige habe ich bereits erwähnt und andere sollen später behandelt werden. Aber es gab zwei Dinge, die wie ein Leitmotiv in den verschiedensten Zusammenhängen immer wieder auftauchten: daß nämlich Maschinen nichts fühlen und daher unverletzbar sind und daß sie nach Belieben abgeschaltet werden können. Oder um es mit Joeys Worten auszudrücken: »Maschinen sind besser als Menschen. Maschinen können abschalten. Menschen gehen immer weiter als sie sollten.« Am verheerendsten wirkte sich für Joey die Angst aus, er könne in seinen Gefühlen verletzt werden und sein Verlangen nach Zuneigung nicht unterdrücken.

Wenn Joey neue Röhren anforderte und seine Beraterin ihm erklärte, sie habe ihn sehr gern und sie wolle auf ihn aufpassen, wurde er von einer panischen Angst ergriffen. Eine solche Feststellung gefährdete sein ganzes Wahnsystem. Sie wühlte in ihm so viele Gefühle auf, daß er das Gefühl hatte, sie nicht mehr kontrollieren zu können. Darüber hinaus war er überzeugt, daß sie notgedrungen eine bittere Enttäuschung nach sich ziehen würde. So aber lautete seine verzweifelte Antwort: »Ich mag hier nicht bleiben. Ich habe Angst vor Menschen. Du darfst mich nicht gern haben.« In erster Linie sollte der Ort der Versuchung selbst ausgeschaltet werden. Denn die Versuchung führt zu Enttäuschung, Enttäuschung zu Vermeidung und Vermeidung zu Angst. Und wenn es all diesen Dingen nicht gelingt, das Verlangen abzutöten, muß er sich auf das kosmische Gesetz berufen, das über diesem Verlangen steht.

Freilich hatte Joey auch andere Erfahrungen gemacht, die sich in seinem Denken mit mechanischen Dingen verbanden. Aufgrund von Material, auf das wir erst Jahre später stießen, und aufgrund von Erinnerungen, die er erst mit fünfzehn Jahren voll zurückgeholt hatte, erkannten wir schließlich, daß die Explosions- und Maschinengeräusche, mit denen Joey zu uns gekommen war, auch Abwehrreaktionen darstellten, die sich einerseits gegen vermeintlich miterlebten Ehestreit zwischen seinen Eltern richteten und andererseits gegen Urszenen, die er als Kleinkind miterlebt hatte. Als er sich schließlich an diese Dinge erinnern konnte, stellte sich heraus, daß auch sie durch eine mechanische Vorrichtung aus dem Bewußtsein gedrängt worden waren.

Zuerst sah er heruntergelassene Jalousien, die seinen Blick versperrten; und er erinnerte sich, völlig allein gewesen zu sein. Dann öffneten sich die Jalousien langsam, und aus dem Raum dahinter lösten sich Erinnerungen, die mit Lärm und Kampf zu tun hatten. Erst später erinnerte er sich an elterlichen Geschlechtsverkehr, den er stumm und voller Angst mitverfolgte. »Ich weiß noch, wie ich zwei Jahre alt war. Ich war in einem Zimmer mit meinen Eltern. Ich schlief mit ihnen im selben Bett. Ich wachte mitten in der Nacht auf. Ich fürchtete mich und glaubte, es sei ein Gespenst, das all diese schrecklichen Dinge tat.« Vier Tage später kamen ihm noch mehr Erinnerungen: »Mir ist noch ein Erlebnis eingefallen, das ich mit mir selbst gehabt habe. Ich wachte auf und meine Eltern waren schon auf und mein Vater hatte etwas um seinen Penis. Ich fragte mich, was das war. Dann entdeckte ich, daß mein Vater sich mit meiner Mutter paarte. Er steckte seinen Penis in die Vagina meiner Mutter, und als er ihn wieder herauszog, war er ganz klebrig, und er wischte ihn ab.«[4]

Als Joey diese Dinge zum ersten Mal erlebte, wußte er nur eines – das waren schrecklich erregende und gefährliche Ereignisse. Die Geräusche, die er gehört hatte, hatten nichts Menschliches an sich. Doch hatten sie sich später offenbar mit dem schrecklichen Lärm vermengt, den er auf dem Flughafen gehört hatte. Was hier die ex-

[4] Diese etwas gespreizte oder gekünstelte Sprache, die sich in dem Ausdruck »sich paaren« widerspiegelt, ist für autistische Kinder typisch. Das hängt mit der Tatsache zusammen, daß sie nur »Erlebnisse mit sich selbst haben«, um Joeys Redewendung zu verwenden. Diese Sprache ist häufig zwar einigermaßen präzise, doch fehlt es ihr an jener Ausdruckskraft, die im täglichen Umgang mit anderen gelernt wird. Diese Kinder sprechen im Grunde immer nur zu sich selbst, und sie tun das in einer Weise, die ihnen jede Auseinandersetzung mit den eigenen Gefühlen erspart. Ihre gekünstelte Sprache bewirkt, daß sie sich gegen die Unmittelbarkeit aller Dinge, die in ihrer Umgebung geäußert werden, sperren können.

plosiven Emotionen seiner Eltern waren, erlebte er dort als Explosionen seelenloser Objekte. Vielleicht blieb er deshalb solange eine Maschine, weil er sich vor der Erkenntnis schützen wollte, daß es seine Eltern gewesen waren, die einander so heftig geliebt und bekämpft hatten – Eltern, die so stark miteinander verbunden waren, während sie für ihn nur Gleichgültigkeit empfanden. Wenn jedoch die schrecklichen Geräusche, die er als kleines Kind zu Hause gehört hatte, lediglich Explosionen von Maschinen waren? Dann würde er nicht mehr glauben müssen, daß die Ursache dieser Geräusche seine sich zankenden und liebenden Eltern gewesen waren. Auch war es doch so, daß diese Geräusche, wenn es sich bei ihnen tatsächlich *um mechanische* Explosionen handelte, allgemeingültigen Gesetzen gehorchen mußten; das aber bedeutete, daß sie vorhersagbar waren und daß er sie vorbeugend vermeiden konnte.

Ein mit Maschinenkraft betriebener Körper

Als Joey zu uns kam, war für ihn das Aufsuchen der Toilette wie jede andere Prozedur, der er sich unterzog, verbunden mit komplizierten Vorbeugungsmaßnahmen. Wir mußten mit ihm auf die Toilette gehen; er mußte alles, was er anhatte, ausziehen; er konnte auf der Brille nicht sitzen, sondern nur gebückt darüber stehen; und er mußte mit der einen Hand die Wand berühren, denn in dieser Hand hielt er die Röhren, die den ganzen Ausscheidungsprozeß erst ermöglichten. Mit der anderen Hand mußte er, wenn er defäkierte, seinen Penis festhalten, und wenn er urinierte, verschloß er mit dieser Hand seinen Anus. Das war für uns der erste Hinweis auf seine Angst, er könnte dadurch, daß er seinen Körper zu weit öffnete, seinen ganzen Körperinhalt, seine ganze »Füllung« verlieren. Die schreckliche Angst, die er erlebte, wenn er etwas aus seinem Körper ausschied, zeigte, wie sehr er befürchtete, irgendeinen Teil dieses geschlossenen Systems zu verlieren.

Es muß hier betont werden, daß Joeys einstige Ausscheidungserfahrung und seine diesbezüglichen gegenwärtigen Ängste mit jenem Lebensabschnitt verbunden waren, in dem die Ausscheidung noch keine bewußte Handlung war, also mit einer Zeit, in der die Sauberkeitserziehung noch nicht begonnen hatte. Ganz gleich, ob wir uns der klassischen Freudschen oder der revidierten Eriksonschen Modellvorstellung bedienen, die Erfahrung des analen Stadiums ist im wesentlichen stets durch das Geschehen im vorausgegangenen oralen Stadium bedingt. Um von diesen etwas willkürlichen Einteilungen wegzukommen, können wir allerdings auch sagen, daß sich der Säugling und das Kleinkind in einem kontinuierlichen Fluß des Lebens, Erfahrens und der Persönlichkeitsentfaltung entwickeln. Jede Einzelentwicklung geht ihrerseits aus den Interaktionen des Kindes mit seiner Umgebung im allgemeinen und mit seinen Eltern im besonderen hervor, bis das Kind zu echter Reife gelangt, was in der Gesellschaft von heute relativ spät geschieht.

Es ist – um Eriksons Begriff zu gebrauchen – das aus den ersten positiven Erfahrungen hervorgegangene Urvertrauen, das das Kind später in die Lage setzt, die Sauberkeitserziehung als eine Erfahrung anzusehen, die nicht das Ziel hat, ihm seinen Stuhl zu rauben oder seine intimsten Körperfunktionen zu kontrollieren. Vielmehr kann das Kind in der Sauberkeitserziehung einen weiteren Schritt sehen hin zur Ausbildung einer sozial höheren Stufe der Wechselseitigkeit. So wird in diesem Prozeß die Autonomie des Kindes zum Beispiel dadurch erweitert, daß sie sich nun nicht mehr bloß auf den Eß-, sondern auch auf den Ausscheidungsbereich erstreckt.

Lange bevor die Sauberkeitserziehung gezielt in die Wege geleitet wird, geht ihr ein verwandtes Geschehen voraus, das jedoch in der Literatur kaum erwähnt wird. So wie manche Säugetierjunge von ihren Müttern am Anus geleckt werden müssen, damit der Ausscheidungsprozeß in Gang kommt, wird auch das Kind seine Sauberkeitserziehung den Empfindungen entsprechend erfahren, die seine Mutter schon früher in der Anusgegend ausgelöst hat. Daher setzt das sogenannte Analstadium der Entwicklung in dem Augenblick ein, wenn der Säugling wegen seiner Ausscheidung zum ersten Mal gesäubert wird, und jede weitere Säuberung ist auch ein weiterer Schritt in dieser Entwicklung.

Solche Säuberung kann behutsam und mit aller Liebe vorgenommen werden, und sie kann dem Kind Lust bereiten und die Befriedigung verschaffen, daß seine Körperfunktionen intakt sind. Doch sie kann auch mechanisch durchgeführt werden, als etwas, was unerläßlich ist. Und sie kann mit Widerwillen erledigt werden, wobei es nichts zur Sache tut, ob diese Abneigung bewußt oder unbewußt, offen oder verdrängt ist. In diesem Fall leidet das Kind emotional, aber nicht körperlich. Und die Säuberung kann überhaupt unterbleiben, was dem Säugling emotional und körperlich weh tut. Wie immer die Verfahrensweise, sie wird weitreichende Folgen für den Beginn und späteren Verlauf der Sauberkeitserziehung haben. Das gleiche gilt für den Eßbereich und für den Bereich des Badens und

Abtrocknens – bereits die allerersten Empfindungen beeinflussen die Art, wie das Kind später die Welt betrachtet.

Daß solch frühe Erfahrungen im Sauberkeitsbereich verheerende Wirkungen zeitigen können, sollte niemanden überraschen, und wenn auch nur aus dem Grund, daß Jahr für Jahr einige Säuglinge sterben, weil sie beim Baden verbrüht worden sind, und daß es alljährlich viele Säuglinge gibt, die so schwere Verbrennungen davontragen, daß ihnen die Narben ein ganzes Leben lang bleiben. Wasser kann so heiß sein, daß es den Säugling auf der Stelle tötet, und die tägliche Pflege kann so schmerzhaft sein, daß das Gefühlsleben des Säuglings abgetötet wird. Man kann nur den Kopf darüber schütteln, daß man den Gefahren einer allzu strengen Sauberkeitserziehung solche Aufmerksamkeit geschenkt hat, während man die Tatsache, daß dieser Prozeß sofort nach der Geburt einsetzt, kaum beachtet hat. Vielleicht ist der Grund dafür darin zu suchen, daß sich Freud und seine Anhänger lange Zeit nur auf das verlassen haben, was ihre erwachsenen Patienten erinnern und verbalisieren konnten, wogegen die Erfahrungen, von denen ich hier spreche, nicht in klaren Bildern erinnert und in Worte gefaßt werden können.

Wenn also Joey befürchtete, er würde von der Toilettenschüssel verschlungen werden, wenn er ihr seinen Stuhl anvertraute, mußte das nicht unbedingt etwas mit der Ausscheidung zu tun haben. Solche Ängste waren insgesamt darauf zurückzuführen, daß seine Mutter zu wenig Zuneigung aufbrachte, um einen starken Zusammenhang zwischen ihm und der Welt herzustellen. Es war vor allem Joeys brüchige Beziehung zu anderen, die ihm das Gefühl vermittelte, er könne in den ›Abfluß hinabgerissen‹ werden. Auch sind Elektrodrähte ein schlechtes Mittel, um die Beziehung zu dieser Welt aufrechtzuerhalten. Durch das mangelnde Interesse und Vergnügen, die seine Mutter daran zeigte, daß Joey aß, durch ihre Gleichgültigkeit gegenüber der Tatsache, ob es ihm nun schmeckte oder nicht, und durch ihre mangelnde Befriedigung darüber, daß er ordentlich und kräftig defäkierte, durch all diese Dinge verfiel er schließlich auf die Vorstellung von seinem Körper als einer langen Röhre, die von Maschinen oben aufgefüllt wurde, die mit Hilfe von Maschinen verdaute und die durch Maschinen zur Ausscheidung gelangte (Abb. 12 und 13).

Obgleich wir uns in diesem Abschnitt mit »analem« Material befassen, müssen wir uns doch vor Augen halten, daß die anale Erfahrung dieses Jungen von den entsprechenden Erfahrungen anderer Kinder stark abwich. Joey war kein Kind, das die Menschen seiner Umge-

Abbildung 12: Der Mensch in Form einer einzigen langen Röhre (Verdauungstrakt). Das Essen wird am oberen Ende (Mund, Hals) hineingestopft und am unteren Ende herausgezogen.

Abbildung 13: Dieselbe Vorstellung vom Menschen, der von oben drahtlose Elektrizität empfängt. Dieser Strom betreibt die Maschine, die aus dem Darm den Stuhl herauszieht. Auch zeigt diese Zeichnung, was für ein abgekapseltes oder eingeschachteltes Leben dieses Geschöpf führt und was für große Mengen an Exkrementen es hervorbringt.

bung zwar als potentiell gefährlich oder mächtig, aber doch auch als im wesentlichen befriedigend erlebte. Vielmehr war Joey überzeugt, daß er von merkwürdigen und mächtigen Kräften kontrolliert wurde, und daß sich diese Kontrolle sogar auf seine Nahrungsaufnahme und auf seine Ausscheidungstätigkeit erstreckte.

So aber galt dasselbe für die Ausscheidung wie für alle anderen Dinge: unser Hauptproblem bestand darin, daß wir ihm das Gefühl zurückgeben mußten, welches ihm sagte, daß es sein eigener Körper war, der da autonom funktionierte, und daß es sich nicht mehr bloß um einen Prozeß handelte, bei dem »sie« etwas aus einer unglückseligen Maschine herauszogen. Unser erster Schritt bestand darin, daß wir Joey ermunterten, zu defäkieren, wo, wie und wann immer es ihm behagte.

In diesem Fall erinnerte unsere Aufgabe an Marcia, obwohl Marcia ihr ganzes Leben lang an Verstopfung litt, während Joeys Verdauung, von Maschinen betrieben wie sie war, hervorragend funktionierte. Doch hatte Joey in seiner frühen Kindheit tatsächlich eine diarrhöische Erfahrung gemacht, bei der er seinen Darminhalt nicht hatte bei sich behalten können, so daß er (das erzählten uns die Eltern) »alles vollmachte«, eine Tatsache, die ihn in eine schreckliche Panik versetzte. Dabei fragt man sich nur, wieso ihn ein Mißgeschick, das den meisten Kindern zustößt, derart verstörte und weshalb dieser Vorfall den Eltern so wichtig erschien, daß sie ihn unabhängig voneinander betonten. Hier lag vermutlich eine Einstellung gegenüber dem völlig normalen Funktionieren des Körpers vor, die schon damals stark gestört war. Dieser Vorfall war für Joey ein weiterer Beweis dafür, daß ein durch Maschinen in Gang gehaltener Körper besser sei als ein Körper, der durch die üblichen lebenswichtigen Prozesse funktionierte. Kein Wunder also, daß er einmal, als er bei uns einen harten Stuhlgang hatte, folgerte, er brauche bessere Maschinen, die seinen Stuhl »aufwärmen« und dessen Konsistenz weicher machen würden.

Und als wir ihn ermunterten, seinen Ängsten gemäß zu handeln, schien er auf eine wenn auch vage Weise unsere guten Absichten herauszuspüren. Daher benutzte er die neugewonnene Freiheit bei uns an der Schule zunächst dazu, daß er stundenlang über der Toilettenschüssel kauerte und sich um des lieben Lebens willen an der Wand festhielt. In dieser Stellung schied er winzige Stuhlmengen aus, wie um sicher zu gehen, nicht auch seine Eingeweide zu verlieren. Anstelle der Toilettenschüssel boten wir ihm später einen metallenen Abfallkorb an. Nun verbrachte er monatelang den größten

Teil des Tages entweder auf der Toilette oder über seiner symbolischen Toilettenschüssel, dem Abfallkorb, kauernd. Diesen Korb benutzte er häufig als richtige Toilette, sei es nun im Schlafsaal oder aber im Bad, wohin er ihn schleppte.

Trotz oder vielleicht gerade wegen der Nützlichkeit dieses Abfallkorbes trat er ihn häufig wütend mit den Füßen oder er warf ihn – wie seine Röhren und Glühbirnen – in der Gegend herum. Dabei schrie er »Bums!« oder »Explodiere!«, denn er war wütend auf die Tatsache, daß er um seiner Sicherheit willen von solchen Dingen abhängig war. Das waren die ersten Äußerungen, die uns einen Zusammenhang erkennen ließen zwischen seinen Explosionen und seinem Ausscheidungsprozeß. Um diese Zeit kauerte er nicht mehr vorsichtig über dem Abfallkorb, sondern er setzte sich darauf – vielleicht weil er ihn nun mit Füßen treten und in der Gegend herumwerfen konnte, was gleichbedeutend damit war, daß er ihn kontrollierte. Wie sehr er befürchtete, durch seine eigene Ausscheidung vernichtet zu werden, läßt sich daraus ablesen, daß er jedesmal, wenn ein Stuhl seinen Körper verließ, »Explosion!« brüllte, so als sei dieser Vorgang ein überwältigendes und verheerendes Ereignis. Die geradezu kosmischen Auswirkungen, die der simple Ausscheidungsvorgang für ihm besaß, lassen sich aus Bemerkungen wie der folgenden ablesen: »Ich schließe meine Röhre an. Ich werd was ins Klo machen. Ich werd die Lichter draußen angehen lassen.«

Ich möchte nun in meinen Spekulationen fortfahren, muß jedoch dazu sagen, daß die meisten dieser Vermutungen Jahre später durch die frühkindheitlichen Erinnerungen, die Joey an die Oberfläche des Bewußtseins brachte, erhärtet wurden. Ich möchte an dieser Stelle nur solche Vermutungen anführen, deren Richtigkeit Joey nach einem jahrelangen engen Zusammenleben bis zu einem gewissen Grad bestätigen konnte.

Ich habe bereits darauf hingewiesen, daß Joeys maschinenhafte Existenz zum Teil eine Reaktion auf die Gleichgültigkeit seiner Eltern, auf deren ambivalente Beziehung zueinander, sowie auf bestimmte Erfahrungen war, zum Beispiel auf das Erlebnis jener Urszene. Ich möchte an dieser Stelle auf eine weitere Reaktion hinweisen, die anscheinend zu besagtem Zusammenhang zwischen Ausscheidung und Explosionen und/oder dem Aufleuchten von Objekten geführt hat. Der Anblick des elterlichen Geschlechtsverkehrs hatte auf Joey den Eindruck von maschinenhaftem Verhalten und maschinenartigen Geräuschen gemacht, und dieser Anblick hatte ihn erregt. Diese Erregung aber, so erinnerte er sich, hatten eine

Darmentleerung bewirkt. Es waren also »Maschinen« gewesen, die ihn – zweifellos gegen seinen Willen – zur Defäkation veranlaßt hatten. Doch war die Ausscheidung nur der Anfang einer Abfolge von Ereignissen.

Joeys Darmentleerung veranlaßte die Eltern, das Licht anzumachen und das Kind neu zu wickeln, was ihnen vermutlich sehr ungelegen kam. Joeys Stuhlgang hatte also bewirkt, daß das Licht anging. Und etwas, das nicht in seinem, sondern außerhalb seines Körpers geschehen war, hatte seine Darmentleerung ausgelöst (»Ich schließe meine Röhre an und ich leere meinen Darm«). Die Erzeugung des Stuhles erzeugte aber auch eine Wirkung in der Außenwelt (»Ich werde die Lichter angehen lassen«). Viele Zeichnungen und Bilder Joeys zeigen, wie Feuer und Licht oder gewaltige Explosionen beginnen: immer flammen da Fäkalien auf, die entweder durch ein Licht oder eine brennende Zigarette entzündet werden (Abb. 14 und 15). Andere Bilder zeigen, wie Fäkalien durch Licht, durch eine leuchtende Röhre und dergleichen mehr erzeugt werden.

Andere Aspekte seines Verhaltens lassen ebenfalls auf seine Überzeugung schließen, wonach jedes Geschehen in der Außenwelt vom Tun seines eigenen Körpers abhing. Einmal entwickelte er einen Blinzeltick, ein sehr rasches Öffnen und Schließen der Augen, das einige Zeit anhielt. Wenn er dieses Verhalten zu erklären suchte, sagte er: »Die Lichter gehen an und aus.« Damit die Lichter angingen, mußte er seine Augen öffnen, und damit sie ausgingen, mußte er sie zumachen.

Auch wiegte er sich gern hin und her und erklärte dazu: »Jetzt bewegt sich die Erde.« Sogar die Umdrehung der Erde hing vom Tun seines Körpers ab. Auf eine sonderbare Weise hatte er sich all die Allmachtsvorstellungen erhalten, die die psychoanalytische Theorie dem befriedigten Säugling zuschreibt, allerdings ohne das Gefühl der Sicherheit und des Selbstwertes, das durch solche Phantasien erzeugt wird. Die Umdrehung der Erde hing zwar von seinem Hin- und Hergeschaukel ab, doch vermittelte ihm diese Körperbewegung nicht das Gefühl von Macht und Wichtigkeit. Im Gegenteil, diese Bewegung bedeutete Einengung und Selbstunterdrückung.

Er mußte für irgendeinen Menschen ungeheuer wichtig werden, bevor er seine Phantasien darüber, daß er Macht über seelenlose Objekte ausübe, und die Überzeugung, daß er diesen Objekten hilflos ausgeliefert sei, aufgeben konnte. Oder um es anders auszudrücken: der Säugling muß als erstes für einen Menschen wichtig werden, so daß er diesen Menschen beeinflussen kann.

Abbildung 14: Fäkalien (entsprechend braun gemalt) werden durch das Feuer einer brennenden Zigarette in Brand gesetzt.

Abbildung 15: Die dadurch bewirkte weltzerstörende Explosion (das ganze Bild ist in leuchtendem Rot gehalten).

Fehlt dieses Gefühl der zwischenmenschlichen Wechselseitigkeit, können viele Störungen auftreten. Diese Störungen sind auf Sequenzen von Ereignissen zurückzuführen, wie sie Joey in einem Alter erlebte, als er noch nicht klar unterscheiden konnte zwischen dem, was zuerst, und dem, was danach kam, also zwischen Ursache und Wirkung und zwischen Wirklichkeit und Unwirklichkeit – in einem Alter auch, als er, überwältigt von Emotionen, nicht mehr klar zu trennen vermochte zwischen dem, was innen, und dem, was außen geschah. Einzig und allein die frühere Erfahrung, daß wir und andere Menschen einander wechselseitig beeinflussen, läßt ein Kausalitätsgefühl entstehen.

In dieser spezifischen Situation stellte sich Joey die Welt in Form von Propellerlärm und in Form des Kraches dar, den seine Eltern immer dann machten, wenn sie Geschlechtsverkehr oder Zank miteinander hatten. Da der menschliche Lärm so bedrohlich war,übersetzte er ihn in »elektrischen Lärm«. Wenn freilich die Außenwelt den eigenen Körper in Gang hält, geht immer auch etwas mit diesem Körper schief, wenn etwas mit der Außenwelt schief geht. Die Folge war, daß jedes Mißgeschick, das in bezug auf nur einen Teil der elektrischen Apparatur passierte, Joeys gesamte Existenz bedrohte.

Als zum Beispiel einmal im Schlafsaal ein Nachtlicht (das sind blaue Lampen mit niedriger Wattzahl) durchbrannte, wurde er von einer panischen Angst ergriffen. Er behauptete steif und fest, die Schule sei »gesetzeswidrig«, weil diese Lampe durchgebrannt war, und die inneren Zusammenhänge seien nun klar, so sagte er, und jetzt käme die Zimmerdecke auf ihn herunter und so weiter. Er fühlte sich in Lebensgefahr, wenn technische Geräte oder Maschinen kaputt gingen.

Aus diesem Grunde sah er in seinem Körper und seinem Denken mechanische Vorrichtungen, die sich aus einzelnen Teilen zusammensetzten, und diese Teile mußten, wenn sie nicht richtig funktionierten, ausgetauscht werden. An einem heißen Sommertag rief er aus: »Ich muß mein ganzes Blut ablassen, weil es zu heiß ist.« Wenn er etwas verlor oder etwas vergaß, sagte er: »Mein Gehirn funktioniert schon richtig. Aber es ist ein Vergeßteil in meinem Gehirn. Du mußt ihn herausschneiden, weil ich mich nicht erinnern kann« – und er schlug sich mit der Faust an den Kopf oder schlug seinen Kopf heftig gegen die Wand. Wenn er etwas verschüttete, sagte er: »Ich muß meinen Arm brechen, er funktioniert nicht richtig« – und er schlug sich auf den unzulänglichen Arm.

Das Beste war, eine Maschine oder wie eine Maschine zu sein.

Einmal, als er sehr wütend war, schrie er: »Meine Knie müssen völlig steif sein, so daß ich sie nicht abbiegen kann.« Und er nahm ein Stück Pappkarton, das er um sich herumzuwickeln versuchte, damit sich seine Kniegelenke nicht mehr abbiegen konnten. Als wir ihn nach dem Grund fragten, sagte er: »Damit mein Körper nicht wehtut.« Steif, fühllos und maschinenartig zu werden war die einzige Schutzmaßnahme, die er kannte (Abb. 16).

Oder er stieß sich auf dem Spielplatz an einem Eisenpfosten, den er daraufhin so heftig mit Füßen trat, daß ihm der Lehrer Einhalt gebieten und erklären mußte, der Pfosten sei wesentlich härter als sein Fuß, er würde sich nur wehtun. »Das beweist es doch«, schrie Joey, »Maschinen sind besser als Körper. Sie zerbrechen nicht. Sie sind viel härter und stärker.« Die schrecklichsten Ereignisse waren für ihn stets auf die Tatsache zurückzuführen, daß er ein Mensch war und einen menschlichen Körper besaß.

Hinter Joeys Wut auf diese mangelhaft funktionierende Maschine verbarg sich auch die Hoffnung, sein Leiden könnte dadurch gelindert werden, daß Teile dieser Maschine ausgeschaltet würden (zum Beispiel die Teile, die aufgrund seiner Angst oder Verdrängung nicht richtig funktionierten) oder daß diese mangelhaften Teile durch bessere Ersatzteile ersetzt werden würden. Für ihn war diese Hoffnung auch deshalb so beruhigend, als er dadurch in dem Bewußtsein lebte, daß defekte Körperteile jederzeit ausgetauscht werden könnten.

Durch viele Feststellungen zu der Frage, was man mit nichtfunktionierenden Körperteilen anfangen soll, begannen wir eine seiner Verhaltensweisen, die uns bisher so widersprüchlich erschienen war, zu begreifen. Wir meinen die Verhaltensweise, die darin bestand, daß er sich an Motoren und Röhren klammerte, als seien sie das liebe Leben selbst, um sie dann in einem Wutanfall plötzlich zu zerstören, aber nur um nun nach neuen und besseren Röhren zu flehen. Diese Motoren und Röhren betrieben und regulierten sein ganzes Leben, das heißt, sie »lebten« ihn. Wenn er selbst aber nicht leben konnte (das heißt, wenn er unerträglichen Schmerz oder unerträgliche Frustration empfand), so war das darauf zurückzuführen, daß sein gegenwärtiger Besitz an Motoren und Röhren abgenutzt war. Doch da dem so war, konnte er sich nun endlich an ihnen rächen – er zerstörte sie, indem er sie »explodieren« ließ.

In solchen Augenblicken verwandelte sich der Zauberlehrling sozusagen in den Zauberer selbst. Als Zaubermeister hatte er diese Maschinen vor langer Zeit erfunden, damit sie seinen Körper in

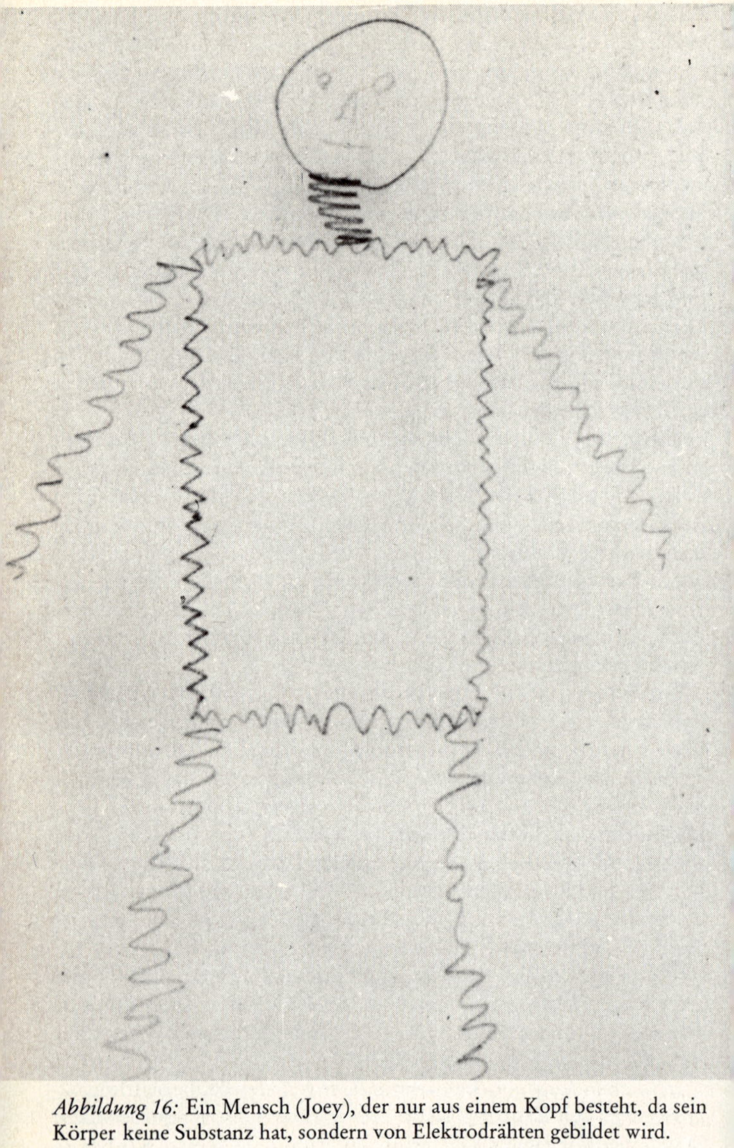

Abbildung 16: Ein Mensch (Joey), der nur aus einem Kopf besteht, da sein Körper keine Substanz hat, sondern von Elektrodrähten gebildet wird.

Gang hielten, da dieser selbst dazu nicht in der Lage war. Doch vor ebenso langer Zeit hatten die Maschinen die Herrschaft an sich gerissen, und so waren sie es nun, die ihn betrieben. Hilflos ausgeliefert wie er diesen Maschinen war, die nicht nur seinen Körper, sondern auch sein Denken kontrollierten, und verzweifelt darüber, daß sie ihn nicht nach seinen, sondern nach ihren Gesetzen beherrschten, behauptete sich Joey in einem Wutanfall. Wenn er die Glühbirnen oder Röhren, die die Joey-Maschine in Gang hielten, »explodieren« ließ, wurde er für einen Augenblick eine reale Person. Indem er sie zerschmetterte, warf er seine Ketten ab, befreite er sich von seinem Joch. Das war der einzige überwältigende Augenblick, in dem er wirklich am Leben war. Aber sobald er die Maschine zerstört hatte, wich alles Leben aus ihm, und die Angst setzte ein. Der Kreislauf war unterbrochen. Sein Selbst löste sich auf und es büßte alles ein, was es an Emotionen und Lebenskraft besessen hatte. Joeys ganze Kraft wurde in dieser Explosion verbraucht.

Joey machte einen gewaltigen Fortschritt, als er sich nach mannigfacher Ermutigung mit weniger mächtigen Objekten begnügte. So gab er sich beim Ausscheidungsprozeß schließlich mit einer Taschenlampe zufrieden, die er, das sah er selbst, kontrollieren konnte, indem er sie an- und ausknipste. Die Taschenlampe kontrollierte zwar seine Ausscheidung, doch kontrollierte er nun die Taschenlampe. Zu jener Zeit brauchte er nicht mehr den Anus zu schließen, wenn er urinierte. Stattdessen hielt er, wenn er urinierte, voller Entsetzen seinen Penis fest und häufig unterdrückte er dabei einen Schrei, weil er tödliche Angst hatte, er könnte mit dem Urin auch den Penis verlieren. Aber auch wenn er solche offenkundige Angst zeigte, schien er sonderbar abwesend.

Dieser Mangel an menschlichen Reaktionen hatte mit Joeys immer noch bestehender Unfähigkeit zu tun, zwischen dem, was menschlich war, und dem, was nicht, zu unterscheiden. So wie seine Motoren und Röhren für seine (Joeys) Darmentleerung sorgen mußten, mußten sie auch ihren eigenen Darm entleeren. Und er war schrecklich besorgt, daß sie das auch täten. Doch da sie wesentlich mächtiger waren als Menschen – was manche Maschinen ja auch sind – versetzte ihn der Gedanke, wieviel Exkremente seine Röhren erzeugen könnten, in Angst und Schrecken. Und er hatte eine solche Angst, daß er am Gestank ersticken würde, und daß die Unmengen an Exkrementen allen Raum einnehmen würden, so daß er selbst keinen Raum zum leben mehr haben würde. Immer wieder verstrickte er sich in einen hoffnungslosen Widerspruch, der es ihm nicht erlaubte sich zu bewegen.

Später erzählte uns Joey auch, daß er nicht nur befürchtete, auf der Toilette seinen Körperinhalt zu verlieren, sondern daß er sich im selben Maße darum sorgte, ob sein Stuhlgang richtig funktionierte. Er prüfte das, indem er stundenlang zu defäkieren versuchte. Nur defäkierte er nicht oft oder nicht gut genug, um befriedigt zu sein, daß er nun »das ganze Abfallzeug losgeworden ist«. Denn die entgegengesetzte Angst, sein Körperinneres zu verlieren, hinderte ihn am zwanglosen Stuhlgang. Manchmal versuchte er in seinen Körper ein zusätzliches Loch zu machen, damit auch dort das »Abfallzeug« herauskäme. Auch versuchte er in der Rippengegend solches »Abfallzeug« herauszupressen.

Wenn wir ihm versicherten, mit seinem Körper sei alles in Ordnung, und wenn wir ihn hinderten, sich selbst zu verletzen, wurde er sehr wütend. Unsere Bemühungen zeigten wahrscheinlich, wie wenig wir die Komplexität seines Problems verstanden. Er wußte, wie sehr er seinem Körper entfremdet war und wie unzulänglich dieser Körper in seinen Augen war. Unser stillschweigender Wunsch, er möge ihn akzeptieren so wie er war, war nichts als eine weitere Zumutung seitens dieser dummen »großen Leute«. Und so schlug und kratzte und biß und trat er uns. Und wenn wir versuchten, seiner Gewalttätigkeit Einhalt zu gebieten, versuchte er sie an sich selbst auszulassen.

Eine Welt aus Schmutz

Während wir Joey bei dem Versuch, sich selbst positiver einzuschätzen, nicht helfen konnten, akzeptierten wir seine Toilettengewohnheiten und bemühten uns, seine Angst vor den Ausscheidungsprozessen zu lindern. Dadurch sah er sich schließlich in der Lage, seine Phantasien zu Papier zu bringen.

Unter den ersten Sachen, die er zeichnete, waren Dinosaurier. Wichtig bei diesen Zeichnungen war der innere Skelettbau – der Verdauungstrakt, den er braun malte –, waren die Exkremente, die den Körper verließen (Abb. 17). Die Tatsache, daß er diese Phantasien zeichnerisch festhielt, war ein erster Schritt hin zur Sichtbarmachung und Objektivierung dessen, was ihn im Augenblick beschäftigte. Daß er uns durch diese Betätigung einen – wenn auch vagen – Einblick in sein Denken verschaffte, schien weniger wichtig zu sein. Trotzdem zeichnete sich hier ein enger Zusammenhang ab zwischen dem zunehmenden Vertrauen, das er uns gegenüber hegte, und seiner Fähigkeit, sich aus freien Stücken mit dem auseinanderzusetzen, was ihn störte oder beunruhigte. Damit begann ein Prozeß, der über ein Jahr dauerte und der – sowohl im Bereich des Zeichnens als auch in dem des Lebens selbst – zum Mittelpunkt stets den Stuhlgang hatte, sei es nun den Stuhlgang im allgemeinen oder seinen Stuhl im besonderen.

Als Joey seine Phantasien auf dem Papier festhielt, ließ er sie uns, wenn auch häufig nur einen Augenblick lang, sehen. Da er uns nie sogleich erklärte, was sie bedeuteten, blieben sie für uns einige Zeit lang vieldiskutierte Rätsel. Danach fertigte er die gleiche Zeichnung noch einmal an, und nach vielen Wiederholungen gab er uns hinsichtlich ihrer Bedeutung gelegentlich einen Wink. Gewöhnlich lieferte er uns des Rätsels vollständige Lösung immer erst dann, wenn wir sie bereits richtig erraten hatten.

Vielleicht agierte Joey an uns seine eigene Erfahrung von Dingen aus, die er flüchtig, ohne Verständnis, aber mit einer tiefen Angst erlebte. Vielleicht versuchte er diese Erfahrung dadurch zu bewältigen, daß er uns aufzwang, was einst ihm aufgezwungen worden war: das kurze Erschauen einer extrem wichtigen oder bedrohlichen Sache, deren verborgene Bedeutung man nicht begreift.[5]

Joey fuhr einige Zeit lang fort, Dinosaurier zu zeichnen. Tatsächlich ist die Faszination, die für viele psychotische Kinder von diesem gewaltigen ausgestorbenen Tier ausgeht, ein bemerkenswertes Faktum. Für diese Kinder ist es typisch, daß sie sich für Dinosaurier dann zu interessieren beginnen, wenn sie darüber nachdenken, was wohl geschehen muß, wenn sie den Gespenstern ihrer Vergangenheit das Handwerk legen wollen: sie wissen nun, daß sie sich diese Gespenster mit allen ihren Einzelheiten vergegenwärtigen müssen und daß sie begreifen müssen, was sie damals, als sie noch durch ihr Leben gegeistert waren, bedeutet hatten. Freud verglich die Arbeit der Psychoanalyse mit der Arbeit des Archäologen. Vielleicht haben diese Kinder eine bessere Analogie entdeckt als es die Rekonstruktion toter Bauten und Artefakte an verschütteten Stätten ist. Sie haben das dringende Bedürfnis, eine Sache auszugraben und offenzu-

[5] Die meisten Zeichnungen zerstörte er sogleich wieder; andere behielt er eine Zeitlang, bevor er sie vernichtete. Von seinen zahllosen Zeichnungen und Gemälden überließ er uns nur einige wenige. Sie entstammen einer Fülle der Produktion und gehören nicht unbedingt zu den phantasievollsten und aufschlußreichsten Bildern, die er machte.

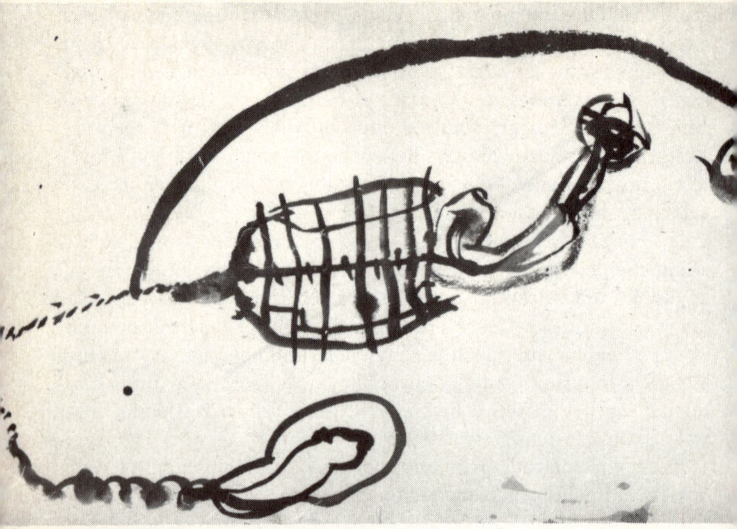

Abbildung 17: Ein »Dinosaurier«, bei dem das Innenskelett (der in Braun gehaltene Verdauungstrakt) und die den Körper verlassenden Exkremente betont erscheinen.

legen, die einst sehr lebendig, überaus gewaltig, ja überwältigend gewesen ist.

Ich habe mich schon einmal (1950) mit dem Problem befaßt, daß ausgestorbene Tiere einen Komplex aus Ängsten symbolisieren können, wobei diese Ängste häufig mit den Ausscheidungsprozessen zu tun haben. Es handelt sich hier um Dinge, die nicht nur bedrohlich und gewaltig sind, sondern die einst lebendig waren und nun tot sind – so tot wie für diese Kinder ihr eigener Stuhl ist.[6] Für Joey standen diese Dinge für etwas, das zwar verschüttet ist, aber wieder ausgegraben werden kann. Auch ist es möglich, daß er Anzeigen von Erdölfirmen gesehen hat, die dem Betrachter eben mit

[6] Ich möchte hier auf einen weiteren Aspekt der Faszination durch Dinosaurier hinweisen, dem ich in meinem Erfahrungsbereich immer wieder begegnet bin. Man erzählt den Kindern häufig, die Dinosaurier seien zu groß geworden und daher ausgestorben. Sie stellen also auch eine Warnung dar, man solle sich nicht gehen lassen, man solle die Kontrollen nicht verringern oder die eigenen Wünsche »zu groß werden lassen«.

Hilfe des Dinosauriers vor Augen führen, daß damals das, was sich inzwischen in Erdöl verwandelt hat, noch Pflanze war.

Doch für Joey beinhaltete die gewaltige Größe des Dinosauriers (und seine Ausscheidung) noch andere Dinge. In dieser Entwicklungsperiode begann sich Joey im Hinblick auf seine Ausscheidungsfunktionen freier zu fühlen, so daß er die entsprechenden Zwangsvorstellungen allmählich ablegte. Dieser Prozeß setzte zunächst bei seinen Maschinen ein. Obwohl mächtig waren auch sie Einschränkungen unterworfen. Daher mußte Joey zunächst seinen Maschinen mehr Freiheit einräumen, und erst dann konnte er selbst in bezug auf seine Ausscheidung zu einer größeren Freiheit gelangen. Einige Zeit lang hatte er befürchtet, seine Maschinen könnten, wenn er ihnen mehr Freiheit einräumte, die Welt mit ihren Fäkalien überschwemmen. Doch da wir ihm selbst nun mehr Freiheit zugestanden hatten, schöpfte er Hoffnung: da wir ihm bewiesen hatten, daß Freiheit und Sicherheit durchaus zusammengehen können, nahm er wohl an, wir könnten auch die Defäkation der Maschinen in Grenzen halten. Daher ließ er sie in seiner Phantasie und in seinen Zeichnungen defäkieren so viel sie wollten.

Die Folge war, daß Joey nun überall Fäkalien herauskommen sah. Obgleich sich sein tatsächliches Sauberkeitsverhalten kaum änderte, meinte er nun, daß die Welt im wesentlichen nichts anderes enthalte als Fäkalien.

Das war ein weiterer Schritt bei der Veräußerlichung seiner Probleme. Diese Probleme waren bisher so gewaltig gewesen, daß er ihr Vorhandensein abgeleugnet hatte. Doch konnte er ihnen nun, da er nicht mehr allein war, ins Auge blicken. Einige Zeit lang traute er uns nicht genügend, und so konnte er auch nicht zugeben, daß es Fäkalien waren, die er sah; statt dessen redete er von Ölquellen und Öl. Dieses Öl sah er in gewaltigen Geysiren aus der Erde schießen. Auf unserem Spielplatz sah er Bohrtürme, und die Abflußrohre waren Ölleitungen. Das Öl wurde in gewaltigen Mengen aus der Erde gepumpt, und diese Unmengen an schwarzem, schmutzigem und klebrigem Öl spritzten hervor und umgaben ihn und uns. Während er also seinen Anus immer noch verschlossen hielt, um nichts herauszulassen, spritzten überall Fäkalien hervor.

Da wir uns sehr für diese Phantasien interessierten und da wir sie akzeptierten, ohne uns Joey als Partizipanten aufzudrängen, begann er uns langsam einzuschließen.[7] Später verwandelten sich diese illu-

[7] Manchmal ist es schwierig, sich emotional in die Fantasien eines solchen Kindes hineinzuversetzen, ohne daß man in eine *folie à deux* verstrickt wird, die dem Kind wie

sorischen Gedanken in sonderbare Spiele der Phantasie. Doch so lange sich diese Spiele auf den ganzen Bereich unserer Schule erstreckten, hatten wir kaum eine Chance, uns konstruktiv mit ihnen auseinanderzusetzen. Daher versuchten wir über seine Spiele im Sandkasten noch mehr ausfindig zu machen. Dort spielte er nun wirklich mit Sand und Schmutz. Er spürte gern den Schmutz, den er durch seine Finger rinnen ließ.

Dadurch, daß wir an seinen Ölquellenphantasien teilnahmen, daß er das zuließ und daß wir diese Phantasien gemeinsam in kindlichem Spiel verwandelten, überzeugten wir Joey, daß er sie in der Wirklichkeit mit Freude und – was noch wichtiger war – zusammen mit anderen Personen ausagieren konnte. In diesem Frühling und Sommer verbrachte er die meiste Zeit im Sandkasten oder am Strand, wo er im Beisein seiner Berater beziehungsweise seiner Beraterinnen mit Sand und Schlamm und Schmutz spielte. Allerdings waren die beratenden Personen immer nur dann zugegen, wenn er es erlaubte.

Wie andere autistische Kinder begann sich auch Joey mit seinem Stuhl in dem frühen Entwicklungsstadium zu beschäftigen, in dem ihm bewußt wurde, daß er eine unabhängige Existenz sein eigen nannte. Auch Joey mußte sich in bezug auf seinen Stuhl mit dem Problem Selbst versus Nicht-Selbst auseinandersetzen, da er die Erfahrung machte, daß dieser Stuhl Teil des Selbst war, um im nächsten Augenblick schon nicht mehr Teil des Selbst zu sein. Doch war die Sache in seinem Fall weitaus komplizierter, weil dieser Stuhl etwas war, was er selbst produzierte.

In Joeys Weltsystem produzierten nur Maschinen irgendwelche Dinge. So aber kam es, daß für Joey ein beinahe unlösbares Problem entstand, als er sich seiner Ausscheidung bewußt wurde. Wenn er Fäkalien produzierte, war das ein weiterer Beweis dafür, daß er eine Maschine war? Doch wenn er andererseits ein Mensch war und dieser Stuhl ihm gehörte, wie kam es dann, daß ein Teil seines Körpers außerhalb seines Körpers sein konnte? Wo verliefen die Grenzen seiner körperlichen Existenz? Bedeutete das, daß sein Körper keine Grenzen hatte?

dem Therapeuten schaden würde. In diesem Fall hilft uns unser System insofern weiter, als der ständige Berater mit dem Kind auch Einzelsitzungen verbringt, denn die beratende Person muß so viele reale Dinge für das Kind tun, daß diese Dinge allein schon eine Art Schutz bilden. Das gleiche gilt für die Tatsache, daß das Kind denselben Berater dabei beobachtet, wie er auf einer wesentlich realeren Basis mit anderen Kindern umgeht. So aber erkennt das Kind, daß es zu seinem eigenen Besten ist, wenn der Berater an seinen Phantasien teilnimmt und in sie eindringt, nicht um sie zu besänftigen, sondern um dem Kind zu helfen, diese Phantasien zu bewältigen.

Ich weiß nicht, inwieweit diese Spekulationen zutreffen. Was jedoch zählt, ist die Tatsache, daß Joey nun nicht mehr der panischen Angst, er könnte bei der Ausscheidung seines Körpers verlustig gehen, erlag, sondern sich dieses Prozesses bewußt wurde und versuchte, seine psychologischen Aspekte zu bewältigen. Das tat er in dem Maße, in dem er allmählich die Vorstellung, sein Körper werde von einer Maschinerie betrieben, aufgab und erkennen konnte, daß es sich bei diesem ganzen Vorgang um einen Körperprozeß und um ein Körperprodukt handelte. Trotzdem fuhr er noch lange Zeit fort, seinen Körper als eine Maschine zu betrachten. Wenn aber diese Joey-Maschine defäkierte, war es dann nicht logisch anzunehmen, daß alle anderen Maschinen ebenfalls defäkieren? Das Problem des Selbst versus Nicht-Selbst im Rahmen der Ausscheidung stellte sich für Joey also folgendermaßen dar: entweder ist das nicht meine Defäkation oder es defäkiert alles und jedes.

Als er zu einer seiner Pflegepersonen ein so vertrautes Verhältnis hergestellt hatte, daß er sie bei ihrem Namen nennen und sich ihrer Fürsorge anvertrauen konnte, fand eine neue Entwicklung statt, bei der sich Öl (und Fäkalien generell) in »Kotspuren« verwandelten, ein Neologismus, mit dem er seine eigenen Fäkalien bezeichnete. Mit diesem privaten Begriff wollte er uns glauben machen, daß es sich nicht um seine, sondern um die Fäkalien anderer handelte, möglicherweise um den Kot von Tieren. Auch diese Kotspuren entstanden zunächst als Vorstellung in der Phantasie. Erst als er diese Vorstellung erprobt und mit Sicherheit erkannt hatte, daß diese Hervorbringungen seines Körpers unser Interesse und unseren Respekt erregten, wurden die Kotspuren Wirklichkeit – nun hinterließ er Schmutzspuren in Form von Papierschnipseln, die er beschmutzt hatte und überall deponierte. Das Kotspurenspiel war für uns nun die beste Möglichkeit, um einen persönlichen Kontakt zu Joey herzustellen.

Und wieder verfolgten wir mit, wie sich Joey bestimmter Bestandteile aus seiner Umgebung bediente, um damit seine Inneren Bedürfnisse zum Ausdruck zu bringen. So wie er den Ventilator, den ihm seine Eltern überlassen hatten, dazu benutzt hatte, sich eine mechanische Existenz aufzubauen, so benutzte er nun die von uns zu Ostern gelegten Spuren als ein Mittel, um sich aus seiner jetzigen Existenzform herauszuarbeiten. Unter den vielen Feiertagen, die wir bei uns an der Schule beachten, gehören die Ostertage zu den wichtigsten. Das Osterfest mit seinem Auferstehungs- und Wiedergeburtgedanken kann für unsere Kinder ein Symbol der Hoffnung sein, und so tun wir unser Bestes, um dieser Bedeutung Gewicht zu verleihen.

Wenn die Kinder am Ostermorgen aufwachen, entdecken sie »Häschenspuren«, das sind zurechtgeschnittene Pappkartonstückchen, die Hasenpfoten ähneln, und jeder Schlafsaal hat andersfarbige Spuren. Diese Spuren führen von den Schlafsälen zu den Stellen, wo die einzelnen Kinder ihre Ostergeschenke finden. Es ist klar, daß das Spuren sind, die zu etwas Erfreulichem führen und auf ein neues und besseres Leben hinweisen. Aus dieser Spurenvorstellung heraus entwickelte Joey sein Kotspurenspiel.

Diese Entwicklung läßt erkennen, wie stark sogar autistische Kinder auf die Absichten reagieren, die sich hinter dem angebotenen Phantasiematerial verbergen. Der Ventilator hatte dem Zweck gedient, Joey zu beruhigen und sein Bedürfnis nach persönlichem Austausch zu reduzieren. Der einzige Zweck unserer »Häschenspuren« ist der, die Kinder zu erfreuen und sie wissen zu lassen, daß sie uns wegen der Geschenke zu keinem Dank verpflichtet sind. Die Geschenke stammen nicht von uns, sondern vom Osterhasen. Daher können die Kinder uns auch nicht verletzen, wenn die Geschenke ungeachtet unserer Bemühungen nicht nach ihrem Geschmack sind.[8]

Nach einem Jahr Kotspurenspiel und nach der Vorstellung von den »Ölquellen«, die diesem vorausgegangen war, kam das ans Tageslicht, was sich hinter diesen Symbolen immer schon versteckt hatte. Sie verwandelten sich nun in »Diarrhoe«, in eine »Diarrhoe«, deren Opfer Joey und andere Personen wurden, und die Welt war eine Kloake voller Fäkalien. Als wir bei Joeys Phantasien bereitwillig mitspielten, erzählte er uns, daß es sich bei den Ölquellen und Kotspuren eigentlich um Fäkalien handle, die man mit Hilfe von Bohrtürmen aus ihm und aus der Erde herausgepumpt habe. Nun

[8] Ich möchte hier das Verhalten eines autistischen Mädchens erwähnen, das alle Geschenke, die es – vor allem an Weihnachten und Ostern – erhielt, in den Mülleimer warf. Wir akzeptierten das, ohne zu fragen oder zu kritisieren, und wir nahmen das Mädchen vor den kritischen Bemerkungen der anderen Kinder in Schutz. Erst nach Jahren konnte es schließlich glauben, daß es mit den Geschenken, die es von uns bekam, tun und lassen konnte, was es wollte und daß es sie nicht »richtig zu behandeln« brauchte. Als es sich dessen noch nicht sicher war, konnte es sie nicht annehmen, da sie seine noch kaum vorhandene Autonomie bedrohten. Bevor dieses Mädchen zu uns kam, hatte man allzu oft versucht, es mit Geschenken zu bestechen, und so fiel es ihm schwer zu glauben, daß sich in Geschenken auch Zuneigung äußern könnte.

spielte er uns nichts mehr vor. Dieses Heraufpumpen von Fäkalien war, das erfuhren wir später von ihm, die erste Handlung, von der er glaubte, daß er zu ihr fähig war.

Nun hielt sich Joey einige Zeit lang sehr sauber, so als sei das seine Reaktion auf das Gefühl, daß er ganz und gar von Fäkalien umgeben sei. Als Joey zu uns gekommen war, war seine Einstellung zum Waschen und Baden anders gewesen. Denn das waren Dinge gewesen, die mit einem Körper passierten, der ihm selbst völlig fremd war. In diesen ersten Monaten machte er sich häufig sehr schmutzig, und das Waschen oder Baden ließ er einfach über sich ergehen. Doch in dem Entwicklungsabschnitt, der nun einsetzte, bestand er auf langen Bädern und darauf, daß man ihn sorgfältig abschrubbe. Es geschah im angenehmen warmen Wasser der Badewanne, daß er, während seine Beraterin ihn wusch, zum ersten Mal auf die Ängste zu sprechen kam, die er vor Menschen hatte.

Im Gegensatz zu seinem üblichen zusammenhangslosen Gerede begann er seiner Beraterin nun zu erzählen, wie armselig und kläglich sein Leben durch die Tatsache geworden sei, daß er immer wieder vergesse (also verdränge), und daß er sich in seinem Denken und seinem Körper derart unbefriedigt fühle, daß er den verzweifelten Wunsch verspüre, einige Teile dieses Denkens und dieses Körpers loszuwerden. Einige Wochen später – wieder saß er in der Badewanne und wurde liebevoll gewaschen – sprach er zum ersten Mal von den Gefühlen, die er für seine Lieblingsberaterin empfand. Das konnte er allerdings nur, indem er das Gegenteil von dem sagte, was er wirklich meinte. »Du mußt aufhören mich zu mögen«, erklärte er, »das muß aufhören.« Das tat er übrigens bei allen Gesprächen, die starke Emotionen beinhalteten.

Es dauerte ein weiteres Jahr, bis Joey seiner Beraterin schließlich – auch in diesem Fall wieder beim Baden – erzählen konnte, er glaube nicht, daß ihn jemand, ja auch sie nicht, mögen könne. Dabei stellte sich heraus, daß sein Befehl »Du mußt aufhören mich zu mögen« eigentlich nichts als der Versuch gewesen war, den verzweifelten Schrei »Niemand mag mich, ja es *kann* mich niemand mögen« in eine positive Aussage umzuformulieren. Nun konnte er offen über seine Verzweiflung sprechen, und er konnte darüber sprechen, wie man seine Gefühle verletzt hatte, und wie niemand ihn jemals richtig geliebt hatte. Doch so direkt über seine tiefsten Gefühle konnte er nur dann sprechen, wenn er im weichen, schützenden Badewasser lag und wenn er den angenehmen Hautreiz des Gewaschenwerdens erlebte.

Nun erzählte er auch ungezwungener von der Diarrhoe, der er überall begegnete und die ihm eine enorme Aufgabe auferlegte. Denn er sah sich nicht nur gezwungen, durch seinen eigenen Körper oder mit Hilfe der Körper anderer gewaltige Mengen von Fäkalien zu erzeugen, sondern mußte auch für ihre Beseitigung sorgen. Bis dahin hatte er nur insgeheim über ausgeklügelte Abwassersysteme und ihre Arbeitsweise nachgegrübelt. Diese Überlegungen brauchte er nun nicht mehr zu verheimlichen. Alle festen Oberflächen waren nun diarrhöisch beschmutzt, und alle Öffnungen verwandelten sich in Kloaken und Abwasserkanäle. Auch bei Fenstern und Bodengittern handelte es sich um solche Kanäle, die es sorgsam instandzuhalten und zu überwachen galt. Joey überprüfte ihren Zustand, indem er Gegenstände durch sie hindurchwarf, deren Verschwinden er angstvoll verfolgte. All diese ausgeklügelten Apparate waren nötig, um die gewaltigen Fäkalienmengen beseitigen zu können.

Während Joey früher keinen Körper und keine Kraft gehabt hatte, war sein Körper nun überall. Jede Öffnung wurde eins mit seiner Körperöffnung. Zuerst war er nichts gewesen und nun war er alles. Aber er war immer noch eine Maschine und kein Mensch, so daß auch sein Selbst nach wie vor kaum entwickelt war. Doch seiner Nichtexistenz war er nun endlich entronnen.

Da sich seine Ausscheidungsprozesse nicht mehr bloß auf eine wirkliche Toilettenschüssel oder ihre symbolische Entsprechung (der Abfallkorb) beschränkten, sondern sich auf die ganze Welt erstreckten, begann er, wo immer er auch war, ungezwungener zu defäkieren. So wurde ihm die ganze Welt zur Toilette. Doch wurde die wirkliche Toilette dadurch gleichzeitig weniger bedrohlich. Er benutzte den Abfallkorb weniger oft und saß nur mehr selten stundenlang auf der Toilette. Auch kauerte er nun nicht mehr über der Toilettenschüssel, sondern saß fest auf ihr. Das war ganz gewiß ein Beweis für seine vermehrte Selbstsicherheit. Ein weiterer Schritt bestand darin, daß die Ausscheidung der erste physiologische – oder, in seinen Augen, der erste in seinem eigenen Körper stattfindende – Prozeß war, zu dem er nun keine Taschenlampe mehr brauchte.

Wir sollten nicht glauben, daß er stolz darauf war, diese enorm wichtigen Fäkalien zu erzeugen. Auf etwas stolz sein impliziert, daß man eine selbst gewollte Tat vollbracht hat. Joey aber fühlte sich noch nicht als eine autonome Person, die Dinge selbst tun konnte. Und genauso wenig vermochte er auf das, was sein Körper produzierte, stolz zu sein; im Gegenteil, er hielt sich für völlig wertlos. Die Fäkalien an sich sowie ihre Erzeugung und Beseitigung spielten aufgrund eines verbindlichen kosmischen Gesetzes nach wie vor die allerwichtigste Rolle.

Handelte es sich hier um das Gesetz, das ihm seine Eltern aufgezwungen hatten, als sie ihn zur Sauberkeit erzogen hatten? Zumindest kam er in diesem Zusammenhang auf die – erst viel später aufgegebene – Idee, daß Fäkalien in Übereinstimmung mit irgendeinem unerklärten Gesetz, welches das Universum beherrschte, erzeugt und beseitigt werden müßten. Aber um es noch einmal zu sagen: alle Kinder werden zur Sauberkeit erzogen und viele Kinder erleben diese Erziehung genauso früh und in derselben Strenge wie Joey. Warum also in seinem Fall diese wahnhaften Übertreibungen? Der Grund dafür ist vielleicht, wir haben bereits darauf hingewiesen, darin zu suchen, daß seine Eltern, insbesondere seine Mutter, emotional völlig desinteressiert waren.

Viele Kinder müssen gegen ihren Willen immer dann und immer so defäkieren, wann und wie es ihren Eltern behagt. Dieser Verlust der körperlichen Autonomie wird mehr als wettgemacht durch eine neu hinzugewonnene psychische Autonomie. Dem Kind wird nun klar, daß es die Macht besitzt, seinen Eltern Freude oder Schmerz zu bereiten, indem es ihnen folgt beziehungsweise nicht folgt. So verwandelt sich das, was dem Kind zunächst als ein gefühlskaltes absolutes Gesetz erscheint, in eine Möglichkeit, durch das eigene Tun andere zu beeinflussen. Auf dieser persönlichen Art des Handelns werden persönliche Beziehungen errichtet, die mehr oder weniger befriedigend sein können, immer aber in der zwischenmenschlichen Interaktion wurzeln. Da Joey diesen Prozeß noch nicht miterlebt hatte, kommunizierte er noch nicht mit uns; seine Verzweiflung darüber, daß solche Bezogenheit von vornherein unerwünscht sei, schaltete diese Möglichkeit aus. Denn wir können nur dann Beziehungen eingehen, wenn wir hoffen dürfen geliebt und/oder geachtet zu werden.

Sich eines Menschen einfach anzunehmen – und wir haben uns Joeys auf eine sehr engagierte Weise angenommen – genügt einfach nicht. Es ist das eine unerklärliche, aber keine ausreichende Vorbedingung. Andererseits sollte sich Kommunikation um so leichter einstellen, je größer der Trost und das Wohlbefinden sind, die wir dem Kind vermitteln können. In Wirklichkeit hat es den Anschein, als treffe das Gegenteil zu, aber das stimmt nicht ganz. An den extremen Gegenpolen, wo kein Wohlbehagen existiert und ausschließlicher Mangel herrscht, sind die zwischenmenschlichen Beziehungen ebenfalls gestört.

Die Annahme, körperliches Wohlbehagen bewirke zwischenmenschliche Beziehungen, ist ein Trugschluß, der deshalb zustande kommt, weil wir wissen, daß durch ein Nichtvorhandensein körperlichen Wohlbehagens zwischenmenschliche Beziehungen unmöglich gemacht werden. Allerdings basiert diese Annahme auf der richtigen Beobachtung, daß das Kind die Tatsache, daß seine Eltern alles tun, um ihm ein angenehmes Leben zu ermöglichen, als einen Beweis dafür nimmt, daß seine Person Liebe, Pflege und Respekt verdient. Dieses Gefühl befähigt es zum Vertrauen – den Menschen, die uns so wichtig finden, können wir unser Dasein und das implizierte Wohlbefinden anvertrauen. Aus diesem Vertrauen in den guten Willen der Eltern und aus der Tatsache, daß wir für sie so wichtig sind, entwickeln sich die ersten flüchtigen und später festen zwischenmenschlichen Beziehungen.

Hier liegt der Punkt, wo eine Überflußgesellschaft dem Kind die Kommunikation erschweren kann. Wenn die Eltern dem Kind nur dann ein gewisses Wohlbehagen vermitteln können, wenn sie selbst eine gewisse Mühe aufbringen müssen, vermögen sie sich zu freuen, wenn sie diese Mühe auf sich genommen haben. Diese Freude der Eltern aber ist es, die dem Kind ein Selbstwertgefühl vermittelt und die ersten Kommunikationsprozesse in Gang setzt. (Dabei gibt es selbstverständlich so manche Fallstricke, zum Beispiel dann, wenn die Eltern meinen, daß ihre Bemühungen übertrieben seien, so daß sie im Kind im Rahmen des vermittelten Wohlbefindens Schuldgefühle wecken.) Ist jedoch das Wohlbefinden des Kindes so leicht herzustellen, daß es den Eltern weder Mühe noch Freude macht, kann das Kind im Rahmen der Vermittlung von Wohlbehagen keine Selbstachtung entwickeln.

Solche Entwicklung kann natürlich in Verbindung mit anderen Situationen stattfinden, in denen das Kind entdeckt, daß es seinen Eltern Freude bereitet. Freilich laufen solche Prozesse nicht mehr so einfach und direkt ab. Das Kind, das erlebt, wie es Freude bereitet, ohne dafür Wohlbehagen vermittelt zu bekommen, kann das Gefühl haben, daß es immer nur gibt, anstatt zu nehmen, obwohl es eigentlich mehr nehmen als geben sollte. Daß es Freude bereiten soll, kann es vielleicht verstehen. Doch vermittelt ihm dieser Prozeß nicht das Gefühl, daß es als Person wert ist, geliebt zu werden. Im Gegenteil, es kann das Gefühl bekommen, daß es, um überhaupt geliebt zu werden, erst einmal geben muß – daß zwar sein Geben, nicht aber seine Person einen Wert besitzt.

Unsere Schwierigkeiten, Joey bei seinen Kommunikationsversuchen zu helfen, waren darauf zurückzuführen, daß er zwar Wohlbehagen vermittelt bekommen hatte, aber ohne irgendwelche Freude. So aber kam es, daß die grundlegenden Prozesse (als da sind: Berührung, frühe Fütterung, Ermunterung zum Handeln und die Erfahrung, körperlich gehegt und gepflegt zu werden), durch die das Wohlbefinden der Person entsteht, nie zu Instrumenten der Kommunikation wurden.

Wir nehmen an, daß Joeys Sauberkeitserziehung mitleidlos erzwungen wurde, ohne daß er durch seinen Gehorsam emotionale Befriedigung erfahren oder daß er durch seinen Ungehorsam seinen Eltern Schmerz zugefügt hätte. Er mußte wun, was man ihm sagte, doch darüber hinaus war sein Tun sinnlos. Joey mußte seinen Stuhl irgendwie erzeugen und irgendwie beseitigen. Doch weder das eine noch das andere bereitete ihm irgendwelches Vergnügen, so wie auch sein Gehorsam der Mutter kein Vergnügen bereitet haben dürfte. Eine weitere Person war emotional an seiner Sauberkeitserziehung nicht beteiligt. Diese Sauberkeitserziehung hatte lediglich den praktischen Nutzeffekt, daß sie Arbeit sparte, so wie uns unsere Maschinen Arbeit ersparen. So wie eine Maschine ihrer Leistung wegen geschätzt und, wenn sie nicht mehr richtig arbeitet, ausgetauscht wird, mußte auch Joey funktionieren oder befürchten, zurückgewiesen zu werden. Doch wie eine Maschine wurde er weder dafür geliebt noch gelangte er zu dem Punkt, von dem an er sich hätte selbst lieben können.

Auch dieser Prozeß muß lange vor der Sauberkeitserziehung begonnen haben – aber weniger im Zusammenhang mit Joeys Fütterung und Säuberung als mit der Art, wie er in dieser Welt empfangen und aufgenommen wurde. Da seine Ankunft in dieser Welt keine Freude bereitet hatte, wurde nun alles mechanisch und bereitete auch dem Säugling keine Freude. Er mußte unergründlichen, wenn nicht sogar völlig willkürlichen Vorschriften gehorchen. Er drückte das folgendermaßen aus: »Ich muß Blätter essen, damit sich Blätter in meinem Stuhl befinden.« Dinge (in diesem Fall Nahrung) wurden in ihn hineingestopft, und er mußte sie unverändert zurückerstatten.

Aber warum gerade Blätter? Ebenso wie alle anderen Symbole waren auch Blätter für Joey überdeterminiert. Explosionen erzeugen Feuer, und das Endprodukt von Feuer ist Asche. Das Betrachten verbrennender Blätter erregte und deprimierte ihn in einer Weise, die seine übliche Niedergeschlagenheit noch vertiefte. Daß er dieses

Verbrennen auf eine hermetische Weise mit Weinen und Tränen gleichsetzte, darauf kamen wir erst viel später.

Hatte Joey damals gewußt, daß er sich sozusagen Seele und Augen ausgeweint hatte, bis sie nur mehr Asche waren? Daß das Feuer seiner Gefühle bei anderen nicht einen Funken von Interesse geweckt hatte, so daß es von selbst ausbrannte? So ähnlich muß er sich gefühlt und erlebt haben, denn als er ungefähr ein Jahr später über seinen Zorn auf seine Eltern sprach, meinte er, er fühle sich wie Asche und »meine Eltern haben mich in eine Aschentonne getan. Sie haben mich in ein Abflußrohr geschmissen.«

Mit diesem ganzen Elend vermengt waren die echten Tränen, die er weinte. Und die Augen, die diese Tränen weinten, sollten herausgerissen werden – aber nicht nur seine eigenen Augen, sondern auch die eines anderen. Das war keine bloße Vergeltung, sondern eine Folge der Tatsache, daß er nicht wußte, was Selbst und was Nicht-Selbst war. War er es oder war es jemand anders, der weinte? War er es oder waren es seine Eltern, die ihn zu Asche verbrannt hatten? Wenn man kein klares Gefühl von einem eigenen Selbst hat, kann man nie mit Bestimmtheit sagen, ob man eine Erfahrung nun selbst oder ob diese Erfahrung ein anderer macht. In diesem Punkt herrschte die gleiche Verwirrung wie bei der Frage, ob er nun seinen eigenen Stuhl oder den Stuhl eines anderen erzeugte.

Bei seinem Schmutzspurenspiel wußte er, daß er es war, der dieses Spiel spielte. Und da wir mitspielten und auf diese Weise an seiner symbolischen Defäkation teilnahmen, hörte er auf, uns zu bitten, ihn auf die Toilette zu begleiten; auch seine ganze Kleidung mußte er nun nicht mehr ablegen. Erst jetzt erfuhren wir von ihm, daß er sich jedesmal bis auf die Haut ausgezogen hatte, weil er schreckliche Angst gehabt hatte, er könnte seine Kleidung beschmutzen.

Auch in diesem Fall hatte die elterliche Ermahnung offenbar nichts mehr mit ihrer ursprünglichen Absicht zu tun und wurde stattdessen in eine absolute Vorschrift verwandelt. Das bekannte »Mach nicht in die Hosen!« wurde zu einem abstrakten Prinzip, durch das ein für alle Mal eine absolute Trennung stattfand zwischen Kleidung und Ausscheidung. Die Ungezwungenheit, mit der wir, die wir eine Art Elternersatz waren, mit ihm im Schmutz spielten, mit der wir seinen Kotspuren begegneten und mit der wir die Tatsache aufnahmen, daß er auch uns beschmutzte, und – was noch wichtiger war – die Erkenntnis, daß ihm, der diese Vorschrift so offenkundig verletzte, nichts Schreckliches zustieß, diese beiden Dinge gaben Joey den Mut, das absolute Diktum der Nichtbeschmutzung auf den vernünftigen Versuch, solche Beschmutzung zu vermeiden, einzuschränken.

Ein weiterer gewaltiger Versuch der Selbstbehauptung bestand darin, daß er aufrecht stehend zu urinieren begann. Aber er brauchte volle drei Jahre, bis er den Mut dazu hatte. Danach allerdings setzte er seinen ganzen Stolz darein, seinen Harnstrahl aus einiger Entfernung in die Toilettenschüssel zu zielen.

Doch bis er diese »phallische« Lust und Leistung erzielte, dauerte es einige Zeit. Und als das Urinieren nicht mehr die Folge elektrischer Einflüsse, sondern das Resultat seiner eigenen Willensanstrengung war, gab es immer noch eine ganze Menge ungelöster Probleme des Harnens. Nun da er diese Aufgabe bewältigt hatte, blieb es einige Jahre auch dabei: er hatte einen separaten Prozeß seines Körpers beherrschen gelernt, der jedoch noch keinen integralen Teil seiner Person bildete. Im Gegensatz zu dieser relativen Freiheit, die er im Bereich des Urinierens erlangt hatte, blieb die Defäkation noch jahrelang ein schwerwiegendes Problem.

Der autistische Körper

An diesem Punkt sollten wir eine kurze Diskussion über die Frage, wodurch der Mensch zum Mechanismus werden kann, einschalten. Ich habe bereits einen wichtigen Punkt des Eriksonschen Modells erwähnt – daß nämlich in jedem Stadium der Entwicklung des Kleinkindes eine Zone und ein Modus dominieren, wobei jedoch die Funktionstüchtigkeit einer jeden Körperzone die – zumindest zusätzliche – Beteiligung aller anderen Modi voraussetzt (Erikson, 1950). Doch erhebt sich nun die Frage, weshalb die meisten Kinder ganz automatisch zu einer Integration der verschiedenen Modalitäten gelangen, wogegen das autistische Kind nicht dazu fähig ist. Vielleicht können die einzelnen Schritte, die Joey hin zu seiner Besserung tun mußte, die bereits versuchte Klärung dieser Fragen noch vertiefen.

Vielleicht werden diese zonalen Funktionen durch den inneren Zusammenhalt, den die elterlichen Besetzungsenergien aufweisen, in eine Einheit eingebunden, die die volle Entfaltung der menschlichen Persönlichkeit erst ermöglicht. Die Tatsache, daß die Eltern auf einige Aspekte dieser Funktionsweisen und -modi positiv und auf andere Aspekte negativ reagieren, kann an dem durch die Emotion geschaffenen Zusammenhalt nichts ändern.

Da die Gefühle der Eltern Joeys keinen solchen Zusammenhalt aufwiesen, hielt auch das, worauf sie reagierten, nicht zusammen. Keine ihrer Reaktionen auf Joeys Tun entsprang einem einheitlichen Interesse für das Kind, wobei dieses Interesse insofern hätte einheitlich sein können als es in die emotionale Besetzung des Kindes durch die Eltern tief eingebettet hätte sein können. Ein Desinteresse aber führt, obwohl es eine uniforme Haltung darstellt, zu keiner einheitlichen Erfahrung. Das kann nur ein selektives emotionales Interesse bewirken, denn ein solches Interesse wählt einige Aspekte aus und vereint sie zu einem positiven Ganzen, während es andere Aspekte zurückweist und zu einem negativen Ganzen zusammenschließt, wobei beide schließlich eine einzige Einheit bilden. Das heißt: die positive Hervorhebung einer Art von Verhalten bleibt bedeutungslos ohne die negative Hervorhebung eines anderen Verhaltens. Die Qualitäten »positiv« und »negativ« existieren nur dann, wenn sie aufeinander bezogen sind, denn sonst müßte man sich fragen: »Positiv – ja, aber verglichen mit was?«

Je folgerichtiger die Gegensätzlichkeit der positiv und negativ akzentuierten Verhalten, desto stärker der innere Zusammenhalt der Persönlichkeit und desto einfacher die Persönlichkeitsentwicklung. Denn was dergestalt durch die Eltern mit positiver Energie besetzt wird, kann danach auch durch das Kind positiv (oder, als eine Art Gegenreaktion, negativ) besetzt werden. Doch beide Möglichkeiten bringen es mit sich, daß das besetzte Objekt durch Gefühle mit allem anderem Verhalten verbunden wird.

Joeys Eltern aber kannten keine einheitliche Reaktion, die den einverleibenden, den verhaltenden und den ausscheidenden Modus hätte zusammenschließen können. Da diese Modi durch die Eltern mechanisch gesteuert wurden, blieben sie nichts als mechanische Funktionen.

Auch die oralen, analen, phallischen und genitalen Zonen und Funktionen erlangten keine einheitliche Bedeutung. Sie bildeten nicht Teile *eines* Körpers, in den sie integriert, dem sie untergeordnet gewesen wären. Die Tatsache, daß alle autistischen Kinder ihrem Körper entfremdet sind – das heißt, daß sie erstaunt sind, wenn sie diesen oder jenen Körperteil entdecken, während es ihnen schrecklich schwer fällt, all diese Teile mit dem Rest des Körpers, seinen Funktionen und Emotionen unter einen Hut zu bringen – diese Tatsache bestätigt die Stichhaltigkeit unserer Spekulation.

Wie früh dieser Entfremdungsprozeß einsetzt, ist aus dem Faktum zu ersehen, daß alle autistischen Kinder, mit denen wir gearbeitet haben, zunächst einmal essen lernen mußten. Einige unter ihnen waren anorektisch, als sie zu uns kamen, und die anderen verschlangen ihr Essen mit Händen und Zähnen wie Tiere. Einige schütteten große Mengen Salz oder Senf über ihre Gerichte, bevor sie sie anrührten. Nur wenige unter ihnen kauten ihr Essen. Die meisten verschlangen ihre Mahlzeit in großen Bissen. Keines dieser Kinder aß ungezwungen oder gar mit Freude. Essen, diese grundlegendste Lebensfunktion, wurde nicht als eine solche erfahren. Alle diese Kinder brauchten lange Zeit, bis sie zu einem Bewußtsein vom Prozeß des Essens gelangten, bis sie ihre Freude daran hatten und bis sie wußten, daß sie selbst es waren, die da aßen.

Was auf das Essen zutraf, traf auch auf alle anderen grundlegenden Funktionen zu. In einem langwierigen Prozeß mit vielen Rückschlägen mußte jede Körperfunktion von ihren bedrohlichen oder verhaßten Konnotationen befreit werden. Wir mußten dafür sorgen, daß jede isolierte Funktion mit ihren spezifischen »Regeln« und »Vorsichtsmaßnahmen« dem Willen der Person untergeordnet, also »personalisiert« wurde. Dann mußte der Zusammenhang zwischen all diesen Funktionen hergestellt werden, das heißt jede Funktion mußte aus ihrem isolierten Bereich herausgeholt und in ein funktionierendes Ganzes eingebunden werden.

Als Joey zu uns kam, gab es bereits zwei Funktionen, die zusammenhingen – die des Essens und die der Ausscheidung. Aber das half uns so nicht weiter. Denn es handelte sich nicht um zwei Funktionen, die gemeinsam den Bedürfnissen eines Menschen dienten; im Gegenteil: sie dienten nur sich selbst und einander. Die Nahrungsaufnahme war nur für die Ausscheidung da, etwa wie Benzin für den Motor da ist, den es betreibt. Joeys Nahrungsaufnahme diente einem einzigen Zweck – dem Zweck der Ausscheidung. Das Ganze war ein einziges mechanisches Ganzes, das durch ein und denselben mechanischen Prozeß in Gang gehalten wurde.

Die Bedeutung des Essens wertete Joey übrigens wesentlich geringer als die der Ausscheidung. Erst Jahre später erfuhren wir, warum. Joey hoffte dadurch, daß er aus einem Körper herauskäme, neu geboren zu werden und ein Eigenleben zu erlangen. Am liebsten wäre er aus dem Körper einer Person herausgekommen, die wünschte, ihn neu zu gebären. Doch wenn es keine Person gab, die ihn so sehr liebte, daß sie dazu fähig war, mußte sein eigener Körper dazu herhalten. Die Nahrungsaufnahme schien ihm diese Möglichkeit nicht zu bieten. Daher bedeutete ihm das Essen als solches wenig. Es war in jeder Hinsicht der Ausscheidung untergeordnet, weil die Ausscheidung zumindest Möglichkeiten einer fäkalen Geburt erkennen ließ.

Alle Vorsichtsmaßnahmen, die er ergriff, wenn es sich um die Nahrungsaufnahme handelte, waren irgendwie bedingt durch seine Angst vor dem Ausscheidungsprozeß. Diese Angst und diese Vorsichtsmaßnahmen aber basierten auf seiner Überzeugung, daß seine Stoffwechselprozesse mechanisch gesteuert wurden. Wie komplex sein symptomatisches Verhalten im Eßbereich auch sein mochte, es war kein unabhängiges Verhalten. Das Bedürfnis, seinen Körper mittels Papier zu »isolieren« (damit der elektrische Strom, der seine Verdauung in Gang hielt, nicht verloren ginge und damit seine Kleidung nicht schmutzig würde) und sich gegen den Tisch zu pressen, war eine reduzierte Kopie seines Bedürfnisses, sich vor der Defäkation völlig zu entkleiden und sich während des Ausscheidungsvorganges an der Wand festzuhalten. Die Tatsache, daß er Flüssigkeiten nur durch ein Netzwerk von Strohhalmen zu sich nehmen konnte, widerspiegelte sein Bedürfnis sicherzugehen, daß auch dieses Netzwerk, ja daß der gesamte Trinkvorgang einen Teil des mechanischen Systems bildeten, das seine Speiseröhre bis zum »Verbrennungsraum« hinabreichte.

In bezug auf die normale Abfolge der physiologischen und psychosozialen Entwicklung schien bei Joey ein umgekehrter Prozeß stattzufinden. Obgleich er einige Funktionen wie die der Sauberkeitserziehung und des Sprechens beherrschte, hatte er sie getrennt voneinander gelernt, um sie nun auch getrennt zu halten. Der Eßprozeß hatte nicht den Wunsch erzeugt, sich Objekte einzuverleiben, sich mit Objekten zu identifizieren und mit anderen Personen zu kommunizieren, ganz zu schweigen von der Befriedigung, die normalerweise mit der Fütterung einhergeht und von der Freude, die das Zusammensein mit anderen bewirkt. Die Sauberkeitserziehung hatte ihm weder das angenehme Gefühl der Beherrschung des eigenen Körpers verschafft, noch hatte sie ihm den Eindruck von Macht vermittelt, den das Kind dann bekommt, wenn es lernt, seinen Eltern zu Gefallen zu sein. Sprache hatte bei Joey nicht zur Vermittlung von Gedanken und Gefühlen geführt. Im Gegenteil: jede dieser Einzelleistungen schien ihn von einer Bewältigung und Integration im Gesamtrahmen weiter abgebracht zu haben.

Die Nahrungsaufnahme diente lediglich der Ausscheidung. Die Sauberkeitserziehung hatte ihn unterjocht, anstatt ihm zu helfen, einige seiner Körperprozesse zu kontrollieren. Die Sprache hatte nicht zu zwischenmenschlichen Beziehungen geführt, sondern seine und unsere Fähigkeit, miteinander zu kommunizieren, behindert. Schuld daran waren seine Neologismen, waren seine Aussagen gewesen, die immer das Gegenteil besagten von dem, was er wirklich meinte. Bei jedem Schritt, den er hin zu einem menschenwürdigeren Dasein tat, schien es, als müßten er und wir immer getrennt voneinander kämpfen. Jede Lebensfunktion mußte zunächst von ihrer negativen Besetzung befreit werden, bevor sie zu einem Wachstumsträger werden konnte. Was immer er also lernte, es warf ihn nicht auf das Ende, sondern auf den Anfang seiner frühkindheitlichen Entwicklung zurück. Hätten wir das früher begriffen, hätte uns sein Verhalten in den ersten Jahren bei uns weniger verblüfft und verwirrt.

Autistisches Verhalten ist alles in allem eine Anpassung des Organismus an eine Umgebung, die als nicht passend erfahren worden ist. Wie sehr wir auch die neue Umgebung unserer Schule auf die besonderen Bedürfnisse des Kindes abstimmen, diese Umgebung bleibt trotzdem eine Welt, in der die alten autistischen Verhaltensweisen des Kindes fehlangepaßt sind. Der Unterschied zwischen der Umgebung zu Hause und der Umgebung, für die wir sorgen, besteht darin, daß erstere nur die Anpassungsmöglichkeit des Autismus zuließ, während letztere andere Möglichkeiten bietet. Auch versuchen wir unser Angebot so attraktiv, ja verführerisch wie möglich zu gestalten.

Wenn wir dabei Erfolg haben, erweist sich die alte Anpassung als nutzlos und bricht in sich zusammen. Die Folge ist, daß das Kind einige Zeit lang noch unangepaßter, ungeschützter und unfähiger wird, als es in seinem Autismus gewesen ist.[9]

Vielleicht können wir die mißliche Lage des autistischen Kindes

[9] Das ist der Grund, weshalb man bei der Behandlung solcher Kinder mit einer derartigen Umsicht und Sorgfalt vorgehen muß. Es besteht immer die Gefahr, daß, wenn diese Kinder auftauen und sich ihrer autistischen Armierung begeben, auch ihre Verzweiflung freigesetzt wird, da nun alle Schutzmaßnahmen geschwächt sind. In dieser Lage können sie Selbstmord begehen, und wenn sie das tun, dann gewöhnlich in einer Weise, die an einen »Unfall« denken läßt, aber immer auch ihre neu gewonnene Freiheit augenfällig macht. Solche Kinder können plötzlich aus dem Fenster fallen, sie können beim Schwimmen ertrinken oder in einen leeren *Swimming Pool* springen und so weiter. Das waren zumindest die Mittel, deren sich drei autistische Kinder bedienten, die ambulant behandelt wurden. Wir an der Orthogenetischen Schule haben bis heute das Glück gehabt, unsere autistischen Kinder vor solchen Gefahren schützen zu können. Doch hat jedes Kind, das wir aus seiner autistischen Isolierung herauszuholen vermochten, für kurze Zeit eine derartige Selbstmordphase durchgemacht. Bei Joey war das blinde Auf-die-Straße-Hinauslaufen einer von mehreren Zwischenfällen, die für ihn in dieser Periode typisch waren.

durch einen Vorgang veranschaulichen, der uns allen zustößt, wenn unsere Anpassung an eine bestimmte Umgebung plötzlich nicht mehr effizient ist. Der Fetus ist der Umgebung des Mutterleibes angepaßt, doch wird er dieser Umgebung durch die Geburt entrissen. Der neugeborene Säugling muß sich rasch an eine völlig andere Umgebung anpassen, in der er nun zum Beispiel selbst atmen muß. Die eben noch gültige Organisation des Neugeborenen bricht in sich zusammen, weil sie an die neue Umgebung außerhalb des Mutterleibes nicht mehr angepaßt ist. Ein Anzeichen dieses Prozesses ist in der Regel ein Gewichtsverlust. Augenfälliger ist freilich das Verschwinden einiger pränataler motorischer Fähigkeiten ungefähr achtzehn Stunden nach der Geburt. Beispiele hierfür sind die Hand-Mund-Koordination und verschiedene Arten motorischer Aktivitäten. Diese werden aufgegeben, weil sie in ihrer alten Form der postnatalen Umgebung mit ihren neuen Stimulierungen und Forderungen nicht mehr angepaßt sind.

Doch findet in dieser Phase nicht bloß ein Zusammenbruch, sondern auch eine Neuanpassung statt. Das gleiche aber gilt für das autistische Kind. Wenn es seine autistische Anpassung, also seine Abwehr jeder Emotion und Kommunikation, aufgibt, wird es plötzlich ungemein verletzlich. Alte Möglichkeiten der vermeintlichen Umweltbewältigung brechen rasch in sich zusammen, und die Errichtung neuer Möglichkeiten ist enorm schwierig.

Die Mauer bekommt Risse

Wir haben uns bis jetzt mit nur einem Aspekt der Bemühungen Joeys um Neuanpassung befaßt, nämlich mit dem Prozeß, durch den er in einem sehr späten Alter lernte, seine Körperfunktionen zu beherrschen. Erst jetzt konnte er eine rudimentäre Selbständigkeit und ein minimales Gefühl eines Selbst entwickeln. Auch habe ich darauf hingewiesen, daß das autistische Kind – wie ja der Säugling auch – engagierter Pflegepersonen bedarf, um so weit zu kommen, obgleich dem hinzuzufügen ist, daß nur das Kind selbst die nötigen Schritte tun kann. Mein Bericht über Joey wäre unvollständig, wenn ich nicht auch auf das liebende Umsorgen eingehen würde, das eine Voraussetzung für die Erlangung der Autonomie nicht nur des Säuglings ist.

Die Ereignisse, mit denen ich mich in diesem Abschnitt befasse, datieren vom Ende des ersten Jahres, das Joey bei uns verbrachte, einige Zeit bevor er das Schmutzspurenspiel erfand. Da wir seine Gefühle akzeptierten und da er sich unserer hingebungsvollen Pflege erfreute, lernte er – wenn auch sehr langsam – seine Defäkation kontrollieren und so konnte er nun auch beginnen, seine Gefühle zu bewältigen und versuchsweise Kommunikation zu üben.

Dieser Prozeß setzte aufgrund eines zurückliegenden Selbstmordversuches ein, bei dem er seinen Arm absichtlich durch ein Fenster gestoßen hatte. Bisher war es immer so gewesen, daß Joey, wenn er verzweifelter Stimmung war, seine Wut stets gegen den eigenen Körper gewendet hatte. In solchen Situationen drohte er oft, er werde sich Kopf und Knochen brechen. Doch später schrie er: »Gebt mir ein Messer, damit ich mir noch einmal die Hand bis zum Ellbogen aufschneide« (es war dies eine Anspielung auf seinen Selbstmordversuch). Danach bat er immer flehend um weitere Röhren, die ihn besser in Gang halten sollten.

Doch mit der Zeit wichen die Selbstmordimpulse von ihm, was allerdings weniger die Röhren als seine Lieblingsberaterin bewerkstelligte. Im Gegensatz zu den Motoren und Explosionen, über die er sich klar und deutlich zu äußern vermochte, konnte er über diese reale Begebenheit aus seiner Vergangenheit nur sehr vorsichtig erzählen. Dabei versuchte er sich zunächst in ein Gespräch über Explosionen zu flüchten. Dann aber bat er, man möge ihn zu Bett bringen, das er naß machen, das er explodieren lassen wollte. (Um jene Zeit war sein Bett noch ein Motor, der ihn nachts am Leben erhielt. Wenn er es jedoch naß machen würde, würden die Drähte kurzschließen, und er selbst würde das Opfer einer Explosion werden.) Bisher hatte nie Joey die Röhren explodieren lassen. Aber die Einsicht, daß er Dinge tun (zum Beispiel Fäkalien erzeugen) konnte, gab ihm die verschwommene Vorstellung ein, daß er es auch sein könnte, der Gefühle (das heißt Explosionen) erzeugte. Nun sagte er also, *er* würde sein Bett naß machen und so eine Explosion bewirken. In seiner symbolischen Ausdrucksweise wollt er damit vermutlich sagen, daß er fühle, wie seine abwehrende Haltung dadurch, daß ihm seine Beraterin so viel Wohlwollen und Zuneigung entgegenbrachte, dahinschmolz, so daß Gefühle in ihm hochkamen, die er als seine eigenen erkannte. Diesen Gefühlen aber versuchte er auf den Grund zu gehen – übrigens in Verbindung mit einer emotionalen Erfahrung, die er mit seiner Schwester gemacht hatte und die genauso verheerend gewesen war wie seine gegenwärtigen Explosionen. Einst hatte er es gewagt, die Zuneigung zu empfinden und nach der Liebe zu verlangen, die andere Kinder (darunter auch seine Schwester) normalerweise bekommen. Er hatte es gewagt, sie zu hassen, weil sie genossen hatte, wonach er so verzweifelt verlangt hatte.

Er saß auf dem Schoß seiner Beraterin, die ihn gerade liebevoll im Arm hielt und fütterte, und er begann: »Du mußt lernen mich allein zu lassen. Ich muß mich verletzen.« Und während er immer wieder wiederholte: »Ich muß mich verletzen«, betrachtete er die alte Narbe an seinem Arm. Wir versicherten ihm, wir würden alles tun, um auf ihn achtzugeben und solche Unfälle nicht zuzulassen, und wir sagten ihm, es täte uns leid, daß das damals geschehen sei. Und er fuhr fort:

»Die Naht zählt siebzehn Stiche. Du weißt schon, daß ich in dieser Hand da nichts fühle.[10] Die Sachen der kleinen Person waren überall verstreut, und ich tobte herum, irgendwie wild und grimmig, und ich stieß durchs Glas. Die Sachen der kleinen Person waren in der ganzen Gegend verstreut. Die kleine Person . . . gottverdamm sie . . . meine Eltern waren lange genug für sie da.«

In diesem Augenblick brach er in ein schrilles Lachen aus, dann sagte er eine Zeitlang nichts. Als er fortfuhr, versuchte er die emotionale Bedeutung dessen, was er gesagt hatte, abzuleugnen und sich zurückzuziehen. Die Beraterin aber bemerkte, daß, wenn die Sachen seiner Schwester nicht überall verstreut gewesen wären, er sich nicht hätte verletzen brauchen, so daß eigentlich sie schuld daran gewesen sei. »Ja«, sagte er, »die Sachen der kleinen Person waren überall verstreut. Dann war da noch eine riesige Fernsehröhre, und eine der kleinen Personen hatte einen Vorschlaghammer. Es war eine gewaltige Röhre und sie war ganz rund. So was Großes hab ich nie gesehen. Wir waren bei einer anderen kleinen Person zu Besuch.«

Es bedeutete einen Wendepunkt in Joeys Leben, als er erzählen konnte, wie sein Selbstmordversuch zum Teil auf den Haß zurückging, den er gegen seine Schwester hegte, und wie es nicht nur Angst, sondern auch Haß war, der zu den Explosionen führte. So weit wir später den Zwischenfall rekonstruieren konnten, hatte er zunächst versucht, seinem Haß mit Hilfe eines Objekts Luft zu machen – das war die Fernsehröhre gewesen, die er mit einem von ihm so genannten Vorschlaghammer zerschmettert hatte. Schon ein kleiner Hammer hätte genügt, um diese Röhre auf eine nicht wiedergutzumachende Weise zu zertrümmern. Als er wegen dieses vandalischen Aktes bestraft wurde, sah er sich der Möglichkeit, seinen Haß zu äußern, offenbar beraubt, und so versuchte er verzweifelt, sich selbst zu zerstören.

[10] Einige Finger seiner Hand waren tatächlich immer noch gefühllos. Es dauerte beinahe ein weiteres Jahr, bis das ganze Gefühl in die Hand zurückgekehrt war.

Er hatte versucht, einen elektrischen Gegenstand dafür zu bestrafen, daß er von Gefühlen überwältigt worden war. Wäre seine »Explosion« akzeptiert worden, so wie das später bei uns an der Schule der Fall war, hätte er sich möglicherweise erleichtert gefühlt, und es wäre – zumindest eine Zeitlang – dabei geblieben. Als er jedoch für seinen Zerstörungsakt bestraft wurde, erfuhr er wieder einmal, daß für seine Eltern irgendwelche Apparate wichtiger waren als seine Gefühle. Man erwartete von ihm, daß er um einer Fernsehröhre willen seine Gefühle beherrsche. Diese Tatsache aber bewirkte, daß er wieder einmal von seinen Gefühlen überwältigt wurde. Da ihn die elterliche Bestrafung daran hinderte, sich an einem Apparat zu rächen, blieb ihm nichts anderes übrig, als sich an sich selbst zu rächen. Und so wie er den Fernseher dadurch kaputt gemacht hatte, daß er die Fernsehröhre zerstört hatte, versuchte er nun sich selbst zu zerstören, indem er das Fenster kaputt machte. Vielleicht sah er sich selbst verbluten, so wie er sich in seiner Phantasie seine Röhren vorstellte, die immer dann verbluteten, wenn sie ihm ihre Dienste verweigerten.

Die Zerstörung der Fernsehröhre und sein Selbstmordversuch waren die späte Äußerung von Gefühlen, die ihren Ursprung am Anfang seines Lebens gehabt hatten. Beide Vorfälle bestärkten ihn allerdings in seiner Überzeugung, daß er besser eine Maschine wäre, ohne das Gefühl, explodieren zu müssen.

Um diese Zeit begann Joey auf eine unbestimmte Weise einen weiteren Grund zu begreifen, weshalb er technische Apparate für besser hielt als Menschen. Denn seine Eltern hatten entweder nicht vermocht, ihre Gefühle zu beherrschen, oder aber die Gefühle, die sie hatten, bedeuteten für Joey keinen Trost. Wenn jemand geradezu ausgehungert nach Zuneigung ist und ihm ein solches Gefühl niemals entgegengebracht wird, ist es besser, jegliche Hoffnung auszumerzen und zu der Überzeugung zu gelangen, daß es Gefühle nicht gibt, daß es keine Gefühle geben darf oder daß Gefühle eine so schlimme Sache sind, daß man besser auf sie verzichtet. Das war vermutlich die Erfahrung, die Joey mit Gefühlen gemacht hat. Das Problem war nur, daß Joey trotz allem Gefühle hatte und daß er diese nicht zu beherrschen vermochte. Gefühle lassen sich nicht so einfach abschalten wie Maschinen. Es war also nur zu verständlich, daß er, immer wenn ihn seine Gefühle überwältigten, den heftigen Wunsch empfand, sich in eine Maschine zu verwandeln, die in der Lage war, solche Gefühle zu beherrschen. Er lebte in der schrecklichen Angst, seine eigenen Gefühle könnten ihn zerstören. So aber bewies er einen ganz erheblichen Mut, als er nun zugab, daß er Gefühle hatte, und es war eine neue Stärke in ihm, als er nun wagte, sich diesen Gefühlen zu stellen.

So sehr eine Person ihre Zuneigung einem Kind auch beweisen mag, dieses Kind wird diese Person nicht als eine Quelle des Trostes, sondern als eine Person erst dann anerkennen können, wenn es selbst gelernt hat, für diese Person Zuneigung zu empfinden. Joey tat diesen entscheidenden Schritt, als er sich überwand und zumindest seine Lieblingsberaterin mit seinen Gefühlen vertraut machte. Erst jetzt vermochte er langsam und schrittweise auch auf andere Menschen mit Gefühlen zu reagieren. Da er nun das Gefühl, ein Selbst zu sein, entwickelte, tat er den nächsten Schritt, der darin bestand, daß er auch andere als Personen erkannte und mit ihnen interagierte.

Einige Tage nach den eben beschriebenen Ereignissen entdeckte er unerwartet seine Beraterin und überrascht rief er aus: »Oh, da ist Fae.« Es war das erste Mal, daß er sie bei ihrem Namen nannte. Aber überraschender noch war, daß dieser Junge, der so lange Zeit gewollt hatte, daß man ihn allein lasse und alle Bemühungen, sich seiner anzunehmen, abgewehrt hatte, nunmehr selbst versuchte, sich anderen Menschen zuzuwenden. Er fühlte sich nun hinreichend sicher, so daß er keine Angst mehr davor hatte, mit jemand anderem eine Erfahrung zu teilen, und daß er nicht mehr befürchtete, diese gemeinsame Erfahrung könnte den Verlust seines Selbst bedeuten. So aber forderte er seine Beraterin auf, bei ihm zu sein.

So geschah es, daß er eines Tages allein ganz oben auf dem Kletternetz stand, von wo aus er seine »Ölfelder« überblickte. »Ich bin ganz heroben und kann eine ganze Menge sehen«, sagte er. »Ich kann die ganze Ölwelt sehen. Komm herauf und besuch mich.« Mit dem größten Vergnügen kletterte sie zu ihm hinauf, und er erklärte ihr: »Siehst du die Maschinen und die Bohrtürme da drüben? Sie arbeiten hart und pumpen mengenweise gutes Öl herauf.« Doch das war auch alles. Denn sogleich gab er wieder seine Maschinengeräusche von sich und verlor alles Empfinden für die Gegenwart seiner Beraterin.

Doch als seine Beraterin zwei Tage später wieder einmal versuchte, ein Spiel mit ihm zu spielen, diesmal mit einem Stoffkänguruh, ging er auf sie ein und sagte: »Du bist das Känguruh. Ich möchte das kleine Känguruh sein und in deinen Beutel schlüpfen.«

Als ihm seine Beraterin erklärte, daß sie zwar keinen Beutel habe, ihn aber gern in ihren Armen tragen würde, willigte er nach einigem Zögern ein. Auf ihr Angebot, ihm, so weit als möglich, in beziehungsweise an ihrem Körper Platz zu machen, reagierte er damit,

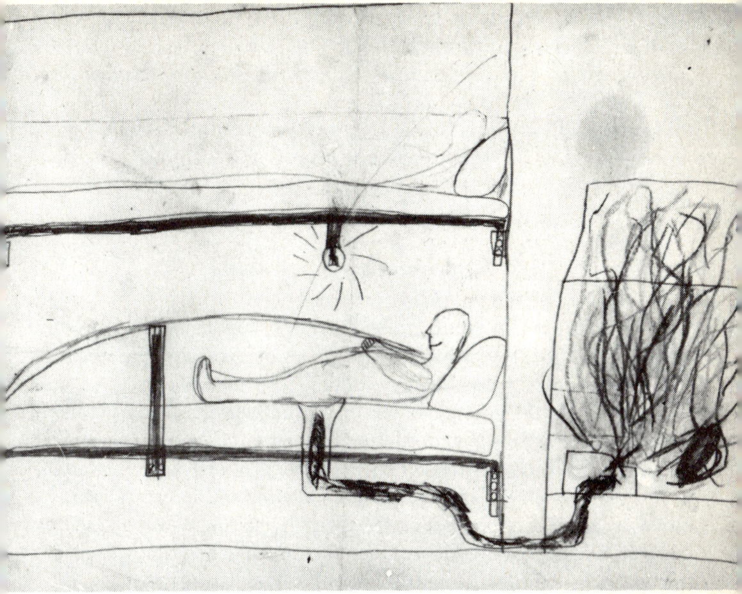

Abbildung 18: Die Gefahren der Ausscheidung: die Eingeweide verlassen den Körper in Form eines »Kabels«, die betroffene Person bleibt ohne Gedärm zurück, während das Gedärm dem Hochofen rechterhand als Heizmaterial dient.

daß er sie immer mehr ins Vertrauen zog. Das war der Abend, an dem er an die Stelle seiner »Ölvorstellungen« die »Schmutzspuren« setzte. Wieder sagte er, er werde sein Bett naßmachen, und dieses Mal glaubte er ihr, als sie ihm erklärte, daß das völlig in Ordnung sei. Außerdem nutzte sie die Gelegenheit und versuchte ihm einiges über den Ausscheidungsprozeß, vor dem er solche Angst hatte, zu erklären. »Ich weiß das alles«, sagte er. Da ist ein Kabel, das aus meinem Hinterteil kommt. Und dieses Kabel, das sind meine Eingeweide« (Abb. 18). Es war das erste Mal, daß er jemandem in bezug auf seine Vorstellung, beim Ausscheidungsprozeß gingen ein Teil seiner Eingeweide verloren, ins Vertrauen zog. Das war ein gefährliches Geständnis, und wie um sich zu schützen, forderte er Röhren und gab wieder einmal seine Explosionen von sich.

Seine Beraterin sagte: »Du hast Angst, daß alles explodieren wird, weil wir uns nicht um dich kümmern und daß du verletzt werden wirst.« Worauf er ihr ein erstes menschliches Lächeln schenkte und erwiderte: »Ja, das stimmt. Ich glaube, alles wird explodieren.« Dann fügte er hinzu: »Vagina. Jemandes Vagina wird explodieren. Wird alle von uns in die Luft jagen.«

Ganz gewiß kann nichts Gutes von einer explodierenden Vagina kommen, aber auch sein Leben war ganz gewiß nicht als gut zu bezeichnen.

Regression als Fortschritt

Wie Joey sind die meisten Kinder fasziniert von dem Känguruh mit seinem Bauchbeutel, in dem es sein Junges herumträgt. Das normale Kind kann dadurch das Leben vor der Geburt besser verstehen, und es kann sich besser vorstellen, wie es im Buch seiner Mutter herangewachsen ist. Fast alle psychotischen Kinder, mit denen wir gearbeitet haben, geben sich ausführlichen Phantasien über Känguruhs hin – allerdings aus einem anderen Grund. Denn was sie vermissen, ist weniger das Leben im Bauch der Mutter, als die Wärme und der Schutz, die sie nach der Geburt nicht genossen haben und von denen sie glauben, daß das Känguruhjunge ihrer teilhaftig wird.

Es gibt noch einen anderen Grund, weshalb sie das Los des Känguruhjungen dem intrauterinen Dasein vorziehen. Das Känguruhjunge kann den mütterlichen Beutel – zumindest ab einem gewissen Alter – je nach Belieben aufsuchen und wieder verlassen. Diese Vorstellung ist wesentlich anziehender, da sich in ihr die Vorstellungen von Schutz und Unabhängigkeit verbinden. Das psychotische Kind möchte Gelegenheit haben, die Welt nach Belieben zu erkunden, doch hat es Angst davor, so lange es nicht in der Gewißheit lebt, daß es nicht immer wieder in seinen schützenden Schlupfwinkel zurückflüchten kann. Es bedurfte keines großen Scharfsinns, um zu erkennen, daß sich Joey nach dieser Freiheit des Erkundens sehnte, ohne dabei jedoch eine gewisse Sicherheit aufzugeben.

Die meisten autistischen Kinder wünschen sich, neu geboren zu werden und nur wenige möchten eine andere Säuglingszeit und Kindheit haben. Dieser Wunsch, neu geboren zu werden, kann insofern schlimme Folgen haben, als einige dieser Kinder ein neues Leben dadurch zu verwirklichen versuchen, daß sie ihrem gegenwärtigen ein Ende machen. Sie versuchen zu sterben, um neu geboren zu werden, und so kann eine weitere Periode der Selbstmordgefahr einsetzen. In einer solchen Zeit ist es unerläßlich, die Kinder sorgfältig zu überwachen und vor sich selbst zu schützen. Doch so weit ging Joey dieses Mal nicht. Was er fühlte, war, daß er, um ein gutes Leben zu führen, auf einer neuen und diesmal menschlichen Grundlage beginnen müsse.

Wissen diese Kinder, daß das grundlegende Vertrauen, das allein zu befriedigenden zwischenmenschlichen Beziehungen befähigt, am besten im Rahmen der völligen Abhängigkeit von der Mutter erworben wird? Es fällt schwer zu glauben, daß sie das wissen können, doch da sie alle mit allen Mitteln versuchen, diese Situation noch einmal zu erleben, dürfen wir annehmen, daß etwas sie mit aller Macht in diese Richtung treibt.

Aber war es für Joey und für uns die richtige Zeit, um sein Leben auf der tiefgreifendsten – weil normalerweise frühesten – Erfahrung neu zu begründen? Bei dem Versuch, ein Kind dazu zu bewegen, den Beginn seines Lebens emotional noch einmal zu erleben, ist der Zeitpunkt von größter Wichtigkeit. Ist das *Timing* falsch gewählt, kann die Entwicklung auf unwiderrufliche Weise fehlschlagen.

Es sollen hier nur zwei Gefahren erwähnt werden. Die erste besteht darin, daß das Kind diese Erfahrung als so wohltuend erlebt, daß es nicht mehr von ihr lassen möchte. Das kann um so mehr der Fall sein, als es nun kein physiologisches Wachstum mehr gibt, das die Persönlichkeitsentwicklung unterstützt und vorantreibt. Die Chronologie der körperlichen und der Nerven-Entwicklung ist in diesem Alter eine völlig andere als die Chronologie, der wir in den Grundstrukturen der Persönlichkeit und der zwischenmenschlichen Beziehungen begegnen. So aber sieht sich das Kind vor einer Aufgabe, deren Bewältigung es sich nicht zutraut; deshalb gibt es sich gern mit der Vorstellung zufrieden, den Rest seines Lebens in umsorgter Abhängigkeit zu verbringen. Beim autistischen Kind kann das dazu führen, daß es lediglich eine totale und inhumane Isolierung gegen eine angenehmere, aber dennoch unmenschliche Existenz eintauscht.

Die zweite Gefahr ist die, daß das Kind zu einer Zeit, in der es nicht genügend Vertrauen aufbringen kann, um seine defensiven Strategien aufzugeben, zum Experimentieren mit emotionalen Erfahrungen verleitet wird. In diesem Fall kann sich das Kind durch sein Verlangen nach infantilen emotionalen Erfahrungen wie ein Säugling verhalten, allerdings ohne seine Abwehr völlig aufzugeben. Diese Armierung aber verhindert, daß es wahre Wechselseitigkeit erlebt. Und ohne diese Wechselseitigkeit vermag nichts, was es von uns bekommt, das tiefe Vertrauen in irgendeinen Erwachsenen zu wecken, das es in seiner frühesten Kindheit hätte erleben sollen. Auch kann dieser Mangel an Wechselseitigkeit dazu führen, daß es unsere ganze Pflege nicht richtig genießen kann. Obwohl es sich danach sehnt, zu einem Menschen heranzuwachsen und obwohl es diesen Prozeß teilweise akzeptiert, kann es doch scheitern, ja sein Zustand kann sich sogar noch verschlimmern. Denn es gibt Einflüsse auf allen Altersstufen, die, wenn sie im Rahmen einer echten und tiefen Wechselseitigkeit auftreten, die Persönlichkeitsentwicklung mächtig vorantreiben, während sie außerhalb eines solchen Kontextes herabwürdigen und demütigen können. Anstatt ein Selbstwertgefühl zu erzeugen und dadurch die Entwicklung des Selbst zu fördern, haben sie den entgegengesetzten Effekt.

Wenn das Kind bei seinem Versuch, einen Neuanfang zu machen, eine böse Zeit erlebt hat, ist es höchstwahrscheinlich, daß es einen solchen Versuch nicht noch einmal wagt. Wenn wir das Gefühl der totalen Abhängigkeit zu früh vermitteln, kann es geschehen, daß wir die Chance, ein solches Gefühl zum richtigen Zeitpunkt zu vermitteln, für immer vertun. Daher muß die resultierende »Regression« eine Regression sein, die nicht nur dem Es Befriedigung bringt, sondern auch zu Ichentwicklung führt. Kurzum, es muß eine Regression sein, die im Dienst eines noch werdenden und entstehenden Ich steht, was bedeutet, daß es sich im eigentlichen Sinne um gar keine Regression handelt. Es handelt sich vielmehr um das Wiedererleben einer sehr frühen Erfahrung, wodurch eine völlig anders geartete Entwicklung gefördert wird.

Wenn ich hier von »Regression« (»Rückkehr«) spreche, so beschränkt sich dieser Begriff nicht mehr auf die rein technische Bedeutung, die er durch Freud erfahren hat. Vielmehr meint er das, was wir in der Umgangssprache darunter verstehen. Durch unsere Umgangssprache ist dieser Begriff weder präziser geworden, noch hat sich sein Verständnis vertieft. Es ist ein Begriff, von dem jeder, ohne viel darüber nachzudenken, meint, er verstehe ihn, ein Begriff auch, zu dessen Definition nicht einmal die Lexika viel beitragen. Die Verwirrung kommt daher, daß wir zwar zu einem Punkt im Raum, nicht aber in der Zeit zurückkehren können. Doch können wir sogar bezweifeln, ob es eine Rückkehr an denselben Ort gibt. Schon zu Heraklits Zeiten wußte der Mensch, daß er nicht zweimal in denselben Fluß steigen kann. Denn die Rückkehr an denselben Ort ist keine Rückkehr zu derselben Sache, eben weil Zeit vergangen ist. (Von einigen Physikern habe ich erfahren, daß es heute möglich ist, sich Zeit als in beide Richtungen fließend vorzustellen, doch bezweifle ich, daß jemand das meinen könnte, wenn er von Regression spricht.)

Wenn wir in einem psychiatrischen Wörterbuch auf eine Definition stoßen, die Regression als die Handlung beschreibt, bei der das Subjekt »zu einer früheren Ebene der Anpassung zurückkehrt« (Hinsie und Schatzky, 1953), können wir uns über eine so oberflächliche Sicht der menschlichen Natur, die davon ausgeht, ein solches Zurückverfolgen der Entwicklungsschritte in der Zeit sei möglich, nur verwundern. Hier ein verbreitetes Beispiel für die Anwendung dieses Begriffes in der psychiatrischen Literatur. Ein Säugling macht sich naß, weil er seine Blase nicht kontrollieren kann. Das älter gewordene Kind, das gelernt hat, seine Blase zu kontrollieren und sich nun trotzdem naß macht, vielleicht weil es ein Brüderchen oder Schwesterchen bekommen hat, befindet sich, so wird behauptet, in einer Regression. Aber dieses Kind macht sich nicht naß, weil es wieder zum Säugling geworden ist oder weil es aufs Naßmachen »regrediert« ist. Vielmehr macht es sich nun absichtsvoll naß, um seinen Eltern ein Bedürfnis kundzutun. Das aber ist, was seinen Anpassungsprozeß angeht, sicherlich ein Fortschritt. Oder es macht sich naß, um bestimmte Gefühle auszudrücken oder sich von einem neuen inneren Druck zu befreien, doch das sind alles Schritte, die eine Fortentwicklung in der Zeit beinhalten und eine Anpassung an neue Bedürfnisse erkennen lassen.

Der Begriff »Regression« scheint seinem heutigen Gebrauch nach eine Geistesverfassung zu bezeichnen, in der wir unfähig oder nicht willens sind, den anpassenden Aspekt eines Verhaltens zu erkennen. Dahinter verbirgt sich eine beschränkte Vorstellung von der voranschreitenden Entwicklung, eine Vorstellung, die uns daran hindert, die gewaltige Vielfalt der Art und Weise, wie Menschen Probleme bewältigen, zu erkennen. Diese Vorstellung beinhaltet, auch wenn sie rein technisch gemeint ist, die Konnotation, daß gewisse Verhalten auf bestimmte Altersstufen beschränkt sind oder sein sollten. So lange ein Großteil von uns das Gefühl hat, daß ein »Rückwärtsgehen« unerwünscht und nur ein »Vorwärtsstreben« erwünscht ist, egal was dieses »Vorwärtsstreben« auch koste, wird das Konzept der »Regression« nicht frei sein von wertenden Nebenbedeutungen, die keinen Raum haben sollten in unseren Bemühungen, menschliches Verhalten mit Einfühlungsvermögen und Objektivität zu sehen.

Doch wenn dem so ist, warum dann nicht den Begriff Regression überhaupt aufgeben? Und weshalb wird er in der psychoanalytischen Literatur überhaupt benutzt? Der Grund dafür ist wohl darin zu suchen, daß dieser Begriff auch eine Art Warnfunktion zu erfüllen scheint. Wir alle befinden uns in einem ständigen Kampf, bei dem es darum geht, unser sozialisiertes Verhalten gegen die asozialen Neigungen in uns zu behaupten. Es scheint einfacher, dem Problem, wann und in welchem Maße wir diesen Neigungen nachgeben sollen, aus dem Wege zu gehen. Wenn also die Tatsache, daß man diesen Neigungen nachgibt, stets nur »Regression« bedeutet, bedeutet diese »Regression« in unserer zukunftsorientierten Kultur eine starke Behinderung von gesellschaftlich bedingten Kontrollen. Doch wenn wir diesen Standpunkt einnehmen, gehen wir dem eigentlichen Problem aus dem Weg – dem Problem nämlich, wann und aufgrund welcher Vorteile wir auf die soziale Anpassung um unserer persönlichen Entwicklung willen verzichten sollten.

Aber warum verzichte *ich* dann nicht auf die Benutzung des Begriffes Regression? Weil dieser Begriff durchaus zweckvoll ist, wenn von vornherein klar ist, daß mit ihm Verhalten gemeint ist, so wie es sich dem Beobachter darstellt, der keine Ahnung hat, was es für den Ausführenden bedeutet. Die lexikalische Definition dieses Begriffes wäre völlig in Ordnung, wenn sie diese wichtige Vorbedingung unterstriche. Sie müßte dann folgendermaßen lauten: »Regression ist ein Vorgang, der eine Rückkehr auf ein früheres Anpassungsniveau simuliert.«

Wir haben bereits darauf hingewiesen, daß es für sogenanntes regressives Verhalten ebenso viele Gründe wie Personen und Situationen gibt. Doch sollten wir an dieser Stelle zumindest zwei von ihnen stärker herausarbeiten. Um es mit einer groben Analogie zu sagen: Der Kapitän eines Schiffes in Seenot kann veranlassen, daß das Schiff vollständig »gelöscht« wird, das heißt, die wertvolle Fracht wird ins Meer geworfen und die ganze Besatzung geht von Bord, bis das Schiff selbst schließlich herrenlos dahintreibt. Das ist wesentlich besser, ist eine größere Leistung, als das Schiff mit Mann und Maus und Fracht untergehen zu lassen. Dieser Vorgang läßt sich mit der »Regression« vergleichen, bei der sich ein Mensch nicht mehr um sein sozialisiertes Verhalten kümmert, sondern um seines nackten Überlebens willen mit seinen erschöpften Kräften äußerst sparsam umgeht. Diese Art von Regression ist häufig der einzige Ausweg, der den Patienten in unseren Nervenkliniken bleibt.

Aber es gibt noch einen völlig anderen Typus der Regression. Wir begegnen ihm beim Halbwüchsigen, der aus einem tiefen inneren Bedürfnis regrediert, und auch unseren Kindern versuchen wir zu dieser Regression zu verhelfen, wenn der richtige Zeitpunkt gekommen ist. Wir haben es hier – um unseren Vergleich fortzuführen – mit einem Schiff zu tun, das ein Leck hat, weshalb es geboten scheint, Fracht von geringem Wert über Bord zu werfen – eine Fracht, die entweder ersetzt oder wieder an Bord genommen werden kann. Der Zweck kann der sein, daß der Schiffsrumpf erleichtert wird, um entweder die erforderlichen Reparaturen durchzuführen, oder um das Schiff sicher zum nächsten Hafen zu bringen. In diesem Fall ist Energie nicht bloß zum Überleben nötig, sondern auch zur Erreichung eines wichtigen Zieles.

Da sozial anerkanntes Verhalten den tieferen Bedürfnissen des autistischen Kindes konträr gewesen ist, wird sein »regressives« Verhalten zu einem wesentlichen Schritt auf dem Weg zur Erlangung einer eigenständigen Persönlichkeit. Daher bedeutete es einen gewaltigen Fortschritt, als Laurie und Marcia und Joey sich zu beschmutzen begannen. Davor waren sie mechanisch auf die Toilette gegangen, ohne daß sie den Mut gehabt hätten, sich zu fragen, ob dieses Verhalten mit ihren eigenen Bedürfnissen übereinstimmte, ja ob es für sie sinnvoll war; und wenn ja, warum; und wenn nein, warum nicht.

Wenn solche Entwicklung als »Regression« betrachtet wird, muß ich mich fragen, was Fortschritt eigentlich sein soll. Allzu häufig wird die Entwicklung eines Kindes nicht als die Erlangung von Selbständigkeit, sondern als im Dienst der Gesellschaft stehend gesehen, einer Gesellschaft, der es weniger um Selbständigkeit als um Anpassung geht, und die unter anderem aus Eltern besteht, welche es vorziehen, die Unterwäsche ihrer Kinder nicht säubern zu müssen.

Doch anscheinend beginnt man dieses Problem allmählich einzusehen, zumindest was die Jugendlichen angeht. So hat Erikson (1959) für ein psychosoziales Moratorium plädiert und unterstrichen, daß, wenn sich die Jugendlichen wegen dieses Moratoriums gegen den »Leistungsdruck« der Gesellschaft wenden, dies nicht bedeute, daß sie regredieren, sondern daß sie nach Selbständigkeit streben. Es wäre sehr positiv, wenn sich diese Einsicht auch auf die ersten Lebensjahre des Kindes erstreckte.

Das symbolische Wiedererleben der frühesten Kindheit kann für das autistische Kind einen sehr wesentlichen Fortschritt bedeuten, und gerade deshalb müssen die räumlichen und zeitlichen Bedingungen dieses Wiedererlebens der spontanen Wahl des Kindes überlassen bleiben. Diese spontane Wahl bedeutet eine wesentliche Absicherung gegen die Möglichkeit, daß sich das Kind permanent auf diese Art der Welterfahrung fixiert, weil sie ihm viel zu sehr zusagt, oder daß es einen verfrühten Versuch der Problembewältigung unternimmt, wobei es noch viel zu sehr abgekapselt ist, als daß diese Art der Welterfahrung bedeutungsvoll werden könnte.

Doch haben wir es hier mit einer der tragischen Ungereimtheiten bei der Behandlung von autistischen Kindern zu tun. Damit sie gefahrlos zu einem eigenständigen Leben gelangen, müssen sie den Weg, der dorthin führt, alleine wählen. Doch um die erforderliche Selbständigkeit zu erlangen, ist eine Gabe nötig, die sie in einem nur geringen Maße besitzen.

Trotzdem können wir das Kind nicht veranlassen, diesen Weg einzuschlagen. Alles was wir tun können, ist, die günstigsten Vorbedingungen für dieses extreme emotionale Wagnis zu schaffen. Die wesentlichste Vorbedingung ist dabei wohl die Überzeugung des Kindes, daß die Welt sein Vertrauen nicht enttäuschen werde, wenn es sein Leben noch einmal beginnt und sich sozusagen »wiedergebärt«. Das Kind muß sich sicher sein, daß es, obwohl nun völlig entblößt, nicht verletzt werden wird. Und es muß überzeugt sein, daß wir alle seine Bedürfnisse in einer Weise befriedigen werden, die gewährleistet, daß es nicht in seiner hilflosen Abhängigkeit festgehalten wird, sondern die Möglichkeit erhält, sein eigenes Selbst zu entwickeln. Kurzum, es muß fest davon überzeugt sein, daß seine Wiedergeburt selbstgewählt und selbstgesteuert ist, und daß sich seine Entwicklung als eine Person von nun an in einem autonomen Bereich abspielt, in dem wir nicht als Kontrolleure oder Überwacher, sondern als Helfer fungieren.

Das aber war Joey noch nicht in der Lage zu glauben. Er wurde immer noch viel zu sehr von seinen Ängsten kontrolliert, so daß er sich nach wie vor zu einer maschinenhaften Existenz gezwungen sah. Auch wenn wir Joey damals vorbehaltlos die »Kinderpflege« hätten zuteil werden lassen, nach der er sich sehnte, er hätte dieses Verhalten nicht richtig aufnehmen können. Vermutlich hätte er sich wieder einmal von Erwachsenen vergewaltigt gefühlt: diesmal zwar ohne Feindseligkeit und nicht um der Bequemlichkeit der Erwachsenen willen – aber Vergewaltigung wäre es in seinen Augen dennoch gewesen. So aber hätte sich kein wirkliches Vertrauensverhältnis aufbauen lassen.

Was nun uns selbst anlangt, so waren wir sicher, daß wir zu diesem Prozeß noch nicht in der Lage waren. Keiner von uns fühlte sich fähig, tagein tagaus und nachtein nachtaus die emotionale Nähe zu verwirklichen, die unerläßlich gewesen wäre. Eine andere Person als das eigene Kind anzuerkennen und ihr die Wärme und Pflege zuteil werden zu lassen, die ein Säugling nach der Geburt braucht und genießt, setzt eine besondere emotionale Bezogenheit voraus, von der Joeys Berater beziehungsweise Beraterinnen wußten, daß sie sie noch nicht für eine längere Zeit aufrechterhalten konnten. Joey war ihnen noch zu fremd, zu mechanisch. Auch unseren Mitarbeitern fällt es nicht leicht, sich Elektroröhren sozusagen zu Herzen zu nehmen. Obgleich sie gern bereit waren, unsere Kinder auch unter schwierigen Umständen engagiert zu umsorgen und zu umhegen, waren sie bei Joey nicht dazu in der Lage. Bei diesem Jungen, der auch nicht ein bißchen menschlich reagierte, war an ein solches Vorgehen nicht zu denken.

Hätten unsere Mitarbeiter damals beschlossen, Joey den ganzen Weg zurückgehen zu lassen, wenn nötig zurück bis zu einer Art intrauterinen Existenz, wäre dieser Entschluß der Theorie entsprungen und nicht der Überzeugung: »Das ist es, was er braucht, und das ist es, was ich ihm gerne geben möchte. Was immer er zunächst auch denken und wie sehr er sich zunächst auch sträuben mag, wir werden es beide bald sehr genießen – er das Nehmen und ich das Geben.« Wir glauben, daß ein solches Umsorgen nur dann seinen Zweck erfüllt, wenn ihm diese Überzeugung zugrunde liegt – und wir haben schlimme Folgen erlebt, wenn das Kind seine Abwehrhaltung aufgab –, ohne in den Genuß dieser Überzeugung zu kommen.

Aus diesem und aus anderen Gründen mußten wir warten, bis Joey selbst bereit war. Doch um überhaupt den Mut zu solcher Kommunikation zu fassen, mußte er zu dem Glauben gelangen, daß positive zwischenmenschliche Beziehungen auf ihn warteten. Er mußte sein maschinenartiges Leben vermenschlichen, und seine Abwehrmaßnahmen mußten menschlicher werden. Vor allem aber mußte er sich von seinen analen Problemen und irrigen Vorstellungen befreien, denn nur so konnte seine Wiedergeburt eine menschliche werden. Um diese Zeit explodierte die Vagina immer noch. Die Vagina war nach wie vor ein viel zu gefährlicher Ort, um ein Kind das Licht der Welt erblicken zu lassen. Das hatte er uns selbst gesagt.

Auch Joey ließ erkennen, daß er zu einer solchen Nähe, obwohl er sie ersehnte, noch nicht bereit war. Wenig später, sein erstes Jahr bei uns ging zur Neige, erzählte er uns, er lebe auf dem Mars oder auf dem Jupiter, es war immer ein Planet, der nicht Erde hieß. Da er sich zu seinen Beratern beziehungsweise Beraterinnen hingezogen fühlte, mußte er sich gegen die Gefühle, die ihn zu überwältigen drohten, dadurch zur Wehr setzen, daß er sozusagen auf interplanetarische Distanz ging. Wenn er näher käme, so erzählte er uns, würde er verbrennen.[11] Doch obwohl er solch enge Zuneigung abwehrte, begann er uns ein bißchen mehr als Personen zu sehen. Nun nannte er nicht nur seine Lieblingsberaterin beim Namen, sondern auch seinen zweiten Berater und seine Lehrerin, die drei Personen also, die am engsten mit ihm zusammenarbeiteten.

Da wir ihm nicht zu nahe traten, indem wir ihn aufforderten, sich anzupassen oder mehr von unserer Nähe zu dulden, brauchte er uns nun nicht mehr ständig als Maschinen zu betrachten, die durch ihn oder seine technischen Apparate überwacht werden mußten. Gelegentlich fühlte er sich so sicher, daß er uns als Personen sehen konnte, die selbständig handelten und ein unabhängiges Leben führten. In solchen Augenblicken kamen wir ihm menschlich vor und so nannte er uns bei unseren menschlichen Namen.

Trotzdem funktionierte Joey immer noch nicht als eine Person, die die verschiedenen Schritte ihrer ganzen Entwicklung integriert hatte. Im Gegenteil, die Tatsache, daß ein mechanisierter Ausscheidungsprozeß alle anderen psychosexuellen Stadien und Modalitäten (um bei Eriksons begrifflichen Strukturen zu bleiben) dominierte, war zum Teil darauf zurückzuführen, daß es ihm nicht gelungen war, Stadien und Modalitäten zu bewältigen, die davor und danach kamen. Obwohl ihn nun vor allem Ausscheidungsprobleme beschäftigten, hatte er sie noch lange nicht bewältigt, auch war er dazu allein nicht in der Lage. Denn die Bewältigung eines jeden Stadiums erfordert die entsprechende soziale Erfahrung. So lange er einer *entpersönlichten und mechanisierten* Einverleibung (mittels seiner Motoren und Drähte) und Ausverleibung (mittels seiner Analität) verhaftet blieb, war es sinnlos, ihm dadurch helfen zu wollen, daß man frühere Entwicklungsstadien zum Tragen brachte.

Wie kam es nun, daß sich Joey (ähnlich wie Marcia und Laurie) als Reaktion auf unsere therapeutischen Bemühungen so sehr mit seinen Ausscheidungsfunktionen befaßte, obwohl die früheste Schädigung, die in Joeys Entwicklung stattgefunden hatte, in der allerersten Zeit seines Lebens geschehen war? Bevor er zu uns kam, hatten Joeys Maßnahmen vor allem der Einverleibung gegolten, also dem Erwerb von Lebensenergie. Erst danach begann die Analität so offen zutage zu treten – zunächst, indem er in Abfallkörbe defäkierte, und später

[11] Ich möchte mich hier nicht weiter auf Joeys Strategie, bedrohliche Nähe durch räumliche Distanz abzuwehren, einlassen, da dieser spezifische psychotische Mechanismus bereits von Ekstein (1954) und Ekstein und Wright (1952, 1954) behandelt worden ist – übrigens wesentlich gründlicher als ich es hier könnte.

durch eine Diarrhöe, die die ganze Welt überschwemmte. Es ist zwar richtig, daß er, als er zu uns kam, auch eine ganze Menge analer Vorsichtsmaßnahmen parat hatte, doch waren diese geradezu unbedeutend, wenn man sie mit dem gewaltigen Problem verglich, das dadurch entstand, daß er sich ständig selbst mit »Strom« versorgen mußte.

Ich glaube, das Auftauchen der Analität als beherrschendes Problem hatte mit zwei Faktoren zu tun, die wir bereits diskutiert haben. Zum einen handelt es sich dabei um die Tatsache, daß das autistische Kind ein Minimum an Selbständigkeit benötigt, um ein neues Leben beginnen zu können, und zum anderen handelt es sich darum, daß der Ausscheidungsprozeß eine wesentlich selbstbestätigendere Handlung ist als der Einverleibungsprozeß.

Um geboren zu werden, bedarf es keiner Entscheidung, doch um gesund heranzuwachsen, muß der Säugling sich schon sehr früh selbst aktivieren. Doch wenn Aktivität und Selbständigkeit sich nicht entwickelt haben oder einfach verwelkt sind, weshalb kann das ältere Kind sie dann nicht im Rahmen der Einverleibung wiedererlangen? Ich glaube, die Antwort muß lauten, daß, mag der Säugling auch noch so aktiv sein, weder die Nahrungsaufnahme noch das Streicheln beim Bade ein solches Maß an Selbstbestätigung erzeugen können wie es der Ausscheidungsprozeß vermag, da im ersten Fall das Geschehen stets von dem abhängig ist, was eine andere Person gibt oder nicht gibt.

Es ist richtig, daß viele unserer Kinder, seien sie nun autistisch oder nicht, im Rahmen der Nahrungsaufnahme zu einer gewissen Selbstbestätigung gelangen, indem sie uns Essen stibitzen, obwohl wir es ihnen offen anbieten. Die Eigenart mancher autistischer Kinder, nur bestimmte Speisen und manchmal eine sehr seltsame Diät zu sich zu nehmen, während sie alles andere, was wir ihnen anbieten, ablehnen, und ihre sonderbare Art zu essen sind zwar stets in erster Linie auf Angst zurückzuführen, doch verbirgt sich hinter solchem Verhalten auch der Wunsch und das Streben nach Selbständigkeit im Rahmen der Nahrungsaufnahme. Aber das bißchen Selbständigkeit, das sie in diesem Zusammenhang verwirklichen können, ist unserer Erfahrung nach mit dem Maß an Selbständigkeit, das durch den Ausscheidungsprozeß erlangt wird, nicht zu vergleichen. Daher wird das Kind, das nur essen kann, was es dem anderen weggeschnappt hat, ein Gefühl der Selbständigkeit erleben, das wesentlich weniger ausgeprägt ist als bei dem Kind, das seinen Stuhl ausstößt und dabei das Gefühl hat: »Das hab ich getan und niemand anders.«

Wir hatten Joey von Anfang an die Möglichkeit geboten, sich einerseits unserer Pflege anzuvertrauen und sich andererseits selbst zu bestätigen. Doch im Rahmen der Abhängigkeit, die eine solche Pflege mit sich brachte, schien er zu solcher Selbstbestätigung nicht fähig zu sein. Selbstbestätigung erfuhr er vor allem dann, wenn er defäkieren konnte, wie es ihm behagte. Obwohl wir ihn ermunterten, sich selbst zu beschmutzen, wußte er (wie übrigens auch Marcia) genau, daß das nicht üblich war. Und obgleich er unser Angebot annahm, dürfte er wohl kaum daran gezweifelt haben, daß *er* es war, der beschloß, auf uns einzugehen. Auch war es so, daß wir nicht von ihm gefordert hatten, er solle in unsere Abfallkörbe defäkieren oder auf unsere Fußböden urinieren. Es waren dies Dinge, die wir gern akzeptierten. Das aber ist etwas völlig anderes. Wenn Joey nicht auf der Toilette defäkierte oder urinierte, wußte er wesentlich besser als Marcia, daß er den üblichen Gepflogenheiten zuwider handelte. Aber dieses Zuwiderhandeln, diese Herausforderung der Welt war wesentlich wichtiger als sein abweichendes Verhalten im Rahmen der Nahrungsaufnahme.

Das war auch bei anderen autistischen Kindern der Fall; obwohl einige unter ihnen rascher auf unsere zärtliche und liebevolle Pflege reagierten als andere, war es doch so, daß sie alle eine gewisse Selbstbestätigung im Rahmen der Ausscheidungsprozesse erfuhren, lange ehe sie eine solche Bestätigung im Rahmen der Nahrungsaufnahme, der kinästhetischen Empfindungen oder anderer körperlicher oder emotionaler Befriedigungen erleben konnten. Meine Vermutung wird offenbar durch die Tatsache bestätigt, daß Joey von den Motoren, die seine Ausscheidungsprozesse steuerten, ablassen konnte, lang ehe er das Gefühl hatte, das Essen, das er zu sich nahm, sei garantiert sein Essen.

Hier liegt der Grund, weshalb die liebevolle Pflege, die wir Joey anboten und nach der er verlangte, als er im »Känguruhbeutel« herumgetragen werden wollte, keine Früchte trug. Es fehlte ihm noch die Selbständigkeit.

Manche Leser mögen nun fragen, wieso ich in diesem Zusammenhang keine phallischen Phänomene diskutiere, wo doch die phallische Modalität stärker als jede andere die der aggressiven Selbstbehauptung ist. Die Antwort ist einfach: wir haben nie mit autistischen Kindern gearbeitet, die, als sie zu uns kamen, dieses Stadium der psychosozialen Entwicklung bereits erreicht hatten.

In Joeys Fall ging es weniger darum, daß ihm die Erfahrung der

Selbstbehauptung gefehlt hätte, als darum, daß er diese Erfahrung noch nicht gemeinsam mit jemand anderem gemacht hatte. Wir hatten uns darum bemüht, und auch er selbst hatte sich sehr bemüht, indem er uns aufforderte, an seinen Ölquellen- und Schmutzspurenspielen teilzunehmen. Doch irgendwie waren wir zu menschlich, waren wir zu sehr wir selbst. Wir waren ganz einfach nicht depersonalisiert genug, um in seiner mechanisierten einsamen Welt die richtigen Spielgefährten abzugeben.

Wir hatten ihm unsere Gesellschaft angeboten, doch waren wir noch planetenweit von ihm entfernt. Auch konnten wir uns ihm nicht als Maschinen hinzugesellen. Obgleich wir die Wichtigkeit, die Maschinen für ihn besaßen, zu würdigen wußten, konnten wir ihm keine Lebenskraft durch Drähte hindurch spenden. Wir konnten uns in ihn einfühlen, mehr konnten wir nicht. Auch er selbst vermochte sich uns nicht anzuschließen, und so blieb denn er auf seiner, blieben wir auf unserer Seite. Allerdings war nun das Verlangen nach Gesellschaft und Gemeinsamkeit durch die gute Pflege, die er nun schon seit geraumer Zeit bei uns genoß, wieder angefacht worden. Er war nun bereit dafür. Freilich konnte er sich nur einer solchen Person anschließen, die ihm selbst etwas mehr ähnelte. Es mußte eine Person sein, die auf ähnliche Weise in der Modalität verhaftet war, in der Joey derzeit funktionierte, eine Person, die in irgendeiner realen oder symbolischen Form eine Elektroröhre wie er selbst war.

Wenn Joey eine Gesellschaft finden wollte, ohne auf eine menschliche Weise zu kommunizieren, war es wohl am einfachsten für ihn, sich im Bereich der Analität auf die Suche zu machen. Und da Joey begierig nach Gesellschaft suchte, fand er diese bei einem anderen Jungen.

Kenrad der Schreckliche

Genau einen solchen Jungen hatten wir bei uns an der Schule. Dieser Junge, der bislang auch nur »eine kleine Person« gewesen war, wurde nun ungeheuer wichtig. Es war das erste Mal, daß Joey Interesse an einem anderen Kind bekundete, und typisch war es, daß dieses Interesse im Bereich der Ausscheidungsfunktionen einsetzte.[12]

[12] Man könnte sich die Fragen stellen: Weshalb brauchte Joey einen solchen Gefährten, während Marcia keinen brauchte? Weshalb konnten Marcias Beraterinnen diese Aufgabe übernehmen, während Joey andere Kinder sozusagen als Nebentherapeuten brauchte? Nun, es gibt eben Unterschiede zwischen Menschen, und Joey und

Einige Tage davor hatte Joey ein Bild gemalt, das zeigte, wie er Schmutzspuren machte (also defäkierte), und wie diese Schmutzspuren explodierten (Abb. 19). Joeys Explosionen standen letztlich mit ihrem menschlichen Ursprung, der Defäkation, in Verbindung. Diesen magischen Vorgang der Darmentleerung weitete er nun auf einen anderen Jungen aus: »Heute ist was passiert. Ich hab eine der kleinen Personen im Bad gesehen. Ich hab den Namen der kleinen Person gewußt. Ich hab unter der Tür durchgeschaut. Und während er seinen Darm entleert hat, gab's einen großen Blitz und eine Explosion.«

Ken, der beobachtete Junge, war drei Jahre älter als Joey. Er war auf der Stelle identisch mit Kenrad, so nannte Joey seine stärkste Röhre, so daß dieser Name von nun an für beide galt – für die Röhre und für den Jungen. Es war das erste Mal, daß Joey jemanden – wenn wir von seinen drei Lieblingspersonen einmal absehen – bei seinem Namen nannte, und es war das erste Mal, daß er einem Kind einen – wenn auch frei erfundenen – Namen gab.

Joey hatte bisher alle »kleinen Personen« stets gehaßt, doch Kenrad, den »Röhren-Jungen« verehrte er. Ken war selbst früher schizophren gewesen, und auch er hatte sich in dieser Phase in erster Linie mit Phantasien der Weltzerstörung und mit Schutzmaßnahmen gegen eine solche Zerstörung auseinandergesetzt. Dabei hatte er sich nicht der Elektronik, sondern eines komplizierten Zahlensystems bedient. Da Ken nicht ganz so krank wie Joey war, nahm seine Magie die sublimiertere Form eines mathematischen Systems an. Um diese Zeit befaßte sich Kenrad immer noch mit analen Phänomenen und ihren Derivaten, nunmehr allerdings nicht mehr auf eine wahn-

Marcia unterschieden sich ganz eindeutig voneinander. Das aber galt auch für ihre pflegenden Bezugspersonen. Doch glauben wir, daß die unterschiedliche Entwicklung, die diese beiden Kinder bei uns an der Schule nahmen, etwas mit dem zu tun hat, was wir aus unserer Arbeit mit Joey und anderen autistischen Kindern gelernt haben. Joey kam zu uns, als wir mit unserem Versuch, autistische Kinder zu verstehen und unsere eigenen Arbeitsmethoden zu entwickeln, eben erst begonnen hatten. Marcia kam ungefähr sechs Jahre später zu uns an die Schule. In diesen sechs Jahren aber hatten wir eine ganze Menge sowohl von Joey als auch von anderen autistischen Kindern gelernt.

Was nun den Zeitpunkt der Kontaktnahme anlangt, so liefen Joeys erste tastende Kommunikationsversuche, die er in bezug auf Kinder und in bezug auf Erwachsene unternahm, parallel. Zuerst versuchte Joey seiner Beraterin Fae näherzukommen, doch der Junge Kenrad wurde bald wichtiger. Als die Kenrad-Periode zu Ende ging, war es Joeys zweiter Berater und seine Lehrerin, die für ihn nun immer wichtiger wurden. – Vorgänge, die wir in diesem Abschnitt beschreiben, setzten zum Beispiel ein, als das Schmutzspurenspiel noch kräftige Fortschritte machte.

Abbildung 19: Explodierende Schmutz- oder Kotspuren. Der Junge, den wir sehen, ist in »fäkalischem« Braun gemalt, und die Fäkalien spritzen an verschiedenen Stellen aus seinem Körper, um die ganze Welt in Flammen zu setzen und in die Luft zu jagen.

hafte, sondern zwanghafte Weise. Ihre beidseitige anale Fixierung mag, obwohl sie sich sehr unterschiedlich äußerte, erklären, weshalb Joey gerade auf Ken verfiel und weshalb Ken, wenn auch widerstrebend und verwirrt, auf Joeys Annäherungsversuche einging.

Joeys Beziehung zu Kenrad widerspiegelte sein erstes eigenständiges Interesse für einen anderen Menschen. Ken allerdings gab sich Joeys Annäherungsversuchen gegenüber gleichgültig, und manchmal tat er, als sei er verärgert, und manchmal war er das auch. Doch dann gefiel ihm diese abgöttische Verehrung wieder. Wahrscheinlich mochte er auch die Art und Weise, wie Joey seine Analität ganz offen ausagierte, zumal diese Analität in Ken nur mehr latent vorhanden war.

Einige Wochen später verkündete Joey voller Freude, er wisse nun Kenrads Beinamen – er heiße »Konflikt«. Dieser Konflikt wurde sehr bald in einem heftigen Kampf zwischen Joey-und-seinen-Röhren-und-Kenrad-Konflikt ausagiert. Schließlich besiegte Kenrad die Röhren, bis sie nur mehr »ein blutiger Anblick« waren, und der Junge Ken, der diesen Ausgang der Schlacht bewirkt hatte, wurde nun für fast sechs Monate zu Joeys Gott. Wenn er sich Ken näherte, war er voller Verehrung und manchmal kreuzte er anbetend die Arme. Joey beging nun keinerlei Gewalttätigkeit mehr; alle zerstörerische Kraft hatte sich auf Kenrad verlagert. Aber es war schwierig, zu irgendeinem Zeitpunkt zu bestimmen, ob es sich bei dem Kenrad, der uns, so drohte Joey, umbringen würde, nun um die Röhre oder den Jungen handelte.

Bald übertrug Joey alle anderen Kräfte und Vorsichtsmaßnahmen, zum Beispiel das Schmutzspurenspiel und später die Diarrhoe, diesem seinem destruktiven Alter ego. Dabei unterwarf er sich lange Zeit dem eingebildeten Kenrad, ohne sich jedoch für das, was Ken, der wirkliche Junge, tat oder fühlte, zu interessieren. Dieses Verhalten fiel vor allem in solchen Situationen auf, in denen Ken über Joeys Verhalten verärgert oder gar bestürzt war. Wenn sich Joey Ken von vorne näherte, war er ganz Verehrung; Ken tat dabei so, als bemerke er das nicht, obwohl er sich insgeheim sehr geschmeichelt fühlte. Doch wenn sich Joey Ken von hinten näherte, meinte er stets, Kens Darmentleerung übernehmen zu müssen. Dabei näherte er sich ihm nicht weniger ehrerbietig, nur daß er nun aus Kens Körper Fäkalien herauspumpen mußte, damit »Ken nicht verstopft wird«.

Joey stand in dieser Situation so dicht hinter Ken als er konnte oder als es dieser erlaubte, wobei er nun bohrende und danach herausziehende Handbewegungen machte, um sich dann langsam rückwärts in Bewegung zu setzen, als ziehe er die Fäkalien tatsächlich aus Kens Körper heraus. Auch in diesem Fall war die Pantomime so hervorragend gespielt, daß der Zuschauer an ein wirkliches Geschen glauben mochte. Joey konnte immer noch nicht begreifen, daß jemand seinen Darm »mit eigenem Dampf« entleeren konnte. Nur eine Maschine oder ein Motor war dazu in der Lage. Er war voller Verachtung, wenn wir zeigten, daß wir zu dumm waren, um das zu begreifen, und er war begeistert von seinem eigenen geheimen Wissen.

Nun kam die Phase, in der alles, was in Joeys Leben passierte, ganz gleich, ob es wahr oder eingebildet, ob es gut oder schlecht war, Kens Tun und Treiben war. Das galt vor allem für die schlechten Dinge. Wenn ein anderes Kind eine kleine Kratz- oder Schnittwunde abbekam, wenn jemand von einem Ball getroffen wurde oder wenn der Ball aufs Dach fiel, immer war Kenrad der Täter. Wenn Joey ausglitt, beklagte er sich: »Es ist so rutschig. Kenrad hat Durchfall gehabt und es ist sehr rutschig.« Es war Kenrads Durchfall, der alle Gehsteige und Straßen von Chicago bedeckte, und das war der Grund, weshalb Joey nicht sicher gehen konnte. Aber was Kenrad angeblich tat, war nichts, wenn man es mit dem verglich, was er hätte tun können: Joey drohte uns, Kenrad würde uns verstümmeln oder umbringen, er würde die Schule, ja vielleicht die ganze Welt zerstören. Nun war es nicht mehr Joey, sondern Kenrad, der die Schule in Brand setzen würde, weil wir etwas getan hatten, was Joey nicht behagte, und es würde ein Feuer sein, das von der Schule auf die ganze Welt übergreifen und alles zerstören würde. Zu anderen Gelegenheiten warnte er uns lediglich, wir sollten uns in acht nehmen.

Als Kenrads Macht zunahm, wurde Joey zusehends zum »Tunichtgut«. Da er seine Größenwahnvorstellungen auf Kenrad übertragen hatte, konnte er nun seine eigene Erbärmlichkeit eingestehen. Da er sich durch Kenrads Fähigkeit, Rache zu üben, geschützt fühlte, zeigte er sich nun wegen seiner eigenen Unzulänglichkeiten zusehends verzweifelt, was jeweils damit endete, daß er sich selbst vernichten wollte. Wenn er sich an einem Stück Popcorn verschluckt hatte, schrie er wütend: »Nehmt meine Lungen raus; schneidet sie weg; ihr müßt es tun; ich bin nichts wert. Nehmt meine Luftröhre raus; schafft mich aus der Welt.« Kenrad war der Große, Joey war nichts als Kot. »Ich bin nur Abfallstoff«, sagte er. »Mein Hirn ist nur Abfallstoff. Ihr müßt es mir aus dem Kopf prügeln.«

Trotzdem gelang es den beiden Jungen nicht, eine Beziehung zueinander einzugehen. Obwohl Joey Gesellschaft suchte – zunächst dadurch, daß er sich bemühte, die Welt durch seine analen Beschäftigungen zu begreifen, aber vielleicht auch dadurch, daß er überhaupt den Wunsch hatte, sein Verständnis der Welt zu vertiefen –, kam nichts dabei heraus: das ältere Kind duldete Joey nur deshalb, weil dieser seinem erschöpften Narzißmus neue Nahrung gab. So aber kam zwischen Kenrad und Joey keine flexible Beziehung des Gebens und Nehmens zustande. Ihre Verbindung führte letztlich zu nichts, weil sie nicht die sozialisierende Erfahrung darstellte, die Joey brauchte. So aber blieb er abgekapselt wie sonst auch.

Selbständiges Fühlen und Denken läßt sich einfach nicht außerhalb zwischenmenschlicher Beziehungen verwirklichen. Zwar kann der Sozialisierungsprozeß an dem Punkt einsetzen, an dem man sich für die Darmentleerung eines anderen verantwortlich fühlt, doch kann er nicht außerhalb einer befriedigenden Beziehung heranreifen. Aber auch wenn Joey zur Erfahrung der Wechselseitigkeit bereit gewesen wäre, war Ken ganz offensichtlich nicht bereit, eine solche Beziehung zu Joey einzugehen.

Und doch hatte diese Art von Kameradschaft einen Vorteil. Denn durch sie hatte Joey seine inneren Anliegen externalisiert, und er hatte sie menschlicher gemacht, indem er sie auf eine Person projiziert hatte. Es ist richtig, daß Joey, nachdem er seiner zerstörerischen Kräfte auf Kenrad projiziert hatte, verwundbarer war denn je. Aber auch das war ein Schritt hin zu einer neuen Menschlichkeit; anstatt seine Verletzlichkeit hinter einem Maschinendasein zu verbergen und seinen Wunsch, in befriedigender Abhängigkeit zu leben, durch eine Vorstellung von analer Omnipotenz zu verschleiern, ging er diese Dinge nun direkt an.

Den Mut, sich selbst als hilflos zu erfahren, hatte Joey aus der Sicherheit bezogen, die ihm durch den Aufenthalt bei uns vermittelt worden war. Er wußte nun, daß wir seine Schwäche nicht ausnutzen und seine zerstörerischen Wünsche nicht bestrafen würden, und er wußte, daß wir es nicht zulassen würden, daß jemand, den er angegriffen hatte, Vergeltung an ihm üben würde oder daß er sich selbst oder andere verletzte. Ohne dieses Wissen hätte er vermutlich Angst gehabt, seine fiktiven Kräfte aufzugeben. Aber was ebenso wichtig war: er hatte seine destruktiven Phantasien auf jemand anderen übertragen, so daß er nun weniger befürchtete, er könne diese Phantasien in die Tat umsetzen und im Verlauf dieses Prozesses zerstört werden.

Ein menschliches Indianerkind

Als Kenrad ungefähr sechs Monate lang Joeys Schmutzarbeit verrichtet hatte und nichts Schreckliches geschehen war, begann Joey kindlicheres Verhalten an den Tag zu legen. Es fing damit an, daß er Wasser durch den Sauger eines Babyfläschchens verspritzte; doch an dem Sauger auch zu saugen, so weit war er noch nicht. Einige Tage darauf schlug er ein Laken um seine Schultern und verkroch sich darin. Von da an war er monatelang fast immer in Laken gehüllt, vermummt, so sagte er selbst, »wie ein Indianerkind«. Doch ließ er Umarmungen und kindliches Hätscheln nach wie vor nur dann über sich ergehen, wenn er dieses Verhalten nicht als solches erkennen mußte.

Ungefähr einen Monat lang war er nun ausschließlich das Indianerkind. Dann aber kam ein Glückstag. Zum ersten Mal äußerte Joey seinen Ärger auf eine kindliche Weise. Er schloß sich anderen Kindern bei einem gespielten Feuergefecht an, hielt dabei einen unsichtbaren Revolver und schoß »Peng! Peng!« auf ein anderes Kind. Endlich spielte er Krieg, anstatt die Welt in die Luft gehen zu lassen. Die Veränderung, die seine Phantasien durchmachten, zeichnete sich auch in seinen Bildern ab. Nun malte er zahllose Bilder von sich selbst als Indianerkind. Nur war er ein elektrifiziertes Indianerkind (Abb. 20). Er saß in einem Kasten, der in einem leeren Raum hing, und er wurde von unsichtbaren Kräften der Außenwelt betrieben. Dort saß er nun, und während er seine Energien von einem drahtlosen Stromkreis bezog, hatte er Fäkalien zu produzieren. Einige Monate später dominiert seine Gestalt in den Bildern etwas stärker, und sie nahm, obwohl nach wie vor elektrisch betrieben, an Bedeutung zu (Abb. 21). Aber der Harnvorgang unterscheidet sich nun klar von dem des Stuhlgangs, das heißt, Joey erkannte die jeweils besondere Funktion verschiedener Körperfunktionen. Auch malte er verschiedene Teile der Maschine, von der er angeblich betrieben wurde (Abb. 22). Er näherte sich dem Verständnis dessen, was ihn kontrollierte oder steuerte, da er den Mut hatte, es sich vorzustellen.

Nun ließ sich Joey auf ein lang sich hinziehendes Spiel ein, dem er den Namen »Connecticut-Indianerkind« gab. Allerdings spielte er dieses Spiel nur, wenn er mit seiner Lieblingsberaterin allein war. Einmal ließ er sich sogar herbei, dieses Spiel zu erklären: »Es ist eine Person mit Glas um sich herum«, sagte er. Er sah sich also nicht mehr als eine Ansammlung von Drähten in einer Glasröhre, sondern als eine Person, allerdings immer noch durch Glas zugleich eingeschlossen und geschützt, zugleich mit der Außenwelt verbunden und von ihr abgeschnitten. (Daher auch der Beiname »Connecticut«, ein Wort, das sich in *connect* (verbinden) und *cut* (abtrennen) zerlegen läßt.) Diese Phantasie erhellte noch stärker die Frage, weshalb eine zerplatzende Röhre die Welt zerstörte. Denn wenn er in dieser Röhre saß und ihr lebenswichtiger Teil war, war es notgedrungen so, daß seine ganze Welt vernichtet wurde, wenn das Glas dieser Röhre zerbrach.

Das »Connecticut-Indianerkind« stellte also eine Möglichkeit des geschützten Lebens dar. Obwohl Joey erklärte, dieser Zufluchtsort sei aus zerbrechlichem Glas, und obwohl er diese Tatsache zeichnerisch festzuhalten versuchte, bestand sein tatsächlicher Zufluchtsort aus weichen Decken.

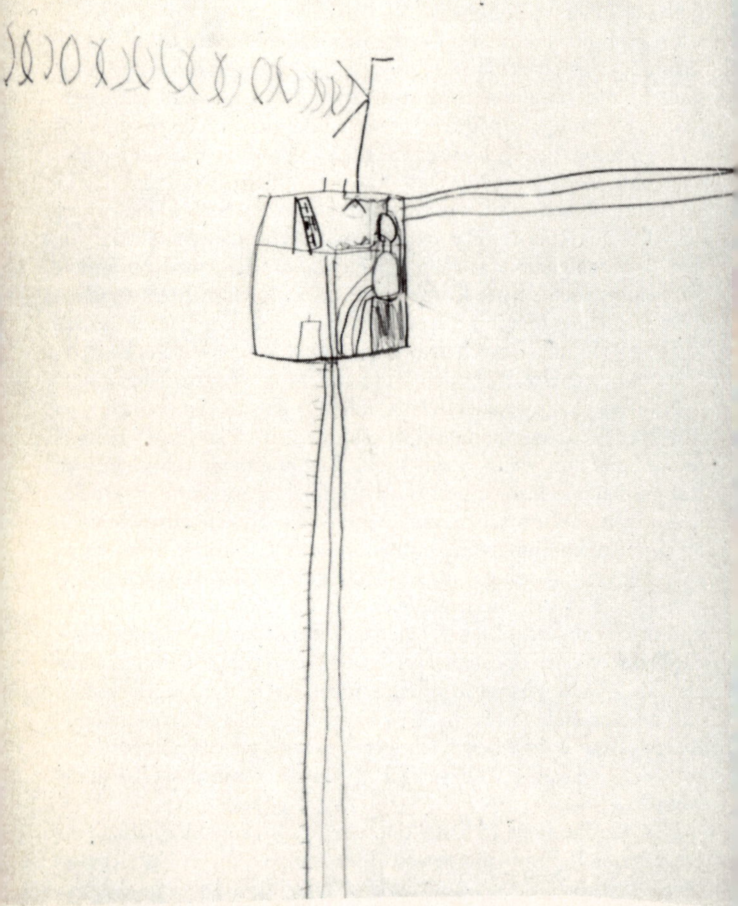

Abbildung 20: Joey als elektrifizierter Indianerjunge. Er ist schrecklich klein und einsam und eingeschlossen in einem Kasten. Er hängt in einem leeren Raum und wird durch drahtlose Energie betrieben, die von einer unbekannten Macht aus der Außenwelt stammt.

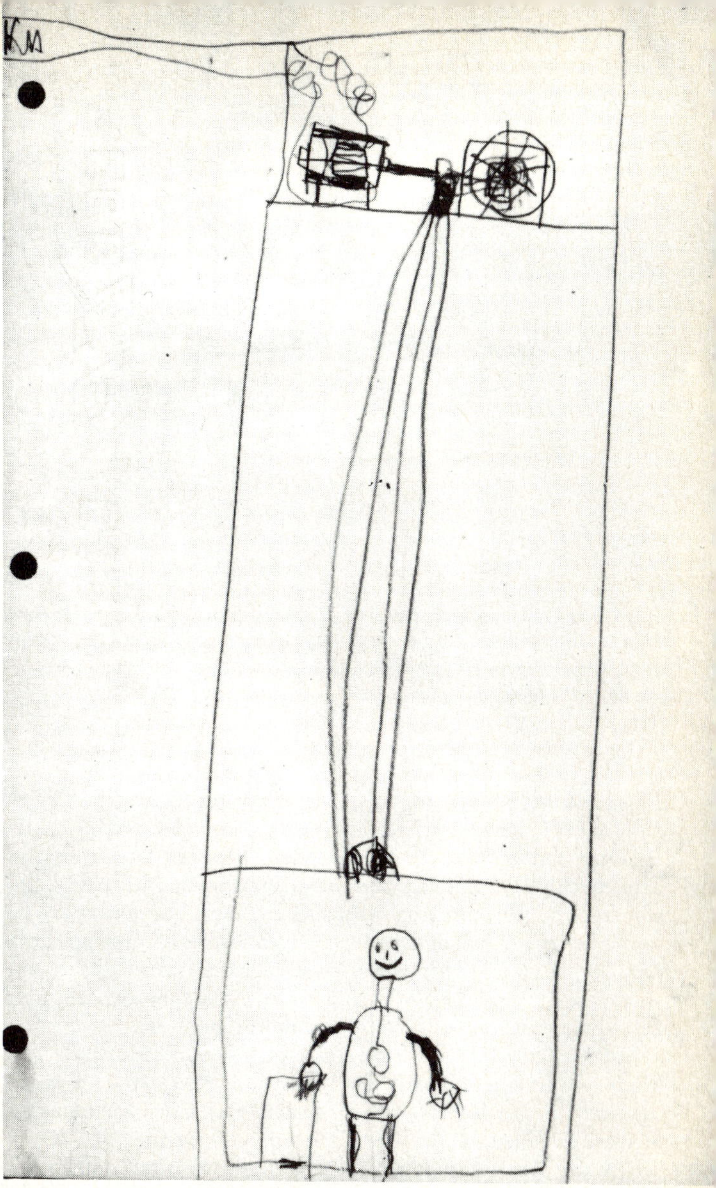

Abbildung 21: Dasselbe elektrifizierte Indianerkind, das jedoch nun an Bedeutung zugenommen hat und direkt mit der Maschine oder dem Motor verbunden ist, durch den Joey »gelebt« wurde. Dieser Motor ist nun sichtbar, und das Indianerkind fühlt sich sicherer, es hängt nicht mehr im leeren Raum.

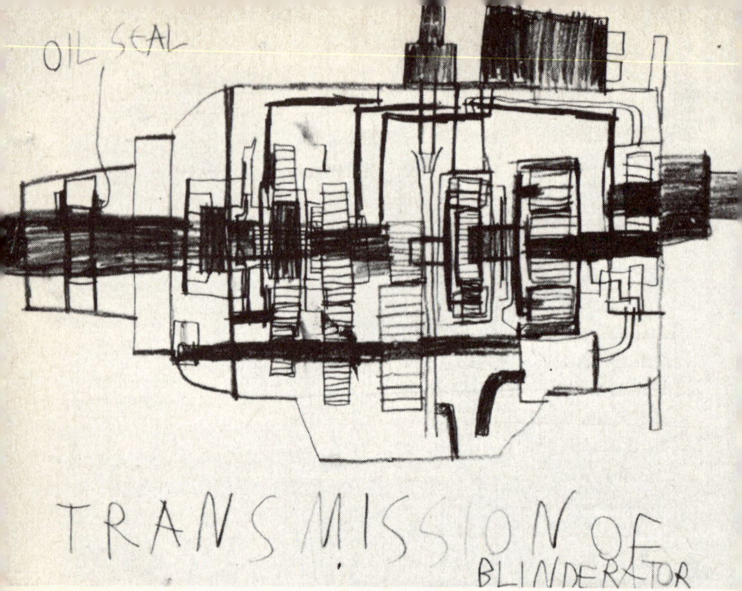

Abbildung 22: Der Motor, durch den Joey ferngesteuert wurde. Wir sehen (von Joey selbst kenntlich gemacht) den »Ölverschluß« *(oilseal)*, der verhinderte, daß er seinen Darm gänzlich entleerte, und die »Blinderator-Transmission«, die blind macht (das heißt sie hindert einen am Sehen und Verstehen).

Eine parallele Entwicklung ergab, daß er nun die Figur, die er zeichnete, mit Händen ausstattete, die Dinge tun konnten, und gleichzeitig unternahm er die ersten onanierenden Versuche. An dem Tag, an dem er schließlich erklärte, was dieses Indianerkind bedeutete, begann er richtig zu onanieren. Aber auch in diesem Fall konnte er eine körperliche Freiheit nur dadurch erlangen, daß er den entsprechenden Körperteil zunächst einmal »mechanisierte«, das heißt, er bewegte seinen Penis wie den Schalthebel einer Maschine und den ganzen Vorgang nannte er »den Penis ankurbeln«.

Mit der Zeit erfuhren wir mehr über das »Connecticut-Indianerkind«. »Es ist eine Person in einer Glasröhre mit Essen«, erläuterte uns Joey. Später fügte er seinen Zeichnungen noch komplizierte Strukturen hinzu, die er »hennigan wagons« nannte, eine Wortschöpfung, deren Geheimnis wir erst viel später lüften sollten.

Aus der Tatsache, daß er nun gern von Rädern und Wagen sprach, folgerten wir, daß sich im *hennigan wagon* oder »Hennigan-Wagen«

sein Wunsch äußerte, in einem Kinderwagen spazierengefahren zu werden. Etwas später machte das Indianerkind Ausflüge in einem »gläsernen Motorboot«, von dem aus es gefahrlos in die Tiefe schauen konnte. Wiedererlebte Joey damit die ersten Eindrücke von der Welt, die er als Säugling von seinem Kinderwagen aus gehabt hatte?

Während der Schlüssel für das »Connecticut-Indianerkind« im *connect* [verbinden] und *cut* [abtrennen] zu suchen war, schien der Schlüssel für den *hennigan wagon* im *»hen-I-can«* [Henne-ich-kann] zu liegen. In diesem Wagen saß er zweifelsohne auf dem Fahrersitz (Abb. 23 u. 24). Die Henne aber ist ein Tier, das Eier ausbrütet. Joey war endlich in der Lage zu glauben, daß er in bezug auf sein größtes emotionales Bedürfnis – nämlich neugeboren zu werden – etwas unternehmen könne. Diese Vorstellung war freilich so tollkühn, daß er sie mittels einer Wortschöpfung verschleiern mußte, und so offenbarte sie sich nur in seiner Geheimsprache. Es war als stehe das »Connecticut-Indianerkind« für den negativen Aspekt seines Wunsches, während der *»hennigan wagon«* sein positives Gegenstück darstellte. Um überleben zu können, mußte er dadurch, daß er ins Innere von Röhren zurückkehrte, alle emotionalen Verbindungen abbrechen. Dabei waren diese Röhren den Decken, in die sich das Indianerkind hüllte, äquivalent. Durch die »Henne« aber konnte er eine neue emotionale Beziehung zur Umwelt herstellen. Er sagte noch nicht, was es nun war, das er tun konnte. Doch da Hennen Eier legen, aus denen neues Leben entsteht, symbolisierte Joeys *»hen-I-can«* [Henne-ich-kann] die Hoffnung, das Leben, von dem er sich selbst abgeschnitten hatte, wiederzugewinnen. Nur hatte er jetzt in einem verstärkten Maße das Gefühl, daß die einzige Möglichkeit, das zu schaffen, in einem völligen Neuanfang bestand.

Für Joey hatte sich die intrauterine Erfahrung als Enttäuschung erwiesen, da das Leben, das er dort begann, nicht lebenswert gewesen war. Aber als er bei uns an der Schule erkannt hatte, daß das Leben vielleicht doch lebenswert sein könnte, hatte er nach einer Möglichkeit der Neugeburt gesucht. Da aber Maschinen oder Motoren besser waren als Menschen, warum dann nicht durch sie neugeboren werden? Das war offenbar die tiefere Bedeutung seiner Indianerkind-Periode, in deren Verlauf er sich mit Hilfe von mechanischen Vorrichtungen wie im Leib der Mutter selbst abschirmte und einschloß. Ernährt und am Leben erhalten wurde er freilich nicht von einer Mutter, sondern dem elektrischen Strom.

Abbildung 23: Das »Connecticut-Indianerkind« oder eine Möglichkeit, in relativer Sicherheit zu leben. Das Indianerkind ist hier zum ersten Mal nicht mehr ein Objekt, das durch eine Maschine betrieben wird. Vielmehr steuert das Kind nun die Maschine, denn wie wir sehen, betätigt es mit Händen und Füßen die entsprechenden »Hebel«.

Durch die Beziehungen, die er zu seinen Beraterinnen unterhielt, mag er später auf den Gedanken gekommen sein, ob es nicht besser wäre, durch ein Lebewesen neugeboren zu sein. Dieses Lebewesen sollte, wie sich herausstellte, eine Henne sein. Vielleicht erschien Joey die Henne als die beste Möglichkeit, da das, was sie in die Welt setzt, ganz und gar umschlossen ist von einer zerbrechlichen Schale – ähnlich wie die Röhren von zerbrechlichem Glas umschlossen sind. Ein Leben ohne Schale vermochte sich Joey noch nicht vorzustellen.

Aber vielleicht schafften es andere Kinder ohne Schale zu leben? Doch wenn ja, wie gelang ihnen das? Vielleicht um das in Erfahrung zu bringen, richtete nun Joey sein ganzes Interesse auf Mitchell, der damals der angepaßteste Junge der ganzen Schule war.

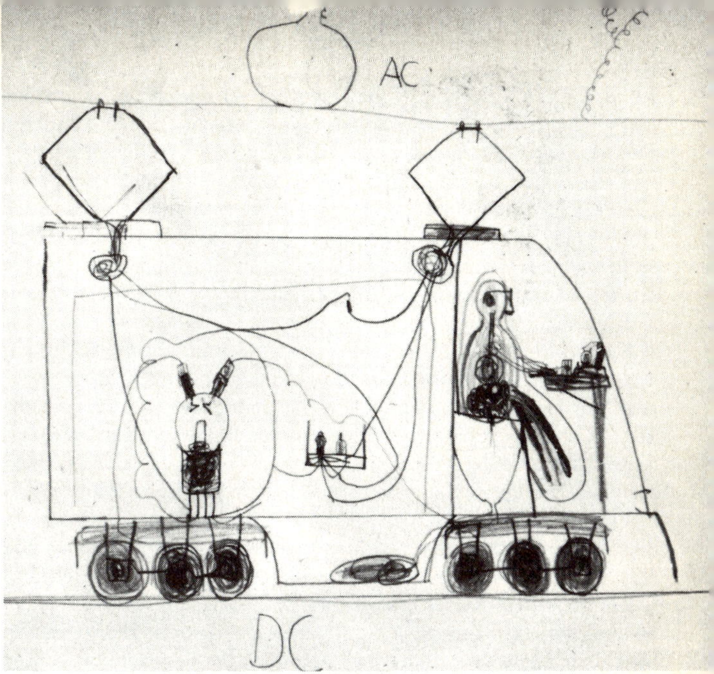

Abbildung 24: Das Indianerkind sitzt eindeutig auf dem Fahrersitz, während dem Motor eine zweitrangige Bedeutung zukommt.

Mitchell der Gute

Der Wunsch, neu geboren zu werden, ist nicht darauf zurückzuführen, daß man sich des Elends, in dem man lebt, bewußt wird; sonst wäre es ein Leichtes, diesen Wunsch einzugeben. Vielmehr ist der autistische Rückzug eine Abwehrmaßnahme *gegen* das Gefühl der Verzweiflung, denn wenn es sich der oder die Betroffene gestattete, diese Verzweiflung voll und ganz zu erleben, würde er oder sie den Tod vorziehen. Der Wunsch nach einem neuen Leben basiert auf der Hoffnung, daß dieses Leben besser sein wird, und er wird beeinträchtigt durch die traurige Überzeugung, daß dem gegenwärtigen Dasein kein besseres Leben aufgepfropft werden kann.

Daß sich Erwachsene eines besseren Lebens erfreuen können, ist keine Beruhigung; das hat das autistische Kind immer schon gewußt. Auch ist es sich der Tatsache, daß andere Kinder mit mehr Erfolg leben, stets auf eine vage Weise bewußt. Deshalb haßt es sie und aus Neid möchte es nichts mit ihnen zu tun haben. Aber die anderen Kinder, die früher ebenso elend daran gewesen sind, leben jetzt ein besseres Leben – diese Erkenntnis macht ihm vielleicht Mut. Wenn diese Kinder ihre elende Lage gegen ein befriedigendes Leben haben eintauschen können, so berechtigt das zur Hoffnung. Hier liegt wohl auch der Grund dafür, daß ein Junge, der früher gestört gewesen war und dem es nun gut ging, zu einem Objekt wurde, mit dem sich Joey zu identifizieren vermochte.

Kenrad blieb in diesem Prozeß zwar wichtig, aber er war nicht mehr der wichtigste. Joey schenkte Mitchell, der auch einige Jahre älter war als Joey, langsam aber sicher immer mehr Aufmerksamkeit. Mitchell, ein wesentlich gesünderer Junge als Ken, war um diese Zeit fast völlig wiederhergestellt und sollte unsere Schule bald verlassen. Einige Zeit lang hatte er sich Joey gegenüber sehr nett, ja fast väterlich verhalten. Joey erkannte in ihm eine reale Person und begann ihn bei seinem wirklichen Namen zu nennen. Auch mußte Mitchell seinen Namen oder seine Identität nicht mit einer Röhre teilen. Trotzdem war es offenbar so, daß Joey jede persönliche Beziehung zunächst einmal im Kontext der Defäkation erleben mußte. Freilich handelte es sich diesmal nicht um eine Beobachtung, die er angestellt hatte, sondern um einen Traum, den er uns erzählte, sowie er aufwachte. Joeys Traum lautete: »Ich war im Jungenbadezimmer mit Mitchell. Er saß auf der Toilette und leerte seinen Darm und ich kniete vor ihm.«

Als Mitchell eine immer wichtigere Rolle zu spielen begann, mußte Kenrad seine schützende Funktion zusehends an ihn abgeben. Und obwohl auch Mitchell allmächtig war, hatte er nur mit guten Dingen zu tun, denn die Macht der Zerstörung blieb bei Kenrad. So wie sich Joey zunächst von seinen megalomanischen Kräften dadurch befreit hatte, daß er sie auf Kenrad übertragen hatte, teilte er seine Kräfte nun in »Gut« und »Böse«; dabei stand Mitchell für das Gute und Kenrad für das Böse.

Schließlich begann er für sich und Mitchell eine imaginäre Familie, die Familie Carr, zu erfinden. Aber warum gerade »Carr«-Familie? Ein Beweggrund war wohl, daß ein *»car«* [ein Wagen] Hoffnungen beinhaltete. In einem Wagen wird man nicht bloß passiv herumgefahren, sondern man kann auch selbst das Steuer übernehmen. Um ganz zu gesunden, mußte sich Joey abhängige Befriedigungen (ist gleich Herumgefahrenwerden) verschaffen, um diese dann als ein Sprungbrett zur Selbständigkeit [das Selbstfahren] zu benutzen.

Aber wesentlich wichtiger noch war, wie er diese imaginäre Beziehung nutzte. Er unternahm nun aus freien Stücken den Versuch, eine schlimme Erfahrung aus seiner Vergangenheit – ein Autounfall, bei dem sein Vater am Steuer gesessen hatte – zu neutralisieren. Dieses Ereignis symbolisierte für Joey seit einiger Zeit die Gefährlichkeit und Destruktivität seiner Eltern überhaupt.

Während er von Mitchell und der Familie Carr Bilder malte, arbeitete er den gesamten Prozeß durch, bei dem er sich von seinen Eltern bewußt mißbraucht, ja fast ums Leben gebracht gefühlt hatte, was schließlich dazu führte, daß er seinen einsamen Trost im »Röhrendasein« suchte. Seine (richtige) Beschreibung dieses Autounfalls lautete: »Meine Eltern saßen einmal im Auto, und das Auto ging kaputt. Alles ging drunter und drüber. Überall war Benzin. Und als mein Arm schlimm verletzt war (er zeigte auf seine Narbe) sagten meine Eltern zu mir, ich soll an Röhren denken – an kleine Röhren, an große Röhren, an alle Arten von Röhren.« So verband er den Autounfall, bei dem er ums Leben hätte kommen können, mit seinen eigenen Selbstmordversuchen und mit der Tatsache, daß man ihn in Röhren »abschieben« wollte. Die Familie Carr aber stand für eine gute Familie, in der so etwas nicht geschehen konnte.

Nachdem er sich eine imaginäre gute Familie geschaffen hatte, konnte er mehr über seine wirkliche Familie erinnern. Eines Tages fiel ihm plötzlich etwas aus seiner frühesten Kindheit ein, das »mit Licht« zu tun hatte. Es war dies ein ergänzender Aspekt im Hinblick auf sein anhaltendes Interesse für Licht und Elektronik. Vielleicht erlebte er nun noch einmal seine ersten Licht- und Dunkelerfahrungen. Wir fragten uns, ob dies, da man ihn als Säugling so viel allein gelassen hatte, wohl die wichtigsten Erfahrungen gewesen waren, die er in diesem frühen Alter gemacht hatte. Joey erinnerte sich: »Als ich ein Säugling in einem Doppelbett war, da gab's irgendwelche Jalousien, und ich konnte ein Licht sehen.« Wie wir bereits bemerkten, dauerte es Jahre, bis diese Jalousien sozusagen hochgezogen wurden und bis er dahinter den Geschlechtsverkehr seiner Eltern entdeckte. Es war dies lediglich das erste Mal, daß er sich an diese schicksalhaften Jalousien erinnerte. Nach einem langen und nachdenklichen Schweigen fügte er hinzu: »Wanda (das war die Krankenschwester an der Schule) und Mitchell sind Mann und Frau und durch sie könnte ich geboren werden.«

Nun hatte er uns also mitgeteilt, daß er neugeboren werden wollte und daß er sein Leben als ein Kind von Personen, die bei uns lebten, noch einmal beginnen wollte. Er stellte Überlegungen darüber an,

Abbildung 25: Nester in einem Baum, in denen Säuglinge ausgebrütet werden können. Dieses Bild war in freundlichen, abgestuften Farbtönen gehalten.

wie sich das wohl zutragen könnte und ließ sich zu diesem Zweck Geschichten über Känguruhs und darüber erzählen, wie diese Tiere ihre Jungen in ihrem Beutel tragen. Allerdings meinte er, eine solche Neugeburt komme für ihn selbst nicht in Frage. Dafür war er noch viel zu isoliert, hing er noch viel zu sehr an seinen mechanischen Objekten. Stattdessen hatte er einen Traum von Bäumen mit riesigen Nestern darin. Daß seine Neugeburt durch ein Ei in einem Nest erfolgen würde, wußten wir damals noch nicht. Deshalb übersahen wir die wichtige Sequenz, die darin bestand, daß er zunächst Überlegungen über seine Geburt bei uns an der Schule anstellte, um dann einen Traum von Nestern in einem Baum zu haben. (Übrigens malte er ein Bild von diesem Baum mit Nestern – das erste Bild, das in hellen Farben gehalten war; s. Abb. 25.)

Joey beschäftigte sich in seiner Phantasie in der Regel nur kurze Zeit mit Säuglingen, dann kehrte er wieder zu Überlegungen und Zeichnungen zurück, die das mechanisch funktionierende Indianerkind zum Gegenstand hatten. Doch was nun seine Fragen zum Leben der Känguruhs anlangt, so schweifte er in diesem Zusammenhang gelegentlich zum Dasein der Tiere im Uterus der Mutter überhaupt ab. So aber kam es, daß er schließlich von wirklichen Babies *in utero* sprach. Er bat uns, ihm Bilder zu zeigen und diese Bilder sollten wir malen. Dabei waren wir stets darauf bedacht, den Säugling nicht für sich, sondern als einen Teil der Mutter darzustellen. Doch als Joey solche Bilder malte, erschien der Fetus stets als von der Mutter abgeschnitten (Abb. 26).

Obgleich die Figuren, die er nun malte, immer noch in keinem Zusammenhang mit ihrer Umgebung standen, erfüllte ihn nun, da er keine solche gewaltige Angst vor menschlichen Beziehungen mehr hatte, seine Isolierung mit Ungeduld. In Verbindung mit Mitchell wurde Kommunikation zur großen Versuchung, doch um sie wirklich in Angriff zu nehmen, dazu war sie nach wie vor zu gefährlich. Abgesehen von Mitchell nannte er die anderen Kinder immer noch nicht bei ihrem Namen. Ganz besonders tabu waren die Namen seiner Eltern oder die Wörter »Vater« und »Mutter«. Aus diesem Grund konnte er nicht einmal das Spiel »Mutter darf ich?« spielen. Doch als er sich nun immer stärker zur Kommunikation hinentwikkelte, kamen ihm nicht mehr alle Personen so bedrohlich wie seine Eltern vor. Seine Aufgabe bestand nun darin, sich von ihrem übermächtigen Einfluß zu befreien, und das tat er denn auch, indem er sie kritisch zu betrachten begann. Aber das war nicht einfach, da er sich dergestalt in seinem System bedroht sah.

Diese kritische Haltung gegenüber seinen Eltern implizierte, daß er sie nicht absolut beherrschte. Die Überzeugung aber, sie zu beherrschen, bedeutete ein Gefühl der Sicherheit. Hier liegt der Grund, weshalb er sich eine Maschinenwelt geschaffen hatte. So aber mußte er nun, um seiner eigenen Sicherheit willen, jede Kritik an seinen Eltern widerlegen, indem er steif und fest behauptete, nicht sie, sondern er sei der Schuldige. Trotz dieses ständigen Hin und Her zwischen Kritik und Zurücknahme von Kritik war auch dies ein Schritt zur Selbstbehauptung. Denn nun war es er und waren es nicht mehr Maschinen oder seine Eltern, die sein Leben beherrschten. Er selbst war es nun, der Dinge bewirkte – sein eigenes Elend zwar nur, aber immerhin.

Als er extra darum bat, für seine kritischen Gedanken bestraft zu werden, gelangten immer mehr von diesen Gedanken an die Oberfläche. Langsam begann er zu erkennen, daß sein Ärger, seine Wut und sein Zorn nichts mit uns oder unseren Kindern und noch weniger etwas mit Motoren oder Röhren, sondern einzig und allein mit seiner Vergangenheit und seinen Eltern zu tun hatten. Ja es kam sogar der Tag, als er sich, obwohl er auf ein anderes Kind wütend war, selbst Einhalt gebot, indem er erklärte, er wolle es dem Jungen nicht

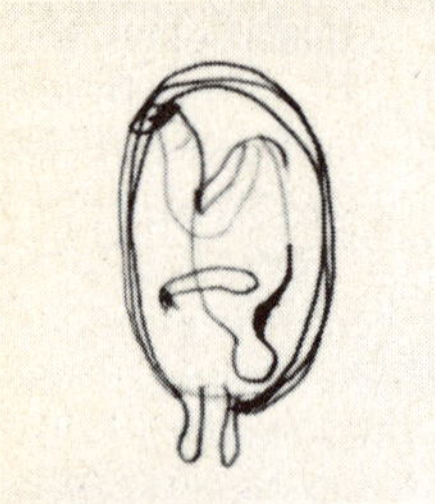

Abbildung 26: Ein »gefangener«, also von allem übrigen Leben abgeschnittener Fetus, allerdings bereits von eindeutig menschlicher Gestalt. Ein Geschöpf also, das nichts mehr mit dem mechanisch funktionierenden Indianerkind zu tun hatte.

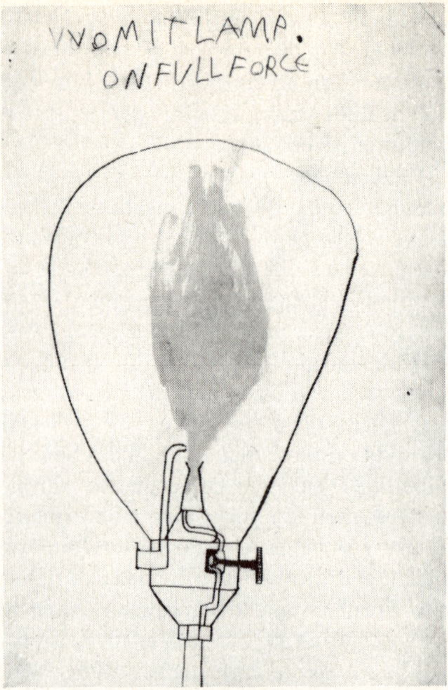

Abbildung 28 [vorgezogen]: »Vomit-Lampe«, voll aufgedreht.

heimzahlen, »denn eigentlich mag ich ihn«. So hatte er ein anderes Kind nun als eigenständige Person erkannt.

Da nun die anderen mehr Personen als Objekte waren, die durch seine Motoren betrieben wurden, bestand die Möglichkeit, daß er nicht mehr durch seine Röhren, sondern durch diese Personen mit Energie versorgt wurde. Geliebt zu werden und wiederzulieben, das ist die Erfahrung, die den Säugling allmählich zum Menschen macht. Joey wurde nun schon seit langem von denen geliebt, die für ihn sorgten. Aber sie waren für ihn zu sehr wie Eltern, als daß er sie hätte wiederlieben können. Nur geliebt zu werden ist ein passiver Prozeß, der zwar Trost und Kraft, doch keine Selbständigkeit vermitteln kann. Solche Selbständigkeit entsteht nur dann, wenn man selbst eine andere Person aktiv liebt. Doch da Joey Erwachsene noch nicht zu lieben in der Lage war, war es entscheidend, daß er ein anderes Kind liebte. Mitchell war der erste Mensch, von dem er auf diese Weise Kraft (allerdings immer noch in Form von elektrischer Energie) bezog. Das aber geschah, indem er irgendein Objekt – sei es nun seinen Trinkbecher, seinen Teller oder einen anderen Gegenstand, der mit Essen zu tun hatte – berührte, von dem Mitchells Kraft ausging.

Als er den Versuch unternahm, zu einer anderen Person eine einigermaßen wechselseitige Beziehung einzugehen, ersetzte er elektrische Stromkreise durch menschliche Nähe. Die frühen Versuche des Säuglings, Wechselseitigkeit herzustellen, bestehen unter anderem darin, daß er seine Mutter so zu füttern versucht wie sie ihn füttert und daß er seinerseits von ihrem Teller, aus ihrer Hand ißt. Auf diese Weise ersetzt er mit Hilfe von Objekten (in diesem Fall Speisen) den früheren Prototypus der Wechselseitigkeit, der darin bestanden hatte, daß die Mutter stillte und der Säugling gestillt wurde. So aber kam es, daß sich Joey von Mitchells Teller bediente, wobei er sich in die Situation des Säuglings begab, in der dieser Nähe erfährt. Bis zu diesem Zeitpunkt hatten wir ihn mit den Fingern gefüttert, ein Vorgang, bei dem immer nur wir aktiv gewesen waren.

Später wagte er es sogar, zu Mitchell hinzugehen und ihn direkt anzufassen, ja auf ihm herumzuklettern oder ihn zu streicheln. Je größer Joeys körperliche Nähe zu Mitchell, desto geringer sein Gerede über Mitchells Diarrhoe. Und da er nun seine Energie von Mitchell bezog, begann Joey Energie und Sicherheit im Essen und nicht mehr irgendwelchen elektronischen Röhren zu finden. Vor einiger Zeit hatte er seine Röhren freiwillig gegen Taschenlampen eingetauscht, aber nun hatte er neben der Taschenlampe immer auch Süßigkeiten bei sich.

Da nun Mitchell sein Ausgangspunkt geworden war, begann er auch mit einigen anderen Kindern zu sprechen. Er bat sie, mit ihm oder für ihn Dinge zu tun. Auch die geringfügigste Zurückweisung, jedes »Nein« oder »Warte ein bißchen!«, bewirkte eine offenbar unerträgliche Frustration, die ein wildes Gebrüll und ein Ausagieren mit Hilfe von Maschinen auslöste. Doch hörte er nun auch auf, manche Kinder als »die Person da« zu bezeichnen, und er begann »er« oder »sie« zu sagen. Später sollte er diese Kinder dann beim Namen nennen. Aber seine eigenen Gefühle waren immer noch mechanisch und wie abgestorben. Wenn Mitchell Joeys Interesse an seinem Ausscheidungsprozeß ignorierte oder ablehnte, sagte Joey: »Er hat meine Gefühle gebrochen.«

Während Kenrad fortfuhr, alle bösen Taten zu begehen, distanzierte sich Joey zusehends von diesem bösen *alter ego*. Er begann nun, den guten Mitchell nachzuahmen. Er wollte wie Mitchell aussehen, sich wie Mitchell anziehen und so groß sein wie Mitchell wollte er auch. Wenn er etwas haben wollte oder wenn ihm etwas zusagte, meinte er nun: »Mitchell wird das gefallen.« Sein Interesse für Mitchell war so stark, daß sein Interesse für Maschinen und Diarrhöe weiter abnahm.

Obgleich wir sehr glücklich waren, daß Joey nun mit einer anderen Person kommunizierte, hatten wir, was diese Beziehung zu Mitchell anlangt, doch auch unsere Befürchtungen. Denn einerseits glaubten wir, wir hätten besser helfen können, wenn Joey nicht mit Mitchell, sondern mit einer seiner Beraterinnen zu kommunizieren begonnen hätte, und andererseits wußten wir, daß Mitchell uns bald verlassen würde. Es war, als sollten sich Joeys zwischenmenschliche Beziehungen nie glücklich gestalten.

Obwohl er um Mitchells bevorstehendem Fortgehen wußte und obwohl wir versucht hatten ihn darauf vorzubereiten, erwies sich das Ereignis doch als ein schwerwiegendes Trauma. An diesem Tag legte er sich einfach ins Bett und sagte: »Ich habe Lungenentzündung; Mitchell ist fort.« Und wieder waren es Motoren, die ihn am Leben erhielten. Seit einiger Zeit ging er ohne mechanische Hilfen auf die Toilette. Aber jetzt brauchte er wieder dringend seine Apparate, »um den Darminhalt auszustoßen«. Da ihn Mitchell verlassen hatte, verließ er nun wieder diese Welt. Und wieder lebte er auf dem Jupiter oder Mars. Eisige Welten toten Raumes mußten zwischen ihm und seinen Gefühlen stehen. Das war nach wie vor die einzige Verteidigungsmaßnahme, mit der er sich zur Wehr setzen konnte, wenn er von Menschen tief verletzt wurde. Allerdings begann ihm nun allmählich zu dämmern, wozu Maschinen oder Motoren in der Lage sind und wozu nicht: ein Körper, der abgespalten ist von seinen Gefühlen, ist kaum mehr als eine Maschine, von der man lediglich erwarten kann, daß sie reibungslos funktioniert.

Ein Junge genau wie ich

Obwohl Joeys Trauer groß war, erholte er sich von Mitchells Fortgehen nach wenigen Monaten. In dem nun folgenden Jahr waren Mitchells gelegentliche Besuche große Ereignisse, doch schon im zweiten Jahr nach seinem Fortgehen ließ die Wichtigkeit dieser Besuche nach. Er bewältigte diesen Verlust, indem er seine Phantasien von der Familie Carr ausbaute und sich einen unsichtbaren Gefährten namens »Valvus« schuf.

Valvus war »ein Junge genau wie ich«. Valvus war weder ganz und gar gut noch ganz und gar böse, er war weder völlig hilflos noch allmächtig. Wie eine Röhre [im Amerikanischen *»valve«*; A. d. Ü.] konnte er sich ein- und ausschalten, wann immer das nötig oder angemessen schien; kurzum; er konnte sich selbst steuern. In den beiden nun folgenden Jahren spielten Valvus und die Familie Carr in Joeys und in unserem Leben eine entscheidende Rolle.

Durch Valvus gelangte Joey zur Selbständigkeit, das heißt, er konnte nun seine Ausscheidungsprozesse kontrollieren. Nun diente eine mechanische Vorrichtung (die Röhre) nicht mehr dazu, seinen Körper mit Energie zu beliefern; vielmehr benutzte sie Joey dazu, daß sie sein Funktionieren in Übereinstimmung mit seinen eigenen Bedürfnissen und Wünschen ermöglichte. Auch Röhren gehören zu einem Energiesystem. Die Tatsache, daß Joey auf die Idee mit der Röhre verfiel, läßt – wie davor das ganze elektrische System, dessen er sich bediente – darauf schließen, daß er sich irgendwie bewußt war, daß er mehr brauchte als eine bloße Selbstregulierung, die darin bestand, daß er den Stromkreis ein- oder ausschaltete. Unerläßlich war das Hin und Her eines Austausches, durch das er sich einer Person und eines Tages der ganzen Menschheit würde anschließen können. Seine Überzeugung, daß ein solches Zusammengehen nur mit jemandem »genau wie ich« möglich war, belegt, wie sehr er noch in seinem Autismus festsaß. Aber die Vorstellung, daß dieses *alter ego* jemand außerhalb seiner Person war, ist auch ein Hinweis auf seinen Wunsch, aus der autistischen Isolierung herauszukommen.

Wenn wir Joeys symbolische Sprache in psychoanalytische Begriffe übersetzen, können wir von seinen imaginären *alter egos* behaupten, daß Kenrad ganz Es war, während Mitchell eine Art Hilfs- oder Neben-Ich, vor allem aber ein Über-Ich darstellte. Valvus dagegen, der zu beiden Instanzen ungehinderten Zugang hatte und ihre Vermischung regulieren konnte, funktionierte großenteils wie ein Ich. Sicher, es war nach wie vor ein veräußerlichtes und mechanisiertes Ich, aber doch ein Ich. Dieses Ich regulierte die Strömungen zwischen den verschiedenen Teilen des ganzen Systems und es ermöglichte ihnen die wechselseitige Beeinflussung, so daß Valvus weder ganz und gar gut noch ganz und gar böse war. Aber Valvus war eben Valvus und noch nicht Joey. Auch war das Ganze nach wie vor ein sich selbst genügendes System, das nicht flexibel mit der Umgebung und anderen Menschen interagierte. Valvus bedeutete für Joey eine veräußerlichte Struktur für eine innere Persönlichkeit. Doch war dies noch keine echte Persönlichkeit, denn eine solche Persönlichkeit kann sich nicht durch imaginäre Kontakte zu anderen entwickeln.

Abbildung 27: Ein Haus, das auf seinem Abwassersystem errichtet worden ist. Linkerhand ein kompliziert funktionierendes Schwungrad, das von Valvus reguliert wurde. Die Kette in der Mitte kontrolliert die »abdominable«[13] Röhre.

Daher behielten seine Phantasien von der Familie Carr ihre alte mechanische Natur bei, obwohl sie nun langsam aber sicher normalere Züge annahmen. Nun lebten die Mitglieder dieser Familie nicht mehr ausschließlich in einem Wagen, der ferngesteuert wurde, und ihr Darminhalt mußte nicht jedes Mal mit mechanischer Hilfe aus ihnen herausgezogen werden. Gelegentlich lebten sie wie andere Leute in einem Haus. Nur war dieses Haus höchst sonderbar. Was an ihm am meisten ins Auge stach, war das komplizierte Abwassersystem »mit einer Schwungradröhre zur Abwasserbeseitigung«, die von Valvus reguliert wurde (Abb. 27).

Joey wollte zwar sein Leben von neuem beginnen, doch konnte er sich noch keine Säuglingszeit vorstellen, in der er auf angenehme Weise hilflos sein würde. Valvus war mit seiner Möglichkeit der Selbstregulierung die Sicherheitsvorkehrung, die er gebraucht hatte. Nun konnte er es wagen, die emotionalen Erlebnisse nachzuvollziehen, die ihn von seiner Vergangenheit um einer neuen Zukunft willen befreien würden.

Auch diese Entwicklungsphase begann zunächst damit, daß sein Interesse für Röhren und Lichter (in diesem Fall waren es »weißglühende Lichter«) noch einmal kurz aufflackerte. Diese Lichter bezogen ihre Energie nach wie vor aus dem Ausscheidungsprozeß seines Körpers, ebenso wie dieser seine Energie aus dem Stromkreislauf bezogen hatte. Doch da diese Lichter durch sein Erbrochenes betrieben wurden, war die Quelle dieser Energie einer unwillkürlichen Aktivität seines Körpers zuzuschreiben (Abb. 28).

Woher diese Lampen ihre Energie auch bezogen, sie waren schrecklich wichtig, denn »Einbrecher müssen Babies sehen. Babies brauchen Licht, sonst werden sie blind«. Also waren diese Lichter sowohl notwendig als auch gefährlich. Auch in diesem Fall war er in einen Teufelskreis hineingeraten, in dem er einem unlösbaren Widerspruch begegnete: helle Lichter blenden uns, doch dasselbe gilt, wenn keine hellen Lichter vorhanden sind.

Vielleicht sind Babies, die mitten in der Nacht Dinge sehen, die sie nicht sehen sollten Einbrechern vergleichbar, die den Schatz ihrer Eltern (Erwachsenengeheimnisse) stehlen. Und während Babies Licht brauchen, werden sie mit oder ohne Licht blind. Ist das darauf zurückzuführen, daß das, was sie sehen, so faszinierend und erschreckend ist, daß sie an nichts anderes mehr denken können und der übrigen Welt gegenüber wie blind sind? Aber wenn sie nichts sehen (also nichts verstehen), dann sind sie ebenfalls blind. Schlechte Leute, zum Beispiel Einbrecher, die stehlen, können das Baby sehen. Was stahlen nun diese Einbrecher? Stahlen sie Joey seine Menschlichkeit, indem sie ihm nicht gestatteten, daß er etwas fühlte? Wäre im Schlafzimmer das Licht an gewesen, hätten seine Eltern möglicherweise keinen Sexualverkehr gehabt, und Joey hätte nicht »erblinden« müssen.

All diese Fragen sind nichts als stark simplifizierte Beispiele für Joeys Gedankengänge, die unglaublich komplex und zirkelschlüssig waren und deren Ursprung im Unbewußten lag. Sie nahmen ihn völlig in Beschlag, obwohl er – abgesehen von der kryptischen Art von Feststellungen, die ich bereits erwähnt habe – keinem dieser Dinge gestattete, an die Oberfläche seines Bewußtseins (ans Licht also) zu gelangen. Die Gründe, weshalb er diese Dinge strikt ins Unterbewußtsein verbannte, finden sich in dem wenigen, was er sagte, impliziert. Damit Babys in dieser Welt leben können, brauchen sie

[13] Mischwort aus *»abdominal«* [bauchbezüglich] und *»abominable«* [widerwärtig, scheußlich]. (Anm. d. Ü.)

Licht; das heißt es mußte Licht werden, wenn sie verstehen sollten, was im Dunkel ihres Unterbewußtseins vor sich geht. Doch wenn es Licht würde, würde das, was sie entdecken würden, so schrecklich sein, daß sie blind werden würden. Entweder sie würden durch Mächte geblendet, weil sie Dinge ins Licht gerückt hätten, die im Dunkel hätten bleiben sollen, oder sie würden sich selbst blenden, da niemand mit einem solchen Wissen zu leben vermag.

Oh Ödipus! Für die, welche die verborgene Wahrheit suchen und finden, heißt die Strafe Blindheit. Besser also nicht suchen. Das aber wiederum bedeutet, der Wahrheit gegenüber blind zu sein. Dem Blindsein können wir also nicht entrinnen.

Ich bezweifle, ob Joey mit dem Mythos von Ödipus vertraut war, und vermute, daß er nie davon gehört hatte. Was ihn jedoch nicht hinderte, von der Notwendigkeit zu sprechen, daß Babies Licht haben müßten. Wobei wir sofort an Ödipus denken müssen, der gewiß nicht seinen Vater erschlagen haben würde, wenn er im Licht der Erkenntnis gelebt hätte, daß Laios sein Vater war. So aber erfahren wir durch die Geschichte des König Ödipus mehr: eine solche Tragödie erwartet die Eltern und ihr Kind, die ihr Kind im Stich lassen, indem sie ihm keinen Platz in ihrem Intimleben einräumen.

Alle autistischen Kinder fühlen sich in diesem Sinne im Stich gelassen. Nur indem sie sich von allen anderen völlig abkapseln, entgehen sie dem Schicksal Ödipus', und da sie nicht wissen, wer ihre Eltern sind – denn, emotional gesehen, können nur intime Beziehungen den biologischen zum authentischen Elternteil machen –, können alle Personen, denen sie begegnen, diese Eltern sein. In diesem Fall aber ist es das Beste, wenn sie überhaupt niemandem nahekommen.

Das war also ein weiterer Teufelskreis, in dem Joey gefangen war: einerseits hatte er den Wunsch, zu sehen, zu verstehen und Licht in die Sachen zu bringen, und andererseits lebte er in der Angst, er könnte mit Blindheit bestraft werden. War das ein weiterer Grund für seinen Entschluß, sein Hauptproblem mit Hilfe der Elektrizität zum Ausdruck zu bringen? Heutzutage ist die Elektrizität, wenn wir von der Sonne einmal absehen, *die* Lichtquelle. Wenn aber Babies Licht brauchen und die Eltern nicht für dieses Licht sorgen, was könnte dann zum Überleben schon wichtiger sein als der Versuch, sich selbst dieses Licht zu verschaffen?

Und da trifft noch etwas auf den elektrischen Strom zu. Elektromotoren arbeiten mit Wechselstrom, das heißt, der Strom ändert sich fortlaufend von Plus nach Minus und von Minus nach Plus. In diesem Prozeß bleibt kein Rest, dieser Prozeß führt zu keiner Lösung. Auch wird keine neutralisierte Energie freigesetzt – um den Begriff zu benutzen, den die Psychoanalyse entlehnt hat, um die Ich-Energie zu beschreiben, deren wir uns beim Umgang mit der Außenwelt bedienen. Diese ganze Energie aber verbrauchte Joey bei seinem Verlangen zu sehen und zu verstehen und bei seiner angstvollen Vermeidung dieses Verlangens.

Hand in Hand mit seinem Interesse für helle Lichter ging seine Faszination für Autoscheinwerfer. In dieser Periode sah Joey im Straßenverkehr kaum, wohin er ging, weil seine ganze Faszination den Scheinwerfern der Autos galt. Häufig konnten wir ihn von irgendeinem geparkten Wagen, dessen Scheinwerfer er tätschelte und liebkoste, kaum wegbringen. Von anderen Kindern wußten wir bereits, daß Scheinwerfer (und übrigens auch Deckenleuchten) Brüste symbolisierten, und Jahre später erzählte uns Joey, daß sie das auch für ihn bedeutet hatten. Hier lag also ein weiterer Zusammenhang vor zwischen Lichtern und lebensspendenden Elementen.

Der Einfluß, den die Röhren auf Joey ausübten, wurde nun immer geringer, auch veränderte sich ihr Charakter. Er hatte sie sich so sehr zu eigen gemacht, daß sie, als er selbst weicher wurde und zu fühlen begann, eine parallele Entwicklung durchmachten. Röhren waren für ihn nun nicht mehr etwas, das Energien erzeugte, sondern Energien bezog. Dem Säugling gleich waren sie nun auf die mütterliche Fürsorge von Maschinen angewiesen. Wenn er nun über Röhren oder Säuglinge sprach, erzählte er, wie verwundbar sie seien und wie sehr sie umsorgt werden müßten, und er tat das in einer Weise, daß wir uns häufig fragten, was er denn nun meinte – Röhren oder Säuglinge.

Nun hatten wir das Gefühl, daß Röhren nicht mehr eine Quelle tiefer Angst für ihn waren, ebenso wenig wie sie seine Beziehungen zu anderen Menschen blockierten. Daher hielten wir es für sinnlos, sie ihm länger vorzuenthalten. Da er nie aufgehört hatte, inständig um Röhren zu bitten, gaben wir ihm nun einige. Als er nun wieder eine echte Röhre in Händen hatte, kehrte er sofort wieder zu seinem alten Verhalten zurück. Allein schon die Tatsache, daß er eine Röhre in Händen hielt, schien ihn unfähig zu machen, so daß er auch seine neu erlangte Körperbeherrschung wieder einbüßte. Als er eine Treppe hinaufging, was er inzwischen einwandfrei gelernt hatte, stieß er sich einen Zehen an. Die Schuld dafür gab er der Röhre, und er schimpfte, er werde sich das Bein abbrechen und durch ein Ersatzbein ersetzen. Aber diese Phase dauerte nicht lange. Seine gewaltige Freude, die er an den Tag legte, als wir ihm die Röhren gaben, war mehr vorgespiegelt als echt. Er hatte allzu lange um sie gebeten, als daß er uns nun sogleich hätte sagen können, daß sie ihm nichts mehr bedeuteten.

Aber ganz abgeschlossen hatte er mit ihnen auch noch nicht. So wie er seine eigenen Kräfte auf Kenrad und Mitchell verteilt hatte, unterteilte er nun Röhren in »Abominator«-Röhren (die durchbrannten und nach Diarrhoe rochen) und in lebenspendende Röhren (die Licht und Wärme zum Ausbrüten von Eiern lieferten). Die guten Röhren nannte er später »Pflaumen«-Röhren. Indem er ihnen den Namen einer uterusförmigen Frucht gab, gab er uns einen Hinweis darauf, was Röhren für ihn die ganze Zeit über symbolisiert hatten: das Verlangen nämlich nach der Nähe einer Mutter, die er nur *in utero* gekannt hatte; die Hoffnung, von einer Röhre das zu bekommen, was ihm Menschen verweigerten; und der Wunsch schließlich, wieder im Mutterleib zu leben, aber auch die Angst davor.

Aber schließlich hatte er die Röhren satt. »Sie sind einfach scheußlich«, sagte er. Und als er die imaginäre Maschine, die die Röhren betrieb, abstellte, meinte er: »Die Röhren haben zu lange gebrannt. Ich brauche sie nicht mehr.« Worauf er sich seiner Beraterin auf den Schoß setzte und von seinem kommenden Geburtstag redete und von den Geschenken, die er bekommen würde. In diesem Augenblick war er vollauf zufrieden und so sagte er zum Schluß: »Wir haben heute eine ganze Menge geschafft, das ist sicher.« Das Leben, von Röhren befreit, war nicht mehr leer für ihn. Ja gelegentlich setzte er sogar angenehme Erwartungen in dieses Leben.

Doch solche Augenblicke waren selten und gingen rasch vorüber. Er reagierte immer noch unerhört feinfühlig auf alle negativen oder ambivalenten Empfindungen, die ihm von unseren Mitarbeitern entgegengebracht wurden. So war sich zum Beispiel seine Beraterin einmal in irgendeiner Sache unschlüssig und als sie zögerte, wurde sie von Joey sofort angegriffen und er brüllte und schlug auf sie ein. Dann bekam er Angst und beruhigte sich, doch nun war er bar jeder Gefühlsregung. »Ich muß einfrieren«, sagte er, »meine Arme und Beine müssen zu Eis werden.« Und er versuchte seine Gliedmaßen abzubrechen.

Bei diesen Gelegenheiten demonstrierte er, daß es nicht elterliche Zurückweisung oder irgendeine Ambivalenz war, die ihn in eine seelenlose Maschine verwandelte, sondern seine eigenen Reaktionen auf solche Zurückweisung oder Ambivalenz. So lange wir leiden,

»entmenschlichen« wir nicht. Erst wenn wir unser Handeln und Fühlen blockieren, hören wir auf, menschlich zu sein. Andere können uns zerstören, aber nur wir selbst können uns zu Eis oder in eine Maschine verwandeln. Das autistische Kind zeichnet sich also dadurch aus, daß es seine Gefühle nicht fühlt und nicht in sein Bewußtsein dringen läßt, wodurch es verhindert, daß es in Übereinstimmung mit seinen Gefühlen handelt.

Doch nun implizierte Joeys Wunsch, sich in Eis zu verwandeln, bereits die Erkenntnis, daß zuweilen doch warmes Blut in seinen Adern strömte und daß er langsam zusehends lebendiger wurde. Es gab nun Perioden, in denen er ungeachtet dessen, was er sagte und tat, nicht mehr vor einer schrecklichen Welt geschützt zu werden brauchte. Dafür aber mußten wir ihm immer wieder zeigen, daß es in der Welt vieles gab, um sich daran zu freuen, und daß all diese Dinge einmal ihm gehören könnten.

Joey spielte nun und erfreute sich einiger Dinge, doch er wollte nicht, daß wir das wüßten. Doch lernte er einige neue erfreuliche Dinge hinzu. Sogar wenn er Kaugummi kaute oder Süßigkeiten lutschte, wollte er nicht, daß wir bemerkten, wie er das genoß. Fühlte er sich beobachtet, so ließ er den Kaugummi oder das Bonbon einfach aus dem Mund fallen.

Da er sich nun seiner Gefühle bewußt war und seinen Körper nicht mehr als eine Maschine ansehen konnte, fiel es ihm nicht mehr so leicht, innerlich zu erstarren und wie zu Eis zu werden. Nun war es sein Körper, der ihn vor Gefühlen schützen mußte. Sobald er seinen Körper zu fühlen begann, wurde er sehr unzufrieden, weil er ihm nur Kummer und Schmerzen zu bereiten schien. So war er zum Beispiel überzeugt, daß außer ihm noch nie jemand Ohrenschmerzen gehabt hatte.

War sein Kontakt zur Umgebung zufriedenstellend, so vermochte er zu erkennen, daß er nur dann Ohrenschmerzen hatte, wenn er mit bestimmten Gefühlen konfrontiert wurde, von denen er nichts wissen oder hören wollte. Aber auch das bewies wieder einmal, daß Maschinen besser waren. Und so behauptete er nun beharrlich, er könne nur durch Maschinen hören, denn sie konnte er, wann immer er wollte, abstellen. Wir versicherten ihm, daß wir ihm helfen würden und wir sagten ihm, daß alle Leute unter unangenehmen Gefühlen leiden und daß es ihnen trotzdem gelinge zu überleben, doch seine Angst blieb. Und da er einerseits sprechen wollte und da andererseits Gefühle eine so gefährliche Angelegenheit waren, mußte er Vorsichtsmaßnahmen ergreifen.

Zunächst sprach er über seine Gefühle nur mittels seines (imaginären) Radios, so daß er in keiner direkten Beziehung zu seinem Gesprächspartner stand. Dann erklärte er sich bereit, Spielzeugtelefone, die durch Leitungen miteinander verbunden waren, zu benutzen. Sich mit seinen Gefühlen auseinanderzusetzen, war eine so riskante Angelegenheit, daß er dabei immer an einem bestimmten Platz sitzen und ein langes Ritual hinter sich bringen mußte, um dergestalt sicher zu gehen, daß nicht nur er, sondern auch seine Beraterin ungestört war. Waren jedoch Gefühle und Personen klar voneinander getrennt, konnte er anschaulich beschreiben, wie sich die Dinge in seiner Welt immer wieder verschlimmerten, so daß sich zum Beispiel jede Vorrichtung, die ihn vor allzu vielen Gefühlen beschützen sollte, schließlich als eine Sache entpuppte, die ihn als Person zerstören wollte.

Das Hören stand – das dürfen wir ruhig annehmen – für jeden Kontakt zu seiner Umgebung. »Zuerst tut man dir Wachs in die Ohren«, so wußte Joey zu berichten, »denn das schützt dich und verschließt die Ohren, so daß du dir Dinge, von denen du nichts wissen willst, nicht anzuhören brauchst. Dann kriegst du immer mehr Wachs ab, damit du garantiert nichts hörst. Das macht dich taub. Die Taubheit breitet sich so aus, daß jeder taub wird und keiner mehr was hört. Von dieser Taubheit kommt die Blindheit. Dann sind die Leute taub und blind und bekriegen sich blindlings. Schreckliche Dinge geschehen mit deinen Gefühlen. Fühlen bringt dich um.«

Eine bemerkenswerte Einsicht in den Prozeß, bei dem seine defensive Selbstverteidigung in einer totalen Paralyse endete. Aber er machte sich nicht nur blind und taub gegenüber der Welt, sondern hielt die Menschen, die diese Welt bevölkerten, für genauso gefühllos, wie er es geworden war. Wenn die Menschen jeglichen emotionalen Bezug zueinander eingebüßt haben und dann einander begegnen, kommt es zu entsetzlichen Kriegen und Schlachten, da alle von Blindheit und Taubheit geschlagen sind. Die Folge aber ist der Tod der Gefühle.

Wir stimmten Joeys Behauptung zu, daß wir unsere Gefühle häufig nicht eingestehen wollen und Angst vor ihnen haben; und daß, was Joey so wütend machte, möglicherweise die Tatsache war, daß er meinte, alle Welt sei seinen Gefühlen und Bedürfnissen gegenüber taub. »Genauso war es bei mir zu Hause«, sagte er, »war es bei meinen Eltern.«

Diese Erkenntnis, daß er seine Fähigkeit zu fühlen, wenn nicht gar seine ganze Menschlichkeit verloren hatte, kam ihm kurz bevor sich sein Aufenthalt bei uns zum zweiten Mal jährte. Dieser Jahrestag stellte sich als ein sehr wesentliches Datum heraus, da Joey an diesem Tag zum ersten Mal zuließ, daß andere ihn bei seinem Namen nannten. Und am selben Tag ging er noch einen Schritt weiter, indem er den anderen Kindern mit Hilfe seines neuen Telegrafierapparates eine Nachricht schickte, die er selbst unterzeichnete. So wurde das Tabu, das sich für ihn mit seinem Namen verband, aufgehoben.

Nach diesen Vorgängen kehrte er zu seiner alten Behauptung zurück, daß er nur in sich bewegenden Fahrzeugen tätig werden könne; daß unser Speisesaal ein Speisewagen sei; und daß er nur in einem sich bewegenden Gefährt essen könne. Wieder rüstete er sein Bett mit komplizierten und kunstvoll nachgebauten Automotoren, Vergasern, Lichtmaschinen und Rädern aus. Aber der Grund dafür bestand diesmal weniger darin, daß er sich von Maschinen betrieben fühlte – dieses Wahnsystem ging langsam zurück –, als vielmehr darin, daß er glaubte, nur in einem sich bewegenden Fahrzeug schlafen zu können. Wir vermuteten, daß er auf diese Weise einen intrauterinen Zustand wiederherstellen wollte, in dem das Ungeborene »ißt« und schläft, während es von seiner Mutter herumgetragen wird.

Er liebte es, sich ein Handtuch zwischen die Beine zu stecken, so als sei es eine Windel, und da hinein zu urinieren und zu defäkieren. Das nannte er »Baby spielen«. Bald nahm er eine Flasche mit Limonade mit ins Bett, die er mit Hilfe eines Strohhalms leerte. Das heißt, er ließ sich nicht mehr passiv füttern, sondern fütterte sich nun selbst. Dabei verbarg er die Flasche unter der Decke an seiner Brust, so daß er aussah wie ein Säugling, der an seiner eigenen Brust saugt.

Tätigkeiten, die ihm bislang zuwider gewesen waren, konnten nun dadurch für ihn attraktiv gemacht werden, daß sie in irgendeiner Weise mit Babypflege in Zusammenhang gebracht wurden. Auch begann er sich nun stärker für Kinderspielzeug zu interessieren, vor allem für Stofftiere. Er spielte mit Puppen und Handpuppen, die er mit ins Bett nahm, die er streichelte und an sich preßte und die er in einer Wiege wiegte. Auch wagte er es nun, über längere Zeitabschnitte hinweg aktiv an den Spielen der anderen Kinder teilzunehmen.

Seine zunehmende Unabhängigkeit brachte neue Schwierigkeiten mit sich. Bis jetzt war Joey immer nahe bei seinen Beraterinnen geblieben, es sei denn, daß ihn etwas schrecklich aufregte. Doch nun bummelte er häufig, und so geschah es einige Male, daß er von seiner Beraterin getrennt wurde und plötzlich allein in einem Geschäft oder auf der Straße herumirrte. Da er seine Beraterin aus den Augen verloren hatte, bekam er es mit der Angst zu tun und er wurde wütend und drohte anschließend: »Ich bleibe nicht in dieser Welt.« Wenn wir ihn loswerden wollten, das wollte er wohl damit sagen, würde er schon selbst dafür sorgen.

Seine neue relative Unabhängigkeit brachte es auch mit sich, daß er endlich seine »Vorsichtsmaßnahmen« bei Tisch aufgab. Als er diese Rituale ablegte, entdeckten wir, wovor sie ihn bewahrt hatten. Denn nun warf er Dinge um und er zerbrach Teller und warf mit Essen um sich – alles Dinge, die an ein mutwilliges Baby in seinem hohen Stühlchen erinnerten.

Das wunderbare Ei

Joeys aktive Erkundung seiner Umgebung ging Hand in Hand mit seinem zunehmenden Interesse für die Welt des Eies. Wesentlich wichtiger als Röhren waren nun Bücher über Küken. Er blätterte Bücher durch, die von der Geburt des Menschen handelten, und obwohl ihm das klar war, behauptete er, er wolle nur mehr über Küken und Eier erfahren. Bertha, das einzige weibliche Wesen in der Familie Carr, entpuppte sich als ein Geschöpf, das Eier legte: »Weißt du, das tun nur ganz wenige Menschen.«

Durch diese Bemerkung »Das tun nur ganz wenige Menschen« gab er uns eindeutig zu verstehen, daß er seine autistische Abkapselung aufgab. Wie sich herausstellte, war er selbst diese Bertha, denn es war er, der besagte Eier legte. Da er auf sich selbst verwies, wenn er sagte, er habe mit einigen wenigen Leuten wichtige Dinge gemeinsam, meinte er doch wohl auch, daß es nun eine Verbindung gab zwischen ihm und zumindest diesen wenigen Auserlesenen.

Zu diesem Zeitpunkt wagte er es nicht, uns zu verraten, daß er von sich selbst sprach, und so nannte er die Person, die Eier legte, Bertha. Aber warum gerade Bertha? In seinem vergangenen und gegenwärtigen Leben kannten wir niemanden dieses Namens, der irgendwelche Bedeutung für ihn besessen hätte. Doch hatte Joey immer schon mit den Wörtern gespielt, die sich in den Wörtern selbst verbergen – er hatte in Wörtern Mitteilungen versteckt, so wie er sich selbst in seinen Röhren verkrochen hatte. Daher sollten wir nicht übersehen, daß der Name »Bertha« so ähnlich wie *»berth«* [Anlegestelle, Liegeplatz] und »birth« [Geburt] klingt.

Feiertage und irgendwelche Jahresfeiern waren immer schon

wichtige Ereignisse für Joey, die sich häufig mit neuen Entwicklungen verbanden. So wie Motoren sein Leben in Gang hielten, hielt der Kalender die Daten für wesentliche Schritte seiner Entwicklung bereit. Am zweiten Weihnachtsfest, das er mit uns feierte (nun war er bereits einundzwanzig Monate bei uns), ergänzte er seinen Wagenpark plötzlich durch einen »Eierwagen«. Seine Erklärung lautete, daß es das Ei, um ausgebrütet zu werden, warm haben müsse. Und dort blieb das Ei bis Ostern, als sich sein Aufenthalt bei uns zum zweiten Mal gejährt hatte. Dann begann er über Hennen zu sprechen, begann Küken nachzuahmen, und sagte, ich sei ein Hühnchen, das ein Ei legt. Dabei saß er ganz nahe bei seiner Lieblingsberaterin, hob ihren Rock hoch und sagte: »Ich will ein Nest bei dir bauen. Bauen wir ein Nest da drinnen.«

Joeys zweites Ostern war das erste Fest, das er richtig genoß und das ihn möglicherweise in seiner Hoffnung auf ein besseres Leben bestärkte. Seine Ostereier gefielen ihm sehr. Er faßte den Entschluß, einen großen Brutapparat zu bauen, und ging dabei nach einem Modell vor, das er im Museum für Wissenschaft und Industrie gesehen hatte. Seine große Sorge dabei war, daß die Temperatur stimmen mußte, und so regulierte er sie, damit die Eier es nicht zu kalt oder zu warm hätten. Das war auch die Zeit, in der die Röhren eine andere Rolle zu spielen begannen. Der Zweck der guten Röhren bestand jetzt hauptsächlich darin, daß sie die Eier im Brutkasten »nähren« mußten. Seine »weißglühenden« Lichter dienten nun nicht mehr der Zerstörung, sondern hatten die Aufgabe, für das richtige Licht und die richtige Wärme zu sorgen.

Auch machte er rätselhafte Andeutungen über *»henpox«* und *»chickenpox«* [Windpocken]. Er konnte uns nicht sagen, was diese Wörter genau für ihn bedeuteten, doch machte er eines Tages eine Niederschrift (Abb. 29). Er erklärte, es sei »das wichtigste Wort von der Welt«, und dieses Wort interpretierte er folgendermaßen:

CHICKENPOX
ASH CRIMPOX
BONDNAP
LAP BED
ASHTIE
ASTABLISHMANT
ANTERYALYZEM

Wir hatten damals keine Ahnung, was er damit meinte, doch stimmt die folgende Interpretation mit seinen eigenen späteren Aussagen überein. So stellte zum Beispiel *»chickenpox«* beziehungsweise

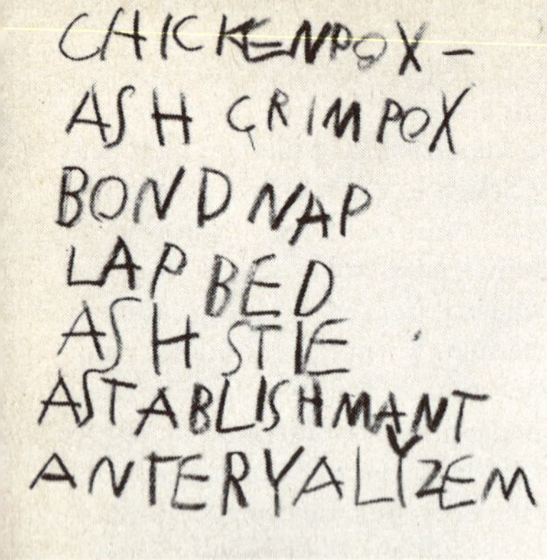

Abbildung 29: Die Niederschrift von Joeys *»Chickenpox«*-Kryptogramm.

Abbildung 30: Die Kükenschachtel [*»chickenpox«*] zwei Jahre bevor Joey zu uns an die Schule kam.

Abbildung 31: Die Kükenschachtel [*»chickenpox«*] einige Monate nachdem Joey zu uns gekommen war.

»chicken box« [Kükenschachtel] den Ort dar, an den er sich zurückgezogen hatte, um ein neues Leben anzufangen. *»Ash«* [Asche] war er geworden wegen des Verbrechens (das entweder er begangen oder das man an ihm verübt hatte) [*»Crime«* = Verbrechen]. In dieser *»box«* entwickelte er eine Bindung *[»bond«]* zu der Person, die es zuließ, daß er auf ihrem Schoß *[»lap«]* ein Schläfchen *[»nap«]* machte wie im eigenen Bett *[»bed«]*. Die restlichen Wörter sind schwieriger zu entziffern. Er war jetzt verbunden [*»tie«* oder *»tied to«*], das heißt, er lebte in einer Institution [*»astablishmant«* bzw. *»establishment«*], wo er hoffte, seine Gefühle verwirklichen zu können [*»ryalyzem«* oder *»realize them«*].

Als es Joey besser zu gehen begann, wurde sein verschlüsseltes Sprechen und Schreiben spielerischer. Wenn er sich wohl fühlte, nannte er seine Lieblingsberaterin *»hen«* oder *»pox«*. Auch nannte er sie, wenn auch nur ganz selten, *»henpox«*. Das war immer dann der Fall, wenn er sehr zufrieden mit ihr war.

Alle diese mehr oder weniger spontanen Ereignisse wurden begleitet von der Entwicklung seiner Fähigkeit, zwischenmenschliche Beziehungen einzugehen. Aber um dahinzugelangen, mußte er an einem Punkt ansetzen, an dem das Leben des Säuglings überhaupt einsetzt: er wollte wie ein Baby gefüttert werden. Wo er bisher alle Babykost zurückgewiesen hatte, aß er sie nun mit Vergnügen. Auch in diesem Fall waren ihm seine Röhren wieder zu Diensten, anstatt daß er ihnen zu Diensten gewesen wäre. Ihnen kam nun die Aufgabe zu, seine Kost zu zerkleinern und zuzubereiten. Nun war es so weit, daß er endlich auch das Babyfläschchen akzeptierte. Er wollte es »genauso wie das Baby trinkt«, das heißt, die Milch mußte warm sein, und das Fläschchen mußte er im Bett bekommen. Auch behagte es ihm sichtlich, wenn ihm seine Beraterin das Fläschchen gab und ihn dabei im Arm hielt und hin und her wiegte.

Ungefähr um dieselbe Zeit begann er auf eine kindliche Weise mit Spielsachen zu spielen. Er schob seine Spielzeugautos auf dem Boden herum, und der Beobachter hatte das Gefühl, als nehme Joey diese Autos als Objekte wahr, die unabhängig von ihm waren, und als interessiere er sich dafür, wie diese Objekte unabhängig von ihm funktionierten.

Das Leben, das Joey jetzt führte, war ganz entschieden besser geworden, so daß er uns eines Tages sagen konnte: »Jetzt sind die Lichter fast so wie sie sein sollten. Es ist nicht wirklich heiß und es ist nicht wirklich kalt, so daß es mich nicht allzu sehr stört. Ich mache mir wegen der Lichter nicht mehr so viel Sorgen.« Auch der

Abbildung 32: Die Kükenhenne [*»chicken-hen«*] mit explodierendem Bauch.

Abbildung 33: Die Elektrohenne [*»hen electric«*], die mit einem Elektrofetus schwanger geht. Man vergleiche den Vorderteil dieses Fahrzeugs mit dem des Connecticut-Indianerkindes und des *»hennigan wagon«*.

Wunsch, andere Leute zu vernichten, schien nun weniger wichtig zu sein. »Wenn ich sechzehn sein werde, so dachte ich immer, werde ich auf einen Baum klettern und von dort wie ein wütender Bär auf alle schlechten Leute herunterfallen und sie umbringen. Aber die Bären hier sind sehr nett, so daß ich das jetzt nicht mehr tun muß.« Seine Bemerkung läßt auf eine Identifizierung mit seinem Teddybär schließen, den er zwei Jahre lang immer dann nach Personen geworfen hatte, wenn ihn diese wütend gemacht hatten. Die Bemerkung über die Bären, die »sehr nett sind«, bezog sich auf die Kinder und Berater, mit denen er zusammenlebte, denn die Jungen seiner Schlafsaalgruppe nannten sich selbst die »Bären«.

Als Joey zwei Jahre und vier Monate bei uns war, fertigte er in einem Zeitraum von sechs Wochen eine Reihe von Zeichnungen an, die jahreweise die Entwicklung der *»chickenpox«* veranschaulichte. Diese Entwicklung gipfelte in der »Kükenhenne« *[»chicken-hen«]* und in einer »Elektrohenne« *[»hen electric«]*, die mit einem Elektrofetus schwanger ging (Abb. 30–33). In den Wochen, in denen er diese Zeichnungen anfertigte, benahm er sich zusehends wie eine aufgeregte Henne, indem er mit seinen Armen wie mit Flügeln schlug, indem er gackerte und herumflatterte, als versuche er zu fliegen. Als er mit diesen Zeichnungen fertig war, erzählte er uns, was sie bedeuteten.

An diesem Tag erreichten sein Gackern, sein Flügelgeflatter und sein Gestotter einen Höhepunkt. Plötzlich wurde er ganz still und kroch unter einen Tisch, über den er Decken gebreitet hatte, so daß er sich nun unseren Blicken völlig entzog. Dort, so erzählte er uns später selbst, setzte er ein Ei in die Welt, aus dem er seinen Weg ins Freie pickte. »Ich legte mir selbst ein, brütete mich selbst aus und habe mich selbst geboren.«

Bei Joeys »chickenpox« hatte es sich also nicht um »Windpocken« [*»chickenpox«* heißt im Englischen »Windpocken«] gehandelt, sondern um die »Kükenschachtel«, die die Henne in sich hat und in der die Eier ausreifen. Es war der Bauch, aus dem heraus er hoffte, sich selbst in die Welt setzen zu können. Er erzählte uns, wie er und Valvus, sein *alter ego*, »uns unseren Weg aus der Schale heraus pickten, damit wir geboren wurden. Wir waren nicht zusammengebunden, aber wir waren einander sehr nahe.« Später kam er auf seine richtige Geburt zu sprechen und fügte hinzu: »Ich wurde in einem Ei ausgebrütet, und ein Verbrecher schlug mit einem Hammer drauf, so daß es zerbrach.«

Wie um genau zu spezifizieren, was er meinte, gab er sich selbst ein Rätsel auf. Er schrieb mehrere Sätze, darunter einige Nonsense-Wörter, und stellte sich die Aufgabe, die falschen Wörter herauszufinden. Das tat er denn auch und die verbleibenden Sätze lauteten: »Die Bombe explodierte. Ein Kannibale explodierte.« Zwischen diesen beiden Sätzen hatte er einen falschen Satz entdeckt. Er hieß: »Eine Henne starb.« Diesen Satz hatte er korrigiert, so daß er nun lautete: »Eine Henne lebt.«

Offenbar hatte er die ganze Zeit über befürchtet, daß bei der Explosion der Bombe und des Kannibalen auch die Henne, die mit Joey schwanger ging, ums Leben kommen könnte. Das war einer der Gründe, weshalb er so lange ausgeharrt und uns immer wieder auf die Probe gestellt hatte. Als er schließlich überzeugt war, daß das Ei nicht kaputt gehen würde, wenn er die Bombe und den Kannibalen explodieren lassen würde, durchbrach er die Schale seiner Isolierung und kam sozusagen zur Welt. Nun war er keine mechanische Vorrichtung mehr, sondern ein Menschenkind.

Alle diese Dinge werfen viele Probleme auf, die wir sicher nur zum Teil lösen können. Unter diesen Problemen befindet sich die Frage, weshalb Joey gerade aus einem Hühnerei neugeboren werden mußte. Die schützende Schale habe ich bereits erwähnt. Ein weiterer wesentlicher Grund dafür, daß er dem Huhn den Vorzug gab, ist wohl der, daß die Geburt durch das Ei der fäkalischen Vorstellung von der Fortpflanzung näher kommt als die menschliche Geburt aus dem Mutterleib. Da alles, was in Joeys wahnhafter Welt wichtig war, entweder aus Fäkalien bestand oder sich von diesen herleitete, würde es nicht überraschen, wenn er in der Vorstellung gelebt hätte, daß auch Menschen aus fäkalischer Substanz gemacht sind. Ja es kann sogar sein, daß hier der Ursprung seines Glaubens lag, wonach die Welt fäkalischer Natur sein mußte. Denn wenn die Geburt (seine Geburt) die Geburt der Welt darstellte und in der Kloake geschah, warum dann nicht davon ausgehen, daß die so geborene Welt aus Fäkalien besteht?

Auf Joeys Vaginaangst haben wir bereits hingewiesen. Die Kloake des Huhnes produziert Fäkalien und Eier. Joey konnte seine Vorstellung von der explodierenden Vagina aufgeben, wenn die Geburt durch die Kloake erfolgte. Und da er außerdem das Gefühl hatte, sich selbst gebären zu müssen, konnte diese Geburt nur durch eine Körperöffnung stattfinden, die auch er besaß. War diese Öffnung das Rektum, so war alles in Ordnung.

Es mag da noch eine weitere Vorstellung gegeben haben, die Joeys Geburt aus dem Ei begünstigte. Falls die Mutter die wirklich bedrohliche Person darstellte, bedeutete das, daß »von ihr gestillt werden« soviel wie »von ihr vergiftet werden« hieß (nicht umsonst bekam Joey von seinen Eltern »Röhren mit Gift darin«); durch die Wut des Säuglings aber wird der Wunsch zu stillen in den Wunsch zu verschlingen verwandelt (daher auch der Kannibale). Deshalb mag Joey eine Geburt mit anschließendem Stillen als zu gefährlich erschienen sein. Wurde er jedoch aus einem Ei geboren, konnte er den Augenblick seines Ausschlüpfens selbst wählen. Auch bestand dann nicht die Notwendigkeit, von der Mutter gestillt zu werden.

Aber was war nun mit dem Kannibalen, der explodieren mußte, bevor Joey sein Dasein als mechanischer Junge aufgeben konnte? Joey erklärte uns: »Ich bin ein Kannibale.« Was sind Kannibalen? »Leute, die einander auffressen.« Nur dadurch, daß die Mutter ihr Kind auch wirklich haben und austragen möchte und daß sie es mit der Milch ihres eigenen Körpers ernähren möchte, wird das Nehmen des Säuglings nicht zur Beraubung. Das unerwünschte Kind dagegen ist eine Art Eindringling, der im Stillprozeß zum Kannibalen wird. Als Säugling *in utero* war Joey ein Kannibale gewesen, der von seiner Mutter gelebt hatte. Das wollte er immer noch und davor hatte er immer noch Angst. Doch wenn er ein Kannibale war, so waren alle anderen ebenfalls Kannibalen. Ein Mensch zu werden und aufzuhören, eine Maschine zu sein, bedeutete, von anderen aufgefressen werden. Joeys Lösung dieses Problems, die darin bestanden hatte, daß er seine Lebenskraft aus Drähten bezogen hatte, lag nicht nur der Wunsch zugrunde, durch eine Nabelschnur ernährt zu werden, sondern stellte auch eine Möglichkeit dar, Menschennähe zu vermeiden. Vermieden aber mußte diese Nähe werden, denn sie barg die Versuchung, zu verschlingen oder verschlungen zu werden.

Als Joey sich selbst zur Welt brachte und aus dem Ei schlüpfte, waren alle diese Probleme gelöst. Doch hat ein Neugeborenes, das zwölf Jahre alt ist, enorm viel Zeit verloren und eine ganze Menge Leben nachzuholen.

»Keine Kükenschachtel, keine Asche mehr!«

Diesen Ereignissen schlossen sich viele Unterhaltungen an, bei denen es darum ging, wie man aus der »Kükenschachtel« herauskommt, welche Gefahren entstehen, wenn man das ständig tut und welche Schwierigkeiten zu bewältigen sind, wenn man das Leben in einer Eierschale aufgibt. Joey grübelte und grübelte. Doch noch im selben Jahr an Weihnachten stellte er sich ruhig die Aufgabe: »Keine Kükenschachtel, keine Asche mehr!« und so war es denn auch.

Als wolle er seine Gefühle unterstreichen, spielte er eine Zeit lang immer wieder dieselbe Platte – die »Symphonie aus der Neuen Welt«. Man mochte den Eindruck von einer Zwangsvorstellung haben, aber Joey wußte sein Interesse zu begründen – er hatte tatsächlich den Wunsch, eine neue Welt zu betreten.

Am *Memorial Day* (30. Mai) nahm Joey zusammen mit den anderen Kindern an einer kleinen Parade teil. Er erinnerte sich an seinen »Strahlenden Fernsehfestzugswagen« vom letzten Jahr und beschloß, etwas völlig anderes zu machen. Er baute einen Festzugswagen für seinen Lieblingsteddybär, und den Teddybär ließ er ein großes Schild tragen, auf dem geschrieben stand: »Gefühle sind wichtiger als alles andere unter der Sonne.«

In den nächsten Monaten beweinte Joey sein unglückliches Dasein. Bis dahin hatte er immer nur vor lauter Wut geweint. Doch jetzt weinte er aus einem anderen Grund. »Wie kann ich wie andere Kinder sein«, so beklagte er sich, »wenn sie mich nicht mögen? Ich möchte wie sie sein, ich möchte, daß sie mich mögen.«

Er brauchte fast ein Jahr, um nun, da er weinen gelernt hatte, auch lachen zu lernen. Doch als er auch das gelernt hatte, reagierte er auf irgendwelche Pannen oder Mißgeschicke völlig anders. Bis dahin hatte Joey immer nur eine Reaktion geäußert – irgendein Teil seines Körpers sollte vernichtet oder zumindest bestraft werden. Aber wenn ihm jetzt ein Mißgeschick passierte, äußerte er Erstaunen und Stolz, weil »Ich mich nicht verletzt habe«. Er (sein Körper) war zu einem wertvollen Objekt geworden, das gepflegt und vor Schaden geschützt werden mußte.

Wollten wir über die weiteren Wechselfälle von Joeys Entwicklung berichten, bei denen es darum ging, zwölf verlorene Jahre wiedergutzumachen, so würde der zweite Teil dieser Darstellung genauso lang ausfallen wie der erste. Daher wollen wir versuchen uns kurz zu fassen. Die nächsten Jahre unserer Zusammenarbeit standen im Zeichen einer regelrechten »Erforschung vergangener Zeiten«. Joey hatte so viele Schritte seiner Entwicklung verpaßt, und es gelang ihm nicht, alle diese Schritte noch einmal zu tun. Aber auch die Schritte, die er nachholen konnte, hatten häufig nicht die entscheidende Wirkung, die sie gehabt hätten, wenn er sie zur richtigen Zeit getan hätte. Manchmal machte sich Joey mit aller Tatkraft an die Arbeit und manchmal bedauerte er es zutiefst, daß er seine Schale verlassen hatte, denn das Leben fiel ihm so schwer, es war so ungemein schwierig für ihn. Aber in sein mechanisches Leben zurückzukehren, das wollte er nie.

Da es nicht meine Absicht gewesen ist, die Entwicklung eines Kindes, das seine autistische Position aufgegeben hat, weiterzuverfolgen und da ich mich lediglich mit der Natur und der Behandlung des infantilen Autismus auseinandersetzen wollte sowie damit, was wir von dieser Krankheit für die menschliche Entwicklung überhaupt lernen können, bin ich eigentlich am Ende der Aufgabe, die ich mir selbst gestellt habe. Die Darstellung eines Versuches, den Joey unternahm, um seine Vergangenheit zu bewältigen, soll diesen Bericht abrunden. Bei diesem Versuch handelt es sich um den Typus von Erfahrungen, der normalerweise so früh auftritt und sich auf so selbstverständliche Weise einstellt, daß man ihn gewöhnlich kaum bemerkt. Joey allerdings benötigte Jahre, um eine Erfahrung dieser Art zu machen und innerlich zu bewältigen. Bei dem Beispiel, das ich meine, geht es um den Mut, einer anderen Person mittels eines Wutanfalls die Stirn zu bieten, um jedoch anschließend zu entdekken, daß die ganze enge Beziehung intakt geblieben ist.

Joey ließ es nun schon seit langem zu, daß ihn seine Beraterinnen, ja sogar Lou, sein Lehrer, umarmten und in ihren Armen herumtrugen, und er saß bei ihnen auf dem Schoß und ließ sich streicheln. Doch wie sich herausstellte, war es für Joey etwas völlig anderes, wenn er seinen aggressiven Gefühlen im Beisein seiner Beraterinnen oder seines Lehrers Luft machen sollte. Dadurch daß er auf dem Schoß seiner Beraterinnen gesessen hatte, war er ihrer körperlichen Personen habhaft geworden, und als solche hatten sie auch seinem Körper etwas zu bieten gehabt. Aber in diesem Zustand einer Kommunikation war er immer bloß der Passive gewesen. Daher mußte er nun herausfinden, ob seine körperliche Nähe auch dann akzeptiert wurde, wenn er sich auf aggressive Weise selbst behauptete.

Es begann mit einer Reihe komplizierter Prozeduren, wobei Joey über sich und Lou – der nun, da Fae die Schule verlassen hatte, sein liebster Erwachsener geworden war – Decken zog. Für Joey war das etwas völlig anderes, als wenn wir ihn oder als wenn er sich selbst in Decken wickelte. Denn nun waren nicht mehr wir es, sondern es war Joey selbst, der sich in diesem Spiel zu Zweien aktiv betätigte. Nun war er es, der aktiv nach dem Du verlangte, während davor es immer nur wir gewesen waren, die versucht hatten ihn zu erreichen, was er zunächst geduldet und später genossen hatte. Jetzt aber erkannte er, daß er Gefühle hatte und er wußte, daß er geliebt werden wollte. Doch da er befürchtete, enttäuscht zu werden, war da immer noch die Angst vor diesen Gefühlen. Und da ihm diese Angst kurz vor dem ersehnten Ziel Einhalt gebot, bekam er immer wieder seine Wutanfälle, in denen sich sein Hin und Herschwanken zwischen Verlangen und Wut widerspiegelte. Es war nun Zeit, daß er den Zustand überwand, in dem er immer nur Gefühle für den anderen parat hatte. Er mußte nun handeln, um diese Gefühle auch zum Ausdruck zu bringen und er mußte ihre ganze Bandbreite von passiver Abhängigkeit bis hin zu aggressiver Selbstbehauptung kennenlernen. Nun tat er den Schritt vom bloßen Geliebtwerden zum aktiven Lieben einer anderen Person.

Dieses Abenteuer erforderte eine ganze Reihe von Sicherheitsvorkehrungen. Als er über sich und Lou die Decken gebreitet hatte, legte er sich sofort zahlreiche Einschränkungen auf. Erst viel später erfuhren wir von ihm, weshalb er das getan hatte: Joey war überzeugt, daß Lou wütend werden und fortgehen würde, wenn er (Joey) ihn berührte. Daher zielten seine umständlichen Vorkehrungen darauf ab, Lou so zu fesseln, daß er nicht entkommen konnte. Nach zahllosen Versuchen, den geliebten Menschen festzubinden, näherte sich Joey ihm schließlich. Freilich bekam er nun schreckliche Angst, als er kurz davor stand, Lou zu berühren. Aber diese Angst und Erregung führten nun nicht mehr zu Explosionen, sondern zu einem – von ihm so genannten – »Krawall«, der stark einem Wutanfall ähnelte. Für solche »Krawalle« sorgte er nun häufig; sie waren an die Stelle seiner Explosionen getreten. Das Bewußtsein, Gefühle zu haben, zerriß ihn innerlich und es erregte ihn so sehr, daß er sich nicht mehr halten konnte. Als er Lou berührt hatte, rannte er laut brüllend in die entfernteste Zimmerecke, doch dann kam er wieder und wieder und berührte Lou immer wieder. So unerträglich aufregend war dieser Vorgang, bei dem er einen anderen Menschen aus eigenem Entschluß berührte.

Es folgten viele Monate, die durch einen noch größeren Wagemut gekennzeichnet waren, doch erinnerte sein Verhalten nun weniger stark an Wutanfälle als an die bewußte Suche nach körperlicher Nähe. So legte er den Arm um Lous Schulter oder setzte sich kurz auf seinen Schoß – um dann gleich wieder fortzulaufen. Aber nun durfte sich der Erwachsene von der Stelle rühren und wurde von Joey nicht mehr gefesselt. Ja, er mußte Joey jetzt sogar nachlaufen und ihn fangen, um ihm zu zeigen, daß sein Anfassen willkommen gewesen war. In diesem späten Entwicklungsabschnitt Joeys tauchte nun das gleiche »Fang mich«-Spiel auf, das den Beginn der Entwicklung Marcias gekennzeichnet hatte. In so unterschiedlicher Abfolge machen sich autistische Kinder daran, in später Zeit die frühen Erfahrungen nachzuholen, die ihnen die Nähe und Sympathie seitens elterlicher Bezugspersonen einbringen.

Es gibt einen Grund dafür, daß das »Fang mich«-Spiel bei Marcia so früh und bei Joey so spät auftrat. Obwohl sich Marcia von uns fangen ließ, war sie bei diesem Spiel lange Zeit immer nur passives Objekt. Sie begann nicht damit, daß sie uns berührte; sie leitete den körperlichen Kontakt nicht ein. Daß Joey das konnte und auch tat, ist für uns ein Grund, seinen Lebensbericht hier abzuschließen.

Der Wunsch, neugeboren zu werden, die Fähigkeit zu fühlen und das Verlangen geliebt zu werden reichen freilich zur Verwirklichung einer vollen menschlichen Existenz nicht aus. Was noch fehlt, ist die Fähigkeit, selbst aktiv zu werden: der Mensch muß bewußt nach der Wärme und Zuneigung der anderen trachten und er muß es selbst wagen, die Kluft zwischen sich und den anderen zu schließen. Er muß den Wunsch haben, das eigene körperliche Alleinsein in beidseitige körperliche Nähe zu verwandeln. Er muß aktiv lieben und sich nicht bloß der Liebe der anderen erfreuen. All diese Dinge verwirklichte Joey in seinen »Krawallen«.

Als er mit uns zusammen diesen Punkt erreicht hatte, wollte er auch zu seinen Eltern eine größere Nähe herstellen. Er sagte uns das selbst, und so war es nun nach neun Jahren Zeit, daß er uns verließ und das tat er auch. Joey kehrte nach Hause zurück und lebte nun wieder bei seiner Familie. In diesem Rahmen absolvierte er eine technische Hochschule, wobei er sein anhaltendes, jetzt allerdings normaleres Interesse für technische Dinge zu nutzen wußte.

Joeys Besuch drei Jahre später

Als Joey sein Schlußexamen gemacht hatte, erbat er sich von seinen Eltern einen Besuch bei uns. Er kam allein nach Chicago gereist, und während seines Aufenthaltes bei uns besuchte er auf eigene Faust alte Freunde. Fae war nun verheiratet und Mutter geworden, und er besuchte sie bei sich zu Hause. Lou war immer noch bei uns, und sie waren glücklich sich wiederzusehen. Auch das Wiedersehen mit den anderen Mitarbeitern, die Joey gern gemocht hatte und die immer noch bei uns an der Schule waren, bereitete dem Jungen große

Freude. Barbara konnte er leider nicht sehen, da sie nach Kalifornien gezogen war.

Es war offenkundig, daß Joey in den Jahren seit seinem Fortgehen von uns zusehends gelernt hatte mit andern Menschen zusammenzuleben, obwohl ihm das nicht immer leicht fiel. Er hatte bereits Zukunftspläne, das heißt, er wollte Elektrotechnik studieren und daneben einer Teilzeitbeschäftigung nachgehen. Während dieses Besuches bei uns bat ich Joey um die Erlaubnis, seine Krankengeschichte und das sich nun anschließende Gespräch veröffentlichen zu dürfen. Er gab mir diese Erlaubnis, ohne zu zögern, was er früher schon einmal getan hatte, als ich eine kurze Darstellung seiner Entwicklung veröffentlichen wollte. Das Gespräch, das wir miteinander hatten, fand ich so interessant, daß ich mich sofort entschloß, Teile daraus in diese Krankengeschichte aufzunehmen. Ich sagte zu Joey, ich sei überglücklich, daß er gekommen sei, uns zu besuchen, und wir alle seien sehr stolz darauf, daß er so enorme Fortschritte gemacht hatte. »Sag mir«, so bat ich ihn, »wie fühlst du dich hier in deiner alten Schule?«

Joey: Oh, ich kann mich an einige sehr schöne, aber auch an einige sehr schwere Zeiten erinnern. Zum Beispiel an die Zeit, als ich Angst vor dem Aufenthalt hier hatte und nicht wußte, weshalb ich hier war, so daß ich fortlaufen wollte.

B. B.: Und wie ist es dir ergangen, seitdem du von uns fort bist?

Joey: Nun, es war plötzlich alles so anders und manchmal hatte ich große Angst davor, ein neues Leben anfangen und selbständiger handeln zu müssen. Ich kann mich zum Beispiel erinnern, daß ich früher das Gefühl gehabt habe, ich bräuchte jemanden, der mir hilft, mich mit anderen anzufreunden. Das aber schaffe ich jetzt ganz allein.

B. B.: Das ist gut. Und verstehst du heute besser, weshalb du als Kind solche Schwierigkeiten gehabt hast?

Joey: Ja. Ich glaube, schuld daran war vor allem die Tatsache, daß ich davor zurückscheute, irgend jemandem zu sagen, wie ich mich fühlte.

B. B.: Und deshalb hast du alles für dich behalten? Deshalb hast du mit niemandem gesprochen?

Joey: Ja, genau deshalb.

B. B.: Weshalb hattest du solche Angst? Was glaubtest du, würde passieren, wenn du den Leuten gesagt hättest, wie du dich wirklich fühlst?

Joey: Ich erinnere mich, daß ich – das ist jetzt schon sehr lange her – das Gefühl gehabt habe, man würde mich deshalb nicht mögen. Oder etwas in der Art.

B. B.: Wenn du ihnen gesagt hättest, was du denkst?

Joey: Ja, und ich glaube, tief innen hatte ich auch das Gefühl, daß man mich nicht mochte. Ich glaube, dieses Gefühl kam von meiner Einsamkeit und davon, daß ich lange Zeit niemandem erzählt habe, wie ich mich fühlte.

B. B.: Diese schreckliche Einsamkeit, die du damals erlebt hast.

Joey: Ja, sie war wirklich schrecklich, diese Einsamkeit. Am stärksten spürte ich sie, wenn meine Eltern Gäste hatten. Ich war dann immer richtig durcheinander und meinte, ich müßte unbedingt dabei sein, auch wenn ich bis spät in die Nacht aufbleiben mußte. Ich war damals noch sehr klein.

B. B.: Und warum hast du damals all diese Explosionen gemacht? Erinnerst du dich an diese Explosionen?

Joey: Ja, gewiß.

B. B.: Warum hast du sie gemacht?

Joey: Nun, schuld daran war vor allem die Wut, die ich hatte . . . die immer größer in mir wurde, weil ich diese Gefühle für mich behalten mußte. Es war wie ein Gefühl des Bedauerns mit mir selbst – ein Bedauern darüber, daß ich mir selbst die Möglichkeit nahm, mit den Leuten darüber zu reden, wie ich mich wirklich fühlte.

B. B.: Aber du hast es einfach nicht über's Herz gebracht, darüber zu reden?

Joey: Ja, das stimmt. Es war sehr schwierig.

B. B.: Wer war der erste, der dich so weit bekam, daß du über deine Gefühle sprachst?

Joey: Das war Fae.

B. B.: Das war Fae. Möchtest du sie sehen?

Joey: Oh ja. Ich möchte Fae unbedingt sehen, wo ich jetzt hier bin.

B. B.: Dann müssen wir das heute so einrichten.

Joey: Ja.

B. B.: Sag mir, wie hast du dich gefühlt, als du nach diesen drei Jahren plötzlich wieder da warst?

Joey: Nun, in mancher Hinsicht hab ich mich genauso gefühlt wie damals und in anderer völlig anders, vor allem deshalb, weil ich weiß, daß ich nun kein Junge mehr bin, der zur Schule geht. Ich möchte meine Ausbildung fortsetzen und mir selbst eine Stelle suchen und mein eigenes Geld verdienen. Dann würde ich mir meine eigenen

Kleider kaufen und andere Sachen, die ich brauche. Noch ein wichtiger Faktor ist, daß . . . ja, das passierte, als ich von hier fortgegangen war . . . da hab ich wirklich gelernt, den Leuten ganz ungezwungen zu sagen, wie ich mich fühlte . . . aber nicht erst abzuwarten, sondern *sofort* wenn das Gefühl anfing. Denn immer wenn ich zuwartete, konnte es sein, daß ich wieder schreckliche Explosionen losließ oder daß ich versuchte, mir was anzutun, oder daß ich unglaublich wütend wurde, wenn etwas schiefging.

B. B.: Und wie hast du dich noch gefühlt, als du wieder bei uns warst?

Joey: Es war ein gutes Gefühl, aber ich habe auch eine ganze Menge Angst dabei gehabt, weil ich so lange fortgewesen bin.

B. B.: Tatsächlich? Was war das für eine Angst?

Joey: Nun, daß ich die Gelegenheit hatte . . . ich habe Angst vor der Gelegenheit gehabt, mit den Menschen zu sprechen, von denen ich glaube, daß sie meine besten Freunde sind.

B. B.: Wer zum Beispiel?

Joey: Zum Beispiel Lou und Fae und andere.

B. B.: Und wie hast du dich nach deinem Gespräch mit Lou gefühlt?

Joey: Ich bin viel zufriedener gewesen.

B. B.: Das ist gut. Gibt es sonst noch etwas, was du mir sagen möchtest? Gibt es irgend etwas, das wir bei uns an der Orthogenetischen Schule anders anpacken sollten? Wir wollen für die Zukunft lernen.

Joey: Da ist ein sehr interessanter Punkt, an den ich gedacht habe. Ich kann mich noch an die Zeit erinnern, als mich Fae und Barbara bei den Mahlzeiten fütterten. Nun, ich erinnere mich, daß es mir dann immer viel besser ging.

B. B.: Du meinst, wenn sie dich fütterten?

Joey: Ja.

B. B.: Mit der Hand?

Joey: Ja.

B. B.: Das war eine wichtige Erfahrung für dich?

Joey: Ja.

B. B.: Sehr gut. Und wann war das? Ganz am Anfang?

Joey: Es war etwas später. Ich glaube, es war, kurz bevor ich ein ganzes Jahr hier war. Sie haben mir auch Babykost gegeben, das war um dieselbe Zeit.

B. B.: Wann haben sie dich mit Babykost gefüttert – in den Sitzungen oder bei Tisch?

Joey: Sie haben mich mit der Babykost in den Sitzungen und im Schlafsaal, auf meinem Bett, gefüttert.

B. B.: Nachts oder tagsüber?

Joey: Vor allem nachts.

B. B.: Und dabei hast du dich sehr wohl gefühlt?

Joey: Damals ja . . . ja sicher.

B. B.: Das macht mich glücklich. Es ist sehr nützlich, das zu wissen. Ich werde es in meine Geschichte aufnehmen. Gibt es noch andere Dinge, von denen du meinst, ich sollte sie in meine Geschichte aufnehmen?

Joey: Ja, besonders den Punkt, daß ich heute dieselbe Zufriedenheit dadurch erlebe, daß ich mich mit meinen Freunden darüber unterhalte, wie ich mich in bestimmten Situationen fühle.

B. B.: Willst du damit sagen, daß du dieselbe Zufriedenheit, die du damals durch die Fütterung mit Babykost erlebt hast, heute durch deine Freunde erlebst, wenn du mit ihnen darüber redest, wie du dich fühlst? Ist es das, was du sagen möchtest?

Joey: Ja, genau.

B. B.: Ich möchte das richtig verstehen, weil es sehr wichtig ist.

Joey: Ja.

B. B.: Weißt du noch, wie sich dein Interesse für die Elektrizität entwickelt hat?

Joey: So weit ich mich erinnern kann, hab ich mich schon mit zwei Jahren für alles Elektrische und Mechanische interessiert. Das hat mir zumindest meine Mutter erzählt. Aber ich kann mich auch selbst erinnern, daß ich mich immer schon für mechanische und elektrische Dinge interessiert habe, so weit ich mich zurückerinnern kann.

B. B.: Aber du weißt nicht, was dieses Interesse in dir geweckt hat? Was dieses Interesse so anhaltend gemacht hat?

Joey: Nein, das weiß ich nicht.

B. B.: Erinnerst du dich an die Maschinen, die du für dein Bett gemacht hast?

Joey: Ja.

B. B.: Wie hast du sie genannt? Erinnerst du dich, daß du ihnen einen Namen gegeben hast?

Joey: Nein, ich hab ein Auto gebaut.

B. B.: Das stimmt. Aber du hast es aus deinem Bett gebaut, erinnerst du dich nicht mehr?

Joey: Ja, das ist es hauptsächlich gewesen, was ich aus dem Bett gemacht habe.

B. B.: Und warum, warum hast du das gemacht? Weißt du das noch? Warum hat dir dieser Einfall gefallen?

Joey: Nun, mir war natürlich klar, daß ein Auto etwas ist, das sich bewegt und die Leute wo hinbringt. Das ist schließlich der einzige Grund, weshalb es erfunden worden ist. Damit die Leute schneller von hier nach dort gelangen. Aber das Auto war auch etwas, in dem eine Person eingeschlossen war.

B. B.: Dir hat diese Vorstellung vom Eingeschlossensein gefallen. War sie wichtig für dich?

Joey: Ja.

B. B.: Warum? Was hast du geglaubt, daß passieren würde, wenn du nicht eingeschlossen gewesen wärst?

Joey: Ich glaube, der Hauptgrund für diesen Wunsch, eingeschlossen zu sein, war der, daß ich, als ich den Leuten näher kam, daß ich da sehr oft . . . Ich habe dann immer Phantasien über ein Auto oder über irgendwas auf Rädern gehabt, das sich bewegte und abgeschlossen war, und ich habe dann immer die Phantasie gehabt, daß ich selbst darinsitze. Aber ich habe mir auch immer vorgestellt, daß noch jemand anders bei mir war.

B. B.: Du wolltest dich also nicht bloß vor anderen schützen?

Joey: Nein . . .

B. B.: Du wolltest auch immer jemanden bei dir haben? Jemanden, der dich nicht verlassen würde?

Joey: Ja. Weißt du, das erste Mal, daß ich so eine Phantasie gehabt habe, das war wenige Monate nachdem ich hierher gekommen war. Ich weiß, daß ich davor nie eine solche Phantasie gehabt habe, oder höchstens ganz selten.

B. B.: Aber bevor du zu uns gekommen bist, da hast du die Leute auch nie richtig angerührt, nicht wahr? Da hast du nie deinen Wunsch gezeigt, daß sie bei dir bleiben. Ist das richtig?

Joey: Ja.

B. B.: Aber als du dann zu uns gekommen bist, da wolltest du, daß die Leute bei dir bleiben?

Joey: Ja.

B. B.: Wer war es, den du in deinem Auto bei dir haben wolltest?

Joey: Es war Barbara. Und als ich eineinhalb Jahre bei euch war, da hab ich an meinem Bett einen Apparat befestigt, damit es aussah wie ein Auto. Dann hab ich zu Barbara gesagt, sie soll sich aufs Bett setzen, und ich hab so getan, als steuerte ich ein Auto.

B. B.: Und wohin bist du gefahren?

Joey: So weit ich mich erinnern kann, bin ich nur ins Zentrum von

Chicago gefahren. Aber bei anderen Gelegenheiten hab ich so getan, als ob ich heimfahre, zu meiner Familie, meine ich. Aber meistens war das wohl so 'ne Art, mir die Zeit vorzustellen, wenn ich wieder bei meiner Familie leben und den Leuten so sehr vertrauen würde, daß ich sie auch gern haben konnte.

B. B.: Eines wollte ich dich noch fragen: erinnerst du dich noch, wie du immer mit Röhren herumgelaufen bist?

Joey: Ja.

B. B.: Mit Transformatoren und sowas.

Joey: Ja.

B. B.: Weshalb lag dir so viel daran, diese Röhren immer in der Hand zu halten?

Joey: Nun, ich hatte eben das Gefühl, daß ich keine eigenen Ideen hatte, daß ich nicht wie ein Mensch war, so daß ich mich auch nicht wohlfühlte.

B. B.: Ja und? Haben sie bewirkt, daß du dich wohler fühltest?

Joey: Sie haben insofern bewirkt, daß es mir besser ging, als ich ... Nun, sie waren ein Schutz gegen die Angst und ich tat so, als sei ich eine Maschine. Vor allem beim Essen.

B. B.: Warum? Warum mußtest du gerade beim Essen eine Maschine sein?

Joey: Ich glaube, weil Essen etwas war, was ich wirklich haben wollte. Nicht bloß etwas, das irgendeinem Zweck dient. Ich hatte das Gefühl, daß es mehr Notwendigkeit als Wirklichkeit war ... wie bei den Röhren, bei denen ich das Gefühl hatte, daß sie, nun ... und das erinnert mich an die Angst, Wünsche und Begierden zu haben wie andere Leute auch. Ich hatte Angst davor, das echte Gefühl zu haben, daß es etwas gab, was ich wirklich wollte.

B. B.: War es das Essen, was du wirklich wolltest?

Joey: Ja.

B. B.: Warum mußtest du dann so tun, als seist du eine Maschine?

Joey: Nun, der Grund dafür war genau derselbe. Immer hatte ich diese Angst, ich könnte dieses echte Gefühl haben, etwas von anderen Leuten zu wollen.

B. B.: Aber warum? Warum hast du solche Angst davor gehabt, etwas von anderen Leuten zu wollen? Warum war das so gefährlich?

Joey: Ich glaube, ein Grund war der, daß ich meine Gefühle so lange versteckt hatte, bis ich den Punkt erreichte, wo ich Angst davor hatte, etwas von jemand anderem zu verlangen.

B. B.: Hast du eine Ahnung, weshalb du deine Gefühle so versteckt hast? Kennst du die Ursache?

Joey: Ich glaube, ich habe einige sehr unglückliche Erlebnisse gehabt, an die ich mich nicht mehr erinnere.

B. B.: Du erinnerst dich nicht mehr an sie?

Joey: Ja. Obgleich mir meine Mutter erzählt, daß ich als kleines Kind, immer wenn ich etwas essen wollte, starke Magenschmerzen hatte und dann war ich sehr hungrig und wollte wieder etwas essen. Dann begannen die starken Magenschmerzen von neuem und so ging es immer weiter.

B. B.: Du glaubst, das könnte die Ursache gewesen sein?

Joey: Vielleicht. Ja, vielleicht. Denn wenn ich so daran denke, war das wohl eine sehr unglückliche Erfahrung, obwohl ich mich nicht mehr daran erinnere.

B. B.: Erinnerst du dich noch daran, wie du diese Geheimbotschaften und Kryptogramme geschrieben hast?

Joey: Nein. Was meinen Sie mit Kryptogrammen?

B. B.: Du hast einige Buchstaben des Alphabets benutzt und lange Wörter daraus gebildet. Erinnerst du dich?

Joey: Nein, daran erinnere ich mich nicht.

B. B.: Und erinnerst du dich an den Krawall mit Lou als du Lou gefesselt hast?

Joey: Ja.

B. B.: Worum ging's da eigentlich? Weißt du das heute oder kannst du mir das heute sagen?

Joey: Ja. Ich hatte irgendwie das Gefühl, ich glaube . . . Ich hatte den Wunsch, ihm zu zeigen, daß ich mich nicht vor den Menschen fürchte. Aber ich war mir nicht sicher, ob ich einfach zu ihm hingehen und ihm das sagen konnte. Ich meine, so wie ich mich fühlte.

B. B.: Und wie hast du dich gefühlt?

Joey: Ich habe das starke Gefühl gehabt, daß ich seine Liebe und Kameradschaft wollte, aber ich hatte Angst, ihm das zu sagen. So versuchte ich es mit den Krawallen, denn ich wollte sehen, ob ich's ihm indirekt sagen konnte.

B. B.: Du wolltest ihm sagen, daß du seine Zuneigung und Kameradschaft wolltest?

Joey: Ja. Dann hatte ich viel weniger Angst davor, mir diese Dinge zu wünschen und zu nehmen.

B. B.: Aber warum hast du dich gescheut, deinen Wunsch nach Kameradschaft zu zeigen? Was hast du geglaubt, könnte passieren, wenn du diesen Wunsch offen äußerst?

Joey: Nun, ich habe befürchtet, daß ich erkennen muß, daß ich diese Dinge entweder überhaupt nicht oder nur mit großen Schwierigkeiten bekomme.

B. B.: Und das wäre dir zu mühselig und zu schmerzhaft gewesen?

Joey: Ja. Und deshalb habe ich damals Angst davor gehabt.

B. B.: Und an welche Erlebnisse kannst du dich noch erinnern, die dich von deiner Abkapselung und deinen Maschinen weggebracht haben? Wodurch ist dein Interesse für die Leute geweckt worden?

Joey: Das Spielen mit gleichaltrigen Kindern hat mir offenbar ein gutes Stück weitergeholfen.

B. B.: Wirklich? Und warum hast du so gern mit Dingen gespielt, die sich drehten wie ein Propeller? Kannst du dich daran erinnern? Warum waren rotierende Dinge so wichtig für dich?

Joey: Ich glaube, einer der Gründe war der, daß ich meinte, mein ganzes Leben sei ein einziger Teufelskreis, und das hab ich dann auf diese Weise zum Ausdruck gebracht.

B. B.: Aber was war das für ein Teufelskreis? Wie hat dieser Teufelskreis, in dem sich dein Leben bewegt hat, ausgesehen?

Joey: Zum Beispiel: Ich habe diese Angst gehabt, etwas von einer anderen Person zu verlangen. Und ich habe Angst vor den Folgen gehabt. Ich habe ständig Angst davor gehabt. Und weil ich in der Vergangenheit Angst davor gehabt habe, habe ich später immer wieder Angst davor gehabt.

B. B.: Und wie hat dieser Teufelskreis genau ausgesehen? Kannst du mir das sagen?

Joey: Ich hatte einfach Angst davor, etwas zu tun und mir dann sagen zu müssen: »Das ist zu viel«.

B. B.: Du hast also danach verlangt und zu dir selbst hast du gesagt: »Das ist zu viel«?

Joey: Ja.

B. B.: Und das kam dir vor wie die rotierenden Flügel des Propellers?

Joey: Ja.

B. B.: Sag mir, erinnerst du dich noch an irgendwelche Sachen von dem Kindergarten, den du besucht hast?

Joey: Ja, ich erinnere mich, wie ich mich fast nur für Maschinen interessiert habe. Und fast alles, was ich in die Hand genommen habe, war für mich eine Maschine. Ganz gleich, ob es Klötzchen oder Konservendosen waren oder was auch immer.

B. B.: Wieso hat dir diese Vorstellung, daß all diese Dinge Maschinen waren, ein Gefühl der Sicherheit gegeben?

Joey: Ich glaube . . . nun, ein Grund, weshalb ich diese Dinge benutzt habe, war wohl der, daß ich über sie so viel nachgedacht habe, daß sie schon von ihrem Äußeren her etwas Mechanisches bekamen.

B. B.: Ja sicher, aber warum? Warum haben dich Maschinen so stark interessiert? Was ist es gewesen, das dich an ihnen so stark fasziniert hat?

Joey: Nun, ein Punkt war, daß sie diese rotierenden Flügel hatten.

B. B.: Kannst du mir noch einen anderen Grund für deine Faszination nennen?

Joey: Ich erinnere mich auch, daß sie mir wie eine Möglichkeit vorkamen, um zu zeigen, daß ich intelligent war und einiges wußte. Denn das auf andere Weise deutlich zu machen, davor hatte ich große Angst.

B. B.: Warum hattest du Angst davor, das auf andere Weise zu zeigen? Was hast du befürchtet, daß geschehen würde?

Joey: Ich glaube, ich habe Angst davor gehabt, daß ich Dinge selbst tun mußte, und daß man mich wegen dem, was ich dann tat, nicht mögen würde. Ich habe, anders ausgedrückt, das Gefühl gehabt, daß sich die Leute nicht um mich kümmern wollen.

B. B.: Du meinst: wenn du Selbständigkeit gezeigt hättest?

Joey: Ja.

B. B.: Was hast du befürchtet, daß sie tun könnten?

Joey: Daß sie fortgehen und mich im Stich lassen könnten. Zumindest kann ich mich erinnern, daß ich dieses Gefühl im Kindergarten gehabt habe. Das Gefühl zu unabhängig zu sein, wenn ich meine Intelligenz auf eine andere Weise als durch Maschinen zeigte.

B. B.: Und sie hätten dich dann im Stich gelassen?

Joey: Ja. Ich glaube, das ist der Grund, weshalb ich bei allem, was ich in die Hand nahm, so tat, als sei es in irgendeiner Form eine Maschine. Das konnte eine Konservendose, ein Holzklotz, ja sogar ein Stein sein. Es gab eine Vielfalt von Möglichkeiten.

B. B.: Und wann hast du zu erkennen begonnen, daß sich die Leute um dich kümmern und den Wunsch haben, daß du ein wirkliches und eigenständiges Leben führst? Woran hast du das erkannt und wann war das?

Joey: Ich glaube, das war, kurz nachdem ich hierhergekommen bin. Ich erinnere mich noch, wie mich meine Beraterinnen ermuntert haben, mit den anderen Kindern zu spielen und Spaß zu haben.

B. B.: Und wann hast du angefangen es zu mögen, daß dich jemand anders berührt? Du erinnerst dich, daß du am Anfang Angst davor gehabt hast? Wann hast du angefangen, andere anzurühren und dich selbst anrühren zu lassen? Kannst du dich daran erinnern?

Joey: Ja, das war . . . Ich kann mich an die ersten Anzeichen erinnern. Das war kurz, nachdem ich hierher gekommen bin. Ich weiß noch, daß ich Mitchell gern angerührt hätte, das ist ein erstes Anzeichen gewesen. Aber das ist nicht plötzlich gekommen, sondern nach und nach. Es hat neun Jahre gedauert.

B. B.: Und warum gerade Mitchell?

Joey: Moment, warte mal. Ich glaube, zuerst war es Ken. Das aber hat immer noch mit Maschinen zu tun gehabt. Kenrad war die Handelsmarke einer Gesellschaft, die Radioröhren herstellt. Bei Mitchell, glaube ich, war es deshalb, weil er so schwer, so dick war.

B. B.: Und warum hat dich das so beeindruckt?

Joey: Das hat mich damals stark an meine Mutter erinnert, als sie schwanger war. Das war der Hauptgrund. Ich wollte die Gefühle zum Ausdruck bringen, die ich damals gehabt habe und die mit meiner Verstimmung darüber zu tun hatten, daß ich mit niemandem zusammen war und niemanden hatte. Das war, als meine Mutter schwanger war und kurz davor stand, meine Schwester zur Welt zu bringen.

B. B.: Und weshalb hast du dich so stark für den Defäkationsprozeß und für all diese Dinge interessiert? Weißt du das noch?

Joey: Es hat mich wohl vor allem daran erinnert, daß man etwas aus sich herausläßt.

B. B.: Das waren so deine Gefühle?

Joey: Ich fühlte mich daran erinnert, daß mir in meinem Leben etwas sehr stark abging.

B. B.: Und was war das?

Joey: Der Umgang mit anderen Menschen.

B. B.: Und deshalb hast du deinen Stuhl bei dir behalten?

Joey: Deshalb hab ich meinen Stuhl bei mir behalten.

B. B.: Du hast dich also für deinen Stuhl interessiert, weil du ihn bei dir behalten wolltest?

Joey: Ich habe damit auch zum Ausdruck gebracht, daß ich Angst davor hatte, etwas aus mir herauszulassen. Jedesmal, wenn ich auf die Toilette gegangen bin, habe ich das bedrängende Gefühl gehabt, einen Teil von mir loslassen zu müssen.

B. B.: War deine Befürchtung die, daß du zu wenig hattest?

Joey: Ja, ich hatte zu wenig.

B. B.: Und deshalb hast du dich von deinem Stuhl nicht trennen können?

Joey: Ja.

B. B.: Also hast du Mitchell aus deiner Wut heraus angerührt? Weil er so dick war und so sehr deiner Mutter ähnelte? Oder wie war das?

Joey: Ja, es war . . . Es war viel Wut dabei, die sich mit diesem Gefühl vermischte. Daran erinnere ich mich. Denn weißt du, jedesmal, wenn ich mich Mitchell näherte, erinnerte er mich an die Schwangerschaft meiner Mutter.

B. B.: Aber was hast du im Sinn gehabt, wenn du ihn angerührt hast?

Joey: Ich wollte damit ausdrücken, daß ich damals und immer wenn ich Mitchell anfaßte, den Wunsch hatte, meine Mutter sollte noch einmal schwanger mit mir sein.

B. B.: Du wolltest also dein Leben noch einmal ganz von vorn beginnen? Ist das richtig?

Joey: Ja, das war eine Möglichkeit, um mein Leben neu zu beginnen.

B. B.: Du warst damals also bereit dazu?

Joey: Ja.

B. B.: Hast du Phantasien gehabt, die von diesem Neubeginn handelten?

Joey: Ja, die hab ich gehabt.

B. B.: Und durch wen wolltest du neu zur Welt kommen? Weißt du das noch? Wer war es, der dich in deinen Phantasien noch einmal zur Welt bringen sollte?

Joey: Ich habe mir in meiner Phantasie vorgestellt, daß mich meine Mutter noch einmal zur Welt bringen würde.

B. B.: Und wie stehst du heute zu deiner Mutter?

Joey: Ich würde sagen, daß ich meine Mutter immer noch sehr liebe.

B. B.: Und deinen Vater?

Joey: Den auch.

B. B.: Aber wenn du sie so sehr geliebt hast, warum dann in deiner Kindheit diese Enttäuschung zwischen euch?

Joey: Nun, ich . . . es war, daß ich immer auf zweierlei Weise fühlte.

B. B.: Und das heißt?

Joey: Ich war so voller Wut, daß ich dem irgendwie Luft machen mußte.

B. B.: Und weshalb warst du so wütend?

Joey: Weil ich so viele Gefühle für mich behielt.

B. B.: Gewiß. Aber daß das ein Teufelskreis ist, weißt du. Einerseits bist du so voller Wut gewesen und andererseits hast du sie für dich behalten. Aber was hat dir solche Angst gemacht, daß du sie für dich behalten hast?

Joey: Ich . . .

B. B.: Fällt dir irgendwas dazu ein?

Joey: Ich glaube, daß auch das . . . ich war ja noch ein Baby und da . . . Es ist genau das, was ich schon gesagt habe. Meine Mutter hat mir erzählt, daß ich erst zwei Jahre war, als ich mich für Maschinen zu interessieren begann . . .

B. B.: Nun, vielen Dank, Joey. Gibt es noch etwas, was du mir erzählen möchtest? Nein? Aber was du mir nun erzählt hast, hat mir bei dem Verständnis von dem, was in dir vorgegangen ist, wirklich weitergeholfen. Ich danke dir sehr, Joey.

Joey: Gern geschehen.

B. B.: Ich hoffe, daß du uns wieder besuchst.

Als dieses Gespräch stattfand, konnte uns Joey kaum etwas erzählen, was neu für uns gewesen wäre. Seine Geschichte enthielt nur das, was wir bereits vor seinem Fortgehen verstanden hatten. Was wir vor seinem Besuch noch nicht gewußt hatten, war, daß Mitchell für ihn auch deshalb so wichtig gewesen war, weil er ihn an seine schwangere Mutter erinnert hatte. Ebenso wenig hatten wir gewußt, daß er durch seine eigene Mutter neu geboren werden wollte.

Die Erinnerungen, die er bei diesem Besuch in Worte faßte, reichten in mancher Hinsicht nicht weit genug zurück, während er in manchen anderen Punkten über keine voll gültige Deutung verfügte. Was seinen Wunsch angeht, durch seine Mutter neugeboren zu werden, hege ich immer noch meine Zweifel. Da ich Joey kannte, wußte ich, daß er bei diesem Besuch einen guten Eindruck machen und uns zeigen wollte, wie vernünftig er geworden war. Vielleicht hatte er deshalb nicht zugeben können, daß er sich selbst neu zur Welt bringen hatte wollen, und vielleicht hatte er geglaubt, daß diese Vorstellung etwas zu verrückt war. So aber kann es dazu gekommen sein, daß er aus halbbewußten oder völlig unbewußten Gründen seine ursprüngliche Idee durch die annehmbarere Vorstellung, durch eine Frau, ja durch seine Mutter neugeboren zu werden, ersetzt hatte.

Aber was uns ungleich stärker beeindruckte als seine Erzählungen über seine Vergangenheit oder seine Gegenwartsbewältigung, waren die beiden Dinge, die er mitgebracht hatte, weil er sie uns zeigen wollte: das war einmal sein Hochschuldiplom, zum anderen handelte es sich um eine elektrische Maschine, die er selbst gebaut hatte, und die er nun jedem, der sich dafür interessierte, vorführte. Es war ein sehr schwerer Apparat, dessen Gewicht ihn genauso gebückt gehen ließ wie damals das Gewicht seiner Motoren und Röhren. Doch in seiner Art, diese Maschine mit sich herumzuschleppen, spiegelten sich Triumph und Befriedigung. Bei diesem Apparat handelte es sich um einen Gleichrichter, der dazu diente, Wechselstrom in Gleichstrom umzuwandeln. Und er zeigte uns immer wieder, wie es dieser Vorrichtung, die er selbst konstruiert hatte, gelang, aus dem ständigen Hin und Her des Wechselstroms einen kontinuierlichen Gleichstrom zu machen.

Joey hatte sich tatsächlich aus dem Teufelskreis befreit, in dem er ständig zwischen Verlangen und Angst hin- und hergerissen worden war. Es war ihm gelungen, sein Leben in eine Richtung zu steuern, die es ihm nun erlaubte, den Ereignissen dieses Lebens offen und direkt entgegenzutreten.

DRITTER TEIL

Wolfskinder

Ein Mythos lebt fort

Mit einer fast schon unheimlichen Einsicht erläutert Shakespeare, weshalb dem Mythos von den Wolfskindern immer noch Glauben geschenkt wird. In seinem Schauspiel *Das Wintermärchen* verlangt König Leontes, man solle sein kleines Kind bei lebendigem Leib verbrennen, doch wagt er nicht, den Mord selbst zu begehen. Und so befiehlt er Antigonus, es zu tun. Antigonus freilich ist entsetzt und fleht so lange um das Leben des Kindes, bis sich der König damit einverstanden erklärt, daß das Kind lediglich ausgesetzt werden solle, um in der Wildnis zu sterben. Antigonus kann nur noch darum beten, daß irgendein Tier den Säugling finden möge, um ihn zu säugen,

> . . . obwohl schneller Tod
> Barmherz'ger wäre. – Komm, du armes Kind;
> Ein mächt'ger Geist mag Krähn'n und Geiern lehren,
> Daß sie dir Ammen sind! Hat Bär und Wolf
> Doch, wie man sagt, der Wildheit schon vergessen
> In gleichem Liebesdienst.[1]

Shakespeare hat also begriffen, daß sich hinter dem Glauben an die Wolfskinder der elterliche Wunsch verbirgt, daß das eigene Kind tot sein möge. Doch bringt der Vater (oder die Mutter) nicht den Mut auf, das Kind zu töten, weshalb er (oder sie) es einem anderen, aber ebenso tödlichen Schicksal ausliefern.

Im Mythos, so schreibt Benedict (1933) äußert sich »das Wunschdenken eines Volkes, welches das Universum seinem beherrschenden Verlangen nachbildet«. Dieses Kapitel setzt sich nicht mit den angstvollen Wahnvorstellungen auseinander, denen wir bei autistischen Kindern begegnen. Vielmehr befaßt es sich mit den Mythen, die von Erwachsenen erfunden worden sind, um die Tatsache, daß es solche Kinder gibt, zu erklären.

[1] William Shakespeare: *Das Wintermärchen*, 2. Akt, 3. Szene (übers. von Dorothea Tieck).

Lang ehe Darwin begründen und beweisen konnte, daß die Entwicklung von Mensch und Tier eng miteinander verbunden ist, gab es alte Sagen und Märchen von ausgesetzten Kindern, die angeblich von Tieren großgezogen worden sind. Auch diese Geschichten schlugen eine Brücke zwischen Mensch und Tier. Sie dienten außerdem der Versicherung, daß Kinder, die für die Menschengesellschaft verloren sind, nicht unbedingt untergehen müssen. Der Mythos von den Wolfskindern spiegelt also den umfassenden Wunsch des Menschen wider, an eine gütige Natur zu glauben, die sich am Ende ihrer eigenen Kinder annimmt.

Wichtiger für uns ist jedoch die Tatsache, daß dieser Mythos auch den Zweck erfüllt, die totale Andersartigkeit mancher Kinder zu erklären. Es ist ein sonderbarer Widerspruch, daß ein und derselbe Mythos die Spezies einander näherbringt, um gleichzeitig innerhalb einer Spezies eine Kluft aufzureißen – die Kluft zwischen dem normalen Menschen und seinem schwerstgestörten Kind. Auf der einen Seite behauptet dieser Mythos (im Sinne Darwins), daß Mensch und Tier so eng miteinander verbunden sein können wie die Mutter mit dem Kind, das sie großzieht. Auf der anderen Seite sagt er (im Widerspruch zu Freud), daß gewisse Aspekte unserer Natur so bestialisch sind, daß sie dem Menschen nicht angeboren sein können und folglich das Ergebnis tierischer Aufzucht sein müssen. Wo beginnt nun der Mythos, wo beginnt der Irrtum?

Jeder Mythos verwandelt sich in einen gefährlichen Irrtum, wenn er nicht mehr der Wahrheitssuche dient, sondern uns in dem trügerischen Gedanken wiegt, daß ein Problem gelöst sei, obgleich es in Wirklichkeit noch gar nicht durchschaut worden ist. Das Problem, das ich hier meine, ist natürlich das des infantilen Autismus. Es gibt viele Möglichkeiten, das Problem dieser Krankheit nicht zu erkennen. Eine der ältesten darunter ist wohl die, daß man diese Kinder als schwachsinnig oder hirngeschädigt einstuft. Aber auch dieser Glaube ist relativ jung, wenn man ihn mit der alten Überzeugung vergleicht, wonach diese Kinder von Tieren großgezogen worden sein sollen.

Wir haben es uns in diesem Buch unter anderem zur Aufgabe gemacht, mit einigen der weitverbreiteten und unserer Meinung nach falschen Ansichten über autistische Kinder aufzuräumen. Denn gerade in der Wissenschaft kann die Korrektur einer irrigen Auffassung stärker zur Lösung eines heiklen Problems beitragen als jede neue Entdeckung oder Theorie. Auch können irrige Auffassungen dazu führen, daß wertvolle Erkenntnisse, die wir bereits gemacht haben, nicht wirksam in die Praxis umgesetzt werden können. Die Erkenntnisse, die ich hier meine, sind die, die wir bereits über den Autismus gewonnen haben. In den vorausgegangenen Kapiteln habe ich die Grundlagen unserer Überzeugung dargelegt, wonach diese Kinder nicht schwachsinnig sind, sondern an einer Störung leiden, von der wir glauben, daß sie funktionaler Art ist und daß sie in vielen Fällen, wenn rechtzeitig und konsequent behandelt, reversibel ist. In den nun folgenden Kapiteln werde ich mich mit der entgegengesetzten Ansicht auseinandersetzen, wonach der infantile Autismus organisch bedingt sein und irreversibel sein soll, eine Ansicht, von der wir glauben, daß sie bisher nicht hinreichend belegt worden ist. In diesem Kapitel möchte ich zeigen, wie man in anderen Kulturen und zu anderen Zeiten der Aufgabe, autistischen Kindern zu helfen, dadurch aus dem Weg gegangen ist, daß man sich in den Glauben an einen Mythos hineingerettet hat – an den Mythos, daß es sich hier um verwilderte oder von Tieren großgezogene Kinder handle.

Da ich jahrelang mit autistischen Kindern zusammengelebt hatte – unter ihnen wirklich wilde Geschöpfe, aber auch Geschöpfe, die völlig in sich verkrochen waren –, glaubte ich lange, daß es sich bei den meisten sogenannten Wolfskindern um solche Kinder handelte, die an der schwersten Form des infantilen Autismus litten, während einige unter ihnen, darunter (so glaubte Pinel) der Wilde von Aveyron (Itard, 1932) möglicherweise schwachsinnig gewesen sind.

Von dem Bericht über diesen Jungen abgesehen, sind die meisten früheren Mitteilungen und Aussagen über wilde oder verwilderte Kinder derart unklar, daß keine richtige Diagnose erstellt werden konnte. Doch je detaillierter diese Berichte sind, desto mehr verstärkt sich der Eindruck, daß diese Kinder autistisch gewesen sind. Glücklicherweise besitzen wir im Falle von Amala und Kamala, den beiden berühmten Wolfsmädchen von Midnapore, eine ziemlich eingehende Beschreibung des Verhaltens von Kamala, dem älteren Mädchen, sowie der einzelnen Schritte ihrer teilweisen Genesung (Singh und Zingg, 1940; Gesell, 1940). Die Geschichte dieser Mädchen erinnert uns stark an unsere eigenen Erfahrungen mit einigen unserer schwerst autistischen Kinder, die von Geburt an von Menschen großgezogen worden waren und nie mit Wölfen zusammengelebt hatten.

Diese Ähnlichkeiten waren so unabstreitbar, daß einem nur die eine Schlußfolgerung blieb: daß nämlich auch diese beiden Wolfsmädchen an einer schweren Form des infantilen Autismus gelitten hatten. Doch können wir aufgrund unserer Erfahrungen mit autistischen Kindern behaupten, daß es äußerst unwahrscheinlich gewesen sein muß, daß sich diese Mädchen ihrer Umgebung anpassen oder gar mit Tieren zusammenleben konnten. Außerdem ist es doch wohl so, daß schon durch ihren Wunsch nach Einförmigkeit und durch ihre Vermeidung eines jeden Kontaktes die beiden eben genannten Möglichkeiten ausscheiden. Da ich so gut wie nichts über die Gewohnheiten von Wölfen weiß, kann ich nicht darüber spekulieren, ob Wölfe mit autistischen Kindern zusammenleben können oder nicht. Doch ist die Erfahrung eines solchen Zusammenlebens, das kann Reverend Singh und können Mitarbeiter unserer Schule bezeugen, für die meisten Menschen unglaublich anstrengend. Doch offenbar kann keines dieser Argumente die Möglichkeit ausschließen, daß Amala und Kamala in Gesellschaft von Wölfen gefunden worden sind.

Singh selbst hat berichtet, daß er die beiden Kinder in der Höhle eines »weißen Termitenbaus, so hoch wie ein zweistöckiges Gebäude« in Gesellschaft dreier ausgewachsener Wölfe und zweier Wolfsjungen vorfand. Er behauptet, die ausgewachsenen Wölfe aus ihrem Bau verjagt und den Termitenhügel aufgebrochen zu haben. Drinnen, so erzählt er, befanden sich »die beiden Wolfsjungen und die anderen beiden häßlichen Geschöpfe, alle in einer Ecke eng aneinandergekauert«. Auf die Frage »Wie oft kommt es vor, daß Wölfe sich in einem verlassenen Termitenbau einnisten?« antwortete Singh: »Das war der einzige Termitenbau, von dem bekannt geworden ist, daß Wölfe in ihm gelebt haben« (Singh und Zingg, 1940).

Obgleich ich in bezug auf die Darstellung der Umstände, unter denen die beiden Mädchen gefunden worden sein sollen, meine Zweifel hegte, war ich überaus geneigt, dem Bericht Singhs, der sich mit dem Verhalten und der Entwicklung dieser Mädchen in seinem Waisenhaus befaßt, Glauben zu schenken. Wir alle an der Orthogenetischen Schule waren mit eben diesem Verhalten nur zu sehr vertraut.

Im Herbst 1957 schickte mir Professor William F. Ogburn ein Manuskript, das sich mit den ständig zunehmenden Berichten über ein verwildertes Kind auseinandersetzte. Da er mit der Arbeit der Orthogenetischen Schule vertraut war, fragte er sich, ob dieses Kind nicht einigen unserer Kinder ähneln könnte, eine Frage, die er nun an mich richtete. Während eines Aufenthalts in Indien hatte Professor Ogburn in einer Zeitung über einen Wolfsjungen namens Parasram gelesen, den man in der Nähe von Agra gefunden hatte. Er besuchte und beobachtete das sechsjährige Kind und sprach mit dem Ehepaar, das behauptete, Parasram sei sein Sohn und sei als Säugling von Wölfen geraubt worden. Später interviewte er den Mann, der das Kind gefunden hatte, als es frei durch die Wildnis streifte, eine Wildnis übrigens, in der Wölfe weder bekannt waren noch auf Beutezug gingen.[2]

Aus Professor Ogburns Geschichte ging hervor, daß es sich hier um ein weiteres Kind handelte, das man zu Unrecht für einen Wolfsjungen hielt, und seine Beschreibung ließ vermuten, daß es sich bei dem Kind um einen autistischen Fall handelte. Das bestärkte mich in meinen Zweifeln über die Existenz von Wolfskindern überhaupt. Nun zeichnete sich eine zweite Interpretationsmöglichkeit ab. Singhs Bericht über sein vertrautes Verhältnis zu den Mädchen mochte durchaus der Wahrheit entsprechen, doch bin ich überzeugt, daß seine Interpretation des Verhaltens der Mädchen falsch war. Diese Interpretation, die aus den Mädchen von Midnapore verwilderte Kinder machte, scheint mir das Produkt einer Phantasie zu sein, die zumindest in diesem Fall zur Übertreibung neigte. Das gilt vor allem für jenes Einzelereignis, mit dem diese Interpretation steht und fällt. Ich meine die Art, wie man diese Kinder gefunden hatte. Ich war nun bereit, die Vergangenheit dieser Kinder und die Interpretation, die Singh, Gesell und andere daraus ableiteten, in Frage zu stellen. Ich darf gar nicht damit anfangen, die vielen Tierarten aufzuzählen, von denen die Legende behauptet, daß sie Menschenjunge aufgezogen hätten. Doch am häufigsten wurde das von den Wölfen behauptet. Im *Dictionary of Contemporary American Usage* (1957) haben Evans und Evans Benedicts Mythosdefinition erweitert und sie schreiben: »In der Soziologie und in der Anthropologie ist ein Mythos ein kollektiver Glaube, der als eine Reaktion auf die Wünsche der Gruppe entsteht und nicht von einer rationalen Analyse der Situation, in der er wurzelt, ausgeht.«

Doch wenn die Existenz des wilden oder verwilderten Kindes tatsächlich ein Mythos ist, weshalb hat sich der Mensch dann diesen Mythos gewünscht, und was hat diesen Mythos so plausibel gemacht, daß er aus frühester Vorzeit bis zum heutigen Tag erhalten geblieben ist?

[2] Professor Ogburns Untersuchung wurde später in gekürzter Form unter dem Titel *The Wolf Boy of Agra* (Ogburn, 1959) veröffentlicht – übrigens zusammen mit meinem Begleittext *Feral Children and Autistic Children*, a.a.O.

Die Antwort könnte sein, daß die Vorstellung vom verwilderten Kind dem Menschen in frühester Zeit als Warnung davor diente, sich seinen eigenen Kindern gegenüber unmenschlich zu verhalten. Auch kann diese Vorstellung dem zweiten Zweck des Mythos entsprochen haben, nämlich auf die Wünsche der Gruppe zu reagieren. In diesem Fall könnte man das sonderbare und beunruhigende Verhalten mancher Kinder auf ein Wunschdenken und auf keine rationale Analyse zurückführen.

In jüngerer Zeit hat man verwilderte Kinder zur Erhärtung der Theorie benutzt, wonach der Mensch lediglich ein Ergebnis der gegebenen Umstände sein soll. Gewisse Theorien des Behaviorismus und der Sozialanthropologie beinhalten den Wunsch, die Gesellschaft nicht als Schöpfung des Menschen, sondern den Menschen als ein Produkt der Gesellschaft anzusehen. Wenn aber von Wölfen großgezogene Säuglinge schließlich selbst zu Wölfen werden, müssen wir es als eine Tatsache anerkennen, daß der Mensch lediglich das Produkt seiner Umwelt und seiner Beziehungen ist. Das würde auch bedeuten, daß es keine vererbten Funktionen gibt und keine Potentiale, die sich – obwohl sie sich durch die Lebensumstände entwickeln oder nicht entwickeln können – nie völlig zu verändern vermögen. Diese psychologische Sicht des Menschen als eines Produktes der Gesellschaft – das nur durch das konditioniert wird, was es gelernt hat, was es an Prägung erfahren und an Reaktionen erworben hat – diese Sicht also kam der Voreingenommenheit mancher Anthropologen, die glaubten, der Mensch sei in bezug auf seine Lebensbedingungen unendlich anpaßbar, sehr gelegen.

Auf der anderen Seite hat die Psychoanalyse gezeigt, wie sehr der Mensch sich den Einflüssen der Gesellschaft widersetzen kann und das auch tut, und daß keiner Gesellschaft je gelungen ist, die angeborenen Merkmale ihrer Mitglieder über ein gewisses Maß hinaus zu modifizieren. Es kann, das versucht dieses Buch zu zeigen, höchstens dazu kommen, daß diese Merkmale stark verstümmelt werden – allerdings nur dann, wenn die modifizierenden Einflüsse sehr ausgeprägt und in kritischen Perioden der frühkindheitlichen Entwicklung vertreten sind.

Eine rationale Analyse stützt also nicht die Behauptung, daß der Mensch ganz und gar durch die Einflüsse gestaltet und geformt wird, die sein Leben in der Gesellschaft zeitigt. Doch da manche Theorien von dem Wunsch ausgingen, an einem solchen Glauben festzuhalten, bedurfte er der erhärtenden Tatsachen. Nun kann eine Theorie zwar keine Tatsachen hervorbringen, doch kann sie sie in ihrem

Sinne interpretieren, so daß diese Tatsachen die Theorie schließlich zu belegen scheinen. Ich aber glaube, daß der Mythos von den verwilderten Kindern des öfteren diesem Zweck gedient hat.

Es gibt noch einen weiteren Grund, weshalb wir in diesem Buch das Problem der verwilderten Kinder diskutieren sollten. Wenn Umwelteinflüsse ein Menschenkind in ein Wolfjunges verwandeln könnten, könnten wir durch das Studium von autistischen Kindern nur sehr wenig über die menschliche Entwicklung im allgemeinen erfahren. In diesem Fall könnten wir von der autistischen Situation und ihren Ursachen nicht auf die Entwicklung des normalen Kindes schließen. Ich aber behaupte in diesem Buch, daß eine menschliche Entwicklung im allgemeinen zum Stillstand kommt und daß sogar die sich bereits entwickelnden Aspekte der Persönlichkeit verkrüppelt werden, wenn die frühkindheitliche Umgebung allzu atypisch und wenn die Anlage allzu empfänglich für diese Umgebung ist.

Es dreht sich nicht darum, daß eine, wie ich es nennen möchte, extrem geartete Umwelt die Entwicklung des Säuglings in die ihr gemäße Richtung drängen würde, genausowenig wie sich der Säugling, der – wenn das möglich wäre – mit Wölfen zusammenlebte, in Wolfsmanier entwickelte. Es dreht sich darum, daß Säuglinge, die vom Menschen total im Stich gelassen werden, bevor sie sich aus eigener Kraft entwickeln können, den Tod finden. Wird jedoch körperlich in einer Weise für sie gesorgt, die ihr Überleben ermöglicht, während sie in emotionaler Hinsicht im Stich gelassen oder überfordert werden, so werden sie autistisch. Das heißt, ihre Entwicklung wird in einigen wesentlichen Aspekten überhaupt nicht stattfinden, während sie in anderer Hinsicht stark gestört wird.

Vor einiger Zeit hat Bloom (1964) eine scharfsinnige Analyse veröffentlicht, die sich mit allen ernstzunehmenden Längsschnittuntersuchungen zur menschlichen Entwicklung befaßte. Diese Analyse zeigt auf, auf welche Weise und in welchem Maße die Umwelt gewisse menschliche Merkmale, vor allem aber die Intelligenz, beeinflussen kann. Sie belegt, daß die Auswirkungen einer ungünstigen Umwelt hauptsächlich dazu führen, daß die Entwicklung dieser Merkmale blockiert wird. Die Entwicklung anderer Merkmale kann durch eine solche Umwelt gestört werden, doch ist eine derartige Umgebung nicht in der Lage, Wesensmerkmale zu erzeugen, die nicht in allen Menschen vorhanden sind.

Oder um es in Rapaports Worten auszudrücken: wir werden mit bestimmten Apparaten geboren, um die Beziehung zur Realität herzustellen (Rapaport, 1958). Erhalten diese Apparate nicht die erforderlichen Aufbaustoffe oder erhalten sie Aufbaustoffe, die der Umwelt eines Wolfsjungen angemessen sind, wird die Entwicklung der Persönlichkeit scheitern. Denn die Konstitution des Menschensäuglings, das heißt, seine Ich-Instanzen, können nicht die Nährstoffe eines Wolfsjungen gebrauchen, um sich menschlich entwickeln zu können.

Wir arbeiten nun bereits seit einigen Jahren mit einem Mädchen, das in seinen ersten Lebensjahren *zusammen mit* Hunden, aber nicht *durch* sie großgezogen worden war. Beide Elternteile hatten mehr für ihre Vierbeiner als für ihr Kind empfunden. Hunde waren vor der Feindseligkeit der Mutter nicht nur sicher, sie wurden sogar voller Zuneigung behandelt. Die Ablehnung der Tochter durch die Mutter reichte bei der Mutter so tief, daß schon der bloße Gedanke an das Zusammenleben mit ihrer Tochter »sie so krank machte, daß sie weder schlafen noch essen konnte«. Sie wollte »kein kleines Mädchen um mich haben«, weil »ich mich vor mir selbst fürchte«, das heißt, sie fürchtete sich davor, daß sie dem Kind etwas antun könnte. Interessant in diesem Zusammenhang ist die Tatsache, daß sie sich, was ihre eigene Kindheit betraf, am schwersten darüber beklagte, sie sei »wie ein dressierter Hund« behandelt worden.

Die Mutter lehnte ihr Kind von dem Zeitpunkt an ab, als sie erfuhr, daß sie schwanger war, denn »es gab keinen Platz für ein Baby in unserem Leben. Ich haßte dieses Baby.« Das Kind war noch keine zwei Jahre alt und wurde schon außer Haus gegeben; es wurde irgendwelchen Leuten anvertraut. Wenn es dem Kind irgendwo gefiel, sorgten die Eltern dafür, daß es nicht für längere Zeit dort blieb. War das Kind zu Hause, so wurde es mit einem Lederriemen schwer geschlagen und lange in einen dunklen Wandschrank gesperrt. Eine Mutter, die das Kind bei sich beherbergt hatte, berichtete, daß sich das Mädchen im Alter von drei Jahren bereits mit einem Hund identifizierte, weil Hunde besseres Essen bekamen. Wie gewöhnlich sorgten die Eltern auch in diesem Fall dafür, daß ihre Tochter nicht zu lange in diesem Hause blieb, weil sie, wie die Pflegemutter zu berichten wußte, »glaubten, daß wir ihr zu viel Liebe gaben«.

Im Alter von zwei Jahren oder davor begann sich das Mädchen wie ein Hund zu benehmen. Es kroch wie ein Hund unter die Möbel und in Hundemanier kaute es an Teppichen und Möbelstücken herum. Es benagte die Knochen des Hundes und schlabberte sein Wasser. Als es vier Jahre alt war, übernahm der Staat, weil es derart vernachlässigt worden war, die Vormundschaft. Es kam in ein Heim, wo es sich mit dem Heimhund identifizierte, dessen Hundebiskuits es aß. Als man einzuschreiten versuchte, »wehrte sich das Mädchen wie ein kleiner Tiger«. Natürlich konnte es weder Blase noch Stuhl kontrollieren, und es schlug um sich, biß und kratzte jeden, der sich ihm näherte. Aber was noch wichtiger war, »sie schnappte sich nun Gegenstände mit dem Mund und schleppte sie herum wie ein Hundejunges, und ohne die Hände zu benutzen hob sie mit dem Mund vom Boden Spielsachen auf«.

Kurzum, sie benutzte ihre konstitutionellen Apparate, soweit ihre Menschenart das zuließ, wie ein Hund, aber eben nur so weit und nicht darüber hinaus. Sie tat nie etwas in Hundemanier, was ein anderer Mensch, wenn er sich darauf konzentriert hätte, nicht auch hätte tun können.

Als sie zu uns gekommen war und wir ihr die beste Pflege angedeihen ließen, verschwand dieses hundemäßige Verhalten nur zu bald. An seine Stelle trat eine heftige Angst, die immer dann einsetzte, wenn sie einen Hund – und sei es nur aus der Ferne – erblickte. Doch nun war sie bereits sechs Jahre alt. Es war relativ einfach gewesen, ihr das »hündische« Verhalten abzugewöhnen; und angesichts ihrer menschlichen Anlage muß es ziemlich schwierig für sie gewesen sein, sich dieses Verhalten anzueignen. Aber die Art und Weise, wie sie bis dahin ihre Ich-Apparate benutzt hatte, erschwerte es ihr sehr, diese Apparate nun auf eine menschliche Weise zu benutzen. In vielen wesentlichen Bereichen hat sich das bisher als unmöglich herausgestellt. Ein Mensch kann in einem solchen Maße nur deshalb einem Hundeleben den Vorzug geben, weil dieses Leben wesentlich mehr Sicherheit zu bieten scheint als es die menschliche Umgebung im Falle dieses Mädchens getan hatte.

Doch kehren wir zu den verwilderten Kindern zurück. Ich möchte nun auf gewisse Ähnlichkeiten eingehen, die zwischen Singhs Wolfsmädchen und den verwegenen Phantasien bestanden, die wir uns über einige unserer gewalttätigsten autistischen Kinder zurechtgesponnen haben. Unsere Spekulationen entstanden aus dem Bemühen heraus, annehmbare Erklärungen für das beinahe unerklärliche und gänzlich unannehmbare Verhalten dieser Kinder zu finden, deren Behandlung wir in die Hand genommen hatten. Fassungslos angesichts ihres absonderlichen Wesens ließen wir uns auf Spekulationen darüber ein, welche außerordentliche Erfahrungen solch unerhörtes Verhalten ausgelöst haben mochten. Das aber war lange bevor wir unser »Hundemädchen« kennenlernten. Dabei muß ich sogar zugeben, daß unsere Mutmaßungen darüber, was diese Kinder durch ihre Eltern erlitten haben mochten, teilweise genauso phantastisch waren wie der Bericht von Singh, wenn wir ihn heute angesichts der Untersuchung von Ogburn und Bose (1959) betrachten.

Später haben wir dann erkannt, daß unsere Spekulationen zwei unterschiedlichen inneren Bedürfnissen entsprangen. Erstens sollten unsere Mutmaßungen unseren Narzißmus bewahren helfen. Es war uns nicht möglich, einzuräumen, daß diese tierähnlichen Kreaturen eine Vergangenheit haben konnten, die der unseren ähnlich war. Auch wollten wir unbedingt glauben, daß nur die unglaublichsten Umstände ein Menschenkind auf so subhumanes Verhalten reduzieren konnten. Dies war ein Überbleibsel des gleichen Narzißmus, der sich gegen die Evolutionstheorie sträubte.

Zweitens dienten diese Spekulationen unserem Bedürfnis zu begreifen und zu begründen. Je ungewöhnlicher und je unannehmbarer ein Phänomen ist, desto stärker fühlen wir uns durch unsere Angst und durch unseren Narzißmus gedrängt, nach einer Erklärung zu suchen. Es kann auch sein, daß wir uns mit einem Verhalten um so weniger auseinandersetzen möchten, je abstoßender es uns vorkommt. Stattdessen neigen wir dazu, es mittels einer emotionalen Reaktion zu begründen oder eine so simple Erklärung dafür zu finden, daß wir keinen weiteren Gedanken daran verschwenden müssen. Das kann auch der Grund dafür gewesen sein, weshalb sich Singh versucht fühlte, das tierische Verhalten seiner Wolfsmädchen mit dem Argument zu erklären, daß diese Mädchen von Tieren großgezogen worden seien.[3]

In unserem Fall waren die kühnen Mutmaßungen kurzlebiger Art. Bei jedem unserer Kinder stellte sich – sobald wir die Krankengeschichte erstellt hatten – heraus, daß das augenfälligste Phänomen der Vergangenheit dieser Kinder eine extreme emotionale Entbehrung gewesen war, häufig verbunden mit einer ungewöhnlich heftigen Traumatisierung. Am schlimmsten aber war der zugrunde liegende Wunsch der Eltern gewesen, daß das Kind nicht leben sollte. Obwohl das schon schlimm genug war, suchte unsere ungezügelte Phantasie nach anderen Erklärungen. Wir hielten uns an Shakes-

[3] Im Zweiten Weltkrieg wurde das unmenschliche Verhalten der Nazis einige Jahre lang auf eine ähnlich simple Weise erklärt. Da unsere emotionalen Reaktionen so heftig waren, trugen diese Emotionen den Sieg über die Vernunft davon. Da sich die Deutschen so unmenschlich verhielten, betrachteten wir sie als Untermenschen. Theorien des Inhalts, daß alle oder zumindest die führenden Nazis geisteskrank seien, wurden von Psychiatern bereitwillig anerkannt und verfochten.

peares »Wie Ihr wollt« und versuchten zu mythifizieren, weil wir, emotional gesehen, nicht bereit waren, das irrationale Verhalten dieser Kinder rational zu begreifen.

Doch selbst als wir über die Vergangenheit dieser Kinder Bescheid wußten, verloren wir dieses Wissen immer wieder aus den Augen, wenn jemand von uns von einem dieser Kinder heftig gekratzt, gebissen oder sonstwie verletzt worden war. Oder wenn eines dieser Kinder auf einem von uns wild schreiend herumgetrampelt war. Oder wenn es sich selbst oder einem von uns die Kleider vom Leib gerissen hatte. Oder wenn es einen von uns mit Kot beschmutzt hatte. Dann wurde uns wieder bewußt, daß sie ja, ohne es zu ahnen, im Gehen oder Laufen urinierten oder defäkierten; daß sie an ihrem Körper keine Kleider duldeten, sondern lieber nackt herumliefen; daß sie nicht sprechen, sondern nur schreien und brüllen konnten; und daß sie nur rohe Nahrung zu sich nahmen. Solch »tierisches« Verhalten führte dann in der Regel dazu, daß wir uns wieder – wenngleich jetzt immer nur für kurze Zeit – Phantasien über ihre Vergangenheit hingaben.

Als mein Interesse für diesen ganzen Gegenstand durch Ogburns Bericht neu belebt worden war, schloß ich aus einer erneuten Lektüre der Darstellung von Singh, daß auch dieser Bericht ähnlichen Bedürfnissen entsprungen war, und daß sein Autor einen phantastischen Mythos ausgesponnen hatte, den er am Ende für die Wahrheit gehalten hatte.

Als Ogburn seine Untersuchung der Parasram-Geschichte abgeschlossen hatte, machte er sich daran, der Geschichte Singhs über die Entdeckung der beiden Wolfsmädchen auf den Grund zu gehen. Und er fand heraus, daß diese Geschichte nicht wahr war. Seither sind Arbeiten veröffentlicht worden, die Wolfskinder und dergleichen als Fabelwesen bezeichnen, doch ist der betreffende Mythos nur langsam im Aussterben begriffen. Sogar Ogburn meinte vorsichtig, daß zwar Amala und Kamala keine Wolfskinder gewesen seien, was jedoch nicht beweise, daß es solche Geschöpfe überhaupt nicht gebe. Der Glaube, wonach Kinder mit wilden Tieren zusammenleben können, kann offenbar nicht so leicht aufgegeben werden.

So konnte es zum Beispiel geschehen, daß drei Jahre nach Erscheinen des Ogburnschen Berichts Professor George Humphrey in seiner Einleitung zu einer neuen Auflage von Itards *The Wild Boy of Aveyron* (Itard, 1962) schrieb, daß das Werk »*Wolf Children and Feral Man* von J. A. L. Singh und Robert M. Zingg . . . unentbehrlich ist für Psychologen, Soziologen und andere, die den Wunsch haben, die Auswirkungen unterschiedlicher Umwelten auf sehr junge Kinder zu untersuchen«. Und »im Gegensatz zum Wolfskind hatte Itards Knabe vermutlich nicht einmal die Gelegenheit, solche Muster wie das Heulen der Wölfe in der Höhle zu hören«.

Und ungeachtet des großen Ansehens, das Ogburn als Soziologe genoß, schrieb Professor Quinn (1963) in einem Lehrbuch der Soziologie, in dem er sich mit verwilderten Kindern auseinandersetzte, folgendes: »Eine der authentischeren Geschichten dieser Art handelte von Kamala, einem ungefähr acht Jahre alten Hindumädchen, das man mit Wölfen zusammenlebend entdeckt hat.« Trotz Ogburns sorgfältiger Beweisführung, daß dem eben nicht so gewesen war, vertrat Quinn diese Ansicht – vermutlich aus dem Bedürfnis heraus, eine Erklärung für solch »tierisches« Verhalten anbieten zu können. Auch sollten wir nicht übersehen, daß sogar Gesell (1940), damals der angesehenste amerikanische Gelehrte auf dem Gebiet der Kindheitsentwicklung, Singhs Bericht verteidigte.

Ein Grund mehr, uns zu fragen, weshalb diesen Mythen so ohne weiteres Glauben geschenkt wurde. Und da diese Mythen so lange bestehen werden, so lange das Rätsel der wilden Kinder nicht gelöst ist, müssen wir uns ebenfalls fragen, wer sie denn nun waren, wenn sie keine wilden Kinder waren. Diese Frage kann nur durch eine Untersuchung des Schicksals dieser Kinder beantwortet werden.

Ein Indizienbeweis

Was nun die Geschichten über das Auffinden dieser Kinder anlangt, so entdecken wir wesentliche Ähnlichkeiten. Bei Parasram wurde behauptet, daß zwei Fachleute die Wahrheit über sein Auffinden bestätigt hätten – bei dem einen habe es sich um einen Psychologen, bei dem anderen um einen Arzt gehandelt. Zwar sollen beide das Kind nach seinem Auffinden untersucht haben, doch wurde keiner von beiden damals interviewt und keiner der beiden konnte später aufgefunden werden. Der Arzt war »nach Lucknow gezogen, wo es schwierig sein dürfte, ihn zu finden«; der Psychologe erklärte, »er habe keinen Bericht verfaßt, wolle das aber noch tun« (Ogburn, 1959).

Und was das Auffinden von Amala und Kamala angeht, so haben zwei angeblich »verläßliche« Zeugen die Geschichte bestätigt. Dem Bericht Singhs (Singh und Zingg, 1940) ist die eidesstattliche Versicherung eines Richters vorangestellt, da man offenbar glaubte, diese

Erklärung werde die ganze Geschichte von vornherein glaubwürdig machen. Zusätzlich zu seiner Erklärung hatte der Richter, was die beiden oben erwähnten Zeugen angeht, folgendes zu sagen: »Die beiden anglo-indischen Freunde von Herrn Singh, die ihn zur Zeit der Rettung begleiteten, halten sich nicht in Khargpur auf; Mr. Richards ist tot, und Mr. Rose ist nicht auffindbar.«

Die Erklärung des Richters lautet folgendermaßen:

Seine Hochwürden J. A. Singh hat mir alle Dokumente und alles Beweismaterial unterbreitet, das mit den so genannten »Wolfskindern« von Midnapore zu tun hat, und ich habe diese sorgsam geprüft.

Ich kenne Mr. Singh persönlich und bin überzeugt, daß jedes Wort, welches er in bezug auf diese Kinder geschrieben hat, richtig ist, so weit dies in seinem Wissen liegt. Außerdem habe ich mit verschiedenen Leuten gesprochen, die das ältere der beiden Mädchen bei mehreren Gelegenheiten in Mr. Singhs Waisenhaus gesehen haben, und sie haben Mr. Singhs Berichte, zum Beispiel über die Art, wie diese Kinder gingen und sich verhielten, bestätigt.

Meinerseits besteht nicht der geringste Zweifel, daß auf Mr. Singhs Wahrheitsliebe völliger Verlaß ist.

Diese eidesstattliche Versicherung will uns glauben machen, »daß jedes Wort, welches Mr. Singh in bezug auf diese Kinder geschrieben hat, richtig ist«, nur weil einige Leute, die bei verschiedenen Gelegenheiten das ältere der beiden Mädchen sahen, den Bericht Mr. Singhs über das Verhalten der Kinder bestätigen konnten. Als ein Sequitur ist das wohl kaum zu bezeichnen. Der Wert dieser Erklärung wird noch dadurch geschmälert, daß die Zeugen nur »das ältere der beiden Mädchen gesehen haben« und folglich »die Art, wie diese Kinder gingen und sich verhielten« gar nicht bestätigen konnten.

Da ich überzeugt bin, daß beide Kinder autistisch gewesen sind und daß Singhs Beschreibung ihres Verhaltens richtig ist, soll diese Argumentation lediglich aufzeigen, wie sich sogar ein Richter – das beweist seine falsche Verwendung des Plurals – hinreißen lassen kann, alledem Glauben zu schenken, was von diesen Kindern behauptet wurde, so erstaunlich diese Behauptungen auch waren.

Der Mechanismus, der hier am Werk war, könnte darin bestanden haben, daß sich die Vernunft, die der Geschichte von Kamalas Verhalten zunächst keinen Glauben schenkte, als ein wenig verläßliches Instrument herausstellte. Daher aber wurde ihre kritische Stimme, was all diese Geschichten angeht, völlig zum Schweigen gebracht, und von da an wurde alles, was man so erzählte, auch geglaubt.

Das überrascht uns nicht. Denn wir haben es häufig erlebt, daß sogar Leute, die mit schwer gestörten Kindern vertraut sind, mit höflichem oder weniger höflichem Zweifel reagierten, wenn wir ihnen über das Verhalten einiger unserer schwerst autistischen Kinder erzählten. Denn daß Kinder so absonderlich sein können, wollen sie nicht glauben. Sie waren überzeugt, daß wir übertrieben und unsere Erfahrungen ungehörig dramatisierten, und später berichteten sie uns über ihre ursprünglichen Zweifel. Als sie diese Kinder freilich kennenlernten, verwandelten sich ihre Zweifel ins Gegenteil. Sie taten das in einem Maße, daß sie nunmehr alles geglaubt hätten, was wir ihnen über diese Kinder oder ihre Vergangenheit erzählt hätten. Eben weil sie unseren Erzählungen keinen Glauben hatten schenken können, ehe sie die Kinder zu sehen bekamen, und weil sie unsere Darstellung später bestätigt fanden, waren sie nun geneigt, alles, was wir auch erzählen mochten, zu glauben.

Ich glaube, das ist auch im Fall von Singh geschehen. Alle positiven Erklärungen, die zu seiner Geschichte abgegeben worden sind, berufen sich auf die Wahrheitsliebe seiner Darstellung der Mädchen. Zeugen, die für seinen Charakter aussagen, ersetzen echtes Beweismaterial. Die wichtige Erklärung des Richters Waight stützt sich ganz und gar auf diese Art von Beweisführung: Singh war in einigen Punkten als ehrlich befunden worden und so war ihm überhaupt zu vertrauen. Nur Zeugen hätten die Geschichte des Auffindens von Amala und Kamala bestätigen können. Solche Zeugen wurden zwar genannt, doch konnten sie, als man sich darum bemühte, nicht aufgefunden werden.

Dank Ogburns Untersuchung wissen wir, daß Parasram, entgegen der weitverbreiteten Meinung, nicht in Gesellschaft von Wölfen aufgefunden worden war. Seinen Nachforschungen ist es zu verdanken (Ogburn und Bose, 1959), daß wir heute wissen, daß Singhs Bericht in diesem Punkt nichts als eine Fiktion ist. Doch wie es richtig ist, daß man Parasram wildlebend gefunden hat, scheint auch kein begründeter Zweifel daran zu bestehen, daß Amala und Kamala wie übrigens auch der Wilde von Aveyron in der Wildnis aufgefunden worden sind. Die verschiedenen Berichte über die verwilderten Kinder, die man in den verschiedensten Teilen Europas aufgefunden hat, klingen ebenfalls wahr, obgleich man von kaum einem dieser Kinder je geglaubt hat, daß es von wilden Tieren großgezogen worden sei.

Wie diese verwilderten Kinder dazu benutzt wurden, die Thesen des Behaviorismus zu belegen, wird eines Tages unter der Rubrik »der Mythos des Behaviorismus« in die Geschichte der Psychologie eingehen. So werden wir zum Beispiel bei der Geschichte von den beiden hessischen Wolfskindern sehen, wie der Wunsch Vater des Gedankens sein kann. Singh und Zingg (1940) berufen sich bei vielen ihrer Berichte über wildlebende Kinder in Europa auf Raubers *Homo Sapiens Ferus oder die Zustände der Verwilderten* (1888). Doch wie Rauber in seiner kritischen Analyse der Geschichte dieser Wolfsjungen überzeugend darlegt, handelte es sich bei diesen Wolfsjungen nicht um zwei verschiedene Jungen, sondern um zwei verschiedene Berichte über ein und denselben Jungen.

Der eine Bericht, der von dem offiziellen Geschichtsschreiber der Grafen von Hessen stammt, ist sehr kurz und prägnant. In ihm steht nichts darüber, daß der Junge je mit Wölfen zusammengelebt hat.

Der andere Bericht, der behauptet, das Kind sei von Wölfen großgezogen worden, wurde in Lateinisch abgefaßt und stammt von einem unbekannten Mönch. Dieser Mönch wußte zu erzählen, daß die Wölfe »dem Jungen nicht nur immer den besseren Teil ihrer Beute brachten, sondern ihm ein Lager aus Blättern bereiteten, um ihn gegen die Kälte zu schützen«. Außerdem hatten ihn die Wölfe (die offenbar über das Konditionieren Bescheid wußten) »gezwungen, auf allen Vieren zu gehen und zu rennen«.

Diese Darstellungen und anderes mehr veranlaßten Rauber im Bericht des Mönches eine Art Märchen zu sehen, dem er keinen Glauben zu schenken vermochte. Rauber fährt fort: »Der Mönch benutzte die Gelegenheit, den Menschen mit seinem Herzen von Stein zu verdammen, indem er ihm die Freundlichkeit der Wölfe gegenüberstellte. Möglicherweise stellen diese Wölfe eine Art Zusatz dar, zurückzuführen auf Gerüchte und Übertreibungen, die immer dann auftreten, wenn ungewöhnliche Ereignisse stattfinden. In diesem Fall bestand das wirkliche Ereignis lediglich darin, daß Jäger im Walde einen verwilderten Jungen auffanden, den sie aufs Schloß [der Grafen von Hessen] brachten. Im selben Forst mögen zu jener Zeit auch einige Wölfe herumgezogen sein.«

Zu diesen wohlbegründeten Zweifeln, die Rauber bei seiner Untersuchung der ursprünglichen deutschen Berichte anmeldet, hat Zingg (Singh und Zingg, 1940) folgendes zu sagen: »Raubers Zweifel . . . dürften durch das Zeugnis der Wolfskinder von Midnapore entkräftet werden.«

Das ist eine Glanzleistung des Zirkelschlußdenkens: eine unwahre Geschichte, von der Rauber eindeutig feststellt, daß sie nicht glaubwürdig sei und folglich nichts beweise, wird dazu benutzt, die wilde Herkunft dieser Wolfsmädchen zu belegen. Daraufhin wird die vermeintliche Wahrheit über diese Mädchen dazu benutzt, Raubers

Zweifel, daß der hessische Junge von Wölfen großgezogen worden sein könnte, zu entkräften.

Das aber hätte uns in bezug auf die beiden indischen Mädchen mißtrauisch stimmen sollen, denn ihr Verhalten wurde in einigen wesentlichen Aspekten mit dem Verhalten der vielen verwilderten Kinder verglichen, die man in Europa aufgefunden hat. Das aber wirft die interessante, aber immer noch ungelöste Frage auf, wie Amala und Kamala in der Wildnis ganz allein überleben und wie sie zunächst einmal verloren gehen konnten.

Was die erste Frage anlangt, so neige ich aufgrund meiner Erfahrungen mit autistischen Kindern zu der Ansicht, daß diese verwilderten Kinder aus eigenen Kräften nicht lange hätten überleben können, auch angesichts des milden indischen Klimas nicht. Weder ihr hohlwangiges Aussehen noch ihre nichtvorhandene Kleidung noch »das abstoßende Knäuel aus verfilzten Strähnen« waren ein Beweis dafür, daß sie lange Zeit verloren gewesen waren. Manche unserer autistischen Kinder behalten ihr wildes Aussehen noch monatelang. Sie können sich die Kleider blitzschnell vom Leib reißen und tun das auch. So konnte sich das gepflegte Haar eines unserer autistischen Mädchen auch noch nach Jahren innerhalb weniger Stunden in ein »abstoßendes Knäuel aus verfilzten Strähnen« verwandeln, in einen verklebten widerwärtigen Schopf, in den Speichel, Essensreste, Schmutz und was nicht noch alles hineingeschmiert war. Dieser Prozeß wurde im Falle unseres Mädchens noch dadurch beschleunigt, daß auch Kaugummi zu dieser ganzen Verfilzung beitrug – ein Artikel, den es in der Wildnis wohl kaum gegeben haben dürfte.

Bei einigen unserer Kinder mußten wir das verfilzte Haar häufig schneiden, und um solcher Verfilzung überhaupt vorzubeugen, mußten wir ihren Haarwuchs kurzhalten. Manche Kinder widersetzten sich dem. So hatten wir ein autistisches Mädchen, dessen ganzes Gesicht wir monatelang nicht zu sehen bekamen, weil es sich hinter dem Vorhang seiner langen Haare versteckte.

Was nun die zweite Frage angeht, wie nämlich solche Kinder verloren gehen, so dürfte hier die Antwort einfacher sein. Im Falle der indischen Mädchen hat Ogburn vermutet, daß es sich um verirrte, schwachsinnige oder Prostituiertenkinder gehandelt haben kann. Diese Vermutung ist so gut wie jede andere auch. Ich selbst schätze, daß es sich bei den beiden lediglich um Kinder gehandelt hat, die emotional (und möglicherweise auch physisch) im Stich gelassen worden sind.

In dem Bericht über die beiden Kinder von Midnapore entdecken wir die Feststellung von Bischof H. Pakenham-Walsh, daß »es sich bei dem sehr primitiven Volk, das die Gegend, in der diese Kinder gefunden wurden, bewohnt, um keine Bengalis handelt und daß diese Leute ziemlich häufig ihre Säuglinge aussetzen« (Singh und Zingg, 1940). Wenn diese Menschen bereit sind, gesunde Säuglinge auszusetzen, ist es dann so weit hergeholt, anzunehmen, daß sie auch ältere Kinder aussetzen können, die sich (und das tun autistische Kinder) wie Säuglinge verhalten oder die sie überhaupt für unnormal verhalten? Auch stellt sich hier die Frage, wie alt besagte »Säuglinge«[4] sein können und in welchem Alter diese Leute normalerweise nicht mehr erwägen, ein Kind auszusetzen. Alle diese Fragen sind im Falle von Amala und Kamala nicht beantwortet worden. Und während Pakenham-Walsh, der die Gegend gut kannte, lediglich von »Babykindern« sprach, weist R. R. Gates in seinen einleitenden Anmerkungen zu dem Bericht über die Wolfsmädchen darauf hin, daß in den Dschungelgebieten Indiens »weibliche Kinder gelegentlich immer noch ausgesetzt werden« (Singh und Zingg, 1940).

Aufgrund eigener Erfahrung möchte ich ergänzend hinzufügen, daß es sich bei den fraglichen Mädchen um Kinder gehandelt haben dürfte, die für ihre Eltern aus dem einen oder anderen Grund völlig unannehmbar waren. Das ist der für alle autistische Kinder charakteristische Familienhintergrund. Dieser Familienhintergrund hat zunächst einmal nichts damit zu tun, wie oder wie früh sich die Eltern von ihrem Kinde trennen. Doch die Art und Weise dieser Trennung ist bedingt durch wirtschaftliche und kulturelle Faktoren. Die moralische Einstellung, die der Mensch gegenüber seinen Nachkommen entwickelt, ist für die Schicht der Unterprivilegierten eine andere als für die Mittelschicht.

In der gebildeteren Mittelschicht von heute vollzieht sich die Trennung der Eltern von ihrem autistischen Kind in einem emotionalen Rahmen. Diese Eltern fahren fort, für die körperlichen Bedürfnisse ihrer Kinder zu sorgen und geben sie häufig in psychiatrische Behandlung. Es ist das ein in dieser Schicht so verbreitetes Verhalten, daß Kanner den Autismus schließlich als eine Störung betrachtete, von der er meinte, sie beschränkte sich auf die gebildetere Mittelschicht. Mit diesem Punkt werde ich mich im nächsten

[4] Im Englischen *»baby children«*, was man mit »Babykinder« übersetzen könnte. (Anm. d. Ü.)

Kapitel eingehender auseinandersetzen. In der unteren Mittelschicht und in der oberen Unterschicht erfolgt die Trennung vom autistischen Kind ebenfalls auf dem emotionalen Gebiet. Eine physische Trennung von dem Kind ist nur dann möglich, wenn die Eltern überzeugt sein können, daß ihr Kind hirngeschädigt oder schwachsinnig ist, wodurch sie die Möglichkeit erhalten, das Kind in eine öffentliche Anstalt zu geben.

Bei ärmeren Populationen erfordert die Trennung weniger umständliche Strategien: das Kind wird einfach ausgesetzt oder man läßt es sich verirren. In diesem Zusammenhang sollte man nicht übersehen, daß der wilde Junge von Aveyron im Jahr 1799 gefunden wurde, zu einer Zeit also, als Frankreich auf dem Lande in revolutionärem Aufruhr begriffen war. Davor pflegte man verwilderte Kinder vor allem in solchen Gebieten Europas zu finden, in denen die Armut herrschte. In Indien, wo schreckliche Armut und ein nachlässiges Großziehen der Kinder immer noch weitverbreitet sind, dürfte das Auftauchen verwilderter Kinder kaum erstaunen. (Wobei übrigens die schlechter gestellten Schichten der Bevölkerung diese Kinder als schwachsinnig bezeichnen würden, während die besser gestellten Bevölkerungsteile solche Kinder als autistisch erkennen.) Angesichts den ansteigenden Lebensstandards, des Gefühls der Verpflichtung, das man gegenüber Kindern überhaupt hat, sowie des zunehmenden psychiatrischen Wissensstandes werden wir mit immer mehr autistischen Kindern konfrontiert werden, die als solche »erkannt« werden. In den armen Ländern wird es freilich weiterhin so sein, daß ein Teil dieser Kinder ausgesetzt wird, um sich in der Wildnis selbst durchzuschlagen, beziehungsweise daß man es unterläßt, rasch und gründlich nach diesen Kindern, wenn sie weglaufen, zu suchen.

Wir haben bei den Eltern autistischer Kinder, die oft aus gebildeten und guten Familien der Mittelschicht kamen, immer wieder die Erfahrung gemacht, daß sie den geheimen Wunsch hegten, ihre Kinder los zu sein – ein Wunsch übrigens, der, wenn diese Kinder älter werden, durchaus seine Gründe hat. Freilich durften sie sich dieses Wunsches nicht bewußt werden, genausowenig wie sie ihn in die Tat umsetzen durften, denn das gestattete ihr Gewissen nicht und entsprach ganz und gar nicht dem Verhalten, das die Gesellschaft von ihnen erwartete. Auch ist es so gut wie unmöglich, daß ein Kind in unseren Städten endgültig und für längere Zeit verlorengeht. Doch gibt es kaum einen Elternteil, der etwa im Amerika des 20. Jahrhunderts lebt und es, obwohl ständig auf der Hut, noch nicht erlebt hat, daß sein autistisches Kind im Alter von drei oder vier Jahren nicht verloren gegangen ist, wobei die wilden autistischen Kinder leichter verloren gehen als die ruhigen, in sich zurückgezogenen. Diese Eltern haben uns immer wieder erzählt, wie ihre Kinder verschwunden sind, wie sie sie stundenlang suchen mußten und wie sie schließlich nur durch einen Zufall wiederfanden – dadurch nämlich, daß die Polizei oder irgendein Fremder auf sie aufmerkam geworden und ihr Zuhause herausgefunden hatte. Viele unter diesen Eltern müssen sich einer unablässigen Wachsamkeit befleißigen, um zu verhindern, daß ihre autistischen Kinder, wie vom Erdboden verschluckt, verschwinden.

Daher erscheint uns die Annahme, daß es sich auch bei Parasram um solch ein »verlorenes« Kind gehandelt haben kann, sehr plausibel. Wahrscheinlich war es so, daß seine Eltern – ob absichtlich oder unabsichtlich, das sei hier dahingestellt – nicht aufpaßten, so daß das Kind entweder zurückblieb oder ihnen einfach davonlief.

Doch auch ohne die komplexen Emotionen, die diese Kinder bei ihren Eltern auslösen, und ungeachtet aller unserer Vorsichtsmaßnahmen haben wir es immer wieder erlebt, daß eines dieser Kinder plötzlich verschwunden war – ein Augenblick mangelnder Wachsamkeit, und schon war es wie vom Erdboden verschluckt. Es dauerte keine Minute, und es war verschwunden, und dann dauerte es Stunden, bis wir es wiedergefunden hatten. Oftmals mußten wir Suchmannschaften zu Fuß und im Auto aussenden, um das betreffende Kind schließlich in einer Umgebung zu finden, von der wir unmöglich angenommen hätten, daß hier sich jemand verirren könnte. Glücklicherweise gingen unsere autistischen Kinder immer nur für kurze Zeit verloren. Ihr sonderbares Verhalten unterscheidet sie von allen anderen Kindern, so daß es relativ einfach ist, sie wiederzufinden. Sogar den Fremden, die sonst Kinder nicht beachten, wird das autistische Kind wegen seines ungewöhnlichen Verhaltens auffallen, so daß sie uns sagen können, wohin das Kind gelaufen ist. Oder sie rufen die Polizei, die das Kind aufliest und zu uns zurückbringt. Aber so einfach es auch ist, sie aufzuspüren, so schwierig ist es, sie einzufangen – zumindest genauso schwierig wie das Einfangen wildlebender Kinder, von dem die Literatur zu berichten weiß und zu dem manchmal, um das Kind überhaupt überwältigen zu können, mehrere Erwachsene erforderlich gewesen sind.

Ein Beispiel mag hier für viele stehen. Anna, eines unserer wilden autistischen Mädchen, war wieder einmal fortgelaufen, und wir hatten ihre Abwesenheit eine Minute, nachdem sie verschwunden war, entdeckt. Bereits nach wenigen Minuten – wir waren an solche Notfälle gewöhnt – hatten sich drei Suchmannschaften zu Fuß und eine Mannschaft im Wagen auf die Suche nach dem zehnjährigen Mädchen gemacht, allerdings ohne Erfolg. Anna wurde schließlich nur deshalb gefunden, weil sie sich einen Großteil ihrer Kleider vom Leib gerissen und sich gegen die Leute auf der Straße gewaltsam gewehrt hatte, worauf diese einen Polizisten zu Hilfe gerufen hatten. Nachdem der Polizeibeamte entdecken mußte, daß er Anna – zumal er sie nicht schlagen wollte – nicht überwältigen konnte, und nachdem er von dem Kind getreten, gebissen und gekratzt worden war, forderte er Unterstützung an. Mit Hilfe eines weiteren Polizeibeamten gelang es ihm schließlich, das Mädchen aufs Revier zu bringen.

Da wir die Polizei informiert hatten – eine Vorsichtsmaßnahme, die wir, sobald eines unserer Kinder verloren ging, ergriffen –, wurden wir vom Revier aus angerufen und gebeten, das Mädchen sofort abzuholen. Als einige unserer Mitarbeiter wenige Minuten später dort anlangten, hatte das kleine Mädchen das ganze Revier in ein einziges Tohuwabohu verwandelt. Die beiden Polizeibeamten, die sie eingefangen hatten, waren völlig erschöpft, und ihre Uniformen waren zerrissen. Sie hatten Anna auf dem Bahnsteig eines Vorortbahnhofs entdeckt, fünfeinhalb Wohnblöcke von unserer Schule entfernt. Damals war sie der Sprache noch kaum mächtig. Als wir den Weg, den sie gegangen war, rekonstruierten, erfuhren wir, daß sie bereits nach zwei Straßenkreuzungen begonnen hatte, sich die Kleider vom Leib zu reißen. Doch wie sie durch das ständig überwachte Drehkreuz, das auf den Bahnsteig führt, gelangt war, konnten wir uns einfach nicht vorstellen. Bei anderen Gelegenheiten fanden wir sie sogar dreißig Häuserblocks von der Schule entfernt.

Wenn solche Dinge in einer Großstadt wie Chicago möglich sind, wo ein sonderbares Verhalten wie das von Anna sofort ins Auge springt, dürfte es solchen Kindern unter primitiveren Lebensbedingungen noch leichter fallen, von ihren Eltern fortzulaufen. Und wenn wir irgendwelche Schlußfolgerungen aus unseren Erfahrungen mit einigen Eltern von autistischen Kindern ziehen können, so sind es wohl die, daß die Bemühungen dieser Eltern, ihre verlorengegangenen Kinder wiederzufinden, mehr als lax gewesen sind. So viel also zu der Frage, wie später verwildernde Kinder verloren gehen können.

Doch warum überhaupt der Glaube, daß es wilde Kinder im allgemeinen und Wolfskinder im besonderen geben könne?

Drei Faktoren haben diesen Glauben mit Sicherheit gefördert. Erstens sind viele dieser Kinder, obwohl sie nicht sprechen, keineswegs dumm. Die Sprache aber unterscheidet den Menschen mehr als alles andere vom Tier. Tiere können nicht sprechen; somit aber müssen diese Kinder etwas mit Tieren gemeinsam haben. Zweitens brauchen alle Kinder, sogar die schwachsinnigen, menschliche Wärme und Pflege; die autistischen Kinder aber scheuen jede menschliche Gesellschaft. Drittens benehmen sich einige dieser Kinder, wenn sie sich zur Wehr setzen, wie Raubtiere, indem sie kratzen und beißen. Darüber hinaus vermag ich nur Vermutungen anzustellen.[5]

Ich habe bereits darauf hingewiesen, daß der menschliche Narzißmus erheblich zur Glaubwürdigkeit der Geschichten über verwilderte Kinder beigetragen haben kann. Ich möchte auf diesen Punkt näher eingehen und dabei auf unsere Erfahrungen mit schwerst autistischen Kindern zurückgreifen. In früherer Zeit, als wir noch glaubten, daß die Geisteskranken von Teufeln oder Dämonen besessen seien, bedeutete ihre »Wildheit« keinen gar so großen Schock für unser menschliches Selbstbild. Sogar heute noch scheinen wir das Bedürfnis zu haben, diese unwillkommenen Aspekte unserer Natur außermenschlichen Kräften zuzuschreiben – wir meinen die Potentiale der menschlichen Natur, von denen wir uns im Verlauf der Entwicklung unserer Zivilisation abgewandt haben, was jedoch nicht hindert, daß sie gelegentlich in gewissen psychotischen Prozessen wieder durchbrechen.

Man führte die Wildheit der Mädchen von Midnapore darauf zurück, daß sie angeblich von Wölfen großgezogen worden waren. Wie verführerisch diese Argumentation ist, mußten wir selbst erfahren, als wir versuchten, die Wildheit dieser Kinder von dem zu trennen, was menschlich an ihnen war, das heißt, erstere auf äußere Umstände zurückzuführen und in den letzteren die wahre menschliche

[5] Leider weiß ich nicht, welche religiösen Vorstellungen in der Region, wo die Mädchen von Midnapore gefunden worden sind, vorherrschen. Wenn die Leute dort jedoch an die Seelenwanderung glaubten und mit dem Verhalten dieser Mädchen konfrontiert wurden, ist es dann nicht denkbar, daß sie meinten, diese Mädchen seien in einer früheren Inkarnation Wölfe gewesen oder sie befänden sich nun in einer Inkarnation, in der sie zum Teil Wolf zum Teil Mensch waren? Solche Überzeugungen waren für den Erwachsenen Reverend Singh unannehmbar, doch vielleicht hatten sie einen Teil seines Denkens gebildet, bevor er an *Bishop's College* in Kalkutta zu studieren begonnen hatte? Wenn man früher einmal geglaubt hat, daß eine Menschenseele in einer früheren Inkarnation den Körper eines Wolfes bewohnt haben kann, fällt es einem vermutlich leichter zu glauben, daß diese beiden Mädchen in einem früheren Leben unter Wölfen gelebt haben können.

Natur des Kindes zu sehen. Auf diese Weise lernten wir, daß, wer mit solchen Kindern eng zusammenlebt, dazu neigt, spontan – wenn auch nur für kurze Zeit – eben solche Ansichten zu entwickeln.

Ein typisches Beispiel, das ebenfalls für viele andere stehen muß, war die Reaktion einer unserer Mitarbeiterinnen auf eines unserer wilden Mädchen – diese Reaktion erfolgte nicht nach dem ersten Kennenlernen, sondern nachdem die Beraterin bereits monatelang mit dem Kind Tag für Tag gearbeitet hatte. Als das Mädchen unsere Mitarbeiterin wieder einmal heftig attackiert hatte, »fühlte ich eine heftige Wut in mir, die sich gegen den Dämon in diesem Mädchen richtete, der mich verletzte, ohne daß das Kind es wollte«. Wir brauchen hier nicht erst zu betonen, daß unsere Mitarbeiterin weder an Dämonen noch an besessene Menschen glaubte. Doch um mit diesem autistischen Kind weiter zusammenleben zu können, brauchte sie irgendeinen Glauben, der sie in die Lage setzte, das Beißen, Kratzen und Kleiderzerreißen des Kindes zu ertragen, ohne es deshalb zurückzuweisen oder gar zu bestrafen; sie brauchte etwas, an das sie sich klammern konnte, um die eigentliche Bedeutung dieses autistischen Verhaltens verstehen zu können. Daher mußte sie, nicht was ihre rationale Bewertung, sondern was ihre emotionale Erfahrung der Situation anlangt, das Verhalten des Kindes sozusagen in zwei Teile aufteilen – einerseits in den durch Dämonen beeinflußten und andererseits in den menschlichen Teil.

In unserem aufgeklärten Jahrhundert suchen wir den Ursprung des untermenschlichen, ja tierischen Verhaltens dieser Kinder nicht mehr in irgendeiner Geisterwelt, sondern in ihrer naturgegebenen Anlage oder in ihrer Umwelt. In diesem Zeitalter der Vernunft suchen wir zunächst nach organischen Schädigungen, und dann befassen wir uns selbstverständlich mit der frühen Umwelt dieser Kinder, um mit ihrer Hilfe deren Verhalten zu erklären. Normalerweise verfolgen wir autistisches Verhalten zurück bis zu jenem extremen Zustand einer emotionalen Abkapselung, bis zu jener unmenschlichen Behandlungsweise oder bis zu jenen anderen spezifischen oder nichtspezifischen Traumatisierungen, denen sie ausgesetzt gewesen waren. Doch angesichts ihrer Wildheit, ihrer späteren totalen Zurückgezogenheit, ihrer »Widersprüchlichkeit« werden auch wir manchmal – wenn auch immer nur für kurze Zeit – zurückgeworfen, und dann glauben auch wir plötzlich wieder, daß sie besessen, ja, daß sie »Tiere« sind.

Hier eine weitere typische Reaktion, die die Beraterin auf Annas Verhalten äußerte: »Als ich ihr dabei zuschaute, wie sie alle ihre

Körperteile fortwährend mit Speichel beschmierte, wie sie in ihre Zehen biß und an ihnen herumkaute, da dachte ich bei mir selbst, sie ist ein Tier, das auf zerstörerische Weise sich selbst wäscht.« Da also die Beobachtung solcher Kinder auf eine offenbar ganz natürliche Weise zu der Überlegung oder Überzeugung führt »Sie sind (wie) Tiere«, muß doch die einfachste Lösung des Problems, das ihr Verhalten aufwirft, in dem Glauben bestehen, daß solches Verhalten nur durch ein Aufwachsen unter Tieren zustande kommen kann – diese Kinder, so lautet die Schlußfolgerung, können auf solch tierisches Verhalten nur dadurch reduziert worden sein, daß sie mit Tieren zusammengelebt haben.

Das war übrigens genau die Beweisführung, deren sich die bereits weiter oben erwähnten Eltern des sechsjährigen »Hundemädchens« bedient hatten.

Übrigens gemahnte auch Anna die Menschen, die sie am genauesten kannten und am liebsten hatten, an ein Tier. So hat man zum Beispiel ihre Körperbewegungen folgendermaßen beschrieben:

Sie hat einen ungewöhnlich geschmeidigen Körper, aber sie geht oder läuft nicht wie ein Mensch. Sie läuft auf eine hüpfende Art. Diese Art zu laufen entwickelt sich manchmal zu einer Fortbewegung in leichten Sprüngen, was an ein Tier erinnert. Wenn sie in diesen hüpfenden Laufschritt verfällt, fällt es mir, auch wenn ich mich noch so sehr anstrenge, schwer, mit ihr Schritt zu halten. Gewöhnlich bin ich nicht in der Lage, sie zu überholen.

Über die Gangart der beiden Mädchen von Midnapore weiß Singh folgendes zu berichten:

Als sie allmählich kräftiger wurden, begannen sie, auf allen Vieren zu gehen, und später begannen sie, auf allen Vieren zu rennen. Als sich ihr gesundheitlicher Zustand besserte, rannten sie sehr schnell, so wie Eichhörnchen rennen, und es war gar nicht einfach, sie zu überholen.

Andere autistische Kinder, die bei uns lebten, wurden von unseren Mitarbeitern spontan mit anderen Tieren verglichen. So verglich man einen unserer Jungen, der (wie Anna) weder gehen noch rennen konnte wie ein Menschenkind, sondern immer nur wild hüpfte oder sprang, häufig mit einer Gazelle. Ein anderes Kind erinnerte uns an einen Bären, was auf seine plumpe Gehweise, auf sein Brummen und auf seine plötzlichen Ausbrüche von Wildheit zurückzuführen war. Diese Ausbrüche, bei denen er seine »Pflegerin« heftig umarmte, bildeten eine Ausnahme für seinen sonstigen Zustand, in dem er sich völlig abkapselte.

Eine weitere Verhaltensweise Annas scheint den Glauben noch zu erhärten, wonach das Mädchen von Wölfen oder anderen wilden Tieren gefüttert worden sein könnte:

Heute nachmittag saß sie dort und beobachtete andere Kinder, von denen einige Kaugummi kauten. Ein vierzehnjähriges Mädchen saß neben ihr. Plötzlich streckte sie die Arme aus, legte sie dem Mädchen um den Hals, näherte ihr Gesicht dem ihren und versuchte seinen Mund zu öffnen – sie versuchte, zunächst mit den Fingern, dann mit den Zähnen, dem Mädchen den Kaugummi aus dem Mund zu nehmen.

Es braucht keine besonders Phantasie, um dieses Verhalten als eine Fütterung von Mund zu Mund zwischen Tiermutter und Tierjungem zu interpretieren. Auch gäbe das eine hübsche Geschichte.

Doch gibt es neben der Möglichkeit gemeinsamer Verhaltensweisen noch andere und spezifischere Gründe, die einen Vergleich zwischen diesen Kindern und Tieren rechtfertigen. Auf die Tatsache, daß sie uns gebissen und gekratzt haben, habe ich bereits wiederholt hingewiesen. Dieses Beiß- und Kratzverhalten ist so ausgeprägt, daß einer unserer Mitarbeiter wegen seiner Beiß- und Kratzwunden in einem einzigen Jahr über zwölf Mal ärztlich behandelt werden mußte, wobei die vielen Male, bei denen er weniger schlimm verletzt worden war, nicht mitgerechnet sind. Zu diesem raubtierartigen Verhalten der Kinder gehört auch, daß sie die Zähne fletschen, wenn sie wütend oder verärgert sind.

Was ebenfalls an tierisches Verhalten erinnert, ist ihr Herumschleichen bei Nacht, das in einem starken Kontrast zu ihrem Verhalten am Tage steht. Denn am Tage haben sie sich meistens still in eine Ecke zurückgezogen. Eines unserer Mädchen vermochte nur dann mit ihrer Lieblingsberaterin zu kommunizieren, wenn diese nachts stundenlang mit ihm durch unser Gebäude streifte. Und da das die einzige Gelegenheit war, zu der das Mädchen Nahrung anzunehmen pflegte, wurde es auf diesen Streifzügen von seiner Beraterin gefüttert.

Ein weiteres Verhalten, das stark tierische Züge aufweist, besteht in der Vorliebe, die diese Kinder für rohe Nahrung, vor allem für rohes Gemüse, an den Tag legen. Manche dieser Kinder unternehmen alles, um an rohe Zwiebeln oder rohen Kopfsalat heranzukommen, und manche bekommen regelrechte Wutanfälle, wenn ihre Wünsche nach solcher Nahrung nicht erfüllt werden. Andere lecken stundenlang Salz, allerdings immer nur aus ihrer eigenen Hand.

Dann gibt es die Kinder, die sich in dunklen Ecken oder Wandschränken »Höhlen« bauen, wo sie den ganzen Tag und die ganze Nacht verbringen. Dazu benutzen sie Decken, Matratzen oder andere geeignete Dinge, die sie sich zusammensuchen. Sie gestatten es keinem, sie oder ihren Unterschlupf anzufassen, und mindestens zwei unserer Kinder pflegten immer erst dann Nahrung zu sich zu nehmen, wenn sie ihr Essen in diese »Höhlen« geschafft hatten. Dort aßen sie es dann ohne irgendwelches Besteck.

Aber es sind nicht nur der Widerwille dieser Kinder, mit Menschen zu verkehren, oder ihr wildes Verhalten, die einen stark an das Verhalten von Tieren erinnern. Manche unter ihnen reagieren, wenn sie ein Tier sehen, wie auf einen seit langem vermißten guten Freund. Eines unserer Mädchen (es handelte sich nicht um unser »Hundemädchen«) wurde immer schrecklich aufgeregt, wenn es einen Hund sah. Dann verspürte es immer den starken Wunsch, zu diesem Hund hinzulaufen, und dabei heulte es wie ein Tier, ja eigentlich wie ein Wolf. Es ließ sich auf allen Vieren zu Boden fallen, sprang mit dem Kopf nach unten herum wie ein Hund und machte mit dem Mund beißende beziehungsweise schnappende Bewegungen. Dieses wolfsartige Geheul gab es auch beim Essen, mitten in der Nacht oder wenn es aufgeregt war, von sich.

Hätten wir an die tierische »Herkunft« dieses Mädchens – dessen ganze Geschichte uns wohlvertraut war – geglaubt, wären wir wahrscheinlich zu der Überzeugung gelangt, daß sich dieses Mädchen durch ein wolfsähnliches Tier, wie es der Hund ist, an seine glücklicheren Tage unter Wölfen erinnerte, und daß es nun auf das zurückgriff, was die Wölfe sie gelehrt hatten. Dasselbe hätten wir von den Kindern behaupten können, die in ihren selbstgeschaffenen Höhlen oder Unterschlupfen schliefen.

Doch trotz dieser Ähnlichkeiten zwischen dem Verhalten einiger unserer autistischer Kinder und dem Verhalten der wilden Kinder, das die Literatur beschreibt, bestand die Möglichkeit, daß es sich bei all diesen Dingen um einen reinen Zufall handelte. Es konnte durchaus sein, daß diese Ähnlichkeiten oberflächlicher Natur waren und daß bei einer näheren Untersuchung wichtige Unterschiede zwischen den beiden Verhaltensweisen zutage treten würden.

Außerdem gab es noch andere Kinder – wir denken hier an Parasram – von denen man annahm, daß sie von Tieren großgezogen worden seien, die jedoch nicht diese animalische Wildheit an den Tag legten. Aber sogar unsere wilden Kinder äußern solches Verhalten nicht die ganze Zeit. Dieses Verhalten fällt uns deshalb so sehr auf, weil es so gar nichts mit menschlichem Verhalten zu tun hat, nicht aber weil es von den Kindern die meiste Zeit über geäußert wird. Bei den Kindern, deren Verhalten am gewalttätigsten war, haben wir die Erfahrung gemacht, daß ihre ungewöhnlichen Verhaltensweisen (zum Beispiel, sich die Kleider vom Leib zu reißen, tierische Geräusche von sich zu geben, Beißen, Kratzen und so weiter) im ersten oder zweiten Jahr bei uns stark zurückgingen, um dann im dritten oder vierten Jahr zwischendurch immer bei solchen Gelegenheiten aufzutauchen, die stark von Streß geprägt waren. Während solche Verhaltensweisen der dramatischste Ausdruck des infantilen Autismus ist, brauchen sie für diese Störung nicht charakteristisch zu sein. Solche Verhaltensweisen sind nicht der Kern, sondern eine Nebenerscheinung des Autismus. Vergleicht man sie mit dem gestörten Kommunikationsvermögen und dem totalen Mangel an Umweltbezogenheit dieser Kinder, so kann man nur feststellen, daß sie nicht allgegenwärtig sind. Dagegen sind dieses gestörte Kommunikationsvermögen und dieser totale Mangel an Umweltbezogenheit Merkmale, die für alle autistischen Kinder charakteristisch sind. Die meisten dieser Kinder zeigen – abgesehen von der Tatsache, daß sie menschliche Gesellschaft meiden – kein tierisches Verhalten. Dieses Vermeiden menschlicher Gesellschaft aber ist keineswegs ein für alle Tiere charakteristisches Verhalten.

Doch wie können wir nun feststellen, ob es sich bei Amala und Kamala um autistische Kinder gehandelt hat? Unsere Behauptung können wir nur dann aufrechterhalten, wenn ein Vergleich eindeutig ergibt, daß das charakteristischste Verhalten der beiden Mädchen dem für autistische Kinder charakteristischsten Verhalten absolut ähnelte, und wenn wir feststellen können, daß all diese Verhaltensweisen mit den Merkmalen übereinstimmen, die die Literatur als typisch für den infantilen Autismus annimmt.

Die Wolfsmädchen von Midnapore

Bei seiner Beschreibung des Verhaltens der beiden Kinder stellt Reverend Singh zwei typische Merkmale heraus – einerseits die Reserviertheit und Verschlossenheit und andererseits die Scheu oder gar Angst der beiden Mädchen. Diese Merkmale beschreibt er folgendermaßen:

Ihre Reserviertheit stach von Anfang an ins Auge. Sie pflegten in einer Zimmerecke zu kauern und stundenlang dort zu sitzen und die Ecke anzustarren, so als meditierten sie über irgendein großes Problem. Dem Geschehen, das sich im Raum selbst abspielte, verhielten sie sich gleichgültig gegenüber. Es war unmöglich, ihre Aufmerksamkeit auf irgendetwas zu lenken. Grübelnd saßen sie die ganze Zeit an ihrem Platz. Wenn wir hin und wieder versuchten, ihre Aufmerksamkeit auf irgendetwas zu lenken, indem wir sie anfaßten oder auf irgendetwas zeigten, schenkten sie dem Gegenstand, den wir meinten, einen gezwungenen Blick, so als sähen sie überhaupt nichts, dann wandten sie die Augen wieder ab und starrten wieder ihre Ecke an.

Wir ließen sie nie allein, sondern beließen sie immer aus zwei Gründen in der Gesellschaft von anderen Waisenkindern. Erstens, um sie zu überwachen, damit sie nicht fortliefen, und zweitens, um zwischen ihnen und den anderen Kindern eine Verbindung herzustellen. Diese Kinder spielten, redeten und bewegten sich im Zimmer, doch das interessierte die beiden Mädchen nicht im geringsten. Sie blieben fast gänzlich unbeteiligt und gleichgültig.

Sie waren von Anfang an scheu. Diese Scheu hielt ich für Angst. Die Anwesenheit anderer Personen im Zimmer bewirkte, daß sie nichts taten, ja nicht einmal den Kopf oder den Körper bewegten. Sie hatten schon etwas dagegen, wenn wir sie bloß anschauten. Sie wollten ganz allein sein und mieden jede menschliche Gesellschaft. Wenn wir uns ihnen näherten, schnitten sie Gesichter und manchmal zeigten sie uns die Zähne, als wollten sie uns daran hindern, sie anzufassen oder ihnen Gesellschaft zu leisten. Dieses Verhalten aber äußerten sie zu jeder Zeit, das heißt tagsüber genauso wie nachts.

Diesen Text wollen wir nun mit der Beschreibung vergleichen, die einer unserer Kinderpsychoanalytiker von einem unserer zehnjährigen autistischen Mädchen gab, wobei er die Merkmale festhalten sollte, von denen er glaubte, sie seien für das Mädchen am charakteristischsten: »Ein allgegenwärtiges Verhaltensmerkaml ist ihre überwältigende Panikreaktion auf die leichteste Störung von außen, eine Reaktion, die häufig ohne einen sichtbaren äußeren Auslöser stattfindet.«

Reverend Singh fährt fort:

Fast drei Monate lang . . . bemerkten wir eine völlige Abkapselung und eine totale Abneigung, die nicht nur uns, sondern ihrer ganzen Wohnstätte und jeder Bewegung und jedem Spiel galt, kurz: allem, was menschlich war.

Dieses Verhalten ist für alle autistischen Kinder typisch. Doch wie erklären Singh und sein Mitautor solches Benehmen? Ihrer Meinung nach kapselten sich die Kinder aus folgenden Gründen gegen allen Kontakt mit ihrer Umgebung ab:

Nachdem sie eingefangen und gerettet worden waren, suchten sie nach den Wölfen und ihren Jungen. Es war augenfällig, daß sie sich nach ihrer Gesellschaft sehnten, und da sie entdeckten, daß ihnen diese Gesellschaft verschlossen blieb, weigerten sie sich, sich mit den Kindern oder sonst irgendwem zusammenzutun. [Und:] Sie konnten ihre Gefährten aus dem Dschungel nicht wiederfinden; sie konnten mit den Wölfen nicht mehr herumstreifen; sie vermißten ihre gemütliche Höhle; und sie konnten sich nicht mehr von Fleisch oder Milch ernähren. Folglich lastete die Erinnerung an ihre alte Umgebung stark auf ihnen und sie trachteten, wieder an ihre einstige Wohnstätte, zu ihren einstigen Gefährten zurückzugelangen. Diese Tatsache machte sie so nachdenklich und voll trübseliger Stimmung.

Hätten hervorragende Gelehrte (nämlich die Professoren R. R. Gates, A. Gesell, F. N. Maxfield, K. Davies, R. M. Zingg und viele andere) solche Darstellungen nicht gutgeheißen, könnte es scheinen, als wollten wir auf dem Augenfälligen herumreiten, wenn wir darauf hinweisen, daß man nur dann autistischen Kindern irgendwelche Gedanken oder Wünsche zuschreiben kann, wenn solche Behauptungen auf peinlich genauen Beobachtungen basieren, die in den verschiedensten Entwicklungsstadien dieser Kinder vorgenommen worden sind. Doch auch in diesem Fall müssen diese Beobachtungen so lange Spekulationen bleiben, bis sie durch spätere Entwicklungsabschnitte der Kinder selbst unzweideutig bestätigt werden. Eine solche Bestätigung ist bei dem von uns hier behandelten Fall unmöglich, da aus dem Bericht über Kamalas spätere Entwicklung (Amala starb viel zu früh) nicht zu entnehmen ist, daß sie sich irgendwann an ihr Zusammenleben mit den Wölfen erinnert hat.

Ich weiß nicht, wie es augenfällig hat sein können, »daß sie sich nach der Gesellschaft der Wölfe sehnten«, doch bin ich gern bereit zu glauben, daß »die Erinnerung an ihre alte Umgebung stark auf ihnen lastete« – oder zumindest die Erinnerung an ihre vergangenen schrecklichen Erlebnisse. Die einst stummen autistischen Kinder, denen wir zur Sprache verholfen haben, so daß sie uns von ihrer Vergangenheit erzählen konnten, hatten immer nur verschwommene Vorstellungen von den entsetzlichen Phantasien, von denen sie damals in ihrer völligen Abkapselung heimgesucht worden waren. Sie erinnerten sich nur vage an diese Zustände des Entsetzens. Die Dinge liegen völlig anders bei sprechenden autistischen Kindern wie Joey, deren Vorstellungen klarer und komplexer sind.

Auch hier sollten wir auf das Zirkelschlußdenken von Singh und Zingg hinweisen. Die Annahme, daß die beiden Mädchen von Wölfen großgezogen worden seien, dient dazu, das Denken und Verhalten dieser Kinder zu begründen. In der Folge wird das so interpretierte Verhalten von den beiden Autoren dazu benutzt, eben jene Annahme zu bestätigen. Denn weshalb sonst sollten sie »nachdenklich und trübselig« an ihr glückliches wildes Leben zurückgedacht haben?

Bevor ich Singhs Schilderung mit der Literatur und mit unserer eigenen Erfahrung vergleiche, möchte ich auf den einzigen Augenzeugenbericht eingehen, den Singh in sein Buch aufgenommen hat, zumal dieser Bericht präziser und weniger von Spekulationen über die wilde Herkunft des Mädchens überschattet ist. Bischof Pakenham-Walsh verdanken wir eine ausgezeichnete Beschreibung des Verhaltens Kamalas zu einer Zeit, als sie ungefähr vierzehn Jahre alt war, also bereits seit sechs Jahren wieder unter Menschen lebte. Auch war Pakenham-Walsh die gebildetste Person, die, so weit wir wissen, das Mädchen besucht hat. Er berichtet folgendes:

Als ich Kamala besuchte, konnte sie klar und deutlich etwa dreißig Wörter sprechen. Bat man sie, einen gewissen Gegenstand beim Namen zu nennen, so pflegte sie das auch zu tun, doch verwendete sie ihre Wörter nie auf eine spontane Weise. So pflegte sie zum Beispiel nie um etwas zu bitten, indem sie das Gewünschte beim Namen nannte; stattdessen wartete sie still, bis Mrs. Singh sie fragte, ob sie das oder das oder das haben wolle, und wenn sie die richtige Sache beim Namen nannte, nickte das Mädchen. Kamala hatte ein bezauberndes Lächeln, wenn man mit ihr sprach, doch nahm ihr Gesicht sofort danach wieder einen etwas dümmlichen Ausdruck an. Wurde sie allein gelassen, zog sie sich in den dunkelsten Winkel zurück, wo sie sich mit dem Gesicht zur Wand auf den Boden kauerte und mit völlig teilnahms- und ausdruckslosem Gesichtsausdruck verharrte. Sie mochte Mrs. Singh und ordnete sich ihren Anweisungen in der Zeit, in der ich sie beobachtete, bereitwillig unter. Sie interessierte sich für nichts, hatte vor nichts Angst und kümmerte sich weder um die anderen Kinder noch um deren Spiele. Sie ging auf beiden Beinen, konnte aber nicht laufen.

Ich sah sie zwei Jahre später wieder [zu einer Zeit als, als sie ungefähr sechzehn gewesen sein dürfte] und abgesehen davon, daß sie viele Wörter hinzugelernt hatte, bemerkte ich keine geistige oder seelische Veränderung.

Was ist zu dieser Darstellung zu sagen, wenn man sie mit der Literatur vergleicht, die das typische Verhalten autistischer Kinder beschreibt? In seinen klassischen Berichten zu dieser Krankheit stellt Kanner (1943, 1944, 1948, 1949) fest, daß ihre charakteristischsten Merkmale ein »tiefreichender Rückzug vor jeder Kontaktnahme und das zwanghafte Verlangen nach der Beibehaltung einer gewissen Gleichförmigkeit« seien, wobei diese Gleichförmigkeit bei seltenen

Gelegenheiten nur vom Kind selbst unterbrochen wird. Ebenso charakteristisch ist entweder »der Mutismus oder die Art von Sprache, die offenbar nicht den Zweck hat, einer interpersonalen Kommunikation zu dienen«. Diese Kinder scheinen unfähig, zu Menschen und manchmal sogar zu Objekten eine Beziehung herzustellen. Sie werden als selbstgenügsam beschrieben; sie verhalten sich, als seien die Leute um sie herum gar nicht da, und sie vermitteln den Eindruck von stillen Weisen.

Kanners erster Fall, er hieß Donald, legte im Alter von fünf Jahren eine solche »Geistesabwesenheit an den Tag, daß er alles um sich herum völlig vergaß. Er scheint immer nur zu denken und zu denken und um seine Aufmerksamkeit zu wecken, hatte man fast das Gefühl, eine Barriere zwischen seinem inneren Bewußtsein und der Außenwelt niederreißen zu müssen« (Kanner, 1943). Diese Beschreibung erinnert uns an Kamala, wie sie stundenlang in einem Winkel saß und über irgendein großes Problem nachzugrübeln schien, wobei sie alles, was um sie herum vor sich ging, so sehr ignorierte, daß es unmöglich war, ihre Aufmerksamkeit auf irgendetwas zu lenken. Und sie erinnert uns auch an das, was Annas Mutter über ihre Tochter sagte, die nämlich, wenn sie nicht gerade schrie oder gewalttätig wurde, »immer nur dachte und dachte und ganz allein dasaß und ihr eigenes Leben überdachte«.

Über Kanners Fall Neun erfahren wir folgendes:

> Am beeindruckendsten sind seine Gleichgültigkeit und seine Unzugänglichkeit. Er geht, als bewege er sich in einem Schatten, und er lebt in einer eigenen Welt, in der ihn niemand erreichen kann. Kein Gefühl einer Beziehung zu Personen. Er hat eine Phase hinter sich, in der er jemand anderen zitiert hat; er selbst bietet nie etwas an. Alles, was er sagt, ist eine Replik dessen, was man zu ihm gesagt hat (Kanner, 1943).

Die Ähnlichkeit zwischen diesem Verhalten und der Abkapselung und Scheu der Wolfsmädchen ist verblüffend. Die Tatsache, daß dieser Junge nie spontan etwas geäußert hat, erinnert an die Beschreibung des Sprachverhaltens Kamalas, das wir Pakenham-Walsh verdanken.

Über das tierähnliche Verhalten dieser Kinder hat Kanner (vgl. seinen Fall *Acht*) geschrieben, daß »man ihn einen einsamen Wolf nennt«, und über den Jungen, den er im Fall *Neun* beschreibt, meint er: »Wenn er mit anderen Leuten zusammen ist, schaut er nicht zu ihnen auf. Wir hatten eine Gruppe Besucher. Als Charles hereinkam, erinnerte er an ein Fohlen, das man nicht aus dem Gehege gelassen hat« (Kanner, 1943).

Daß eines dieser Kinder mit einem einsamen Wolf verglichen wurde, beweist nichts, da diese Metapher weitverbreitet ist. Aber können wir den zweiten Vergleich ebenso einfach abtun? Ich glaube nicht. Wir brauchen uns nur mit den Erfahrungen auseinanderzusetzen, die wir im Verlauf mehrerer Jahre mit vierzig oder fünfzig Mitarbeitern gemacht haben. Bei diesen Mitarbeitern kam es nur sehr selten vor, daß sie das Verhalten unserer nichtautistischen Kinder und Jugendlichen, obwohl es zum Teil sehr anstrengend und zerstörerisch war, nicht mit irgendwelchem Tierverhalten verglichen, während sie bei der Beschreibung autistischen Verhaltens immer automatisch auf solche Vergleiche zurückgriffen.

Sogar unsere sehr stillen und in sich abgekapselten autistischen Kinder werden zum Teil mit solchen Tiervergleichen beschrieben, so etwa mit der Schildkröte, die sich unter ihren Panzer zurückzieht, oder der Auster, die sich ständig abkapselt. Doch wesentlich häufiger galten die Tiervergleiche den autistischen Kindern, die ihre Probleme wild ausagierten.

Hätte ein kluger und interessierter Laie wie Pakenham-Walsh unsere autistischen Kinder beobachtet, die erst ein Jahr bei uns sind, und hätte er dazu dieselbe Zeit gehabt wie für seine Beobachtung Kamalas, wäre seine Beschreibung bei einem Großteil dieser Kinder ähnlich ausgefallen wie bei Kamala.

Interessant ist die Tatsache, daß zwei unserer stummen autistischen Kinder ihre ersten Wörter artikulierten, als sie ungefähr ein Jahr bei uns waren, denn ein ähnliches Faktum wurde über Kamala berichtet, die, dreizehn Monate nachdem man sie eingefangen hatte, »zu babbeln begann wie ein Baby«. Doch aufgrund unserer eigenen Erfahrung und aufgrund der Beschreibung, die Pakenham-Walsh geliefert hat, möchte ich bezweifeln, daß sie wie ein Baby gebabbelt hat, denn solches Verhalten ist das Ergebnis eines spontanen Kommunikationsversuches und das Vergnügen, das sich in ihm äußert, gilt zunächst der Vokalisierung und erst später der Verbalisierung.

Diese stummen autistischen Kinder ziehen es vor, nicht zu sprechen, auch wenn sie die Fähigkeit, einige Wörter zu sagen, erworben haben oder wenn sie – vielleicht sollte ich es so formulieren – ihren inneren Widerstand so weit überwunden haben, daß sie nun zumindest einige Wörter artikulieren. Wie man im Falle von Kamala nach sechs Jahren bemerkt hat, ziehen sie es vor, daß andere das Sprechen für sie erledigen. Die weiche, zögernde und häufig echolalische Artikulierung von Wörtern – am liebsten von kurzen, einzelnen Wörtern, die das Sprechen dieser Kinder charakterisiert – unterscheidet sich ganz erheblich von dem Sprachverhalten, das sich aus dem in der Regel glücklichen Gebrabbel des Säuglings ergibt. Auch sticht diese Artikulierung stark von ihren wilden und durchdringenden »unartikulierten« Schreien ab. Ihre Art, Wörter auf eine kaum körbare und immer viel zu klare (oder viel zu unklare) Weise auszusprechen, läßt darauf schließen, daß diese Wörter nur minimal mit dem positiven Wunsch zu sprechen besetzt sind.

Verwildert oder autistisch?

Ich hoffe, daß meine Zitate aus der Literatur hinlänglich zeigen, daß die Verhaltensweisen, von denen Singh behauptet, sie seien für die Wolfsmädchen am charakteristischsten gewesen, genau dieselben sind, die Kanner als typisch für autistische Kinder bezeichnet hat. Diese Zitate und der Vergleich mit unserer eigenen Gruppe autistischer Kinder mögen dem Leser etwas kurz vorkommen, beinhalten jedoch die wesentlichen Grundzüge des infantilen Autismus, die in diesem ganzen Buch immer wieder erläutert worden sind.

Wie steht es nun aber mit einigen der spezifischen Verhaltensmerkmalen Kamalas? (Amala war so viel jünger und starb so viel früher, daß Singhs Bericht kaum näher auf sie eingeht.) Vielleicht unterscheiden sich diese spezifischen Eigenheiten so stark von dem üblichen Verhalten autistischer Kinder, wie wir und andere es beobachtet haben, daß das Argument gerechtfertigt sein könnte, wonach die Ätiologie von Kamalas Verhalten schließlich doch auf ein wildes Leben unter Tieren zurückzuführen wäre?

Um das herauszufinden, habe ich mit Hilfe der Beschreibungen Singhs eine Analyse des Verhaltens der Wolfskinder versucht, ohne dabei seine Interpretationen und die Verhaltensweisen zu beachten, die auch Singh nicht mit der Möglichkeit eines wilden Heranwachsens des Kindes verbindet. Dabei bin ich entweder so vorgegangen, daß ich das Verhalten der Wolfsmädchen mit unseren Beobachtungen an autistischen Kindern verglichen habe, oder aber so, daß ich den eigentlichen Charakter solchen Verhaltens zu erfassen versucht habe.

Unter diesen Beschreibungen sticht nur eine als höchst sonderbar ins Auge. Das ist die Beschreibung, die häufig dazu herhalten muß, das Verhalten dieser Wolfsmädchen durch ihr vermeintliches wildes

Heranwachsen inmitten von Tieren zu erklären. Auch entspricht dieser Beschreibung nichts, was uns an unseren autistischen Kindern aufgefallen ist. Wir meinen die Unfähigkeit der beiden Mädchen, bei ihrem Auffinden aufrecht auf zwei Beinen zu gehen. Während es einige unserer autistischen Kinder vorzogen, eine Zeitlang auf allen Vieren zu kriechen, war keines dieser Kinder, als wir es kennenlernten, unfähig aufrecht zu gehen. Das ist insofern ein wichtiger Punkt, als unsere ganze Auffassung von den angeborenen Ich-Apparaten einer Revision bedürfte, wenn wir plötzlich davon ausgehen müßten, daß das Aufrechtgehen lediglich ein erlerntes Verhalten ist und nicht das Resultat eines angeborenen »Apparates«, der in einem bestimmten Alter mittels eier bestimmten Stimulierung zu funktionieren beginnt.

Von Singh erfahren wir, daß die beiden Kinder am 17. Oktober 1920 eingefangen und sofort »inmitten eines Palisadenrunds aus langen Stangen gefangengesetzt wurden, was es den darin Befindlichen nicht gestattete, herauszukommen . . . In diesem Raum gab es zwei Tonschalen für Reis und Wasser, die am Rand der Palisade placiert waren, so daß es ein Leichtes war, diese Behälter mit fester und flüssiger Nahrung zu füllen.« Aber wie wir erfahren, unterließen die damit Beauftragten die Fütterung der Kinder, da sie sich auf der Stelle aus dem Staub machten.

Dort blieben die beiden Kinder fünf Tage lang, bis Singh am 23. Oktober zurückkehrte. In diesem ungemein engen Gefängnis »waren sie sich ohne Essen und Trinken selbst überlassen«. Über seine Rückkehr berichtet Singh folgendes:

Die Lage war sehr ernst . . . die armen Kinder lagen in ihrem eigenen Kot und waren wegen ihres Hungers, ihres Durstes und ihrer Angst in den letzten Atemzügen. Ich beklagte sie wirklich und weinte wegen meiner Nachlässigkeit. Das Füttern war ein Problem. Sie wollten nichts in ihren Mund nehmen. Ich versuchte es mit einer Art »Saughebermethode«, indem ich mein Taschentuch zerriß und zu einer Dochtform zurechtrollte. Diesen »Docht« tauchte ich in die Teetasse, und als er wohl durchtränkt war, steckte ich das eine Ende einem der Kinder in den Mund, während das andere Ende in der Tasse verblieb. Zu meiner großen Überraschung entdeckte ich, daß es wie ein Säugling an dem »Docht« saugte.

Am 28. Oktober hatten sich die Mädchen etwas erholt, und so unternahm Singh mit ihnen eine Reise von zirka hundert Kilometern »auf einem Ochsenkarren, auf dem sie kräftig durchgeschüttelt wurden«. Sie erreichten Midnapore am 4. November, und außer

Mrs. Singh erfuhr niemand von dieser Reise. Das läßt vermuten, daß die Kinder die meiste oder diese ganze Zeit über in diesen Karren gesperrt blieben. Also verbrachten sie wahrscheinlich weitere sieben oder acht Tage in diesem beengenden Gefängnis. Als sie in Midnapore ankamen, »waren sie so schwach und abgemagert, daß sie nicht die Kraft hatten sich fortzubewegen, so daß niemand im Hinblick auf ihre ungewöhnliche Geschichte irgendeinen Verdacht fassen konnte.«

Wäre ein solches Mißgeschick einigen unserer autistischen Kinder widerfahren, so hätte unsere Schlußfolgerung darin bestanden, daß die Entbehrung von fester und flüssiger Nahrung und die Unmöglichkeit sich zu bewegen – ein Zustand, der mindestens fünf Tage und Nächte, möglicherweise aber ganze neunzehn Tage lang, das heißt bis zu ihrer Ankunft in Midnapore, gedauert hatte – eine hinreichend traumatische Erfahrung gewesen war, um den völligen Kollaps zu erklären, einschließlich der Unfähigkeit zu gehen und zu essen, wenn man von der saugenden Nahrungsaufnahme einmal absieht. Und wenn Singh die Bewegungsunfähigkeit der Kinder bei seiner Rückkehr gemildert hat, so hat er sie auf der Reise nach Midnapore doch wiederhergestellt. Doch da die Kinder nicht verstehen konnten, weshalb sie gefangengehalten und forttransportiert wurden, war das eine weitere Traumatisierung.

Die meisten Beschreibungen, die sich auf ihre Art zu gehen beziehen, stammen aus der Zeit nach ihrer Ankunft in Midnapore. Einer Eintragung vom 24. November 1920 können wir entnehmen, daß »sich durch das Gehen auf allen Vieren an den Knien und Handflächen in der Nähe der Gelenke umfangreiche Hühneraugen gebildet hatten«. Von diesen wunden Stellen hatten sie sich am 5. Dezember erholt, doch erst »am 19. Dezember 1920 stellten wir fest, daß sie sich wieder etwas bewegen, daß sie wieder auf Händen und Füßen herumkriechen konnten«.

Sie hatten sich also weder hinter ihren Palisaden bewegen können, noch hatten sie vermutlich in den ersten zweiundsechzig Tagen ihrer Gefangenschaft insgesamt irgendwelche Bewegungsfreiheit genossen. Erst nach dieser Zeit tauchten die Kinder aus einem Zustand auf, von dem ich annehme, daß es sich um einen totalen Kollaps gehandelt hat. Kein Wunder also; daß sie nun, als sie sich wieder zu bewegen begannen, herumkrochen wie Säuglinge.

Bei der Behauptung, daß ihre Hühneraugen der Tatsache zuzuschreiben waren, daß sie auf allen Vieren gingen, handelt es sich meines Erachtens um eine reine Vermutung, und das gleiche gilt für die

Feststellung, daß ihr Auf-allen-Vieren-Gehen auf ihr Zusammenleben mit Wölfen zurückzuführen sein müßte. Denn ebenso berechtigt ist es anzunehmen, daß diese Hühneraugen den Beweis dafür darstellen, daß diese Kinder nicht mit Wölfen gelebt haben. Denn wären sie tatsächlich seit ihrem Säuglingsalter auf allen Vieren herumgekrochen und später herumgelaufen, hätte ihre Haut an den Knien und Handballen eine harte Hornhaut bilden müssen. Die Hühneraugen der Mädchen lassen mich vermuten, daß sich diese beiden Geschöpfe erst seit kurzem auf allen Vieren fortbewegt hatten. Diese zeitweilige Rückkehr zum Kriechen nach einer schweren Traumatisierung haben wir bei einigen unserer autistischen Kinder mehrmals beobachten können. Auch sollten wir uns in diesem Zusammenhang an Lauries Kollaps erinnern, dem eine wesentlich weniger schwere Traumatisierung vorausgegangen war als die, der sich die beiden indischen Mädchen ausgesetzt gesehen hatten, als man sie im Stich gelassen oder als sie sich verirrt hatten.

Als die Mädchen danach in ihr Palisadengefängnis gesteckt und tagelang ohne Essen und Trinken gelassen wurden, wurden sie durch dieses zusätzliche Trauma auf einen Zustand reduziert, in dem sie nicht einmal mehr beißen noch kauen, sondern nur mehr saugen mochten. Ihre Rückkehr zum Kriechstadium und die Hühneraugen ließen sich also genauso durch die in jüngster Zeit erfolgte Traumatisierung erklären, die ausgelöst worden war durch ihr Verlorengehen und durch die Erfahrungen nach ihrer Gefangennahme.

R. R. Gates erwähnt in einer Fußnote, die die Beschreibung des Kriechens dieser beiden Kinder ergänzt, daß A. Hrdlicka in seinem Buch *Children Who Run on All Fours* (1931) 387 derartige Fälle zusammengetragen hat, bei denen es sich meistens um weiße Kinder von zivilisierten Eltern handelte. Das aber läßt vermuten, daß das Kriechen bei Kindern weder ungewöhnlich noch unbedingt auf ein Heranwachsen unter Tieren zurückzuführen sein muß. Ich möchte an dieser Stelle auf zwei Fakten (oder auf zwei Geschichten, wenn man diesen Darstellungen keinen Glauben schenken möchte) verweisen, die Ogburn ausfindig gemacht hat. Es hat da einen Lehrer gegeben, der behauptete, zwölf Jahre lang in Singhs Waisenhaus tätig gewesen zu sein und erklärte, daß sich Kamala zwar von anderen Kindern stark unterschieden und saß sie als Antwort auf irgendwelche Fragen immer nur einzelne Wörter geäußert habe, daß jedoch nichts Wildes oder Raubtierhaftes an ihr gewesen sei, und daß sie von Singh geschlagen worden sei, damit sie auf allen Vieren gehe (Ogburn und Bose, 1959).

Ich habe die Möglichkeit, daß sich diese Kinder auf allen Vieren fortbewegt haben könnten, deshalb so ausführlich behandelt, weil dies – wenn wir vom angeblich starren Blick ihrer Augen einmal absehen – das einzige Merkmal von Kamala und Amala ist, das nicht mit unseren Erfahrungen mit autistischen Kindern an der Orthogenetischen Schule übereinstimmt. Freilich möchte ich hier nicht auf den Blick dieser Kinder eingehen, denn die verschiedenen Autoren äußern sich widersprüchlich zu diesem Punkt und bringen ihn in keine Verbindung zu dem Leben inmitten von Tieren, das diese Kinder geführt haben sollen.

Ein Merkmal, das man definitiv auf diese Vergangenheit der Kinder zurückgeführt hat, war die Tatsache, daß sie ihre Augen des Nachts – ähnlich wie eine Katze oder ein Hund – weit geöffnet hielten. Auch erfahren wir, daß sie nachts besser sehen konnten als tagsüber, obgleich diese Behauptung durch keine objektiven Versuche bestätigt wurden. Von dieser ungewöhnlichen Sehschärfe wird am 20. Dezember berichtet, also einen Tag, nachdem sie sich wieder zu bewegen begannen und als sie im Begriff waren, sich von ihrer tiefen Erstarrung und Schwäche zu erholen. Wieso Singh mit Sicherheit behaupten konnte, daß die Mädchen zu einer Zeit, als sie sich kaum bewegen oder sonst etwas tun konnten, nachts besser sahen als tagsüber, das ist mir ein Rätsel.

Kamalas spätere Fähigkeit, in der Dunkelheit ihren Weg zu finden, wird als ungewöhnlich dargestellt und ebenfalls auf ihre Vergangenheit inmitten von Tieren zurückgeführt. Doch dieses Sich-im-Dunkel-Zurechtfinden ist für viele unserer autistischen Kinder nichts Ungewöhnliches, zumal sich diese Kinder, wenn sie sich fortbewegen, überhaupt nur sehr wenig auf ihr Sehvermögen verlassen. Wir brauchen uns da nur an die Periode in Lauries Leben zu erinnern, als sie ihre Augen tagelang fest geschlossen hielt. Das beeinträchtigte in keiner Weise ihre Fähigkeit, ihren Weg zu finden, auch wenn wir ihr versuchsweise Hindernisse in den Weg stellten, in der Hoffnung, sie würde die Augen öffnen. Aber anstatt das zu tun, spürte sie genau, wohin man das Hindernis gestellt hatte, worauf sie einen Bogen darum herum machte.

Eine weitere Fähigkeit, die man auf die vermeintliche Vergangenheit dieser Mädchen zurückführt, ist die Gabe, Fleisch oder was auch immer aus weiter Entfernung riechen zu können. Kaum jemand, der mit psychotischen Kindern gearbeitet und über diese Arbeit eingehend berichtet hat, hat es unterlassen, die sonderbare Überempfindlichkeit zu erwähnen, die diese Kinder im Bereich des Riechens und

Tastens an den Tag legen. Eine Fähigkeit übrigens, die in einem starken Kontrast zu jenen langen Perioden steht, in denen das Sehvermögen dieser Kinder überhaupt nicht reagiert. Diese Kinder reagieren mit den Sinnesorganen, die auf Sinneseindrücke aus der Nähe abgestimmt sind, eher als mit den Organen, die empfänglicher sind für Sinneseindrücke aus einer gewissen Entfernung. Das Hören nimmt häufig eine Mittelstellung ein. Manchmal wird das Hörvermögen blockiert, während seine Empfindlichkeit zu anderen Zeiten oder in anderen Fällen gesteigert wird. Bei psychotischen Kindern sind die Sinnesempfindungen der Nähe (Tasten und Riechen) und die Sinnesempfindungen der Ferne (Hören und Sehen) umgekehrt besetzt als bei normalen Menschen. An anderer Stelle habe ich über das ungemein ausgeprägte Riechvermögen von schizophrenen Kindern berichtet, die Dinge riechen konnten, die unserem Geruchssinn sozusagen verschlossen blieben (Bettelheim, 1955).

Von Kamala und Amala hat man auch berichtet, daß sie »wie Hunde von ihrem Teller aßen, indem sie sich mit dem Mund zum Teller hinabbeugten«. Dieser Feststellung ist eine Fußnote beigefügt, die besagt: »Ihre Eßmethoden waren konditionierte Reflexe, die sie von den Wölfen gelernt hatten«. Aber genauso hat das von uns bereits erwähnte Mädchen gehandelt, das sich mit Hunden identifizierte (anstatt von ihnen konditioniert worden zu sein!), und auch Andy, dessen Geschichte ich später in diesem Kapitel erzählen werde, hat sich so verhalten. So weit wir wissen, hat Andy nie anders gegessen, bevor er zu uns kam, und auch während des ersten Jahres, das er bei uns verbrachte, behielt er diese Art zu essen bei. Andere autistische Kinder essen, indem sie sich die Mahlzeiten mit tatzenartigen Bewegungen in den Mund schaufeln, und wieder andere Kinder nehmen nur dann Nahrung zu sich, wenn sie sie von der Oberfläche ihrer eigenen Haut aufnehmen können.

Wir erfahren, daß »ihnen die Empfindung von Kalt und Heiß unbekannt war«. Und eine Fußnote ergänzt, daß »dies ein weiterer konditionierter Reflex war, den sie durch ihre Erfahrung mit den Wölfen erworben hatten«. Einige unserer autistischen Kinder haben versucht, mitten im Winter von Chicago – und hier herrscht beileibe ein anderes Klima als in Midnapore – splitternackt auf die Straße zu rennen. Obwohl wir sie sehr rasch wieder einfingen, fiel uns doch auf, daß sie auf das kalte Wetter völlig unempfindlich reagierten und nicht einmal eine Erkältung davontrugen. In einem anderen Zusammenhang (1950) habe ich dargelegt, wie und weshalb manche autistischen Kinder sich so verhalten, als seien sie gegen Hitze und Kälte gefeit. Dieses Verhalten entspricht genau dem, das Amala und Kamala äußerten, so daß wir sagen dürfen, daß deren Reaktion auf unterschiedliche Temperaturen keineswegs ungewöhnlich war und nicht als Beweis für ein früheres Zusammenleben mit Tieren dienen kann.

Auch die Schmerzunempfindlichkeit ist bei psychotischen Kindern anders ausgeprägt als bei normalen. Darauf haben wir in diesem Buch bereits mehrfach hingewiesen, und auch die Literatur über Kindheitspsychosen befaßt sich mit diesem Problem (Mahler, 1952). Diese anders ausgeprägte Schmerzunempfindlichkeit hängt mit der Natur der Störung, nicht aber mit dem Aufwachsen unter Tieren zusammen.

Andere Verhaltensweisen, die gern als Beweis für eine Aufzucht von Kindern von Tieren angeführt werden, sind gewisse Vorlieben, zum Beispiel die, nur rohe Nahrung zu sich zu nehmen, nackt herumzulaufen, Helligkeit zu meiden und am liebsten nachts umherzustreifen, also alles Dinge, mit denen ich mich bereits auseinandergesetzt habe und die auch bei unseren autistischen Kindern anzutreffen sind. So bleibt in meinem Katalog nur ein einziges nichtmenschliches Merkmal für die beiden Mädchen übrig: die Unfähigkeit zu lachen. Aber auch dieser Zug ist für die meisten, wenn nicht für alle autistischen Kinder charakteristisch. So weit ich mich erinnern kann, konnten alle unsere autistischen Kinder erst dann lachen, als ihr infantiler Autismus einer weniger schweren Pathologie gewichen und ihre emotionale Störung zurückgegangen war.

Der Katalog »tierischer« Verhaltensweisen ist tatsächlich wenig umfangreich. Wenn wir sie mit denen vergleichen, die zum Beispiel der Verhaltensforscher Lorenz anführt (1952, 1963), so müssen wir feststellen, daß auch unsere schwerstautistischen Kinder nur ganz wenige Merkmale aufweisen, die einen Vergleich mit Tieren gestatten. Sie schockieren uns freilich derart, daß sie in unseren Augen eine Bedeutung annehmen, die der Häufigkeit ihres Auftretens oder ihrer tatsächlichen Bedeutung im Gesamtleben des Kindes keinesfalls entspricht.

Wollten wir das Verhalten auch der wildeten autistischen Kinder charakterisieren, so müßten wir zwei Dinge herausstellen: erstens tun diese Kinder meist nichts und vermeiden jede Stimulierung (da sind wir wieder bei der Unzugänglichkeit der Wolfskinder), und zweitens tun sie, wenn sie ihr Nichtstun für kurze Zeit aufgeben und wenn man ihr Tun mit dem normaler Kinder vergleicht, nur sehr wenige Dinge. Da uns die Tatsache, daß sie gelegentlich »tierisches«

Verhalten äußern, so betroffen macht, neigen wir dazu, uns von diesen Verhaltensweisen viel zu stark beeindrucken zu lassen, so daß wir den Rest oft übersehen.

Ich möchte an dieser Stelle kurz auf den Wilden von Aveyron zurückkommen, da wir nun in der Lage sind, seine Merkmale mit den Zügen anderer von mir erwähnter Kinder zu vergleichen. Im Gegensatz zu Pinel, der den Jungen für schwachsinnig hielt, möchte ich mich Itards ursprünglicher Meinung anschließen, der meinte, daß der Junge nicht schwachsinnig sei, sondern daß sein Verhalten eine Reaktion auf seine Lebensbedingungen darstelle, wobei wir heute dieser Reaktion den Namen infantiler Autismus geben.[6]

Daß sich dieser Junge – wie viele autistische Kinder – unablässig hin und her wiegte, sagt deshalb nichts, weil das viele schwachsinnige Kinder auch tun.

Völlig anders ist die Geschichte über seinen selektiven Mangel an Empfindlichkeit zu werten. Itard schrieb über Victor (so nannte er den Jungen) folgendes: »Nicht nur gegen Kälte, sondern auch gegen starke Hitze zeigte das Organ der Haut- und Tastempfindung keine Empfindlichkeit« (Itard, 1962). Auch sein Hörvermögen funktionierte auf eine äußerst selektive und idiosynkratische Weise. »Das Geräusch einer krachenden Nuß oder einer anderen Lieblingsspeise bewirkte stets, daß er sich umdrehte . . . doch zeigte sich dasselbe Organ völlig unempfindlich gegenüber dem lautesten Lärm und dem Krachen von Schußwaffen. Eines Tages feuerte ich in seiner Nähe zwei Pistolenschüsse ab, und während ihn der erste anscheinend etwas aufmerken ließ, wandte er beim zweiten nicht einmal mehr den Kopf.« Wie bei Marcia fehlten auch bei diesem Jungen sogar die unwillkürlichsten Reaktionen. »Es ist mir häufig gelungen, die äußeren Höhlungen seiner Nase mit Schnupftabak zu füllen, ohne daß er freilich geniest hätte«, obwohl »das Riechorgan in anderer Hinsicht hochentwickelt war«.

Im emotionalen Bereich war Victor – und darin unterschied er sich von schwachsinnigen und ähnelte er autistischen Kindern – intelligent genug, um andere, die ihn übervorteilen wollten, eines Besseren zu belehren. Itard führt in dieser Hinsicht mannigfache Beispiele an, von denen ich hier nur eines wiedergeben möchte.

[6] Auch andere Autoren (Silberstein und Irwin, 1962), die Itards Bericht aufmerksam gelesen haben, sind zu dem Schluß gelangt, daß das Verhalten des Wilden von Aveyron, so wie es beschrieben worden ist, »eine große Ähnlichkeit mit dem Bild aufweist, das Arnold Gesell in seiner Arbeit *Wolf Child and Human Child* von Amala entwirft«.

Itard wollte bei dem Jungen Lust- und Unlustreaktionen erzeugen, und zu diesem Zweck verabreichte er ihm mittels einer Leydener Flasche einen leichten Elektroschock. Obwohl Itard am nächsten Tag bemerkte, daß der Junge etwas unruhig war, stellte er die Leydener Flasche zwischen sich und den Jungen.

Als ich sah, wie ihn die Nähe dieses Geräts beunruhigte, glaubte ich, er würde es am Griff nehmen und entfernen. Er tat etwas Klügeres: er steckte seine Hände in die Öffnung seiner Weste und rückte einige Daumenbreit ab, so daß seine Schenkel nicht mehr mit der Flasche in Berührung kamen. Wiederum näherte ich mich und stellte sie zwischen uns. Neuerliches Abrücken seinerseits, neuerliche Annäherung meinerseits. Dieses kleine Spiel währte so lange, bis er sich, ans äußerste Ende der Ottomane gedrängt, von hinten durch die Wand, von vorn durch einen Tisch und auf meiner Seite durch die leidige Schreibmaschine eingeengt sah und nicht die geringste Bewegung mehr machen konnte. Und genau in dem Augenblick, daß ich meinen Arm dem seinen näherte, drückte er äußerst geschickt meine Hand auf den Verschluß der Flasche. Und ich empfing den Schlag.[7]

Itard weist wiederholt darauf hin, daß die Sinnesorgane des Jungen, die bei größerer Nähe tätig werden, besser funktionierten als die Organe, die auch auf größere Entfernung arbeiten. Das aber ist ein Zug, der häufig bei autistischen Kindern festgestellt wird. Auch wenn man sich gezielt bemühte, die Sinneswahrnehmung zu verbessern, »so hatten das Seh- und Hörvermögen an dieser Besserung nicht teil«.

Ich habe auf die tierähnliche Fortbewegung einiger wilder autistischer Kinder, darunter auch die sogenannten Wolfsmädchen, bereits hingewiesen. Auch Victor konnte nicht gehen, sondern nur laufen. »Wenn ich ihn mitnahm«, so schreibt Itard, »durfte ich nicht zu Fuß gehen. Denn dann hätte ich mit ihm zusammen rennen oder starke Gewalt anwenden müssen, um ihn zum Gehen zu zwingen.«

Es gibt noch viele andere Ähnlichkeiten zwischen den Berichten Itards über den Jungen von Aveyron und unseren eigenen Erfahrungen mit autistischen Kindern, so zum Beispiel die bewußte Abkapselung von der Umwelt, die langen Perioden des Nichtstuns und so weiter. Allzu bekannt war uns auch das Endresultat, das darin bestand, daß der Junge zwar mit der Zeit eine ganze Menge von Gefühlen empfinden und mit seiner Pflegeperson positiv kommunizie-

[7] Zitiert nach *Die wilden Kinder* von Lucien Malcon, Jean Itard und Octave Mannoni, Frankfurt 1974, Seite 131 (Anm. d. Ü.).

ren konnte, daß es sich jedoch als unmöglich erwies zu bewirken, daß sich in einem auch nur annähernden Maße die intellektuellen und anderen Ich-Funktionen des Jungen sich entwickelten.

Wenn ich hier kurz auf Kaspar Hauser zu sprechen komme, so deshalb, weil keine derartige Diskussion ohne den Fall Hauser vollständig wäre. Seine Geschichte warf zum ersten Mal auf lapidare Weise das Problem auf, was mit einer Person geschieht, die emotional isoliert und mit einem Minimum an Stimulierung heranwächst. Kaspar Hauser war keinesfalls ein wildes autistisches Kind, und wenn überhaupt autistisch, so war er der ruhige autistische Typus (Feuerbach, 1832, Wagler, 1928). Doch da er, als man ihn fand, bereits sechzehn Jahre zählte und somit kaum mehr als ein Kind gelten konnte, werde ich mich mit seinem Fall nicht näher auseinandersetzen, zumal ja auch eine ganze Literatur um diesen Fall entstanden ist, die jedermann zur Verfügung steht.

Bekannte Vergangenheit

Da wir uns nun mit den angeblichen Beweisen für das Aufwachsen der Mädchen von Midnapore unter Wölfen auseinandergesetzt haben, wollen wir uns unserem letzten Problem zuwenden – dem Problem, wie die tatsächliche Vergangenheit dieser Mädchen beschaffen gewesen sein mag. Wenn ein Aufwachsen inmitten von Tieren das Verhalten dieser Mädchen nicht erklären kann, welche Erfahrungen können es dann gewesen sein, die zu ihrem Verhalten geführt haben? Ich weiß über die Vergangenheit der beiden Wolfsmädchen nichts. Doch vielleicht kann uns die Vergangenheit unserer autistischen Kinder einen Hinweis auf die Vergangenheit dieser Mädchen geben.

Bevor ich mein Material ausbreite, möchte ich betonen, daß diese sonderbaren Lebensgeschichten die Störungen der betroffenen Kinder nur zum Teil erklären, so daß sie nur teilweise als allgemeingültige Erklärung dienen können. Während wir noch keine Erkenntnisgrundlage besitzen, die es uns erlauben würde, die Ursachen des infantilen Autismus eindeutig zu bestimmen, sind wir uns doch bereits ziemlich sicher, daß gewisse klar erkennbare Faktoren in der Vergangenheit dieser Kinder eine entscheidende Rolle gespielt haben.

Beim Vergleich der beiden Wolfsmädchen mit den autistischen Kindern, deren Fälle uns aus der Literatur und aus der eigenen klinischen Praxis bekannt sind, sollten wir noch einmal unterstreichen, daß nur eine Minderheit der uns bekannten autistischen Fälle sich aus »wilden« Kindern zusammensetzt. So wiesen zum Beispiel nur wenige Fälle, die Kanner beschrieben hat, jene Merkmale auf, die ein Charakteristikum Kamalas und vielleicht auch Amalas gewesen sind. Die meisten Fälle, die Kanner anführt, waren ähnlich gelagert wie der Fall Parasram. Wir haben mit beiden autistischen Typen gearbeitet – dem »Typus Parasram« und dem »Typus Kamala«. Beide Gruppen weisen alle wesentlichen autistischen Merkmale auf, nur daß sich eben die zweite Gruppe zusätzlich durch ihre »tierische« Wildheit auszeichnet.

Wie gern wüßten wir mehr über die Ursache, die dieses andersgeartete Verhalten bewirkt. Eine Zeit lang haben wir geglaubt, diese Differenz sei auf den unterschiedlichen Familienhintergrund zurückzuführen. Bei allen Fällen, die Kanner anführt, handelt es sich um Kinder hochintelligenter Eltern, und das trifft auch auf einen Teil – vor allem die ganz wilden – unserer autistischen Kinder zu. Andererseits stammen einige unserer ruhigeren Kinder, die den von Kanner beschriebenen ähneln, aus der unteren Mittelschicht, das heißt, ihre Eltern waren entweder ungebildet oder nur mäßig gebildet. Einige unserer wildesten autistischen Kinder hatten in ihrer frühesten Kindheit sehr ungewöhnliche Erfahrungen gehabt. Das sollen die Lebensläufe von Anna und Eve veranschaulichen. Annas Eltern könnte man kaum als hochgeistige Menschen bezeichnen, und in Eves Fall entsprach wohl nur der Vater dieser Vorstellung.

Da wir uns hier mit Kindern befassen, von denen behauptet wird, daß sie inmitten von Tieren aufgewachsen sind, und da es »tierische« Verhaltensmerkmale sind, die dazu herhalten sollen, eine derartige Vergangenheit zu bestätigen, möchten ich hier einen Abriß nur solcher Lebensgeschichten geben, die diesem Typus von Kindern nahekommen.

Und da wir uns in unserer bisherigen Diskussion mit drei Wolfskindern befaßt haben – nämlich mit den beiden Mädchen Amala und Kamala und dem Jungen Parasram –, möchte ich mich im folgenden auf die Lebensgeschichten von ebenfalls nur drei autistischen Kindern beschränken – auf die Geschichten zweier »wilder« Mädchen und eines »wilden« Jungen. (Obwohl Andy, unser autistischer Junge, als »wild« gelten darf, während Parasram kein »wilder« Junge war, kann letzterer aufgrund seiner »tierischen« Wesenszüge und seiner angeblichen »tierischen« Vergangenheit trotzdem als ein Wolfskind wie Amala und Kamala betrachtet werden.)

Ein Teil von Annas Verhalten ist bereits beschrieben worden. Anna war mit ungefähr zehn Jahren zu uns gekommen. Davor hatte sie durch ihr wildes, unbeherrschtes Verhalten ihrer Familie das Leben durch Jahre hindurch unerträglich gemacht. Ihr Bruder, der erheblich jünger war als sie, hatte in ständiger Lebensgefahr geschwebt und hatte unablässig bewacht werden müssen. Nachbarn hatten die Polizei zu Hilfe rufen müssen, weil Anna mit ihrer Gewalttätigkeit das Leben ihrer Kinder gefährdete.

Bevor sie zu uns kam, hatte man sie zu Behandlungszwecken in verschiedenen Instutitionen unterzubringen versucht, doch alle diese Versuche waren gescheitert. So hatte zum Beispiel ihr Aufenthalt in einer dieser Institutionen für gestörte Kinder nur einen halben Tag gedauert, denn in diesen wenigen Stunden war es ihr gelungen, das ganze Unternehmen in einen solchen Aufruhr zu versetzen und so viel Schaden anzurichten, daß man sie nicht behalten konnte. Sogar in einer psychiatrischen Klinik durfte sie nur einen Monat lang bleiben, weil man dort nicht über die Mittel verfügte, um mit einem so wilden Kind zurechtzukommen. Sie mußte dort in ein Zimmer gesteckt werden, das insofern für maximale Sicherheit sorgte, als es keine Möbel enthielt; dort verbrachte Anna ihre Zeit – nackt übrigens, da sie sich alle Kleider, die man ihr anzog, vom Leib riß. Die meiste Zeit kauerte sie völlig in sich verkrochen in einer Ecke. Dieser Zustand wurde hin und wieder unterbrochen durch kurze Perioden, in denen sie schrie, rannte, sprang und gegen Wände und Türen hämmerte. Da man sie wegen ihres Verhaltens unmöglich in der Kinderabteilung behalten konnte, sah man sich gezwungen, sie in die geschlossene Abteilung für Erwachsene zu stecken. Doch hielt man diese Regelung für unpassend, so daß man beschloß, sich von dem Mädchen zu trennen.

Annas Leben hatte in einem Erdloch unter einem Bauernhaus in Polen begonnen, wo sich ihre jüdischen Eltern versteckt hatten, um der Ausrottung durch die Deutschen zu entgehen. Ihre Eltern waren ein unverträgliches Paar. Die Mutter fand den Vater alles andere als anziehend und hatte sein Werben jahrelang zurückgewiesen. Beide wußten, daß sie in bezug auf Wesensart und Herkunft völlig verschieden waren. Als der Zweite Weltkrieg ausbracht, hatte der Vater die Hoffnung, diese Frau für sich gewinnen zu können, aufgegeben. Doch der Einmarsch der Deutschen in Polen veränderte die Sachlage völlig.

Der Vater, der voraussah, was geschehen würde, wenn die Deutschen einmal das Land besetzt hätten, besorgte sich eine große Menge Wolle und einen Webstuhl, dann traf er mit einem nichtjüdischen Freund und Bauern eine Vereinbarung und schaffte die Wolle und den Webstuhl in ein Erdloch unter dem Bauernhof. Als die Deutschen alle Juden auszurotten begannen, wählte der Vater dieses Erdloch als seinen ständigen Zufluchtsort. Doch davor versuchte er noch einmal die Frau, die er liebte, dahin zu bringen, daß sie sich ihm anschloß. Diesen Vorschlag lehnte sie zunächst entschieden ab. Sie habe nichts für ihn übrig, so erklärte sie, und lieber würde sie sich von den Deutschen umbringen lassen als seine Frau zu werden.

Aber die Lage verschlimmerte sich, und ein Großteil ihrer Familie wurde umgebracht. Der Vater, der seinen Zufluchtsort nicht mehr verlassen konnte, ließ ihr durch den befreundeten Bauern Nachricht zukommen und bat sie noch einmal, sich ihm anzuschließen. Als diese Nachricht sie erreichte, war sie allein und hatte sie kein Zuhause mehr. Und so entschloß sie sich, wenn auch voller Widerstreben, das Angebot des Mannes anzunehmen, denn nun er konnte ihr in seinem Erdloch Sicherheit bieten. Auch der befreundete Bauer war damit einverstanden, daß sich die beiden dort versteckten. Die einzige Bedingung der Frau war, daß sie keine sexuellen Beziehungen haben würden.

Durch seine Weberei sorgte der Mann für seinen, für ihren und zum Teil auch für den Lebensunterhalt des Bauern, der sie während der ganzen deutschen Besatzungszeit in diesem Erdloch unter seinem Haus beherbergte. Der Bauer verkaufte die gewebten Wolljakken, und da Bekleidung hoch im Kurs stand, konnten er und das verstecke Paar davon leben. Aber das Erdloch war so klein, daß sich die beiden nachts nur dann ausstrecken konnten, wenn sie den Webstuhl auseinandernahmen. Erst dann konnten sie sich ihr Bett zurechtmachen, indem sie die Wolle als Matratze und Zudecke benutzten. So wurde jeden Abend der Webstuhl auseinandergenommen und jeden Morgen wurde er wieder zusammengebaut. Die Deutschen führten mehrere Male eine Haussuchung durch, doch sie entdeckten die beiden in ihrem Erdloch nicht. Dieses Erdloch war durch eine Falltür abgesichert, die mit dem gleichen gestampften Lehm bedeckt war wie der übrige Boden des Hauses. Ein Mal oder mehrere Male (in diesem Punkt differierten ihre Erzählungen) beschossen die Deutschen das Haus.

Das Zusammenleben der beiden gestaltete sich unter diesen Bedingungen immer schwieriger, denn sie waren bedingungslos aufeinander angewiesen. Trotzdem weigerte sich Annas Mutter über ein Jahr lang, sich dem Mann hinzugeben. Sie wies ihn zurück, weil er sie körperlich abstieß und weil sie ihn gesellschaftlich und bildungsmäßig für geringer achtete als sich selbst. Wie der Vater Annas erzählte, achtete er ihre Haltung und wandte keine Gewalt an, obgleich ihn ihre fortwährende Ablehnung erbitterte.

Bei der Schilderung dessen, was dann geschah, weichen die Erzählungen der beiden voneinander ab. So wußte der Vater Annas zu berichten, daß sie jeden Tag um ihr Leben fürchten mußten, daß er jedoch zumindest seine Arbeit hatte, wogegen seine Gefährtin den Wunsch zu leben langsam aber sicher verlor. In seiner Verzweiflung meinte er, daß es ihre Lebensgeister wieder aufrichten würde, wenn sie ein Kind von ihm bekäme, ja daß sie ihn dann vielleicht sogar akzeptieren könnte. So überredete er sie, ein Kind von ihm zu haben, und sie erklärte sich bereit, sexuell mit ihm zu verkehren – allerdings nur zu diesem Zweck. Das waren die Umstände, unter denen Annas Mutter schwanger wurde.

Die Mutter freilich erzählte uns, daß der Vater immer schon sexuelle Annäherungsversuche unternommen habe. Nach einem Jahr aber war er nicht mehr bereit oder nicht mehr fähig, die Gegenwart einer Frau zu ertragen, die er so sehr begehrte und die ihn ständig zurückwies. Daher drohte er ihr, sie aus dem Unterschlupf zu vertreiben. Sie sollte entweder mit ihm schlafen oder fortgehen – was gleichbedeutend mit einem Todesurteil war. Angesichts dieses Drucks und dieser Nötigung gab sie schließlich nach.

Wie man sich vorstellen kann, gab es vor und nach der Geburt Annas endlosen Streit zwischen den beiden Eltern – die Mutter schrie ihn an, daß sie ihn hasse, daß sie ihn nicht brauche, daß sie nicht seine Frau sein könne, und er setzte sich voller Groll und voller Bitterkeit zur Wehr. Aber was die Sache noch schlimmer machte, war, daß der Bauer um sein Leben bangte und deshalb drohte, die beiden an die Luft zu setzen, wenn sie sich nicht vertrugen und auch nur einen Muckser taten. Auf diese Weise vergingen die Tage, und die beiden waren, obwohl sie einander haßten, aufeinander angewiesen, da sie ja in ständiger Lebensgefahr schwebten. Es gab nur wenige Nächte, in denen sie sich nach draußen wagten, um etwas Luft zu schnappen.

Als Anna geboren wurde, mußte sich die Mutter um sie kümmern, wodurch ihr Interesse am Leben neu geweckt wurde. Doch andererseits gestaltete sich das Zusammenleben in dem engen Gefängnis nun noch schwieriger. Wenn Anna zu schreien versuchte, mußte ihr der

Vater oder die Mutter die Hand auf den Mund legen, denn jedes Geräusch, das sie machten, vor allem aber das Geschrei eines Säuglings, konnte sie verraten. Der Bauer, der wußte, daß er um sein Leben fürchten mußte, wenn die Juden bei ihm entdeckt wurden, wurde immer ängstlicher und ärgerlicher, wenn der Säugling irgendwelchen Lärm machte oder die Lage sonstwie komplizierte. So aber taten die Eltern und der Bauer, da sie solche Angst vor den Deutschen hatten, alles, damit Anna nie auch nur einen Laut von sich gab, und sie sorgten dafür, daß sie in jeder anderen Hinsicht so wenig Unannehmlichkeiten wie möglich bereitete.

So lange die Mutter Anna stillen konnte, bekam der Säugling zumindest genügend Nahrung. Doch als Anna eineinhalb Jahre alt war, versiegte die Milch ihrer Mutter. Da die Eltern in ihrem Erdloch nichts kochen konnten, mußten sie sie mit rohem Gemüse füttern. Erst im Jahr 1945, als an die Stelle der deutschen die russische Besetzung trat, besserte sich die Lage etwas. Doch jetzt war Anna nicht mehr zu halten. Sie rannte nachts herum, hüpfte auf und nieder und schrie manchmal stunden- und manchmal die ganze Nacht lang. Sie schlief nie vor drei oder vier Uhr morgens ein. Wenn sie nicht schrie und nicht gewalttätig um sich schlug, tat sie nichts, sondern daß nur da »und dachte und dachte und saß dort und bedachte ihr eigenes Leben«.

Die Lage besserte sich schließlich etwas, als es den Eltern gelang, nach Deutschland zu kommen, wo sie zunächst in einem Flüchtlingslager wohnten. Aber sowie sie in Deutschland und in einer relativen Freiheit sich befanden, nahm sich die Mutter einen Geliebten. Als der Vater das erfuhr, war er außer sich, und es kam zu neuen heftigen Streitereien. Die Mutter wollte ihren Mann endgültig verlassen und Anna mitnehmen, doch ihr Freund wollte das Kind nicht. Anna stand also im Wege. Da erklärte sich die Mutter einverstanden, das Kind aufzugeben und ein neues Leben anzufangen, doch war sie nicht bereit, das Kind seinem Vater zu überlassen. Daher schlug sie vor, Anna der Obhut ihrer eigenen Mutter anzuvertrauen. Das lehnte der Vater ab, der nach den Vereinigten Staaten, wo er Verwandte hatte, auswandern und seine Tochter mitnehmen wollte.

In den Jahren, die sie in Deutschland verbrachten, erwogen die Eltern häufig, sich scheiden zu lassen, doch konnte sich der Vater im letzten Augenblick nie dazu entschließen. Er hatte Angst davor, die Mutter könnte das Sorgerecht für ihr Kind zugesprochen bekommen, und er war überzeugt, daß die Mutter Annas ebensowenig bedurfte wie seiner Person. Diese Periode war von heftigen Zankereien und Wutanfällen im Beisein Annas geprägt. Die Meinung des Vaters, die dem zugrundelag, lautete: »Ich habe so oft mein Leben für sie eingesetzt, sie aber hat mich immer nur verraten.«

Lange bevor Anna in die Vereinigten Staaten kam und lange bevor ihr Bruder geboren wurde, wurde sie in einem der deutschen Flüchtlingslager von einem amerikanischen Arzt untersucht, der in ihr sogleich das autistische Kind erkannte, das einer Behandlung bedurfte. Da es uns hier um die Frage geht, wie der Hintergrund der sogenannten ›wilden Kinder‹ beschaffen gewesen sein mag, und da Anna, als sie fünf oder sechs Jahre alt war, als ein wildes autistisches Kind erkannt wurde, braucht hier über ihr späteres Leben nichts mehr gesagt zu werden.

Eve

Eve, das zweite wilde Mädchen, war ebenfalls ein Kriegskind und ein Kind von verschleppten Eltern. Doch hatte ihr Unglück weniger mit dieser Tatsache als mit dem Tod eines älteren Bruders zu tun, sowie mit der Wirkung, die dieser Tod auf ihre Eltern, besonders aber auf ihre Mutter gehabt hatte. Bei den Eltern handelte es sich um Flüchtlinge aus dem Baltikum, die in Deutschland lebten. Dort ging es ihnen allerdings recht gut, da man in Deutschland das berufliche Können des Vaters zu schätzen wußte. Ihre Ehe nahm einen guten Verlauf, allerdings nur bis zu dem Zeitpunkt, als ihr einziger und heißgeliebter Sohn im Alter von vier Jahren plötzlich starb.

Der Tod des Jungen bewirkte bei der Mutter eine Depression, erzeugte aber auch sogleich den Wunsch, noch einmal schwanger zu werden, um so den Verlust wiedergutzumachen. Das gelang ihr einen Monat nach seinem Tod. Aber ihre Depression besserte sich nicht, sondern hielt fast die ganze Schwangerschaft über an.

Das Kind, sie tauften es Eva, kam vorzeitig im achten Monat zur Welt. Um diese Zeit hatte Deutschland bereits den Krieg verloren, und die Eltern saßen in einem Flüchtlingslager in Deutschland. Eve war sehr klein und kam in einen Brutkasten, wo sie sich gut entwikkelte. Die Mutter aber fiel einer *post partum*-Depression zum Opfer, vermutlich weil sie ein Mädchen und nicht den gewünschten Jungen geboren hatte. Außerdem mußte sie sich einer Operation unterziehen. So lebte sie vier Monate lang im Krankenhaus, wo auch Eve die ersten vier Monate ihres Lebens verbrachte, allerdings von ihrer Mutter getrennt.

Dann verließen Mutter und Tochter das Krankenhaus, wo sich Eve gut entwickelt hatte, und es begann ihr Zusammenleben. Das dauerte nur zwei oder drei Wochen, dann wurde Eve, die völlig kollabiert war, ins Krankenhaus zurückgebracht. Die Symptome waren schweres Erbrechen und Diarrhöe, dazu Anorexie und starker Gewichtsverlust. All diese Dinge bewirkten, daß sich das Kind in einem extremen Zustand von Marasmus befand. Um überhaupt am Leben gehalten zu werden, mußte man sie intravenös ernähren und mit Bluttransfusionen versorgen. Monat um Monat lag sie regunslos und ohne die geringste Reaktion in ihrem Krankenhausbett. Sie erholte sich nur sehr langsam, und als sie wieder zu ihren Eltern zurückkehrte, war sie bereits achtzehn Monate alt.

Nach ihrer zweiten Heimkehr aus dem Krankenhaus legte Eve ein ruheloses Verhalten an den Tag und ständig wiegte sie sich hin und her. Sie konnte nicht schlafen, sie sprach nicht und saugen konnte sie auch nicht. Sie war eine anständige Esserin, doch aß sie nur bestimmte Dinge, meistens rohes Gemüse und Salz. Mit zwei Jahren lernte sie gehen und im Alter von vier Jahren begann sie einsilbig zu sprechen, allerdings nur, wenn man sie dazu aufforderte. Sie sprach nicht in Sätzen und sagte weder »Mamma« noch »Pappa«.

Im Alter von vier Jahren kam sie nach Amerika und wurde als autistisch diagnostiziert. Auf den Rat des Arztes hin gaben die Eltern ihr Kind außer Haus. Sie versuchten es mit verschiedenen Pflegeheimen, allerdings ohne Erfolg. Dann nahmen die Eltern ihre Tochter wieder zu sich und gaben sie gleichzeitig in psychiatrische Behandlung. Doch auch das klappte nicht.

Eves Entwicklungsfähigkeit scheint eindeutig mit der Depression der Mutter zusammenzuhängen, obwohl wir nicht genau wissen, ob sich diese Depression am stärksten auswirkte, als das Kind das erste Mal oder als es das zweite Mal nach Hause kam. Aber die Tatsache, daß der gesunde vier Monate alte Säugling, der aus dem Krankenhaus kam, drei Wochen später einem schweren Marasmus zum Opfer gefallen war, ist sehr beeindruckend.

Eves schweres Erbrechen und ihre Weigerung, Nahrung zu sich zu nehmen – beides Merkmale, die sie im Alter von fünf Monaten nach ihrer Rückkehr ins Krankenhaus an den Tag legte – lassen vermuten, daß die Nahrungsaufnahme für sie schmerzhaft und körperlich unangenehm gewesen sein muß. Als man sie später daran zu hindern versuchte, daß sie andere biß, kniff oder kratzte und als man versuchte, ihr unablässiges heftiges Hin- und Herschaukeln zu unterbinden, erwiderte sie diese Bemühungen sogleich mit selbstzerstörerischem Verhalten, das genauso ausgeprägt war wie ihre wilde Art. Mit vier Jahren stellte sie ihre heftigen Attacken gegen ihre Umgebung zwar ein, jedoch nur, um nun ihre Aggressionen gegen sich selbst zu richten. Sie kniff und biß sich jetzt selbst, und zwar im selben Maße wie sie früher andere gekniffen und gebissen hatte, so daß ihr ganzer Körper mit blauen Flecken bedeckt war. Sie riß sich ganze Haarbüschel aus, so daß große Stellen an ihrem Kopf fast völlig kahl waren.

Eves Geschichte wirft die Frage auf, inwieweit ihr Mißtrauen und ihre völlige Ablehnung des Lebens eine Folge schmerzhafter früher Erfahrungen waren und inwieweit sich die elterliche Depression und Zurückweisung der Person Eves auf deren Entwicklung auswirkte. Auch dürfen wir die Depression der Mutter während der Schwangerschaft und die Möglichkeit, daß diese Depression Eves Anlage vor der Geburt beeinflußt haben könnte, nicht übersehen.

Aufgrund unserer Erfahrung können wir fest behaupten, daß es ein reiner Zufall ist, daß unsere beiden wildesten Mädchen nicht in den USA geboren wurden und das Licht der Welt in Kriegszeiten erblickten. Es sind nicht die sonderbaren und ungewöhnlichen äußeren Umstände, die den autistischen Rückzug und das »tierische« Verhalten bewirken. Denn Tausende von Kindern wurden in Flüchtlingslagern geboren und haben sich normal entwickelt, während die meisten unserer autistischen Kinder in einer Umgebung aufgewachsen sind, die sich uns zunächst als gutes Mittelschichtmilieu dargestellt hat. In der Regel scheinen diese Kinder vom Ansatz her von hoher Intelligenz und Empfindlichkeit zu sein. Vielleicht ist hier der Grund dafür zu suchen, weshalb sie so stark auf elterliche Einstellungen reagieren, die sie irgendwie wahrnehmen und bei denen sie das Gefühl haben, sie bedrohten ihre Existenz selbst. So scheint es uns zumindest.

Andy

Andy, in Amerika von amerikanischen Eltern geboren, ist ein Beispiel für den wilden autistischen Jungen mit hochintelligenten und ehrgeizigen Eltern. Das aber ist genau der Typ von Eltern, von dem Kanner annimmt, er sei typisch für alle autistischen Kinder.

Als wir die Eltern kennenlernten, waren seit der Geburt Andys fast neun Jahre verstrichen. Um diese Zeit war das, was sie über ihre Einstellungen zu Andy als Säugling zu berichten wußten, bereits stark von Schuldgefühlen gefärbt, die sich vor allem darauf bezogen, daß sie ihren Sohn in seiner frühesten Kindheit schrecklich vernachlässigt hatten. Wenn man die Stärke dieser Schuldgefühle als einen Indikator für die Beschaffenheit der damaligen Wirklichkeit betrachten kann, müssen Andys Vernachlässigung und Isolierung extrem gewesen sein. Es fallen einem einige Tatsachen auf, wobei es nichts zur Sache tut, wie diese Fakten Jahre später von den Eltern beurteilt wurden. Auch fand die früheste Erforschung von Andys Vergangenheit zu einer Zeit statt, als er noch keine drei Jahre alt war. Bevor er zu uns an die Orthogenetische Schule kam, folgten noch mehrere psychiatrische Untersuchungen, und jede dieser Untersuchungen vermittelt uns das gleiche Bild von Andys früher Kindheit.

Beide Eltern begaben sich einige Jahre nach Andys Geburt in psychotherapeutische Behandlung. Sie gestatteten uns Besprechungen mit ihren Therapeuten, und so fanden wir die Darstellung, die beide Elternteile von ihrem frühen Umgang mit Andy gegeben hatten, bestätigt. Ihre Berichte befaßten sich auch mit ihrer eigenen Persönlichkeit und mit ihren vergangenen und gegenwärtigen Einstellungen, darunter auch die, die sich im Verlauf ihrer Behandlung herausgeschält hatten.

Andy kam zur Welt, als die Eltern kaum zehn Monate verheiratet waren. Um diese Zeit waren Vater wie Mutter überlastet und körperlich wie emotional erschöpft. Der Vater war ein graduierter Student, der zwei Jobs (darunter einen Nachtjob) zu bewältigen hatte, um sich und seine Familie zu unterhalten. Es ist verständlich, daß er stets ungeduldig und reizbar war. Die Aufgabe, für ein Baby sorgen zu müssen, machte beiden Angst. Der Vater wurde, wie immer in solchen Situationen, aggressiv. Die Mutter reagierte auf die Tatsache, daß sie ein Kind bekommen würde, mit Angst und Panik, wodurch sich die Wut des Vaters auf das Baby noch steigerte. Was selbst als seinen Ärger und seinen Kampf gegen den Säugling bezeichnet hat, hat die Mutter als gewalttätige Wutanfälle dargestellt, vor denen sie in einer ständigen Angst lebte. Als sie auf diese Weise einige Zeit »in Furcht und Zittern« gelebt hatte, rebellierte sie plötzlich und ging zum »Gegenangriff« über. Zu diesem Zeitpunkt betrachtete sie ihren Ehemann nur mehr als einen Feind, den es zu schlagen galt.

Während die Mutter erklärte, sie sei »innerlich ganz aufgewühlt gewesen bei dem Gedanken, ein Kind zu bekommen«, wußte der Vater zu berichten, daß sich ihre Einstellung diesem Kind gegenüber nach Andys Geburt schlagartig verändert hatte. Sie verfiel in einen deprimierten Zustand und entwickelte eine große Angst, wenn nicht gar Panik in bezug auf das Stillen des Säuglings. Sie fürchtete sich vor allem, was irgendwie mit Andy zusammenhing, und ganz besonders machte sie sich Sorgen darüber, daß er nicht genug zu essen bekommen könnte. Zugleich sorgte sie sich über ihre schmerzenden Brustwarzen und sie fragte sich ständig, wie oft sie ihn nun eigentlich füttern sollte.

Andy war offenbar kein glücklicher Säugling. Er schaukelte häufig heftig hin und her, zerkratzte sich selbst das Gesicht und weinte oft. Er neigte zu Koliken, und am Ende seines ersten Lebensmonates hatten ihn seine Eltern satt. Um diese Zeit befolgten sie den Ratschlag eines Kinderarztes, der meinte, sie sollten das Kind, vor allem wenn es weinte, unbedingt allein lassen. Die Mutter, die sich bisher durch die Anforderungen, die ihr Kind an sie stellte, enorm überfordert gefühlt hatte, war über diesen Ratschlag sehr glücklich und befolgte ihn strikt. Sie verhielt sich Andy gegenüber auf eine distanzierte Weise und ließ ihn strikt allein, obwohl er jeden Tag mehrere Male lange weinte. Nach einigen Wochen dieser Behandlung hörte er auf zu weinen, doch ließ man ihn immer noch den größten Teil der Zeit allein.

Inwieweit seine Existenz ignoriert wurde, mag folgender Vorfall veranschaulichen, über den uns die Mutter erzählt hat: »Eines Tages hatten wir wieder einen heftigen Streit. Wir schrien uns an und eine halbe Stunde oder länger gingen wir körperlich aufeinander los. Bevor diese Auseinandersetzung begann, hatte ich Andy auf den Topf gesetzt, und nun bekam er alles mit. Er saß da auf seinem Topf, ohne sich zu rühren und ohne irgendeine Reaktion.« Dieser Vorfall ereignete sich, als Andy ungefähr sechs Monate alt war.

Als er noch keine eineinhalb Jahre alt war, mußte die Mutter ins Krankenhaus, um eine drohende Fehlgeburt zu verhindern. Für diese Zeit kam Andy auf die Kinderstation der Klinik. Das war die Zeit, als er sein ständiges Daumenlutschen und sein heftiges Hin- und Herschaukeln wieder aufnahm und sich weigerte, die paar Wörter, die er gelernt hatte, zu benutzen. Einige Wochen später hatte die Mutter eine Fehlgeburt, so daß sie mehrere Wochen in der Klinik bleiben mußte. Obwohl die Eltern wußten, daß sich Andy auf der Kinderstation keineswegs wohlgefühlt hatte, wurde er um der Bequemlichkeit willen wieder dorthin gesteckt. Um diese Zeit hatten beide Eltern ihr Interesse an ihm verloren. Der Vater zog sich völlig in seine Arbeit zurück, und die Mutter wurde von neuem schwanger. Andy war nun meistens allein und er verbrachte seine Zeit entweder im Garten oder am Strand. Er hatte niemanden, mit dem er spielen konnte und bewegte sich so gut wie überhaupt nicht. Den ganzen langen Tag klammerte er sich an dieses oder jenes Spielzeug, zum Beispiel an einen Ball.

Als Andy zweieinhalb Jahre alt war, entdeckten seine Eltern, daß er das Opfer immenser Schwierigkeiten war. Um diese Zeit wurden seine Symptome durch die Geburt eines Brüderchens noch verstärkt. Diese Symptome bestanden im Fingerspiel, im Hin- und Herschaukeln, im Daumenlutschen und in der Sprachlosigkeit. Als die Eltern versuchten, ihn in einen Kindergarten zu stecken, wurde sein totaler Rückzug noch augenfälliger. Man versuchte es mit einer Behandlung, doch ohne Erfolg.

Die Eltern hätten gern geglaubt, daß Andys Schwierigkeiten organisch bedingt waren, aber drei Generaluntersuchungen an verschiedenen angesehenen Kliniken ergaben, daß seiner Störung keine organische Ursache zugrundelag. Die Schlußfolgerung lautete jedesmal, daß seine Probleme emotionaler Natur waren. Die Befunde stimmten darin überein, daß Andy in geistiger Hinsicht stark retardiert war und an einer schwerwiegenden emotionalen Störung litt. Bestätigt wurden diese Befunde durch seinen völligen Rückzug und sein Mit-sich-selbst-Beschäftigtsein, durch seine scheinbare Unfähigkeit, emotionale Beziehungen herzustellen oder auf eine wesentliche Weise zu kommunizieren, obgleich Menschen aus seiner Umgebung körperlichen Kontakt zu ihm aufzunehmen versuchten. Andy kapselte sich weiterhin in seiner autistischen Welt ab. Seine einsamen infantilen Spiele oder seine primitive Hand/Mund-Aktivität wiesen keine greifbaren Phantasieinhalte auf. Das niedrige Affektniveau seiner Reaktionen und die Leere seines Gefühls- und Geisteslebens ließen auf das Vorhandensein einer primären psychotischen Störung schließen, in deren Rahmen sich stets nur die allerfrüheste und primitivste Ich-Entwicklung abzeichnete.

Die Diagnose lautete einmal auf Kindheitspsychose und zweimal auf infantilen Autismus. Man empfahl eine Behandlung außerhalb des Elternhauses, so daß Andy mit vier Jahren einer entsprechenden Institution anvertraut wurde, wo er, ohne sein Verhalten zu ändern, so lange blieb, bis er zu uns an die Orthogenetische Schule kam.

Andy war ein Kind, das nie irgendwelche artikulierte Geräusche von sich gab, obwohl er einfache Befehle verstand. Er riß seine Nahrung mit den Händen auseinander, leckte sein Essen wie ein Hund vom Teller und attackierte andere auf jede nur denkbare Weise. Er kratzte und biß, kurzum, er benahm sich wie eines jener Kinder, von denen man behauptet, sie seien unter Tieren großgeworden.

Um also zusammenzufassen: ein Vergleich des sogenannten »homo ferus« mit den bekannten und eingehend erforschten Fällen von wilden oder stillen autistischen Kindern läßt vermuten, daß das Verhalten dieser Geschöpfe großenteils oder vielleicht ganz und gar darauf zurückzuführen ist, daß sie in frühester Kindheit auf eine extreme emotionale Isolierung reagieren mußten, die sich mit Erfahrungen verband, welche sie als ihr Leben bedrohend interpretierten. Das Verhalten dieser Kinder ist offenbar großenteils auf die Unfähigkeit ihrer Eltern, ihrem Kind das zu geben, was es braucht, zurückzuführen; und nicht zurückzuführen ist es auf ein menschliches Verhalten, das ein Tier gegenüber diesen Kindern an den Tag gelegt haben soll.

Unsere Auseinandersetzung mit den zahlreichen Mythen, die man um das autistische Kind herum gesponnen hat, wäre unvollständig, wenn wir nicht auch die Geschichten erwähnten, die sich mit dem – vielleicht der Neugierde entsprungenen – Versuch des Menschen befassen, Kinder selbst autistisch zu machen.

Bei Herodot lesen wir, daß der ägyptische König Psammetich

> zwei neugeborene Kinder von einfachen Eltern nahm und sie zu einem Schäfer gab, damit sie aufwüchsen unter seinen Herden. Er gab Befehl, daß niemend in ihrer Hörweite auch nur ein Wort sprechen solle und daß sie allein schlafen sollten in einer abgelegenen Hütte. Und zu den entsprechenden Zeiten sollten sie mit Milch von den Geißen gefüttert werden und es sollte ihnen gegeben werden, was sonst noch sie benötigten.

Der Zweck dieses Experiments war, herauszufinden, welche Sprache diese Kinder, die ganz auf sich gestellt waren, entwickeln würden. Dabei glaubte man, daß dies die älteste Sprache des Menschen überhaupt sein müsse. Wie und ob sich diese Kinder überhaupt entwickelten, erfahren wir nicht.

Der deutsche Kaiser Friedrich II. wollte möglicherweise dieses Experiment wiederholen. Oder vielleicht wollte uns Salimbene Da Parma (1221–1287/88) eine moralische Geschichte erzählen, wozu er sich des Vorwurfs von Herodot bediente. In seiner *Chronica* schreibt er, Kaiser Friedrich habe herausfinden wollen

> welche Art von Sprache und welche Sprechweise Kinder haben würden, wenn sie heranwüchsen und dabei zu niemendem sprächen. So befahl er Pflegemüttern und Ammen, die Kinder zu stillen, zu baden und zu waschen, aber in keiner Weise mit ihnen zu schwatzen oder zu sprechen, denn er wollte erfahren, ob sie die hebräische Sprache, welche die älteste war, sprechen wür-

den, oder Griechisch oder Latein oder Arabisch oder vielleicht die Sprache ihrer Eltern, von denen sie geboren worden waren. Aber er mühte sich vergebens, denn alle diese Kinder starben. Denn sie vermochten nicht zu leben ohne die zärtlichen und freudevollen Gesichter und liebevollen Worte ihrer Pflegemütter.

So wußte der Mensch also bereits im dreizehnten Jahrhundert, daß ein Säugling, den man der emotionalen Nähe anderer Menschen beraubt, nicht überleben kann – zumindest nicht als ein menschliches Wesen. Die Märchen über die Menschlichkeit und das Mitgefühl der Tiere halten einer näheren Überprüfung einfach nicht stand. Da war sogar unser liebes Rotkäppchen besser informiert.

Aber wenn Wölfe verlorene Kinder schon nicht retten, so können das heute doch die Menschen tun. Doch kann diese Rettung nur dann bewerkstelligt werden, wenn wir den Glauben, daß die Störung des autistischen Kindes unheilbar ist, aufgeben. Daher soll diesem Abschnitt eine abschließende Diskussion folgen, mit dem Ziel, dem Mythos von der Hoffnungslosigkeit der Zukunft des autistischen Kindes auf den Grund zu gehen, so wie wir dem Mythos von seinem Aufwachsen inmitten von Tieren auf den Grund gegangen sind.

VIERTER TEIL

Eine Diskussion der Literatur zum infantilen Autismus

Ätiologie und Behandlung

Ich habe nicht die Absicht, nun die gesamte Literatur zum infantilen Autismus aus historischer Sicht oder auf systematische Weise abzuhandeln. Um den wichtigen Veröffentlichungen zu diesem Thema eingehend und kritisch gerecht zu werden, wäre ein Buch für sich erforderlich, das wesentlich umfangreicher sein müßte als das vorliegende.

In diesem Buch sind vielmehr die Erfahrungen einer Gruppe von Personen, die jahrelang intensiv mit autistischen Kindern gearbeitet haben, zusammengetragen. Darüber hinaus wird versucht darzulegen, was über die Natur dieser Störung, über die Behandlung solcher Kinder und über die frühe Persönlichkeitsentwicklung des Menschen überhaupt in Erfahrung zu bringen war.

Da nicht beabsichtigt ist, ein Handbuch über diese Krankheit zu schreiben, ist die Aufgabe, die wir uns in diesen beiden letzten Kapiteln gesetzt haben, eine begrenzte: es sollen nur solche Teile der Literatur diskutiert werden, die die Erkenntnisse, die wir in der klinischen Praxis gewonnen haben, zusätzlich erhellen können.

Über die Ursprünge des Autismus

Man hat autistische Kinder schon seit Jahrhunderten gekannt und ihre Fälle beschrieben, lang ehe Kanner ihrer Krankheit einen Namen gab. Bereits im Jahre 1809 schilderte Haslam den Fall eines autistischen Jungen, der 1799 ins Bethlehem-Hospital eingeliefert worden war (Vaillant, 1962). Und im Jahr 1921 wurde an der Johns Hopkins-Klinik ein vierjähriges autistisches Kind untersucht (Darr und Worden, 1951), und diese Klinik war es auch, wo Kanner zwanzig Jahre später seine erste Beschreibung des infantilen Autismus ausformulierte. Auch verdanken wir Kanner die erste veröffentlichte systematische Untersuchung (1943). Während man die Schlußfolgerungen, die er in bezug auf den Ursprung und die Behandelbarkeit dieser Krankheit gezogen hat, in Frage stellen kann – wobei anzumerken ist, daß er seine Ansichten in den nachfolgenden Jahren etwas abgewandelt hat – stellt seine Beschreibung des Syndroms selbst eine klassische Definition dar.

Einen Teil dieser Beschreibung habe ich bereits in dem Kapitel über die Wolfskinder behandelt. Bei meiner kritischen Auseinandersetzung mit dieser Beschreibung möchte ich mich nicht an die Äußerungen halten, die Kanner in seiner ursprünglichen Abhandlung getan hat und bei denen es um die Merkmale ging, die seiner Ansicht nach die typischsten dieser Krankheit sind; vielmehr möchte ich eine prägnante und lapidare Formulierung zitieren, die seinen späteren Schriften entstammt (Kanner, 1951–1952):

> Die charakteristischen Merkmale sind ein tiefgreifendes Zurückweichen vor jeglichem Kontakt mit Menschen, ein zwanghaftes Verlangen nach Gleichförmigkeit, eine geschickte Beziehung zu Objekten, die Beibehaltung einer intelligenten und gedankenvollen Physiognomie und entweder ein Mutismus oder die Art von Sprache, die anscheinend nicht den Zweck einer interpersonalen Kommunikation erfüllen soll.
>
> Dieses Verhalten unterscheidet sich vom üblichen zwanghaften Ritualismus in einem wesentlichen Punkt: das autistische Kind zwingt die Leute in seiner Welt sich noch zwanghafter zu verhalten, als es sich bereits selbst verhält. Während es gelegentliche Zugeständnisse machen kann, räumt es anderen dieses Privileg nicht ein. Das autistische Kind ist ein strenger und unnachsichtiger Richter und Kritiker. Beobachtet man ein solches Kind für längere Zeit, so wird offensichtlich, daß ein Großteil seiner Betätigungen – auch dann, wenn es völlig allein ist – der Aufgabe gelten, die Aufrechterhaltung der Gleichförmigkeit, der absoluten Identität auf eine gewichtige, feierliche, ja priesterhafte Weise zu erzwingen.

In seiner ursprünglichen Abhandlung (1943) hatte Kanner elf Fallberichte vorgestellt, die den infantilen Autismus als eine diagnostische Einheit festlegten, und er hatte gefolgert:

> Wir müssen also davon ausgehen, daß diese Kinder mit einer angeborenen Unfähigkeit, die üblichen biologisch gegebenen, affektiven Kontakte herzustellen, zur Welt gekommen sind, genauso wie andere Kinder mit angeborenen körperlichen oder geistigen Mängeln zur Welt kommen. Wenn diese Annahme richtig ist, kann eine weitere Untersuchung unserer Kinder dazu beitragen, konkrete Kriterien aufzustellen hinsichtlich der noch vagen Vorstellungen, die wir von den konstitutionellen Komponenten der emotionalen Reagibilität haben. Denn hier scheinen wir es mit Beispielen in Reinkultur einer angeborenen autistischen Störung der affektiven Kontaktfähigkeit zu tun zu haben.

Obgleich Kanner damals noch überzeugt war, daß es sich beim Autismus um ein angeborenes Unvermögen handelt, unterstreicht er andererseits schon in dieser ersten Abhandlung die Möglichkeit, durch diese Krankheit mehr zu erfahren über die entscheidenden Aspekte der psychischen Entwicklung, das heißt über unsere »emotionale Reagibilität« oder unsere Fähigkeit, mit anderen Personen kommunizieren zu können.

In derselben Abhandlung unterscheidet er auch zwischen dieser Störung und der Gruppe der Schizophrenien. Eine solche Unterscheidung war insofern besonders notwendig als Bleuler (1911) meinte, Autismus sei keine Krankheit für sich, sondern ein Sekundärsymptom der Schizophrenien.

In dem Maße, in dem sich Kanner des Konzepts *Autismus* bediente, so wie Bleuler diesen Begriff 1911 definiert hatte, sollten wir diese Definition noch einmal anführen. Obwohl Bleuler anerkannte, daß »bei den offenkundigen Formen der Schizophrenie die ›emotionale Verschlimmerung‹ im Vordergrund des klinischen Erscheinungsbildes steht« (Bleuler, 1950), betont seine Definition des Autismus weniger die Störung im Rahmen des affektiven Kontakts als im Rahmen des Realitätsbezuges.

Die schwersten Fälle von Schizophrenie, die keinen Kontakt zur Außenwelt mehr haben, leben in einer eigenen Welt. Sie haben sich abgekapselt mit ihrem Verlangen und ihren Wünschen (die sie für erfüllt halten) oder beschäftigen sich mit den Heimsuchungen und Widrigkeiten ihrer Wahnvorstellungen; sie haben sich selbst von jeglichem Kontakt mit der Außenwelt so weit als möglich abgeschnitten. Diese Absonderung von der Realität, verbunden mit dem relativen oder absoluten Vorherrschen des Innenlebens, bezeichnen wir als Autismus.

Kanner jedoch hat von Anfang an erkannt, daß sich der Schizophrene aus der Welt zurückzieht, während das autistische Kind gar nicht erst die Möglichkeit gehabt hat, diese Welt zu betreten:

Während der Schizophrene sein Problem dadurch zu lösen versucht, daß er aus einer Welt heraustritt, deren Teil er gewesen ist und mit der er in Kontakt gestanden hat, schließen unsere Kinder nach und nach einen *Kompromiß*, indem sie vorsichtig ihre Fühler in eine Welt ausstrecken, in der sie von Anfang an völlige Fremde gewesen sind (Kanner, 1943).

Da Kanner zu dem Schluß gelangte, daß diese Störung angeboren sein müsse, hat er es leider unterlassen sich die Frage zu stellen, die wir – vor allem seit Freud – für unerläßlich halten, wenn es um das Verständnis psychologischen Verhaltens geht. Diese Frage aber lautet: Warum verhält sich eine Person so und nicht anders? Eine solche Frage ist unvermeidlich, es sei denn, wir nehmen an, daß Verhalten ausgeführt wird, ohne daß der Ausführende – ähnlich dem sich bewegenden Spastiker – irgendeine Wahl hätte. Wenn man diese Frage jedoch unterläßt, unterläßt man es auch, die Motivation der Person zu verstehen, so daß man sich nur zu leicht versucht fühlt, das, was im Sinne eines konventionellen Verhaltens offensichtlich keinen Sinn ergibt, einem angeborenen Defekt zuzuschreiben.

Als Kanner (1943) seinen ersten Fall Donald darstellte, schrieb er: »Viele seiner Antworten waren metaphorisch oder auf andere Weise eigentümlich. Bat man ihn, von Zehn die Zahl Vier abzuziehen, erwiderte er: ›Ich werde ein Sechseck zeichnen.‹«

Fünfzehn Jahre später ging Kanner noch einmal auf diesen Fall ein und unterstrich, was offenkundig und was entscheidend war – daß nämlich der Junge die richtige Lösung gewußt hatte (Kanner und Lesser, 1958). So aber erschien seine Feststellung »Ich werde ein Sechseck zeichnen« plötzlich in einem völlig anderen Licht.

Bereits im Jahr 1946 schrieb Kanner: »Das autistische Kind verfügt über sein eigenes persönliches originelles und individualisiertes Bezugssystem, dessen Semantik in dem Maße übertragbar ist, in dem der Zuhörer durch seine eigenen Bemühungen den Ursprung der Analogie aufspüren kann.« Die Sprache der autistischen Kinder wird hier nicht als das Symptom eines organischen Defektes betrachtet, sondern als eine sinnvolle Äußerung der idiosynkratischen Welterfahrung des Kindes.

Allerdings ging Kanner nicht auf die Tatsache ein, daß Donalds Antwort auch eine scharfsinnige Lösung des Problems, mit dem der Junge konfrontiert worden war, darstellte: denn mit seiner Antwort hatte er nicht nur gezeigt, daß er die Frage verstanden und die richtige Antwort parat hatte, sondern auch, daß seine Intelligenz über die Beantwortung dieser Frage weit hinausreichte. Auch war es doch so, daß er durch seine Antwort, die er nicht in der Sprache des Fragers, sondern in seiner eigenen Sprache formulierte, den Beweis seiner eigenen Unabhängigkeit lieferte. Denn anstatt »Sechs« zu antworten, erbot er sich, eine geometrische Form mit sechs Seiten zu zeichnen.

Diese Darstellung des Falles Donald endet mit einem Zitat aus einem Brief seiner Mutter: »Ein weiteres Hobby, das er kürzlich entwickelt hat, befaßt sich mit alten Nummern der Zeitschrift *Time*. Er fand ein Exemplar der ersten Ausgabe vom 3. März 1923. Seither hat er versucht, eine Liste der Erscheinungsdaten einer jeden Ausgabe zu erstellen. Bis jetzt hat er es bis zum April 1934 geschafft. Er hat die Anzahl der Ausgaben und ähnlichen Unsinn in einem Buch festgehalten« (Kanner, 1943).

Donalds eben beschriebenes Hobby wurde damals als »Unsinn« deklariert, weil man es nicht im Zusammenhang mit der Tatsache sah, daß Donald sich damals eingehend mit dem Zeitproblem auseinandersetzte. Kanner schreibt dazu: »Er war unerschöpflich beim Ausdenken von Variationen: ›Wieviele Tage hat die Woche, wieviele Jahre hat ein Jahrhundert, wieviele Stunden hat ein Tag, ein halber Tag, wieviele Wochen hat ein Jahrhundert, wieviele Jahrhunderte hat ein halbes Jahrtausend‹ und so weiter und so weiter« (Kanner, 1943). Solch zwanghaftes Grübeln über das Vergehen der Zeit und solch verzweifeltes Bemühen, die Vergangenheit irgendwie dingfest zu machen und sie in einen ordentlichen Ablauf zu bringen, sind für manche autistische Kinder typisch. Sie meinen, ihr Leben sei leer, und manchmal glauben sie sogar, nie so etwas wie eine Vergangenheit gehabt zu haben, und sie sind verzweifelt bemüht, die so entstandene Leere mit irgendetwas (sei es auch nur das Sammeln von alten Zeitschriften) zu füllen. Sie haben Angst, die Zeit würde sich ihnen entziehen, so daß ihnen nicht genügend Zeit bleibt, um überhaupt zu leben. Daher datiert ihr Grübeln darüber, was sich in ihrer leeren Vergangenheit wohl abgespielt haben mag und wieviel Zeit ihnen wohl noch bleibt.

Es ist bedauerlich, daß Kanner in seiner zweiten Publikation über den Autismus dessen Definition als eine »Störung des affektiven Kontakts« fallenließ, denn diese Störung kann gar nicht stark genug hervorgehoben werden – zumindest seitdem diese Krankheit als »früher infantiler Autismus« definiert worden war.

Während Kanner niemals von seiner Überzeugung abging, wonach diese Kinder keine Beziehungen zu Mitmenschen unterhalten, lassen Details seiner Beschreibung erkennen, daß sie in Wirklichkeit nicht nur zu Objekten, sondern auch zu Menschen Beziehungen unterhalten, freilich nicht auf die übliche Weise. Aber vielleicht sollte ich zunächst darauf hinweisen, daß Kanner schon in seinem allerersten Bericht und in allen seinen späteren Schriften über den Autismus die besondere Wesensart der Eltern dieser Kinder unterstreicht.

So schreibt Kanner (1948) zum Beispiel in seinem kompetenten Handbuch zur Kinderpsychiatrie:

Es gibt noch einen anderen sehr interessanten gemeinsamen Nenner im Familienhintergrund dieser Kinder. Unter den Eltern, Großeltern und sonstigen Verwandten gibt es viele Ärzte, Wissenschaftler, Schriftsteller, Journalisten und Künstler. Es ist nicht einfach, die Tatsache, daß alle unsere Patienten von hochintelligenten Eltern abstammen, richtig einzuschätzen. Eines ist freilich gewiß: daß der Familienhintergrund eine ganze Menge Zwanghaftigkeit aufweist.

Während also ein Erbfaktor impliziert wird, betrachtet Kanner selbst das Verhalten der Kinder nicht als eine Reaktion auf elterliches Verhalten, was ja auch in Widerspruch zu seiner These stünde, wonach diese Kinder keine Beziehungen zu Mitmenschen unterhalten. Aber seine genaue Beschreibung läßt die Möglichkeit offen, daß diese Kinder trotzdem Beziehungen eingehen können, allerdings nur auf ihre eigene Weise.

Später, als er zusammen mit seinem Mitarbeiter Eisenberg veröffentlichte, ging er noch weiter, indem er stillschweigend eine Beziehung zwischen diesen Kindern und ihren Eltern annahm. Auf dem Symposium (1955), auf dem ich den Standpunkt vertrat, daß Kindheitsschizophrenie eine Reaktion auf extreme Situationen sein könnte, meinten sie (Eisenberg und Kanner, 1956), daß »ein emotionaler Einfrierungsprozeß das übliche Los autistischer Kinder gewesen ist«. Genauer gesagt erklärten sie folgendes:

Nur schwer kann man sich der Schlußfolgerung entziehen, daß diese emotionale Struktur im Elternhaus eine dynamische Rolle bei der Entstehung des Autismus spielt. Doch scheint es uns genauso klar zu sein, daß dieser Faktor zwar für die Entwicklung des Syndroms wichtig ist, allein jedoch nicht ausreicht, um sein Auftreten zu bewirken. Diese Kinder scheinen in mancher Hinsicht vom Beginn ihrer extrauterinen Existenz an anders zu sein. Tatsächlich ist postuliert worden, daß das abweichende Verhalten dieser Kinder für die Persönlichkeitsprobleme ihrer Eltern verantwortlich sein könnte, da sich die Eltern dadurch, daß sie ständig mit einem nichtreagierenden Kind konfrontiert sind, in einer zweifellos aufreibenden Situation befinden. Obwohl auch wir der Meinung sind, daß dies eine wichtige Überlegung ist, vermag sie doch nicht die sozialen und psychologischen Merkmale der Eltern zu erklären, da diese eine Geschichte haben, die wesentlich weiter zurückreicht als die des Kindes.

Es fällt schwer einzusehen, daß die »emotionale Struktur im Elternhaus eine dynamische Rolle bei der Entstehung des Autismus« spielen kann, wenn das Kind auf eine solche Struktur nicht reagiert, weil es ja keine Beziehungen zu Menschen eingeht. Die einzige Möglichkeit, diese beiden Feststellungen unter einen Hut zu bringen, besteht wohl in der Annahme, daß das Verhalten der Eltern es dem Kind nicht gestattet, aus seinem Schneckenhaus herauszukommen. Das heißt die einzige Möglichkeit, Kanners These – wonach das Elternhaus die Störung beeinflußt, das Kind gleichzeitig aber unfähig ist, zwischenmenschliche Beziehungen einzugehen – anzuerkennen, ist wohl die anzunehmen, daß es den Eltern nicht gelungen ist, bei ihrem Kind irgendwelche Reaktionen auszulösen, weshalb das Kind in seinem ursprünglichen autistischen Zustand geblieben ist.

Wenn sich Eisenberg (1957) allein als Autor betätigt, zeichnet sich eine etwas andere Sicht der Ätiologie des Autismus ab.

Wenn sie beim Großziehen dieser Kinder überhaupt nach irgendeinem Plan vorgehen, so nach einer Karikatur des Watsonschen Behaviorismus, nach einer Doktrin, die sie für kongenial halten. Das Interesse, das sie für ihre Kinder hegen, gilt deren Fähigkeit, als Automaten zu funktionieren. Darauf ist auch die Tatsache zurückzuführen, daß autistische Kinder häufig durch ihre Fähigkeit des mechanischen Auswendiglernens erstaunliche Rezitationsleistungen vollbringen. Gefordert wird Konformität und gewünscht wird das »vollkommene« Kind – das heißt ein Kind, das gehorcht, das entsprechend handelt und das keine Forderungen stellt.

Eisenberg scheint überzeugt zu sein, daß sich diese Kinder in einer Weise fügen, der auch etwas Rebellisches anhaftet, da sie nicht blindlings, sondern mit einer Form von Verhalten gehorchen, durch die die Eltern für ihre gefühllosen Forderungen bestraft werden. Gehorsam wie Revolte zeigen, daß die Eltern eine wichtige Rolle spielen. Denn erst wenn wir Beziehungen eingehen oder den Wunsch nach solchen Beziehungen haben, können andere so wichtig werden, daß wir auf ihre Forderungen mit solch konsequentem Verhalten reagieren.

Eisenberg (1956) geht sogar noch weiter. Er meint, man könne behaupten

daß ihre kognitiven Fähigkeiten von Anfang an eingeschränkt gewesen sind, wobei es jedoch unvermeidbar scheint, daß ein Kind, dessen Kontakt mit seiner menschlichen Umgebung derart reduziert wird, einen nichtwiedergutzumachenden geistigen Schaden davontragen muß, zumal wenn die Entwicklungsmöglichkeiten durch Ausschluß normaler Erfahrungsmodi blockiert werden. Diese Auffassung wird durch Tierstudien erhärtet.

Obgleich Kanner nicht den Wunsch nach Kommunikation erkannt hat, der sich hinter der extremen Isolierung solcher Kinder verbirgt, beweisen einige seiner späteren Schriften, daß er den Autismus nicht mehr ausschließlich als angeboren, sondern nunmehr auch als die Folge einer Intention betrachtete. Da wird also die unnachgiebige Forderung dieser Kinder nach Gleichförmigkeit zum ersten Mal nicht als ihre Unfähigkeit, sich anders zu verhalten, sondern als die Folge einer Art Entschluß betrachtet:

Die Patienten finden Sicherheit in der Gleichförmigkeit, eine Sicherheit, die insofern sehr dürftig ist, als ständig Veränderungen stattfinden, und sich die Kinder deshalb fortwährend bedroht fühlen und diese Bedrohung ihrer Sicherheit angespannt versuchen abzuwehren (Kanner, 1951 a).

Doch während sich Kanner weiterhin beeindruckt zeigt von dem ausgeprägten Erinnerungsvermögen autistischer Kinder, betont er nach wie vor den angeborenen Defekt im Bereich der affektiven Kontaktnahme. Im Gegensatz zu Eisenberg ist er nicht bereit anzunehmen, daß unangemessene und überwältigende emotionale Erfahrungen in der frühen Kindheit in bezug auf die Kommunikation mit der Umwelt und das Weltverständnis überhaupt schwerwiegende Veränderungen nach sich ziehen können und daß diese Veränderungen unter Umständen nicht wiedergutzumachen sind, wenn sie nicht rechtzeitig korrigiert werden. Aus diesem Grunde scheut er davor zurück, eine Verbindung zwischen Autismus und Umwelterfahrung herzustellen, so daß er diese Krankheit auch weiterhin in erster Linie als angeboren betrachtet. Eine andere Frage ist die, ob ein derart extremer und früher Rückzug und ein derart weitreichender Mangel an Reagibilität gegenüber emotionalen Stimuli die geistig-seelischen Funktionen nur zeitweilig oder für immer beeinträchtigen.

Aber Kanner steht nicht allein mit seiner Schlußfolgerung, wonach der infantile Autismus die Folge eines angeborenen Defekts sein soll, obwohl andere Fachleute diese Krankheit weniger als eine Beeinträchtigung des affektiven Kontakts als des abstrakten Denkvermögens betrachten.

So meint zum Beispiel Benda, der Ursprung des Autismus liege nicht in der Unfähigkeit, affektive Beziehungen herzustellen, sondern in der Unfähigkeit zu abstrahieren, eine Behauptung, die ursprünglich von Goldstein u. a. stammt und auf die ich noch kurz zurückkommen werde. Benda (1960) schreibt folgendes:

Bei der Unterscheidung des Kindheitsautismus von anderen Formen geistiger Defekte müssen wir anmerken, daß das autistische Kind nicht im gewöhnlichen Sinne des Wortes geistig zurückgeblieben ist, sondern eine unangemessene Form der Geistestätigkeit aufweist, die sich in der Unfähigkeit manifestiert, mit symbolischen Formen umzugehen und abstrakte Standpunkte zu vertreten. Daher begegnen wir bei diesen Kindern einer spezifischen Störung des Abstraktionsvermögens, das einen wesentlichen Teil der menschlichen Intelligenz bildet, aber nicht identisch ist mit anderen Formen geistiger Defekte oder fokaler Hirnschädigungen . . .

Zugleich aber erkennen wir, daß es dem autistischen Kind, obgleich es sich ganz offenbar zurückgezogen hat, weder an Emotionen noch an Zuneigung fehlt und schon gar nicht an der Intensität persönlicher Kontaktnahme. Das Kind reagiert auf seine Umgebung normal: und wenn es verwirrt scheint, so ist es verwirrt, weil es sich in dieser Welt und in seiner Altersgruppe nicht zurechtfinden kann. Es ist nicht in der Lage, auf dem Niveau, das seinem Alter gemäß wäre, abstraktes Material, Sprache und Kommunikation zu handhaben. Die Zeichnungen dieser Kinder sind eine Art Indizienbeweis dafür, daß der Mangel an abstraktem Verhalten nicht der spezifischen Pathologie eines bestimmten Hirnbereichs zuzuschreiben ist, sondern einer Entwicklungsstörung des Integrationsprozesses, die den gesamten Kontakt des Kindes zu seiner Umgebung einschließt.

Bender (1959) betrachtet den Autismus nicht als einen angeborenen Defekt des zentralen Nervensystems, sondern als eine defensive Reaktion gegen einen derartigen Defekt.

Ich habe immer wieder behauptet, daß der Autismus ein Abwehrmechanismus ist, der bei schizophrenen oder hirngeschädigten oder sogar schwer traumatisierten oder emotional deprivierten kleinen Kindern auftritt, die sich mittels dieses Mechanismus zurückziehen, um sich vor der Auflösung und Angst, die durch die zugrundeliegende Pathologie in ihren Genen, ihrem Gehirn, ihren Wahrnehmungsorganen oder ihren sozialen Beziehungen erzeugt wird, zu schützen.

Goldstein (1959) sieht im Autismus ebenfalls eine sekundäre Abwehrmaßnahme gegen einen organischen Defekt. Dieser Defekt, so meint er, sei die Unfähigkeit des autistischen Kindes abstrakt zu denken. Er vergleicht autistisches Verhalten mit den Reaktionen hirngeschädigter Patienten und meint, solches Verhalten sei »der Ausdruck eines Schutzmechanismus, der passiv tätig wird, mit dem Ziel, die Existenz des Patienten in solchen Situationen abzusichern, in denen Angst und Kummer in einem unerträglichen Maße auftreten«. So wird Autismus also als eine Reaktion interpretiert, durch die das kranke Kind eine Katastrophe vermeidet.[1]

[1] In diesem Sinne betrachten Goldstein und Bender den infantilen Autismus (mit Recht, so glaube ich) als eine Abwehrmaßnahme gegen eine unerträgliche Angst. Doch im

Wie ich zu Beginn dieses Buches bereits erwähnt habe, begann ich im Jahr 1932, also über zehn Jahre bevor Kanner seine erste Darstellung des Autismus veröffentlichte, mit einem stummen autistischen Kind zu arbeiten, ohne damals zu wissen, daß ich es mit einem Kind zu tun hatte, das an infantilem Autismus litt. Diese Unwissenheit war sicherlich kein Segen, doch zumindest bewahrte sie mich davor, meine Behandlungsversuche vorzeitig aufzugeben.

Als ich in den vierziger Jahren Kanners Darstellung kennenlernte, fand ich diese Arbeit deshalb so faszinierend, weil sie detailliert eine ganze Anzahl von Merkmalen beschrieb, die mit denen des Kindes, das ich zu behandeln versucht hatte, identisch waren. Aber ich konnte damals Kanners Standpunkt nicht akzeptieren – den Standpunkt zum Beispiel, daß diese Krankheit eine »angeborene Unfähigkeit zur affektiven Kontaktnahme« (Kanner, 1943) oder eine »Unfähigkeit, von Geburt an auf normale Weise zu Menschen und Situationen Beziehungen herzustellen« (Kanner, 1944) war. Die Art und Weise, wie das von mir behandelte Kind in späteren Jahren auf jede zeitweilige Abwesenheit seiner Pflegepersonen reagierte, die Freude, die es bei ihrer Rückkehr an den Tag legte und die durchaus angemessene Reaktion auf andere emotional wichtige Ereignisse widerlegten Kanners Standpunkt.

Genauso schwer fällt es mir zu glauben, daß autistische Kinder »vom Beginn ihrer extrauterinen Existenz an« anders sein sollen. Trotz einer sorgfältigen Durchsicht der Literatur und einer Durchforstung der vielen Fälle, auf die wir an der Orthogenetischen Schule aufmerksam geworden sind, sind wir auf keine stichhaltige Evidenz gestoßen, die klar belegt hätte, daß Autismus bei oder unmittelbar nach der Geburt aufgetreten wäre. Zwar stellten manche Eltern solche Behauptungen auf, aber keine dieser Behauptungen erwies sich bei einer genauen Nachprüfung als stichhaltig. Denn wenn wir der Sache auf den Grund gingen, stellte sich stets heraus, daß das Verhalten, um das es ging, nicht bei der Geburt, sondern erst Wochen oder gar Monate später beobachtet worden war.

Bosch (1962) gelangte zu einem Standpunkt, den auch wir uns aufgrund verschiedener Beobachtungen zu eigen machten: daß nämlich das beobachtbare Einsetzen des infantilen Autismus mit Ereignissen zu tun haben muß, die im zweiten Lebensjahr stattfinden. Dieser Standpunkt steht im Widerspruch zu der eben angeführ-

Gegensatz zu diesen Autoren glaube ich, daß der Ursprung dieser Angst nicht in einer organischen Schädigung zu suchen ist, sondern darin, daß das Kind seine Lebensbedingungen als ganz und gar zerstörerisch wertet.

ten Überzeugung, wonach sich Anzeichen von Autismus sofort nach der Geburt feststellen lassen könnten. Diese Streitfrage ist so wichtig, daß ich Bosch selbst zitieren möchte:

Wenn wir auch vermuten dürfen, daß vielleicht eine sorgfältige vergleichende Beobachtung dieser Kinder schon im ersten Lebenshalbjahr Abweichungen des Ausdrucks und Verhaltens von der Norm ergeben hätte – Van Krevelen weist auf den eigenartig starren Blick schon des frühen Säuglings bei einem seiner Fälle hin – so müssen wir uns doch Gedanken darüber machen, warum bei einer großen Zahl autistischer Kinder gerade zu Beginn des zweiten Lebenshalbjahres etwa diese Verhaltensauffälligkeiten in Erscheinung treten. Wir müssen allerdings einräumen, daß bei einer Reihe von Fällen in der Erinnerung der Eltern die ersten Auffälligkeiten des Verhaltens später, im zweiten oder spätestens im dritten Lebensjahr bemerkt wurden.

Diese Datierung des Einsetzens der Krankheit wird zusätzlich bestätigt durch die von Schlain und Yannet (1960) angestellten Beobachtungen, die da lauteten, daß von fünfzig autistischen Kindern »die meisten Eltern das Einsetzen anormalen Verhaltens im zweiten Lebensjahr datierten«.

Meine eigene Überzeugung, die ich in diesem ganzen Buch darzulegen versucht habe, ist die, daß der Autismus im Grunde mit allem zu tun hat, was von der Geburt an geschieht; darüber hinaus können wir die Möglichkeit, daß eine pränatale Entwicklungsstörung ein mitwirkender Faktor sein kann, nicht ausschließen. Doch da der Autismus – auch davon bin ich überzeugt – im Grunde eine Störung der Fähigkeit ist, Beziehungen zur Umwelt herzustellen, dürfte er am offenkundigsten im zweiten Lebensjahr zutage treten, denn das ist die Zeit, in der das Kind normalerweise kompliziertere Beziehungen zu seiner Umgebung herstellt.

Ein typisches Beispiel für die Unsicherheit von Eltern hinsichtlich der Frage, wann sie an ihrem autistischen Kind zum ersten Mal sonderbares Verhalten beobachtet haben, ist der 1964 erschienene Bericht von Kamp, der von eineiigen Zwillingen handelt. Das ist ein besonders gutes Beispiel, weil Julie, einer der beiden Zwillinge, autistisch wurde, während ihre Schwester Coby keine Störung entwikkelte. Die Eltern der beiden Zwillinge hatten sozusagen stets ein identisches Bild ihrer beiden Töchter vor Augen, so daß es ein Leichtes für sie hätte sein müssen, irgendwelche Abweichungen festzustellen. Die Mutter aber berichtete, daß Julie in den ersten paar Monaten eine überaus günstige Entwicklung erkennen ließ, während sie in der zweiten Hälfte ihres ersten Lebensjahres hinter Coby zurückblieb. Der Vater war der Ansicht, daß Julie von Anfang an einen weniger vitalen Eindruck gemacht hatte. Er streitet jegliche plötzliche Änderung in Julies Entwicklung ab.

Bei dem Versuch, die unterschiedlichen Standpunkte, die er und seine Frau vertraten, zu erklären, hielt der Vater es für »möglich, daß die Mutter die beiden einander sehr ähnlich sehenden Kinder irgendwann in der zweiten Hälfte des ersten Lebensjahres verwechselt hat«. Beide Eltern stimmten jedoch darin überein, daß »Julie im Alter von ungefähr zehn Monaten auf Annäherungsversuche weniger stark zu reagieren begann. Sie zog sich in sich zurück und zeigte nichts von der funktionellen Entwicklung, die bei Coby augenfällig war«.

Auch sind eineiige Zwillinge die Personen, mit deren Hilfe die Frage, ob infantiler Autismus angeboren ist, getestet wird. Rimland (1964) befaßt sich mit vierzehn Zwillingspaaren, die alle an Autismus litten und von denen elf Paare eineiig waren. Das, so meint der Autor, ist »eine der stärksten Beweisführungen gegen die psychogenetische Ätiologie des Autismus«.

Doch auch wenn alle beiden Zwillinge autistisch sind, widerlegt das nicht die Hypothese, daß Autismus umweltbedingt sein kann, denn schließlich können beide Zwillinge denselben oder zumindest sehr ähnlichen Einflüssen im Elternhaus ausgesetzt gewesen sein. Und wenn es nur einen Fall eineiiger Zwillinge gäbe, bei dem der eine Zwillingspartner autistisch, der andere dagegen gesund ist, müßten schwere Zweifel hinsichtlich der Theorie vom angeborenen Autismus lautwerden, während die Hypothese vom umweltbedingten Autismus durch eine solche Tatsache nicht geschwächt werden würde, da die Eltern auf jeden Zwillingspartner anders reagieren können.

Zum Glück sind zwei solche Fälle bekannt geworden. Die Zwillinge, über die Kamp (1964) berichtet hat, werden mittlerweile seit fünf Jahren von der kinderpsychiatrischen Abteilung der Universität von Utrecht intensiv untersucht. Und eine private Äußerung (Kamp, 1965) lautete: »Die Zwillingsschwester hat keine Anzeichen von Fehlanpassung erkennen lassen, sie macht in der Schule gute Fortschritte und kommt überhaupt recht gut zurecht.« Auch Vaillant (1963) hat über ein eineiiges Zwillingspaar berichtet, bei dem der eine Partner autistisch, der andere dagegen gesund war.

Kanner hat darauf hingewiesen, daß manche Autoren erklären, daß das autistische Kind von Geburt an unfähig sei, auf irgendein Bemuttern zu reagieren, und daß sie mit dieser Unfähigkeit das besondere Verhalten der Eltern zu begründen versuchen. So gibt es da zum Beispiel einen Hinweis auf das angebliche Fehlen der antizipatorischen Reaktion, die dem Getragenwerden vorausgeht.

Was mit »antizipatorischem Annäherungsverhalten« gemeint ist, beschreibt Call (1964) folgendermaßen:

Im Verlauf von Beobachtungen, die wir an neugeborenen Säuglingen vorgenommen haben, haben wir das Tun eines hungringen, zwei Tage alten, brustgefütterten Säuglings bei seiner achten Fütterung beobachtet; der Säugling öffnete den Mund, brachte seinen freien Arm entgegen der Schwerkraft von seiner Seite in den Bereich seines Mundes und der sich nähernden Brust seiner Mutter, wenn er dieser übergeben und von ihr in Stillposition gebracht wurde; doch dieses Verhalten zeigte der Säugling, noch ehe er irgendeinen Kontakt mit der Brust, mit der Kleidung oder mit anderen Stimuli gehabt hatte.

Da Untersuchungen zur Prägung beim Tier ergeben haben, daß die frühesten Erfahrungen für die spätere Sozialisierung von entscheidender Bedeutung sind, hat man sich auf eben diese Befunde berufen, um den infantilen Autismus zu erklären. Da manche Tiere keine antizipatorischen Reaktionen, sondern nur sich anschließendes Verhalten kennen, hat man angenommen, daß diese beiden Verhaltensweisen gleichwertig seien, und im gleichen Zusammenhang hat man behauptet, daß das Nichtvorhandensein einer antizipatorischen Reaktion beim Säugling die Ursache seines Autismus sein könne. So hat man zum Beispiel die Frage aufgeworfen, »ob der infantile Autismus einen Mangel an visueller Bindung an die Mutter darstellen könne, entstanden während einer frühen kritischen Periode und ausgelöst entweder durch Defekte der neuralen Organisation oder durch Abweichungen der Interaktion zwischen Mutter und Säugling« (Garrard und Richmond, 1963).

In diesem Fall haben sich die Autoren nicht entweder für einen angeborenen Defekt des Kindes oder für ein mangelndes Reaktionsvermögen der Mutter entschieden, um mit einem dieser beiden Sachverhalte den Autismus definitiv erklären zu können. Stattdessen haben sie beide Möglichkeiten in Erwägung gezogen. Trotzdem aber stellt sich die Frage: Worin muß das mütterliche Verhalten genau bestehen, um zu verhindern, daß sich der Säugling visuell an die Mutter bindet?

Tatsächlich ist mir kein Fall eines objektiven Beobachters bekannt, der in den ersten Lebenstagen eines autistischen Kindes einen Mangel an antizipatorischem Verhalten oder an visuellen Nachfolgereaktionen festgestellt hätte. Danach aber können solche Reaktionen bereits die Folge des bemutternden Verhaltens sein.

Einige Beobachtungen, die uns über Neugeborene bekannt sind (s. S. 18 ff.), können erklären, warum dem so ist. Die Beobachtungen, die von Call, Fantz, Wolff und anderen angestellt worden sind, gestatten es uns, Behauptungen über das Vorhanden- oder Nichtvorhandensein von bestimmten Verhaltensweisen bei der Geburt noch stärker anzuzweifeln, denn diese Wissenschaftler haben ihre Untersuchungen eben nicht erst Wochen nach der Geburt durchgeführt. So hat man zum Beispiel antizipatorisches Verhalten bei Säuglingen schon bei der vierten Fütterung feststellen können (Call, 1964).

Bei neun von elf brustgefütterten Säuglingen stellte Call solches Verhalten spätestens bei der elften Fütterung fest; und bei vier von sechs flaschengefütterten Säuglingen wurde solches Verhalten frühestens bei der vierten und spätestens bei der vierzehnten Fütterung beobachtet.

Bei den beiden Fällen, bei denen kein antizipatorisches Annäherungsverhalten der brustgefütterten Säuglinge zu beobachten war, handelte es sich um primaparose Mütter mit Brustwarzenproblemen (nämlich mit »flachen« Warzen oder mit »eingestülpten« Warzen auf der einen Seite) . . . In beiden Fällen . . . wurden die Säuglinge gefüttert, während sie flach ausgestreckt auf dem Schoß ihrer Mutter lagen. Das aber bedeutete, daß der Körperkontakt minimal war.

Wenn dieser ganze Prozeß nicht richtig funktioniert, weil solches antizipatorisches Verhalten des Säuglings bei der Mutter nicht die entsprechende Reaktion zur Folge hat, kann die Beziehung des Säuglings zu seiner Umwelt von der Geburt an gestört sein. So aber kann der spätere Kampf des Säuglings gegen seine Umgebung oder aber sein autistischer Rückzug durch Dinge bewirkt werden, die so früh in seinem Leben geschehen, daß man, wenn die ersten Fütterungen nicht sorgfältig beobachtet worden sind, den Eindruck gewinnen kann, daß die Reaktion des Säuglings einem angeborenen Verhalten zuzuschreiben ist.

Das soll nicht heißen, daß hier mit Sicherheit die Anlage für den infantilen Autismus zu suchen ist. Doch ist es ebenso wenig gerechtfertigt, diese Möglichkeit auszuschalten, so lange sie nicht eingehend erforscht worden ist. Diesen Säuglingen gelingt es also nicht, antizipatorische Reaktionen zu zeigen, und manche Fachleute haben behauptet, daß eben dieses Verhalten für solche Neugeborene typisch sei, die später autistisch werden. Doch die antizipatorische Reaktion erfüllt den Zweck, das Überleben des Säuglings zu gewährleisten. Was aber, wenn die Erfahrung des Säuglings, dem die Brust gegeben wird, so gar nichts mit Überleben, sondern mit Erstickungsgefahr zu tun hat? Ich verweise hier auf das Beispiel, das Gunther gegeben hat (s. S. 21), bei dem der Säugling der ungeschickt dargebotenen Brust der Mutter wegen nicht mehr durch die Nase atmen konnte. Ist in diesem Fall der Kampf des Säuglings gegen die Mutterbrust – subjektiv gesehen – nicht seine beste Überlebenschance?

Aus demselben Beispiel geht hervor, daß sich der Säugling, wenn er nicht bekommt, wonach er verlangt, entweder zur Wehr setzt oder apathisch wird. So sind also beide Verhaltensweisen möglich. Aber sogar die Säuglinge, die sich zur Wehr setzen, können apathisch werden, wenn ihr Widerstand nicht als legitim anerkannt wird.

Während diese Beobachtungen in den Tagen unmittelbar nach der Geburt angestellt wurden, berichtet Call über einen Säugling, dem es in der Klinik gut ging, während sein Zustand zu Hause zu wünschen übrig ließ.

Ein dritter Säugling zeigte in der Zeit des Wochenbetts das übliche antizipatorische Verhalten, wogegen er sich im Alter von fünfeinhalb Wochen ständig von der Mutter abwandte. Die Mutter hielt den Säugling in den ersten paar Tagen der Flaschenfütterung in der Klinik ganz nah an ihrem Körper; doch als sie wieder daheim war, hielt sie den Säugling immer nur im linken Arm, so daß er die Körpernähe vermißte und keine hinreichende Kopfstütze hatte. Dabei schaute sie ihm nur selten ins Gesicht. Der Vater, der den Säugling ungefähr ein Drittel der Zeit fütterte, hielt ihn eng an seinem Körper und fest im rechten Arm, wobei er ihm ständig ins Gesicht schaute. Auch ließ sich die Mutter auf ein neckendes Spielchen ein, das darin bestand, daß sie dem Säugling mit der Brustspitze über den Mund fuhr, und immer wenn er den Mund der Brustwarze entgegenstreckte, zog sie sie zurück. In der Zeit, in der der Säugling zwischen fünfeinhalb Wochen und acht Monaten alt war, fuhr der Säugling fort, sich von der ihn fütternden Mutter abzuwenden, während er sich dem ihn fütternden Vater zuwandte. Eine weitere Untersuchung dieses Falles und die Nachuntersuchung anderer pathologischer Merkmale, die sich entwickelt haben, sollen den Gegenstand eines weiteren Berichtes bilden (Call, 1964).

Es drängt sich hier die Frage auf, ob der Säugling durch die positive Unterstützung des Vaters nicht vor einer noch schwereren Pathologie bewahrt wurde. Freilich scheinen die Väter von autistischen Kindern zu solch stützendem Verhalten unfähig zu sein, obwohl gerade ein derartiges Verhalten ein Gegengewicht bilden würde zu der Unfähigkeit der Mutter, auf die Bedürfnisse des Säuglings einzugehen. Das ist um so bedauerlicher, als es durchaus sein kann, daß Verhalten, das man bisher für instinkthaft oder angeboren gehalten hat, auslösender Momente in der Umgebung des Säuglings bedarf, damit man auf diese Weise vermied, daß er sich völlig fehlentwickelt.

Wenn dem so ist, kann es sich bei dem Geschehen, das Kanner als eine angeborene Störung der affektiven Kontaktfähigkeit betrachtet, durchaus um einen Vorgang handeln, der sich dann einstellt, wenn die angeborene Kommunikationsfähigkeit nicht mit den richtigen auslösenden Momenten zur richtigen Zeit zusammentrifft.

Diese Ansicht scheint auch Bowlby (1952) zu vertreten, da er einen Vergleich anstellt zwischen der mütterlichen Pflege und den chemischen Organisatoren, die im Verlauf der Embryoentwicklung wirksam sind.

> Wenn man sich mit der Embryologie des menschlichen Geistes befaßt, entdeckt man eine verblüffende Ähnlichkeit mit der embryologischen Entwicklung des menschlichen Körpers, in deren Verlauf undifferenzierte Gewebe auf die Einflüsse chemischer Organisatoren reagieren. Soll die Entwicklung reibungslos verlaufen, müssen diese Gewebe in gewissen kritischen Perioden den Einflüssen der richtigen Organisatoren ausgesetzt sein. Ähnlich scheint es für die undifferenzierte Psyche, soll sie sich reibungslos entwickeln, unerläßlich zu sein, daß sie in gewissen kritischen Perioden dem Einfluß eines psychischen Organisators – nämlich der Mutter – ausgesetzt ist.

Leider gibt es zu wenige Beobachtungen, die unmittelbar nach der Geburt angestellt worden sind, und zu wenige Nachuntersuchungen darüber, wie sich solche Kinder später entwickelt haben, als daß wir auf dieser Basis irgendwelche definitive Aussagen über den Autismus treffen könnten.

Als wir uns mit dem Problem der wilden Kinder auseinandersetzten, haben wir darauf hingewiesen, daß der Mensch bereits im dreizehnten Jahrhundert, wenn nicht noch früher, wußte, daß Säuglinge, die unter atypischen Bedingungen großwerden, schwere Schäden davontragen können. Seit der Jahrhundertwende hat es immer wieder Berichte gegeben, die auf die unglaubliche Säuglingssterblichkeit in schlecht geführten Krankenhäusern und anderen Institutionen hingewiesen haben. Derselben ungewöhnlichen Sterblichkeit begegnet man bei Säuglingen, die unter extrem »sterilen«

Bedingungen großwerden. Zu den ersten Autoren, die darauf hingewiesen haben, wie stark derartige Bedingungen die geistige Entwicklung des Säuglings beeinträchtigen können, gehören Durfee und Wolf (1933). Sie haben herausgefunden, daß die Intelligenz des Säuglings, der die ersten drei Monate seines Lebens in einer miserablen Institution verbringt, nicht beeinträchtigt wird, während die Säuglinge, die mehr als acht Monate in einer derartigen Umgebung verbrachten, keinem Test mehr unterzogen werden konnten, weil sie die entsprechende Reaktionsfähigkeit eingebüßt hatten.

Spitz (1945, 1946, 1951) war der erste, der dieses Problem aus psychoanalytischer Sicht untersuchte. Seine Schlußfolgerung lautete, daß eine emotionale Deprivation und das Nichtvorhandensein einer angemessenen Stimulierung zur anaklitischen Depression und schwerwiegender emotionaler und intellektueller Retardierung führen. Im Extremfall sind die Folgen Marasmus und Tod.

Goshen (1963), der diese Untersuchungen auf das Familienleben ausweitete, weist eindringlich darauf hin, wie negativ der Einfluß der Mutter sein kann, der es nicht gelingt, das Kind in kritischen Perioden – vor allem im Alter zwischen sechs und achtzehn Monaten – hinreichend zu stimulieren oder bedeutungsvolle Signale bei ihm auszulösen. Die Folge kann schließlich die sein, daß das Kind am Spracherwerb scheitert und am Ende geistig-seelisch zurückbleibt.

Goshen befaßte sich in diesem Fall mit Müttern, die durchaus fähig waren, ihre Kinder zu erziehen und zu umsorgen, aber aufgrund einer vorübergehenden Depression

> nicht auf sie zu reagieren vermochten und ständig abgeneigt waren, in bezug auf die Bedürfnisse der Kinder aktiv etwas zu unternehmen. Obwohl sie im Leben dieser Kinder eigentlich die einzigen waren, die sich um sie kümmern konnten . . . war ihr Verhalten von Natur aus still, mechanisch, ablehnend, grüblerisch und bar jeder Spontaneität. Am bedeutungsvollsten war es jedoch, daß ihr Interesse für irgendwelche emotionale Reaktionen seitens der Kinder minimal war, während sie ein maximales Interesse daran hatten, daß die Kinder ruhig und untätig blieben. Diese Einstellungen oder Verhaltensweisen waren geprägt von dem intensiven Versuch, die Kinder auf eine restriktive, negative Weise zu beherrschen.

Diese Mütter, deren depressive und selbstbezogene Einstellungen, das erfahren wir von Goshen, in einem hohen Maße mit der geistig-seelischen Retardierung ihrer Kinder korreliert sind, lassen Merkmale erkennen, die stark an die Merkmale der Mütter eines Großteils unserer autistischen Kinder erinnern. Diese Kinder aber waren alle, als sie zu uns kamen und als wir sie testeten, retardiert. Allerdings waren die von Goshen beschriebenen Kinder nicht autistisch. Vielleicht wurden die unbewußten Motive der Mutter vom Kind selbst aus diesem oder jenem Grund nicht als eine Bedrohung seines Lebens erfahren. Auf alle Fälle haben wir es hier mit Reaktionen auf das Nichtvorhandensein von Stimuli zu tun, mit einer Situation, die im Rahmen jüngst durchgeführter Experimente zur sensorischen Deprivation reproduziert worden ist.

Andere Untersuchungen führen uns in die pränatale Umgebung. Sontag (1941) berichtet, daß fetale Bewegungen erheblich zunehmen, wenn die Mütter emotionalem Streß ausgesetzt sind. Dauerte die nervliche Belastung einer solchen Mutter mehrere Wochen, so blieb sich der Intensitätsgrad der fetalen Aktivität während dieser ganzen Periode gleich. In jüngerer Zeit durchgeführte Studien haben den Einfluß der emotionalen Einstellungen der Mutter auf die Geburt und das Neugeborene unterstrichen (Ferreira, 1960; Davids, Devault und Talmadge, 1961). Während diese Autoren keine Langzeitwirkungen erwähnen, vertrat Sontag den Standpunkt, daß anhaltender emotionaler Streß in der Schwangerschaft entscheidende Auswirkungen auf das Kind haben kann.

Bergman und Escalona (1949) haben eine Untersuchung durchgeführt, die in diesem Rahmen, da sie sich mit den Reaktionen äußerst sensibler Säuglinge befaßt, ebenfalls relevant ist. Diese Autoren behaupten, daß manche Säuglinge »eine zu zerbrechliche Schutzschranke« haben, weshalb sie zusätzliche eigene Schutzmöglichkeiten entwickeln können. Freilich könne ein Übermaß solcher Möglichkeiten zu »einer verspäteten und unter Umständen allzu verspäteten Ichbildung« führen. Obwohl diese Autoren hauptsächlich die Schranke meinen, die eine Überflutung durch Sinnesreize verhindert, möchte ich annehmen, daß die Theorie der Autoren auch für die emotionalen Reize gilt, zumal es wenig sinnvoll ist, in diesem frühen Alter zwischen den beiden Arten von Reizen zu unterscheiden.

In einer nicht allzu weit zurückliegenden Veröffentlichung äußert sich Spitz (1964), der ja zunächst die schädlichen Auswirkungen eines Mangels an Stimulierung unterstrichen hatte, ebenso besorgt über die entgegengesetzten Daseinsbedingungen. Er schreibt folgendes:

Kürzlich hat mich ein offenkundiger Sachverhalt sehr betroffen: die Tatsache nämlich, daß in der Ätiologie aller psychotoxischen Störungen die *falsche* Art einer emotionalen Versorgung oder Zufuhr augenfällig ist. Einige psychotoxische Störungen (Drei-Monats-Kolik, infantiles Hin- und Herschaukeln und so weiter) lassen neben einem spezifischen ätiologischen Faktor das diametrale Gegenteil einer emotionalen Deprivation erkennen, nämlich einen Überschuß oder eine Überdosierung der affektiven Stimulierung. Nachdem ich jahrelang versucht habe, dieses Problem des »Zuviel« auszuformulieren, möchte ich diesen Faktor heute als *emotionale Überlastung* bezeichnen. Ein Beispiel hierfür ist das undisziplinierte elterliche Verhalten, das mit echter Objektbezogenheit nichts zu tun hat, da es aus den ungelösten emotionalen Problemen der Eltern selbst resultiert, zum Beispiel aus verdrängter Feindseligkeit, Schuldgefühlen, narzißtischen Bedürfnissen und so weiter.

Bei den Kindern, die später autistisch werden, kann die Überempfindlichkeit gegenüber den Emotionen der Mutter derart ausgeprägt sein, daß sie abwehrend versuchen, das, was für sie an dieser Erfahrung zu zerstörerisch ist, auszuschalten. Noch ist wenig bekannt über die Beziehung zwischen der emotionalen und kognitiven Entwicklung des Kindes. Doch wahrscheinlich beeinträchtigt eine Ausschaltung der emotionalen Erfahrung die Entwicklung des kognitiven Bereiches, und so kann es sein, daß beide Prozesse einander so lange verstärken, bis Autismus die Folge ist.

Das ist ein Standpunkt, der der Auffassung Eisenbergs (1956) nahekommt. Eisenberg schreibt:

Man fragt sich, ob es parallel zur intellektuellen Unzulänglichkeit nicht auch ein Syndrom der affektiven Unzulänglichkeit gibt. Genauso wie die geistige Unzulänglichkeit die Folge struktureller Einschränkungen oder kultureller Deprivation sein kann, können sich in der affektiven Unzulänglichkeit organische Dysfunktion, affektive Deprivation oder eine Kombination der beiden widerspiegeln.

Wenn wir bei autistischen Kindern von einer erhöhten Empfänglichkeit auf alle oder auf eine Vielzahl von Stimuli ausgehen (was auf ihre potentielle überlegene Intelligenz zurückzuführen sein könnte), würde daraus nicht folgen, daß diese Kinder aufgrund ihrer niedrigen Reizschwelle einige dieser Reize oder Stimuli als zu schmerzhaft vermeiden, bis sie die Erfahrung machen, daß diese Reize ja angenehm sind?

Diese Argumentation läßt erkennen, weshalb ich überzeugt bin, daß Berichte, die auf die von Geburt an gegebene Reaktionsunfähigkeit autistischer Kinder verweisen, an sich auf keine angeborene Störung schließen lassen. Denn es kann sich auch hier um eine sehr frühe Reaktion dieser Kinder auf ihre Mütter handeln, um eine Reaktion, die in den ersten Tagen oder Wochen ihres Lebens ausgelöst worden ist.

Es ist schwierig festzustellen, was genau diese Reaktion ausgelöst hat. Je vertrauter und inniger eine Beziehung ist, desto schwieriger ist es herauszufinden, was welchem Partner zuzuordnen ist. Wenn wir annehmen, daß die Gefühle, mit denen der Säugling seine Mutter besetzt, sehr intensiv sind und trotzdem enttäuscht werden, so kann es durchaus sein, daß das Kind der Welt den Rücken kehrt. Das kann man sich leicht vorstellen. Wesentlich schwieriger sind irgendwelche Aussagen darüber, was es in dieser Schattenregion der Entwicklung des Geistes nun eigentlich gewesen ist, das zu dieser Mißlage des Kindes geführt hat.

Fürsorger, die neugeborene Säuglinge in Pflegeheimen untergebracht haben, sind mit der Tatsache wohlvertraut, daß manche dieser Säuglinge entweder nicht essen oder auf ihre Pflegemütter überhaupt nicht reagieren. Bringt man sie aus diesem Grund in ein anderes Pflegeheim, so kommt es häufig vor, daß sie auf der Stelle aufblühen. Das beweist, wie früh ein Säugling auf die bemutternde Person mit totaler Zurückweisung oder Abkapselung reagieren kann, und es beweist, daß der Grund für solches Verhalten nicht im Säugling allein, sondern in der Interaktion zwischen ihm und der Mutter oder Pflegemutter zu suchen ist.

Trotz all dieser Erkenntnisse ist es ungemein schwierig herauszufinden, ob das, was sich zwischen dem Säugling und seiner Umgebung abspielt, auf seine Überempfindlichkeit oder Überstimulierung oder auf einen Mangel an Stimulierung zurückzuführen ist.

Wir glauben, daß bei dem Kind, das einer pathogenen Überstimulierung oder Deprivation ausgesetzt gewesen ist und darauf empfindlich reagiert hat, lebenslange Narben zurückbleiben müssen. Allerdings hängt es von den jeweiligen Umständen ab, ob diese Narben immer wieder aufbrechen und somit ein lebenslanges Handikap darstellen, oder ob sie am Ende kaum mehr ins Gewicht fallen. Uns sind Kinder bekannt, deren Deprivation oder andere pathogene Erfahrungen in jeder Hinsicht genauso schlimm gewesen waren wie die Erfahrungen solcher Kinder, die später autistisch geworden sind. Trotzdem hat die erste Gruppe lediglich schwere Neurosen entwikkelt.

Offenbar ist der neugeborene (und vermutlich auch der fetale) Organismus nur in dem Maße ausgestattet, in dem er sich im normalen Entwicklungsverlauf und unter normalen Bedingungen behaupten muß. Hartmann (1958) schreibt dazu folgendes:

Die Frage ist die, ob und in welchem Maße eine bestimmte Entwicklung mit normalerweise zu erwartenden Stimulierungen (also Umweltauslösern) rechnen kann und ob und in welchem Maße diese Entwicklung durch Umwelteinflüsse unterschiedlichster Art in eine andere Richtung gelenkt wird ... Es gibt keinen instinkthaften Antrieb des Menschen, der dessen Anpassung garantiert, doch besitzt in der Regel die Gesamtheit der Ausstattung des Menschen, bestehend aus instinkthaften Antrieben, Ich-Funktionen, Ich-Apparat und Regulierungsprinzip, durchaus Erhaltungswert, wenn die normalerweise zu erwartenden Umweltbedingungen gegeben sind ... Die Behauptung, daß die Außenwelt den Organismus zur Anpassung »zwingt«, kann nur dann aufrechterhalten werden, wenn man die Überlebensbestrebungen und -fähigkeiten des Menschen als gegeben voraussetzt.

Doch was geschieht, wenn diese Überlebensbestrebungen, sei es nun von Geburt an oder kurz danach, in ihrer Entwicklung gehemmt worden sind?

Während das normale neugeborene Menschenkind und seine normalerweise zu erwartende Umgebung vom ersten Augenblick an einander angepaßt sind, ist es trotzdem kein Widerspruch, wenn man sagt, daß kein Säugling unter gewissen atypischen (gewöhnlich also nicht zu erwartenden) Bedingungen überleben kann (Hartmann, 1958).

Die autistischen Kinder kamen ganz einfach nicht in den Genuß einer normalerweise zu erwartenden Umgebung, was entweder auf ihre angeborene Anlage zurückzuführen war oder auf Mängel in ihrer Umwelt (darunter ein Zuviel oder ein Zuwenig an Stimulierung). Das heißt es war eine Umwelt, die zu wenig auf diese Kinder reagierte.

Escalona (1963), der sich speziell auf den Autismus bezieht, ist folgender Ansicht:

Die Kontroverse, ob der infantile Autismus nun einem unzulänglichen Bemuttern oder einem angeborenen Defizit zuzuschreiben ist, verliert ihre Bedeutung. Dieser Autismus ist eine Folge des Mangels an Erfahrungen, der zustande kommen kann durch extreme Veränderungen der intrinsischen und/oder extrinsischen Determinanten. Doch wird eine autistische Psychose in der Kindheit nicht direkt durch ein Defizit der Mutter oder des Kindes verursacht. Vielmehr wird sie verursacht durch das Nichtvorhandensein jener lebenswichtigen Erfahrungen in der frühen Kindheit, die wir als wesentliche Voraussetzung der Ich-Synthese betrachten.

Diese Auffassung ist, soweit wir sehen können, völlig richtig. Was jedoch nicht hindert, daß es mir schwerfällt, mich mit solch richtigen und vernünftigen Erklärungen zufriedenzugeben. Denn was wir genau wissen müßten, ist, wie es im Leben dieser Kinder dazu kommen kann, daß diese lebenswichtigen Erfahrungen einfach nicht auftreten. Die Streitfrage, was nun zuerst war, das Huhn oder das Ei (in diesem Fall die Unfähigkeit des Kindes oder die der Mutter, auf den jeweiligen Partner zu reagieren) ist müßig. Aber ebenso wenig genügt die Erklärung, daß der ganze Vorgang das Ergebnis einer Interaktion ist, was natürlich ebenfalls stimmt.

Was wir herausfinden müssen, sind die einzelnen Schritte, aus denen sich eine derartige Interaktion zusammensetzt. Wir müssen versuchen, Fragen zu beantworten wie die folgenden: Welche spezifische Reaktion auf welches spezifische Ereignis führt nicht zur Neurose sondern zum Autismus? Wie sind die spezifischen intrinsischen Determinanten des Säuglings beschaffen, die zum Autismus prädisponieren anstatt zu irgendeiner anderen Art von Kindheitsschizophrenie – oder aber zu überhaupt keiner Krankheit? Da jegliche Persönlichkeitsentwicklung, sei sie nun normal oder anormal, aus einem Wechselspiel zwischen gegebener Erbanlage und gegebenen Umweltbedingungen resultiert, ist die Behauptung, daß dieses Wechselspiel den Autismus bewirke, eine Binsenweisheit – es sei denn, man vertritt die einfache Hypothese, wonach Autismus hauptsächlich oder ausschließlich auf einen organischen Defekt *sui generis* zurückzuführen sein soll. Aber auch damit ist die Frage nicht beantwortet, die da lautet: Wie ist die spezifische Erbanlage und wie ist der spezifische Umweltsfaktor beschaffen, die beide, indem sie interagieren, zum Autismus führen?

Auf alle Fälle haben wir allen Grund, die Angeborenheit des Autismus in Frage zu stellen – zumindest so lange man ihn nicht an Neugeborenen beobachtet hat, noch bevor die mütterliche Pflege irgendwelchen Einfluß hat ausüben können; oder so lange seine Organizität nicht belegt ist anhand objektiver neurologischer Befunde oder anderen unwiderlegbaren Beweismaterials. Wir haben um so mehr Grund, die Angeborenheit dieser Krankheit in Frage zu stellen, als wir von mindestens zwei Fällen eineiiger Zwillinge wissen, bei denen der jeweilige eine Zwillingspartner autistisch wurde, während der andere gesund blieb.

In einer vor nicht allzu langer Zeit erschienenen Monographie hat Rimland eine neurologische Theorie des Autismus entwickelt. Da es sich bei dieser Arbeit meines Wissens um den einzigen Bericht über den infantilen Autismus handelt, der, in englischer Sprache abgefaßt, den Umfang eines ganzen Buches besitzt, und da diese Arbeit die jüngste Veröffentlichung zu diesem Thema darstellt, werde ich in diesem Kapitel noch auf sie zurückkommen. Doch werde ich mich später auch noch mit einer deutschen Monographie auseinandersetzen.

Rimland ist der Ansicht, daß der Ursprung der autistischen Störung in der Retikulärformation des Hirnstammes zu suchen sei. Doch eine gründliche Untersuchung des von ihm ausgebreiteten Beweismaterials hat mich nicht überzeugen können, daß Autismus irgendetwas mit einer Dysfunktion dieses oder irgendeines anderen Hirnbereichs zu tun haben könnte. Denn auch wenn man eines Tages entdecken sollte, daß eine spezifische neurologische Dysfunktion stark mit dem Syndrom des infantilen Autismus korreliert, könnte diese Entdeckung mit der psychogenen Hypothese auf einen Nenner gebracht werden.

Erstens besteht die Möglichkeit, daß gewisse Nervensysteme einen bleibenden Schaden erleiden, wenn sie innerhalb einer gewissen Zeit nicht entsprechend stimuliert werden. Daher kann das Nichtvorhandensein gewisser emotionaler Erfahrungen in einem frühen Alter die spätere Dysfunktion eines Teiles des zentralen Nervensystems nach sich ziehen.

Zweitens (und dieser Punkt ist noch wichtiger) konnten wir durch psychotherapeutische Behandlung den Krankheitsverlauf umkehren. Joeys Geschichte hat dem Leser beispielhaft gezeigt, wie wir unseren Kindern helfen, sich von all den Symptomen zu befreien, die für diese Krankheit typisch sind. Und auch diese Tatsache läßt vermuten, daß der infantile Autismus nicht durch eine angeborene Dysfunktion des zentralen Nervensystems erzeugt wird.

Doch wie steht es nun mit der Retikulärformation und ihrer Erregungsfunktion? Beginnen wir mit Hebb (1955), der schreibt, daß sensorische Ereignisse zumindest zwei Funktionen haben: sie dienen als Signale zur Ausführung bestimmter Verhalten und sollen Erregung bewirken. Unsere Beobachtungen lassen freilich vermuten, daß das autistische Kind durch eigenen Kraftaufwand einen Zustand erreicht, in dem es von keinen Stimuli mehr berührt wird. Dieser Zustand weist alle Merkmale der Dysfunktion des Systems auf, das der Erregung dient, also möglicherweise der Retikulärformation. Das autistische Kind bewerkstelligt das zum Beispiel durch seine monotone und fortwährende Selbststimulierung, die ihm zum Teil aus seinem motorischen Verhalten erwächst. Auf diese Weise geht eigentlich jeder Stimulus, der aus der Außenwelt kommt, verloren, sei es nun dadurch, daß er von vornherein ausgeschaltet wird oder daß sich das Kind ausschließlich auf innere Empfindungen konzentriert.

Ich werde auf die funktionellen Aspekte solchen Verhaltens gleich noch zurückkommen. Doch sollten wir uns zunächst kurz mit der normalen Neurophysiologie befassen, da uns das weiterhelfen könnte. Von den sensorischen Impulsen – das sind diejenigen, die von den afferenten Nerven für die Berührung, für die Lichteindrücke und für die inneren Empfindungen geleitet werden – werden von uns nur wenige bewußt registriert. Viele sensorische Impulse bewirken eine Aktivität auf dem spinalen und auf dem Hirnstammniveau. Andere gelangen direkt zum Thalamus und zur Großhirnrinde. Wieder andere beeinflussen die Aktivität der Großhirnrinde über die Kollateralen, die zu den retikulären Zentren des Hirnstamms führen.

In jüngerer Zeit durchgeführte Untersuchungen unterstreichen die Rolle, die diese Retikurlärformation des Hirnstammes bei der Regulierung der Tätigkeit des zentralen Nervensystems spielt. Aber das autistische Kind mit seinen selbstauferlegten gleichbleibenden repetitiven Stimuli und mit seiner Blockade gegen alle von außen kommenden Stimuli verhindert den Empfang eines extrinsischen sensorischen Inputs. Befindet sich dieses Kind in einem Zustand der Wachsamkeit, so gilt dieser nicht der Außenwelt, sondern seinen eigenen inneren Empfindungen.

Doch brauchen wir uns nicht der neurologischen Theorie zuzuwenden, um die Ansicht bestätigt zu finden, daß der infantile Autismus mit einem Versagen des Systems, das der Erregung dient, zu tun hat. Daß dieses Versagen nicht im zentralen Nervensystem zu suchen ist, beweisen Kinder wie Marcia, und wir haben eine ganze Anzahl Kinder kennengelernt, die eine ähnliche Symptomatik erkennen ließen. Indem sie ihre Ohren, ja sogar ihre Nasenlöcher mit den Fingern verschließen, indem sie ihre Augen hinter den Haaren verbergen, versuchen sie sicherzugehen, daß kein Außenreiz sie erregt. Auch verstecken sich solche Kinder gern unter Decken, sie ziehen sich in dunkle Winkel zurück, kehren der Welt den Rücken zu. Sogar ihr lautes Schreien dient dazu, das, was sie hören könnten, zu übertönen.

Wäre ihre Fähigkeit der nervösen Erregung, wie das Rimland annimmt, beeinträchtigt, so wäre die Tatsache, daß sie alle Außenstimuli aussperren, unverständlich. Aber gerade weil sie erregt werden, ohne das zu wollen, versuchen sie Stimuli dadurch auszuschalten, daß sie sich auf motorisches Verhalten versteifen, zum Beispiel auf ihr Fingerspiel oder aber darauf, daß sie solche Reize in einer Musik ertränken, die sie als »weißen« Lärm ohne Gehalt vernehmen. Oder aber sie verschließen ganz einfach ihre Sinnesorgane.

Es macht diesen Kindern keinen Spaß, wenn sie Außenreize aussperren oder auf ihr sensomotorisches Verhalten verzichten. Ihre Emotionen zeigen uns klar und deutlich, daß sich diese Kinder in ihrem Erfahrungsspielraum stark einengen, weil sie sich innerlich dazu gezwungen fühlen. Ihre Abwehrmanöver verschaffen ihnen höchstens eine zeitlose Existenz, eine Tatsache, die die Behandlung so schwierig gestaltet. Dadurch, daß sie jede Sinnesempfindung aussperren, werden sie weder mit einer frustrierenden Realität konfrontiert, noch fühlen sie sich durch ihre zeitlose Existenz befriedigt. Diese Realität muß erst eingeführt werden, um sie zur Veränderung zu motivieren. Aber jede Veränderung bedeutet eine Bedrohung ihrer Existenz selbst, so daß sie sich ihr heftig widersetzen.

Aber wie dem auch sei, ich betrachte es nicht als meine Aufgabe, Hypothesen einer organischen Ätiologie des Autismus gegeneinander abzuwägen. Sollte diese Krankheit durch die Pharmakologie oder durch eine andere nichtpsychologische Behandlung des zentralen Nervensystems heilbar werden, werden wir unsere Bemühungen, dieses Leiden auf einer psychologischen Basis zu heilen, einstellen. Doch so lange das nicht der Fall ist, werden wir unsere Arbeit fortsetzen.

Obwohl es mannigfache Forschungsarbeiten gibt, die sich mit dem Problem des Autismus befassen, ja obwohl es ganze Bücher zu diesem Thema gibt – man denke nur an die Werke von Rimland, Bosch und an das hier vorliegende Buch –, weiß man immer noch zu wenig über den infantilen Autismus, um das Problem Organizität versus psychogener Ursprung lösen zu können. Als heuristische Hypothesen sind beide Ansätze insofern von Wert als sie – zusammen genommen – keine Möglichkeit außer acht lassen. Obgleich ich die Hypothese, wonach der Autismus auf einen ursprünglich organischen Defekt zurückzuführen sein soll, nicht anerkenne, möchte ich die Möglichkeit, daß sich ein solcher Defekt später einstellt, nicht ausschalten. Ich neige zu der Ansicht, daß der infantile Autismus zwar weit davon entfernt ist, organischen Ursprungs zu sein, daß er jedoch, wenn er zu lange fortbesteht, nicht wiedergutzumachende

Auswirkungen haben kann. Das gilt indes nicht für die Affekte – denn bei fast allen autistischen Kindern, mit denen wir lange genug arbeiteten, konnten wir die volle affektive Funktionsfähigkeit wiederherstellen –, sondern für die geistigen- oder Ich-Funktionen.

Was ich an Rimlands Vorgehen kritisiere, ist nicht sein Denkansatz, sondern der von ihm hartnäckig vertretene Standpunkt, man müsse den psychogenen Ansatz aufgeben. Ich kritisiere sein Vorgehen um so mehr, als er nicht behaupten kann, daß seine Auffassung über jeden Zweifel erhaben ist. Ich halte es für ungemein wichtig, die Hypothese einer organischen Ätiologie zu erforschen. Aber ich frage mich, wie er dazu kommt, von »der allzu verbreiteten Praxis, auf eine überaus krasse Weise anzunehmen, daß eine psychogene Ätiologie *existieren kann* oder *tatsächlich existiert*« zu sprechen und zu behaupten, daß ein solches Vorgehen »nicht nur ungerechtfertigt, sondern höchst verderblich ist«.

Ich selbst bin überzeugt, daß Soma und Psyche im frühesten Entwicklungsstadium des Menschen so wenig voneinander differenziert sind, daß eine nach uns kommende aufgeklärtere Epoche diese ganze Kontroverse zwischen organischen und psychogenen Hypothesen als einen müßigen Wortstreit betrachten wird. Das Gehirn des Säuglings bedarf der Stimulierung durch sensorisch-emotionale Erfahrungen, um seine kognitiven Funktionen und die Möglichkeit, Beziehungen zur Umwelt herzustellen, voll zu entwickeln. Das ist auch dann der Fall, wenn der Säugling mit einem normalen Potential geistiger und emotionaler Funktionsfähigkeit zur Welt kommt.

Es gibt einige Punkte, in denen ich mit Rimland übereinstimme. Einer dieser Punkte ist der, daß es unsinnig und unzweckmäßig ist, den Eltern von autistischen Kindern das Gefühl zu vermitteln, sie seien an der ganzen Krankheit schuld. Denn wir können nicht mit Bestimmtheit sagen, ob ihre Einstellung gegenüber dem Säugling und ihr Umgang mit ihm ausreichender Grund für die Entstehung der Krankheit gewesen ist. Denn obgleich wir glauben, daß ihre Einstellung und ihr Verhalten gegenüber dem Säugling ein beschleunigender Faktor ist, ist es doch so, daß dieser Faktor eine zwar notwendige, aber nicht ausreichende Voraussetzung für die Entstehung des Autismus ist. Wir können nicht einmal mit Sicherheit sagen, ob es die ungewöhnlichen Reaktionen des Kindes auf seine Eltern gewesen sind, die deren Verhalten bestimmt haben. Doch wenn sich eines Tages tatsächlich herausstellen sollte, daß die Eltern eine entscheidende Rolle spielen, so ist es doch immer so, daß sich die Eltern so und so verhalten, weil sie sich nicht anders verhalten können. Sie leiden schon genug darunter, daß sie ein solches Kind haben. Ihnen auch noch Schuldgefühle einzuflößen, würde das ganze Elend nur noch größer machen und niemandem helfen.

Aber eine Sache ist es, Eltern keine Schuldgefühle einflößen zu wollen, weil dadurch ihr Elend noch verschlimmert und dem Kind nicht geholfen wird; und eine andere Sache ist es, nicht herausfinden zu wollen, welche Erfahrungen den Autismus verursacht oder zu ihm beigetragen haben, weil solches Tun »verderblich« ist, was besagen will, daß es für die Eltern unter Umständen peinlich, ja schmerzlich sein kann.

Es gibt noch einen weiteren Punkt, in dem ich mit Rimland übereinstimme. Rimland bekennt sich zu einem Standpunkt, der immer schon der meine gewesen ist und der mich veranlaßt hat, mich so nachhaltig mit diesen Kindern zu beschäftigen und darüber hinaus dieses Buch zu schreiben. Formuliert haben diesen Standpunkt Sarason und Gladwin (1958), die Rimland zitiert: »Die Bedeutung dieser Fälle (von frühem infantilem Autismus) für die Entwicklung der Wissenschaft von der Psychologie ist offenbar wesentlich größer als das seltene Vorkommen dieser Krankheit bei der breiten Bevölkerung vermuten lassen würde.«

Es existiert noch ein weiterer Aspekt der Erforschung des infantilen Autismus, den wir in diesem Buch behandelt haben und den ich in einem Großteil der Literatur vermißt habe. Während eine ganze Menge über die Wesensart der Eltern des autistischen Kindes geschrieben worden ist, wissen wir zu wenig über die Möglichkeit, durch die Bemühungen um Genesung des autistischen Kindes selbst etwas über diese Krankheit zu erfahren. Zwar gibt es Fachleute wie Mahler, Rodrigué und einige andere, die sich darauf konzentrieren, des Behandlungsgeschehen zu durchleuchten, doch verurteilt Rimland diesen Ansatz, während ihn andere nicht für der Mühe wert halten.

Unser Verständnis der Hysterie, Neurose, ja sogar der Psychose würde sich nach wie vor auf einem Niveau bewegen, wie es vor Freud existiert hat, wenn sich Freud nicht bemüht hätte, den Patienten selbst die Ursachen für sein symptomatisches Verhalten herausfinden zu lassen. Meines Erachtens ist der beste Weg zum Verständnis von Geisteskrankheiten überhaupt der, daß der Patient selbst die verborgene Bedeutung oder den tieferen Sinn seines zutage tretenden Verhaltens und dessen Ursachen an den Tag bringt. Der Beweis, daß sogar autistische Kinder zu einem solchen Vorgehen fähig sind, war ein weiteres Hauptanliegen dieses Buches. Auch in ihrem Fall macht Wissen frei.

Daher ist es bedauerlich, daß Escalona (1965) den infantilen Autismus zwar benutzt, um ihr kluges und originelles Modell zur Erklärung individueller Differenzen abzustützen, ohne dabei jedoch zu berücksichtigen, daß uns das autistische Kind selbst Aufschluß darüber geben kann, weshalb es sich so unterschiedlich entwickelt hat.

Zwar erfahren wir, daß »die Kinderpsychiater sich den Kopf zerbrochen haben über die Ätiologie einer schweren Form von Pathologie, die man als infantilen Autismus bezeichnet«, doch ist die Autorin aufgrund ihres Modells überzeugt, daß »alle autistischen Kinder in ihrem konkreten Erfahrungsbereich das vermißt haben, was wir summarisch als ›Bemuttern‹ bezeichnet haben«.

Obgleich eine ganze Menge für dieses Modell zu sagen ist, wird auch in diesem Fall der infantile Autismus wieder einmal mit Hilfe von Forschungsbefunden erklärt, die die Entdeckungen, die das Kind in bezug auf die Entstehung des Autismus macht, völlig außer acht lassen. Es ist, als habe Freud angenommen, er könne die wahre Natur des Unbewußten, der Träume, der Hysterie und der Neurose dadurch entdecken, daß er ein mustergültiges Modell von den Funktionsweisen der menschlichen Psyche konstruiert. Aber in Wirklichkeit machte er seine Entdeckungen, indem er genau den entgegengesetzten Weg einschlug. Die von ihm entwickelten Modelle gingen von dem aus, was er aus seinen eigenen Träumen gelernt hatte und was er durch die Untersuchung der Funktionsweise des menschlichen Geistes herausgefunden hatte. Dabei hatte er sowohl sein eigenes psychisches Funktionieren als auch das seiner hysterischen und neurotischen Patienten erforscht. Was er auf diesem Wege herausgefunden hat, dem wird auch der Zahn der Zeit, davon bin ich überzeugt, nichts anhaben können. Die Modelle aber, die er aufgrund seiner therapeutischen Untersuchungen entwickelt hat, werden wir immer nur in dem Maße verändern und verbessern können, in dem wir unsere eigenen therapeutischen Untersuchungen vorantreiben. So aber hat Freud zwar in bezug auf die Effektivität der psychoanalytischen Behandlung manche Zweifel gehegt, doch hat er niemals angezweifelt, daß die gemeinsam mit dem Patienten durchgeführte psychoanalytische Untersuchung der Krankheit unseren Wissensstand stark vermehrt.

Wenn also Freud recht hat, hängt unser zunehmendes Verständnis des infantilen Autismus davon ab, ob wir unsere autistischen Kinder in einer Weise behandeln, die der Behandlungsweise Freuds parallel läuft. Diese Behandlungsweise bestand aus einer Methode, die es ihm erlaubte, die Natur und Ursache der jeweiligen Störung in ein und demselben Prozeß zu behandeln und zu erforschen. Diese Methode gestattete es ihm nicht nur, vielen seiner Patienten zu helfen, sie ermöglichte es ihm auch, viele Dinge über die Arbeitsweise der menschlichen Psyche in Erfahrung zu bringen, die bis dato unbekannt gewesen waren.

Das Problem der Therapierungsmöglichkeit

Wann immer der infantile Autismus als angeborener Defekt betrachtet wird, werden die resultierenden Einstellungen gegenüber der Therapie pessimistisch sein. Werden die Ursachen des Autismus jedoch zumindest teilweise in der Umwelt gesucht, wird die sich daraus ergebende Einstellung optimistischer sein, weil dann die zwar nicht immer gültige aber doch überzeugende Auffassung ins Spiel kommt, daß die Umwelt das, was sie verursacht hat, auch wieder korrigieren könne.

Aber der Pessimismus beschränkt sich nicht auf diejenigen, die die organische Hypothese verfechten. Ein Studium der Literatur läßt vermuten, daß auch unter den Fachleuten, die die psychogene Hypothese vertreten, eine zum Teil pessimistische Auffassung anzutreffen ist. Ich bin der Meinung, daß ein solcher Pessimismus nicht gerechtfertigt und vermutlich auf die Tatsache zurückzuführen ist, daß allzu wenige Behandlungsversuche intensiv genug gewesen sind und – was noch wichtiger ist – nicht über den unerläßlichen Zeitraum von mehreren Jahren konsequent durchgehalten worden sind. Wenn also Kanner (1954 a) und Kanner und Lesser (1958) feststellen, der infantile Autismus habe durch keine Form der Therapie beeinflußt werden können, so kann ich mir eine solche Feststellung nur mittels der Tatsache erklären, daß die Therapie unzulänglich gewesen sein muß, sei es nun in bezug auf die angewandten Methoden oder auf die Gründlichkeit beziehungsweise Dauer der Behandlung.

Daß dem tatsächlich so sein könnte, wird offenbar durch Daten bestätigt, die Professor Eisenberg (1965) so freundlich war, mir zur Verfügung zu stellen. Da seine Studie zur Nachuntersuchung von autistischen Kindern (Eisenberg, 1956) in der betreffenden Literatur (s. S. 543) einen hervorragenden Platz einnimmt, war es für mich wichtig zu erfahren, wieviel Behandlung diese Kinder bekommen hatten. Unter den dreiundsechzig Kindern, von denen der Bericht handelt, befinden sich drei ambulant behandelte Fälle, die offenbar am intensivsten behandelt wurden: in einem Zeitraum, der in keinem dieser Fälle zwei Jahre überstieg, absolvierten diese Kinder ihre Sitzungen ein oder zwei Mal wöchentlich. Es ist bezeichnend, daß das Behandlungsergebnis bei nur siebzehn von den insgesamt dreiundsechzig Patienten (das sind 28,5 Prozent) als »annehmbar« oder »gut« bezeichnet wird, während die Sache bei den drei intensiver behandelten Patienten etwas anders aussieht. Obgleich die Behandlung, die sie erhielten, keineswegs so konzentriert war, wie sie es bei einer so schweren Störung hätte sein sollen, wurde das Behandlungsergebnis bei zweien dieser Fälle als »annehmbar« oder »gut« eingestuft.

Die größte Gruppe dieser dreiundsechzig Patienten bestand aus zwanzig Personen, und diese Personen wurden in privaten Institutionen untergebracht, wo sie im Grunde lediglich beaufsichtigt wurden. Unter diesen zwanzig Patienten waren fünf, deren Behandlung im Endeffekt als »annehmbar« oder »gut« bezeichnet wurde. Die zweitgrößte Gruppe mit sechzehn Patienten wurde in Erziehungsanstalten oder öffentlichen Kliniken behandelt. Kein einziges Mitglied dieser Gruppe ließ ein annehmbares oder gutes Behandlungsergebnis erkennen.

Angesichts der Tatsache, daß sich in dieser Gruppe von dreiundsechzig Patienten nur eine kleine Anzahl von Kindern befand, denen eine angemessene psychiatrische Behandlung zuteil wurde, und daß selbst diese Behandlung weder sonderlich aufwendig war noch sehr lange dauerte, möchte man doch annehmen, daß sich die Ansichten über die Behandelbarkeit autistischer Kinder entscheidend wandeln würden, wenn größere Gruppen solcher Patienten in den Genuß einer intensiven und anhaltenden Behandlung kommen würden. Doch da Kanner und Eisenberg als Grundlage für ihre Schlußfolgerungen lediglich die hier vorgestellten Daten zur Verfügung hatten, wird ihr Pessimismus und ihr unschlüssiger Standpunkt zur Behandelbarkeit des Autismus überhaupt verständlich.

Kanner zum Beispiel war überzeugt, daß diese Krankheit einerseits angeboren sei und daß andererseits die Eltern zu ihr beitrügen. Das war wohl der Grund, weshalb seine Meinung zur Therapie schwankend war. Er zeigte sich in bezug auf die Behandlungschancen zwar nie sonderlich optimistisch, stellte diese Chancen jedoch auch nie völlig in Abrede. Dazu sein Kommentar von 1956: »Soweit unsere Daten eine Bewertung erlauben, scheint die Psychotherapie generell – wenn man von einigen offenkundigen Ausnahmen absieht – von geringem Nutzen zu sein« (Eisenberg und Kanner, 1956).

Im Rahmen seiner Auseinandersetzung mit dem Bericht von Darr und Worden über ein autistisches Mädchen, schrieb Kanner (1951 b) achtundzwanzig Jahre nach der Untersuchung dieses Mädchens folgendes:

Die erste Reaktion auf die Geschichte der Patientin Jane kann leicht in dem Hinweis darauf bestehen, daß Jane nie richtig behandelt worden ist. Hätte eine angemessene Therapie die Entwicklung ihrer Psychose verändert? ... Die Abhandlung der Ärzte Darr und Worden klärt uns darüber auf, was aus einem autistischen Kind, das das Erwachsenenalter erreicht hat, geworden ist. Die beiden kommenden Jahrzehnte dürften uns einiges über das Schicksal der Patienten verraten, die heute beobachtet und auf unterschiedliche Weise behandelt werden.

Rimland dagegen kennt überhaupt keine Zweifel, sondern stellt apodiktisch fest, daß »man von keiner Form einer psychiatrischen Behandlung weiß, die den Verlauf des Autismus ändern könnte«. Inwieweit Rimland recht oder unrecht hat, kann der Leser dann beurteilen, wenn er sich mit dem Fallgeschichten in diesem Buch auseinandergesetzt hat oder sich die Mühe macht, einige der Quellen, auf die sich Rimland bezieht, zu lesen. So führt er zum Beispiel, um seine eigenen Theorien zu erhärten, fünfmal Eveloff (1960) an, ohne freilich zu erwähnen, daß Eveloffs Bericht von einem dreieinhalbjährigen autistischen Mädchen handelt, das schon nach wenigen Monaten einer ambulanten Behandlung ausgezeichnete Fortschritte gemacht hatte. (Der Therapeut dieses Mädchens hatte eine Behandlung in einer Institution befürwortet, doch die Eltern hatten sich seinem Vorschlag widersetzt.) Genauso wenig erwähnt Rimland den Schluß von Eveloffs Artikel, der folgendermaßen lautet: »Es besteht kein Zweifel daran, daß sich ihr Zustand stark gebessert hat, und mannigfaches Material macht evident, daß diese Besserung das Resultat der psychiatrischen Behandlung gewesen sein dürfte.«

Rimland behauptet weiterhin, daß »die Besserung in jenen Fällen, in denen sie stattgefunden hat, offensichtlich spontan gewesen ist« und daß die Chancen für eine solche Besserung gering seien. Ob die Besserung Marcias oder Joeys spontan gewesen ist oder aber das Ergebnis einer intensiven Behandlung, das zu entscheiden hat der Leser selbst Gelegenheit.

Allerdings ist es wahr und durch unsere eigene Erfahrung bestätigt worden, daß der Versuch, autistische Kinder zu heilen, während sie zu Hause leben, oder aber Mutter und Kind gleichzeitig zu behandeln, ein höchst fragwürdiges Unternehmen ist. Wir haben die Erfahrung gemacht, daß dieses Vorgehen nur dann wirksam ist, wenn die Störung leicht und das Kind noch sehr klein ist.

Die Kindheitsschizophrenie wurde, obwohl das nie ausdrücklich behauptet worden ist, immer nur als ein lästiges Anhängsel der Pathologie der Mutter betrachtet. Das ging gelegentlich so weit, daß an die Stelle der Untersuchung der Krankheit selbst die Erforschung der vermeintlichen Ursache der Störung (das war dann die Mutter) getreten ist. Am stärksten trifft das auf die schwerste Form der Kindheitspsychosen zu, nämlich den infantilen Autismus. Man hat direkte Zusammenhänge konstruiert zwischen den Einstellungen der Mutter einerseits – über die relativ viel bekannt war und die sich leicht untersuchen ließen – und dem Verhalten des schizophrenen Kindes andererseits, über das wenig bekannt war und dessen Untersuchung sich schwierig gestaltete.

Der Grund dafür dürfte zum Teil darin zu suchen sein, daß man von einem relativ gesunden Vater oder Mutter adäquate Informationen einholen kann, während das bei einem autistischen Kind wesentlich schwieriger ist. Angesichts dieses Sachverhalts haben sich manche Erforscher dieser Krankheit vor allem deshalb auf die Mutter konzentriert, weil sie das schizophrene Kind nicht bloß verstehen, sondern ihm auch helfen wollten. So aber kommt es auch in diesem Fall dazu, daß das Kind, das am stärksten darunter leidet, daß es als Person keine autonome Existenz erworben hat, sogar im Rahmen solcher Behandlungsversuche, die ihm ein menschenwürdiges Dasein verschaffen sollen, nicht als ein autonomes Geschöpf betrachtet wird. Und wie um dem Ganzen die Krone aufzusetzen, gibt es doch tatsächlich einige Behandlungsmethoden, die sich bemühen, das schizophrene Kind mit Hilfe gerade des Menschen zu verstehen, von dem angenommen wird, daß er als erster die normale Entwicklung des Kindes unterbunden oder beeinträchtigt hat – dieser Mensch aber ist die Mutter.

Leider hat Mahler (1952), obwohl sie eine der ersten war, die den infantilen Autismus vom psychoanalytischen Standpunkt aus erforschte, diese Krankheit nicht als eine autonome Reaktion seitens des Kindes erkannt, was wohl darauf zurückzuführen war, daß sie die Überzeugung vertrat, das kleine Kind sei »nur ein halbes Individuum« (Mahler, 1965). Daher vertritt Mahler offenbar auch die Ansicht, daß die Art und Weise, wie das Kind das Leben erfährt, durch die Mutter konditioniert sei, anstatt anzuerkennen, daß das Kind auf seine gesamte Lebenserfahrung, das heißt auch auf seine Mutter völlig autonom reagiert.

Da Mahler von der enormen Bedeutung der symbiotischen Beziehung zwischen Mutter und Kind überzeugt ist, hält sie es für eine wesentliche Aufgabe der Behandlung, »die Mutter-Kind-Symbiose der ursprünglichen Einheit zu rekonstruieren« (1965). Geführt von dieser Überzeugung, versucht sie Mutter und Kind gleichzeitig zu behandeln, und es gibt viele, die ihr in diesem Punkt nacheifern. Gerade weil es für das anfängliche Wohlergeben und die spätere gesunde Entwicklung des Säuglings so unglaublich wichtig ist, daß er eine gute Mutter hat, wird irrtümlicherweise gern angenommen, daß die Mutter-Kind-Beziehung, auch wenn sie dem Kind schadet, so wertvoll ist, daß sie unter allen Umständen aufrechterhalten werden muß.

Doch während sich Mahler über die Heilung von Kindheitsschizophrenien skeptisch äußert, spricht sie (1952) von

> dem unüberwindlichen Entwicklungsstillstand, der die Hoffnungen der Eltern gewöhnlich . . . frustiert. Es werden ungeduldige Reaktionen geäußert und es wird Druck ausgeübt und Fortschritte werden erzwungen. Wird das autistische Kind jedoch zu voreilig zum sozialen Kontakt gezwungen, gerät es häufig in einen katatonen Zustand und anschließend in einen plötzlich ausbrechenden psychotischen Prozeß; das ist vor allem dann der Fall, wenn die neu hergestellte symbiotische Beziehung Frustration erzeugt.

Aber weshalb sollte das psychotische Kind unter Bedingungen behandelt werden, die es dem ungeduldigen Druck der Eltern aussetzen? Weshalb sollte es zu rasch zur sozialen Kontaktnahme gezwungen werden und weshalb sollte die neu hergestellte symbiotische Beziehung Frustation erzeugen? Diese Beziehung könnte zum Beispiel dann Frustration erzeugen, wenn sie sich immer nur auf einige wenige Sitzungsstunden im Büro des Therapeuten beschränkt. Doch wenn dem so wäre, wäre dies eine wichtige Mitteilung des Kindes über die Behandlung.

Alle diese Dinge würden schon sehr bald augenfällig werden, wenn wir den Äußerungen des schizophrenen Kindes aufmerkam zuhörten. Es wird uns nur zu gerne wissen lassen, welche Art von Behandlung es benötigt – das aber ist ein weiterer Beweis dafür, daß nicht die Mutter, sondern das Kind selbst beobachtet, erforscht und behandelt werden muß, um den Autismus zu überwinden.

In bezug auf die allerwichtigste Frage, wie das schizophrene Kind behandelt werden sollte, möchte ich Anna Freud (1954b) zitierten. Sie berichtet über ein schizophrenes adoleszentes Mädchen folgendes:

Nach mehreren Behandlungsmonaten voller Kämpfe, in deren Verlauf die Beziehung zur Analytikerin auf und nieder ging, unschlüssig schwankte, sich aufzulösen drohte, versandete und sich auf andere Figuren in der Umgebung ausweitete, erklärte das Mädchen der Therapeutin: ›Sie anlysieren mich völlig falsch. Ich weiß, was Sie tun sollten; Sie sollten den ganzen Tag bei mir sein, da ich eine völlig andere Person bin, wenn ich hier bei Ihnen bin oder wenn ich in der Schule bin oder wenn ich zu Hause bei meiner Pflegefamilie bin. Wie können Sie mich kennen, wenn Sie mich nicht in allen diesen Situationen erleben? Mich gibt es nicht einmal, mich gibt es dreimal.‹

Hier bekommen wir also die Essenz dessen vermittelt, was die Behandlung des schizophrenen Kindes ausmachen sollte. Aber Anna Freud fährt fort:

Ich war an diesem Punkt betroffen davon, daß wir hier, in der verkleideten Form eines technischen Ratschlags, einen gewissen Einblick in die grundlegenden Mängel ihrer Ichstruktur vermittelt bekamen. In ihrer Vergangenheit hatte es für sie keine Gelegenheit gegeben, irgendein Objekt in einem solchen Maße zu introjizieren, daß sie mit Hilfe einer höheren Instanz, die als ein zusammenschließendes Über-Ich gehandelt hätte, zu einer inneren Harmonie und Synthese hätte gelangen können. Ihre Persönlichkeit verlagerte sich entsprechend der Promiskuität ihrer Beziehungen. Sie war zwar fähig, sich den wechselnden Umgebungen, in denen sie ihr Leben zubrachte, anzupassen, aber sie vermochte in keiner dieser Beziehungen ein reales Gefühl ihrer selbst aufzubauen, ebenso wenig wie sie das Selbst, das sie in dem einen Rahmen erfuhr, mit der Selbsterfahrung in einem anderen Rahmen verknüpfen konnte. Was sie von der Therapeutin verlangte, war, daß sie sich in ihrem eigenen Fleische als das Bild eines beständigen und immer vorhandenen Objekts darbieten sollte, das sich zur Verinnerlichung eignete, damit sich die Persönlichkeit der Patientin um dieses Bild herum neu gruppieren und vereinheitlichen könnte. Dann und nur dann, so meinte das Mädchen, könnte seine Persönlichkeit ein stabiles und wahrhaft eigenständiges Zentrum erhalten, das es übertragen und zum Zweck der Analyse anbieten könnte . . . Wir sehen uns mit der technischen Frage konfrontiert, ob solch vorbereitender Beistand, vorausgesetzt man verwirklicht ihn in vollem Ernst, mit der späteren analytischen Arbeit vereinbar sein würde.

In diesem Fall werden also Behandlungsbedingungen, die von der Patientin klar und deutlich gefordert worden sind, vom Analytiker als gültig anerkannt. Doch anstatt die Behandlung diesen Bedingungen gemäß durchzuführen, läßt die Autorin dieses Thema fallen und wendet sich dem Problem zu, ob ein späteres analytisches Arbeiten noch möglich wäre, wenn eine derartige Behandlung erst einmal in die Wege geleitet ist. Aufgrund meiner vieljährigen Erfahrung mit genau dem Behandlungstypus, den dieses Mädchen darstellte, kann ich nur eines sagen: wenn man die Behandlung, die dieses Mädchen für sich beanspruchte, voraussetzt, kann es sein, daß dieses Mädchen später keiner Analyse bedarf; kommt es jedoch nicht zu einer solchen Behandlung, so ist es nicht unwahrscheinlich, daß zu einer späteren Analyse keine Gelegenheit sein wird.

Schizophrene Kinder brauchen in der Tat einen Therapeuten, der »sich selbst körperlich als . . . beständiges und ständig gegenwärtiges Objekt . . . anbietet, so daß sich die Persönlichkeit des Patienten . . . um dieses Bild herum entwickeln kann«.

Aus eigener Erfahrung kann ich hinzufügen, daß die meisten schizophrenen Kinder, die Gelegenheit gehabt haben, mehrere Jahre lang mit einem solchen Therapeuten zu arbeiten, einen relativ stabilen und eigenständigen Persönlichkeitskern entwickeln und die Fähigkeit erwerben, Beziehungen zu ihrer Umgebung herzustellen. Diese Kinder sind dann in der Lage, mit ihrer neuen Persönlichkeitsstruktur erfolgreich zu leben, so daß sie keiner Analyse und keiner Übertragung mehr bedürfen.

Übrigens hat Kanner (1948) ganz ähnlich argumentiert, als er den Rat gab, man solle autistische Kinder außerhalb des Elternhauses mit warmherzigen, verständnisvollen Menschen zusammenleben lassen.

Wir möchten an dieser Stelle auch auf derzeitige Versuche eingehen, bei denen es darum geht, den infantilen Autismus mittels operanter Konditionierung – durch die Erzeugung konditionierter Reaktionen durch Belohnung oder Bestrafung – zu überwinden. Dieses Vorgehen führt zwar dazu, daß die Abwehrstrategien des Kindes, das sich den Frustrationen der Realität zu entziehen versucht, durchbrochen werden, so daß sich das Kind zum Handeln gezwungen sieht. Aber sein Handeln geschieht nicht aus freien Stücken. Seine Handlungen erfolgen nach Plan und Wunsch des Experimentators, das heißt, sie stellen konditionierte Reaktionen dar. Das aber läuft darauf hinaus, daß das autistische Kind auf dieselbe Stufe gestellt wird wie der Pawlowsche Hund.

Einer Darstellung der operanten Konditionierung aus jüngerer Zeit (Lovaas, Berberich, Perloff, Schaeffer, 1966) können wir folgendes entnehmen:

> Das Verhaltenstraining fand an sechs Tagen pro Woche statt und dauerte pro Tag sieben Stunden, wobei sich jeder Stunde eine fünfzehnminütige Pause anschloß. In den Sitzungen saßen das Kind und der Erwachsene einander gegenüber, ihre Köpfe ungefähr dreißig Zentimeter voneinander entfernt. Der Erwachsene hinderte das Kind körperlich daran, die Trainingssituation zu verlassen, indem er die Beine des Kindes zwischen den eigenen Beinen festhielt. Die Belohnung, die darin bestand, daß das Kind seine Mahlzeit löffelweise verabreicht bekam, erfolgte sogleich nach jeder richtigen Reaktion. Die Bestrafung (tüchtige Klapse oder Anschreien durch den Erwachsenen) erfolgte für unaufmerksames, selbstzerstörerisches und wütendes Verhalten, das das Training behinderte, und die meisten dieser Verhaltensweisen wurden auf diesem Wege innerhalb einer Woche unterdrückt.

Die Autoren behaupten nicht, daß ein solches »Training« bei stummen autistischen Kindern zur Sprache führe, sondern erklären, daß es »verbale Imitation«, also echolalisches Verhalten zur Folge habe. Doch echolalisches Verhalten ist wie Mutismus ebenso ein Symptom der Psychose. Daher läuft das ganze Training einzig und allein darauf hinaus, daß den alten Symptomen lediglich neue hinzugefügt werden.

> Unsere Prozedur konzentriert sich auf den Erwerb nur eines Aspekts der Sprache, nämlich auf den Erwerb vokaler Reaktionen. Die Entwicklung von Sprache erfordert aber auch den Erwerb eines Zusammenhangs für das Auftreten solcher Reaktionen (»Bedeutung«).

Das stimmt freilich nur dann, wenn das echolalische Symptom (das eine typische Erscheinungsform der Psychose ist) als eine Reaktion betrachtet wird. Ist das nicht der Fall, darf man nicht behaupten, solches Training führe zu vokalen Reaktionen. Daher müssen die Autoren zugeben, daß ihr »Training« beim Kind keinen Erwerb sinnvollen Sprechens bewirkt. Sprechen oder Sprache im Sinne von Kommunikation kann dem Kind ganz einfach nicht aufgezwungen werden. Sprache kann nur als Folge von persönlichen Beziehungen erworben werden. Zwingt man das Kind durch Bestechung, Anschreien oder durch Schläge zu echolalischem Verhalten, so führt das lediglich zu einer noch größeren Entmenschlichung.

Bemühungen wie diese bestätigen die richtige Beobachtung, daß das autistische Kind die Konfrontation mit der Realität meidet. Ohne daß man sich fragt, warum sich das Kind so und so verhält – das heißt man interessiert sich nicht für die Ursache der Störung –, greift man zur operanten Konditionierung, um irgendwelche Resultate zu erzielen, ohne Rücksicht darauf, welch bleibender Schaden dem Kind dadurch zugefügt wird. Diese unglücklichen Kinder werden wie Objekte behandelt. Die Prozedur bemüht sich nicht um einen Bezugsrahmen, der die Gesamtheit der menschlichen Erfahrung einschließen möchte. Auf die richtige Beobachtung hin, daß das autistische Kind es einer qualvollen Realität nicht gestattet, in seine Welt einzudringen, faßt man einfach den Entschluß, diesem Kind eine noch qualvollere Welt aufzuzwingen.

Geistesgestörte Patienten mit Schocks irgendwelcher Art zu behandeln, ist eine der ältesten Verfahrensweisen, die in jeder Epoche ihre Anhänger gefunden hat. Der Grund dafür ist erstens darin zu suchen, daß dieses Vorgehen Resultate zur Folge hat. Indem man den Patienten die Humanität, die ihnen noch geblieben ist, raubt, macht man sie – sei es nun aus einer Angst oder aus der Intensität des Schmerzes heraus – noch willfähriger. Dabei tut es kaum etwas zur Sache, ob diese Menschen – wie es in vergangenen Zeitaltern der Fall war – in Wasser getaucht, ausgepeitscht oder angekettet werden oder ob sie – wie das heute der Fall ist – durch medizinische Prozeduren wie Lobotomie oder Elektroschocks behandelt werden.

Zweitens befriedigt man, auch wenn man das nur selten zugibt, durch dieses Vorgehen den Wunsch, diese widerspenstigen Objekte zu bestrafen: denn sie als Personen zu betrachten, würde solche Prozeduren von vornherein ausschließen. Die Tatsache, daß man beim Patienten konditionierte Reaktionen erzeugt, raubt diesem genauso effektiv die Wahlfreiheit, wie wenn man einen Teil seines Gehirns zerstörte. Vielleicht kann man von Prozeduren des operanten Konditionierens dasselbe sagen, was von der Lobotomie gesagt worden ist – daß nämlich »die Lobotomie eine funktionelle Störung, die heilbar sein kann, in eine organische verwandelt, für die es keine Behandlungsmöglichkeit gibt« (Freeman, 1959).

Beraubt man eine Person ihrer Abwehrmaßnahmen, ohne sich zu fragen, warum sie dieser Maßnahmen bedarf oder wogegen sie sich richten, so sind unvermeidlich gewisse Reaktionen die Folge. Doch werden diese Reaktionen niemals zu einer Heilung führen, weil sie der Person keine menschenwürdige Existenz sichern und ihr nicht die erforderliche Wahlfreiheit garantieren. Bei der Behandlung autistischer Fälle ist es unerläßlich, daß das Kind in den Genuß von positiven Erfahrungen kommt, die es allmählich überzeugen, daß es seine autistischen Abwehrmaßnahmen aufgeben kann. Doch gibt es diese Maßnahmen nicht auf, weil ein Apparat Süßigkeiten verabreicht, sondern weil ihm neue befriedigende Erfahrungen zugänglich gemacht werden. Es gibt sie nicht auf, weil es irgendwelche Hebel drücken darf, sondern weil es nun die Möglichkeit hat, befriedigende menschliche Beziehungen einzugehen. Wie die von uns wiedergegebenen Krankengeschichten gezeigt haben, bedarf ein solches Vorgehen eines größeren Aufwandes an Phantasie als die bloße Verabreichung von Elektroschocks oder die Verabreichung von Süßigkeiten, die immer dann erfolgt, wenn irgendein Hebel gedrückt worden ist.

Die Art und Weise wie autistische Kinder durch konditionierte Reaktionen aufgerüttelt werden, erinnert einen irgendwie an Harlows (1958) ursprüngliche Überzeugung, wonach eine Plüschmutter nicht nur genauso gut, sondern sogar besser sein könnte als eine echte Mutter. Nur daß sich eben herausstellte, daß die Affenjungen, die mit Hilfe von Plüschobjekten großgezogen wurden, nicht zu lebensfähigen Affen heranwuchsen. Operante Konditionierungsprogramme können autistische Kinder in umgänglichere Roboter verwandeln, und es ist richtig, daß Annas Verhalten zuweilen verheerend war. Doch es ist immer noch besser, sogar einem so wilden Kind den Spielraum für die Reaktionen zu belassen, mit deren Hilfe es leben zu können glaubt, als ihm eine operant konditionierte Existenz anzutrainieren, nur weil das für seine Umwelt angenehmer und bequemer ist.

Aber kehren wir zum Problem der Behandelbarkeit des Autismus zurück. Was hier vom menschlichen Standpunkt aus zählt, ist die Frage, welche Theorie der Verursachung die besten Möglichkeiten einer Heilung aufweist. Meines Wissens hat es keine Verfechter der neurologischen oder organischen Theorie gegeben, die entscheidende Behandlungserfolge für sich beansprucht haben. Dagegen können wir, was unsere Arbeit an der Orthogenetischen Schule anlangt, feststellen, daß die Mehrheit der eindeutig autistischen Kinder, die wir durch Jahre hindurch behandelt haben, in die Gesellschaft zurückkehren konnte. Mit dem entsprechenden Zahlenmaterial kann sich der Leser weiter unten vertraut machen.

Wenn wir an unserer Schule nur in Abständen oder immer nur für ein paar Monate oder höchstens ein, zwei Jahre mit unseren autistischen Kindern gearbeitet hätten, sähe unsere Auffassung von der Behandlung des Autismus vermutlich anders aus. Erst wenn diese Kinder nach jahrelangen frustrierenden Versuchen langsam auf die Behandlungsbemühungen, die sich auf psychoanalytisch ausgerichtete Hypothesen stützen, zu reagieren beginnen, gewinnt die psychogene Erklärung dieser Störung zusehends an Überzeugungskraft.

Diese Arbeitshypothese wirkt mit der Zeit um so überzeugender, als sich die Psyche des Kindes langsam entfaltet und als das Kind die entscheidenden Schritte seiner Persönlichkeitsentwicklung nachholt, die andere Kinder bereits im Säuglingsalter tun. Und wenn die bislang völlig erstarrten Affekte schließlich aufzutauen beginnen und sich die Entwicklung einer wesentlich reicheren Persönlichkeit abzuzeichnen beginnt, gewinnt die psychogene Hypothese noch mehr an Überzeugungskraft.

Erst nach solchen Fortschritten stellte sich heraus, daß Vorgänge, die sich schon viel früher abgespielt hatten, sehr wichtig gewesen waren. Diese Vorgänge datierten manchmal aus den ersten Monaten, ja sogar Wochen, die die Kinder bei uns an der Schule verbracht hatten. Einem solchen Vorgang begegnen wir zum Beispiel bei Marcia, die monatelang Wasser auf unsere Fußböden schüttete – scheinbar, aber eben nur scheinbar, ohne Grund.

Übrigens kann man mit demselben Beispiel erklären, weshalb manche Behandlungsbemühungen zum Scheitern verurteilt sind. Es gibt Berichte über das Studium oder die Behandlung autistischer Kinder, denen wir entnehmen können, daß manche symptomatische Verhaltensweisen dieser Kinder unterbunden wurden, da das behandelnde Personal oder die Eltern glaubten, solches Verhalten entweder nicht ertragen zu können oder nicht dulden zu dürfen. Wenn das geschieht, darf man nicht mit wesentlichen Fortschritten rechnen und wird man die pessimistische Prognose bestätigt finden. Hätten wir Marcia daran gehindert, unsere Fußböden zu überfluten, hätte sie sich wahrscheinlich abgekapselt und ihr Wasserspiel aufgegeben. In diesem Fall hätten wir das Verhalten dieses Mädchens vermutlich als eine weitere sonderbare Äußerung ihrer autistischen Erkrankung betrachtet, der wir keine tiefere Bedeutung hätten zuschreiben können. Das aber wäre wieder eine Möglichkeit gewesen, die Theorie zu »bestätigen«, wonach die Störung dieses Kindes ursprünglich organischer Natur gewesen sein mußte. Auf diese Weise aber können unsere Einstellungen, während wir diese Kinder beobachten und erforschen, den Verlauf der Entwicklung, den diese Kinder nehmen, und unsere Ansichten zu ihrer Behandelbarkeit überhaupt stark beeinflussen.

Nachuntersuchungsdaten

Die beste Nachuntersuchung, die bei autistischen Kindern durchgeführt worden ist, stammt von Eisenberg (1956), einem engen Mitarbeiter Kanners. Er hatte somit Zugang zu den frühesten Untersuchungen, und seine Nachuntersuchungen erstrecken sich über die längsten Perioden. Eisenberg schreibt:

> Die Bewertung der Nachuntersuchungsergebnisse unterteilten wir in drei Kategorien: »schlecht«, »mittelmäßig« oder »gut«. Mit »schlecht« bezeichnen wir den Zustand solcher Patienten, die aus ihrem Autismus überhaupt nicht aufgetaucht sind und deren derzeitiges Funktionieren fehlangepaßt ist. Dabei ist dieses Funktionieren gekennzeichnet durch einen offenkundigen Schwachsinn und/oder ein stark gestörtes Verhalten, wobei beide zu Hause genauso wie in einer Institution aufrechterhalten werden können. Als »mittelmäßig« bezeichnen wir den Zustand eines Patienten, der zusammen mit Altersgenossen den Unterricht einer öffentlichen oder privaten Schule besuchen kann und einige sinnvolle Beziehungen zu anderen Personen unterhält. Dabei läßt er freilich schizoide Persönlichkeitsmerkmale erkennen, die ausreichen, um ihn als anomal zu bezeichnen und sich störend auf sein Funktionieren auswirken. Als »gut« bezeichnen wir den Zustand eines Patienten, der Im Berufs- und Privatleben auf zufriedenstellende Weise seinen Mann stellt und von Gleichaltrigen anerkannt wird, obgleich er nach wie vor den Eindruck eines etwas sonderbaren Menschen machen kann.
>
> Von der Gesamtgruppe, bestehend aus dreiundsechzig Patienten, kann man sagen, daß drei Patienten eine gute, vierzehn eine mittelmäßige und sechsundvierzig eine schlechte Anpassung erzielt haben. Folglich ist es etwas weniger als ein Drittel dieser Gesamtgruppe, das nun auf einem sozial mittelmäßigen bis guten Niveau funktioniert.

Um unsere Ergebnisse auf eine ähnliche Weise bewerten zu können, werde ich diese Kategorien Eisenbergs benutzen, doch muß dazu gesagt werden, daß unsere Resultate im Gegensatz zu den Eisenbergschen auf einer Therapie basieren, die wir so intensiv und nachhaltig wie möglich zu gestalten versuchten. Wir haben mit insgesamt sechsundvierzig autistischen Kindern gearbeitet, die alle eine augenfällige Besserung aufzuweisen hatten. Aber um effektive Vergleiche anstellen zu können, werden wir uns auf vierzig von ihnen beschränken. Die Gründe dafür sind die, daß sich eines dieser Kinder (es war Laurie) nach einem Jahr noch im autistischen Rückzug befand; daß ein zweites Kind, ein Jahr bevor es zu uns kam und ohne daß wir darüber informiert worden wären, einer langen Elektroschockbehandlung unterzogen worden war, wodurch die Effektivität unserer Behandlungsmethoden auf Null reduziert wurde; und daß vier weitere Kinder zur Zeit der Abfassung dieses Buches zu kurze Zeit bei uns gewesen sind, als daß eine gültige Beurteilung möglich wäre.

Wenn wir nun Eisenbergs Kategorien benutzen, so gab es unter diesen vierzig Kindern vier, bei denen die Endresultate der Behandlung »schlecht« waren, weil es diesen Kindern, obwohl sich ihr Zustand besserte, nicht gelang, eine soziale Anpassung zu erzielen, die es ihnen erlaubt hätte, sich selbst durchs Leben zu bringen. Bei fünfzehn Kindern war das behandlungsergebnis Behandlungsergebnis »mittelmäßig« zu bezeichnen, und siebzehn Kinder schlossen mit einem »guten« Ergebnis ab. Im Gegensatz zu Eisenberg, der über nur fünf Prozent gute Behandlungsergebnisse zu berichten wußte, haben wir aufgrund unserer Intensivbehandlung zweiundvierzig Prozent verzeichnen können. Und während Eisenberg von nur zweiundzwanzig Prozent berichtet, ihre Besserung sei »mittelmäßig« gewesen, konnten wir siebenunddreißig Prozent in dieser Kategorie verzeichnen. Aber wichtiger wohl ist noch die Tatsache, daß es bei Eisenberg dreiundsiebzig Prozent waren, die er in bezug auf das Behandlungsergebnis als »schlecht« einstufte, während sich die entsprechende Prozentzahl bei uns auf lediglich zwanzig belief. Gewiß, ein Behandlungsmißerfolg, der sich auf ein Fünftel der Patienten erstreckt, ist enttäuschend. Doch ebenso gewiß ist, daß wir aufgrund eben dieser Ergebnisse, die von denen Eisenbergs so stark abweichen, das Recht für uns in Anspruch nehmen können, unseren autistischen Kindern eine gewisse Genesungschance aufgrund unserer klinischen Intensivbehandlung zuzusichern.

Andererseits muß ich, wenn auch ungern, zugeben, daß diese Prognose stark durch den Faktor, ob diese Kinder bereit sind zu sprechen oder nicht, bestimmt ist. Eisenberg (1956) und Eisenberg und Kanner (1956) haben über erheblich bessere Heilungschancen bei sprechenden autistischen Kindern berichtet:

> Es wurde bald offenkundig, daß die Kinder wesentlich geringere Fortschritte machten, die von jedem menschlichen Kontakt derart isoliert gewesen waren, daß es ihnen entweder nicht gelungen war, Sprache zu entwickeln oder daß sie die Fähigkeit, durch Sprache zu kommunizieren, eingebüßt hatten. Wenn wir als Trennlinie eine Altersgrenze von fünf Jahren annehmen, können wir die Gesamtheit unserer Kinder in zweiunddreißig sprechende und einunddreißig nichtsprechende Kinder unterteilen. (Die Kategorie der nichtsprechenden Kinder umfaßt stumme Kinder, Kinder, die nur über ein echolalisches Sprechverhalten verfügen, sowie solche Kinder, die über einen

winzigen »Wortschatz« verfügen, den sie gewöhnlich freilich nur in einem privaten Sinne gebrauchen. Diese letztgenannten Kinder sind ungeachtet ihrer Benutzung von Wörtern unfähig, mit anderen verbal zu kommunizieren.) Das Behandlungsergebnis bei der ersten Gruppe von zweiunddreißig sprechenden Kindern kann in drei Fällen als gut, in dreizehn Fällen als mittelmäßig und in sechzehn Fällen als schlecht bezeichnet werden. Im Gegensatz dazu waren die Behandlungsergebnisse bei der Gruppe nichtsprechender Kinder in einem Fall mittelmäßig und in einunddreißig Fällen schlecht. So waren es also von sechsunddreißig Kindern mit Sprechvermögen sechzehn, die im Alter von fünf Jahren eine mittelmäßige bis gute soziale Anpassung erzielen konnten, während es unter den einunddreißig nichtsprechenden Kindern nur ein Kind war, dessen Entwicklung so positiv ausfiel (Eisenberg, 1956).

Während unsere Ergebnisse auch in diesem Fall günstiger ausfielen, bleibt die Tatsache bestehen, daß unter den acht Behandlungsmißerfolgen, die wir zu verbuchen hatten, sechs nichtsprechende Fälle waren, während unter den zweiunddreißig Kindern, die ein mittelmäßiges oder gutes Behandlungsergebnis erkennen ließen, lediglich acht nichtsprechende Patienten waren. Während also Eisenberg berichtet, daß nur eines unter einunddreißig nichtsprechenden Kindern eine wesentliche Besserung aufzuweisen hatte, waren es bei uns acht von vierzehn Kindern, mit deren Behandlungsergebnis wir zufrieden sein konnten. Der Behandlungserfolg belief sich also in dem einen Fall auf drei Prozent, während er in unserem Fall siebenundfünfzig Prozent betrug. Dieser Unterschied klafft noch weiter auseinander, wenn man die Behandlungserfolge in der Kategorie der sprechenden Kinder miteinander vergleicht. Eisenbergs diesbezügliche Daten lassen fünfzig Prozent mittelmäßige oder gute Behandlungsergebnisse erkennen, wogegen wir unter sechsundzwanzig autistischen Kindern vierundzwanzig hatten (das sind zweiundneunzig Prozent), deren Behandlungsergebnis als mittelmäßig oder gut gelten konnte.

Trotz unserer Prognose, die besagt, daß der Behandlungserfolg bei sprechenden autistischen Kindern in der Regel vielversprechender ist als bei nichtsprechenden Kindern, dürfen wir davon ausgehen, daß unsere Behandlungserfolge auch bei stummen autistischen Kindern zunehmen werden, wenn wir unsere Behandlungsmethoden verbessern und unser Verständnis des Autismus zunimmt.

Die siebzehn Kinder, deren Behandlungserfolg als »gut« eingestuft werden konnte, können im Grunde als »geheilt« betrachtet werden. Die meisten unter ihnen weisen zwar nach wie vor gewisse

»Eigenarten« auf, aber keine dieser »Eigenarten« konnte sie daran hindern, daß sie in unserer Gesellschaft zu dem erforderlichen Maß an Anpassung gelangt sind.

Unter diesen siebzehn Fällen gehen neun einer Erwerbstätigkeit nach. Da acht nach wie vor eine *High School* oder ein *College* besuchen, bedeutet das, daß alle, die ihre Ausbildung noch nicht abgeschlossen haben, für ihren eigenen Lebensunterhalt sorgen.

Zur Schulbildung dieser Personen waren uns zur Zeit der Abfassung dieses Buches folgende Daten bekannt: Fünf von diesen siebzehn Fällen hatten das *College* absolviert, darunter waren wiederum drei, die höhere Grade erlangt hatten. Vier Personen besuchen nach wie vor das *College*. Eine Person ist vom *College* im dritten Jahr abgegangen, um eine Stelle zu suchen. Drei Personen graduierten an einer öffentlichen *High School*. Eine Person besucht eine aufs *College* vorbereitende Privatschule. Die drei übrigen Personen aber gehen noch zur *High School*. Zwei von diesen siebzehn Fällen sind verheiratet und einer von beiden hat ein Kind.

Von den fünfzehn Fällen, deren Behandlungsergebnis als »mittelmäßig« eingestuft werden konnte, kann man sagen, daß sie nicht mehr autistisch sind, obwohl acht unter ihnen als schizoide oder Borderline-Fälle eingestuft werden müssen, da sie zu einer nur mittelmäßigen sozialen Anpassung gelangt sind. Den restlichen sieben Fällen geht es wesentlich besser und sie leiden nur mehr an mehr oder minder schweren Persönlichkeitsstörungen, ein Handikap, das sie nicht gehindert hat, zu einer angemessenen sozialen Anpassung zu gelangen.

Wenn wir aus unseren Erfolgen und Mißerfolgen verallgemeinernde Schlüsse zu ziehen versuchen, so beeindruckt uns die Tatsache, daß allen sechsundvierzig Kindern die ungemein schwierige Herstellung affektiver Beziehungen – zunächst zu wichtigen Personen und später zur Umgebung überhaupt – wesentlich leichter fiel als die Entwicklung der Ich-Funktionen. In den Fällen, deren Behandlungserfolg als »schlecht« eingestuft werden mußte, entwickelten sich die Ich-Funktionen über ein niedriges Niveau nicht hinaus, und der größte Teil allen Fortschritts spielte sich im emotionalen Bereich ab.

Als Illustration kann hier Marcias Fall dienen, denn Marcia gelangte im Hinblick auf ihre Umwelt und Mitmenschen zur vollen Bandbreite einer affektiven Bezogenheit. Doch obschon ihre Ich-Funktionen – darunter Urteilsvermögen, Lesefähigkeit und Bewältigung der nichtaffektiven Aspekte der Wirklichkeit – eine deutliche

Entwicklung erkennen ließen, erreichten sie nie ein normales Niveau. Oder um es psychoanalytisch zu formulieren: Marcia und Fälle ihresgleichen gelangten zwar zu einer vollen Wiederherstellung im libidinösen Bereich, doch galt dasselbe nicht für den Ich-Bereich. Ihr Ich schien festgefahren zu sein auf einer Entwicklungsstufe, die für ihr Alter nicht normal war.

Diese Befunde vermitteln noch einmal den Eindruck, daß wir es beim infantilen Autismus nicht mit einer angeborenen Störung der affektiven Kontaktfähigkeit zu tun haben, sondern mit einem angeborenen Zeitplan, der nicht allzu lange hinausgezögert werden darf. Das heißt, daß es für das Kind, das nicht rechtzeitig affektive Kontakte zu seiner Umwelt herstellt, schließlich zu spät sein kann, um all die Ich-Funktionen zu entwickeln, die offenbar der Bezogenheit zur Umwelt bedürfen, um sich entfalten zu können. Das trifft auf die Kinder zu, deren Behandlungsergebnis wir als »schlecht« eingestuft haben, sowie auf einen Teil der Kinder, deren Behandlungsergebnis als mittelmäßig gelten konnte, obgleich diese Kategorie von Kindern ihre Ich-Funktionen wesentlich höher entwickelten.

Unter den fünfzehn Fällen, deren Behandlungsergebnis wir als »mittelmäßig« eingestuft haben, gab es einige, die durchaus in der Lage waren, in einer Zweierbeziehung ihr eigenes Gefühlsleben zu entfalten, während ihr Einfühlungsvermögen zu wünschen übrig ließ. Das galt für die acht Fälle, deren Behandlungsergebnis wir als »mittelmäßig« bewerteten und bei denen es sich damals um schizoide oder Borderlinefälle handelte, und es galt für zwei oder drei jener sieben Fälle, die wir ebenfalls als »mittelmäßig« einstuften, wobei sie jedoch keine schizoiden Merkmale erkennen ließen. Wir wollen damit sagen, daß diese Patienten, nachdem sie uns verlassen hatten, ein normales oder stärkeres Bewußtsein von der Natur ihrer Gefühle für andere hatten, sowie ein normales oder stärkeres Bewußtsein dafür, was andere Menschen über sie fühlen mochten, daß sie jedoch so gut wie reaktionsunfähig waren, wenn es darum ging, auf Gefühle einzugehen, die nicht unmittelbar ihnen galten.

So wußte zum Beispiel Marcia genau, was für Gefühle ihre Berater und Lehrer für sie hatten. Das galt vor allem für Karen. Aber großenteils unempfindlich war Marcia dann, wenn es um die Gefühle ging, die Karen für ihren Mann empfand. Es handelte sich hierbei nicht um Eifersucht, da Marcia auch in anderen Situationen so reagierte beziehungsweise nicht reagierte. Dasselbe ist im großen und ganzen auch für die Kinder typisch, die den Kategorien mit »schlechtem« oder »mittelmäßigem« Behandlungsergebnis zugehören. Sie können sehr wohl die Gefühle verstehen, die sie selbst hegen und die andere ihnen entgegenbringen. Aber sie sind nicht in der Lage, sich selbst in die Gefühle anderer hineinzudenken, wenn es dabei um Dinge geht, die sie nicht unmittelbar etwas angehen, so daß es ihnen auf dieser Grundlage nicht gelingt, zu einem Verständnis der Empfindungswelt ihrer Mitmenschen zu gelangen. Sie scheitern an dieser Möglichkeit deshalb, weil sie zu selbstbezogen sind, obgleich es andererseits wieder so ist, daß die Fälle, deren Behandlungsergebnis »mittelmäßig« eingestuft werden konnte, in der Gesellschaft aus eigenem Vermögen und trotz der eben erwähnten Unfähigkeit ganz gut zurecht kommen.

Das Elternhaus

Unsere Daten bestätigen nicht einige Berichte der Literatur zum sozialen Hintergrund von autistischen Kindern – Berichte, von denen Rimland eine Zusammenfassung gegeben hat, – doch stehen sie auch nicht unbedingt im Widerspruch zu diesen Berichten. Das gleiche gilt für das geschlechtsbedingte Auftreten von Autismus und für das behauptete Vorherrschen von Autismus bei erstgeborenen Kindern.

Rimland behauptet daß »Kinder, die unter der primären Störung des frühkindheitlichen Autismus leiden, genetisch für diesen Autismus empfänglich gewesen sind, und zwar als Folge einer angeborenen hohen Intelligenz«. Diese Behauptung basiert auf Kanners ursprünglichen Beobachtungen, die dieser im Hinblick auf die Intelligenz der Eltern von autistischen Kindern angestellt hat. Da Rimland weitere einschlägige Literatur anführt, brauche ich diese Angaben hier nicht zu wiederholen.

Die Evidenz, die in der Literatur angeführt wird, mit dem Ziel, eine generell hohe Intelligenz bei den Eltern autistischer Kinder nachzuweisen, sollte eingehend diskutiert werden. Denn wenn der Autismus auf einen spezifischen Defekt des Neugeborenen zurückzuführen und wenn dieser Defekt vererbt worden ist, mußten die Eltern ein Spezifikum aufweisen, das vom autistischen Kind geerbt wird. Die einzige spezifische Qualität der Eltern, der wir in der einschlägigen Literatur immer wieder begegnen und die sich auf die Nachkommenschaft auswirken könnte, ist die hohe Intelligenz der Eltern, da Gefühlskälte und Selbstbezogenheit nicht als vererbbar gelten. (Freilich sollte ich hier auch darauf hinweisen, daß es nirgendwo in der Literatur wirklich verläßliche Angaben zur Intelligenz der Eltern von autistischen Kindern gibt. Die Literatur erwähnt lediglich den Beruf und zuweilen den akademischen Grad dieser Eltern.)

Ich habe mich in diesem Buch eingehend mit drei autistischen Fällen befaßt, und von den sechs Elternteilen dieser Fälle waren es höchstens zwei, denen eine hohe Intelligenz zugeschrieben werden konnte. Das war der Vater von Laurie und der von Marcia. Marcias Mutter war zwar eine vom Ehrgeiz getriebene Frau, die jedoch keine Anzeichen einer hohen Intelligenz erkennen ließ. Joeys Eltern waren kluge Leute, aber nicht übermäßig intelligent. Auch die Großeltern dieser Kinder waren nicht übermäßig intelligent.

Wenn wir uns nun der Gesamtgruppe, bestehend aus sechsundvierzig Kindern (darunter auch die eben erwähnten Fallbeispiele) zuwenden, so können wir feststellen, daß vier von diesen Kindern unehelich geboren waren und von ihren Müttern sofort nach ihrer Geburt zur Adoption freigegeben worden waren. Drei von diesen vier Kindern wurden adoptiert, während das vierte Kind von Geburt an in einer Reihe von Pflegeheimen heranwuchs. Es ist richtig, daß beide Eltern der einen Adoptivfamilie sich durch überdurchschnittliche, vielleicht sogar sehr hohe Intelligenz auszeichneten, während dasselbe auf den Vater einer zweiten Adoptivfamilie zutraf. Diese Tatsache kann die psychogene Hypothese untermauern, daß die Pathologie auf der Persönlichkeit der Menschen basiert, die das Kind großziehen, nicht aber auf irgendeiner Vererbbarkeit. Andererseits erhärtet diese Tatsache kaum die Annahme einer angeborenen Hirnschädigung, die mit der übermäßigen Intelligenz der Eltern in Verbindung gebracht wird. Was nun die vier leiblichen Elternpaare dieser Kinder anlangt, so waren die betreffenden Mütter offenbar nicht überdurchschnittlich intelligent gewesen, und das gleiche traf auf die Väter zu.

Unter unseren sechsundvierzig Patienten befanden sich drei weitere Kinder, die nach ihrem ersten Lebensjahr zur Adoption freigegeben worden waren. Bis zu dieser Zeit waren sie von ihren aus der Unterschicht stammenden Eltern großgezogen worden, und keiner dieser Elternteile war von überdurchschnittlicher Intelligenz.

Die Eltern der restlichen neununddreißig Fälle lassen sich folgendermaßen einordnen. Bei elf Fällen war der eine oder waren beide Elternteile überdurchschnittlich, ja möglicherweise hochintelligent. Doch befand sich unter diesen Eltern nur ein Elternteil – ein Vater –, der eine Intelligenz und eine geistige Leistung erkennen ließ, die wir auf eine wirklich hohe Intelligenz zurückführen möchten. Bei diesem Mann handelte es sich um einen Wissenschaftler von internationalem Ansehen. Alle anderen Eltern konnten keine Leistungen aufweisen, die man als überdurchschnittlich hätte bezeichnen können. Unter diesen Eltern waren die akademischen Berufe gut vertreten – es gab zwei Ärzte unter ihnen, zwei Rechtsanwälte und einen Collegelehrer. Bei den noch verbleibenden achtundzwanzig Kindern sah die Sache anders aus, denn alle Eltern dieser Kinder waren von durchschnittlicher Intelligenz. Auf diese Kinder kamen lediglich siebenundzwanzig Elternpaare, da zwei von diesen Kindern Schwestern (aber keine Zwillinge) waren. Diesen siebenundzwanzig Elternpaaren sollten wir die Eltern jener vier schon bei der Geburt zur Adoption freigegebenen Kinder hinzufügen, sowie die drei Elternpaare, die ihre Kinder später zur Adoption freigegeben hatten, denn auch diese Eltern waren nicht überdurchschnittlich intelligent.

So haben wir also vierunddreißig durchschnittlich intelligente Eltern, denen elf Elternpaare mit überdurchschnittlicher Intelligenz gegenüberstehen, wobei nur ein einziger Elternteil außerordentlich intelligente Leistungen aufzuweisen hatte. Das aber ist wohl kaum als ein Beweis für die angeblich überdurchschnittliche Intelligenz der Eltern von autistischen Kindern zu werten. Unter den vierunddreißig durchschnittlich bis unterdurchschnittlich intelligenten Elternpaaren befanden sich Gelegenheitsarbeiter (von denen zwei meistens arbeitslos waren), Landarbeiter, ein Postbeamter, aber auch ein *High School*-Lehrer, zwei Buchhalter und so weiter. Die größte Untergruppierung setzte sich aus Personen zusammen, die selbständig oder als Angestellte im Geschäftsleben standen (das waren sieben Elternteile), und die nächstkleinere Gruppierung bestand aus Büroangestellten (vier Elternteile).

Doch führt Rimland auch andere Daten an, die sich auf die Eltern von autistischen Kindern beziehen. Diese Daten entstammen einer persönlichen Mitteilung Van Krevelens, der sich in Europa mit zehn autistischen Fällen befaßt hatte und die Berufe der Eltern dieser Kinder zum Beispiel mit Volksschullehrer, Büroangestellter, Blumenhändler, Handelsvertreter, Gartenarchitekt und Polizeiwachtmeister angab. Diese Daten lassen auf keine überdurchschnittlich hohe Intelligenz schließen, wobei natürlich betont werden muß, daß der einzige Maßstab die berufliche Tätigkeit gewesen ist. Ob diese Eltern die von Kanner für die Väter und Mütter autistischer Kinder postulierten Merkmale (zum Beispiel Gefühlskälte, Distanziertheit, Tüchtigkeit) aufzuweisen hatten, vermögen wir nicht zu sagen.

Die zweite Hälfte des Samples Van Krevelens erlaubt keine präzisen Schlußfolgerungen, da die beruflichen Tätigkeiten der Väter dieser Kinder mit Bauingenieur, Industrieanwalt, Beamter und Regierungsbeamter angegeben werden. (Obgleich Rimland von zehn Fällen spricht, gibt er nur neun Berufe an.) Da wir nicht erfahren, welche Ränge genau der Beamte und der Regierungsbeamte bekleideten, können wir auch nicht sagen, ob sie überdurchschnittlich intelligent gewesen sein könnten. Aber auch wenn sie überdurchschnittlich intelligent gewesen sein sollten, bestünde immer noch ein Mißverhältnis. Rimlands Informationen können wir somit entnehmen, daß die Gesamtgruppe sich aus fünf durchschnittlich intelligenten Elternteilen zusammengesetzt haben dürfte, während die vier übrigen Elternteile möglicherweise überdurchschnittlich intelligent gewesen sind. Trotzdem zieht Rimland den Schluß: »Van Krevelens Daten belegen eindeutig die Befunde Kanners.«

Das aber stimmt nicht. Auch die anderen autistischen Gruppen, mit denen man sich in Europa intensiv befaßt hat, belegen nicht die Richtigkeit dieser Schlußfolgerung. So stellte zum Beispiel Bosch fünf detaillierte Krankengeschichten vor, ohne ein einziges Mal auf eine überdurchschnittliche Intelligenz der Eltern hinzuweisen, obgleich er sehr wohl gewußt hat, wie wichtig dieser Faktor für Kanner und seine Betrachtungsweise des Autismus ist. Zwar bezeichnet Bosch den Vater von Karl B. als intelligent, doch besagt dieser Sprachgebrauch in diesem Fall wenig mehr als daß dieser Mann nicht dumm war. Diese Aussage würde auch mit dem Beruf des Mannes, der Buchhalter war, konform gehen. Das aber heißt, auch dieser Elternteil dürfte durchschnittlich intelligent gewesen sein.

Da Bosch bei allen seinen Eltern die Wesenszüge (zum Beispiel Gefühlskälte, Distanziertheit, Abkapselung, Flucht in die Arbeit) unterstreicht, die auch Kanner schon erwähnt hat, darf man wohl erwarten, daß er sich auch mit dem Problem der Intelligenz auseinandergesetzt hat. Unter Boschs Eltern befand sich der Vater von Dieter E., der sich durch erhebliche Tatkraft auszeichnete, da er aus eigenem Entschluß das Abendgymnasium absolvierte und relativ spät im Leben die Abschlußprüfungen einer Technischen Hochschule bestand, so daß er Bauingenieur werden konnte. Ein weiterer Vater (der von Hans R.) hatte bei der Post eine – so Bosch – mittelmäßige Stellung, was gewiß nicht auf eine überdurchschnittliche Intelligenz oder einen starken Antrieb schließen läßt. Auch läßt nichts, was über die Eltern von Fritz K. gesagt wird, auf eine hohe Intelligenz schließen. Lediglich die Eltern von Richard L. könnten in die Kannersche Kategorie einer hohen Intelligenz einzuordnen sein, doch können wir auch in diesem Fall von keiner Superintelligenz sprechen. Da diese Eltern jedoch der einzige Fall sind, bei dem Bosch von einem sehr kultivierten Milieu spricht und das vorhandene Interesse für Kammermusik, Malerei und Literatur erwähnt, dürfte es recht und billig sein, wenn wir diese Eltern in die Kategorie einordnen, die von Kanner (und Rimland) als für die Eltern von autistischen Kindern typisch angenommen wird.

Wie im Falle von Van Krevelen kann also weder die Gruppe von Bosch noch die Gruppe in der Orthogenetischen Schule die Behauptungen bestätigen, die Kanner, Rimland und andere in bezug auf die Superintelligenz der Eltern von autistischen Kindern aufgestellt haben. Das gilt auch für den Fall von zweieiigen Zwillingen, über den Kamp (1964) berichtet hat, da es sich bei dem Vater dieser Mädchen um »einen Facharbeiter« gehandelt hat. Außerdem hat Professor Kamp (1965) in einer privaten Mitteilung erklärt, daß »die Eltern von autistischen Kindern, die sich eindeutig durch eine überdurchschnittlich hohe Intelligenz auszeichneten, kaum mehr als fünfundzwanzig Prozent des Gesamtsamples unserer ambulanten Abteilung [gemeint ist die Abteilung für Kinderpsychiatrie, die der Universität von Utrecht angeschlossen ist] und meiner privaten Praxis ausmachten«.

Ich möchte nun zu den summarischen Äußerungen kommen und aus dem Bericht über eine Gruppe von fünfzig autistischen Kindern zitieren, die an der *Southbury Training School* studiert wurden: »Unser Eindruck war, daß der bildungsbezügliche und sozioökonomische Hintergrund dieser Eltern dem Milieu anderer Eltern mit stark retardierten und instituionalisierten Kindern ähnelte« (Schlain und Yannet, 1960).

Bruch (1959) berichtet ebenfalls, daß die autistischen Zwillinge, die sie studierte, in punkto Elternintelligenz nicht mit den Befunden Kanners übereinstimmten. Die Autorin schreibt: »Diese Eltern entsprachen nicht der Vorstellung von einer ausgeprägten intellektuellen Befähigung und einer erheblichen Leistung in den wissenschaftlichen Fächern, die für einen großen Teil solcher Eltern angenommen werden.«

Wie erklären wir uns diesen sonderbaren Unterschied zwischen diesen Daten und den Daten Kanners und anderer? Eine Erklärung liefert möglicherweise eine in jüngerer Zeit durchgeführte soziologische Untersuchung, die festzustellen versuchte, welche Gruppen der Bevölkerung um psychiatrische Behandlung nachsuchen und Zugang zu psychiatrischen Leistungen haben. Diese Untersuchung macht unmißverständlich evident, daß es die gebildete Mittel- und Oberschicht ist, die sich der Psychiatrie bedient, während man das von der ungebildeten Unterschicht nicht sagen kann. Wir kennen Fälle von autistischen Kindern, deren Zustand früh im Leben als schwachsinnig diagnostiziert wurde und die daraufhin in staatlichen Schulen für Schwachsinnige verschwanden. Das scheint damals, als Kanner seine Daten zusammentrug, wesentlich häufiger vorgekommen zu sein als heute. Gerade wegen Kanners bahnbrechenden Untersuchungen und anderen Veröffentlichungen sind Ärzte und vor allem Kinderpsychiater heutzutage wesentlich geschickter, wenn es darum geht, Fälle von infantilem Autismus zu erkennen. Ob heute ein Kind als autistisch erkannt wird oder als schwachsinnig oder hirngeschädigt behandelt wird, hängt vor allem davon ab, ob es von einem kompetenten Kinderpsychiater untersucht wird.

Das autistische Kind, mit dem ich damals in Wien gearbeitet habe, mag veranschaulichen, was damals üblich war. Die Mutter dieses Kindes, die aus einer amerikanischen Oberschichtfamilie stammte, erfuhr von vielen Spezialisten, die sie konsultierte, daß ihr Kind schwachsinnig sei, und der Rat, den man ihr gab, war der, daß sie es in eine Anstalt geben solle. Nicht willens, diesen Urteilsspruch hinzunehmen, reiste sie nach Europa, um hier Spezialisten zu konsultieren. Aber auch diese Ärzte bestätigten großenteils die Diagnose, die auf schwachsinnig lautete. Trotzdem weigerte sich die Mutter aufzugeben, und da sie die Möglichkeit hatte, weitere Anstrengungen zu unternehmen, reiste sie nach Wien, um dort Freud aufzusuchen. In Wien aber stellte man definitiv fest, daß dieses Kind keinesfalls schwachsinnig war. Eine solche Beharrlichkeit war damals unerläßlich. Doch wer konnte es sich leisten, so beharrlich zu sein?

Kanner hat erklärt, daß Kinder aus allen Staaten der USA und aus allen Teilen der Welt zu ihm gebracht würden, damit er eine Diagnose stelle. Diese Tatsache kann die Sachlage am besten erklären. Wenn Kinder aus allen Teilen der Welt zu ihm gebracht werden, so kann man daraus schließen, daß ein Großteil der Eltern dieser Kinder wohlhabend und gebildet sein muß. Denn wie sonst hätten diese Eltern in Erfahrung bringen können, daß es irgendwo diesen Dr. Kanner gab, und wie sonst hätten sie die Reise nach Baltimore machen können?

Bender (1959) gelangte zu ähnlichen Schlußfolgerungen. Sie schreibt: »Es ist nicht klar, was er (Kanner) meint, wenn er sagt, daß es Anhaltspunkte dafür gibt, daß autistische Kinder größere geistige

Fähigkeiten besitzen, es sei denn, er bezieht sich auf den Familienhintergrund seiner Kollegen sowie der Professoren und Intellektuellen, die seine Dienste in Anspruch genommen haben.«

Obwohl Bender überzeugt ist, daß der Autismus die Folge einer angeborenen Schädigung ist, hält sie es für falsch, diese Krankheit auf die Vererbung einer übermäßig hohen elterlichen Intelligenz zurückzuführen.

> Erfahrungen mit nicht ausgesuchten großen städtischen und staatlichen öffentlichen Einrichtungen haben ergeben, daß aus Elternhäuern mit mangelnder oder mittelmäßiger geistiger Kultur und mit allen Arten von sozialen Familien- und Persönlichkeitskonstellationen ebenso viele autistische Kinder kommen wie aus den Familien mit ihren kühlen und überbeherrschten Intellektuellen, die Kanner beschrieben hat.

Bender hat ihre Erfahrungen in *New York City* gesammelt, wo sogar die Kinder von unterprivilegierten Familien leichteren Zugang zu ärztlicher Behandlung und zu Krankenhausaufenthalten haben als das in weniger hochentwickelten Zentren der Fall ist.

Obwohl Bender eine ebenso beharrliche Verfechterin der organischen Ätiologie des Autismus wie Rimland ist, unterläßt es dieser, ihre Darstellung der Eltern von autistischen Kindern anzuführen. Vielleicht ist der Grund dafür darin zu suchen, daß Rimland davon ausgeht, daß der Autismus, wenn er auf einen angeborenen Defekt des zentralen Nervensystems zurückzuführen ist, mit dem einzigen genetischen Merkmal, das von der Literatur unterstrichen wird, zu tun haben muß. Aus diesem Grunde ignoriert Rimland vermutlich Hinweise darauf, daß hohe Intelligenz unter den Eltern von autistischen Kindern keineswegs überwiegt.

Doch kann es noch einen anderen Grund dafür geben, daß es in früherer Zeit vor allem die Kinder intelligenter und pflichtbewußter Eltern waren, die die Aufmerksamkeit der Wegbereiter bei der Erforschung des Autismus erregten. Ich habe in einem anderen Zusammenhang bereits auf das mangelnde Schmerzempfinden des autistischen Kindes hingewiesen. Wenn das normale Kind unter einer schmerzhaften Krankheit leidet, wird es durch seine Schmerzreaktionen sogar einen unaufmerksamen Elternteil auf sich aufmerksam machen. Das autistische Kind dagegen äußert häufig überhaupt keine Reaktionen dieser Art, so daß es, auch wenn es schwer krank ist, unter Umständen überhaupt nichts unternimmt, um seine Eltern auf sich aufmerksam zu machen.

Ich bin der Überzeugung, daß viele autistische Kinder, die nicht von intelligenten Eltern sorgfältig und gewissenhaft überwacht werden, bereits im Säuglingsalter sterben, weil verschiedene Leiden unentdeckt bleiben – das aber um so mehr, wenn sie aus einem Elternhaus kommen, wo ärztliche Betreuung keine Selbstverständlichkeit ist. Aber da heute die Krankenversorgung immer mehr Bevölkerungsschichten umfaßt, begegnen wir immer mehr autistischen Kindern, die aus unterprivilegierten Familien stammen. Diese bei autistischen Kindern zu beobachtende Tendenz, an unentdeckten Erkrankungen zu sterben, mag auch erklären, weshalb es sich bei den autistischen Fällen, die untersucht und erforscht werden, um besonders gesunde beziehungsweise zählebige Kinder handelt. Vielleicht sind sie die einzigen, die überleben.

Nach den veröffentlichten Berichten zu urteilen, kommen auf jedes autistische Mädchen drei oder vier autistische Jungen (Kanner, 1954; Keeler, 1957; Anthony, 1958). Auch wird behauptet, daß die erstgeborenen Jungen vorherrschen (Rimland, 1964). Aber der Bericht der *Southbury Training School* stellt folgendes fest: »Es wurden einunddreißig Jungen und neunzehn Mädchen untersucht. Diese Verteilung nach Geschlechtern steht im Gegensatz zur Erfahrung von Eisenberg und Kanner, die unter ihren hundert Fällen achtzig Jungen und zwanzig Mädchen hatten« (Schlain und Yannet, 1960). (Die hier erwähnten hundert Fälle bilden die Gruppe, über die Eisenberg in seiner Arbeit *The Autistic Child in Adolescence* berichtet, aber nur dreiundsechzig dieser Patienten konnten zu Nachuntersuchungszwecken kontaktiert werden.) Bei unserem Sample hatten wir kein Vier-zu-Eins-Verhältnis zwischen den Geschlechtern. Vielmehr bestand unsere Gruppe aus insgesamt dreißig Jungen und sechzehn Mädchen, das heißt, das Verhältnis ist etwas weniger als zwei zu eins.

Auch weist unser Sample nicht die behauptete Dominanz von männlichen Erstgeborenen auf. Wenn wir die vier Kinder, die bei ihrer Geburt zur Adoption freigegeben wurden, ausklammern (da in ihrem Fall nicht festgestellt werden konnte, ob sie Erstgeborene waren), so setzen sich die noch verbleibenden zweiundvierzig autistischen Kinder aus dreiundzwanzig Erstgeborenen (darunter vierzehn Jungen) und neunzehn Später-Geborenen zusammen. Wir können also feststellen, daß unser Sample ein Überwiegen der Jungen vor den Mädchen und der Erstgeborenen vor den später Geborenen aufweist, daß jedoch diese Dominanz viel weniger ausgeprägt ist, als die Berichte in der Literatur annehmen. Übrigens handelt es sich auch bei den Zwillingsmädchen, über die Kamp berichtet, um keine Erstgeborenen, da ihnen eine ältere Schwester vorausgegangen war.

Da Kanner (1954) und Rimland auf den starken Anteil an jüdischen Kindern bei berichteten Fällen von infantilem Autismus hinweisen, sollte ich erwähnen, daß dasselbe auch auf unser Sample zutrifft, da einundzwanzig von unseren sechsundvierzig Kindern jüdische Väter und/oder Mütter hatten. Freilich kann das auch damit zusammenhängen, welche Eltern – da wir nie über genügend Freistellen verfügen – in der Lage sind, ihre Kinder an die Orthogenetische Schule zu schicken, und welche Eltern die Möglichkeit haben, Psychiater zu konsultieren, die die autistischen Kinder dann an uns verweisen.

Auch ist es in diesem Zusammenhang aufschlußreich, der Herkunft der schizophrenen Kinder nachzugehen, mit denen wir jahrelang gearbeitet haben oder der Herkunft jener Patienten, die zu uns kamen, weil ihre schwere Straffälligkeit zum ausgeprägten Symptom geworden war. Unter diesen Kindern überwiegt die Anzahl der jüdischen Kinder, wenn man sie mit der allgemeinen Population vergleicht, ungefähr im selben Maße wie bei den jüdischen autistischen Kindern. Freilich hat bisher niemand behauptet, daß jüdische Kinder eine stärkere Neigung zur Kriminalität hätten als andere Populationen. In der *Southbury Training School* (Schlain und Yannet) war keine rassische Gruppierung überrepräsentiert. Auch läßt nichts aus dem, was Bosch sagt oder nicht sagt, darauf schließen, daß Kinder seiner Gruppe jüdischer Herkunft gewesen sind.

So lange keine umfassende Zufallsstichprobe der Gesamtbevölkerung erstellt worden ist, um die Auftretenshäufigkeit des infantilen Autismus bei verschiedenen Gruppierungen festzustellen, sollten wir, so meine ich, Behauptungen, die im Hinblick auf die ethnische Herkunft solcher Kinder aufgestellt werden, außer acht lassen. Dasselbe gilt für die angeblich überdurchschnittliche Intelligenz und berufliche Leistung der Eltern dieser Kinder. Denn das Sample, mit dem sich die Kinderpsychiater gewöhnlich auseinandersetzen müssen, fällt wegen gewisser Faktoren, die ich bereits erwähnt habe, viel zu unsymmetrisch aus. (Zu diesen Faktoren gehören die Fragen: Welche Eltern erhalten ihre autistischen Kinder am Leben? Welche Eltern geben sich mit der immer noch verbreiteten Diagnose, die auf Schwachsinn und/oder Hirnschädigung lautet, nicht zufrieden? Welche Eltern bemühen sich um eine psychiatrische Untersuchung ihrer Kinder? Und so weiter).

Ich vermute, daß eine Untersuchung aller dreijährigen Kinder, die in einem unserer Großstadtbereiche leben, verblüffende Ergebnisse zeitigen würde. So dürfte zum Beispiel eine solche Studie das Resultat erbringen, daß die autistische Störung stärker verbreitet ist als gewöhnlich angenommen wird, und daß sie sich gleichmäßiger auf alle Bevölkerungsgruppen und -schichten verteilt. Doch auch das ist, da wir nicht über die entsprechenden Fakten verfügen, reine Vermutung.

Über die Natur des Autismus

Die Meinungsverschiedenheiten sind gewaltig, wenn es darum geht zu bestimmen, was den infantilen Autismus verursacht oder welcher Elterntypus zu ihm beiträgt. Daher ist es einigermaßen beruhigend, daß im Hinblick auf das Verhalten, das den Autismus auszeichnet, wesentlich größere Übereinstimmung herrscht.

Kanner, Rimland und andere

Beinahe alle Berichte weisen darauf hin, daß die autistischen Kinder, wenn sie sprechen, niemals das Pronomen »Ich« benutzen. Kanner (1946, 1951–52) nannte dieses Phänomen »pronominale Umkehrung« – wo das Kind das Pronomen »Du« benutzt, würde der korrekte Sprachgebrauch das »Ich« erfordern. Auch sprach Kanner von einer »verzögerten Echolalie« und von der »Bestätigung durch Wiederholung«, die zum Beispiel dann zustande kommt, wenn das autistische Kind gefragt wird: »Möchtest du Milch?« und wenn es antwortet: »Du möchtest Milch« (was eigentlich heißen soll: »Ich möchte Milch« oder »Ja, ich möchte Milch«).

Meiner Meinung nach ist die Vorstellung von der pronominalen Umkehrung irreführend. Denn es geht bei diesem Prozeß nicht darum, daß autistische Kinder Pronomina umkehren, sondern darum, daß sie deren Benutzung vermeiden, ja daß sie sie um so mehr vermeiden, je direkter sich das Pronomen auf sich selbst bezieht.

Cunningham und Dickinson (1961) studierten die Sprache eines autistischen Jungen, dessen Entwicklung bis zum zweiten Lebensjahr normal verlaufen war. Er begann im Alter von ungefähr einem Jahr zu sprechen und fuhr bis zu seinem zweiten Lebensjahr fort, Wörter sich anzueignen und zu behalten. Um diese Zeit kam seine Mutter in eine Privatklinik, wo sie ihr zweites Kind bekommen sollte. Von da an begann er viele der gelernten Wörter zu vergessen, um schließlich mit drei Jahren überhaupt zu sprechen aufzuhören. Mit fünf Jahren – er sprach seit einiger Zeit schon überhaupt nicht mehr – kam er in ein Kinderheim. Eine Folge der dortigen Behandlung war, daß er sich allmählich etwas weniger abkapselte. Nach drei Monaten in diesem Heim sagte er sein erstes Wort und nach sieben Monaten konnte er eine Reihe einzelner Wörter aussprechen. Von nun an machte sein Erwerb von Wörtern, die er in kurzen Sätzen gruppierte, rasche Fortschritte. Als der Junge sieben Jahre alt war und bereits einundzwanzig Monate in jenem Heim verbracht hatte, wurde seine Sprache studiert.

Sein Sprechvermögen war um diese Zeit das eines Zweijährigen. Daher verglich man es mit der Sprache von normalen ungefähr dreißig Monate alten Kindern, wobei man ganz besonders die Häufigkeit gewisser Sprachbestandteile im Gesamtvokabular beachtete. Es bestand kaum ein Unterschied zwischen den Kindern, die zu Kontrollzwecken dienten, und diesem Jungen, wenn es um die Frage ging, wie oft die einen oder der andere die meisten Sprachbestandteile benutzten, ganz gleich ob es sich um Verben, Artikel oder dergleichen mehr handelte. Anders sah die Sache aus, wenn es um Substantive und Pronomen ging. Der praktische Wortschatz der Kontrollgruppe setzte sich zu achtundzwanzig Prozent aus Substantiven zusammen, während es bei dem Jungen sechsunddreißig Prozent waren. Aber am augenfälligsten war der Unterschied im Bereich der Pronomen, wo für die normalen Kinder ein Anteil von neunzehn Prozent festgestellt wurde, während es bei dem Jungen lediglich fünf Prozent waren. Und was nun die Personalpronomen allein anlangte, so betrug der Anteil bei den normalen Kindern vier Prozent, während er sich bei dem Jungen auf weniger als ein Prozent belief.

Während dieser Studie zu entnehmen ist, daß dieser autistische Junge das Pronomen »Ich« im selben Maße vermied, in dem er Personalpronomen überhaupt aus dem Weg ging, möchte ich behaupten, daß das die Ausnahme und nicht die Regel ist. Unsere eigenen Befunde bestätigen die Erkenntnisse von Kanner und anderen Fachleuten, die berichtet haben, daß diese Kinder die Verwendung von Personalpronomen zu vermeiden suchen, während sie das Pronomen »Ich« entweder überhaupt nicht oder erst sehr viel später in ihrer Entwicklung benutzen.

Arieti (1955) meinte dazu: »Der Gedanke ›Du, George, ißt jetzt‹ fällt George leichter als der Gedanke ›Ich, George, esse jetzt‹, denn wenn er sagt: ›Du, George, ißt jetzt‹, verbalisiert er eine Einstellung seiner Mutter, die er nicht anerkannt hat und aus diesem Grunde nicht in ein ›Ich, George, esse jetzt‹ verwandelt hat.« Das aber ist dann der Fall, wenn die Erwachsenen in seinem Leben Angst erzeugen oder seine Person radikal zurückweisen, denn dann »fällt es ihm schwer, sich Attribute, Gefühle und Meinungen über ihn selbst, die von anderen stammen, einzuverleiben«.

Es ist häufig beobachtet worden, daß diese Kinder die Verwendung des Wortes »Ja« im selben Maße vermeiden wie das Wort »Ich«. Dieses Verhalten begründet Rimland damit, daß »diese Kinder den Eindruck erwecken, als hätten sie mit der Sprache alles, was in ihrer Macht stand, versucht – doch sie wiederholen sie lediglich, anstatt sie zu verstehen.« Im Gegensatz zu Kanner ist er überzeugt, daß solches Sprachverhalten nicht auf eine Störung der affektiven Beziehungen des Kindes zu seiner Umgebung zurückzuführen ist, sondern auf eine organische Hirnschädigung. Das folgert er auch aus der Tatsache, »daß diese Kinder willig . . . Aufzählungen von Präsidenten, Wiegenlieder in fremder Sprache und Kinderreime ›mit großer Leichtigkeit‹ auswendig lernten«.

Es ist erstaunlich, daß Rimland und andere, die sich mit demselben Phänomen auseinandergesetzt haben, nicht darauf gekommen sind, daß diese Kinder zwar bereitwillig ein: »Du möchtest Milch« wiederholen, um damit zu bekunden, daß sie tatsächlich Milch haben möchten, während sie eine Feststellung wie: »Ich möchte Milch« niemals wiederholen würden. Wenn wir es hier lediglich mit Echolalie zu tun hätten, müßte ihnen eine Wiederholung der Feststellung: »Ich möchte Milch« genauso leicht fallen. Das haben wir mit allen unseren autistischen Kindern versucht, und das Ergebnis ist immer das gleiche gewesen. Die Kinder wiederholten bereitwillig ein: »Du möchtest das und das«, während sie eine Feststellung mit dem Personalpronomen »Ich« erst dann bereit sind zu wiederholen, wenn sie dieses Pronomen auch in anderen Zusammenhängen verwenden gelernt haben.

Fragte zum Beispiel Karen Marcia »Du möchtest 'rausgehen?« und wollte Marcia bejahend antworten, so wiederholte sie: »Möchtest 'rausgehen« oder später in einer vollständigeren Form: »Du möchtest 'rausgehen.« Doch wenn Karen sagte: »Ich möchte 'rausgehen«, verstand Marcia wie alle anderen autistischen Kinder sofort, was gemeint war, und wenn sie in diesem Fall überhaupt etwas wiederholte, so handelte es sich um keine bloße Echolalie, denn dann sagte Marcia: »Karen möchte 'raus« oder später: »Karen möchte 'rausgehen.« Die Tatsache, daß sie das ursprüngliche »Ich« durch den Namen der gemeinten Person ersetzte, zeigt, daß sie den Gedanken völlig begriffen hatte. Aber das Personalpronomen »Ich« wollte sie nicht benutzen.

Wenn sie nicht ins Freie wollte, sagte sie gewöhnlich: »Möchte nicht rausgehen« und später erwiderte sie einfach: »Nein«. Auch hat Rimland die Tatsache übersehen, daß das »Nein« in der Sprache dieser Kinder viel früher auftaucht als das »Ja«. Aber das Wort »Ja« dürfte nicht schwerer zu erlernen sein als das Wort »Nein«, wenn die Lernschwierigkeit organisch bedingt wäre. Meines Erachtens ist die bereitwilligere Verwendung des Wortes »Nein« ein Hinweis auf einen extremen und bewußten Negativismus. Kanner (1944) kommt der Erkenntnis ziemlich nahe, daß es nämlich die Bejahung oder Bestätigung ist, über die diese Kinder nicht verfügen, während ihnen jegliche Verneinung leicht fällt.

Das »Ja« ist ein Begriff, für dessen Aneignung die Kinder viele Jahre benötigen. Sie sind unfähig, ihn als ein Symbol allgemeiner Zustimmung zu benutzen. Ein Kind hat das Jasagen gelernt, als ihm sein Vater erklärte, daß er es auf seine Schultern nehmen würde, wenn es »Ja« sagte. Dieses Wort aber »bedeutete« dann lediglich das Verlangen, vom Vater auf die Schultern genommen zu werden. Es dauerte viele Monate, bis das Kind dieses Wort »ja« von jener spezifischen Situation abzulösen vermochte, und noch viel länger dauerte es, bis es in der Lage war, dieses Wort als einen allgemein gültigen Begriff der Bestätigung zu verwenden.

Was nun die Vermeidung des Personalpronomens »Ich« anlangt, so bin ich der Meinung, daß wir es hier mit einer Verleugnung des Selbstseins oder mit der Abwesenheit eines Selbst-Bewußtseins zu tun haben, während die Benutzung des »Du« doch auf ein gewisses Bewußtsein vom Selbst der anderen schließen läßt. Das scheint auch die Auffassung von Rodrigué (1955) zu sein, der schreibt: »Die pronominale Umkehrung, bei der das Kind von sich selbst immer als ›du‹ spricht . . . hat ganz offensichtlich mit der zugrunde liegenden Verwirrung zwischen ›Ich‹ und ›Nicht-Ich‹ zu tun.« Daß in einem gewissen Stadium des Autismus das Selbstsein einer anderen Person zugeschrieben wird, können wir daraus ersehen, daß Marcia Karens Äußerung »Ich möchte 'rausgehen« in ein »Karen möchte 'rausgehen« verwandelte.

Das nicht mehr stumme autistische Kind vermeidet, auch wenn es in den vollen Besitz der Sprache gelangt ist, noch einige Zeit lang das Wörtchen »ich« (und natürlich auch »mir« oder »mich«). Das können wir aus folgendem Satz Marthas ersehen, in dem die Wörter, mit deren Hilfe sie das Wörtchen »ich« ersetzte, kursiv gedruckt erscheinen: »Als *sie* sah, wie Lucy Nonnie kochen half, machte *Martha,* wo *du* neu warst, einen großen Krach, und *du* hast *dein* Gesicht versteckt.«

Es kam allerdings die Zeit, da sich dieses Mädchen von der autistischen Position so weit entfernt hatte, daß es nun gegenüber der Person, der es am meisten vertraute, ohne weiteres die Pronomen »ich« und »mich« benutzen konnte. Später war es dazu auch anderen Personen gegenüber in der Lage, allerdings nur in angstfreien Situationen. Hatte es jedoch Angst, und war es mit anderen Menschen zusammen, so griff es seine alte Taktik, sich vor seiner eigenen Erfahrung und dem eigenen Selbst zu distanzieren, wieder auf. Dann nannte es sich – wie ein Säugling – selbst beim Namen, anstatt »ich« zu sagen.

So hatte Martha eines Tages ganz ungezwungen das Wort »ich« benutzt, als sie sagte: »Ich hasse Männer.« Das hatte sie in dem sicheren Bewußtsein getan, daß wir jede Gefühlsäußerung willkommen hießen. Doch schon wenige Minuten später, als sie derselben Person über ein Ereignis vom Vortag erzählte (sie hatte in einem Geschäft einige Spielsachen angefaßt und war deshalb vom Verkäufer gerügt worden), setzte sie an die Stelle des Wörtchens »ich« folgende Wörter: »*Sie* faßte die Spielsachen in Wolfs Laden an. *Martha* hat das getan, und Wolf hat das nicht gemocht.« Schon dieser Verweis durch einen Verkäufer genügte, um ihr wackliges Selbstgefühl, dessen Grundlage die völlige Anerkennung durch die anderen war, zu zerstören.

Die Angst, die das autistische Kind davor hat, es selbst zu sein, äußert sich nicht nur in seinem Widerstreben zu sprechen und seinem Vermeiden von Personalpronomen. Kommunikation ist nicht nur eine Sache von Wörtern, sondern hängt auch damit zusammen, zu welchem Zweck diese Wörter benutzt werden und was diese Wörter bewirken können. Es fällt diesen Kindern wesentlich leichter, Dinge zu bezeichnen, weil sie sich dadurch zu nichts verpflichten, und auch ihre Gedanken brauchen sie in diesem Fall nicht offen darzulegen. Wovor sie am meisten Angst haben, ist, sich selbst festzulegen. Daher sträuben sie sich heftig dagegen, ihre Gefühle mitzuteilen. Und wenn sie etwas sagen, klingt ihre Stimme meistens sehr sonderbar. Sie erinnert häufig an die eines tauben Menschen und weist die gleiche tonlose Qualität auf wie die einer Person, die sich selbst nicht sprechen hören kann. Tatsächlich wollen diese Kinder gar nicht wissen, was sie sagen, ebenso wenig wie sie wollen, daß man sie sprechen hört. Dadurch bekommt ihre Stimme einen sehr bizarren Tonfall. Wenn überhaupt irgendwelche Gefühle in ihrer Stimme zum Ausdruck kommen, so ist es der Ärger oder die Wut darüber, daß sie sich zum Sprechen haben verleiten lassen. In diesem

Fall verwandelt sich ihre Ausdrucksweise in ein kreischendes Schreien.

Einige Bemerkungen Desperts (1946), der sich mit Kanners Standpunkten zur autistischen Frage auseinandergesetzt hat, sind zutreffend.

Bei allen kleinen schizophrenen Kindern weist die Sprechweise Eigentümlichkeiten auf, die, obwohl sie sehr unterschiedlich ausfallen können, stets ein Merkmal gemeinsam haben – der Stimme fehlt die emotionale Färbung, die den einzelnen zum Individuum macht und von den anderen abhebt. Sie wird häufig als unnatürlich und eigentümlich bezeichnet. Es fehlt ihr an Ausdruckskraft und häufig scheint sie nicht zur Persönlichkeit zu gehören.

In seinen Untersuchungen zur Sprachentwicklung hat Pichon darauf hingewiesen, daß die erste und wichtigste Voraussetzung für die Entstehung und Entwicklung von Sprache die – von ihm so benannte – *»fonction appetitive«* ist . . . womit er wörtlich »die Gerichtetheit des Verlangens auf ein Objekt oder ein Ziel« meint . . . Diese *»fonction appetitive«* manifestiert sich beim Säugling lange bevor sich die Sprache konstituiert und bevor die Sätzebildung in ihrer rudimentärsten Form erscheint. Tatsächlich kann man sagen, daß sie den ersten phonetischen Formen vorausgeht und das erste Stadium des Sprechens als Kommunikationsmittel darstellt. Diese *»fonction appetitive«* fehlt beim autistischen und beim schizophrenen Kind ganz offensichtlich, auch wenn es hin und wieder vorkommen kann, daß das Kind einen ungewöhnlich großen Wortschatz erworben hat . . .

Auch findet Despert es »höchst bedeutsam«, daß

die »Ich-Nicht-Ich«-Unterscheidung beim autistischen Kind nicht zustande gekommen ist . . . Da das Auftauchen des Personalpronomens der ersten Person Singular in der Sprachentwicklung kurz nach jenem Stadium der Individuation erfolgt, das dem Bewußtsein des Kindes von sich selbst als ein Ganzes, von den anderen Abgetrenntes entspricht, kann die Wichtigkeit dieses Symptoms nicht genug betont werden.

In diesem Zusammenhang möchte ich darauf hinweisen, daß zwar diese »Ich-Nicht-Ich«-Unterscheidung nicht zustande gekommen ist, daß jedoch das sprechende autistische Kind hinreichend zwischen »Ich« und »Du« unterscheiden kann, so daß es fähig ist, das »Du« zu akzeptieren, während es das »Ich« zurückweist. Diese Kinder lassen zwar von Fall zu Fall erhebliche Unterschiede erkennen, doch scheinen sie irgendwie besser in der Lage zu sein, das Selbstsein der anderen zu erkennen. Tatsächlich neigen sie dazu, diesen anderen Kräfte zuzuschreiben, die weit über ein vernünftiges Maß hinausgehen, während sie sich in bezug auf ihr eigenes Selbstsein dumm und taub stellen. Diese Kinder besitzen ein sonderbar ausgehöhltes Selbstsein, das sich nur durch Negation behaupten kann. (Ihre Negation jeglicher Veränderung durch das Beharren auf Gleichförmigkeit ist nur ein Aspekt dieses ganzen Komplexes, und ein weiterer Aspekt ist die relative Leichtigkeit, mit der sie »nein« sagen können, während ihnen das Jasagen wesentlich schwerer fällt.)

Wir haben es hier vielleicht mit einer überaus hartnäckigen Entschlossenheit zu tun, sicher aber auch mit der Erklärung des Kindes, sich zu nichts zu verpflichten und sich auf nichts einzulassen, das zu Feststellungen führen könnte, die ein »Ich bin« oder »Ich möchte« beinhalten könnten. Wir haben es hier mit einer totalen Verweigerung gegenüber der Welt zu tun.[1] Und da jede Benutzung des »Ich« die minimale Implikation umschließt, daß »ich in dieser Welt bin«, muß die Benutzung des »Ich« vermieden werden. Der Erhaltungswert eines solchen Standpunktes ist darin zu suchen, daß »ich«, wenn ich nicht wirklich existiere, auch nicht wirklich zerstört werden kann. Diese dem Selbstschutz dienende Vermeidung des »Ich« ist meines Erachtens wichtiger als alle anderen Schutzfunktionen, die eine solche Vermeidung bezwecken kann. Denn diese Art der Vermeidung schaltet von vornherein jegliche Enttäuschung aus, indem Wünsche gar nicht erst zugelassen werden.

Und dadurch, daß das autistische Kind keine Veränderung zuläßt, daß es sich nicht gestattet, ein »Ich« zu sein, und daß es sich weigert, »Ja« zu irgendetwas zu sagen, fügt es sich dem vermeintlichen elterlichen Wunsch, wonach es gar nicht existieren sollte. Hier liegt auch der Grund dafür, weshalb das »Du« – das sind die anderen, die existieren dürfen – und das »Nein« – das ist im Grunde die Verneinung der Existenz – dem autistischen Kind viel leichter von der Zunge gehen.

Ebenfalls relevant ist die Tatsache, daß autistische Kinder ohne Schwierigkeiten offenbar bedeutungslose Aufzählungen von Staaten, Hauptstädten, Präsidenten und so weiter auswendig lernen. Diese Tatsache bedeutet m. E. nicht, daß diese Kinder lediglich auswendig lernen können, ohne daß sie die komplexeren Funktionen der Sprache begreifen könnten; sie bedeutet vielmehr, so meine ich, daß diese Kinder besagte Funktionen durchaus begreifen. Erstens wird durch die Wiederholung als solche jedes persönliche Engage-

[1] Rodrigué (1955) hat das folgendermaßen ausgedrückt: »Dadurch, daß er das Echo der anderen Person war, spiegelte er die Außenwelt wider, ohne sie zu assimilieren«.

ment oder jede persönliche Stellungnahme ausgeschaltet. Und zweitens erfährt der Zuhörer auf diese Weise nur ein Minimum über die Gedanken, die diese Kinder glauben verbergen zu müssen.

Die Benutzung der Wörter »Ja« und »Ich« bedeutet, daß man sich einer Welt verpflichtet – einer Welt, mit der diese Kinder nichts zu tun haben möchten. Es bedeutet, daß man sich dem Selbstsein verschreibt. Die Tatsache, daß sie das »Ich« nicht verwenden, weil sie glauben, es mangele ihnen an Selbstsein, spricht in gewisser Weise für ihre tiefe innere Aufrichtigkeit. Das erfuhren wir durch eines unserer autistischen Mädchen. Dieses Kind war schließlich der Sprache voll mächtig geworden, das heißt es benutzte nun auch das Wort »Ich« oder [im Englischen] *»I«*. Doch entgegen der üblichen Schreibweise weigerte es sich beharrlich, dieses *»I«* großzuschreiben – dazu, so meinte sie, besitze sie noch zu wenig Persönlichkeit.

Die Auffassung, daß sich das autistische Kind der Sprache bedient, um zu verbergen, was es wirklich denkt, vertritt auch Loomis (1960). Aus seinem Erfahrungsbereich mit autistischen Kindern führt er das Beispiel eines Jungen an, der »wahrscheinlich recht intelligent war, obwohl er vermutlich den Leuten nicht die Genugtuung der Entdekkung seiner positiven geistigen Fähigkeiten verschaffen wollte ... Es hatte den Anschein, als werde hier Sprache nicht als Brücke zwischen Personen benutzt, sondern als eine Möglichkeit, sich vor anderen Leuten zu verstecken«.

Kanner (1964) hat bei manchen Gelegenheiten ebenfalls auf die Schutzfunktion der autistischen Sprache hingewiesen. So spricht er zum Beispiel von »der Benutzung der einfachen verbalen Negation, die als ein Schutz dient gegen unangenehme Begebenheiten«.

Die Kinder, die das Sprechen aufgeben und die Stummheit wählen, scheinen zu glauben, daß ihre Sicherheit selbst dann nicht genügend geschützt ist, wenn sie ihre Gedanken hinter einer Art Nonsense-Sprache verbergen. Jackson (1950) berichtet über neun nichtsprechende Kinder, die sie behandelt hat, und die alle als autistisch eingestuft werden konnten, weil sie sich von jeglichem menschlichem Kontakt abgekapselt hatten und weil sie sich mit Objekten auf eine repetitive und zwanghafte Weise beschäftigten. Den Mutismus dieser Kinder interpretiert die Autorin als den allerletzten Rückzug angesichts drohender Gefahr.

Die drei primitiven Formen der Reaktion auf Gefahr sind a) Flucht, b) Kampf und c) sich durch völlige Regungslosigkeit totstellen. Den Mutismus und das Ignorieren anderer Menschen kann man mit c) vergleichen.

Denn letztlich sind das Schweigen und Nichtvorhandensein von menschlichen Beziehungen eine Art von Tod, eine Art Nichtexistenz der Person als soziales Geschöpf (Jackson, 1950).

Was nun die sprechenden autistischen Kinder anlangt, so verbergen sie weniger ihre Gedanken, als daß sie uns Rätsel aufgeben, die wir lösen sollen. Auf diese Weise stellen sie unseren Wunsch, sie zu verstehen, auf die Probe – ein Wunsch, der, wenn er echt ist, auch für unsere Einstellung, daß diese Menschen existieren sollen, bürgen wird. So gesehen bekommt alles, was das Kind zur endlosen Wiederholung auswählt, eine tiefe Bedeutung. Marcias Verhalten ist ein untrüglicher Beweis für diese These: als nichtsprechende Tochter einer englischgebürtigen Mutter sang sie tagein tagaus den Song aus *»My Fair Lady«*: *»Why don't the English theach their children how to speak?«* [Weshalb lehren die Engländer ihre Kinder nicht, wie man spricht?]

Die Gedächtnisleistungen des autistischen Kindes erfüllen einen zusätzlichen Zweck. Sie beweisen den Leuten, die das hören möchten, daß das Kind nicht schwachsinnig ist. Das autistische Kind weiß, daß es von seiner Umgebung häufig als schwachsinnig angesehen wird, doch hat es Angst, dieses Wissen in Worte zu fassen. Aber da sie den Wunsch haben, diese falsche und niedrige Meinung, die ihre Umwelt von ihnen hat, zu korrigieren, versteifen sie sich auf schwierige Gedächtnisleistungen, so daß sie zum Beispiel lange Aufzählungen, die sie einmal oder wenige Male gehört haben, fehlerfrei behalten. Aus demselben Grund machte Joey aus jedem Gegenstand, den er sah, eine Art Apparat oder Maschine, weil das, so erzählte er uns, als er uns einmal wieder besuchte, »eine Möglichkeit schien, um zu zeigen, daß ich intelligent war und etwas wußte«.

Daher glaube ich, daß nur uns eine solche Wiederholung von Gruppierungen aus bestimmten Wörtern als Nonsense vorkommt, während die Kinder selbst die Bedeutung der Sprache durchaus begreifen. Aber sie vermeiden sie strikt und machen nur dann eine Ausnahme, wenn sie uns eine einzige Frage als immer neues Rätsel aufgeben. Diese Frage lautet im Klartext: »Glaubst du, daß ich etwas wert bin und daß ich etwas Wertvolles zu sagen habe?« Wenn sie sich so verhalten, benutzen sie die Sprache in ihrer höchsten Symbolfunktion, wobei sie verbale Glanzleistungen vollbringen, die ein eindeutiger Beweis für ihre Intelligenz darstellen.

Im Zusammenhang mit dieser gezielten oder bewußten Verwendung von Sprache zu defensiven Zwecken, sollten wir auf Rimlands

Auseinandersetzung mit der medikamentösen Behandlung von infantilem Autismus hinweisen. Das einzige autistische Kind, von dem er berichtet, man habe es beobachtet, war ein vierjähriger Junge, der pro Tag 150 mg Deanol verabreicht bekam. Als man nach zwei Jahren die Dosierung auf 300 mg pro Tag erhöhte, war die Folge, daß der Junge »im Alter von sieben Jahren weniger den Eindruck einer Psychose als einer schweren Retardierung machte; auch stellten sich nun langsam die Wörter ›Ich‹ und ›Ja‹ ein«.

Auf diese Weise verwandelte sich der infantile Autismus durch medikamentöse Behandlung in das Symptom Schwachsinn, obgleich viele Fachleute (darunter auch Rimland) überzeugt sind, daß es sich beim Autismus um eine Störung handelt, die in der Regel bei Kindern mit potentiell hoher Intelligenz auftritt. Die totale und aktive Ablehnung des Selbstseins und jeglicher Kommunikation mit der Umwelt wurde durch die medikamentöse Behandlung durchbrochen. Auch verschwand der extreme Negativismus, der in diesem Fall zunächst in einem gewollten Mutismus und später im Nichtvorhandensein der Wörter »Ich« und »Ja« bestanden hatte. Durch die Ausschaltung dieser höheren geistigen Funktionen, die bisher zwar nur einer extremen Abwehrhaltung gedient hatte, wurde das Kind schwachsinnig.

Ich glaube, der Grund dafür, daß Rimland steif und fest behauptet, diese Kinder könnten im sprachlichen Bereich lediglich wiederholen, was andere sagen, ist darin zu suchen, daß er seine autistischen Kinder nicht sorgfältig studiert hat, in der Absicht, die Mitteilungen, die sich hinter ihren autistischen Äußerungen verbargen, zu entziffern. Er setzt sich nicht einmal mit der Tatsache auseinander, daß Kanner die *Sprache* des autistischen Kindes, weit davon entfernt, sie für ein Anzeichen eines angeborenen Defekts zu nehmen, als ein Verhalten betrachtete, das jedem verständlich sein mußte, der sich mit der Realitätserfahrung des autistischen Kindes vertraut macht.

Aber Sprache ist nicht die einzige Funktion, deren sich das autistische Kind gezielt bedient, um seine Abwehrstrategien zu verwirklichen. Eine ähnliche Abwehr kann man bei der selektiven Reaktion des autistischen Kindes auf sensorische Stimuli beobachten. Allerdings möchte ich mich hier auf die visuellen Stimuli beschränken.

In einem anderen Zusammenhang habe ich darauf hingewiesen, daß Goldfarb (1956) unterstreicht, wie schizophrene Kinder, die in bezug auf ihre Hör- oder Sehschärfe oder auf ihr Schwellenverhalten keine entscheidenden Defekte erkennen lassen, die Entfernungsrezeptoren, die mit Sehen und Hören zu tun haben, nur vermindert benutzen. Daher behauptet Goldfarb, daß »das schizophrene Kind hören und sehen kann, ohne jedoch zu sprechen oder zuzuhören«. Wir haben ebenfalls beobachtet, daß das autistische Kind, wenn wir uns ihm zu Beginn der Behandlung näherten, eine permanent erweiterte Pupille und einen ausweichenden Blick erkennen ließ. Allerdings sind wir der Ansicht, daß sich diese Phänomene nicht durch eine simple herabgesetzte Benutzung der Entfernungsrezeptoren begründen lassen.

Die Tatsache, daß sich diese Kinder ihrer Entfernungsrezeptoren auf eine völlig normale, wenn auch sehr selektive Weise bedienen, wird durch die immer wieder gemachte Beobachtung bestätigt, daß sich diese Kinder sogar bei ihren spontansten Aktivitätsschüben nur selten verletzen, indem sie sich an Gegenständen stoßen oder über unbemerkte Hindernisse stolpern. Das ist in der Regel sogar dann der Fall, wenn die vertraute Anordnung der Dinge in einem Zimmer verändert worden ist.

So wie das autistische Kind die Sprache benutzt, nicht um zu kommunizieren, sondern um sich zu verteidigen, benutzt es seine Sinnesorgane nicht um die Welt zu verstehen, sondern um schreckliche Erfahrungen abzuwehren. Ein typisches Beispiel war Frank, der, wenn er spazieren ging, häufig zu weinen begann – aus keinem ersichtlichen Grund, wie wir lange Zeit meinten. Verschiedene Mitarbeiter fanden jedoch mit der Zeit und unabhängig voneinander heraus, daß es immer der Anblick eines Kinderwagens war, der zeitlich mit dem Einsetzen von Franks großer Angst zusammenfiel. Dieser Kinderwagen stand gewöhnlich irgendwo in der Ferne, in einer Entfernung von bis zu drei Häuserblocks.

Nun stellte sich heraus, daß Frank nicht die weiter entfernte Umgebung nicht wahrnahm, sondern ganz im Gegenteil ausschließlich diese spezifische visuelle Erfahrung erlebte. Diese Erfahrung kam ihm derart bedrohlich vor, daß er andere visuelle Empfindungen gar nicht erst in sein Bewußtsein gelangen ließ. Denn alle diese Empfindungen konnten seine monomane Suche nach dem Kinderwagen, den er unter allen Umständen vermeiden wollte, beeinträchtigten. Wir selbst hätten, da uns verschiedene visuelle Eindrücke interessierten, einen solchen Kinderwagen nicht auf eine derartige Entfernung erkennen können, es sei denn, wir hätten uns auf diesen Wahrnehmungsprozeß in einem solchen Maße konzentriert, daß wir für viele andere Dinge, die wir normalerweise wahrgenommen hätten, »blind« geworden wären.

Goldfarb (1956), der sich auf Beobachtungen unter kontrollierten

Bedingungen beschränkte, konnte die wesentlichen Objekte oder Ereignisse, auf die das Kind, wenn es sie in der Ferne erspäht, selektiv reagiert, nicht in seine Untersuchung einbeziehen, da er sie nicht kannte. Auch wir hätten diese Reaktionen übersehen, wenn wir unsere Beobachtungen nicht auch auf Spaziergänge im Freien ausgedehnt hätten. Die Unterschiede zwischen unseren und Goldfarbs Schlußfolgerungen können wir mit den auseinanderklaffenden Befunden vergleichen, die auf der einen Seite der Tierpsychologe im Labor und auf der anderen Seite Forscher wie Lorenz, Tinbergen, Schaller und andere im natürlichen Lebensraum der Tiere erarbeitet haben. Diesen Punkt kann vielleicht ein weiterer Aspekt der Reaktion, die Frank gegenüber Kinderwagen an den Tag legte, veranschaulichen.

Man hat richtig beobachtet, daß autistische Kinder nicht weinen, beziehungsweise daß sie, wenn sie weinen, aus keinem bestimmten Grund weinen, das heißt, die Ursache ihres Weinens ist eine innere Stimulierung. Das gilt auch für kontrollierte Situationen und es gilt vor allem dann, wenn man es unterläßt, ernsthaft nach der Ursache zu forschen. Doch Franks »Weinen ohne offensichtlichen Grund« fand nie ohne den Stimulus namens Kinderwagen statt. Als uns diese Stimulus-Reaktions-Abfolge später vertraut geworden war, hielten wir stets nach einem Kinderwagen Ausschau, wenn Frank zu weinen begann. Diesen Kinderwagen gab es in jedem Fall, doch war er stets so weit weg, daß wir nicht auf ihn aufmerksam geworden wären, wenn Frank nicht zu weinen angefangen hätte.

Ein anderes Kind, das Objekte, die es »unmittelbar vor Augen hatte«, nicht wahrzunehmen vermochte, bemerkte jeden sich nähernden Wagen, auch wenn er noch ein ganzes Stück entfernt war und unsere »normale« Aufmerksamkeit noch nicht erregt hatte. Dieses Mädchen blieb dann regungslos stehen, ließ den Wagen vorbeifahren und überquerte erst danach die Straße. Dieses konsequente Verhalten macht evident, daß das Kind Entfernungsrezeptoren benutzte, um Objekte in der Ferne zu erkennen und zu betrachten. In seinem Fall bedeutete der Wagen ein Vehikel, das eine Person beförderte, genauer gesagt, die Mutter, die ihren Säugling trägt oder austrägt und die zu töten das Kind den Wunsch hatte. Sie war derart überzeugt, daß sie als Strafe für diesen Tötungswunsch vernichtet werden würde, daß sie nichts anderes mehr denken und sehen konnte. Nur ihre unablässige Wachsamkeit gegenüber sich nähernden Autos schien ihr eine minimale Sicherheit zu bieten.

In der Tat haben wir den Eindruck, daß autistische Kinder nur solche Objekte betrachten, die für sie wichtig oder bedeutungsvoll sind. So aber können sie sogar das sehr weit entfernte Objekt, wenn es wichtig für sie ist, deutlich vor Augen haben. Diese Art sich zu konzentrieren, bedingt jedoch, daß das Kind die Objekte, die wir normalerweise vor Augen haben, nicht wahrnimmt. Das gleiche gilt, das entdeckten wir, für die auditiven Stimuli. Unserer Meinung nach ist auch in diesem Fall der Grund für solches Verhalten im Wunsch des Kindes zu suchen, alle Stimuli, die für es »unwichtig« sind, auszumerzen. Wenn jedoch das autistische Kind seine eigene Hand unmittelbar vor sein Gesicht hält und so betrachtet, bewirkt seine Konzentration, daß ihm andere visuelle Stimuli bewußt werden.

Diese Vergleiche zwischen den Beobachtungen Goldfarbs und unseren Befunden weisen übrigens noch einmal darauf hin, daß eine langfristige, kontinuierliche Beobachtung des autistischen Kindes in seinem »natürlichen Lebensraum« (darunter auch die Beobachtung der Fortschritte, die die Behandlung macht) von großem Vorteil ist.

Bosch

Nicht nur der Ozean, eine ganze Welt scheint die kürzlich erschienene amerikanische Monographie über den infantilen Autismus und sein Gegenstück in Europa zu trennen. Während der Psychologe Rimland (1964) sich für die Psyche der autistischen Kinder nicht zu interessieren scheint (er untersuchte seine Patienten nicht als Personen, sondern erforschte lediglich die neurologische Struktur ihres Gehirns), näherte sich der Neurologe und Psychiater Bosch (1962) dem infantilen Autismus von einem phänomenologischen Ansatz her, wobei er seine Fälle sorgfältig studierte. Bosch war Leiter der kinderpsychiatrischen Abteilung der Nervenklinik der Stadt und Universität Frankfurt am Main, ein Amt, das ihm die direkten Erfahrungen vermittelt hatte, die seiner Monographie zugrunde liegen.

Die sonderbare Sprache, deren sich die autistischen Kinder bedienen, bildet einen Schwerpunkt seiner Untersuchung. Angesichts dieses Interesses war es natürlich, daß sich Bosch vor allem mit den sprechenden autistischen Kindern befaßte, mit denen er auf seiner Station zu tun hatte. Obgleich mit dem psychoanalytischen Denken vertraut, wird Bosch kaum davon beeinflußt. Was er zu begreifen versuchte, waren die Denkprozesse und nicht das Unbewußte des autistischen Kindes. Boschs Bezugssystem beruft sich in erster Linie auf Husserl (1913) und auf eine Psychologie der Sprache, die Karl Bühler (1934) und B. Snell (1952) zu ihren Inspiratoren zählt.

Nach Boschs Meinung entwickeln sich lediglich die Aspekte der Intelligenz im autistischen Kind, die auf eine nur sehr begrenzte Weise die vorausgegangene Konstitution einer gemeinsamen Welt fordern. Diesen Standpunkt verknüpft er mit einer Frage, die Husserl aufgeworfen hat: Inwieweit kann ein solipsistisches Subjekt eine Welt konstituieren, wenn es keine Vorstellung von der Existenz des anderen hat? Denn ohne diese Vorstellung kann es sich selbst nicht als ein beobachtendes und denkendes Objekt erkennen. Ja, es macht es ihm unmöglich, ein Objekt zu manchen Zeiten »anders« zu sehen, das heißt so, wie eine andere Person es sehen könnte.

Ohne diesen Prozeß ist unter verschiedenen Personen keine gemeinsame Objektivität möglich. Lediglich die Erfahrungen, die man mit Hilfe mathematischer Gesetze objektivieren kann – zum Beispiel mit Hilfe mathematischer Grundregeln oder mit Hilfe der Gesetzmäßigkeit einer Zahlenreihe –, bedürfen keiner Bestätigung durch andere Personen. Diese logischen mathematischen Konstitutionen tragen ihre eigene Objektivierung in sich und sind unabhängig von Zeit und Raum und von der menschlichen Gemeinschaft. Wenn wir die Leistungen und Interessen von autistischen Kindern von diesem Standpunkt aus betrachten, so schreibt Bosch, entdecken wir, daß diese Dinge kaum einer Objektivierung durch die Erfahrung einer gemeinsamen Welt bedürfen.

Von diesen philosophischen Überlegungen her gelangt Bosch zu einer psychologischen Analyse der Sprache. Er beruft sich auf die Bühlersche Unterteilung der Sprache in ihre Funktionen, bestehend aus Indiz, Signal und schließlich Symbol, und diese drei Funktionen scheinen der Entwicklung der Sprache selbst parallel zu laufen.

Sprache als *Indiz* oder nichtspezifischer Appell setzt ein mit dem Gebabbel oder Weinen des Säuglings, zu einer Zeit also, zu der diese beiden Verhaltensweisen noch nicht auf einen Zuhörer ausgerichtet sind. Beide Arten des Verhaltens erläutern lediglich den inneren Zustand oder die Emotionen des Sichäußernden. Die Sprache aber, und sei sie noch so hochentwickelt, büßt diesen Aspekt niemals ein, was wir aus dem Ausdruck ersehen können, der in sie hineingelegt wird, sowie aus der Sprechweise und der Melodie des Sprechens. Zunächst ist das Vokalisieren des Kindes lediglich Ausdruck seines Behagens oder Unbehagens. Aber auch später noch erfahren wir durch die Art, wie das Kind flüstert oder schreit, etwas über seine Gefühle, so daß wir es auch in diesem Fall mit der Funktion des Indizes zu tun haben, während das Schreien und Weinen des Säuglings die Qualität des Appells haben.

Durch Sprache als *Signal* versuchen wir mit etwas zu kommunizieren. Bühler führte als Beispiel das rote Bremslicht an. Dieses rote Licht weist auf eine Gefahr hin, doch sagt es nichts darüber aus, worin diese Gefahr besteht. Dazu ist nur die Sprache mit ihren symbolischen Ausdrucksmöglichkeiten in der Lage. Zunächst richtet sich die Mitteilung des Säuglings, zum Beispiel sein Schreien, lediglich an eine weite vage Welt, in der Hoffnung, die gewünschte Reaktion auszulösen. Erst später zielt seine Äußerung direkt auf eine Person ab. Wenn der Säugling schreit, ist er sich dunkel bewußt, daß er schreit, weil er gefüttert werden möchte; sein Schreien aber ist derart charakteristisch, daß seine Mutter mit der Zeit weiß: nun hat ihr Kind Hunger. Dieses Schreien hat jetzt also hinreichende Eigenqualität erlangt, so daß sich zur Funktion des Appells nun auch die des Signals hinzugesellt.

Sprache als *Symbol* bezieht sich auf etwas außerhalb des Selbst, dessen Bedeutung vom Sprechenden und vom anwesenden Zuhörer gleichermaßen geteilt wird. Indem das Kind die ihm zur Verfügung stehenden Laute dazu verwendet, daß es »Milch« sagt, benutzt es Sprache in ihrer symbolischen Funktion. Es kommuniziert nicht mehr seine Wünsche, Bedürfnisse und Gefühle durch private Signale, die nur für die Leute Gültigkeit besitzen, die gelernt haben, ihre Bedeutung zu begreifen. Das Kind vermag sich nun allen, die seiner Kultur angehören, verständlich zu machen. Damit aber ist die Sprachentwicklung an einem Punkt angelangt, wo sich alle drei Funktionen – Indiz, Signal, Symbol – entfaltet haben.

Diese deskriptive Analyse der Sprache ergänzt Bosch durch den Standpunkt von Bruno Snell, der dieselben drei Aspekte der Sprache auf die *Urphänomene des Bedeutens* zurückführt. Bei Snell hat die Sprache als *Indiz* mit dem »Haben« zu tun, die Sprache als *Signal* mit dem »Wirken« und die Sprache als *Symbol* mit dem »Sein«.

»Haben« in diesem Zusammenhang muß im Sinne der Jasperschen Überlegung darüber verstanden werden, was es für das Selbst bedeutet, sich Dinge zu eigen zu machen. Da Eigentum zum künftigen Gebrauch erworben wird, hängt dieser Erwerb eng mit Zukunftserwartungen und folglich mit einem Gefühl der Kontinuität, mit einer geschichtlichen Existenz zusammen.

Bosch zitiert Jaspers (1948) folgendermaßen:

Selbstsein braucht und will einen Daseinsraum, in dem ihm die Verfügungsmacht zusteht über Dinge als über das, was nicht der Mensch ist. Diese Verfügungsmacht ist Eigentum, wenn es gegen die Verfügungsmacht anderer abgegrenzt ist. Es ist das Pathos im Eigentum, daß es die Daseinswirklichkeit des Selbstseins ermöglicht: Der Umgang mit Dingen, die in meiner Macht stehen, die Objektivität meines Tuns an dem im Stoff der Dinge Hervorgebrachten, das Werden meiner eigenen Welt, wie sie in der Kontinuität meines Lebens geschichtlich durchdrungen ist.

Und schließlich bezieht sich Bosch noch auf die Auffassungen von Cassirer (1953), wonach man, wenn man »Ich« sagt, der Tatsache Ausdruck verleiht, daß der Sprechende zu einer Erfahrung seiner selbst gelangt ist.

Auf der Grundlage des bisher Gesagten untersucht Bosch die Sprache der autistischen Kinder. Er vergleicht sie mit der Sprache des normalen Kindes, wobei ihm am wichtigsten die Abwesenheit oder das sehr späte Auftreten des »Ich«-Gebrauchs des Kindes dünkt. Doch dasselbe trifft seiner Meinung auf genau die Sprachformen zu, die normalerweise mit der Bedeutung des »Habens« oder »Eignens« verbunden sind, sowie mit der Bedeutung des »Einwirkens« und »Tuns«. Doch nicht nur das Ich-Sagen, sondern auch die wesentlichen verbalen Formen (zum Beispiel die, die das »Ich« mit der Zukunft verbinden) und die Befehlsformen treten verzögert auf. Es fehlen ebenfalls Feststellungen, die eine Absicht erkennen lassen und die Antizipation von Vorgehensweisen sowie die Zweckhaftigkeit des Tuns. Danach belegt Bosch, daß das autistische Kind relativ unfähig ist, mit irgendeiner dieser Denk- oder Sprachformen umzugehen.

Indem sich Bosch mit den Auffassungen Kanners und anderer zur pronominalen Umkehr auseinandersetzt, gelangt er zu der gleichen Schlußfolgerung, zu der wir aufgrund unserer Erfahrungen mit autistischen Kindern notgedrungen gelangt sind, daß nämlich das, was uns als pronominale Umkehr erscheint, in Wirklichkeit darauf zurückzuführen ist, daß das autistische Kind eine Sprache ins Leben ruft, in der das Pronomen »Ich« nicht existiert. Weit davon entfernt, eine Unfähigkeit des Umgangs mit der Sprache darzustellen, haben wir es hier mit dem Versuch zu tun, das »Ich«, das es als Wort und Begriff in der Welt des autistischen Kindes nicht gib, zu umgehen.

Wir sprechen bewußt nicht von einer »pronominalen Umkehr« im Sinne Kanners, da die Verwendung des Du anstelle des Ich uns durchaus nicht charakteristisch, sondern eher zufällig zu sein scheint und wenigstens ebenso häufig anstelle des Ich der Eigenname, die Beziechnung »der Bub«, »der Junge« u. ä. treten kann. Das Wesentliche ist uns, wie wir zeigen werden, eben das verspätete Auftreten des »Ich«, das einhergeht mit einer verspäteten Benennung des anderen als »Du«.

Es ist meines Erachtens völlig richtig, wenn Bosch erklärt,

daß dieses Fehlen des »Ich-Sagens« in engem Sinnzusammenhang steht, zum Beispiel mit der ungenügenden Hinwendung der Kinder zum anderen während des Sprechens, mit dem Fehlen einer klaren Ausgliederung des Sprechenden, Fragenden, Auffordernden auf der einen und des Hörenden, Antwortenden, der Aufforderung Folgenden auf der anderen Seite, das heißt, man hat den Eindruck eines ständigen Standpunktwechsels oder eines fehlenden Standpunktes des Sprechenden, durch den es nicht zu einer klaren Durchformung im Sinne eines bipolar gestalteten Gespräches kommt.

Bei seinen Überlegungen, weshalb autistische Kinder sich der Sprache auf eine so seltsame Weise bedienen, unterstreicht Bosch die Voraussetzungen des Spracherwerbs überhaupt.

Die Sprache bildet sich in der Begegnung mit dem anderen Menschen. Sie ruht auf der Voraussetzung, daß bestimmte Entwicklungen in der vorangehenden vorsprachlichen Phase gelungen sind. Dazu gehört zum Beispiel die Entwicklung vom ersten Tasten über das Ergreifen zum experimentierenden Hantieren, die Entwicklung vom ergreifenden Vorzeigen zum Weisen über die Distanz hin mit Hand oder Zeigefinger. Weiterhin wäre hier die Differenzierung des Ausdrucksverständnisses und des eigenen Sich-Ausdrückens anzuführen (. . .). Auch der vorübende Umgang mit dem Laut, das vorsprachliche begehrende Schreien und Heisen sind zu den Voraussetzungen der Sprache zu rechnen, die wir bei der Darstellung der einzelnen Entwicklungswege noch einmal nachzeichnen werden.

So ist also Bosch, wie alle anderen, die eng mit autistischen Kindern zusammengearbeitet haben, davon überzeugt, daß ihre Sprache solipsistisch geartet ist, und daß ein Charakteristikum des Autismus im allgemeinen und der autistischen Sprache im besonderen darin besteht, daß sich das autistische Kind nicht als eine Person erfährt, die an einer Begegnung teilnimmt.

Obgleich sich Bosch auf die allgemeine Beschaffenheit des Autismus und der autistischen Sprache konzentriert und folglich das Besondere dieses Phänomens vernachläßigt, ist seine Auseinandersetzung mit dieser Krankheit meines Erachtens die bisher gründlichste. Daher möchte ich mich noch mit anderen Beobachtungen und Schlußfolgerungen, zu denen er gelangt, auseinandersetzen. Da

Boschs Ansatz nicht psychoanalytisch geartet ist, beachtet er kaum die idiosynkratischen Merkmale der Sprache eines jeden autistischen Kindes, während ich selbst die Berücksichtigung eben dieses Aspekts für unerläßlich halte. Denn nur eine Untersuchung der jeweils spezifischen Merkmale vermag uns zu einem Verständnis des Prozesses verhelfen, durch den das jeweilige Kind in seiner autistischen Abkapselung festgehalten worden ist und durch den es daran gehindert worden ist, den anderen (und folglich sich selbst)als Person zu erkennen.

Bosch hätte aufgrund seiner eigenen Befunde durchaus Spekulationen darüber anstellen können, was uns diese Kinder selbst über die Ursachen ihres Autismus verraten. So zitiert zum Beispiel Bosch, um Kanners Standpunkt zu erhärten und um zu zeigen, daß »die irrelevante Sprache der Patienten für den Hörer in dem Ausmaße relevant werden kann, in dem es ihm möglich [ist], die Schlüssel zu den privaten und selbstgenügsamen metaphorischen Bildungen zu finden«, das folgende Beispiel aus Kanners Bericht:

Von dem Kind Paul G. berichtete die Mutter, daß sie ihm im Alter von zwei Jahren einmal den Kindervers *Peter, Peter pumpkin eater* vorsagte, während sie in der Küche beschäftigt war. Im gleichen Augenblick ließ sie einen Topf fallen. Von diesem Tag an sang Paul die Worte *»Peten eater«*, immer wenn er irgend etwas einem Schmortopf Ähnliches sah.

Bosch hat erkannt, daß dieses Verhalten Pauls relevant war und daß die endlose Wiederholung dieses *»Peter eater«* in einem besonders bedeutungsvollen Ereignis ihren Ursprung hatte. Doch da er sich lediglich mit dem auseinandersetzt, was für den Autismus allgemein gilt, hören seine Überlegungen an diesem Punkt auf. Er fragt sich nicht, weshalb dieses Ereignis speziell für dieses Kind derart anhaltende Folgen hatte, und genauso wenig forscht er dem Problem nach, weshalb der Junge jenes *»Peter, Peter pumpkin eater«* zu einem *»Peter eater«* verkürzte. Denn im Gegensatz zu dem ursprünglichen Reim, der besagt, daß Peter einen *»pumpkin«* [Kürbis] ißt, haben wir es nun, was das Essen anlangt, mit einer zweideutigen Feststellung zu tun. Das Kind spezifiziert nicht, was gegessen wird, ja es ist sogar möglich, daß dieser *»Peter eater«* jemand anderer als Peter selbst ist.

Auch erwähnt Bosch nicht, daß aus *»Peter« »Peten«* geworden war, obwohl diese Verwandlung ein typischer Vorgang für autistische Kinder überhaupt ist, die dazu neigen, Sachverhalte zugleich zu verbergen und offen kundzutun. Dadurch, daß er den Namen veränderte, gab Paul zu erkennen, daß er nun nicht mehr unbedingt jenen »Peter« aus dem Kinderreim meinte, ja vielleicht hat er sogar sich selbst gemeint, denn der Name »Peter« beginnt mit demselben Buchstaben wie der Name »Paul«, und es kann durchaus sein, daß der Junge, da Peter und Paul so häufig zusammen erwähnt werden, die beiden Namen als eine Einheit betrachtete. Bosch beachtet zwar wenig die Eigenheiten der Sprache des autistischen Kindes, doch vergleicht er immer wieder die Sprachentwicklung des normalen und des autistischen Kindes. Er führt Cassirer und C. und W. Stern (1914) an und weist darauf hin, daß im Rahmen der Sprachentwicklung des normalen Kindes das »Ich« zunächst im Zusammenhang des Etwas-Besitzens auftaucht. Erst später wird es in Verbindung mit einer körperlichen Handlung benutzt und noch später in Verbindung mit dem eigenen Einflußnehmen.

So haben zum Beispiel die Untersuchungen der Sterns ergeben, daß das Possessivpronomen »mein« erheblich früher auftritt als das Personalpronomen »Ich«. (Das war auch der Fall bei Marcias Sprachentwicklung und bei der Sprachentwicklung aller anderen autistischen Kinder, die wir kennengelernt haben.) Bosch fügt hinzu, daß

> wir das erste Auftauchen des auf dem verbalen Wege entwickelten »Ich« als scharf gekennzeichnete Stufe der Trennung des eigenen vom fremden Handeln festhalten dürfen. Wir können zurückschließen, daß in der Zeit in der der subjektlose Imperativ- oder Begehrenssatz vorherrscht, auch die Person, von der begehrt wird, relativ unbestimmt und unindividualisiert erlebt wird. So wie der Schrei des Säuglings sich zunächst an niemanden Bestimmtes richtet, sondern allgemeiner Appell an ein in der symbiotischen Weltbeziehung noch nicht gegenübergetretenes, sorgendes Du ist, so können wir auch das erste sprachliche Begehren seiner Form nach als ungerichtet bezeichnen.

Bei seiner Auseinandersetzung mit der Frage, wie ein autistisches Kind die – übrigens in einen leeren Raum hinein geäußerte – Aussage, daß es essen möchte, ausformuliert, bemerkt Bosch, daß das Kind nicht nur dadurch, daß es ein »Ich« durch ein »Er« ersetzt, sondern auch durch seine Satzkonstruktionen generell den Eindruck erweckt, als stelle es keine direkte Forderung – auf alle Fälle aber keine Forderung, die sich an irgendeine Person richtet. Woran es ihm offenbar mangelt, ist sein Wunsch, eine andere Person auf etwas aufmerksam zu machen, ist sein Verlangen, daß etwas geschehen soll. Was ebenfalls fehlt, ist ein direkter Hinweis auf das gewünschte Objekt oder irgendeine auf seine Person bezogene Aussage über den Wunsch oder die Forderung. Bosch ist der Ansicht, daß wir es hier mit einer reduzierten Äußerung der sehr persönlichen Äußerung »ich möchte« zu tun haben, die vom autistischen Kind in eine völlig unpersönliche Feststellung darüber, daß etwas gewünscht wird, umformuliert wird. Das unpersönliche Niveau dieses Appells erinnert stark an das vor jeder sprachlichen Äußerung liegende Weinen oder Schreien des Säuglings.

So überzeugend diese Analyse auch sein mag, erklärt sie doch nicht das sonderbare Phänomen, das darin besteht, daß unsere autistischen Kinder nie die bejahende Form eines »er möchte« oder »er will« benutzten. Unsere Kinder begannen mit einer bloßen Wiederholung, mit einem bloßen Nachsprechen der an sie gestellten Frage: »Willst du rausgehen?« und gelangten mit der Zeit zu der bejahenden Antwort: »Willst rausgehen«.

Ausgehend von seiner Analyse der Sprache des autistischen Kindes setzt sich Bosch mit Kanners Auffassung auseinander, wonach das autistische Kind andere Personen lediglich als Objekte behandeln soll, und nachdem er auf dieses Problem eingegangen ist, zieht er den Schluß, »daß bei den autistischen Kindern Früh- und Vorformen personaler Beziehung vorliegen, aus denen bei günstigen Verläufen, wenn auch eingeengt und spärlich, sich echte personale Beziehungen bis hin zur Freundschaft und Liebe entfalten können«. Boschs Prognose fällt also wesentlich günstiger aus als ihre Gegenstücke in der amerikanischen Literatur.

Auf Boschs phänomenologischen Ansatz und auf seine Vermeidung irgendwelcher Interpretationen ist es zurückzuführen, daß er es nicht als einen bewußten Negativismus und als ein verzweifeltes Abwehrmanöver betrachtet, wenn sich das autistische Kind verbal oder nichtverbal gegenteilig zu dem verhält, was wir von ihm normalerweise erwarten. So berichtet er zum Beispiel, daß eines seiner Kinder so steif und fest behauptet habe, ein rotes Objekt sei grün und umgekehrt, daß die Lehrer schließlich von der Farbenblindheit des Kindes überzeugt gewesen seien. Auch behauptete dasselbe Kind von allem, was viereckig war, es sei rund.

Wir selbst haben ähnliche Beispiele erlebt. Denken wir nur an Joey, der behauptete, Kreise seien gerade Linien, oder an die autistischen Kinder, die – auch hier haben wir es wieder mit dem Phänomen der »Umkehrung« zu tun – den Sommer für den Winter und den Winter für den Sommer hielten, so daß sie sich im Sommer einmummelten, während sie mitten im Winter Shorts trugen.[2]

[2] Es ist schon verwunderlich, daß solche gezielte Umkehrungen mit irgendwelchen neuralen Defekten begründet werden, denn dieses Verhalten ist gewiß nicht auf ein

Auch versucht Bosch nicht, die Bedeutung des nichtverbalen Verhaltens, das er an autistischen Kindern beobachtet hat, zu verstehen. Trotzdem sind seine Beobachtungen für uns, die das Problem vom psychoanalytischen Standpunkt aus angehen, ungemein wichtig, vor allem, weil sie in einem Kulturbereich angestellt wurden, der vom amerikanischen doch etwas abweicht und nicht ganz so technisiert sein dürfte. Deshalb ist es interessant, daß Boschs autistische Kinder sich von mechanischen Dingen, insbesondere von rotierenden Objekten, genauso fasziniert zeigen wie unsere Kinder. So berichtet Bosch von Hans R., der eine ganze Kiste voller Räder besessen habe. »In jedem Raum, den er betrat«, so schreibt Bosch über diesen Jungen, »erspähte er sofort runde und drehbare Gegenstände und stürzte sich auf sie. Bei einer Vorstellung im Hörsaal erspähte er gleich die Kurbel am Epidiaskop und verlangte dieses Rad zu bekommen. Während eines Besuches zusammen mit den Kindern der Kinderabteilung auf dem Flughafen fixierte er während der ganzen Fahrt das Mercedeszeichen auf dem Kühler des Autos und später die sich drehenden Propeller der Flugzeuge. Auch in seinen Zeichnungen bevorzugte er die Darstellung von Rädern und die kreisende Linie mit dem Bleistift oder Pinsel. Er zeichnete meist Räder oder Autos oder Nähmaschinen wegen ihres großen Schwungrades. In andere Darstellungen brachte er Kreisformen hinein, auch wenn sie an sich nicht dahin gehörten.« Auch Dieter E. war fasziniert von Rädern, Mahlwerken und ähnlichen rotierenden Apparaten, und wie Joey beschäftigte auch er sich mit Elektrizität und elektrischen Geräten oder Vorrichtungen, unter anderem mit Glühbirnen und Scheinwerfern.

Zum nichtverbalen Verhalten des autistischen Kindes schreibt Bosch noch folgendes:

In dem Abschnitt über den verbalen Weg zum Ich haben wir gezeigt, daß den autistischen Kindern das handelnde Hinausgreifen in die Zukunft weitgehend verschlossen ist. Im Umgang mit den Dingen sind sie keine Experimentierer. Es ist uns aufgefallen, daß die autistischen Kinder meist saubere Kinder sind, sich selbst nicht schmutzig machen und mit ihrem Spielzeug vorsichtig umgehen. Das heißt aber, daß sie sich nicht wirklich mit den Dingen einlassen. Sie zerstören nicht, bearbeiten nicht, untersuchen nicht, sondern belassen die Dinge so, wie sie sie vorfinden oder führen immer wieder die gleichen einmal erlernten Handlungen mit oder an ihnen aus.

verzögertes Reaktionsvermögen oder auf eine Erregungsunfähigkeit zurückzuführen, wie Rimland behauptet, ebenso wenig wie ein fehlendes Abstraktionsvermögen, von dem Goldstein und andere ausgehen, die Ursache sein kann.

Wollen wir die sonderbare Weise verstehen, in der das autistische Kind mit den Dingen umgeht, so müssen wir beachten,

daß die Dinge um den Menschen herum nicht für ihn alleine da sind, sondern auch für die Mitmenschen. Ihre Beschaffenheit und ihren Zweck erfährt das Kind in einem weiten Ausmaß durch Mitteilung, durch Belehrung und durch Verstehen des Dinggebrauches anderer. Es gibt vielerlei Dinge, die daraufhin angelegt sind, mit einem anderen Menschen zusammen benutzt zu werden. Langeveld (1956) erwähnt zur Verdeutlichung dieser bipersonalen Konstitution das Beispiel der Wippe, die von einem nur sich selbst wissenden Menschen in ihrer Funktion gar nicht verstanden werden könne.
Es ist entsprechend aufschlußreich, ein autistisches Kind auf einer Wippe zu beobachten. Eberhard H., fünf Jahre alt, saß wie eine tote Puppe auf der Wippe, klammerte sich wohl fest, vermochte aber nicht durch Abstützung und Wiederaufstoßen an der Bewegung der Wippe aktiv teilzunehmen oder sich auf die Aktivität des anderen durch Abfedern am Boden oder Veränderung der Haltung einzustellen. Die autistischen Kinder wissen durchweg auch nicht, was sie mit einem Ball anfangen sollen. Allenfalls wird dieser gerollt oder in der Hand gedreht, aber nicht aufgefangen oder einem anderen zurückgeworfen.

Diese Aussagen über das Spielen mit dem Ball oder mit der Wippe waren für uns um so bemerkenswerter, als wir genau dasselbe Verhalten bei einigen unserer autistischen Kinder beobachtet hatten. Freilich wurden unsere Kinder einer Behandlung unterzogen, so daß sie nicht auf dieser Entwicklungsstufe stehenblieben und mit der Zeit auch solche Objekte verstehen konnten, die eine zwischenmenschliche Interaktion voraussetzten. Allerdings dauerte dieser »Lernprozeß« Jahre.

Ich habe zum Beispiel beschrieben, wie Marcia monatelang einen Ball erst einmal halten mußte, bevor sie ihn rollen konnte, und wie es viele weitere Monate dauerte, bis sie einen Ball, den man ihr zuwarf, aufzufangen versuchte. Und noch mehr Monate dauerte es, bis sie gelernt hatte, den Ball zurückzustoßen, und erst viel später war sie so weit, daß sie mit ihrer Lieblingsberaterin Ball spielen konnte. Laurie lernte die bipersonale Benutzung von Objekten anhand eines Spielzeugautos, das man auf sie zurollte, bis sie schließlich selbst mit diesem Auto spielte und bis das Kind und die Beraterin es zwischen sich hin und her rollten. Da uns Laurie schon nach einem Jahr verließ, konnte sie ihr Verständnis der bipersonalen Bedeutung von Objekten nicht weiterentwickeln.

Aber auch Marcia brauchte lange Zeit, bis sie begriffen hatte, daß die Wippe ein Objekt ist, welches das koordinierte Handeln zweier

Personen erfordert. Erst in ihrem dritten Jahr bei uns wagte sie es, die Wippe wie Boschs Eberhard H. auch nur anzurühren. Erst als sie zusammen mit ihren Mitmenschen ungezwungener interagierte, begann sie auch mit anderen zu wippen. Und zur selben Zeit geschah es, daß sie auch ungezwungener Ball zu spielen begann. Diese Fortschritte, die sie machte, hingen also nicht mit der Komplexität des Objektes zusammen, sondern waren bedingt durch ihre sich entwikkelnde Fähigkeit, mit anderen zu interagieren.

Eine interessante verbale Bestätigung unserer Hypothese erfuhren wir durch Martha, das bereits erwähnte achtjährige autistische Mädchen. Als Martha eineinhalb Jahre bei uns an der Schule war, konnte sie bereits einfache Geschichten lesen, am liebsten aus einem Buch, das sie – von einer einzigen Geschichte abgesehen – sehr gern mochte. Als sie diese Geschichte zum ersten Mal zu lesen versuchte, stieß sie auf den Satz: »Eine Wippe macht Spaß, weil du einen Freund brauchst.« Sie las ohne Schwierigkeiten: »Eine Wippe macht Spaß, weil –« Da aber zögerte sie und – äußerst unsicher geworden – fuhr sie fort: »– du einen –« Sie unterbrach sich und weigerte sich weiterzulesen. Danach las sie zwar dieses Buch immer wieder, doch niemals mehr diesen Satz.

Bosch, der seine Befunde zusammenfaßt, unterstreicht noch einmal folgenden Sachverhalt:

Erinnern wir uns daran, daß wir besonders den Mangel an Sprachformen, die von der Bedeutung des Wirkens und Habens geprägt waren, nachweisen konnten, daß wir weiterhin die Wege zur Konstitution der Eigenwelt und gemeinsamen Welt über das Handeln und über das Haben, sei es als Erfassen des Besitzes und seiner Grenzen, sei es als Verstehen der Gehalte fremden Daseins, als Zugang zum Ausdruck fremder Physiognomie verfolgt haben. Wir erkennen dann, daß das Studium der Störungen autistischer Kinder uns den Zugang zu einem eigenen Bereich erschlossen hat, der bisher zu Unrecht zwischen dem Bereich des rationalen und dem des affektiv-vegetativen Lebens in der Psychopathologie vernachlässig worden ist . . . Es ist den autistischen Kindern verschlossen oder erst sehr verspätet zugänglich, vor anderen in Erscheinung zu treten, Haltungen einzunehmen, eine Rolle zu spielen. Es geht ihnen nicht in liebender oder freundschaftlicher Verbindung die Tiefe des anderen, des Du auf, und sie finden keinen Zugang zu den vielfältigen Formen des mitmenschlichen Verkehrs, zu den Sitten und Gewohnheiten, erfahren nicht die Grenzen von Anstand, Rang und Eigentum, und es bleibt ihnen der Zugang zur Geschichtlichkeit, Freiheit und Verantwortlichkeit eigenen und fremden Daseins verschlossen. So sind sie einerseits in die Hilflosigkeit einer Pflege- und Versorgungsbindung primitiv-symbiotischer Art gebunden, und zum anderen konstituieren sie über dieser symbiotischen Lebensbasis mit Hilfe der Ratio eine starre, schematisch konstruierte, durch Maß, Zahl und Gewicht bestimmte Welt, die der Sinnbeziehung und -erfüllung durch eine entsprechend entfaltete gemeinsame Welt entbehrt. Sie wird dadurch unpersönlich, statisch und in bezug auf eigenweltliche oder gemeinsamweltliche Zwecke sinnlos. Innerhalb dieser Welt eines »starren Rationalismus« (Minkowski) denken und agieren sie automatenhaft, perseverierend, aber gesichert.

So hat also Bosch, der eine ganze Menge von autistischen Kindern verstand, beinahe begriffen, daß diese Kinder dadurch für ihre eigene Sicherheit sorgen, daß sie allen Problemen des Lebens gegenüber eine rigide Einstellung entwickeln und sich selbst eine mechanische Lebensweise auferlegen. Doch da Bosch sich nur fragte, was diese Kinder sind und nicht, warum sie so geworden sind, vermochte er in ihrem verzweifelten Bedürfnis nach Sicherheit nicht den Schlüssel für ein tieferes Verständnis zu finden.

Bosch ist, was das Verständnis der Welt des autistischen Kindes anlangt, weit vorgedrungen, so weit wie das im Rahmen einer phänomenologischen Untersuchung der autistischen Sprache eben möglich ist. Ich habe aufzuzeigen versucht, daß Bosch auf diesem Wege ganz Erhebliches geleistet hat. Doch zu einem tieferen Verständnis der Frage, wie sich ein autistisches Kind wohl fühlen mag, hat er uns nicht verholfen. Aber um uns überhaupt Zutritt in das Dasein des autistischen Kindes verschaffen zu können, müssen wir es nicht nur verstehen, sondern auch mit ihm fühlen.

Das autistische Kind wird nicht dadurch in seine Abkapselung hineingetrieben, daß seine nächsten Mitmenschen es nicht verstanden haben. Oder genauer ausgedrückt: es ist nicht dieses Unverständnis, das das autistische Kind daran hindert, seine anfängliche Abkapselung aufzugeben. Die Ursache für die Beibehaltung dieser Abkapselung ist darin zu suchen, daß das Kind den »Anderen« nicht als eine Person erfährt, die es dem Kind nachfühlen kann, daß es dem Anderen in seiner Funktion als Anderer keine Aufmerksamkeit schenken kann. Ohne die Erfahrung eines »Du« aber kann das Kind auch nicht zum »Ich« werden.

Bosch hat uns zu keinem wirklichen Verständnis der Frage verholfen, warum sich der infantile Autismus entwickelt oder welches seine Ursachen sein können. Aber noch wichtiger ist wohl, daß er keine Hinweise darauf gegeben hat, wie man dem autistischen Kind helfen könnte, damit es sich seiner Abkapselung begibt und dem Anderen begegnet und damit es ein Leben in der Gegenwart führt, damit es eine Vergangenheit (und nicht mehr die Trugbilder einer Vergangenheit) und eine Zukunft erwirbt. Kurzum: er hat uns keine Aufschlüsse darüber gegeben, wie man dem autistischen Kind beim Umgang mit Menschen helfen könnte, damit es dergestalt ein eigenes Leben in Angriff nehmen kann.

So viel zur Literatur, die sich speziell mit dem infantilen Autismus befaßt. Doch darf keine Diskussion des Autismus unsere wichtigste Theorie zur Entwicklung des Kleinkindes ignorieren. Denn das autistische Kind besitzt meines Erachtens das gleiche Entwicklungspotential wie das normale Kind, nur daß es eben dieses Potential nicht hat verwirklichen können.

Bis heute wird der wichtigste theoretische Apparat, der sich mit der Kinderentwicklung befaßt, vom psychoanalytischen System gebildet. Auf dieses System brauche ich hier nicht näher einzugehen, da dieses ganze Buch beschreibt, wie einige Fachleute (unsere Mitarbeiter an der Orthogenetischen Schule) dieses System bei der Auseinandersetzung mit dem Problem des infantilen Autismus angewandt haben. Aber es gibt ein weiteres systematisches Denkgebäude, das die Entwicklung des Kindes zum Gegenstand hat, ohne jedoch von der Psychoanalyse in irgendeiner Weise abhängig zu sein. Wir meinen die Beobachtungen und Theorien, die wir Piaget und seinen Mitarbeitern verdanken.

Piaget

Wollten wir auf die vielen Parallelen eingehen, die es zwischen unseren Befunden zum infantilen Autismus und den Erkenntnissen Piagets zur geistigen Entwicklung des Kindes existieren, müßten wir darüber ein extra Buch schreiben. Da es jedoch nicht die Absicht dieses Werkes ist, Piagets Befunde darzustellen, sollen hier lediglich einige Beispiele dazu dienen, einen Eindruck von der Natur und vom Ausmaß dieser parallelen Erkenntnisse zu vermitteln.

Für die Leser, die mit dem Denkschema Piagets nicht vertraut sind, möchte ich kurz die beiden Begriffe »Akkommodation« und »Assimilation« umreißen, da beide im Denken Piagets einen zentralen Rang einnehmen. Diese beiden Prozesse sind nicht voneinander zu trennen und erklären zum Teil, wie sich der Organismus an seine Umwelt anpaßt; beide sind sowohl zum Überleben als auch zur Entwicklung der Intelligenz unerläßlich. So muß zum Beispiel:

der Organismus die Substanzen, die er in sich aufnimmt, verwandeln, um sich dergestalt ihren Nährwert einzuverleiben. Eine erste Verwandlung findet statt, wenn die Substanz durch Kauen vorbereitet wird. Auf diese Weise werden harte und kantige Objekte breiig und formlos. Noch drastischere Veränderungen finden statt, wenn die Substanz langsam verdaut wird, bis sie ihre ursprüngliche Eigenart schließlich ganz verliert, indem sie zu einem Teil der Struktur des Organismus wird ... Bei diesem Prozeß der Assimilation von Nahrungsstoffen tut der Organismus noch etwas anderes. Er paßt sich diesen Stoffen an. Der Mund muß sich öffnen, da die Substanz sonst nicht ins System gelangen kann. Das Objekt muß gekaut werden, wenn seine Struktur das erfordert ... Genauso wie sich Objekte im Rahmen eines Adaptationsprozesses der besonderen Struktur des Organismus anpassen müssen, muß sich auch der Organismus den spezifischen Anforderungen des Objektes anpassen. Man hat den ersten Aspekt dieser Anpassung als *Assimilation* bezeichnet, während Piaget den zweiten Aspekt, die Anpassung an das Objekt, als *Akkommodation* bezeichnet hat (Flavell, 1963).[3]

Diese beiden Prozesse finden bei der Nahrungsaufnahme genauso statt wie beim Input von Informationen. Denn es ist Piagets Meinung, daß die geistige Anpassung im wesentlichen immer sowohl eine assimilatorische als auch eine akkommodatorische Handlung ist. Auch beim einfachsten kognitiven Prozeß wird es eine gewisse Auseinandersetzung mit den besonderen Eigenschaften des zu begreifenden Objektes geben. In anderen Worten, Assimilation ist für Piaget niemals ein unvermischter Prozeß, da die Intelligenz dadurch, daß sie neue Elemente in ihre früheren Schemata integriert, diese Schemata laufend modifiziert, um sie besagten neuen Elementen anzupassen. Soweit Piaget zum Doppelprozeß der Anpassung.

In seiner Einleitung zu der Untersuchung darüber, wie das Kind die Wirklichkeit begreifen und beeinflussen lernt, schreibt Piaget (1950; deutsch im folgenden 1974b) folgendes:

So ist in den Anfängen der assimilatorischen Tätigkeit ein Objekt, das die Umwelt der Handlung des Subjektes anbietet, einfach eine Sache zum Saugen, Anschauen oder Greifen: eine solche Assimilation ist also in diesem Stadium einzig auf das assimilierende Subjekt zentriert. In der Folge dagegen wird das Objekt in eine Sache umgewandelt, die man zu immer komplexeren Zwecken verlagern, bewegen und benutzen kann.

[3] Bei der sich nun anschließenden Auseinandersetzung stütze ich mich im wesentlichen auf Flavells (1963) Erläuterung des Piagetschen Systems. Dem lag auch die Absicht zugrunde, Auffassungen, die ich bei meiner eigenen Lektüre der Arbeiten Piagets begrüßt hatte, noch einmal nachzuprüfen.

Das erinnert uns an Marcia, nur daß Marcia zunächst jedes Objekt lediglich zum Fingerspiel diente, da dieses dem Saugen am nächsten kam (das Saugen selbst war für Marcia eine zu traumatische und folglich gehemmte Erfahrung, und Schauen und Greifen waren ebenso gefährlich). Aus ihrem Fingerspiel heraus aber entwickelte sie die Fähigkeit, Perlen auf eine Schnur zu ziehen, einen Ball aufspringen zu lassen und wieder zu fangen und Objekte zu erforschen, so daß das Fingerspielobjekt »in eine Sache umgewandelt [wurde], die man zu immer komplexeren Zwecken verlagern, bewegen und benutzen kann«. Und nur indem sie ihren Fingerspielbewegungen die ursprüngliche Freiheit zurückgab, konnte sie die Tätigkeiten des Sehens, Greifens und schließlich auch Saugens wiederherstellen.

Über die Art und Weise, wie sich der Säugling selbst erfährt, schreibt Piaget (1974b):

> Das Subjekt kennt sich in der Tat in dem Moment am wenigsten, wenn es am meisten auf sich selbst zentriert ist; und in dem Maße, in dem es sich entdeckt, stellt es sich in eine Wirklichkeit hinein und konstituiert diese eben durch die Tat selbst. Mit anderen Worten, Egozentrismus bedeutet gleichzeitig Fehlen von Bewußtsein seiner selbst und Fehlen von Objektivität, während die Besitzergreifung des Objektes als solches Hand in Hand geht mit dem Sich-seiner-selbst-bewußt-Werden.

Das ist eine genaue Beschreibung des Prozesses, durch den das autistische Kind »vom Objekt Besitz ergreift« (bei Marcia war dieses Objekt Karen), während es gleichzeitig »sich seiner selbst bewußt wird«.

Solches »Sich-seiner-selbst-bewußt-Werden« kann letztlich nur dadurch zustande kommen, daß sich das Subjekt aus sich selbst heraus aktiviert, und zwar zu einer Zeit, in der der immer noch vorhandene »radikale Egozentrismus . . . das Subjekt veranlaßt, alle äußeren Ereignisse auf persönliche Aktivität zurückzuführen«. Erst dann, so behauptet Piaget, wird das Subjekt den Übergang von dem einen Zustand, in dem Objekte um ein Selbst herum angelegt sind, wobei dieses Selbst glaubt, es steuere sie, obwohl es sich seiner selbst völlig unbewußt ist, in jenen anderen Zustand schaffen, in dem das Selbst zumindest praktisch gesehen in eine stabile Welt gestellt ist, die als unabhängig von der persönlichen Aktivität wahrgenommen wird.

Aus dieser Behauptung geht hervor, daß es, damit Selbstwahrnehmung erfolgen kann, ein Stadium davor gegeben haben muß, in dem alle Ereignisse einer persönlichen Aktivität zugeschrieben worden waren. Das autistische Kind aber führt Ereignisse nicht auf seine persönliche Aktivität zurück, weil es sich allzu sehr überwältigt fühlt von der Umwelt, als daß es zu glauben vermöchte, es könnte sie verändern. Sicherheit bietet nur die Gleichförmigkeit, die das Gegenteil der Veränderung ist, während der wesentliche Zweck jeder Aktivität darin besteht, Veränderung zu erzeugen.[4] Da das autistische Kinde jede persönliche Aktivität und Veränderung meidet, vermag es nicht hinauszugelangen über einen Zustand, in dem das Universum etwas zum Mittelpunkt hat, das »sich seiner selbst völlig unbewußt ist«.

Das sind typische Beispiele für die Parallelen zwischen unseren Beobachtungen, die wir an pubertären oder vorpubertären Kindern, welche an infantilem Autismus litten, angestellt haben, und den Beobachtungen Piagets, die dieser an Kindern angestellt hat, die sich im sensomotorischen Entwicklungsstadium (also in den ersten achtzehn bis vierundzwanzig Monaten) befanden.[5] Obgleich wir hier nicht viele Beispiele anführen können, sollen sie doch erhellen, wie umfassend die Parallelität zwischen den beiden Gebieten ist. Die Erkenntnisse in beiden Bereichen stützen unsere Behauptung, daß die Erforschung des infantilen Autismus entscheidende Einsichten in die früheste Persönlichkeitsentwicklung mit sich bringt.

Doch darüber hinaus belegen die besagten Parallelen, inwieweit unsere Untersuchung die Einsichten Piagets ergänzen könnte. Piagets Forschungsarbeit befaßt sich mit der Entwicklung der Intelligenz beim Kinde und vernachlässigt die Emotionen, die diese Entwicklung in Gang setzen. Unser Studium dagegen befaßt sich eingehend mit dem Problem, was es wohl sein mag, das die Persönlichkeitsentwicklung auf einer egozentrischen Ebene (so würde es wohl Piaget formulieren) zum Stillstand bringt und welche emotionalen Erfahrungen diese Entwicklung wieder in Gang setzen können. Denn es ist die emotionale Erfahrung, so nehmen wir an, die beim normalen Säugling die geistige Entwicklung unterstützt, die Piaget auf so großartige Weise erforscht hat.

[4] Objekte an ihren alten Platz zurückzubringen ist in einem gewissen Sinne eine Aktivität und das gleiche gilt für die beharrliche Praxis der Gleichförmigkeit oder dafür, daß man (wie Joey) einem kosmischen Gesetz gehorcht. Doch während das – objektiv gesehen – Aktivitäten sind, werden sie – psychologisch gesehen – als das Gegenteil erlebt, weil das Ziel solcher Tätigkeit das Vermeiden von Veränderung ist.

[5] Der Leser, der sich für die Parallelen interessiert, die es zwischen Piagets Sicht der frühen Entwicklung des Denkens und der psychoanalytischen Sicht der frühen Entwicklung der Persönlichkeit und der Gefühlswelt gibt, sollte das Werk von P. H. Wolff (1960) lesen.

Eine Parallele erscheint uns besonders wichtig und bedarf deshalb einer eingehenderen Analyse. Beinahe alle Autoren, die über autistische Kinder geschrieben haben, haben darauf hingewiesen, wie sehr diesen Kindern daran liegt, eine Gleichförmigkeit in ihrer Umwelt aufrechtzuerhalten. Gerade deshalb finde ich es merkwürdig, daß meines Wissens noch niemand darauf hingewiesen hat, daß die Entwicklung der Vorstellung von der Permanenz des Objektes in Piagets System eine entscheidende Rolle spielt, um dann eine Verbindung herzustellen zu der Beharrlichkeit, mit der das autistische Kind in seiner Umwelt eine gewisse Gleichförmigkeit aufrechtzuerhalten versucht.

Piaget (1974 b) betont, daß die Vorstellung von der Permanenz des Objektes deshalb so wichtig ist, weil das Kind nur dadurch, daß es zum Glauben an diese Permanenz gelangt, die Fähigkeit erlangt, Raum, Zeit und Kausalität zu organisieren. Da Piaget (und die meisten Philosophen vor und seit Kant) von der Annahme ausgehen, daß dies die Kategorien der Vernunft sind, und da die Beherrschung dieser Kategorien von der Vorstellung der Permanenz des Objekts abhängt, hängt die Entwicklung aller höheren geistigen Funktionen davon ab, ob diese Vorstellung erlangt wird.

Ich möchte hier noch einmal Kanner (1951) zitieren, der sich mit der Tatsache auseinandersetzt, daß es in autistischen Kindern etwas gibt, »was sie zwingt, unabweisbar eine statische, unveränderliche Umwelt zu postulieren« und daß

> das Erinnerungsvermögen des [autistischen] Kindes in dieser Hinsicht phänomenal ist. Nachdem mehrere Tage verstrichen waren, konnten diese Kinder eine Vielzahl von Klötzchen auf eine verblüffende Weise von neuem anordnen – so nämlich daß genau dasselbe unorganisierte Muster entstand, wobei dieselbe Farbe eines jeden Klötzchens in dieselbe Richtung wie zuvor wies. Das Nichtvorhandensein eines Klötzchen oder das Vorhandensein eines überschüssigen Klötzchen wurde sofort bemerkt, und sogleich wurde heftig auf eine Rückgabe des fehlenden Klötzchen gedrungen.

Vielleicht können wir dieses starke Bedürfnis, Objekte immer auf dieselbe Weise anzuordnen, mit Hilfe des Piagetschen Systems besser verstehen. Wenn wir davon ausgehen, daß dem autistischen Kind die Vorstellung von der Permanenz der Objekte fehlt, obgleich es längst über das Alter hinaus ist, in dem diese Vorstellung normalerweise entwickelt wird, und wenn wir weiterhin davon ausgehen, daß jeder höhere Grad an Bewältigung der Wirklichkeit von diesem Schritt abhängt, könnte es dann nicht sein, daß sich hinter dem beharrlichen Versuch des Kindes, Gleichförmigkeit herzustellen und zu erhalten, der verzweifelte Wunsch verbirgt, in der Außenwelt das zuwege zu bringen, wozu es in der Innenwelt nicht in der Lage ist?

Befassen wir uns im Rahmen dieser Fragestellung mit dem, was Piaget über die Entwicklung der Vorstellung von der Permanenz des Objekts zu sagen hat. Seiner Meinung nach entwickelt sich der Objektbegriff in den ersten Lebenstagen anhand eines bloß wahrnehmungsmäßigen Bildes, worauf dieser Objektbegriff im Verlauf der ersten sechs Stadien der sensomotorischen Entwicklung an Komplexität immer mehr zunimmt. Das sechste und letzte Stadium setzt ungefähr im Alter von achtzehn Monaten ein und dauert fast bis zum dritten Lebensjahr.

Für das autistische Kind existieren Objekte nur dann, wenn es sie sieht oder wenn es sie an ihrem üblichen Platz ohne weiteres erreichen kann; sie hören auf für es zu existieren, wenn sie aus dem ihm vertrauten Bereich entfernt werden. Erinnern wir uns nur an Marcia, die, als ihre Lehrerin für einen Tag fort war, zu Karen sagte: »Miss Lukes ist ganz fort.« In diesem Zusammenhang nun folgende Beobachtung Piagets (1974b):

Mit neun Monaten und einundzwanzig Tagen lege ich auf die Knie von Jacqueline, die sitzt, einen Radiergummi, den sie gerade in der Hand hielt. In dem Moment, als sie ihn wieder ergreifen will, lege ich meine Hand zwischen ihre Augen und den Radiergummi: Sie gibt sofort auf, als ob das Objekt nicht mehr existierte.

Der Versuch wird ungefähr zehn Mal wiederholt. Jedesmal wenn Jacqueline in dem Moment, als ich ihren Blick abfing, schon mit dem Finger den Gegenstand berührte, hat sie ihr Suchen bis zum völligen Erfolg fortgesetzt (ohne den Radiergummi anzusehen, wobei sie ihn oft losließ und dabei unfreiwillig verlagerte usw.). Wenn hingegen in dem Augenblick, in dem das Kind den Radiergummi nicht mehr sah, kein taktiler Kontakt hergestellt war, zog Jacqueline ihre Hand zurück. (. . .) Es ist einfach das Bild meiner Hand, das dasjenige des sich darunter befindenden Gegenstandes zunichte macht, außer (. . .) wenn ihre Finger schon den Gegenstand berührt haben . . .

Diese Beobachtung, die das vierte Stadium der sensomotorischen Entwicklung kennzeichnet, läßt vermuten, daß es sich hier bis zu einem gewissen Grad auch um das Stadium handelt, in dem das autistische Kind, was die Permanenz der Objekte anlangt, noch weiter funktioniert. Das Bedürfnis dieser Kinder, an einem Objekt festzuhalten (als Beispiel sei hier Joey genannt, der sich, wenn es ihm schlecht ging, an seine Maschinen klammerte), belegt, daß die Vorstellung von der Permanenz der Objekte verlorengeht, wenn die Bewältigung der Wirklichkeit für diese Kinder zu schwierig wird. In solchen Augenblicken müssen sie von dem jeweiligen Objekt physisch Besitz ergreifen. Umgekehrt ist es so, daß das Kind, wenn es sich weniger bedroht fühlt, in seinem Denken die Vorstellung von dem Objekt aufrechterhalten kann (Joey, der sich, wenn es ihm gut ging, mit imaginären Maschinen zufriedengab, sei hier noch einmal als Beispiel genannt).

Es scheint sich hier um einen klaren Hinweis darauf zu handeln, daß es das Ausmaß der emotionalen Verletzbarkeit ist, das das autistische Kind daran hindert, einem Objekt in seinem Denken Permanenz zuzugestehen. Denn im Gegensatz zu dem Säugling, der sich im vierten sensomotorischen Stadium befindet und überhaupt nicht in der Lage ist, einem Objekt in seinem Denken Permanenz zuzugestehen, kann das autistische Kind immer dann eine Vorstellung von dem Objekt aufrechterhalten, wenn es sich in seiner Existenz nicht unmittelbar bedroht fühlt. Es büßt diese Vorstellung immer dann ein, wenn diese Drohung immanent ist und wenn es physisch an einem Objekt festhalten muß (das war bei Joey immer dann der Fall, wenn er Stuhlgang hatte, weil er in diesem Prozeß stets befürchtete, er könnte sich ganz und gar in seinen eigenen Stuhl verwandeln). Erst im letzten Stadium seiner sensomotorischen Entwicklung, wird das normale Kind fähig, auch Objekte dann zu konstruieren, wenn keine Verlagerungen sichtbar sind (Piaget, 1974b). Oder das Objekt fährt, um es anders auszudrücken, erst dann fort, für das Kind weiterzuexistieren, obwohl es sich nun nicht mehr an derselben Stelle wie zuvor befindet.

Hier ein wichtiges Experiment, das Piaget machte:

Ich nehme die Mütze in meine Hand, lege dann meine Hand unter das Kissen, ziehe sie geschlossen darunter hervor und verstecke sie sogleich unter der Decke. Schließlich ziehe ich sie wieder hervor und zeige sie Jacqueline geschlossen. Jacqueline spreizt meine Hand, ohne sie zu öffnen (sie errät also, daß nichts darin ist, was neu ist), sucht unter dem Kissen, dann direkt unter der Decke, wo sie das Objekt findet.
Im Verlauf einer zweiten Reihe (Kissen und Jacke) verhält sie sich genauso. Dann versuche ich eine Reihe von drei Verlagerungen: Ich lege die Mütze in meine Hand und führe meine geschlossene Hand nacheinander von A zu B und von B zu C: Jacqueline spreizt meine Hand, sucht dann bei A, bei B und schließlich bei C.

Es ist also erst in diesem letzten Stadium der sensomotorischen Entwicklung, daß die Permanenz des Objekts nicht mehr davon abhängt, ob das Objekt am selben Platz bleibt, an dem es zuletzt gesehen worden ist. Erst dann ist das Objekt frei von seiner Wahrnehmung und frei von Tätigkeiten, die auf es ausgerichtet sind, denn erst dann ist seine kontinuierliche Existenz in Form einer Vorstellung gesichert.

Das autistische Kind jedoch kann es nicht ertragen, wenn das Objekt nicht immer am selben Platz auftaucht oder wenn Ereignisse sich nicht immer in derselben Reihenfolge abspielen. Ist es nicht vernünftig anzunehmen, daß dem deshalb so ist, weil das Kind nicht an die Permanenz eines Objekts glauben kann, wenn es sich nicht an seinem üblichen Platz befindet? Könnte sich in diesem Verhalten nicht der verzweifelte Versuch des Kindes spiegeln, den Objekten die Beständigkeit zu verleihen, die es für seine Sicherheit braucht?

Piaget weiß von dem Ball zu berichten, von dem wir annehmen, daß er eine unendliche Anzahl verschiedener Lagen einnehmen kann, so daß wir befähigt werden, aus all diesen Lagen den Ball selbst zu abstrahieren; das Kind dagegen stattet den Ball lediglich mit einigen besonderen Lagemöglichkeiten aus und ist folglich unfähig, den Ball als von allen diesen Lagen unabhängig zu begreifen.

Aufgrund unserer Erfahrung mit autistischen Kindern möchten wir noch weiter gehen als Piaget und behaupten, daß das Kind an überhaupt keine Permanenz zu glauben vermag, so lange es nicht von seiner eigenen Existenz als einer Konstante überzeugt ist. Denn selbstverständlich wurzelt der Wunsch des Kindes, daß sich in der Außenwelt nichts ändern möge, in seinem verzweifelten Wunsch, daß sich in ihm selbst nichts ändern möge, da es überzeugt ist, jede Veränderung würde eine Katastrophe bedeuten. Das autistische Kind lebt in der Überzeugung, daß es unfähig ist, angesichts einer Veränderung seine Ganzheit zu bewahren, und es lebt in der Überzeugung, daß sein Selbst nicht genügend Konsistenz besitzt, um eine Veränderung überleben zu können.

Einige von Piaget angestellte Beobachtungen zeigen, daß sogar dort, wo Personen für das Kind von enormer emotionaler Bedeutung sind, diese erst dann eine gewisse Beständigkeit erlangen, wenn das Kind diese Beständigkeit für seine eigene Person erlangt hat.

Lucienne, fünfzehn Monate und neun Tage alt, ist mit ihrer Mutter im Garten. Ich komme hinzu: sie sieht mich kommen, lächelt mir zu, erkennt mich also offenkundig wieder (ich bin etwa 1,50 m entfernt). Ihre Mutter fragt sie: »Wo ist Papa?« Interessanterweise dreht sich Lucienne sofort in Richtung des Fensters von meinem Arbeitszimmer, wo sie mich gewöhnlich sieht, und zeigt in diese Richtung. – Einen Augenblick später wiederholen wir den Versuch: Sie hat mich gerade einen Meter von sich entfernt gesehen, und als ihre Mutter meinen Namen ausspricht, dreht Lucienne sich wieder in Richtung meines Arbeitszimmers. (. . .) Noch mit achtundzwanzig Monaten und drei Tagen hört Lucienne Geräusche in meinem Arbeitszimmer und sagt zu mir (zu mir selbst!) im Garten: »Da oben ist Papa.« (. . .) Wir kennen das kleine Spiel, das darin besteht, den Kindern zu sagen: »Geh in mein Zimmer und sieh mal nach, ob ich da bin.« Und man weiß, wie oft das Kind diesem Vorschlag folgt.

Von der Zeit an, ab der das Kind fähig ist, ein Objekt als solches wahrzunehmen, bis ins Alter von fast drei Jahren ist dem Kind das Objekt an seinem vertrauten Platz (Papa am Fenster) in emotionaler und wahrscheinlich auch verstandesmäßiger Hinsicht leichter zugänglich als die veränderliche Person in Fleisch und Blut, die sich (direkt neben ihm) an einem ungewohnten Platz befindet. Ich habe bereits auf Harlows (1958) Experimente mit Plüschpuppen hingewiesen, mit Müttern aus Stoff, die immer am selben Platz bleiben und sich folglich, wenn man sie mit der sich bewegenden Mutter vergleicht, durch eine überlegene Permanenz auszeichnen. Harlows Befunde lassen darauf schließen, daß die Mutter-an-einem-bestimmten-Ort dem Affenjungen mehr unmittelbare Sicherheit vermittelt, obgleich eine solche Mutter, die im Raum sozusagen festgemacht und in emotionaler Hinsicht ohne Reaktion ist, nicht dazu beiträgt, daß sich das Affenjunge zu einem richtigen Affen entwikkelt.

Die Mütter von autistischen Kindern werden häufig in emotionaler und manchmal sogar verstandesmäßiger Hinsicht als kalt und rigide beschrieben. Sicher ist, daß sie sich im Gefühlsbereich nicht ungezwungen verhalten – zumindest nicht im Rahmen ihrer Beziehung zu ihrem autistischen Kind. Viele dieser Mütter sind also, was ihre Gefühle angeht, innerlich fast genauso erstarrt und rigide wie Harlows Stoffmütter. Piaget, so nehmen wir an, ließ sich von seiner Tochter nicht in eine weit entfernte Existenz am Bürofenster abdrängen, sondern half ihr, ein Gefühl der Sicherheit, das darauf basierte, daß er an einem gewissen Ort sozusagen festgemacht war, fortzuentwickeln und gegen ein anderes Gefühl der Sicherheit einzutauschen, das auf der emotionalen Bindung an einen Vater basierte, der sich frei im Raum bewegte.

Bei seiner Auseinandersetzung mit der Unfähigkeit des Säuglings, ein Objekt, das sich nicht an seinem angestammten Platz befindet, zu erkennen, bemerkt Piaget (1974), daß das Bild, das sich das Kind vom Objekt macht, weniger »Momente der Freiheit« kennt als das Bild, das wir Erwachsene uns machen. Für das Kind gibt es keine Puppe, keine Uhr, keinen Ball, denn einerseits sind alle diese Objekte permanent und andererseits sind sie in jeder Situation, in der das Kind sie sieht, einzigartig. Das Kind kennt nur einzelne Bilder wie »Ball-unterm-Sessel«, »Uhr-unterm-Kissen« oder »Papa-an-seinem-Fenster«.

Das autistische Kind, das in bezug auf seine eigene Person zu wenige »Momente der Freiheit« erlebt hat, kann eine solche Vorstellung nicht von sich selbst auf das Objekt übertragen. Daher kann es dem Objekt nicht das zugestehen, was ihm selbst als Lebenserfahrung verweigert geblieben ist.

Das kleine Kind nimmt den flexiblen Rhythmus von Tag und Nacht für etwas Selbstverständliches. Wird es sich des Wechsels der Jahreszeiten bewußt, ist seine Vorstellung von einem Selbst, das trotz veränderter Umwelt fortbesteht, fest etabliert. Daher ist es nun auch in der Lage, von der Konstanz des Tag-und-Nacht-Rhythmus auf die Konstanz des rhythmischen Wechsels der Jahreszeiten zu schließen.

Einer unserer autistischen Jungen behauptete steif und fest, daß alle Tage gleich lang seien und daß die Sonne immer genau zur selben Zeit und am selben Ort auf- und untergehe. Auch war es jedesmal ein schreckliches Erlebnis für ihn, wenn der Tag zur Sommer- beziehungsweise Winterzeit verkürzt beziehungsweise verlängert wurde. Der minimale Rückhalt, den er in dieser Welt hatte, hing davon ab, daß sich alles gleich bleiben mußte, denn nur dann hatte er das Gefühl, daß sich dem Heute ein Morgen anschließen würde. Die regelmäßige Wiederkehr von Sonne, Licht und Tag und Nacht waren ihm als Vorstellungen deshalb fremd, weil seiner eigenen persönlichen Existenz die entsprechende Beständigkeit fehlte.

In einem späteren Entwicklungsstadium fühlt sich sogar das normale Kind, das in die Pubertät eintritt, durch die Veränderungen seines Körpers verwirrt, und diese Verwirrung macht sich beim emotional gestörten Kind um so stärker bemerkbar. Obwohl das Gefühl des Kindes für die Permanenz seines Körpers – und dadurch für die Permanenz der Objekte – eine gewisse Stabilität erreicht hat, ist es doch so, daß allzu starke Veränderungen des Körpers dieses Gefühl für die Permanenz der Dinge bedrohen. Da sich sein Körper plötzlich verändert, verändert sich auch die Welt und der Platz, den dieser Körper in ihr einnimmt. Und wenn das sogar Kindern passiert, die sich jahrelang eines Gefühles der Permanenz erfreut haben, wie schrecklich muß dann erst eine solche Bedrohung für das autistische Kind sein!

So lange sich an seiner Umgebung nichts verändert, kommen zu den alten Gefahren zumindest keine neuen hinzu. Dadurch, daß es die Gleichförmigkeit seiner Umwelt beharrlich aufrechtzuerhalten versucht, sorgt es für eine gewisse Vorhersagbarkeit seiner Umwelt, ohne daß es freilich die Permanenz der Objekte begreifen oder an diese glauben könnte. Dadurch aber wird die Notwendigkeit, die Natur der Objekte zu begreifen, hinfällig. Wenn das Objekt ein Objekt-an-einem-bestimmten-Platz ist, brauche ich nichts über seine eigentliche Natur und innere Beschaffenheit zu wissen, um die Wechselfälle seiner Existenz vorherzusagen.

Die Tragödie ist die, daß das vorhersagbare Bild, das wir uns von der Welt machen, davon abhängt, ob wir eine geistige Vorstellung von der Permanenz der Objekte entwickelt haben. Diesen Prozeß durch eine Gleichförmigkeit in der Außenwelt zu ersetzen, führt freilich zu nichts. Kausale Zusammenhänge, die nicht auf der Permanenz der Objekte basieren, sondern darauf, daß diese Objekte einen unverrückbaren festen Platz in der Umwelt einnehmen, führen zu einem autistischen Kausalitätsdenken (nur mein Denken oder mein Tun vermag die Objekte zu bewegen oder zu verändern; wenn ich eine schlimme Erfahrung mache und dabei einen grünen Anzug trage, muß es wohl so sein, daß alles Grüne mich zerstört). Ein solches Denken führt zu einer Welt, wie sie sich Joey geschaffen hatte. Warum kann das autistische Kind nicht zu einer Vorstellung von der Permanenz der Objekte gelangen, wo doch sein Beharren auf Gleichförmigkeit zeigt, daß es diese Vorstellung braucht? Sehen wir uns an, was Piaget (1974 b) für notwendig hielt, damit dieser Prozeß stattfinde. Die Permanenz, mit der das Objekt ausgestattet wird, so meint Piaget, bleibt bezogen auf die Aktion des Subjekts. Die visuellen Bilder, die das Kind verfolgt, erlangen in seinen Augen genau in dem Maße eine gewisse Festigkeit, in dem es versucht, sie zu verfolgen. Um jedoch fähig zu sein, sich ein Objekt, das es nicht mehr sehen oder berühren kann, vorzustellen, muß das Kind in der Vergangenheit auf dieses Objekt eingewirkt haben. Je stärker jedoch die Fähigkeit des Kindes, aus eigenem Antrieb zu handeln, gehemmt wird – das heißt, gehemmt wird in diesem Fall der Akt des visuellen Verfolgens – desto stärker wird es in seiner Möglichkeit gehemmt, eine Vorstellung von der Permanenz der Objekte zu entwickeln.

Überdies genügt es nicht, daß sich die visuellen Bilder, die das Kind verfolgt, als konstant erweisen. Das Kind muß den begründeten Wunsch haben, daß sie konstant bleiben. So muß das Kind zum Beispiel wiederholt die Erfahrung machen, daß seine Mutter, die »verschwindet«, auch wieder zurückkehrt. Wenn es nach seiner Mutter weint oder hinter ihr herläuft oder später lediglich auf sie wartet, wird es die Erfahrung machen, daß sie wiederkommt. Doch wird es wegen des Wohlbefindens, das ihm die Mutter verschafft, auch den Wunsch haben, sie solle immer da sein. Dieser Wunsch nach ihrer Anwesenheit sogar in ihrer Abwesenheit bewirkt, daß das Kind ihr Kind in seiner Vorstellung festhält, damit sie nie mehr »ganz fort« ist. Es ist diese Permanenz des Bildes in der Vorstellung, die der Permanenz des Objektes immer dann Glaubwürdigkeit verleiht, wenn das Objekt sich außer Reich- oder Sichtweite begibt.

Bei den Menschen, die wir fürchten oder die in uns stark ambivalente Gefühle auslösen, sind wir froh, wenn wir sagen können »aus dem Auge, aus dem Sinn«. Die Menschen, die wir lieben, »gehen uns nicht mehr aus dem Sinn«. Wenn das Kind zumindest einen Menschen hat, »der ihm nicht mehr aus dem Sinn geht«, kann es seine Vorstellung von der Wirklichkeit, die da lautet: »Niemand ist da«, dahingehend modifizieren, daß es zu der Vorstellung: »Mutter ist nicht da, wird aber zurückkommen« gelangt. Diese Akkommodation an die Wirklichkeit wird das Kind in der Folge auf andere Personen und Objekte, die ihm weniger wichtig sind, ausweiten.

Auf der anderen Seite ist es so, daß, wenn das Kind durch wichtige Personen seiner Umgebung in widersprüchliche Gefühle oder regelrechte Verzweiflung gerät, es ein Vorteil ist, wenn diesen Personen die Permanenz fehlt, da das Kind dann dadurch, daß diese Personen nicht direkt aktiv werden können, relativ sicher ist. Um sich von derartigen Erschütterungen erholen zu können, gesteht das autistische Kind nur den Objekten Permanenz zu, die tot sind und sich nicht bewegen oder die von ihrem gewohnten Platz nicht entfernt werden. Leider ist es jedoch so, daß, wenn niemand Permamenz hat, auch das Kind selbst keine Permanenz entwickeln kann. Dadurch aber kommen zu den Ängsten, die die Außenwelt auslöst, noch Ängste aus der Innenwelt. Die Folge ist, daß das Kind aufgrund seiner wiedersprüchlichen Sicht der Welt im Autismus erstarrt: um sich zumindest zeitweise vor den bedrohlichen Gestalten der Außenwelt zu schützen, spricht es ihnen jegliche Permanenz ab; doch wenn nur das Bewegungslose und Unveränderliche Permanenz besitzt, dann besitzt es selbst keine Permanenz. Auf diese Weise sieht es sich in seiner Existenz zu jeder Zeit bedroht.

Wenn wir diese Gedanken nicht im Piagetschen Zusammenhang,

sondern im Zusammenhang dieses Buches zu sehen versuchen, können wir sagen, daß das Kind, um an die Permanenz der Objekte glauben zu können, vor allen Dingen mit seiner Umwelt interagieren muß. Das aber muß es so lange tun, bis es aufgrund seiner persönlichen Erfahrung zu der Überzeugung gelangt, daß es am besten fährt, wenn die Objekte eine permanente Existenz besitzen, obwohl sie natürlich bewegt und verändert werden können. Es kann nun seinen egozentrischen Standpunkt (nur was ich sehen oder berühren kann, existiert) gegen einen vernünftigeren eintauschen, der auf der Interaktion zwischen Selbst und Objekt basiert (es ist verschwunden, wird aber wieder zurückkommen). Doch wenn die Wirklichkeit seinen persönlichen Sehnsüchten nicht bis zu einem gewissen Grad entgegenkommt, wird die Akkommodation des Kindes nicht stattfinden. In diesem Fall, so meint Piaget, wird das Kind auf der Egozentrik beharren, die die verzerrende Assimilation der Wirklichkeit an die persönlichen Interessen des einzelnen darstellt (Piaget, 1974 b).

Unserer Erfahrung nach ist es genau dieses Vertrauen in die gutartigen Intentionen der Wirklichkeit, das dem autistischen Kind abgeht. Denn letztlich paßt sich der Verdauungsapparat des Kindes nicht nur deshalb der festen Nahrung an, weil das Kind Hunger hat oder weil das Essen einen Nährwert besitzt; er paßt sich auch deshalb an, weil das Essen gut schmeckt und weil die Mutter die Fähigkeit besitzt, es dem Kind schmackhaft zu machen. Da das autistische Kind die Interaktion mit der Umwelt nicht reizvoll, sondern gefährlich gefunden hat, läßt es sich auf keine Akkommodation ein – es ist zu diesem Prozeß nicht willens oder nicht fähig. Die Frage, warum das Kind zur Akkommodation oder Assimilation nicht fähig ist und warum es nicht in der Lage ist, eine Vorstellung von der Permanenz der Objekte zu entwickeln, ist, von unserem Standpunkt aus gesehen, leicht zu beantworten: die Selbsterhaltung des Kindes erfordert, daß es sich einer Wirklichkeit gegenüber, von deren Destruktivität es überzeugt ist, auf keine Akkommodation einläßt.

Nehmen wir zum Beispiel das motorische Verhalten von Julian, dem zehnjährigen autistischen Jungen. Wie schwankend und unsicher er sich sogar den Aspekten der Wirklichkeit gegenüber verhält, bei denen man normalerweise erwarten dürfte, daß er mit ihnen am vertrautesten sein müßte! Ein Beispiel ist die Tätigkeit des sich Erhebens. Auch wenn er von einer niedrigen Sitzgelegenheit zum Boden gelangen möchte, tastet er mit den Füßen nach dem Boden, den er zuerst nur leicht berührt, dann hebt er die Hüften an, rutscht mit dem Gesäß über den Rand der Sitzgelegenheit und steht schließlich ungemein langsam auf.

Wenn sich Julian so verhält, erinnert er an einen Säugling, der mit seinem Körper und dessen Bewegungen noch unvertraut ist und der eben erst gelernt hat, wie man von der sitzenden in die aufrecht stehende Position gelangt. Und das alles trotz der Tatsache, daß es zahllose Gelegenheiten gegeben hat, bei denen er diesen Prozeß hätte »lernen« können. Aber ein Lernprozeß hat da eindeutig nicht stattgefunden. Obwohl dieser Junge dieses Verhalten, in die aufrechte Position zu gelangen, zahllose Male ausgeführt hatte (zum Beispiel Tag für Tag, wenn er morgens aufstand), erwartete er offenbar nie, daß es ihm gelingen würde. Er nahm dieses Verhalten stets mit unsäglicher Vorsicht, mit einer enormen Angst und einem gewaltigen Bemühen in Angriff, und jedesmal zeigte er sich über seine bemerkenswerte Leistung maßlos erstaunt. Die Frage stellt sich: Weshalb fand hier kein Lernen statt? Weshalb führt das wiederholte Gelingen dieser Handlung nicht zu einer besseren Körperbeherrschung, zu einem stärkeren Selbstvertrauen, zu einer vollständigeren inneren Repräsentation des Körpers, zu einem selbstbewußteren Körper-Ich?

Es liegt nicht daran, daß diesen Kindern eine Art von Körperbild oder Körpervorstellung fehlt oder daß sie sich im körperlichen Raum nicht orientieren können. Denn wie sonst könnten wir es uns erklären, daß sie sich nicht an Gegenständen stoßen und daß sie sich nicht verletzen, wenn sie ihre unkontrollierten Ausbrüche motorischer Aktivität haben?

Eine Erklärung liegt vielleicht in der Art und Weise, wie Julian nach dem Boden tastete, obwohl er davor schon x-mal nach dem Boden getastet und diesen immer auch gefunden hatte. Julian verhält sich so, weil er immer noch nicht überzeugt ist, daß unter ihm der Boden ist, weil er immer noch daran zweifelt, daß etwas für ihn greifbar sein könnte. So wie damals seine Mutter für ihn nicht greifbar war, hat er nun auch bei allen anderen Objekten dieses Gefühl. Entdeckt er jedoch, daß irgend etwas – zum Beispiel der Boden unter ihm – dennoch greifbar ist, so ist er jedesmal völlig überrascht.

Wenn wir von Julians »Nichtüberzeugtsein« sprechen, so verlassen wir den Bezugsrahmen Piagets, denn Piaget befaßt sich so gut wie gar nicht mit dem Ausmaß an Glauben, das man in sein eigenes Wissen setzt. Wolf (1965) freilich hat darauf hingewiesen, daß Kinder wesentlich verletzbarer sein können, wenn sie nicht genügend von diesem quantitativen Faktor besitzen. Ich spreche hier von dem ganzen Kontinuum, das von der Negation über den Zweifel zur Vermutung und von der Vermutung über die halbe Gewißheit zur Überzeugung reicht. Kinder, die der Stabilität ihrer Umwelt *mißtrauen*, mögen durchaus über die kognitiven Strukturen verfügen, die zur Permanenz des Objektes erforderlich sind, aber sie glauben eben nicht daran.

Klarer ausgedrückt bedeutet das, daß das autistische Kind im Verlauf des sensomotorischen Stadiums seiner Entwicklung nicht zur Akkommodation an die Realität gelangt, da es ihm nicht gelingt, den Standpunkt einer anderen Person einzunehmen – zum Beispiel den der Mutter, die weiter existiert, obgleich sie außer Sichtweite ist. Das Kind ist nicht in der Lage, seine eigene Sicht (niemand ist da) als nur eine unter vielen möglichen zu sehen und diese Sicht mit diesen Möglichkeiten zu koordinieren.

Während sensomotorische Leistungen (Weinen, Greifen, Kriechen) auf Handlungen in der Realität beschränkt bleiben, hat die sensomotorische Kognition eine innere Repräsentation dieser Realität zur Folge. Es handelt sich hier um einen rein persönlichen Vorgang, um eine nichtgeteilte Erfahrung. Nur dadurch, daß wir diese Erfahrung im Rahmen der Interaktion mit anderen Personen und Objekten erproben, können wir Fehler, die uns bei unserer persönlichen Wahrnehmung unterlaufen, korrigieren. Kann oder will das Kind dies nicht tun, vermag es das sensomotorische Stadium seiner Entwicklung nicht zu überschreiten.

Wir begegnen bei Piaget dem Gedanken, daß durch die Verbindung, die die Sprache zwischen Gedanken und Wörtern herstellt, die Intelligenz, eben weil sie einen allmählichen Prozeß der Sozialisation durchmacht, befähigt wird, sich in einem zunehmenden Maße der Vorstellungen zu bedienen; wohingegen der Autismus, gerade weil er individuell geartet bleibt, nach wie vor mit dem Imaginären, der organischen Aktivität, ja sogar mit organischen Bewegungen verknüpft ist. Die bloße Tatsache, daß man den eigenen Gedanken erzählt, daß man ihn anderen erzählt, oder aber daß man schweigt und ihn nur sich selbst erzählt, muß also von enormer Bedeutung sein für die grundlegenden Strukturen und das Funktionieren des Denkens im allgemeinen und das logische Denken des Kindes im besonderen (Piaget, 1974b).

Ich möchte in diesem Zusammenhang daran erinnern, wie Marcia mit ihrem Mund Kreise bildete. Ihr Denken immer noch mit »dem Imaginären, der organischen Aktivität, ja sogar mit organischen Bewegungen verknüpft«, war immer noch autistisch. Erst als Karen nach und nach in Marcias Leben trat, war Marcia bereit, ihre persönliche Welt zu verlassen und mit Karen die Erfahrung des Kreisemalens zu teilen, wobei sie diese Kreise später mit ihrem Mund nachbildete. Aber erst als die Sprache ins Spiel kam und der Kreis seinen Namen bekam, ließ Marcia den Autismus hinter sich und tauschte ihn nicht nur gegen soziale Interaktion sondern auch gegen unabhängiges geistiges Wachstum ein. Nun konnte sie nicht nur ein inneres Bild von einem Kreis formen, sondern diesen Kreis auch in einer äußeren symbolischen Form ausdrücken oder repräsentieren. Und weil sie auch in physiologischer Hinsicht reif war, konnte sie fast sogleich auf ein Niveau des begrifflichen Denkens hinüberwechseln, das sie in die Lage setzte, nun auch menschliche Gestalten zu malen.

Auch hier werden wir wieder an Harlow (1961) erinnert. Seine Experimente, bei denen er Affen auf unterschiedliche Weise großzog – völlig isoliert oder nur mit Gleichaltrigen oder aber nur mit der Mutter zusammen – veranschaulichen die Art von Entwicklung, die bei emotionaler Isolation stattfinden kann, sowie die Art, bei der keine Isolation auftritt. Auf diese Versuche hin stellte er Mutmaßungen darüber an, wie sich soziale Isolation auf Menschen auswirken kann.

Ich halte es für möglich, daß die soziale Isolation beim Menschen in Wirklichkeit keine so schwerwiegende Auswirkung auf die Intelligenz hat, als Messungen vermuten lassen würden. Was sie jedoch bewirkt, ist, daß sie die Fähigkeit des Säuglings zur Sozialisation zerstört. Doch wenn der Säugling zur Sozialisation unfähig ist, kann er auch keine adäquate Sprache entwikkeln. Und wenn er keine adäquate Sprache entwickeln kann, wird er sich auf einem mehr oder weniger adäquaten Niveau bewähren als das, zu dem er theoretisch befähigt wäre.

Da das autistische Kind gehemmt ist, wenn es darum geht, selbständig zu handeln, und folglich auch gehemmt ist, wenn es mit seiner Umwelt interagieren soll, kann es seine egozentrische Position nicht aufgeben. Ohne die Vorstellung von der Permanenz der Objekte und der menschlichen Beziehungen fehlt der Welt die Ordnung und erscheint sie als völlig chaotisch und unvorhersagbar. Es gibt nur noch ein Prinzip, das Ordnung schaffen könnte – das Prinzip der Gleichförmigkeit.

Was ist nun, um bei Piaget zu bleiben, für die nächsten Entwicklungsstadien charakteristisch? Was muß geschehen, damit das Kind die letzten Stadien der sensomotorischen Entwicklung hinter sich läßt und zum voroperationalen Denken gelangt? (Wobei zu sagen ist, daß das autistische Kind diese Stadien immer nur in einzelnen Aspekten oder aber überhaupt nicht bewältigt.)

Im Verlauf der präoperationalen Subperiode erlangt das Kind die Fähigkeit, die Wirklichkeit mittels innerer, symbolischer Manipulationen (= Denken) zu verstehen und mit ihr zu Rande zu kommen. Im Verlauf der davor sich abspielenden sechs sensomotorischen Entwicklungsstadien lernt das Kind langsam und schrittweise die Handlungen oder Wahrnehmungen miteinander zu verbinden, denen es sich konfrontiert sieht. Piaget vergleicht diesen Prozeß mit einem Film in Zeitlupe, in dem ein statisches Bild nach dem anderen in Erscheinung tritt. Das Kind komprimiert diese Bilder noch nicht zu einem umfassenden Gesamtbild, das alle Einzelbilder in sich einschließt. Um dazu fähig zu sein, muß es gelernt haben, ein verlagertes Objekt, das plötzlich nicht mehr sichtbar ist, in seinem eigenen Denken zu repräsentieren (Flavell, 1963).

Wenn das Kind dazu fähig ist, braucht das Objekt für es nicht mehr körperlich greifbar zu sein, braucht es das Objekt nicht mehr unmittelbar vor Augen zu haben. Stattdessen kann es Objekte und Ereignisse im Geiste heraufbeschwören und dort versammeln. Dadurch aber wird es befähigt, einen ganzen Schwung von Ereignissen in einem einzigen Ganzen zusammenzufassen. Damit hat sich das Kind ein Instrument geschaffen, mit dessen Hilfe es die Vergangenheit erinnern, die Gegenwart vergegenwärtigen und die Zukunft antizipieren kann – und all das in einer einzigen kurzen Handlung. Mit diesem Instrument kann das Kind mit der Wirklichkeit wesentlich besser zu Rande kommen, denn nun kann es planen und auf seine Pläne hin handeln.

Die Voraussetzung für ein echtes Denken ist also die Fähigkeit zur Repräsentation. Um aber diese Fähigkeit zur Repräsentation zu erlangen, muß das Kind ein Objekt sich vorstellen (oder repräsentieren) können, das es nicht mehr sehen oder fühlen kann. Daher die entscheidende Bedeutung der Vorstellung von der Permanenz der Objekte.

Piagets Analyse der einzelnen Schritte, die zum abstrakten Denken führen, hat uns völlig überzeugt. Doch wie wir bereits bemerkt haben, konnten wir die Auffassung, wonach autistische Kinder von Geburt an zum abstrakten Denken unfähig sein sollen, nicht anerkennen, weil diese Kinder durchaus dazu in der Lage sind. Freilich scheinen sie unfähig zu sein, von einem Gedanken zum anderen zu wechseln. Deshalb fahren sie sich stets in nur einem Gedanken fest, es sei denn, ihre tiefsten Gefühle sind angesprochen. Die Entwicklung ihrer Gedanken erfolgt ungemein langsam, und es scheint sie kein innerer Zusammenhang zu verbinden. Es ist als ob sie immer nur die einzelnen Bilder eines Films betrachteten, immer nur einen Gedanken auf einmal und nie die ganze breitangelegte Geschichte.

Zu unserem Leidwesen hat sich Piaget – ähnlich wie Bosch – kaum mit der emotionalen Entwicklung von Kindern befaßt; sein Interesse gilt der Entwicklung ihrer Intelligenz. Trotzdem haben wir sein Entwicklungsschema im Rahmen unserer Erkenntnisse bei der Erforschung des Autismus angewandt, wobei wir stark beeindruckt waren von den vielen Parallelen zwischen seinen Beobachtungen und Theorien über normale Kinder einerseits und unseren Befunden zum infantilen Autismus andererseits. Wenn man Piaget liest, ist man betroffen von dem Ausmaß, in dem autistische Kinder offenbar das letzte Stadium der sensomotorischen Entwicklung, in dessen Verlauf die Vorstellung von der Permanenz der Objekte erworben wird, nicht wirklich bewältigt haben; und man ist betroffen darüber, wie mangelhaft sie die Aufgaben lösen, die für die von Piaget so benannte präoperationale Entwicklungsphase typisch sind; gar nicht zu reden von den wichtigen kognitiven Strukturen, die erst im Verlauf der mittleren Kindheit, in der sogenannten Subperiode der konkreten Operationen, verwirklicht werden.

Auf der anderen Seite scheint wenig Zweifel daran zu bestehen, daß alle autistischen Kinder, die wir gekannt haben, abgesehen vom sechsten Stadium alle anderen Stadien der sensomotorischen Entwicklung – wenn auch auf unterschiedliche Weise – bewältigt haben.

So lassen zum Beispiel alle Daten Piagets darauf schließen, daß das Kind, sowie es eine Aufgabe bewältigt hat, zur nächsten drängt. Vom fünften Stadium der sensomotorischen Entwicklung an provoziert das Kind absichtlich neue Entwicklungsschritte, auch wenn es nicht weiß, wohin diese es führen. Anders ausgedrückt: diese neuen Schritte werden von innen her geplant, noch bevor sie in die Tat umgesetzt werden, das heißt, sie bedürfen nicht des Anstoßes von außen.

Ein erstaunlicher Zug am autistischen Kind besteht indes darin, daß es allem Neuen verschreckt aus dem Wege geht, was natürlich darauf schließen läßt, daß es eine Vorstellung davon haben müßte, was die Folgen solch neuer Entwicklungen sein können. Da aber das Interesse für solch neue Entwicklungen vom fünften Stadium an ein typisches Merkmal ist, muß sich das Kind bereits hinreichend in diesem Stadium befinden, denn nur so kann es wissen, was dieses Stadium mit sich bringt, und nur so kann es vor diesem Stadium zurückscheuen.

In den meisten Fällen übersteigt die Fähigkeit des Kindes, Objekte zu manipulieren und ihre Körper zu benutzen, das sechste Entwicklungsstadium bei weitem. Doch seine Fähigkeit, mit abstrakten Gedanken (im Gegensatz zu Gedanken, die mit emotionalen Dingen zu tun haben) umzugehen, liegt unter dem Durchschnitt. Das autistische Kind scheint im sechsten sensomotorischen Entwicklungsstadium steckengeblieben zu sein, das heißt, in dem Stadium, das normalerweise im achtzehnten Lebensmonat einsetzt. Das ist – grob gesehen – das Alter, in dem gemeinhin die abweichende Entwicklung des autistischen Kindes erkannt wird.

Marcias anfänglicher Umgang mit der Sprache mag diesen Punkt veranschaulichen. Als Marcia zu sprechen begann, pflegte sie Objekte zu benennen, auf die jemand anders zeigte, doch mochte sie, von seltenen Fällen abgesehen, nicht das Bild des jeweiligen Objektes benennen, es sei denn, sie durfte es zur selben Zeit berühren. Doch um diesen ganzen Vorgang erfolgreich zu bewältigen, mußte sie stets eine gewisse Abfolge des Benennens einhalten. Wenn wir sie aufforderten, irgendwo in der Mitte einer solchen Reihe zu beginnen, war ihre erste Tendenz die, die Stelle zu ignorieren, auf die wir gezeigt hatten, und an ihrem üblichen Ausgangspunkt zu beginnen. Doch wenn sie tatsächlich an der Stelle begann, auf die wir gezeigt hatten, löste sie die gestellte Aufgabe nur unter großen Schwierigkeiten, um danach sogleich dort weiterzumachen, wo *ihre* Reihe begann. Als wir diesen Versuch einmal mehrere Male hintereinander wiederholten, wurde sie sehr böse, begann mit ihren Fingern zu spielen und hörte drei Minuten lang überhaupt auf, Objekte zu benennen. Dann aber begann sie spontan von neuem, und zwar in der Reihenfolge, die ihr vertraut war.

Die Beständigkeit, die die Außenwelt für Marcia besaß, schien nicht nur einen visuellen, sondern auch einen taktilen Kontakt zu erfordern. Die Objekte schienen für Marcia mehr Wirklichkeitsgehalt zu besitzen, wenn das Mädchen nicht unsere, sondern seine Reihenfolge einhielt. Marcia vermochte die Beständigkeit des Objekts nicht vollständig vom Zusammenhang ihres persönlichen Handelns zu trennen; das galt sowohl für die Berührung als auch für die Reihenfolge der Benennung.

Auch hier stoßen wir wieder auf einen Befund, der einige Parallelen zu den Befunden Piagets aufweist. Im ersten Stadium der sensomotorischen Entwicklung existiert das Objekt für das Kind nur, so lange es handelnd auf das Objekt einwirkt; es gibt lediglich ein »Saugobjekt«, ein »Sehobjekt« oder ein »Greifobjekt«. Eine Koordination im Verlauf des zweiten Stadiums bewirkt insoweit eine Identität von Saug- und Sehobjekt, als das Kind sieht, wonach es greift, und als es an dem saugt, was es sieht. Wenn dergestalt zwei Handlungen gleichzeitig oder hintereinander einem einzigen Objekt gelten, erlangt das Objekt zum ersten Mal eine gewisse Unabhängigkeit von jeder der Handlungen, die in seiner Hinsicht unternommen werden. Erst wenn eine erhebliche Anzahl von Handlungen in bezug auf ein und dasselbe Objekt ausgeführt worden sind und wenn die Schemata, die diese Handlungen repräsentieren, fest etabliert worden sind, hört das Kind auf, das Objekt zu berühren, zu betrachten, an ihm zu saugen oder nach ihm zu greifen. Erst dann handelt es so, als akzeptiere es die Permanenz des Objekts anhand nur einer der vielen Wahrnehmungsmöglichkeiten, die das Objekt identifizieren.

Marcia schien also weniger daran gescheitert zu sein, die Vorstellung von der Permamenz des Objektes zu entwickeln, als daran, die Freiheit zu erlangen, rasch und mit Leichtigkeit von einem Beweis dieser Permanenz zu anderen Beweisen zu wechseln.

Ebenso charakteristisch für autistische Kinder ist das oft unglaublich breite Spekturm der *décalage*, das sie, wenn man sie mit normalen Kindern vergleicht, an den Tag legen. Der Begriff *décalage* bezieht sich auf das unterschiedliche Vermögen einer Person, kognitive Strukturen bei verschiedenen Aufgaben anzuwenden. So benutzt die Person bei manchen Aufgaben genetisch bedingt wesentlich höhere kognitive Strukturen als bei anderen.

Aus unseren Beobachtungen möchten wir schließen, daß das autistische Kind zwar im letzten sensomotorischen Entwicklungsstadium stehengeblieben ist, daß es jedoch keinesfalls auf der ganzen Bandbreite dieses Niveaus nicht funktioniert. So kann es im einen Bereich ein hohes Entwicklungsniveau geben, während sich im anderen Bereich ein erheblich niedrigeres Niveau abzeichnet. Die Entwicklung dieses anderen Bereiches kann jedoch im Rahmen eines normalen Wachstums Voraussetzung für die Ausbildung komplexerer Formen sein. Die logische Abfolge der Entwicklung bei autistischen Kindern scheint also anders zu sein.

Das war der Fall bei dem stummen autistischen Mädchen, das als Kleinkind von seiner Mutter zusammen mit Hunden großgezogen worden war (s. S. 455). Dieses Mädchen tat in den ersten beiden Jahren, die es bei uns verbrachte, fast nichts anderes als daß es grunzte und Klötzchen zu komplexen Mustern legte. Doch konnte es aus dem, was um es herum vorging, entnehmen, daß ein anderes Kind der Gruppe seine erste Menstruation bekam, was dieses Mädchen auch eindeutig begriff. Dieses Mädchen befand sich also einerseits inmitten ihrer sensomotorischen Entwicklung, während es andererseits zu weit fortgeschrittener symbolischer Aktivität fähig war. Daher müssen wir annehmen, daß es zumindest teilweise die Phase ihrer sensomotorischen Entwicklung bereits weit hinter sich gelassen hatte.

Derselbe Fall war noch augenfälliger bei Gwen, einem sprechenden autistischen Mädchen mit breit gefächerten Fähigkeiten. Gwen besaß hochentwickelte soziale Fertigkeiten, die unter anderem darin bestanden, daß sie die sozialen Bedürfnisse anderer Personen antizipierte und daß sie die etwas unheimliche Fähigkeit besaß, sich bei den Leuten beliebt zu machen, die ihr gefühlsmäßig nichts bedeuteten, während sie angstvoll alle Leute abwies, die ihr teuer waren. Zugleich war sie völlig unfähig, auch nur für geringe Zeit mit äußeren Objekten umzugehen, und es mangelte ihr ganz und gar an einem Verständnis für die Funktionen solcher Objekte.

Wie könnte irgendeine Entwicklungstheorie die folgende Diskrepanz begründen? Wenn Gwen nämlich zeichnen wollte, gab sie nicht acht darauf, mit welchem Ende des Zeichenstiftes sie arbeitete, auch wenn sie bemerkte, daß ihr Stift, benutzte sie das Ende mit dem Radiergummi, keine Spuren hinterließ. Zugleich aber bemerkte sie durchaus, daß jemand am Eßtisch, der Brot in der Hand hatte, die Butter dazu haben wollte. Dann reichte sie nicht nur die Butter, sondern benutzte eine Mittlerperson, die die Butter weiterreichen sollte.

Viele dieser Widersprüche, die wir an unseren Kindern bemerkt haben, lassen sich mit Piagets Theorie nur schwer erklären, da in ihrem Fall der Umfang der *décalage* so erheblich ist, daß das Piagetsche System versagt. So setzte zum Beispiel Debby, ein siebenjähriges stummes autistisches Mädchen, mit großem Geschick ein Puzzlespiel zusammen. Als sie fast fertig war, entdeckte sie, daß ein Stück fehlte. Sogleich machte sie sich auf die Suche, aber nicht im Versuch-und-Irrtums-Verfahren, sondern gezielt. Zuerst suchte sie unter dem Puzzle selbst. Als sie das Stück dort nicht fand, sah sie sofort unter dem Stuhl nach. Auch das war keine Suche aufs Geratewohl, da sie sich direkt der Stelle zuwandte, wo das fehlende Stück liegen konnte. Als sie dieses Stück fand, füllte sie damit die leere Stelle in ihrem Puzzlespiel.

Um das nach diesem ganzen Suchvorgang tun zu können, mußte sie zur Puzzleaufgabe selbst zurückkehren, die sie liegengelassen hatte, als sie ihre Suche begonnen hatte. Diese Sequenz erfordert ein Bewußtsein von der Permamenz des fehlenden Puzzlestückes. Auch impliziert sie die bildliche Vorstellung vom unfertigen Puzzlespiel. Und sie impliziert die Vorstellung der Stelle, an der das fehelnde Stück gefunden werden könnte. Und schließlich impliziert sie die Anerkennung einer kausalen Welt, in der das fehlende Stück wirklich gefunden werden muß und in der es nicht »reproduziert« werden kann durch ein Spielen mit den Fingern oder durch ein Glucksen oder durch eine andere typisch autistische Tätigkeit.

Beobachtungen lassen darauf schließen, daß sich viele autistische Kinder wie Debby der Permanenz der Objekte völlig bewußt sind und daß sie über Relationen wie »darüber«, »darunter«, »oberhalb«, »unterhalb«, »linkerhand«, »rechterhand« usw. Bescheid wissen. Mit anderen Worten: sie haben sich den vorstellungsmäßigen Raum zu eigen gemacht. Sie sind sich (auf selektive Weise) äußerer Ursachen bewußt und ordnen sich diese Ursachen unter.

Das »Scheitern« der Entwicklung könnte also an einem Übergangspunkt angesiedelt werden, der zwischen der ersten Schaffung einer Welt der inneren Repräsentation und der Benutzung dieser Repräsentationen als symbolische Instrumente des Denkens liegt. Die Kinder benutzen Symbole auf dürftige und sporadische Weise. Ihre Welt der inneren Repräsentation ist nicht stabil genug. Wenn in der Außenwelt eine radikale Veränderung stattfindet, fühlen sie sich bedroht und können auf wesentlich primitivere Verhaltensformen zurückgreifen, um die Permanenz dieser Welt wiederherzustellen. Oder um es anders auszudrücken: das Scheitern des Kindes spielt sich offenbar nicht im Rahmen der Entwicklung einer Vorstellung der Permanenz des Objekts ab, sondern bei der Erlangung der Freiheit, die Permanenz dieses Objektes nicht ständig wiederherstellen zu müssen.

Umgekehrt ist es freilich so, daß viele autistische Kinder zwar nicht die Vorstellungen von der Permanenz des Objektes, vom räumlichen Feld oder von der physischen Kausalität entwickelt haben, sich aber trotzdem in einem Umfang symbolisch betätigen können, den es, nach dem Zeitplan Piagets zu schließen, eigentlich erst viel später geben dürfte.

Piaget geht nicht auf die persönlichen Gründe ein, die diesen Fähigkeiten oder ihrem Nichtvorhandensein zugrunde liegen können. Es scheint jedoch wenig Zweifel daran zu bestehen, daß zwar die Erfahrung – vor allem die soziale Erfahrung – sehr wichtig ist, daß jedoch auch die emotionale Einbezogenheit des Kindes in die ganze Aufgabe eine große Rolle spielt. Wenn wir uns die soziale Isolation des autistischen Kindes und seine vielfältig abgestufte emotionale Einbezogenheit in die verschiedenen Aufgaben vor Augen führen – denken wir nur an seine völlige Nichtbeachtung einiger Phänomene, an seine völlige Konzentration auf andere Phänomene, denken wir nur an Marcias ausschließliche emotionale Beschäftigung mit dem Problem der gewaltsamen Ausscheidung oder an Joeys totale Konzentration auf den elektrischen Strom –, so zeichnet sich hier offenbar eine wesentlich größere Bandbreite der *décalage* ab als Piagets System annimmt. Joeys erstaunliches Verständnis, das er in bezug auf das Funktionieren von Elektromotoren an den Tag legte, und seine völlige Unfähigkeit, selbst die einfachsten Spiele zu spielen, veranschaulicht die *décalage* zwischen den kognitiven Strukturen, die ihm in bezug auf die meisten kindlichen Interaktionen fehlten.

Piaget (1950) ist überzeugt, daß sich nichtegozentrisches Denken nur aufgrund wiederholter interpersonaler Interaktionen entwikkeln kann, insbesondere aufgrund solcher Interaktionen, die verbunden sind mit Argumenten und Meinungsverschiedenheiten, durch die sich das Kind immer wieder gezwungen sieht, die Rolle des anderen zu erkennen.

Auch diesen Punkt soll das Paradigma der Brustfütterung veranschaulichen helfen. Der Säugling kann die Brust, an der er saugt, zunächst als einen Teil von sich selbst wahrnehmen, doch ist andererseits die gesonderte Existenz eines variablen Objekts (die Mutter) einfacher zu begreifen als die gesonderte Existenz eines statischen Objekts (die Babyflasche). Die Milch aus der Brust kann zu manchen Zeiten leichter fließen und zu anderen Zeiten weniger leicht, und das Saugen an der Brust kann zu manchen Zeiten weniger anstrengend und zu anderen Zeiten anstrengender sein. Später kann die Brust wegen des Säuglings Beißen und Kauen zurückgezogen werden, was beim Fläschchen nicht der Fall ist. Diese Brusterfahrungen können dem Säugling begreiflich machen, daß es eine Variable gibt, die nicht seiner Kontrolle untersteht, eine Variable, die einem anderen Lebewesen zuzuordnen ist, wohingegen der Milchfluß aus der Babyflasche den Säugling nicht im selben Maße zwingt, eine Variable außerhalb seiner selbst zu erkennen.

Die soziale Interaktion sorgt zwar dafür, daß das Kind seine Egozentrik aufgibt, doch ist das autistische Kind zu solcher Interaktion unfähig. Das autistische Kind fühlt beides: einerseits, daß es unfähig ist, auf eine ihm geltende Handlung hin zu reagieren (die Klistiere, die Marcia verabreicht wurden, sind ein Beispiel) und andererseits, daß es durch seine Handlungen das Universum beherrscht (ein Beispiel dafür ist Joey, der, wenn er hin und her schaukelte, meinte, er würde die ganze Erde gefährlich zum Schaukeln bringen, oder der glaubte, er könne mit einem Augenblinzeln das Licht an und ausknipsen – in der Tat reichte Joeys Auffassung von der Welt in diesem Stadium nicht im geringsten über die egozentrische Überzeugung des Säuglings hinaus, daß es sein Weinen ist, das die Milch zur Folge hat, und nicht die Mutter). So aber stimmt das Piagetsche System völlig mit der Auffassung überein, wonach es der Widerwille oder die Unfähigkeit des autistischen Kindes zur sozialen Interaktion ist, der oder die sein Denken und Handeln auf dem selbstzentrierten Niveau des Autismus festhält.

Klar zutage tritt das im Bereich der Sprache und Kommunikation, wo das autistische Kind sich offenbar kaum wirklich bemüht, seine Sprache den Bedürfnissen des Zuhörers anzupassen. Dieser Sachverhalt kann am besten durch den Versuch veranschaulicht werden, bei dem das Kind die Aufgabe gestellt bekommt, Objekte von einem bestimmten Standpunkt aus zu betrachten, wobei es gefragt wird, wie diese Objekte aussehen würden, wenn es sie von einem anderen Standpunkt aus betrachtete. So lange das Stadium des präoperationalen Denkens nicht voll bewältigt worden ist, besteht die Reaktion auf diese Aufgabe gewöhnlich darin, daß das Kind behauptet, die Objekte würden von einem anderen Standpunkt aus genauso aussehen wie von dem, den es im Augenblick eingenommen habe (Piaget und Inhelder, deutsch 1973). Man vergleiche diesen Befund mit der Tatsache, daß das autistische Kind – wie alt es auch immer sein mag – jedes Objekt nur von seinem eigenen Standpunkt aus sehen kann.

Doch stimmt Piagets Gedanke auf eine noch spezifischere Weise mit unserer Überzeugung überein, daß es die eingleisige Beschäftigung des autistischen Kindes mit einem bestimmten Problem ist (unserer Meinung mit der unablässigen Angst vor der eigenen Zerstörung), die dieses Kind im Autismus gefangenhält.

Nach Piaget besteht eines der ausgeprägtesten Merkmale des präoperationalen Denkens darin, daß es dazu neigt, sein ganzes Augenmerk auf einen einzigen auffälligen Aspekt des Denkgegenstandes zu richten, wodurch alle anderen wesentlichen Aspekte vernachlässigt werden. Das Kind ist unfähig sich zu de-zentrieren. Es vermag keine Aspekte zu berücksichtigen, die den verzerrenden Effekt dieser eingleisigen Zentrierung ausgleichen und wiedergutmachen könnten (Flavell, 1963).

Während also Piaget hauptsächlich oder ausschließlich damit befaßt ist, wie sich Intelligenz entwickelt, so daß er emotionale Verhaltensaspekte völlig außer acht läßt, stimmen seine Schlußfolgerungen über die Ursachen des autistischen Denkens mit den unsrigen überein. Und so hoffen wir, daß diese Untersuchung einige Aufschlüsse darüber gegeben hat, welche emotionalen Interaktionen erforderlich sind, wenn das Kind sich über seinen Autismus hinausentwickeln soll.

Ich habe eingehend drei Fälle beschrieben, bei denen wir uns bemühten, solche emotionalen Interaktionen in die Wege zu leiten. In dem Maße, in dem uns dies gelang, und in dem sich diese Kinder nicht von uns, sondern von ihrer inneren Leere abwandten, um sich nun ihren Gefühlen und uns selbst, also dem Du, zuzuwenden, in diesem Maße faßten sie festen Fuß in unserer Welt. Freilich kamen auch sie nicht um die Erkenntnis herum, die der Dichter William Blake in einem Vers zusammengefaßt hat:

Denken ist Leben
Und Atem und Kraft
Und das Trachten
Des Denkens ist Tod.

Bibliographie

ALEXANDER, F. und T. M. FRENCH: *Psychoanalytic Therapy.* New York: Ronald, 1946.

ALPERT, A. und E. PFEIFFER: Treatment of an Autistic Child. *Journal of the American Academy of Child Psychiatry*, 3: 591–616 (1964).

ANTHONY, J.: An Experimental Approach to the Psychopathology of Childhood: Autism. *British Journal of Medical Psychology*, 31: 211–225 (1958).

ARIETI, S.: *Interpretation of Schizophrenia.* New York: Brunner, 1955.

BALINT, M.: Frühe Entwicklungsstadien des Ichs, Primäre Objektliebe. Erstdruck in *Imago*, 23, 1937, 270–288. Auch in Balint, Die Urformen der Liebe und die Technik der Psychoanalyse. Stuttgart/Bern: Huber Klett 1966.

–: Friedenly Expanses – Horrid Empty Spaces. *International Journal of Psychoanalysis*, 37: 235–241 (1955).

BATESON, G., D. JACKSON, J. HALEY und J. WEAKLAND: Toward a Theory of Schizophrenia. *Behavioral Science*, 1 (1956).

BECK, S. J.: *Psychological Processes in the Schizophrenic Adaptation.* New York: Grune and Stratton, 1965.

BENDA, C. E.: Childhood Schizophrenia, Autism, and Heller's Disease, in P. W. BOWMAN und H. V. MAUTNER (Hg.): *Mental Retardation.* New York: Grune and Stratton, 1960, S. 469–492.

BENDER, L.: Autism in Children with Mental Deficiency. *American Journal of Mental Deficiency*, 63: 81–86 (1960).

BENEDICT, R.: Myth, in: *Encyclopedia of the Social Sciences.* New York: Macmillan (1933), Band 11, S. 178–181.

BETTELHEIM, B. Individual and Mass Behavior in Extreme Situations. *Journal of Abnormal and Social Psychology*, 38: 417–452 (1943).

–: The Special School for Emotionally Disturbed Children. *Fortyseventh Yearbook of the National Society for the Study of Education*, 145–171 (1948a).

–: Closed Institutions for Children? *Bulletin of the Menninger Clinic*, 12 (4): 135–142 (1948b).

–: Harry – A Study in Rehabilitation. *Journal of Abnormal and Social Psychology*, 44: 231–265 (1949).

–: *Love Is Not Enough – The Treatment of Emotionally Disturbed Children.* New York: Free Press, 1955. Deutsch: Liebe allein genügt nicht. Stuttgart: Klett, 1970.

–: *Truants From Life – The Rehabilitation of Emotionally Disturbed Children* New York: Free Press, 1955. Deutsch: So können sie nicht leben. Stuttgart: Klett, 1973.
–: Childhood Schizophrenia As A Reaction to Extreme Situations. *American Journal of Orthopsychiatry*, 26: 507–518 (1956).
–: Psychiatric Consultation in Residential Treatment: The Director's View. *American Journal of Orthopsychiatry*, 28 (2): 256–265 (1958).
–: Feral Children and Autistic Children. *American Journal of Sociology*. 64 (5): 455–467 (1959).
–: *The Informed Heart – Autonomy in a Mass Age*. New York: Free Press, 1960. Deutsch: *Aufstand gegen die Masse*. München: Szcesny, 1966.
–: Training the Child Care Worker. *American Journal of Orthopsychiatry*, 36 (4): 694–705 (1966).
– und SYLVESTER, E.: Milieu Therapy – Indications and Illustrations, *Psychoanalytic Review*, 36 (1): 54–68 (1949 a).
–: Physical Symptoms in Emotionally Disturbed Children, in: *The Psychoanalytic Study of the Child*. New York: International Universities Press, 1949 b, Band 3–4, S. 353–368.
–: Delinquency and Morality, in: *The Psychoanalytic Study of the Child*. New York: International Universities Press, 1950a, Band 5, S. 329–342.
– und B. WRIGHT: Staff Development in a Treatment Institution. *American Journal of Orthopsychiatry*, 25 (4): 705–719 (1955).
BION, W. R.: Language and the Schizophrenic, in: M. KLEIN, P. HEIMANN und R. E. MONEY-KYRLE (Hg.), *New Directions in Psychoanalysis*. New York: Basic, 1955, S. 220–239.
BLEULER, E.: *Dementia Praecox oder die Gruppe der Schizophrenien*. Leipzig: 1911.
BLOOM, B. S.: *Stability and Change in Human Characteristics*. New York: Wiley, 1964.
BOSCH, G.: *Der frühkindliche Autismus*. Berlin: Springer, 1962.
BOWLBY, J.: *Maternal Care and Mental Health*. Genf: Weltgesundheitsorganisation, 1951. (Deutsch: *Mütterliche Zuwendung und geistige Gesundheit*. München: Kindler 1973.)
–: The Nature of Child's Tie to His Mother. *International Journal of Psychoanalysis*, 39: 350–373 (1958).
BRODBECK, A. J.: An Exploratory Study of the Acquisition of Dependency Behavior in Puppies. *Bulletin of the Ecological Society of America*, 35: 73 (1954).
BRUCH, H.: Studies in Schizophrenia, *Acta Psychiatrica et Neurologica Scandinavia Supplementum*, 34: 130 (1959).
BÜHLER, K.: *Die Krise der Psychologie*. Jena: Gustav Fischer, 1929.
–: *Sprachtheorie*. Jena: Gustav Fischer, 1934.

CALL, J. D.: Newborn Approach Behavior and Early Ego Development. *International Journal of Psychoanalysis*, 45: 286–295 (1964).

Carpenter, C. R.: Field Study of the Behavior and Social Relations of Howler Monkeys. *Comparative Psychology Monographs*, 10 (2): 1–168 (1934).

Cassirer, E.: *The Philosophy of Symbolic Forms:* Band 1: *Language*. New Haven: Yale U. P., 1953.

Collias, N. E.: The Analysis of Socialization in Sheep and Goats. *Ecology*, 37: 228–238 (1956).

Cunningham, M. A. und C. Dickinson: A Study of the Language of an Autistic Child. *Journal of Child Psychology and Psychiatry*, 2: 193–202 (1961).

Cutsforth, T. D.: *The Blind in School and Society*. New York: American Foundation for the Blind, 1951.

Darr, G. D. und F. C. Worden: Case Report Twenty-eight Years after an Infantile Autistic Disorder. *American Journal of Orthopsychiatry*, 21: 559–569, 1951.

Davids, A., S. Devault und M. Talmadge: Anxiety, Pregnancy, and Childbirth Abnormalities. *Journal of Consultant Psychology*, 25: 74–77 (1961).

Despert, J. L.: Discussion of L. Kanner, Irrelevant and Metaphorical Language in Early Infantile Autism. *American Journal of Psychiatry*, 103 (1946–7).

Durfee, J. und K. Wolf: Anstaltspflege und Entwicklung im ersten Lebensjahr. *Zeitschrift für Kinderforschung*, 42–43 (1933).

Eisenberg, L.: The Autistic Child in Adolescence. *American Journal of Psychiatry*, 112: 607–612 (1956).

–: The Fathers of Autistic Children. *American Journal of Orthopsychiatry*, 27: 715–724 (1957).

–: *Private Mitteilung*, 1965.

– und L. Kanner: Early Infantile Autism, 1943–1955. *American Journal of Orhtopsychiatry*, 26: 556–566 (1956).

Eisenbud, J.: The Hand and the Breast with Special Reference to Obsessional Neurosis. *Psychoanalytic Quarterley*, 34: 219–248 (1965).

Ekstein, R.: The Space Child's Time Machine. *American Journal of Orthopsychiatry*, 24: 492–506 (1954).

–: On the Acquisition of Speech in the Autistic Child. *Reiss-Davis Clinic Bulletin*, 1 (1964).

– und Wallerstein: Observations on the Psychotherapy of Borderline and Psychotic Children, in: *The Psychoanalytic Study of the Child*. New York: International Universities Press, 1956, Band 11, S. 303–311.

– und D. Wright: The Space Child. *Bulletin of the Menninger Clinic*, 16: 211–223 (1952).

–: Comments on a Psychotherapeutic Session with the Space Child. *International Record of Medicine*, 167: 592–600 (1954).

Erikson, E. H.: *Childhood and Society*. New York: Norton, 1950. Deutsch: *Kindheit und Gesellschaft*, Stuttgart: Klett Verlag, [3]1969.

–: The Problem of Ego Identity. *Journal of the American Psychoanalytic Association*, 4: 56–121, 1956. Deutsch: Das Problem der Identität, *Psyche* 10, S. 114–167.

–: *Identity and the Life Cycle*. New York: International Universities Press, 1959.

Escalona, S. K.: Patterns of Infantile Experiences and the Developmental Process, in: *The Psychoanalytic Study of the Child*. New York: International Universities Press, 1963, Band 18, 197–244.

–: Some Determinants of Individual Differences. *Transactions of the New York Academy of Sciences*, Serie 2, 27 (7): 802–816 (1965).

Evans, B. und C. Evans: *A Dictionary of Contemporary American Usage*. New York: Random House, 1957.

Eveloff, H. H.: The Autistic Child. *Archives of General Psychiatry*, 3: 66–81 (1960).

Fantz, R. L.: Pattern Vision in Young Infants. *Psychological Record*, 8: 43–47 (1958).

Feldman, S. S.: Blushing, Fear of Blushing, and Shame. *Journal of the American Psychoanalytic Association*, 10: 368–385 (1962).

Ferreira, A. J.: The Pregnant Woman's Emotional Attitude and its Reflection on the Newborn. *American Journal of Orthopsychiatry*, 30: 553–561 (1960).

Feuerbach, A. von: *Beispiel eines Verbrechens am Seelenleben des Menschen*. Ansbach, 1832.

Flavell, J. H.: *The Developmental Psychology of Jean Piaget*. Princeton: Van Nostrand, 1963.

Freeman, W.: Psychosurgery, in: *The American Handbook of Psychiatry*. New York: Basic, 1959, Band 2, S. 1521–1540.

Freud, A.: Psychoanalysis and Education, in: *The Psychoanalytic Study of the Child*. New York: International Universities Press, 1954a, Band 9, S. 9–13.

–: The Widening Scope of Indications for Psychoanalysis. *Journal of the American Psychoanalytic Association*, 2: 607–620 (1954b).

Furer, M.: The Development of a Preschool Symbiotic Psychotic Boy, in: *The Psychoanalytic Study of the Child*. New York: International Universities Press, 1964, Band 19, S. 448–469.

Garrard, S. D. und J. B. Richmond: Factors Influencing the Biological Substrate and Early Psychological Development, in: R. H. Ojemann (Hg.), *Recent Research on Creative Approaches to the Environmental Stress*. Iowa City: U. of Iowa Press, 1963.

Gesell, A.: The Tonic Neck Reflex in the Human Infant. *Journal of Pediatrics*, 13: 455–464 (1938).

–: *Wolf Child and Human Child*. New York: Harper, 1940.
GLAUBER, I. P.: Federn's Annotation of Freud's Theory of Anxiety. *Journal of the American Psychoanalytic Association*, 11: 84–96 (1963).
GOLDFARB, W.: Receptor Preferences in Schizophrenic Children. *Archives of Neurology and Psychiatry*, 76: 643–652 (1956).
GOLDSTEIN, K.: Abnormal Conditions in Infancy. *Journal of Nervous and Mental Disease*, 128: 538–557 (1959).
GOSHEN, C. E.: Mental Retardation and Neurotic Maternal Attitudes. *Archives of General Psychiatry*, 9: 168–175 (1963).
GROOS, K.: *The Play of Man*. New York: Appleton, 1901.
GUNTHER, M.: Infant Behavior at the Breast, in: B. M. Foss (Hg.), *Deterimants of Infant Behavior*. London: Methuen, 1961.

HARLOW, H. F.: The Nature of Love. *American Psychologist*, 12: 673–685 (1958).
–: Affectional Responses in the Infant Monkey. *Science*, 130 (1959).
–: The Maternal Affectional System, in: B. M. Foss (Hg.), *Determinants of Infant Behavior*. New York: Wiley, 1961, Band 2, S. 3–33.
– und M. K. HARLOW: Social Deprivation in Monkeys. *Scientific American*, 207 (5): 136–146 (1962).
HARTMANN, H.: *Ego Psychology and the Problem of Adaptation*. New York: International Universities Press, 1958. (Deutsch: *Ich-Psychologie und Anpassungsproblem*. Stuttgart, Klett Verlag, 1960.)
HEBB, D. O.: Drives and the C. N. S. *Psychological Review*, 62: 243–254 (1955).
HERODOTUS: *The Histories of Herodotus of Halicarnassus*. New York: Heritage, 1958. (Deutsch: *Historien*, Stuttgart, 1959.)
HESS, E. H.: Imprinting, *Science*, 130 (1959). Deutsch enthalten in: *Prägung* München: Kindler 1975.
HINSIE, L. E. und J. SHATZKY: *Psychiatric Dictionary*, New York: Oxford U. P., [2]1954.
HOFFER, W.: Mouth, and Hand-Integration, in: *The Psychoanalytic Study of the Child*. New York: International Universities Press, 1949, Band 3–4, S. 49–56.
HOOKER, D.: *The Prenatal Origins of Behavior*. Lawrence: U. of Kansas Press, 1952, S. 62–82.
HUSSERL, E.: *Ideen zu einer reinen Phänomenologischen Philosophie; Jahrbuch für Philosophie und Phänomenologische Forschung*. Halle: M. Niemeyer, 1913.

ITARD, J. M. G.: *The Wild Boy of Aveyron*. New York: Century, 1932. Deutsch in: *Die wilden Kinder*, Frankfurt, Suhrkamp Verlag, [2]1974.

JACKSON, L.: »Non-Speaking« Children. *British Journal of Medical Psychology*, 23: 87–100 (1950).

JASPERS, K.: *Philosophie*, Berlin: Springer, [2]1948.
JOSSELYN, I. M.: Concepts Related to Child Development, 1: The Oral Stage. *Journal of the American Academy of Child Psychiatry*, 1: 209–224 (1962).

KAMP, L. N. J.: Autistic Syndrome in One of a Pair of Monozygotic Twins. *Psychiatria, Neurologia, Neurochirurgia*, 67: 143–147 (1964).
–: *Private Mitteilung*, 1965.
KANNER, L.: Autistic Disturbances of Affective Contact. *Nervous Child*, 2: 217–250 (1943).
–: Early Infantile Autism. *Journal of Pediatrics*, 25: 211–217 (1944).
–: Irrelevant and Metaphorical Language in Early Infantile Autism. *American Journal of Psychiatry*, 103: 242–246 (1946).
–: *Child Psychiatry*, Springfield: Charles C. Thomas, [2]1948.
–: Problems of Nosology and Psychodynamics of Early Infantile Autism. *American Journal of Orhtopsychiatry*, 19: 416–426 (1949).
–: The Conception of Wholes and Parts in Early Infantile Autism, *American Journal of Psychiatry*, 108: 23–26 (1951 a).
–: Discussion. *American Journal of Orhtopsychiatry*, 21: 569–570 (1951 b).
–: General Concept of Schizophrenia at Different Ages, in: *Neurology and Psychiatry in Childhood*. Baltimore: Williams and Wilkins, 1954 a., S. 451–453.
–: To What Extent Is Early Infantile Autism Determined by Constitutional Inadequacy? *Proceedings of the Association for Research on Nervous and Mental Disease*, 33: 378–385 (1954 b).
– und L. I. LESSER: Early Infantile Autism, in: *Pediatric Clinics of North America*. Philadelphia: Saunders, 1958, Band 5, S. 711–730.
KEELER, W. R.: Discussion. *Psychiatric Reports of the American Psychiatric Association*, 7: 66–88 (1957).
KING, P. D.: Theoretical Considerations of Psychotherapy with a Schizophrenic Child. *Journal of the American Academy of Child Psychiatry*, 3: 638–649 (1964).
KLEIN, M.: *The Psycho-Analysis of Children*. London: Hogarth, 1932. Deutsch: *Die Psychoanalyse des Kindes*, München: Kindler 1973.
–: *Contributions to Psycho-Analysis*. London: Hogarth, 1950.
KOHUT, H.: Introspection, Empathy and Psychoanalysis. *Journal of the American Psychoanalytic Association*, 7: 459–487 (1959).

LANGEVELD, M. J.: *Studien zur Anthropologie des Kindes*. Tübingen: Niemeyer, 1956.
LEWIN, B.: Sleep, the Mouth and the Dream Screen. *Psychoanalytic Quarterley*, 15: 419–434 (1946).
LINN, L.: Some Developmental Aspects of the Body Image. *International Journal of Psychoanalysis*, 36: 36–42 (1955).
LOOMIS, E.: A. Autistic and Symbiotic Syndromes in Children. *Monographs of the Society for Research in Child Development*, 25 (3): 39–48 (1960).

LORENZ, K.: *King Solomons Ring*. New York: Crowell, 1952.
–: *Das sogenannte Böse*. Wien: Borotha-Schoeler, 1963.
LOVAAS, O. I., J. P. BERBERICH, B. F. PERLOFF und B. SCHAEFFER: Acquisition of Imitative Speech by Schizophrenic Children. *Science*, 151: 705–707 (1966).
LOWENFELD, B.: Psychological Problems of Children With Impaired Vision, in: W. M. CRUICKSHANK (Hg.), *Psychology of Exceptional Children and Youth*, Englewood Cliffs, N. J.: Prentice Hall, ²1963, S. 226–310.

MAHLER, M.: On Child Psychosis and Schizophrenia: Autistic and Symbiotic Infantile Psychoses, in: *The Psychoanalytic Study of the Child*. New York: International Universities Press, 1952, Band 7, S. 286–305.
–: On Early Infantile Psychosis. *Journal of the American Academy of Child Psychiatry*, 554–568 (1965 a).
–: On the Significance of the Normal Separation-Individuation Phase: With Reference to Research in Symbiotic Child Psychosis, in: SCHUR, M. (Hg.), *Drives, Affects, Behavior*. New York: International Universities Press, 1965 b, Band 2, S. 161–169.
– M. FURER und C. F. SETTLAGE: Severe Emotional Disturbances in Childhood; Psychosis, in: S. ARIETI (Hg.), *American Handbook of Psychiatry*. New York: Basic, 1959, 816–839.
MARAIS, E. N.: *My Friends the Baboons*. New York: McBride, 1940.
MEAD, M. in: J. M. TANNER und B. INHELDER (Hg.), *Discussion on Child Development*. New York: International Universities Press, 1958, Band 3.
Ministry of Health, U.D.S.S.R. Order Prohibiting Lobotomy. *Nevropat. i psikhiat.*, 20: 17 (1951).
MONTAGUE, A.: Constitutional and Prenatal Factors in Infant and Child Health, in: M. J. E. SENN (Hg.), *Symposium on the Healthy Personality*. New York: Josiah Macy, Jr. Foundation, 1950.
MULLAHY, P. A.: Theory of Interpersonal Relations and the Evolution of Personality, in: H. S. SULLIVAN (Hg.), *Conceptions of Modern Psychiatry*. New York: Norton, 1953, S. 119–147.

NIEDERLAND, W. G.: The Role of the Ego In the Recovery of Early Memories. *Psychoanalytic Quarterley*, 34: 564–571 (1965).

OGBURN, W. F.: The Wolf Boy of Agra. *American Journal of Sociology*, 64: 449–454 (1959).
– und N. K. BOSE: On the Trail of the Wolf Children. *Genetic Psychology Monographs*, 60: 117–193 (1959).

PAVENSTEDT, E.: The Effect of Extreme Passivity Imposed on a Boy in Early Childhood, in: *The Psychoanalytic Study of the Child*. New York: International Universities Press, 1956, Band 11, S. 396–409.
–: Observations in Five Japanese Homes. *Journal of Child Psychiatry*, 4: 413–425 (1965).

Piaget, J.: *La psychologie de l'intelligence*. Paris: Armand Collin 1947. Deutsch: *Psychologie der Intelligenz*. Zürich/Stuttgart: Rascher 1948; Olten/Freiburg i. Br.: Walter 1972; München. Kindler Verlag, 1976.

–: *La naissance de l'intelligence*. Librairie Librarie Armand Collin, 1936. Deutsch: *Das Erwachen der Intelligenz*. Stuttgart: Klett Verlag, 1969.

–: *La construction du réel chez l'enfant*. Neuchâtel: Delachaux et Niestlé, 1937. Deutsch: *Der Aufbau der Wirklichkeit beim Kinde*. Stuttgart: Klett Verlag, 1974.

–: *La langage et la pensée du point de vue génétique*. In: Thinking and Speaking. Amsterdam: North Holland Publishing Co., 1954. Deutsch: *Sprache und Denken in genetischer Sicht*. In: Theorien und Methoden der modernen Erziehung. Wien: Molden, 1972.

–: *La représentation de l'espace chez l'enfant*. Paris: PUF, 1971. Deutsch: *Die Entwicklung des räumlichen Denkens beim Kinde*. Stuttgart: Klett Verlag 1973.

Pious, W. L.: The Pathogenic Process in Schizophrenia. *Bulletin of the Menninger Clinic*, 13: 152–159 (1949).

Quinn, J. A.: *Sociology: A Systematic Analysis*. Philadelphia: Lippincott, 1963.

Rapaport, D.: The Theory of Ego Autonomy: A Generalization. *Bulletin of the Menninger Clinic*, 22: 13–35 (1949).

Rauber, A.: *Homo Sapiens Ferus oder die Zustände der Verwilderten*. Leipzig: Julius Brehse, 1888.

Ribble, M. A.: Anxiety in Infants and its Disorganizing Effects, in: N. Lewis und B. L. Pacella (Hg.), *Modern Trends in Child Psychiatry*. New York: International Universities Press, 1945, S. 11–25.

Rimland, B.: *Infantile Autism*. New York: Appleton, 1964.

Rochlin, G.: Loss and Restitution, in: *The Psychoanalytic Study of the Child*. New York: International Universities Press, 1953, Band 8, S. 288–309.

Rodrigué, E.: The Analysis of a Three-year-old Mute Schizophrenic, in: M. Klein, P. Heimann und R. F. Money-Kyrle (Hg.), *New Directions in Psychoanalysis*. New York: Basic, 1955, 140–179.

Rubinfine, D. L.: Maternal Stimulation, Psychic Structure, and Early Object Relations, in: *The Psychoanalytic Study of the Child*. New York: International Universities Press, 1962, Band 17, S. 265–282.

Salimbene von Parma, in: J. B. Ross und M. M. McLaughlin (Hg.), *A Portable Medical Reader*. New York: Viking, 1944.

Sander, L. W.: Issues in Early Mother-Child Interaction. *Journal of the American Academy of Child Psychiatry*, 1: 141–166 (1962).

Sarason, S. B. und T. Gladwin: Psychological and Cultural Problems in Mental Sub-Normality: A Review of Research. *Genetic Psychological Monographs*, 57: 3–289 (1957).

SARVIS, M. S. und P. GARCIA: Etiological Variables in Autism. *Psychiatry*, 24: 307–317 (1961).
SCHACHTEL, E. G.: On Memory and Childhood Amnesia. *Psychiatry*, 10: 1–26 (1947).
–: *Metamorphosis*. New York: Basic, 1959.
SCHAIN, R. J. und H. YANNET: Infantile Autism – An Analysis of 50 Cases. *Journal of Pediatrics*, 57 (4): 560–567 (1960).
SCHALLER, G. B.: *The Mountain Gorilla – Ecology and Behavior*. Chicago: U. of Chicago Press, 1963.
SCHEERER, M. E., ROTHMAN und K. GOLDSTEIN: A Case of »Idiot Savant«, *Psychological Monographs*, 58 (1945).
SCOTT, J. P.: Genetics and the Development of Social Behavior in Mammals. *American Journal of Orthopsychiatry*, 32: 878–888 (1962).
–: The Process of Primary Socialization in Canine and Human Infants. *Monographs of the Society for Research in Child Development*, 28: 3–44 (1963).
– und J. L. FULLER: *Genetics and the Social Behavior of the Dog*. Chicago: U. of Chicago Press, 1965.
SECHEHAYE, M. A.: *Symbolic Realization*. New York: International Universities Press, 1951. Deutsch: *Die symbolische Wunscherfüllung*. Stuttgart, 1955.
SELYE, H.: *The Stress of Life*. New York: McGraw-Hill, 1956. Deutsch: *Stress beherrscht unser Leben*. Düsseldorf: Schwann 1957.
–: Sensory Deprivation. *Ein an der Harvard Medical School abgehaltenes Symposium*. Cambridge: Harvard U. P., 1961.
SILBERSTEIN, R. M. und H. IRWIN: Jean-Marc-Gaspart Itard and the Savage of Aveyron: An Unsolved Problem in Child Psychiatry. *Journal of the American Academy of Child Psychiatry*, 1: 314–322 (1962).
SINGH, J. A. L. und R. N. ZINGG: *Wolf children and Feral Man*. New York: Harper, 1940.
SMOLEN, E. M.: Some Thoughts on Schizophrenia in Childhood. *Journal of Child Psychiatry*, 4: 443–472 (1965).
SNELL, B.: *Der Aufbau der Sprache*. Hamburg: Claassen Verlag, 1952.
SONTAG, L. W.: The Significance of Fetal Environmental Differences. *American Journal of Obstetrics and Gynaecology*, 42: 996–1003 (1941).
SPITZ, R. A.: Hospitalism, in: *The Psychoanalytic Study of the Child*. New York: International Universities Press, 1945, Band 1, S. 53–74. Deutsch: Hospitalismus. In: Bittner, Schmitt-Cords (Hg.), Erziehung in früher Kindheit. München: Piper 1971.
–: Anaclitic Depression, in: *The Psychoanalytic Study of the Child*. New York: International Universities Press, 1946, Band 2, S. 313–342. Deutsch: Anaklitische Depression. In: Cremerius (Hg.), Psychoanalyse und Erziehungspraxis. Frankfurt/M.: Fischer Verlag 1971.
–: The Psychogenic Diseases in Infancy, in: *The Psychoanalytic Study of the Child*. New York: International Universities Press, 1951, Band 6, S. 255–275.

–: Autoeroticism Re-examined, in: *The Psychoanalytic Study of the Child.* New York: International Universities Press, 1962, Band 17, S. 273–315.
–: The Derailment of Dialogue. *Journal of the American Psychoanalytic Association*, 12: 752–775 (1964).
– und K. M. Wolf: Autoeroticism, in: *The Psychoanalytic Study of the Child.* New York: International Press, 1949, Band 3–4, S. 75–120.
Stern, C. und W. Stern: *Die Kindersprache.* Leipzig, ²1920.
Stern, W.: *Die Psychologie der frühen Kindheit bis zum sechsten Lebensjahre.* Leipzig: Quelle und Meyer, 1923.
Szurek, S. A.: Psychotic Episodes and Psychotic Maldevelopment. *American Journal of Orthopsychiatry*, 26: 519–543 (1956).
– und I. N. Berlin: Elements of Psychotherapeutics with the Schizophrenic Child and his Parents. *Psychiatry*, 19: 1–9 (1956).

Tanner, J. M. und B. Inhelder (Hg.): *Discussions on Child Development.* New York: International Universities Press, 1958.

Vaillant, G. E.: John Haslam on Early Infantile Autism. *American Journal of Psychiatry*, 119: 376 (1962).
–: Twins Discordant for Early Infantile Autism. *Archives of General Psychiatry*, 9: 163–167 (1963).

Wagler, L.: *Die Bilanz einer hundertjährigen Hauserforschung.* Nürnberg, 1928.
Weiland, H. I. und R. Rudnik: Considerations of the Development and Treatment of Autistic Childhood Psychosis, in: *The Psychoanalytic Study of the Child.* New York: International Universities Press, 1961, Band 16, S. 549–563.
Winnicott, D. W.: Transitional Objects and Transitional Phenomena. *International Journal of Psychoanalysis*, 34: 89–97 (1953). Deutsch: Übergangsobjekte und Übergangsphänomene, in: *Psyche*, 23, 1969, S. 666.
Wolff, P. H.: *The Developmental Psychologies of Jean Piaget and Psychoanalysis.* New York: International Universities Press, 1960.
–: *Private Mitteilung.* 1964.
– und B. L. White: Visual Pursuit and Attention in Young Infants. *Journal of Child Psychiatry*, 4: 473–44 (1965).

Namenregister

Sachregister

Bitte umblättern:

Geist und Psyche
Begründet von Nina Kindler 1964

Psychoanalyse

Hilda Abraham
Karl Abraham
Band 42213

Raymond Battegay
Psychoanalytische Neurosenlehre
Band 42279

J. Cremerius/Sven O. Hoffmann/W. Trimborn
Psychoanalyse, Über-Ich und soziale Schicht
Band 42206

Kurt R. Eissler
Todestrieb, Ambivalenz, Narzißmus
Band 42208

Sándor Ferenczi
Zur Erkenntnis des Unbewußten
und andere Schriften zur Psychoanalyse
Band 42194

Anna Freud
Das Ich und die Abwehrmechanismen
Band 42001
Einführung in die Technik der Kinderanalyse
Band 42111

Leon Grinberg/Marie Langer/Emilio Rodriguez
Psychoanalytische Gruppentherapie
Band 42094

Marie Jahoda
Freud und das Dilemma der Psychologie
Band 42276

Werner W. Kemper
Der Traum und seine Be-Deutung
Band 42184

Geist und Psyche
Begründet von Nina Kindler 1964

Psychoanalyse

Melanie Klein
Ein Kind entwickelt sich
Band 42222
Die Psychoanalyse des Kindes
Band 42291

Peter Kutter
Psychoanalyse in der Bewährung
Methode, Theorie und Anwendung
Band 42263

Peter Kutter/Jörg K. Roth
Psychoanalyse an der Universität
Band 42228

Stavros Mentzos
Neurotische Konfliktverarbeitung
Band 42239
Hysterie
Band 42212

Stavros Mentzos
Angstneurose
Band 42266

Theodor Reik
Die verschlungenen Wege des Selbst
Band 42235

D. W. Winnicott
Von der Kinderheilkunde zur Psychoanalyse
Band 42249
Reifungsprozesse und fördernde Umwelt
Studien zur Theorie der emotionalen Entwicklung
Band 42255
Familie und individuelle Entwicklung
Band 42261

Anton Zottl
Otto Rank
Band 42229

Fischer Taschenbuch Verlag

fi 350/4b

Geist und Psyche

Begründet von Nina Kindler 1964

Psychologische Ratgeber

Annelise Heigl-Evers/
Franz Heigl
Geben und Nehmen in der Ehe
Band 42151
Gelten und Geltenlassen in der Ehe
Band 42128
Lieben und Geliebtwerden in der Ehe
Band 42118

Werner W. Kemper
Der Traum und seine Be-Deutung
Band 42184

Christa Kniffki
Transzendentale Meditation und autogenes Training
Band 42197

Ann F. Neel
Handbuch der psychologischen Theorien
Band 42251

Erving und Miriam Polster
Gestalttherapie
Band 42150

Hans G. Preuss
Ehepaartherapie
Band 42277

Carl R. Rogers
Encounter-Gruppen
Band 42260
Therapeut und Klient
Band 42250

Driek van der Sterren
Pränatale Psychologie
Band 42123

Daniel Widlöcher
Was eine Kinderzeichnung verrät
Band 42254

Eckart Wiesenhütter
Traumseminar
Band 42152

Fischer Taschenbuch Verlag

fl 356/4b

Geist und Psyche
Begründet von Nina Kindler 1964

Kinderpsychologie

Gordon W. Allport
Werden der Persönlichkeit
Band 42127

Bruno Bettelheim
Die Geburt des Selbst
Band 42247

John Bolland/
Joseph Sandler
Die Hampstead-Methode
Band 42269

John Bowlby
Trennung
Band 42171
Bindung
Band 42210
Verlust
Band 42243

Dorothy Burlingham
Labyrinth Kindheit
Band 42256

Anna Freud
Einführung in die Technik der Kinderanalyse
Band 42111

Herbert Goetze/
Wolfgang Jaede
Nicht-direktive Spieltherapie
Band 42262

Klaus E. Grossmann (Hg.)
Entwicklung der Lernfähigkeit in der sozialen Umwelt
Band 42177

David Kadinsky
Die Entwicklung des Ich beim Kinde
Band 42242

Fischer Taschenbuch Verlag

fi 347 / 3 a

Geist und Psyche
Begründet von Nina Kindler 1964

Kinderpsychologie

Melanie Klein
Frühstadien des Ödipuskomplexes
Band 42268
Ein Kind entwickelt sich
Band 42222
Die Psychoanalyse des Kindes
Band 42291

Pierre Mâle
Psychotherapie bei Jugendlichen
Band 42248

Willi Meyer/
Gertrud Wydler
Anja
Band 42283

Alexander Stachiw/
Georg Spiel
Entwicklung der Aggression bei Kindern
Band 42169

Driek van der Sterren
Pränatale Psychologie
Band 42123

Daniel Widlöcher
Was eine Kinderzeichnung verrät
Band 42254

D. W. Winnicott
Von der Kinderheilkunde zur Psychoanalyse
Band 42249
Reifungsprozesse und fördernde Umwelt
Band 42255
Familie und individuelle Entwicklung
Band 42261

Fischer Taschenbuch Verlag

fi 347/3b

Geist und Psyche
Begründet von Nina Kindler 1964

Große Psychologen

Eric Berne
Was sagen Sie, nachdem Sie ›Guten Tag‹ gesagt haben?
Band 42192
Struktur und Dynamik von Organisationen und Gruppen
Band 42201

Bruno Bettelheim
Aufstand gegen die Masse
Band 42217
Die Geburt des Selbst
Band 42247

Anna Freud
Das Ich und die Abwehrmechanismen
Band 42001
Einführung in die Technik der Kinderanalyse
Band 42111

Georg Groddeck
Der Mensch als Symbol
Band 42174
Verdrängen und heilen
Band 42140

Georg Groddeck/
Sigmund Freud
Briefe über das Es
Band 42117

Karen Horney
Neurose und menschliches Wachstum
Band 42143
Unsere inneren Konflikte
Band 42104
Neue Wege in der Psychoanalyse
Band 42090
Der neurotische Mensch unserer Zeit
Band 42002
Die Psychologie der Frau
Band 42246

Geist und Psyche
Begründet von Nina Kindler 1964

Große Psychologen

Melanie Klein
Frühstadien des Ödipuskomplexes
Band 42268

Ein Kind entwickelt sich
Band 42222

Die Psychoanalyse des Kindes
Band 42291

Erich Neumann
Tiefenpsychologie und neue Ethik
Band 42005

Ursprungsgeschichte des Bewußtseins
Band 42042

Zur Psychologie des Weiblichen
Band 42051

Carl R. Rogers
Encounter-Gruppen
Band 42260
Die klientenzentrierte Gesprächspsychotherapie
Band 42175
Die Kraft des Guten
Band 42271
Die nicht-direktive Beratung
Band 42176
Partnerschule
Band 42236
Therapeut und Klient
Band 42250

D. W. Winnicott
Von der Kinderheilkunde zur Psychoanalyse
Band 42249
Reifungsprozesse und fördernde Umwelt
Band 42255
Familie und individuelle Entwicklung
Band 42261

Fischer Taschenbuch Verlag

fi 510/2b

Geist und Psyche
Begründet von Nina Kindler 1964

Neuere Psychotherapien

Gaetano Benedetti
Der psychisch Leidende und seine Welt. Band 42139

Eric Berne
Was sagen Sie, nachdem Sie Guten Tag gesagt haben?
Band 42192
Struktur und Dynamik von Organisationen und Gruppen. Band 42201

Bruno Bettelheim
Aufstand gegen die Masse
Band 42217
Die Geburt des Selbst
Band 42247

Medard Boss
Sinn und Gehalt der sexuellen Perversionen
Band 42080

Gion Condrau
Einführung in die Psychotherapie
Band 42115

Gesellschaft für wissenschaftliche Gesprächstherapie
Die klientenzentrierte Gesprächspsychotherapie
Band 42149

Herbert Goetze/Wolfgang Jaede
Nicht direktive Spieltherapie. Bd. 42262

Leon Grinberg/Marie Langer/Emilio Rodrigue
Psychoanalytische Gruppentherapie. Bd. 42094

Martin Grotjahn
Die Sprache des Symbols
Band 42182

Institutsgruppe Psychologie der Universität Salzburg (Hg.). **Jenseits der Couch**
Band 42264

Abraham A. Maslow
Psychologie des Seins
Band 42195

Gertrud Orff
Die Orff-Musik-Therapie
Band 42193

O. G. Wittgenstein
Märchen, Träume, Schicksale. Band 42114
sagen – hören – sehen Entbindungen des Bewußtseins. Band 42257

Fischer Taschenbuch Verlag

fi 362/2

Georg Groddeck

Dr. med. Georg Groddeck (1866–1934) war im wissenschafts- und fortschrittsgläubigen ausgehenden 19. Jahrhundert groß geworden. Das hinderte ihn freilich nicht, auf empirisch-intuitive Weise ärztlich tätig zu sein, spezifische Therapien wie die damals aufkommende Serum- und Chemotherapie zu verachten und seine Patienten in seiner weithin bekannten Privatklinik in Baden-Baden mit Diät, Massage, balneologischen (bäderkundlichen) Methoden und bald auch psychoanalytisch zu behandeln. Nach seiner entscheidenden Begegnung mit Sigmund Freud wurde er kein orthodoxer Analytiker, dafür aber als einer der Väter der psychosomatischen Medizin des 20. Jahrhunderts wegweisend in der Anwendung psychoanalytischer Methoden bei organischen Krankheiten.

Das Buch vom Es
Psychoanalytische Briefe an eine Freundin
Band 6367

Krankheit als Symbol
Schriften zur Psychosomatik
Band 6396

Die Natur heilt
Die Entdeckung der Psychosomatik
Band 6776

Sándor Ferenczi/Georg Groddeck
Briefwechsel 1921–1933
Band 6786

Georg Groddeck/Sigmund Freud
Briefe über das Es
Band 42117

Der Mensch als Symbol
Band 42174

Fischer Taschenbuch Verlag

fi 241/1